Charles Baudelaire

Die künstlichen Paradiese,
Die Blumen des Bösen
und andere Schriften

Charles Baudelaire

Die künstlichen Paradiese

Die Blumen des Bösen

und andere Schriften

Parkland Verlag

Schreibweise und Zeichensetzung beziehen sich auf die 6-bändige Ausgabe von Max Bruns aus dem Jahre 1903. In diesem Buch sind die Bände 2, 4 und 6 übernommen. In der Einleitung auf Seite 9 wird Bezug genommen auf sein Vorwort in Band 1 der Originalausgabe. Die vorliegende Einleitung ist Band 2 entnommen.

1999 Lizenzausgabe für Parkland Verlag, Köln
© MECO Buchproduktion, Dreieich
Alle Rechte vorbehalten
Umschlagentwurf: Klaus Dempel
Druck und Bindung: Mladinska knjiga, Slowenien
ISBN 3-88059-961-0
Printed in Slovenia

Charles Baudelaire

Die künstlichen Paradiese
(Opium und Haschisch)

Übersetzt von Max Bruns

Dr. Carl Sieckmann
meinem Schwager und Freunde

Einleitung

Alle Litteratur, die sich nicht entschliesst, zwischen Wissenschaft und Philosophie zu marschieren, ist eine menschen- und selbstmörderische Litteratur.

(Baudelaire)

Von Baudelaires Lebensgange hab' ich bereits im ersten Bande* dieser Ausgabe eine knappe Skizze entworfen. Vieles aber, was ich über unseren Dichter noch vorzubringen hatte, hab' ich dort unterdrückt: Ich empfand es als Notwendigkeit, mich über Baudelaires Wesen und Natur mit denen auseinanderzusetzen, die trotz äusserst mangelhafter Vorbildung an dieses Thema sich herangewagt und dabei Verunglimpfungen des Dichters unters Publikum gebracht haben, die auf irrigen Voraussetzungen – wenn nicht auf Schlimmerem – basieren. Diese Darlegung des Baudelaire'schen Wesens hätte ich also nicht völlig freihalten können von Polemik, und schon das war mir Grund genug, in jenem Bande darauf zu verzichten: Es wäre mir wie ein Vergehen am Geiste der Kunst und wie eine direkte Beleidigung des Dichters, seine schönsten, zartesten Träume mit einer Polemik gegen plumpe Alltagsgeister unter einer Decke zu vereinigen. Im vorliegenden Bande handelt sich's dagegen von vornherein um ein Werk der Wissenschaft, und die „Künstlichen Paradiese" sind auch noch um deswillen geeignet, durch eine Auseinandersetzung über die Natur ihres Ver-

---
* siehe S. 4

fassers eingeleitet zu werden, weil die Verleumder Baudelaires zum Teil gerade auf diesen Band sich stützen zu können vermeinen. Mögen also die dort unterdrückten Betrachtungen hier ihre Stelle finden.

Wenn man einen toten Dichter durch eine Sammelausgabe seiner Werke seinen Nachfahren wieder naherücken möchte, so wird man sich einiger einleitender Worte kaum enthalten dürfen. Solche ‚Einleitung' kann zwei verschiedene Wege einschlagen: sie kann versuchen, den ‚modernen' Leser zurückzuversetzen in jene litterarische Periode, welcher der Dichter angehört; sie könnte aber auch den Versuch machen, den Dichter gewissermassen in die Zeit seiner Nachfahren einzuführen. Es wäre das ganz davon abhängig zu machen, ob der Dichter im Grunde für seine Zeit oder aber für die Nachwelt gelebt und gewirkt hat.

Man nennt Charles Baudelaire wohl als Haupt der litterarischen Schule, deren Glieder sich den Namen der ‚Parnassiens' gaben. Dennoch liegt mir's ferne, durch einen Vortrag über diese ‚Parnassiens' meinen Leser zu langweilen. Die ‚Schule', der Baudelaire angehört, ist die der genialen Künstlererscheinungen, deren Eigenart sich nur durch Betrachtung der Einzelpersönlichkeit selber erfassen lässt. Baudelaire h a t eben niemals im Sinne einer ‚Schule', sondern stets nur im Geiste der Kunst gewirkt – ‚Kunst' hier im erhabensten Sinne verstanden.[1] Mag man doch seine Auffassung vom Wesen des dichterischen

---

[1] Er selber sagt von sich: „Ich habe keinen Ehrgeiz im Sinne der Leute meines Jahrhunderts. Doch hab' ich einigen Ehrgeiz in einem höheren Sinne, den die Leute der Jetztzeit nicht verstehen können."

Schaffens, vom Prinzip der Poesie, hier gleich aus seinen eigenen Worten kennen lernen:

„Der unersättliche Durst nach allem, was jenseits der Hüllen dieses Lebens liegt, ist der lebendigste Beweis für unsere Unsterblichkeit –: Wenn ein vollendet schönes Gedicht die Augen von Thränen überquellen macht, so beweisen diese Thränen nicht einen Ausbruch von Wonne, vielmehr sind sie die Zeugen einer verirrten Melancholie, einer Forderung der Nerven, einer Natur, die in das Land des Unvollkommenen hinausgestossen ist und die im Augenblicke sogar auf dieser Erde hier eines offenbar gewordenen Paradieses sich bemächtigen möchte. So ist denn recht und schlecht das Prinzip der Poesie das menschliche Streben nach einer höheren Schönheit."[2])

Solche inbrünstigen Schönheitsucher, die stets von der Sehnsucht nach dem Vollkommenen gefoltert werden, können schlechterdings in ihrer Zeit kein Genügen finden; denn die Zeit ist das Beschränkte, Unvollkommene; sie bietet ein Bild der ruhelosen Unausgeglichenheit, und der feine Künstlergeist muss sich täglich von tausend Unzulänglichkeiten zurückgestossen fühlen: denn in diesem Ocean von aufwärts ringendem Leben ist der Höchste, verhältnismässig Vollendetste immer noch der Künstler selber.

Es erscheint mir nötig, auf diesen Satz hier etwas näher einzugehen; er schliesst die Auffassung von der Menschheitsentwicklung ein, die mir auch für die Beurteilung Baudelaires einzig als massgeblich erscheinen kann. Auch

---

[2]) Charles Asselineau, der Biograph unseres Dichters, charakterisiert ihn treffend in zwei Worten: „Le but pour Baudelaire, c'etait le Beau!"

würde diese Frage ohnehin später nicht zu umgehen sein. Und schliesslich soll uns diese Abhandlung helfen, die wenigen Beurteilungen des Dichters seitens eines deutschen ‚Litteraten' und zweier – Mediziner zu widerlegen, die mir beim Suchen nach Material über Baudelaire aufgestossen sind. Es war weissgott ein trauriges Resultat!

Es ist zwar eine nicht mehr ganz nette Weisheit, das IIanta rex – dennoch giebt es aber viele sogenannte gebildete Leute, die dieses Spruches Konsequenzen zu ziehen unvermögend sind. Sogar Leute, die sich berufen wähnen, über Thatsachen der Kulturgeschichte ein Urteil abzugeben, gehören zu diesen ‚sogenannt' Gebildeten.

Sobald ein Litteraturgeschichtler sich nicht mit blosser Thatsachenaufzählung begnügen, sobald er auch nur über eine einzige Erscheinung auch nur ein einziges Urteil fällen will, muss er sich und dem Leser zuvor eine feste Basis schaffen: er muss eine bestimmte Lebensauffassung begründen. Die beste und wertvollste wird stets die sein, welche die weiteste Spannkraft hat, d. h.: welche unter einem einheitlichen Gesichtspunkte das gesamte Geistesleben der Menschheit – Kunst, Religion und Philosophie – begreift. Denn nach einer der ‚Gegenwart' entnommenen ‚Norm' darf vernünftigerweise nicht geurteilt werden: Was ist ‚Gegenwart'? Der mathematische Punkt: ein in der That nicht Erfassbares. Und was ist ‚Norm'? Der Gegenwartszustand?? – Oder sollte der Litterarhistoriker nach seinem persönlichen ‚Empfinden' urteilen dürfen? Welch ungeheuerliche Anmassung: Jede kritische Fähigkeit, die aus verständnisvollem, durchdachtem Studium der Kulturgeschichte gewonnen wird, ist null und nichtig gegenüber dem persönlichen ‚Empfinden' eines Menschen: gegenüber dem Produkt gott-weiss-welcher Zeugungsmischungen, Erziehung- und Milieu-Einflüsse und einer Unzahl zufälliger Suggestionen! Traurig, dass es Werke giebt, deren Autoren in solch unvernünftiger, beschränkter Art die Erscheinungen der Kulturgeschichte ‚beurteilen'; aber trauriger noch, dass gerade aus diesen Büchern die gedankenlose Menge sich ihr ‚Urteil' schöpft!

Ich muss also notwendig hier zunächst, um eine Grundlage für die Wertung Baudelaires zu schaffen, einen Blick auf die gesamte Biologie des menschlichen Geisteslebens werfen, will mich jedoch sehr kurz fassen.

Die Organe der Lebenswahrnehmung sind die ‚Sinne'. Das Gesamtergebnis ihrer Thätigkeiten ist eine Häufung von Erfahrungsthatsachen im Gehirn als der Centrale der Sinnesorgane, in welcher jene Wahrnehmungen dem Individuum erst ‚bewusst' werden. Mit diesem ‚Bewusstsein' beginnt ein höheres organisches Leben.

Die nächste Steigerung besteht in der Reproduktion jener Erfahrungthatsachen im Gehirn: in der Bethätigung von ‚Gedächtnis'. Die Vereinigung von Bewusstsein und Gedächtnis bildet den ‚Verstand'.

Herr all dieser Kräfte und Fähigkeiten ist der Instinkt zum Leben, welchen man als einen unbewussten ‚Willen' vielleicht bezeichnen darf. – Das Tier gebraucht also beständig seine Sinne im Dienste des Verstandes und den Verstand im Dienste des Instinkts zum Leben, d. i. zur Selbst- und Art-erhaltung, ohne es zu wissen.

Es vergeht eine ungeheure Spanne Zeit, ehe ihm die stete Wiederholung all dieser Vorgänge seines Seelenlebens auch die Erfahrungthatsache schliesslich vermittelt, dass es seine seelischen Kräfte zur Selbst- und Art-erhaltung benutzt. In diesem Moment setzt die ‚Vernunft' ein: das ‚Sinnen' vervollkommnet sich zum ‚Denken', die Erfahrung zur Erkenntnis, die Seele zum Geist, der Instinkt zum bewussten Willen. Hier vollzieht sich die Genesis des Menschen, des ‚homo sapiens'. Sie vollzieht sich noch in der Gegenwart, hat sich an der grossen Mehrzahl des sogenannten ‚homo sapiens' überhaupt noch nicht oder doch nur äusserst kümmerlich vollzogen: so ungeheuer mühselig und langwierig ist dieser ‚Moment'.

Übersehen wir nun den eben skizzierten Entwicklungsgang, so werden wir gewahr, dass alles hindrängt auf die Geburt des Geistes.[1]) Es scheint, als wolle in diesen ungeheuren Entwicklungskrämpfen die Materie sich vergeistigen. Schon heute — unter ‚heute' verstehe ich, entsprechend der Währungdauer des besprochenen ‚Moments', die vier bis fünf letzten Jahrtausende der Entwicklung – schon heute giebt es Menschen, deren ganzes Gefühls- und Gedankenleben vergeistigt, deren Körper gleichsam nur noch das Gralsgefäss des Geistes ist. Diese sind es, die mir als die wahren Künstler erscheinen; und so sind denn – eben unter dieser Lebensauffassung betrachtet – die Künstler der Vollkommenheit am nächsten.

Da nun der Querschnitt der Menschheit, wie gesagt, noch weit entfernt ist von Vergeistigung,[2]) so stehen diese

---

[1]) Vgl. Emersons diktatorisch gefassten Ausspruch: „Auch die Veredlung ist Verhängnis. Keine Darstellung des Weltalls kann irgend eine Spur von Richtigkeit haben, die nicht seine emporstrebende Entwicklung zugiebt. Die Tendenz des Ganzen geht nach dem Vollkommenen." („Lebensführung." Minden, J. C. C. Bruns.)

Künstler ausserhalb der Menschenmenge[3]); und ob sie nun dem achtzehnten oder dem neunzehnten Jahrhundert angehören mögen: man wird leicht einsehen, dass das keinen Unterschied machen wird–: Wenn in der Geschichte der Geistesentwicklung ein paar Jahrtausende ein ‚Moment' sind, so ist's nur logisch, ein Jahrhundert sozusagen als ein Nichts anzusehen.

Und darum brauch' ich von den ‚Parnassiens' hier nichts zu sagen ...

*

Ein noch völlig ungepflügtes Land zu bearbeiten, ist keine leichte, doch dafür eine interessante Arbeit. In dem Falle befinde ich mich hier nun nicht. Ich finde ein Publikum vor, dem immerhin der Name ‚Baudelaire' doch schon bekannt ist, das sogar eine gewisse Vorstellung mit diesem Namen verknüpft. Das ist nun sehr schlimm und wird mir zunächst einige garstige Arbeit machen; denn jene Vorstellungen lud zumeist lächerliche Vorurteile oder vielmehr – wie man mit Recht gesagt hat – Nach-urteile: ‚Urteile', die einsichtlos nachgesprochen werden. Und wem nachgegprochen? Wo fliessen die trüben Quellen solcher ‚Vorurteile'?

Baudelaire steht über dem Querschnitt der Gesellschaft; dieser Querschnitt giebt die ‚Norm' an, das ‚Gesunde', ‚Natürliche'; demgemäss ist er ‚abnorm', ‚ungesund', ‚un-

---

[2]) Ich möchte hier an Ernst Haeckels trefflichen Ausspruch erinnern: „Die geistigen Unterschiede zwischen den niedersten Menschen und den höchsten Tieren sind viel geringer, als diejenigen zwischen den niedersten und den höchsten Menschen." („Natürl. Schöpfungsgeschichte", XXX.)

[3]) „Le poète n'est d'aucun parti," sagt unser Dichter; „autrement il serait un homme comme les autres."

natürlich'. Jawohl! Mein Leser mag, wie ich selber, vielmehr diese ‚Logik' für unnatürlich, ‚ungesund' und abnorm halten, so können wir beide es aber doch nicht ändern, dass eben diese Logik die Werke diktiert, die das Vollkommene, Vorbildliche als etwas Rückständiges, Unbrauchbares abthun und dein Publikum ‚ausreden' möchten!

Es sind natürlich Mediziner, die dieses Thema als in ihr Fach einschlägig sich bemächtigen zu müssen glauben. Ich werde ihnen hier scharf entgegenzutreten haben. Ist's aber nötig, vorher zu versichern, dass mich nicht etwa Missachtung der Wissenschaft, sondern gerade Achtung vor ihr zu dieser Stellungnahme veranlasst? Meine Ehrfurcht vor den Männern, die all ihre Kraft der Erforschung, Klärung und Durchleuchtung eines wissenschaftlichen Problems weihen, ist unbegrenzt, mögen sie nun als was immer wirken; ich fühle mich ihnen durch eine so tiefe Sympathie – im ursprünglichsten Sinne des Wortes – verbunden, dass ich mich mit ihnen ganz auf einer Seite weiss im Kampfe gegen Pseudowissenschaftler, die – oft mit unredlichen Mitteln – eine Breite des Wissens vorzuspiegeln suchen, um über die völlig mangelnde Tiefe, über die grenzenlose Flachheit ihrer ‚Arbeiten' hinwegzutäuschen.

Die spezielle ‚Sünde wider die Natur' – in diesen Ausdruck kleidet Herr Otto von Leixner sein Urteil über unseren Dichter –, die man Baudelaire zur Last legt, heisst: Geruchsmonomanie; und so hat sich Herr Dr. Albert Hagen in seiner ‚Osphresiologie' seiner denn besonders angenommen. Man findet in diesem Buche folgenden

Satz über Baudelaire: „Er hat bekanntlich dem Opium- und Haschischgenuss begeisterte Loblieder gesungen, in den ‚Künstlichen Paradiesen', wie er überhaupt alles Künstliche dem Natürlichen vorzieht."

Das ist nun eine Lüge! Man wird sehen, wie scharf Baudelaire dem Haschisch- und Opiumgenusse in den „Künstlichen Paradiesen" entgegentritt. Herr Hagen kennt also das Buch gar nicht, von dem er so schamlos sich erfrecht, eine verleumderische Inhaltsangabe zu liefern. Das ist die rechte Art und Weise, das Publikum zu düpieren: Geht's nicht auf geraden, so geht's eben auf krummen Wegen; geht's nicht mit der Wahrheit, so geht's mit der Lüge. Der Fall ist leider typisch für gewisse Bücher, die neuerdings als Werke der Wissenschaft ihr Publikum zu finden scheinen, und zwar ein breiteres Publikum, als es sonst wissenschaftlichen Werken eigen zu sein pflegt.

So haben wir hier nun also von der ‚Anormalität' zu sprechen. Alle Medizinmänner, die dieses Thema behandeln – soweit mir ihre Bücher eben bekannt geworden sind – machen den Fehler, der mir für einen in den Wissenschaften erzogenen Geist geradezu ungeheuerlich erscheint: dass sie mir vom ‚Normalen' und vom ‚Anormalen' sprechen und das ‚Normale' mit dem ‚Physiologischen', das ‚Anormale' mit dem ‚Pathologischen', der ‚pathologischen Entartung' strikte identifizieren. Dass ‚anormal' sowohl die Rückbildung eines Organes ist – man könnte den Ausdruck ‚unter-normal' einführen – wie auch seine ungewöhnliche Differenzierung – hier würde ich sagen ‚über-normal' – wird dabei völlig ausser acht gelassen; die Plattfüsse eines durch Inzucht degenerierten hebräischen Viehhändlers und die Sinnesverfeinerungen eines Huysmans sind diesen medizinischen Spezialitäten und Kapazitäten in gleicher Weise ‚Entartung'. Bei Anwendung dieses Intelligenz-Standpunktes auf das Gebiet der Geruchsverfeinerungen kommt der erwähnte Doktor Hagen natürlich zu dem folgenden Ergebnis: „Die Parfümsymphonieen, welche Fleury so phantastisch ausmalt, wären, falls sie, wie in Huysmans' ‚A rebours', verwirklicht würden, der ungeheuerlichste Rückschritt. Eine übermässige Kultur des Geruchssinnes bringt den Menschen auf die Erkenntnis- und Wahrnehmungsstufe der niederen Säugetiere zurück." Dem denkenden, wissenschaftlich gebildeten Geiste muss sich die völlige Unrichtigkeit dieses Ausspruches sofort aufdrängen. Hagen sagt drei Seiten zuvor: „Unser Vermögen zu spüren und zu wittern bleibt hinter jenem der Tiere stehen." Gewiss; ebensosehr wie unser Vermögen, scharf und weit zu sehen und zu hören. Schärfer – im Sinne einer deutlichen Wahrnehmung in die Weite – wird stets der tierische (für uns: unternormale) Sinn sein; feiner aber, differenzierter – im Sinne einer minutiösen Unterscheidung von Wahrnehmungen in der Nähe – der menschliche. Das Gebiet der persönlichen Ansichten hört hierbei ganz auf: es sprechen die phylogenetischen Thatsachen. Die Fortbewegung vom ‚Normalen' ist eben nicht immer eine retrogressive – das wäre dann die wirkliche ‚Entartung' –, sondern doch wohl mindestens ebenso oft auch eine progressive: da handelt sich's dann um Weiterentwicklung, das ist – eine Grundthatsache der Entwicklungslehre! – Differenzierung: Vemehrung und Verfeinerung durch Teilung. (Vgl. z. B. die

Furchung des Eis, die Vermehrung der Gehirnwindungen etc.) – Übrigens liesse sich Hagen in diesem Falle noch recht gut aus seinem eigenen Buche widerlegen: Er selbst führt an, wie ausserordentlich fein im alten Indien die Düfte des Weibes nach ihren Charakteren unterschieden worden seien; die alten Inder aber bezeichnet er nicht als entartet und vertiert. Warum nicht? Jeder Schuljunge weiss, dass sie ein grosses Kulturvolk waren. Jeder Schuljunge – so gut wie Herr Doktor Hagen und mancher andere noch – weiss aber auch, dass der gegenwärtige Durchschnittseuropäer ein ganz hochbedeutsamer Kulturfaktor ist, und wenn Baudelaire und Huysmans – und wiederum andere von dieser Art des HOMO SAPIENS – der grossen Herde und ihren Treibern so ‚wider den Stachel löken', so werden sie eben als Kulturfeinde in den Bann gethan – wegen einer Geruchsfeinheit z. B., in der sie mit den alten Indern auf einer Stufe stehen, – während die alten Inder dessen-unbeschadet das grosse Kulturvolk bleiben!

Es lebe die Logik und – der Stumpfsinn!

Was nun noch im besonderen Baudelaires ‚Liebe zur schwarzen Venus' angeht, so deutete schon Thèophile Gautier an (vgl. die Einleitung des ersten Bandes), dass er sie von seiner orientalischen Reise mit heimgebracht haben werde. Wir wollen suchen, diese Vorliebe v e r - s t e h e n zu lernen:

Ein junger, idealistischer Feuerkopf findet daheim im modernen Paris nur Widrigkeiten, wenn er mit feinen Sinnen das Getriebe des Grossstadtlebens aufnimmt. Plötzlich kommt er hinaus aus dieser Enge; die Essen qualmen nicht mehr; keine Maschine zerstampft das Lebensverlangen halb verkümmerter Arbeiterseelen; keine legalisierten Morallügen einer hohlköpfigen guten ‚Gesellschaft' verbittern ihn mehr: der weite blaue Himmel des Südens breitet seine leuchtende Ruhe gross und strahlend über das erhabene Meer; wiegend pfeilt der Steamer durch die salzfrischen Kräuselkämme von Gischt und Schaum und die Seeluft schmeckt nach tausend Köstlichkeiten. Und am Horizonte erhebt sich die Scenerie der Märchen aus ‚Tausend und eine Nacht', und in den Namen ‚Orient', ‚Indien', ‚Ganges', und im Namen der unvergänglichen Scheherezade drängen sich fernvertraute Heimlichkeiten dem Herzen wieder zu, die ihm Wundersames offenbaren zu wollen scheinen. Das Land der Sehnsucht hat sich aufgethan: so scheint's der glühenden Inbrunst eines Dichters, dessen berauschte Sinne hier ein ewiges Fest der Schönheit feiern. Und wo sind jene armen, elenden Dirnen des Pariser Pflasters? Und wo die Weiber der ‚Gesellschaft' mit ihren geschmacklosen Drapierungen modeverhunzter Reize? Ursprünglichkeit ist hier, Frische, Gesundheit: das reine, starke, selbstverständliche Sich-Ausleben der Natur! – Von ihm soll dieser Dichter, der wie Apollo selber uns geschildert wird, sich abwenden: um der ‚Normalität' der europäischen ‚Gelehrten' willen soll die Natürlichkeit sich hüten vor natürlichem Empfinden? – Die Natur weiss nichts von der ‚Moral' der Europäer; und wenn die Europäer nichts wissen von der Moral der Natur, so müssen sie das eben mit sich selber abmachen. Und so hat die Natur des jungen Feuerkopfes – er war weissgott erst 20 Jahre alt; kein geschmackkorrumpierendes Lüstlingleben lag hinter ihm; und dass er etwa hereditär belastet gewesen sei, hat traun selbst nicht die Wissenschaft entdecken können – so hat seine Natur, üppig entfaltet unter dem glühenden Himmel der Tropen, wetteifernd mit der ‚abnorm' gedeihlichen Vegetation jener Lande, in denen einst das Paradies sich dehnte, geschwelgt in allem, was an Begeisterndem sich ihr nur bot.

Aber –!

Dies ‚Aber' führt uns nun bis tief in die Abgründe der Perversität hinein: „Dem normalen Europäer ist der Verkehr mit der Schwarzen unerträglich" ... sagt die Wissenschaft. Die Wissenschaft halte mir die Behauptung zu gute, dass es dann sehr wenige ‚normale Europäer' geben müsste, denn die Berichte aller Reisenden führen an, dass die Schwarze eine sehr gesuchte und geschätzte Konkubine ist für den normalen Europäer. (Vgl. z. B. Plehn, „Die Kamerunküste", Berlin, Hirschwald; Castellani, „Das Weib am Kongo", Minden, J. C. C. Bruns).

Aber wie ist's denn mit dem unleidlichen Körpergeruch der Schwarzen, von dem die Wissenschaftler so viel wissen? Nicht eben sonderbar – Ein Mensch, der bei individueller Neigung zu starker Sekretion in einem heissen Klima seinen Körper mangelhaft oder gar nicht pflegt und rein hält, wird bald durch eine unangenehme Ausdünstung auffallen – völlig einerlei, ob Weisser oder Schwarzer. Man darf aber einem ästhetisch feinsinnigen Jüngling ohne weiteres zutrauen, dass er nicht von dem Triebe besessen gewesen sein kann, an scharfen, ätzenden Caprylgerüchen schmutziger Weiber sich zu betäuben. Hätte dennoch jemand Lust, darüber erst noch zu disputieren, so verweise ich ihn auf Baudelaires Dichtungen selber, welche den Duft der schwarzen Venus feiern, weil er ‚nach Muskat und nach dem Tabak von Havanna schmeckt' und weil er nachmals – in einer überaus ‚natürlichen' Ideenverbindung! – die ganze Seenerie der fernen Küsten: das weithin blauende Meer, – die frische, reine Seeluft, – die Schiffe, die in fernen Häfen ihre hohen Masten wiegend im Wasser widerspiegeln, belebt von kräftigen Matrosengestalten, die in gesund-fröhlicher Lust ihre rhythmen-schönen Lieder über die Fläche erschallen lassen, – weil er dies prächtige Bild ihm wieder vor die berückten Sinne führt. So steht es um des Dichters ‚Perversität' und seine ‚offenbare Verirrung des Geruchssinnes', der seine Vorliebe für Negerinnen und Mulattinnen ‚sicher' – Herr Hagen w e i s s es also! – entsprang ...

Sahen wir nun also genugsam, dass solche Art Doktoren weder über eine gründliche wissenschaftliche Bildung, noch – was die Litteratur angeht – über die windig vorgespiegelte Belesenheit verfügen, dass sie demnach über ihr Thema reden, wie der Neger vom Nordpol, so können wir sie nun beiseite lassen als belanglose Schwätzer, die keinen Anspruch darauf haben, wissenschaftlich ernst genommen zu werden.

Diese Wertung kann, wie auf Herrn Hagen, so auch auf den Verfasser des Buches über den „Marquis de Sade und seine Zeit", Herrn Dr. Eugen Dühren, angewendet werden. Beide Bücher sind nur dort einigemassen lesbar, wo sie Material zusammentragen, wenn auch nur mit grosser Vorsicht lesbar, da sie das Material nehmen, wo's ihnen in die Hände fällt, ohne es selber nach Möglichkeit nachzuprüfen. Die Bücher sind demnach in sich ungleichwertige Anekdotensammlungen über geschlechtliche Kuriositäten – und daher auch wohl ihr Erfolg!

Herr Dühren – ein noch weit unleidlicherer Moralschwätzer als Doktor Hagen – verbreitet über Baudelaire die Anekdote: Er hatte Liebesverhältnisse mit hässlichen, widerwärtigen Personen, Negerinnen, Zwergdamen, Riesinnen. – Aber dieser Herr Dühren ist ein vorsichtiger Mann: immer beruft er sich auf ‚Quellen'. In diesem Falle nennt er v. Krafft-Ebing als seinen Gewährsmann. Es ist neuerdings eine ebenso widerwärtige, wie thörichte Unsitte der Mediziner, die ein Gebiet behandeln, das nur dem höchsten wissenschaftlichen Ernst zugänglich sein sollte, leichtfertig ihre Werke über sexuelle Abnormitäten mit Zitationen hervorragender Männer zu spicken. Über die ‚Päderasten' Michelangelo, Shakespeare, Friedrich d. Gr., Richard Wagner stellt sich dann wie ein moralisches Genie die platte geistige Impotenz der erbärmlichsten Philistrosität. Ein ekelhafter Anblick! Krafft-Ebing hat in seiner ‚Psychopathia sexualis' ein Werk von wissenschaftlicher Bedeutsamkeit geschrieben, abgefasst mit der Objektivität des Forschers zum Zwecke einer Reformierung der einschlägigen forensischen Bestimmungen, die denn auch dringend der Reform bedürfen. Um so mehr ist es zu bedauern, dass er in seinen „Neuen Forschungen", auf die Herr Dühren sich beruft, und die ich mir leider nicht mehr zu beschaffen vermochte, seinen festen Boden gleichfalls zu Gunsten jener Schreibweise verlassen zu haben scheint. Sehr gern hätte ich erfahren, auf welche Gewährsmänner und unwiderleglichen Quellenschriften

v. Krafft-Ebing sich beruft. Denn schwer würde er sein wissenschaftliches Ansehen schädigen, wenn er sich nicht mit solchen vollkommen gedeckt hätte! Ich habe alle Quellenschriften über Baudelaire mir beschafft; ich weiss nicht von einem Buche über ihn, das ich nicht besässe und studiert hätte, aber nirgend eine Andeutung von der in Rede stehenden Anormalität!

Und nun das Bedeutsamste an der ganzen Sache. Kein Gerücht wird völlig erfunden; etwas Wahres liegt ihm stets zu Grunde. Man weiss von Friedrich dem Grossen, dass er nach dreijähriger Ehe überhaupt nicht mehr bei seiner Gemahlin schlief[1]); wahrscheinlich haben ihn die Urninge also darum als päderastischen Frauenhasser für sich in Anspruch zu nehmen versucht. Die Gerüchte über Alexanders Urningtum stützen sich nach Moll auf Äusserungen Arrians. Ich habe jedoch im Arrian keine Silbe darüber aufzufinden vermocht, glaube aber, dass die masslose Trauer Alexanders beim Tode Hephästions (Arrian, Anabasis, VII, 14) genügt hat, die Urninge zu veranlassen, auch ihn zu den Ihrigen zu zählen. Und Baudelaire? Zwei Charakterzüge, die einander kompensieren, stechen an ihm hervor: Hass gegen den Bourgeois, der das Monopol zu haben meint auf Sittlichkeit und Unfehlbarkeit, und Liebe, innigste, mildherzigste Liebe zu allem, was arm, niedrig, verwaist und ‚enterbt' ist. Nichts stand ihm höher als die Schönheit, und darum hatte er mit niemandem mehr Mitleid als mit denen, die von der grausamen Natur aus dem Reiche dieser Göttin verstossen sind. Und darum

---
[1]) Vergl. Carlyle, „Geschichte Friedrichs II.", und ferner Moll, „Die konträre Sexual-Empfindung", III, 1.

liebte er die Armen – denn wieviel Schönheiten der Natur und der Kunst bleiben ihnen stets verschlossen! – und darum die Krüppel, die an den Strassen hocken, und darum das fahrende Volk der Gaukler und jene missgestalteten Wesen, die durch ihre Hässlichkeit und Monstrosität das wenige Geld verdienen, durch das sie ihr schönheitleeres Leben kümmerlich fristen.

Man lese nur, wieviel warme, gütige Liebe aus seinen Zeilen leuchtet und jedes Wort mit wahrhaft christlichem Feuer wärmt, wenn er den alten ‚saltimbanque' uns schildert, die Witwen, die Kinder der Armen oder den elenden Strassenreiniger der Grossstadt. Solchen Menschen aber des sexuellen Umgangs mit Krüppeln zu bezichtigen, ist direkt eine Monstrosität! Ich möchte wissen, wer über diesen Priester der Schönheit solch ein ungeheuerliches Gerücht in Umlauf gesetzt hat. Und da v. Krafft-Ebing seine ‚Neuen Forschungen', aus dem Buchhandel zurückgezogen hat, so ist es nun Herrn Dr. Dührens Sache, entweder die historischen Quellen für dies Gerücht in weiteren Auflagen seines Buches bekannt zu geben, oder aber den betr. Passus zu tilgen, da er – des bin ich im voraus sicher – nur eine grobe, gemeine Lüge enthält! –

Und nun der ‚Litterat', von dem ich sprach. Sagte ich, dass ich auch ihn ‚widerlegen' wolle? So habe ich zu viel gesagt. Es ist bezeichnend, dass die Litteraten denn doch nicht so rasch bei der Hand sind, wenn es gilt, sich in Fragen der medizinischen Wissenschaft zu blamieren, wie manche ‚Mediziner' selber. Über „die französische Lyrik im neunzehnten Jahrhundert" sucht Sigmar Mehring einen Überblick zu geben. Das Buch steht auf denkbar niedrigstem Niveau: Wo die mangelhafte Geistesbildung des Verfassers kein Verständnis mehr zulasst, da beginnt – die Sittlichkeit und die erhabene Ironie. Mehring ist einer von jenen traurigen Helden der Feder, die die Begeisterung abgethan und die unfruchtbarste Scheinkritik an ihre Stelle gesetzt haben. Was ist ihm ein Genie wie Baudelaire? „Eine echte Pariser Grossstadtpflanze." Das kennzeichnet genugsam diesen Buchschreiber. – Dieser also sagt von unserem Dichter: „Mit Überschwang der Empfindung entfesselt Baudelaire in allen seinen Liedern einen bis zur Todessehnsucht gesteigerten Sinnenrausch."

‚Sinnenrausch'! Das Wort bringt uns wieder zurück auf unser Thema von den Sinnlichkeiten. Wir verfolgten bereits kurz den Weg von der primitiven Sinneswahrnehmung bis zur Genese der ‚Vernunft'. Erst die Vernunft erschliesst dem Menschen das Universum, oder vielmehr: sie macht es zu seinem Denkgebiete. Denken ist das Aufsuchen ursächlicher Zusammenhänge; – wie der Gebrauch der Vernunft dem Menschen also die Einsicht in die ursächlichen Zusammenhänge der früh gewonnenen Erfahrungthatsachen des irdischen Lebens giebt, so sucht der ‚homo sapiens', seine Fühler nun auch ins Universum in schauernder Wissbegier hinausreckend, auch dort nach ‚Kausalität'. Gewiss hat sich der Kreis seines Wahrnehmungvermögens – (das heisst jedoch im Grunde immer nur: die Leistungfähigkeit seiner Sinne!) – langsam geweitet; der Mittelpunkt dieses Kreises ist aber doch immer er selbst geblieben; und so knüpft er denn, ins Weltall witternd, den ersten Kausalnexus schon zwischen sich und dem All. Er knüpft ihn freilich zumeist unbewusst. Bedeutsam ist nun der Analogieschluss, der ihn, von der Erde aufblickend ins Weltall, auf einen Weltenschöpfer schliessen lässt, in Gemässheit der irdischen Erfahrung, dass nichts ohne Ursache wirkt, dass alles Vorhandene geschaffen sein muss. (Der weiteren Frage nach dem Schöpfer dieses ‚Allschöpfers' entzieht er sich dann freilich, indem er über den Allschöpfer hinaus plötzlich – die Kausalität aufhebt.)

Wir haben hier keine kritische Religionsphilosophie zu treiben; wir haben einfach festzustellen, dass mit dem Blicke ins All das religiöse Empfinden, mit der Ahnung des Schöpfers der Gotteskult beginnt. Dem Bedürfnis, diesem Kult Ausdruck zu geben, verdankt die Kunst ihr Dasein: Die ‚Technik', die sich im Lebenskampfe entwickelte, wird angewandt zur Erzeugung von Gegenständen, deren einzige Bestimmung es ist, religiös zu wirken. Jede Kunsttechnik ist aber verknüpft mit einem Sinne; – und so hat denn – ich will am Geruchssinn exemplifizieren – folgender Kreislauf sich vollzogen: Der Geruchssinn diente anfangs der Selbst- und der Art-erhaltung, indem er nämlich bei der Ernährung des Individuum beitrug zur Auswahl der Speisen,[1]) bei seiner Fortpflanzung zur geschlechtlichen Auswahl. Dabei lernte er angenehme und unangenehme Eindrücke kennen. Indem der Mensch nun die Erfahrung machte, dass der Geruchssinn ihm angenehme Eindrücke zu verschaffen imstande ist, suchte er, selbständig um des Angenehmen willen, wohlduftende Pflanzen etc. auf und genoss ihren Duft um

---

[1]) Vgl. Albrecht von Haller: „Mihi quidem est quam persuasissimum, nullum cibum salubrem esse, qui foeteat." („Elementae physiologiae", XIV, 3.)

jener Lustempfindung willen. Daraus entwickelt sich allmählich die Technik der Parfümeriekunst. Endlich zu jenem Schlusse gekommen, dass er als Geschöpf einem Schöpfer zu huldigen, das heisst: sich ihm wohlgefällig und angenehm zu machen habe, streut er dann diesem Schöpfer Weihrauch und Myrrhen ... in Häusern, die wiederum für den Gott besonders erbaut sind – während der Mensch früher nur um der Selbsterhaltung willen baute; und was ich hier vom Geruchssinne darlegte, lässt sich analog an jeder Sinnesbethätigung entwickeln —: Die Sinne haben einen zweiten Zweck von der Vernunft des Menschen zudiktiert erhalten! [1])

Erinnern wir uns, dass alle Lebenswahrnehmung den Sinnen zu danken ist, und sahen wir, dass der Menschengeist mit seiner Vernunft am Ende tief ins Weltall hinauszufliegen suchte, als dessen Mittelpunkt er sich empfand, so folgt daraus nur jenes dem Sinnenrausche eigene ‚Gefühl der Unendlichkeit', um dessen Bestimmung es mir hier zu thun war, ohne weiteres. Die Sinne verzehren die Kräfte dieser unbegrenzt mächtigen Vernunft, um unterzutauchen in einen ebenso unbegrenzten Rausch. Dieser ‚Sinnenrausch' kann – obwohl im Grunde von einerlei Natur – seinem Zwecke nach von zweierlei Art sein, je nachdem er sich eben in die Tiefe oder in die Höhe richtet, will sagen je nachdem die Seele sich als irdischen Schöpfer oder aber als göttliches Geschöpf grenzenlos zu empfinden strebt.

---

[1]) Ein in Vorbereitung befindliches Werk: Max Bruns „Sensualität und Existenz", wird alle diese Dinge ausführlicher behandeln und belegen.

EINLEITUNG

Die direkte Verquickung des geschlechtlichen und des religiösen Sinnentaumels zeigen evident die Satansmessen des Mittelalters[2]), und wenn irgendwo, so ist gerade hier recht der innige Zusammenhang aller menschlichen Inbrunst erkennbar, die eben immer in den Sinnen wurzelt. Wie leicht äusserste religiöse Inbrunst in geschlechtliche Erregtheit umschlägt, zeigen z. B. auch gewisse ‚geistliche' Minnelieder des Mittelalters, deren W. v. Rudeck in seiner „Geschichte der öffentlichen Sittlichkeit" einige überzeugende Proben mitteilt. Auch v. Krafft-Ebing streift das Thema, ‚Beziehungen zwischen Religion und Sexualität' im ersten Kapitel seiner „Psychopathia sexualis" und verweist dabei namentlich auf Friedreich („Gerichtl. Psychologie"), der äusserst interessante Beispiele, besonders aus den Heiligengeschichten, gesammelt hat. In der Kunst unserer Tage hat Zola im „Abbé Mouret" den gleichen Stoff mit genialer Kraft gestaltet.

Das ist nun auch der ‚Sinnenrausch' Baudelaires, oder vielmehr das, was Mehring so schlechthin als ‚Sinnenrausch' abthut: Das religiöse Unendlichkeitsempfinden, das inbrünstige Allgefühl eines aus Unvollkommenheit nach Vollkommenheit ringenden Künstlers. Und wenn man davon gesprochen hat, wie Poe, so habe auch Baudelaire – im besonderen durch sein Gedichtwerk „Les fleurs du mal" – einen ‚neuen Schauer' in das Gebiet der Kunst eingeführt, so bestellt der eben in diesem Ahnen, dass alle ‚Ausschweifungen' des Menschengeistes – vom Verbre-

---

[2]) Vgl. Przybyszewski, „Die Entstehung und der Kult der Satanskirche" (‚Kritik' 1897), z. T. zitiert in Prof. Herman's trefflicher „Genesis", Bd. III (‚Bacchanalien und Eleusinien').

chen bis zur religiösen Verzücktheit des unter Qualen selig lächelnden Märtyrers – dem einen und gleichen Nährboden entwachsen: dem ‚Sinnenrausch' eines Wesens, das sich im Gefühl der Unendlichkeit zu verlieren trachtet. „Ja wahrhaftig!" – sagt unser Dichter – „die Laster des Menschen, so grauenvoll man sie auch finden mag, enthalten die Gewähr – und sei's nur in ihrer grenzenlosen Expansion! — für seinen Hang zum Grenzenlosen." (‚Goût de l'infini' – liesse sich sinngemäss auch mit ‚Allgefühl' verdeutschen.)

*

Mit diesem Hang zum ‚Grenzenlosen', dem ‚goût de l'infini', sind wir zurückgekommen auf den Ausgangspunkt unserer Betrachtungen. Und es ist wohl gut, noch einmal darauf zurückzukommen; denn der ‚goût de l'infini' ist das Wesentlichste in Baudelaires geistiger Art und also auch in seinen Werken. Sucht man den Untergrund dieser Persönlichkeit zu erspähen, so ist es immer dieser religiös inbrünstige Geist der Schrankenlosigkeit; und sahen wir, wie der naturgemäss im Laufe der Entwicklung bei reich veranlagten, feinsinnigen Menschen sich einstellen muss, so wird uns der ‚Tiefblick' eines Otto von Leixner nicht sonderlich zu imponieren vermögen, dem die Welt den Satz verdankt: „Blicken wir tiefer, so erscheint Baudelaire als ein Ergebnis der sündhaften Abweichung von der Natur." – So auch mag einer Stechmücke der Adler als ‚ein Ergebnis der sündhaften Abweichung von der Natur' erscheinen.

Es kann mir nun nicht in den Sinn kommen, diese getrennten Welten hier versöhnen zu wollen; es wäre das Unterfangen eines Einsichtlosen. Mir liegt es einzig ob, der Welt Baudelaires meinen Leser nahezuführen, der Welt der Sehnsucht, des Allverlangens, der Schönheitbrunst, des Willens zur Vollkommenheit. Baudelaire ist der eminente Künstlergeist, dem es, wie heute unserm unbegriffenen Paul Scheerbart, fest verbürgt ist: Im ganzen All das Höchste ist die Kunst; das grösste Kunstwerk aber ist das Paradies: das ewige Reich des all-umfassenden, träumend schaffenden Geistes!

Des träumend Schaffenden –! In dieser äussersten Empfindung, in der die in Verzückung hingenommenen Mystiker des Mittelalters, in der die Dichter aller Zeiten und Völker mit allen tiefsten Philosophen sich die Hände reichen, in dieser Ahnung, an der der Geist mit stärkerer Inbrunst hängt als an den scheinbar unumstösslichsten Erwiesenheiten, fliesst auch in Baudelaire der Künstler und der Philosoph zu einer einzigen Persönlichkeit zusammen, – und diese Verquickung lässt sich auch sprachlich sehr schön wiedergeben: Dem weichen Träumer, dem ‚Seher' wunderbarer Gesichte, gattet sich der herbe, aggressive ‚Denker'; der Gedanke hilft in seiner rücksichtlosen Kraft das Gesicht zugleich klären und kondensieren: und so entwächst jener fruchtbaren Vereinigung der ‚Dichter'.

Einem solchen ‚Dichter' – der also kein Reimschmied ist, sondern ein Künstler, im Geiste der religiösen Inbrunst gezeugt aus Gesicht und Gedanke – einem solchen Dichter seinen Weg zu bahnen in das gegenwärtige

Deutschland, kann trotz aller schon berührten Widrigkeiten und Misslichkeiten doch wohl versucht werden, sollt' ich meinen. Ist dieses Land nicht auch das der Schlaf, Mombert, Scheerbart, Przybyszewski? Und ist es nicht das Land des Novalis?

Novalis! Wem fallen die ‚Romantiker' nicht ein; und wem nicht unsre heutige ‚Neu-Romantik'? Baudelaire ist also ein ‚romantischer' Künstler, und leichtlich möcht' ich nun in den Verdacht geraten können, als wolle ich mit dieser deutschen Ausgabe seiner Werke der ‚Neu-Romantik' Proselyten machen. So muss ich nun auch dazu Stellung nehmen.

Die Romantik – auf unsre ‚Neu-Romantik' werd' ich bald zurückkommen – ist die litterarische Aera, die am reichsten war an ungenutzten Anregungen, am stärksten gesegnet mit einer Fülle trächtiger Samenkörner, die, von Dornen und Disteln überwuchert, verhindert wurden, sich üppig auszureifen und Blüten und Früchte zu zeitigen. – Man lese die „Fragmente" des Novalis!

„Freunde, der Boden ist arm; wir müssen reichlichen Samen Ausstreuen, dass uns doch nur mässige Ernten gedeihn!"

All dieser Same, den die grössesten Geister der Romantik gestreut haben, ist einem Schosse entsprossen; und der heisst: SEHNSUCHT!

So weit ist alles klar; dem widerstreitet niemand. Aber: Sehnsucht wonach?! That is the question! Ich hab' es zu Eingang bereits gesagt, worauf sich die Sehnsucht der Romantik richtete: auf das ‚Jenseitige', auf das Vollendete! Und die Erkenntnis erfüllte dabei die Künstler der Romantik, dass dieses ‚Jenseits der Erde' im Grunde identisch ist mit dem ‚Geiste'. Daher ein unablässiges Ringen nach Vergeistigung des Menschen: „Die höchste Aufgabe der Bildung ist, sich seines transcendentalen Selbst zu bemächtigen. Wir träumen von Reisen durch das Weltall; ist denn das Weltall nicht in uns? Die Tiefe unseres Geistes kennen wir nicht. Nach innen geht der geheimnisvolle Weg; in uns oder nirgend ist die Ewigkeit. Nichts ist dem Geist erreichbarer als das Unendliche." Also Novalis. Aufgabe der irdischen Individualität zum Zwecke der Selbsterkenntnis des Geistes: das ist demnach das Ziel! – „Solange ich dies und das hin oder dies und das habe, so bin ich nicht alle Dinge noch habe ich alle Dinge; sobald du aber entscheidest, dass du weder dies noch das seiest und habest, so bist du allenthalben; sobald folglich du weder dies noch das bist, so bist du alle Dinge." (Meister Eckhart.) – „Wenn du mir einen Augenblick stille halten könntest von deinem eigenen Wollen und Denken, so würde Gott in dir wollen und denken und du würdest sein Wort in deinem Herzen vernehmen." (Jakob Böhme.) – Man sieht klar, dass das Wesen jener Religionsphilosophie, die man gemeinhin unter der Bezeichnung ‚Mystik' begreift (– sie führt zurück bis auf die alten Weisheitbücher der Inder –) und das Wesen der ‚Romantik' in ihrem innersten Geiste durchaus identisch sind. Die Kunst führt zur religiösen Vertiefung hin," sagt John. Ruskin. Werden O. J. Bierbaum, Gustav Falke und noch manch andere gefeierte ‚Modernen' dem nicht widersprechen? Ist bei ihnen denn von Vertiefung religiösen Empfindens auch das Geringste zu verspüren? Und doch sind sie Künstler; nicht wahr?! – Nein! im Geiste Ruskins sind sie eben keine Künstler! – Und dieser Geist ist der der wahrhaften Romantik. Man kann nun diese Romantik als eine Epoche in der Geschichte der litterarischen Kunst auffassen – das thun ja die Litteratur-Professoren samt und sonders; man kann aber auch auf dem Standpunkte stehen, dass das tiefste Wesen jeglicher wahren Kunst im letzten Grunde romantisch im dargelegten Sinne ist. Auf diesem Standpunkte standen die grössesten Geister der Romantik; also auch Baudelaire.

Sprechen wir nun heutzutage von ‚Neu-Romantik‘, so wird man vernünftigerweise den Sinn dieses Wortes nicht anders erfassen können, als dass sich's darum handelt, das ‚Neue‘, ‚Moderne‘, den etwaigen Fortschritt, den unsere Erkenntnis seit den Tagen der Romantiker gemacht haben möchte, harmonisch zu verquicken und einzufügen in das ‚romantische‘ Empfinden. Ein Neu-Romantiker in diesem Sinne ist heute aber höchstens Johannes Schlaf; obwohl schon unser Baudelaire die Begriffe ‚romantisch‘ und ‚modern‘ als identisch erklärte!

Romantik ist nur eine Kunst – das heisst: eine Religionsbethätigung! – für ernste, tiefsinnige, kontemplative Naturen. Das erklärt, warum sogar in den Tagen jener litterarischen Aera, die jeder Professor auf den Namen der ‚Romantik‘ tauft, die echte Romantik gar bald überwuchert und ihr reicher, herrlicher Same, wie ich schon sagte, im Keimen erstickt worden ist. Dieses Unkraut, das der Herr dieser Welt unter den Weizen säete, finden wir in jener lyrischen Schule, deren erdwinzige Sehnsüchteleien sich in das Mittelalter zurücklenken, – nicht, um die ‚âme du moyen-âge dans sa blanche splendeur‘, wie Huysmans sagt, wieder heraufzubeschwören über den inbrunstdurchglühten Büchern der Mystiker, sondern ... um nach schmachtenden Nonnen, Königstöchtern und melancholisch verfallenem Gemäuer mit – oftmals stark posierter – unwürdiger Sehnsucht auszuspähen.

Es ist nun bezeichnend für die Unklarheit und Verworrenheit des geistigen Lebens unserer Tage, dass man mit einem Fleisse und einem ‚Tiefblick', der eines Otto von Leixner würdig wäre, diese gottseidank längst vergessene Pseudo-Romantik heute wieder ausgegraben und zu einer lyrischen Anthologie vereinigt hat, und dass — soweit ich sehe – nur in einer einzigen Kritik die Hohlheit und Wertlosigkeit dieses Buches hervorgehoben ist: von Ricarda Huch nämlich, die – was man von den Herausgebern jener Sammlung also, durchaus nicht sagen kann – in den Geist der wahren Romantik eingedrungen ist.

Angesichts solcher ‚Neu-Romantik' ist demnach diese deutsche Baudelaire-Ausgabe sogar ‚zeitgemäss'. Mag sie an ihrem Teile klärend wirken, wie auch die neue Novalis-Ausgabe und der verdeutschte Ruskin – beide im Diederichs'schen Verlage – an ihrem Teile es thun mögen. Denn gerade Baudelaire ist reich an romantischer Tiefe. Auch ihm wohnt jene ‚âme du moyen-âge' inne, und mehr als einmal hab' ich in seinen Werken gelesen mit der Empfindung, als säss' ich über die Pergamente eines alten christlichen Mystikers gebeugt. Und besonders an manchen Stellen der „Künstlichen Paradiese" wird man für diese Empfindung jedenfalls Verständnis gewinnen. In diesem Sinne erblicke ich in Baudelaire einen Vorläufer dieses herrlichen Huysmans, der – ein überreich begabter und bis an die Grenze verfeinter Menschengeist, ganz angefüllt von schrankenloser Kraft und jenem Baudelaire'schen ‚goût de l'infini' – die äussersten Geniepole menschlicher Inbrunst den Mystizismus und den Satanismus – mit klarem kritischen Geiste und der Kraft der Keuschheit in machtvoller Synthese in sich zusammenfasste und nach einem erschütternd grossartigen Entwicklungsgange ein endliches unendliches Genügen, fand und einen Frieden und ein Ruheglück, das eben mir dem in sich geeinten starken Künstlergeiste erringbar erscheint.

Das war auch Baudelaires Ringen all sein Leben: Hinauszudringen über die engen Grenzen des Alltags und der beschränkenden Körperlichkeit. Das leuchtet aus dem Glanze dieser grossen, klaren, unvergesslichen Augen, die allein von seinem Genie ein unwiderliegliches Zeugnis geben. Denn das Temperament des Genies – sagt Edgar Poe – mischt sich aus Melancholie, Sensibilität und Enthusiasmus. Und rein erstrahlen die aus Baudelaires Blicken und sprechen von viel Leid und viel unsäglich Sehnsuchtvollem.

Max Bruns.

Vorbemerkung
des deutschen Herausgebers.

Die französischen Ausgaben der „Paradis artificiels" haben einen sehr grossen Übelstand. Ausser den eigentlichen „Künstlichen Paradiesen", der „Dichtung vom Haschisch" und dem „Opium-Esser" nämlich, enthalten sie auch die Abhandlung „Wein und Haschisch, verglichen als Mittel zur Vervielfältigung der Individualität". Diese Abhandlung nun aber – zehn Jahre früher geschrieben als jene Abteilungen – enthält mit Bezug auf den Haschisch genau die nämlichen Mitteilungen und Ausführungen, die auch die „Dichtung vom Haschisch" enthält. Anders ausgedrückt: Die „Dichtung vom Haschisch" – der erste Teil der „Künstlichen Paradiese" – ist nichts als eine Neubearbeitung und Erweiterung des ersten, zehn Jahre früher geschriebenen Aufsatzes über den Haschisch. Was im Besonderen der erste Aufsatz über die ‚Vervielfältigung der Individualität' ausführt, bringt die „Dichtung vom Haschisch" im vierten Kapitel unter dem Titel ‚Der Gott-Mensch'. Der Leser der französischen Ausgabe muss also, bei der dritten Abteilung des Buches angelangt, von einem Erstaunen ins andere fallen, weil er nahezu Wort für Wort, Absatz für Absatz, Seite für Seite liest, was er im selben Buche schon einmal gelesen zu haben meint; er wird irre werden an sich und dem Buche, wird zurückblättern, vergleichen und verständnislos vor diesem Rätsel stehen, sofern er die Fussnote des Herausgebers übersieht, die das Rätsel mit der Erklärung löst, Baudelaire habe das Thema ‚Haschisch' innerhalb zehn Jahre zweimal behandelt, und es sei jetzt nicht möglich, hier oder dort zu streichen, ohne irgendwie der Ökonomie eines der beiden Aufsätze zu schaden. Ich weiss nicht, welches Genie hier die Pietät bis zur völligsten Selbstverleugnung getrieben hat; das aber weiss ich, dass der Mann um der Ökonomie der Teile willen die Ökonomie des Ganzen aufs Kläglichste preisgegeben hat. So unthunlich ihm also ein Eingriff des Herausgebers erschien, so geboten und unbedingt notwendig erschien er mir. Ich habe nun eine Ökonomie des ganzen Werkes in folgender Art herzustellen versucht:

Das Buch heisst „Les paradis artificiels (Opium et haschisch)" und zerfällt dementsprechend in die beiden Teile „Le poème du haschisch" und „Un mangeur d'opium". In einem Anhang zieht dann der Autor auch den Wein in den Kreis seiner Betrachtungen hinein; nur als Anhang giebt er diese Abhandlung, weil der Wein sich dadurch von Haschisch und Opium unterscheidet, dass er nützlich ist, während jene dem Menschen schaden; er giebt sie aber an dieser Stelle, das heisst in Verbindung mit seinen Aufsätzen über Haschisch und Opium, weil der Wein mit den genannten beiden Giften die eine Wirkung gemeinsam hat, dass auch er ‚die Individualität vervielfältigt'. – Die ganze ursprüngliche Haschisch-Abhandlung, soweit sie der Autor in die „Dichtung vom Haschisch" hinübergenommen hat, habe ich hier also nicht noch einmal wiederholt, und die Ökonomie des ‚Anhangs' erforderte nun diese Streichung sogar. Um aber die erste Herausgeberpflicht: Gewissenhaftigkeit, nicht zu verletzen, hab' ich die Abweichungen der „Dichtung vom Haschisch" von der früheren Abhandlung in Fussnoten mitgeteilt, die an geeigneter Stelle unter den Text der „Dichtung vom Haschisch" placiert sind, so dass der deutsche Leser dem französischen gegenüber nicht im allergeringsten benachteilt wird. – Um den Anhang dem eigentlichen Werke noch ‚ökonomischer' anzugliedern, hab' ich mir die Freiheit genommen, auch seine Kapitelüberschriften, die in der französischen Ausgabe nur aus Ziffern bestehen, mit Titelzeilen zu versehen.

M. B.

Charles Baudelaire

Die künstlichen Paradiese
(Opium und Haschisch)

A. J. G. F.

Meine liebe Freundin!

Der gesunde Verstand sagt uns, dass die Dinge der Erde nur sehr wenig Realität besitzen und dass es wahre Wirklichkeit einzig in den Träumen giebt. Um das natürliche wie das künstliche Glück zu verdauen, heisst's erst einmal den Mut haben, es einzuschlucken! Und die, welche vielleicht das Glück verdienten, sind gerade jene, auf welche die Glückseligkeit – so wie die Sterblichen sie auffassen – von jeher nur als Vomitiv gewirkt hat ...

Albernen Geistern wird es befremdlich und selbst impertinent erscheinen, dass ich die Widmung einer Darstellung künstlicher Genüsse an ein Weib richte, die gewöhnlichste Quelle der allernatürlichsten Genüsse. Gleichwohl: Ist es nicht evident, dass die natürliche Welt in die geistige hineinragt, dass sie ihr Nährboden ist und so jene undefinierbare Mischung vollziehen hilft, die wir als unsere Individualität bezeichnen? Und so ist es das Weib, das den stärksten Schatten und das stärkste Licht in unsere Träume wirft. Das Weib ist verhängnisvoll suggestiv; es lebt von einem anderen als seinem eigenen Leben; es lebt spirituell in den Einbildungen, in denen es befruchtend umgeht ...

Es macht übrigens so wenig wie nichts aus, ob man die Berechtigung dieser Widmung begreift. Ist es überhaupt zur Befriedigung des Autors gross nötig, dass irgend ein Buch begriffen werde – ausser von jenem oder von jener, für die er's geschrieben hat? Und um alles zu sagen: Ist es denn unerlässlich, dass er überhaupt für irgendwen geschrieben habe? Ich für meine Person finde so herzlich wenig Geschmack an der lebenden Welt, dass ich – gleich jenen sensiblen, werktagscheuen Frauen, die, wie man sagt, ihre Bekenntnisse durch die Post an imaginäre Freundinnen senden – am liebsten nur für die Toten schreiben möchte.

Und dennoch widme ich dies kleine Buch nicht einer Toten; ich widme es einer, die, wenngleich krank, stets thätig und lebendig ist in mir, die gegenwärtig die ganze Inbrunst ihrer Blicke zum Himmel wendet, dem Gnadenorte aller Verklärungen. Denn der Mensch erfreut sich des Vorzuges, dass er, so wie aus einer fürchterlichen Drogue, auch aus dem Schmerz, dem Unheil, dem Verderben neue, subtile Genüsse zu ziehen vermag.

Du wirst in dieser Darstellung einen finstern, einsamen Wanderer sehen, der in der beweglichen Flut der Menge untertaucht und dabei Herz und Sinn zu einer fernen Auserwählten sendet, die vordem seine schweissekühle Stirn erquickte,

die seinen Lippen Balsam brachte,
wenn sie das Fieber frieren machte;

und Du wirst die Dankbarkeit eines neuen Orest gewahren, über dessen bösen Träumen Du oft gewacht hast, von dem Du lind mit mütterlicher Hand den grauenvollen Schlaf zu scheuchen wusstest.

C. B.

Die Dichtung vom Haschisch

I

Der Hang zum Unendlichen

Die Menschen, die sich selbst zu beobachten wissen und die Erinnerung an ihre Eindrücke bewahren, jene, die – wie Hoffmann – es verstanden, ihr geistiges Barometer zu konstruieren, hatten bisweilen im Observatorium ihrer Gedankenwelt schöne Zeiten, glückliche Tage, köstliche Minuten zu verzeichnen. Das sind Tage, an denen der Mensch jungen, kraftvollen Geistes erwacht. Kaum, dass seine Lider befreit sind von dem Schlaf der sie verschloss, so bietet sich ihm die äussere Welt in einem mächtigen Relief dar, umrissrein und in wunderbarem Farbenreichtum. Die geistige Welt eröffnet ihre weiten Perspektiven, neuer Klarheiten voll. Der Mensch, der begnadet wird mit dieser – leider so seltenen und flüchtigen – Glückseligkeit, fühlt sich plötzlich bereichert an Kunst wie an Gerechtigkeit, er fühlt sich edler, um alles in ein Wort zu fassen. Jedoch das Seltsamste an diesem Ausnahmezustand des Geistes und der Sinne, den ich ohne Übertreibung paradiesisch nennen darf, wenn ich ihn mit dem trüben Dunkel der gemeinen Alltagsexistenz vergleiche, das Seltsamste an ihm ist, dass er durch keinerlei sichtbare und leicht definierbare Ursachen hervorgebracht wird. Ist er das Resultat einer guten Gesundheit und einer weisen Lebensführung? Das ist wohl die nächstliegende Erklärung, die sich dem Geiste bietet; wir haben indes zu berücksichtigen vergessen, dass diese seltsame Erscheinung, diese Art Wunder oftmals die Wirkung einer höheren, unsichtbaren Macht zu sein scheint, die ausserhalb des Menschen ist, nach Zeitläuften, in denen dieser mit seinen physischen Kräften Missbrauch getrieben hat. Sollen wir da von einer Belohnung für das eifrige Gebet, für die Inbrunst des Geistes sprechen? Es ist gewiss, dass ein beständiger Aufschwung der Sehnsucht, eine Anspannung aller geistigen Kräfte himmelwärts die geeignetste Lebensführung zur Erreichung dieser so wunderbaren und so herrlichen geistigen Gesundheit sein würde; jedoch kraft welches seltsamen Gesetzes tritt sie bisweilen nach sündhaften Orgien der Einbildungskraft ein, nach einem sophistischen Missbrauch mit der Vernunft, die bei ehrlichem, rechtschaffenem Gebrauche das nämliche ist, was in der gesunden Gymnastik jene Übungen sind, die den ganzen Körper recken und strecken –? Das ist's, warum ich in dieser anormalen Geistesverfassung lieber einen wahrhaften Stand der Gnade als einen Zauberspiegel erblicke, vor den der Mensch geladen wird, damit er sich in Schönheit sehe, d. h. so, wie er sein sollte und könnte; als eine Art englischer Botschaft zwecks Mahnung an das Gesetz in Form einer Liebenswürdigkeit. Selbst eine gewisse spiritualistische Schule, deren Vertreter in England und Amerika leben, betrachtet die übernatürlichen Phänomene, wie die Geister- und Gespenstererscheinungen u.s.w. als Manifestationen des göttlichen Willens, der darauf bedacht ist, im Geiste des Menschen die Erinnerung an die unsichtbaren Wirklichkeiten wieder wachzurufen.

Dieser herrliche, unvergleichliche Zustand übrigens, in dem alle Kräfte sich ausgleichen, – in dem die Einbildungskraft, obschon wundervoll mächtig, dennoch den Geist nicht in gefahrvolle Abenteuerlichkeiten zerrt, – in dem eine verfeinte Sensibilität nicht mehr gemartert wird von den kranken Nerven, diesen gewöhnlichen Beratern des Lasters und der Verzweiflung, – dieser wunderbare Zustand, sag' ich, hat keine vorhergehenden Symptome. Er tritt eben so plötzlich auf wie das Phantom. Es ist eine Art von vertrautem – aber nur zeitweiligem – Verkehr, aus dem wir, sofern wir weise wären, die Gewissheit eines besseren Daseins folgern sollten und die Hoffnung, durch tägliche Übung unseres Wissens zu diesem zu gelangen.

Dieser Aufschwung der Gedanken, diese Verzückung der Sinne und des Geistes musste dem Menschen stets als der Güter höchstes erscheinen. Und darum hat er, nur auf den unmittelbaren Genuss bedacht und ohne sich über die Verletzung der Gesetze seiner Konstitution zu beunruhigen, in der Naturwissenschaft und der Pharmaceutik, in den schwersten Liqueuren und in den feinsten Parfums, unter allen Himmelsstrichen und zu allen Zeiten, nach Mitteln zur Flucht gesucht, zur Flucht – und möchte sie nur einige Stunden währen – aus seiner Kotbehausung, um, wie der Dichter des ‚Lazarus' sagt:

> *„mit einem Flügelhieb*
> *das Paradies zu nehmen!"*

Ja wahrhaftig! Die Laster des Menschen, so grauenvoll man sie auch finden mag, enthalten die Gewähr – und sei's nur in ihrer grenzenlosen Expansion! – für seinen Hang zum Unendlichen; allein es ist das ein Hang, welcher oftmals auf Irrwege gerät. Das Sprichwort „Alle Wege führen nach Rom" könnte man, in übertragenem Sinne genommen, auch auf die sittliche Welt anwenden: alle führen zu Lohn oder Strafe, den beiden Formen des ewigen Lebens. Der menschliche Geist ist von Leidenschaften voll zum Überlaufen; er hat deren in Hülle und Fülle um mich eines anderen landläufigen Ausdrucks zu bedienen. Aber dieser unglückselige Geist, dessen natürliche Verderbtheit ebenso gross ist wie seine plötzliche, gleichsam paradoxale Befähigung zur Mildherzigkeit und den höchsten Tugenden, ist fruchtbar an Widersprüchen, die ihm erlauben, den Abschaum dieser überkochenden Leidenschaft dem Bösen zu widmen. Niemals glaubt er sich ihm mit Haut und Haaren auszuliefern. Er vergisst in seiner Bethörtheit, dass er mit einem spielt, der feiner und stärker ist als er, und dass der ‚Geist des Bösen‘, wenn man ihm auch nur ein Haar giebt, nicht zögert, gleich den ganzen Kopf zu nehmen. Dieser sichtbare Herr der sichtbaren Natur – ich spreche vom Menschen – wollte also das Paradies vermittels der Pharmacie, vermittels gegohrener Tränke erschaffen, einem Narren vergleichbar, der solide Möbel und natürliche Gärten durch Zierstücke würde ersetzen wollen, die auf Leinwand gemalt und auf Gestelle montiert wären. In dieser Verderbtheit des Unendlichkeitssinnes liegt meines Erachtens die Ursache aller lasterhaften Ausschweifungen, von dem starken Gewohnheitsrausche des Litteraten, der es vergisst, im Opium Linderung für einen physischen Schmerz zu suchen, der zugleich eine Quelle krankhafter Genüsse darin entdeckt und es allmählich zu seinem einzigen Gesundbrunnen und gleichsam zur Sonne seines geistigen Daseins gemacht hat – bis zu der widerwärtigsten Trunkenheit in den Faubourgs, die, das Hirn fiebernd von Rausch und Ruhm, sich lächerlich im Strassenkehricht wälzt.

Lasse ich die Liqueure beiseite, die bald eine materielle Raserei entfachen und die geistige Kraft zu Boden drücken, und ebenso die Parfums, deren ausschweifender Gebrauch die Einbildungskraft des Menschen wohl aufs äusserste verfeinert dafür aber im selben Grade seine physischen Kräfte erschöpft, so sind unter den Droguen, die sich am geeignetsten erweisen zur Erreichung dessen, was ich das ‚künstliche Ideal' nenne, die beiden wirksamsten Bestandteile, jene, deren Gebrauch der bequemste und verbreitetste ist, der Haschisch und das Opium. Die Analyse der geheimnisvollen Wirkungen und der krankhaften Genüsse, welche diese Droguen hervorrufen können, der unausweichlichen Strafen, die aus ihrem fortgesetzten Gebrauche sich ergeben, und schliesslich des Unmoralischen sogar, das in dieser Verfolgung eines falschen Ideals liegt, bildet den Gegenstand dieser Studie.

Die Arbeit über das Opium ist schon geschrieben, und zwar in einer so hervorragenden Art, medizinisch und poetisch zugleich, dass ich nicht wagen möchte, etwas hinzuzufügen. Ich werde mich also – in einer anderen Studie – begnügen, die Analyse dieses unvergleichlichen Buches zu geben, das in seiner Gesamtheit noch nicht ins Französische übersetzt ist. Der Autor, ein ausgezeichneter Mensch von einer machtvollen, seltenen Imagination – heute lebt er in stiller Zurückgezogenheit – hat sich mit einer tragischen Aufrichtigkeit der Aufgabe unterzogen, von den Freuden und Qualen zu berichten, die er vordem im Opium gefunden hat; der dramatischste Teil seines Buches ist jener, in dem er von den übermenschlichen Willensanstrengungen spricht, welche er hat entfalten müssen, um der Verdammnis zu entgehen, der er unklug sich selber überantwortet hatte.

Doch heute will ich nur vom Haschisch sprechen, und zwar an der Hand der zahlreichen und genauen Berichte, welche aus den Aufzeichnungen oder den Geständnissen intelligenter Männer gewonnen sind, die dem Haschisch lange ergeben waren. Jedoch ich werde diese verschiedenen Dokumente zu einer Art Monographie verquicken, indem ich eine Seele, die übrigens leicht zu erklären und zu definieren ist, als geeigneten Typus für die Erfahrungen dieser Art auserwähle.

II

Was ist der Haschisch?

Die Berichte des Marco Polo, über die man sich mit Unrecht lustig gemacht hat – wie auch über die einiger anderer Reisenden des Altertums –, sind von den Gelehrten für wahr befunden und verdienen unser Vertrauen. Ich will nicht nach ihm erzählen, wie der Alte vom Berge diejenigen seiner jüngeren Schüler, denen er eine Vorstellung vom Paradiese geben wollte, zunächst mit Haschisch trunken machte (daher die Haschischins oder Assassins[1]) und dann in einen Garten voller Ergötzlichkeiten einschloss, sozusagen eine durchsichtige Belohnung für einen passiven und unüberlegten Gehorsam. Der Leser kann bezüglich der geheimen Gesellschaft der Haschischins das Buch von Hammer behagen oder das Mémoire Silvesters von Sacy im XVI. Bande der ‚Mémoires de l'Académie des Inscriptions et Belles-Lettres' und bezüglich der Etymologie des Wortes ‚assassin', dessen Brief an den Redakteur des ‚Moniteur', in Nr. 359 des Jahrgangs 1809. Herodot erzählt, dass die Scythen Hanfsamen aufhäuften und im Feuer geglühte Steine daraufwarfen. Das war für sie gleichsam ein Dampfbad, düftereicher als das in irgend einer griechischen Badestube, und ihr Ergötzen dabei war derart lebhaft, dass es ihnen Freudenschreie entriss.

Der Haschisch kommt in der That aus dem Orient zu uns. Die erregenden Eigenschaften des Hanfs waren im

---

[1] ‚Assassin' heisst zu Deutsch bekanntlich ‚Meuchelmörder' – M. B.

alten Ägypten wohl bekannt, und sein Gebrauch ist – unter verschiedenen Namen – in Indien, in Algier und im glücklichen Arabien sehr verbreitet. Aber wir haben noch näher, unter unseren Augen, seltsame Beispiele von einem Rausche, der vegetalischen Ursprungs ist. Ohne von den Kindern zu sprechen, die in den Hocken gemähter Luzerne spielen und sich wälzen und dann oftmals eigenartige Anzeichen von Schwindel erkennen lassen, ist es bekannt, dass in der Hanfernte die männlichen und weiblichen Arbeiter von analogen Wirkungen überrascht werden. Man könnte sagen, von der Ernte erhebe sich ein Miasma, das ihr Gehirn unselig verwirrt. Der Kopf des Schnitters ist von Wirbeln voll, die bisweilen mit Träumereien überladen sind. In gewissen Augenblicken lösen sich die Glieder und versagen den Dienst. Wir haben von Krisen von Somnambulismus sprechen hören, die bei den russischen Bauern ziemlich häufig sind und deren Ursache, wie man sagt, dem Gebrauche von Hanföl bei der Zubereitung der Nahrungsmittel zugeschrieben werden muss. Wer kennt nicht das seltsame Gebaren der Hühner, wenn sie Hanfkörner gefressen haben, und den feurigen Ungestüm der Pferde, welche die Bauern bei Hochzeiten und bei den Festen zu Ehren ihrer Schutzheiligen auf einen Lauf um den Kirchturm mittels einer Ration Hanfsamen vorbereiten, die bisweilen mit Wein angemengt wird?

Indes, der französische Hanf ist für die Verarbeitung zum Haschisch ungeeignet oder wenigstens, den wiederholten Erfahrungen nach, ungeeignet, eine Drogue abzugeben, die dem Haschisch an Wirksamkeit gleichkommt.

Die Dichtung vom Haschisch

Der Haschisch oder indische Hanf, cannabis indica, ist eine Pflanze aus der Familie der Urticeen (Nesselarten), dem Hanf unserer Klimate völlig gleich bis auf den Umstand, dass er nicht die gleiche Höhe erreicht. Er besitzt ganz aussergewöhnlich berauschende Eigenschaften, die seit einigen Jahren in Frankreich die Aufmerksamkeit der Gelehrten und der Laien auf sich gelenkt haben. Er wird mehr oder minder geschätzt, je nach seiner verschiedenen Herkunft; der bengalische wird von den Liebhabern am höchsten bezahlt, indes der ägyptische, der türkische, der persische und der von Algier gleiche Eigenschaften besitzen, jedoch in geringerem Grade.

Der Haschisch – oder das ‚Kraut' sozusagen das Kraut par excellence, gleichsam als hätten die Araber mit einem Worte das ‚Kraut' definieren wollen, die Quelle aller immateriellen Genüsse – trägt verschiedene Namen, je nach seiner Zusammensetzung und der Zubereitungsart, der er in seinem Kulturlande unterworfen war: in Indien heisst er Bangie; in Afrika Teriaki; in Algier und im glücklichen Arabien Majound; u.s.w. Es ist nicht gleichgültig, in welcher Jahreszeit man ihn erntet; wenn er in Blüte steht, besitzt er seine äusserste Stärke; die Blütenkrone ist infolgedessen der einzige Teil, der bei den verschiedenen Zubereitungen verwendet wird, von denen ich nun einige Worte zu sagen habe.

Der zähe Extrakt des Haschisch, so wie ihn die Araber bereiten, wird durch Einkochen der frischen Blütenkronen in Butter und ein wenig Wasser gewonnen. Nach vollständiger Verdampfung aller Feuchtigkeit giebt man ihn durch und erhält so ein Präparat vom Aussehen einer grünlich-gelben Pomade, das einen abscheulichen Geruch von Haschisch und von ranziger Butter hat. In dieser Form gebraucht man es in kleinen Kügelchen von zwei bis vier Gramm; jedoch wegen seines widerlichen Geruchs, der mit der Zeit noch stärker wird, mischen die Araber den zähen Extrakt in Confituren.

Die gebräuchlichste dieser Confituren, das Dawamesk, ist eine Mischung von zähem Extrakt, Zucker und verschiedenen Aromen, wie Vanille, Kaneel, Pistazien, Mandeln, Muskat. Bisweilen thut man sogar ein wenig Kanthariden hinzu, zu einem Zwecke, der mit den gewöhnlichen Wirkungen des Haschisch nichts zu thun hat.[1]) In dieser neuen Form hat der Haschisch nichts Widerwärtiges, und man kann ihn in Dosen von 15, 20 und 30 Gramm nehmen, sei's nun in einer Oblate, sei's in einer Tasse Kaffee.

Die Experimente von Smith, Gastinel und Decourtive bezweckten die Entdeckung der wirksamen Kraft im Haschisch. Trotz ihrer Bemühungen ist die chemische Zusammensetzung doch noch wenig bekannt; aber man schreibt seine Eigentümlichkeiten hauptsächlich einem harzigen Bestandteil zu, der sich in ziemlicher Menge darin findet (im Verhältnis von zehn zu hundert ungefähr). Um dieses Harz zu gewinnen, macht man aus der trockenen Pflanze ein grobes Pulver und reinigt dieses

---

[1]) Baudelaire spielt auf die sexuell erregenden Wirkungen des Kantharidin an, welches aus der Kantharide oder Lytta vesicatoria, einem in Mittel- und Südeuropa vorkommenden Insekt (,spanische Fliege'), gewonnen wird. Das Mittel ist übrigens äusserst gefahrvoll; Dosen von 0.1 – 0.5 und mehr können in 10 – 12 Tagen, oft sogar schon in einigen Stunden, den Tod zur Folge haben. – Bekannt ist das Kantharidenbonbon-Abenteuer des Marquis de Sade in Madrid (Juli 1772). M. B.

mehreremale mit Alkohol, den man sogleich destiliert, um ihn zum Teil zurückzubehalten, verdampft ihn bis zum Extrakt, zieht diesen durch Wasser, welches die gummiartigen Fremdteile auflöst, und erhält so schliesslich das reine Harz.

Dieses Produkt ist weichlich, von einer tiefgrünen Färbung und besitzt in hohem Grade den charakteristischen Geruch des Haschisch. Fünf, zehn, zwanzig Centigramm genügen, um überraschende Wirkungen hervorzubringen. Aber das Haschischin, das man in Chokoladenplätzchen oder kleinen Ingwerpastillen gebrauchen kann, hat, wie das Dawamesk und der zähe Extrakt, mehr oder minder heftige Wirkungen, die ganz verschiedenartiger Natur sind, je nach dem Temperament der Individuen und ihrer nervösen Empfänglichkeit. Bemerkenswerter ist, dass das Resultat bei dem nämlichen Individuum wechselt: bald wird es eine unmässige und unwiderstehliche Heiterkeit, bald ein Gefühl von Vollkraft und Lebensfülle sein, zu anderen Malen ein zweifelhafter, traumerfüllter Schlaf. Indes giebt es doch Phänomene, die sich ziemlich regelmässig einstellen, besonders bei Personen, bei denen Temperament und Erziehung analog sind; es giebt eine Art Einheit in der Verschiedenheit, und diese wird es mir ermöglichen, ohne allzu grosse Mühe diese Monographie des Rausches zusammenzustellen, von dem ich gegenwärtig spreche.

In Konstantinopel, in Algier und selbst in Frankreich rauchen auch manche den Haschisch, unter den Tabak gemischt; dann zeigen sich die fraglichen Phänomene jedoch nur in sehr gemässigter Form und, wenn ich mich so ausdrücken darf, träge. Ich habe sagen hören, dass man jüngst auf dem Wege der Destillation aus dem Haschisch ein selbständiges Öl dargestellt hat, das an Wirksamkeit alle bislang gekannten Präparate weit hinter sich lässt; aber es ist nicht hinreichend untersucht worden, als dass ich mit Gewissheit von seinen Ergebnissen sprechen könnte. Es ist wohl überflüssig, hinzuzufügen, dass der Thee, der Kaffee und die Liqueure starke Beihülfen bieten, die den Ausbruch dieses mysteriösen Rausches mehr oder minder beschleunigen.

III

Das Seraphim-Theater

Was erfährt man? was sieht man? Wunderbare Dinge, nicht wahr? ausserordentliche Schauspiele? Ist es sehr schön? und sehr furchtbar? und sehr gefährlich? – Derart sind die gewöhnlichen Fragen, die mit einer von Furcht durchsetzten Neugier die Unerfahrenen an die Adepten richten. Man kann da von einer kindischen Wissbegierde sprechen, so wie bei Leuten, die niemals hinter ihrem Herde hervorgekommen sind, wenn sie sich einem Menschen gegenüber befinden, der aus fernen, unbekannten Landen heimkehrt. Sie stellen sich den Haschischrausch wie ein Wunderland vor, ein ungeheures Theater voll Zauberei und Gaukelei, wo alles unerhört und unvorhergesehen ist. Das ist ein Vorurteil und ein vollkommener Irrtum. Und da nun für den gewöhnlichen Leser und Frager das Wort Haschisch die Vorstellung einer fremden, wirren Welt in sich schliesst, die Erwartung wundervoller Träume (oder besser gesagt Hallucinationen, die übrigens gar nicht so häufig sind, wie man glaubt), so will ich hier gleich den wesentlichen Unterschied zwischen den Wirkungen des Haschisch und den Erscheinungen des Schlafes hervorheben.

Im Schlafe, dieser allnächtlichen Abenteuerfahrt, giebt es etwas thatsächlich Wunderbares; es ist das ein Wunder, dessen Pünktlichkeit das Mysteriöse schon beinträchtigt hat. Die Träume des Menschen sind von zweierlei Art. Die einen, die voll sind von seinem gewöhnlichen Leben, seinen Beschäftigungen, seinen Wünschen, seinen Fehlern, verbinden sich in mehr oder weniger bizarrer Weise mit den Dingen, die am Tage an ihm vorüberhuschten und rücksichtlos auf der weiten Ebene seines Gedächtnisses ihre Spuren hinterliessen. Das ist der natürliche Traum: er ist der Mensch selber. Aber der Traum jener anderen Art! der seltsame, unvorhergesehene, ohne Beziehung noch Verknüpfung mit dem Charakter, dem Leben und den Leidenschaften des Schläfers! Dieser Traum, den ich hieroglyphisch nennen möchte, stellt augenfällig die übernatürliche Seite des Lebens dar, und gerade wegen seiner Seltsamkeit hielten die Alten ihn für göttlich. Da er durch die natürlichen Ursachen sich nicht erklären lässt, so massen sie ihm eine Ursache bei, die ausserhalb des Menschen liegt; und noch heute giebt es – von den Traumdeutern nicht zu reden – eine philosophische Schule, die in den Träumen dieser Art bald eine Rüge, bald einen Ratschlag erkennt, kurzum: ein symbolisches und moralisches Bild, das im Geiste des schlafenden Menschen selber erzeugt wird. Das ist ein Buch, in dem man studieren soll, eine Sprache, zu der die Weisen den Schlüssel erhalten können.

Im Haschischrausche giebt es nichts dergleichen. Wir verlassen nirgend das Gebiet des natürlichen Traumes. Während seiner ganzen Dauer wird der Rausch nichts anderes sein, als ein – freilich unermesslicher – Traum, unermesslich dank der Intensität der Farben und der Schnelligkeit der Eindrücke; aber immer wird er auf den besonderen Ton des Individuum gestimmt sein. Der Mensch hat träumen wollen – der Traum wird über den Menschen Herr werden; doch dieser Traum wird merkbar der Sohn seines Vaters sein. Der Schlemmer hat sich den Kopf zerbrochen, um auf künstlichem Wege das Übernatürliche in sein Leben und sein Denken einzuführen; aber nach alledem ist er, trotz der gegenwärtigen Stärke seiner Empfindungen, doch nur der nämliche Mensch in grösserem Massstabe, die nämliche Zahl, in eine sehr hohe Potenz erhoben. Er ist geknechtet; aber zu seinem Unglück nur durch sich selber, will sagen durch das, was ohnehin sein Selbst beherrscht. **Er hat den Engel spielen wollen: er ist ein Tier geworden**, ein im Augenblicke allerdings sehr mächtiges, wenn anders man eine ungewöhnliche Sensibilität, die weder im stande ist, sich zu mässigen, noch aus sich selber Nutzen zu ziehen, als ‚Macht' bezeichnen kann.

Dass die Laien und die Unerfahrenen, die begierig sind auf die Bekanntschaft unerhörter Freuden, es doch recht wissen möchten, dass sie im Haschisch durchaus nichts Wunderbares finden werden, durchaus nichts als das verstärkte Naturell! Das Gehirn und der Organismus, auf die der Haschisch wirkt, werden nichts ergeben, als ihre gewöhnlichen individuellen Äusserungen, vermehrt allerdings wie an Zahl so an Stärke, stets aber ihrem Ursprunge getreu.

Der Mensch wird der Bestimmung seines physischen und moralischen Temperaments nicht entwischen; der Haschisch wird für die Eindrücke und die vertraulichen Gedanken des Menschen ein Vergrösserungsspiegel sein – aber ein **klarer** Spiegel.

Seht hier die Drogue unter euren Augen: ein graues Stückchen Konfekt, von der Grösse einer Nuss, absonderlich riechend, genau derart, dass ein gewisses Widerstreben und Anwandlungen von Brechreiz aufgehoben werden, wie sie übrigens jener feine und selbst angenehme Geruch hervorrufen, würde, wenn man ihn auf das Maximum seiner Kraft und sozusagen seiner Dichtigkeit brächte. Sei mir's erlaubt, nebenbei zu bemerken, dass sich dies auch umgekehrt anwenden lässt, und dass der widerlichste, übelerregendste Geruch vielleicht ein Genuss werden könnte, wenn er auf sein Minimunn an Quantität und Expansion reduziert würde. – Sehet hier also das Glück! es füllt den Raum eines Theelöffelchens aus! das Glück mit all seinen Trunkenheiten, all seinen kindischen Narreteien! Ihr könnt das ohne Furcht hinunterschlucken; man stirbt nicht daran. Eure physischen Organe werden durchaus nicht davon betroffen werden. Später vielleicht wird eine allzu häufige Inanspruchnahme des Zaubers die Kraft eures Willens herabsetzen; vielleicht werdet ihr weniger Mann sein, als ihr's heute seid; – aber die Strafe ist so fern und das künftige Unheil so schwer definierbarer Natur! Was riskiert ihr? Morgen ein wenig nervöse Abspannung. Riskiert ihr nicht alle Tage grössere Strafen gegenüber geringerem Entgelt? Also, abgemacht: Ihr selber habt eure Dosis zähen Extrakts, um ihm mehr Kraft und Ausbreitung zu geben, in einer Tasse schwarzen Kaffees verrührt; ihr habt Obacht gegeben, dass ihr den Magen frei hattet, indem ihr die kompakte Mahlzeit auf neun oder zehn Uhr abends verschobet, um dem Tranke völlige Wirkungsfreiheit zu geben; überdies werdet ihr in einer Stunde eine leichte Suppe zu euch nehmen. Ihr seid nun wohl versehen für eine lange, ganz besondere Reise. Die Dampfpfeife hat ertönt, die Segel sind gerichtet, und ihr habt vor den gewöhnlichen Reisenden den wunderlichen Vorzug, nicht zu wissen, wohin ihr fahrt. Ihr habt's gewollt; es lebe das Verhängnis!

Ich setze voraus, dass ihr die Vorsicht gebraucht habt, euren Augenblick für diese abenteuerliche Expedition gut zu wählen. Jede vollkommene Schwelgerei hat auch ihre vollkommene Musse nötig. Ihr wisst zudem, dass der Haschisch nicht nur eine Vermannigfaltigung des Individuum, sondern ebenso der Umgebung, des Milieu hervorruft; ihr habt keine Pflichten zu erfüllen, die Pünktlichkeit und Genauigkeit erheischen, – keine Familiensorgen, – keine Liebesschmerzen. Darauf muss man Acht geben. Dieses Bekümmertsein, diese Unruhe, diese Erinnerung an eine Pflicht, die euren Willen und eure Aufmerksamkeit für eine bestimmte Minute verlangt, werden wie eine Totenglocke gewandelt kommen und mitten in euren Rausch hineindröhnen und eure Freude vergiften. Die Unruhe wird zur Angst werden, die Bekümmernis zur Marter. – Wenn ihr alle diese Vorbedingungen beachtet habt und die Zeit euch günstig ist, wenn ihr euch in einer angenehmen Umgebung befindet, in einer malerischen Landschaft z.B. oder in einem poesievoll ausgestatteten Gemache, wenn ihr obendrein noch auf ein wenig Musik hoffen dürft, alsdann ist alles aufs beste bestellt.

Im Haschischrausche sind besonders drei Phasen leicht zu unterscheiden, und es ist nicht wenig kurios, bei den Neulingen die ersten Anzeichen der ersten Phase zu erhalten. Ihr habt unbestimmt von den wunderbaren Wirkungen des Haschisch reden hören; eure Einbildung hat eine besondere Idee vorgefasst; es währt euch zu lange, bis ihr erfahrt, ob die Wirklichkeit genau auf der Höhe eurer Erwartungen stehen wird. Das genügt, um euch von vornherein in eine ängstliche Verfassung zu bringen, die recht günstig ist für die anwachsende, um sich greifende Wirkung des Giftes. Die meisten Neulinge beklagen sich auf der ersten Stufe der Einführung über die Langsamkeit der Wirkungen; sie erwarten sie mit einer knabenhaften Ungeduld, und da die Drogue sich ihrem Willen nicht schnell genug fügsam zeigt, so versteigen sie sich in ihrem Unglauben zu Grossthuereien, die überaus ergötzlich sind für die alten Eingeweihten, die wissen, wie der Haschisch sich benimmt.

Die ersten Anzeichen – wie die Symptome eines lange unschlüssigen Sturmes – zeigen sich und vermannigfaltigen sich gerade dank diesem Unglauben. Es ist zunächst eine gewisse Heiterkeit, albern, doch unwiderstehlich, die sich eurer bemächtigt. Diese Anfälle unmotivierter Lustigkeit, deren ihr euch fast schämt, kehren häufig wieder, nach Intervallen, in denen ihr, befremdet, vergeblich euch zu sammeln sucht. Die einfachsten Worte, die trivialsten Ideen nehmen eine bizarre und neue Physiognomie an; ihr erstaunt sogar, dass ihr sie bisher so einfach fandet. Ungereimte, zuvor nie gesehene Ähnlichkeiten und Beziehungen, Wortspiele ohne Ende, komische Anschläge entsprudeln beständig eurem Gehirn. Der Dämon hat von euch Besitz ergriffen; es ist nutzlos, sich dieser Heiterkeit zu widersetzen, die schmerzt wie ein Kitzel. Von Zeit zu Zeit lacht ihr über euch selber, über eure Albernheit und eure Narretei, und eure Gefährten – so ihr deren habt – lachen gleichfalls über euern und ihren eigenen Zustand; jedoch wie ihnen jede Bosheit fernliegt, so euch alle Arglist.

Diese Lustigkeit, bald schwach, bald aufstachelnd, dies Unbehagen in der Fröhlichkeit, diese Unsicherheit, diese Ungewissheit des Krankseins, dauern in der Regel nur ziemlich kurze Zeit. Bald werden die Ideenverbindungen so vag, wird der leitende Faden, der eure Eindrücke verbindet, so fein, dass allein eure Genossen euch noch verstehen können.[1]) Und selbst da giebt es kein Mittel zur Beglaubigung: vielleicht glauben sie euch zu verstehen und die Illusion ist eine wechselseitige.

Diese Ausgelassenheit und diese explosiven Ausbrüche von Gelächter wirken wie eine ausgemachte Narretei oder wenigstens wie eine blödsinnige Albernheit auf jeden Menschen, der sich nicht in dem gleichen Zustande befindet wie ihr. Sogar die Klugheit und der gesunde Verstand, die regelrechte Ordnung der Gedanken des nicht berauschten vernünftigen Augenzeugen erfreuen und belustigen euch als eine besondere Art von Unsinnigkeit. Die Rollen sind vertauscht. Sein kühles Benehmen treibt euch bis an die äussersten Grenzen der Ironie. Ist's nicht eine Situation von geheimnisvoller Komik: ein Mensch ergötzt sich in einer Lustigkeit, die unbegreiflich ist für den, der sich nicht in der nämlichen Lage befindet wie jener –? Der Narr bemitleidet den Weisen, und nun beginnt die Idee seiner Überlegenheit am Horizonte seines

---

[1]) Der erste Aufsatz fügt noch ein: Schliesslich versteht ihr euch nur mehr durch Blicke.

Bewusstseins aufzusteigen. Bald wird sie wachsen und zunehmen und niederplatzen wie ein Meteor.

Ich bin einmal Zeuge einer derartigen Scene gewesen, die sehr weit getrieben wurde und deren Groteske nur die recht verstehen konnten, denen – zum wenigsten durch Beobachtung von jemand anderem – die Wirkungen der Substanz bekannt waren, namentlich die enorme Stimmungsverschiedenheit, die sie bei zwei Intelligenzen hervorruft, die sonst für gleich galten. Ein berühmter Musiker, der die Eigentümlichkeiten des Haschisch nicht kannte, der vielleicht niemals davon gehört hatte, gerät in eine Gesellschaft hinein, in der mehrere Personen Haschisch genommen haben. Man bemüht sich, ihn die wunderbaren Wirkungen kennen zu lehren. Bei diesen seltsamen Berichten lächelt er liebenswürdig, aus Gefälligkeit, wie jemand, der sich für einige Minuten wohl ‚so stellen' will. Sein Missverständnis wird von diesen Geistern, die das Gift geschärft hat, schnell bemerkt, und ihr Gelächter verletzt ihn.[1]) Diese Ausbrüche von Heiterkeit, diese Wortspiele, diese erregten Gesichter, diese ganze ungesunde Atmosphäre irritiert ihn und treibt ihn zu der Erklärung – die vielleicht heftiger ausfällt, als er gewollt hat: ‚diese künstliche Übertreibung sei dumm, und zudem müsse sie auch recht ermüdend sein für die, welche sich ihr unterzogen hätten.' Die Komik entzündet wie ein Blitz alle Geister; die Fröhlichkeit verdoppelt sich noch. –

---

[1]) Der ältere Aufsatz macht hier noch folgende Einschaltung: Man lacht viel. Denn der Mensch, der Haschisch genommen hat, ist in der ersten Phase mit einem wunderbaren Verständnis für Komik begabt. Die Ausbrüche von Gelächter, die unbegreiflichen Absonderlichkeiten, die unentwirrbaren Wortspiele, die barocken Gesten dauern an.

„Diese Albernheit mag vielleicht gut sein für Sie," fährt er fort, „aber für mich nicht." – „Es genügt, wenn sie für uns gut ist," entgegnet egoistisch einer der Kranken. Ungewiss, ob er's mit veritablen Narren zu thun hat oder mit Leuten, die sich nur närrisch stellen, hält unser Mann es für das beste, sich zurückzuziehen. Aber da verschliesst einer die Thür und versteckt den Schlüssel. Ein anderer kniet vor ihm nieder, bittet ihn im Namen der Gesellschaft um Verzeihung und erklärt ihm unverschämt, doch unter Thränen, dass trotz seiner geistigen Inferiorität, die vielleicht ein wenig Mitleid errege, doch alle von einer tiefen Freundschaft für ihn durchdrungen seien. Jener ergiebt sich darein, zu bleiben; er lässt sich auf inständige Bitten sogar herbei, ein wenig Musik zu machen. Wie aber die Töne der Violine sich im Gemach verbreiten – gleichsam ein neuer Ansteckungsherd –, so packen sie (das Wort ist nicht zu stark) bald den einen Kranken, bald noch einen anderen. Heisere, tiefe Seufzer werden laut, plötzliches Aufschluchzen, und stille Thränenströme brechen hervor. Der Musiker hält erschrocken ein; er nähert sich demjenigen, bei dem die Glückseligkeit sich am heftigsten äussert, und fragt ihn, ob er denn so schwer leide, und was er thun solle, um ihm Linderung zu verschaffen. Ein ‚praktischer Kopf', der ihm dabei assistiert, schlägt Limonade und Sauerbrunnen vor. Der Kranke aber, die Extase in den Augen, blickt alle beide mit einer unsäglichen Verachtung an.[2] Jemanden heilen wollen, der krank ist vor Lebensüberfülle, krank vor Wonne –!

---

[2] Der erste Aufsatz fügt ein: Sein Hochmut bewahrt ihn vor schweren Beleidigungen.

Wie man aus dieser Anekdote sieht, spielt unter den Empfindungen, die der Haschisch hervorruft, die Menschenfreundlichkeit eine ziemlich grosse Rolle; eine weiche, träge, stumme Menschenfreundlichkeit, die sich von der Erschlaffung der Nerven herleitet. Zur Unterstützung dieser Beobachtung hat mir jemand ein Erlebnis erzählt, das er in diesem Rauschzustande gehabt hatte; und da er eine sehr genaue Erinnerung an seine Empfindungen bewahrt hatte, so begriff ich vollkommen, in welch groteske, unauflösbare Verwirrung ihn dieser Stimmungszwiespalt und diese Ungleichmässigkeit versetzte, von der ich sprach. Ich entsinne mich nicht, ob jener Person das beim ersten oder beim zweiten Experiment zustiess. Hatte sie eine etwas reichlich starke Dosis genommen, oder hatte der Haschisch – was nicht selten vorkommt – ohne irgendwelche sichtliche Ursache viel heftiger gewirkt als sonst? Er erzählte mir: mitten in seinem Genusse – diesem höchsten Genusse, sich stark an Lebenskraft zu fühlen, sich reich zu wähnen an Genie – sei ihm urplötzlich etwas Schreckliches begegnet. Kaum erst geblendet von all der Schönheit seiner Eindrücke, war er mit einem Male eben darüber heftig erschrocken. Er hatte sich gefragt was aus seiner Intelligenz und aus seinen Organen werden würde, wenn seine Nerven sich noch mehr und mehr verfeinerten. – Wegen der vergrössernden Fähigkeit, die das geistige Auge des Patienten besitzt, muss diese Furcht eine unsagbare Marter sein. „Ich war" — so sagt er – „wie ein Pferd, das durchgeht und einem Abgrund entgegenrennt und das nun einhalten will, jedoch es nicht kann. In der That, das war ein schrecklicher Galopp, und mein Denken – Sklave der Verhältnisse, des Milieu, des Augenblicks und alles dessen, was sich in das Wort Zufall, einbegreifen lässt – hatte einen ganz und gar unsinnigen Lauf eingeschlagen. ‚Es ist zu spät!' wiederholte ich mir unaufhörlich voller Verzweiflung. Als diese Art von Empfinden nachliess – sie schien mir eine unendliche Zeit anzuhalten, währte aber in Wirklichkeit wohl nur einige Minuten –, als ich glaubte, endlich in jene Glückseligkeit mich ganz versenken zu können, die die Orientalen so lieben und die jener entsetzlichen Phase folgt, ward ich von einem neuen Unheil niedergeschmettert. Eine neue Unruhe, ganz trivialer Natur und ganz knabenhaft, bemächtigte sich meiner. Ich erinnerte mich mit einem Schlage, dass ich zu einem Diner geladen war, in eine Gesellschaft ernster Menschen. Ich sah mich schon jetzt inmitten einer Menge von vernünftigem und diskretem Betragen, in der jeder Herr seiner selbst ist, – der Verpflichtung unterworfen, im Glanze all der zahlreichen Lampen meinen Geisteszustand sorgfältig zu verbergen. Ich glaubte wohl, dass es mir glücken würde, aber andrerseits fühlte ich mich fast ohnmächtig werden bei dem Gedanken an die Willensanstrengungen, die ich zu entfalten haben würde. Ich weiss nicht, infolge welchen Umstandes in meinem Gedächtnis die Worte des Evangelium emportauchten: „Wehe dem, durch welchen das Ärgernis kommt!" Mit dem Willen, sie zu vergessen, unter dem eifrigen Bemühen, sie vergessen zu wollen, wiederholte ich sie unaufhörlich im Geiste, Mein Unheil (denn das war wahrhaftig ein Unheil) wuchs nun ins Ungeheuerliche. Trotz meiner Schwäche fasste ich den Entschluss, einen

Apotheker zu konsultieren; denn ich kannte die Gegenmittel nicht und wollte doch freien, erlösten Geistes in jene Gesellschaft gehen, in die meine Pflicht mich rief. Noch auf der Schwelle des Ladens befiel mich ein plötzlicher Gedanke, der mich einige Augenblicke zum Stehenbleiben zwang und mir zu überlegen gab. Ich hatte mich im Vorübergehen in einem Schaufenster gesehen, und mein Gesicht hatte mich erschreckt. Diese Blässe, diese eingezogenen Lippen, diese grossen Augen! ‚Ich will diesen braven Menschen da beunruhigen' – sagte ich zu mir – ‚und um welcher Albernheit willen!' Dazu bedenke man doch das Gefühl von Lächerlichkeit, dem ich aus dem Wege gehen wollte, die Furcht, Leute im Laden anzutreffen! Aber meine plötzliche liebevolle Rücksichtnahme auf diesen unbekannten Apotheker beherrschte alle meine anderen Empfindungen. Ich stellte mir diesen Menschen ebenso sensibel vor, wie ich selber in diesem traurigen Augenblick es war, und da ich mir gleichfalls einbildete, sein Ohr und seine Seele müssten, so wie die meinen, beim geringsten Lärm erzittern, beschloss ich, auf Spitzzehen bei ihm einzutreten. Ich sagte mir, dass ich einem Manne, dessen Menschenliebe ich in Anspruch nehmen wollte, gar nicht genug Rücksichten erweisen könne. Und dann nahm ich mir vor, wie das Geräusch meiner Schritte, so auch den Ton meiner Stimme abzudämpfen. Sie kennen sie wohl, diese Haschisch-Stimme; schwerfällig, tief, kehlig, jener der alten Opium-Esser sehr ähnlich. Die Wirkung war der beabsichtigten gerade entgegengesetzt. Entschlossen, den Apotheker zu beruhigen, erschreckte ich ihn nun erst recht. Er kannte nichts von dieser ‚Krankheit', er hatte niemals etwas davon gehört. Indes sah er mich an mit einer Neugier, die stark durchsetzt war mit Misstrauen. Hielt er mich für einen Narren, für einen Gauner oder für einen Betrüger? Zweifellos das eine so wenig wie das andere; alle diese absurden Ideen durchfuhren jedoch mein Hirn. Ich musste ihm nun in langer und breiter Rede (welch mühselige Anstrengung!) auseinandersetzen, was es mit der Hanfpastille für eine Bewandtnis habe und wozu man sie gebrauche, wobei ich ihm immer aufs neue wiederholte, dass für ihn gar keine Ursache bestehe, sich aufzuregen, und dass ich nichts wünsche, als ein Linderungs- oder ein Reaktionsmittel; häufig kam ich auf den aufrichtigen Kummer zurück, den ich empfand bei dem Gedanken, dass ich ihn langweile. Endlich – begreifen Sie recht die ganze Demütigung, die für mich in diesem Worte liegt – endlich bat er mich: zu gehen! Das war der Lohn für meine Menschenfreundlichkeit, für meine übertriebene Rücksichtnahme. Ich ging in meine Gesellschaft. Ich belästigte niemanden. Niemand ahnte die übermenschlichen Anstrengungen, die es mich kostete, all den übrigen gleich zu scheinen. Aber im Leben nicht werd' ich die Martern einer mehr als dichterischen Verzücktheit vergessen, die durch das Decorum beeinträchtigt, durch eine Pflicht bekämpft wurde."

Obgleich von Natur zur Sympathie mit all jenen Leiden veranlagt, die der Einbildungskraft entstammen, kann ich nicht umhin, bei diesem Bericht zu lachen. Der Mensch, der ihn mir gab, ist nicht gebessert worden. Er hat fortgefahren, in dem unseligen Konfekt die Anregung zu suchen, die er in sich selber hätte finden sollen; da er jedoch ein kluger Mann ist, rangiert, ‚ein Mann von Welt', so hat er die Dosen verringert, was ihm erlaubte, sie häufiger zu nehmen. Er wird später die Früchte ernten, die auf dem Boden seiner Lebensführung wuchern. – [1])

Ich kehre zur Analyse des Rausches zurück. Auf die erste Phase kindischer Lustigkeit folgt etwas wie eine momentane Beruhigung. Bald aber künden sich neue Ereignisse an durch eine Empfindung von Frische in den Extremitäten (die bei einigen Individuen sogar zu einer sehr intensiven Kälte werden kann) und eine grosse Schwäche in allen Gliedern. Ihr habt dann Hände wie von Butter, und im Kopfe, in euerm ganzen Wesen fühlt ihr eine klammernde Betäubung und Erstarrung. Eure Augen vergrössern sich; sie sind durch eine unbarmherzige Extase gleichsam in alle Sinne hineingezogen. Euer Gesicht bedeckt sich mit Blässe. Die Lippen kneifen sich ein und ziehen sich in die Mundhöhle mit jener gleichsam keuchenden Bewegung, die den Ehrgeiz eines Menschen charakterisiert, den grosse Pläne beherrschen und ungeheure Gedanken bestürmen, oder der seinen Atem zusammennimmt, um einen Anlauf zu machen. Die Kehle verschliesst sich sozusagen. Der Gaumen ist trocken von

---

[1]) Am Schlusse seiner Ausführungen über die ‚erste Phase' teilt Baudelaire im ersten Aufsatze noch folgende Anekdote mit:
Hier ein Phänomen, das mir ausserordentlich seltsam erscheint: Eine Dienerin war beauftragt, Tabak und Erfrischungen zu Menschen, die Haschisch genommen hatten, hineinzubringen. Da sie sich nun von bizarren Gesichtern umgeben sieht und gleichsam umfangen wird von einer krankhaften Atmosphäre, von dieser Kollektiv-Narrheit, bricht sie in ein unsinniges Gelächter aus, lässt das Tablett mit all den Tassen und Gläsern zu Boden klirren und läuft, was sie nur laufen kann, davon. Am nächsten Morgen hat sie versichert, mehrere Stunden lang eine seltsame Empfindung gehabt zu haben; es sei ihr ‚ganz drollig' gewesen, ‚so ganz ich weiss nicht wie'. Dennoch hatte sie keinen Haschisch genommen.

einem Durste, den zu stillen unendlich schön sein würde, wenn nicht die Wonnen der Trägheit noch angenehmer wären und sich der geringsten Bewegung des Körpers widersetzten. Rauhe, tiefe Seufzer ringen sich aus eurer Brust empor, gleichsam als könne euer alter Leib die Süchte und das Drängen eurer neuen Seele nicht ertragen. Von Zeit zu Zeit durchrüttelt euch ein Schauer und nötigt euch zu einer unfreiwilligen Bewegung, ähnlich dem Zusammenfahren, das am Ende eines arbeitreichen Tages oder in einer stürmischen Nacht dem endlichen Schlummer oft voraufgeht.

Bevor ich weitergehe, will ich mit Bezug auf jene Empfindung von Frische, von der ich oben sprach, noch eine Anekdote wiedergeben, die zeigen mag, wie sehr verschieden die Wirkungen, selbst die rein physischen, sein können, je nach den Individuen. Dieses Mal ist's ein Litterat, der spricht, und in einigen Wendungen in seinem Bericht wird man, glaub' ich, die Anzeichen eines litterarischen Temperaments entdecken können.

„Ich hatte" – sagte dieser zu mir – „eine mässige Dosis zähen Extrakts genommen, und alles ging aufs beste. Die Krise krankhafter Fröhlichkeit hatte kurze Zeit gewährt, und ich befand mich in einem Zustande von Ermattung und Erstaunen, der fast glückselig war. Ich versprach mir demnach einen ruhigen, sorglosen Abend. Unglücklicherweise zwang mich da der Zufall, jemanden ins Schauspiel zu begleiten. Ich hielt tapfer mit, entschlossen, mein unermessliches Verlangen nach Ruhe und Unthätigkeit zu verbergen. Da sich herausstellte, dass alle Droschken in meinem Quartier vergeben waren, so musste ich mich darein finden, einen langen Weg zu Fusse zu machen, quer durch das misstönige Lärmen der Wagen, durch die stumpfsinnigen Unterhaltungen der Vorübergehenden, durch einen ganzen Ozean von Trivialitäten. Eine leichte Frische hatte sich in meinen Fingerspitzen schon bemerkbar gemacht; bald verwandelte sie sich in eine sehr lebhafte Kälte, als hätte ich beide Hände in einen Eimer überfrorenen Wassers ·getaucht. Aber das war nicht schmerzhaft; diese fast stechende Empfindung durchdrang mich vielmehr wie etwas Vergnügliches. Indes erschien es mir, als durchdringe mich diese Kälte mehr und mehr, je länger diese endlose Reise währte. Zwei- oder dreimal fragte ich die Person, die ich begleitete, ob es denn in der That sehr kalt sei; mir ward geantwortet, die Temperatur sei im Gegenteil mehr als lau. Endlich im Saale untergebracht, eingeschlossen in das mir bestimmte Gehäuse, mit drei oder vier Stunden der Ruhe vor mir, glaubte ich mich im Gelobten Lande angekommen. Die Empfindungen, die ich während des Weges mit all der armseligen Energie zurückgedrängt hatte, über welche ich verfügen konnte, kamen also zum Durchbruch, und ich überliess mich ungezügelt meiner verschwiegenen Tollheit. Die Kälte steigerte sich beständig, und indes sah ich Leute, die leicht gekleidet waren oder sich gar mit erschöpfter Miene die Stirn wischten. Mich ergriff die wohlthuende Idee, dass ich ein bevorzugter Mensch sei, dem allein das Recht vergönnt war, im Sommer in einem Schauspielhause Kühle zu empfinden. Diese Kühle verstärkte sich derart, dass sie beunruhigend wurde; jedoch vor allem beherrschte mich die Neugier zu wissen, bis zu welchem Grade sie wohl gelangen könne. Schliesslich kam sie auf einem derartigen Punkte an, wurde so vollständig, so durchdringend, dass alle meine Gedanken sozusagen gefroren. Ich war ein denkendes Eisstück. Ich betrachtete mich als eine Statue, aus einem Eisblock gehauen. Und diese thörichte Hallucination erweckte in mir einen Stolz, erregte in mir ein geistiges Wohlgefühl, das ich Ihnen nicht beschreiben kann. Was noch beitrug zu meinem abscheulichen Vergnügen war die Gewissheit, dass alle Menschen ringsum von meiner Natur keine Ahnung hatten, dass sie nicht wussten, welche Überlegenheit ich ihnen gegenüber besass; und dann das Glück, zu denken, dass mein Kamerad nicht einen einzigen Augenblick im Zweifel war, von welchen bizarren Empfindungen ich besessen war! Ich hatte den Lohn für meine Verstellung, und mein ungewöhnliches Vergnügen war ein vollkommenes Geheimnis.

Übrigens war ich kaum in meine Loge getreten, als meine Augen von einem dämmerhaften Eindruck überrascht wurden, der mir mit dem Frostgefühl, einige Verwandtschaft zu haben scheint. Es ist wohl möglich, dass diese beiden Ideen einander wechselseitig verstärkten. Sie wissen, dass der Haschisch stets wundervolle Lichterscheinungen, herrliches Geleucht, Kaskaden flüssigen Goldes erzeugt; alles Licht ist ihm dabei recht, ob es über ein Tischtuch flutet, ob es wie Strohhalme an Kanten und Winkeln häkelt, die Kandelaber der Salons, die Kerzen im Marienmonat, die rosenroten Wolkenlawinen der Sonnenuntergänge. Dieser elende Lustre verbreitete anscheinend ein Licht, das diesem unersättlichen Durst nach

Klarheit nicht wohl genügen konnte. Ich glaubte, wie gesagt, eine Welt von Schatten zu betreten, die sich übrigens mehr und mehr verdichteten, während ich Polarnacht und ewigen Winter träumte. Was die Bühne betrifft (sie war dem komischen Genre geweiht), so war sie allein lichthell, unendlich klein und fern, ganz fern, wie am Ende eines ungeheuren Stereoskops. Ich werde Ihnen nicht sagen, ich hätte die Schauspieler verstanden: Sie wissen, dass das unmöglich ist. Von Zeit zu Zeit ergriff mein Gedanke das Bruchstück einer Redewendung und bediente sich dessen, einer geschickten Tänzerin vergleichbar, als Sprungbrett, um in weit ferne Traumgefilde zu schnellen. Man könnte vermuten, ein in dieser Art angehörtes Drama ermangle der Logik und des Zusammenhangs. Ein Irrtum! Ich entdeckte einen äusserst feinen Sinn in dem Drama, das meine Zerstreutheit schuf. Nichts störte mich darin, und ich glich ein wenig jenem Dichter, der als er zum ersten Male ‚Esther' spielen sah, es ganz natürlich fand, dass Haman der Königin eine Liebeserklärung mache. Es bezog sich dies, wie man wohl errät, auf den Augenblick, da dieser sich Esther zu Füssen wirft, um Gnade zu erflehen für seine Verbrechen. Wenn alle Dramen nach dieser Methode angehört würden, sie würden dadurch um grosse Schönheiten bereichert; selbst die Racines.

„Die Schauspieler erschienen mir ausserordentlich klein und von einem scharfen, sorgfältigen Kontur umrissen, wie die Gestalten Meissoniers. Unterschiedlich sah ich nicht allein die geringsten Details ihrer Anzüge, wie die Musterungen der Stoffe, Nähte, Knöpfe u. s. w., sondern sogar die Linie, welche die Perrückenstirn von der richtigen trennt, das Weiss, das Blau und das Rot und alle Kunstmittelchen der Maske. Und diese Liliputaner waren in ein kaltes, magisches Licht gekleidet, ähnlich dem, das eine sehr saubere Scheibe einem Ölgemälde giebt. Als ich endlich diese Gruft vereister Schatten verlassen konnte, als die innere Phantasmagorie sich verflüchtigte und ich mir selbst zurückgegeben war, empfand ich eine grössere Abgespanntheit, als sie mir je eine angestrengte, schwere Arbeit verursacht hat."

In der That zeigt sich in dieser Periode des Rausches eine neue Feinheit, eine erhöhte Schärfe in allen Sinnen. Der Geruch, das Gesicht, das Gehör, das Gefühl haben in gleicher Weise teil an dieser Steigerung. Die Augen sehen das Unendliche. Das Ohr hört fast unvernehmbare Töne inmitten des grössesten Tumults. Hier beginnen die Hallucinationen. Die Gegenstände der Aussenwelt nehmen langsam, nach und nach, seltsame Erscheinungen an; sie verlieren ihre Formen und gewinnen neue dafür. Dann stellen die Zweideutigkeiten sich ein, die Verirrungen und die Gedankenversetzungen. Die Töne kleiden sich in Farben, und die Farben enthalten eine Musik. Das, wird man sagen, ist nur etwas durchaus Natürliches, und jedes dichterische Gehirn nimmt in seinem gesunden und normalen Zustande leicht diese Analogieen wahr. Aber ich habe den Leser ja schon darauf vorbereitet, dass es im Haschischrausche nichts wirklich Übernatürliches gebe. Allein diese Analogieen nehmen alsdann eine ungewohnte Lebhaftigkeit an; sie durchdringen den Geist, nehmen ihn ein, überladen ihn mit ihrer despotischen Art. Die Noten werden Ziffern, und wenn euer Geist mit einer mathematischen Fähigkeit begabt ist, gewahrt er, wie die Melodie, die gehörte Harmonie – ihren ergötzlichen, sinnlichen Charakter durchaus bewahrend – sich in eine grosse arithmetische Operation umwandelt, bei der die Zahlen aus den Zahlen wachsen und ihr die Phasen und die Entwicklung mit einer unbeschreiblichen Leichtigkeit verfolgt, mit einer Behendigkeit, die der des Ausführenden gleicht.

Bisweilen kommt es vor, dass die Persönlichkeit schwindet und jene Objektivität, wie sie den pantheistischen Dichtern eignet, in euch offenbar wird, und zwar derart abnorm, dass die Betrachtung der Dinge der Aussenwelt euch eurer eignen Existenz vergessen lässt und ihr euch bald in jene hineinergiesst. Euer Auge heftet sich auf einen Baum, der harmonisch vom Winde gebogen wird; in einigen Sekunden wird das, was im Hirn eines Dichters nur ein durchaus natürlicher Vergleich sein würde, in dem euren eine Thatsache werden. Ihr schreibt alsdann dem Baume eure Leidenschaften zu, eure Sehnsucht oder eure Melancholie; seine Seufzer und seine Schwankungen werden die euren, und bald seid ihr der Baum.[1]) Ebenso

---

[1]) Der erste Aufsatz fasst sich hier wie folgt:
Ihr – seht doch – seid der Baum, der im Winde rauscht und der Natur die Melodieen der Pflanzen singt. Jetzt plant ihr durch den azurenen Himmel, unermesslich vergrössert. Jeglicher Schmerz ist gewichen. Ihr kämpfet nicht mehr: ihr werdet davongetragen; seid nicht mehr euer eigner Herr und empfindet doch keine Betrübnis darüber. Im Nu wird die Idee der Zeit vollständig schwinden. Von Zeit zu Zeit noch ein kleines Erwachen. Dann ist's, als kehrtet ihr aus einer wunderbaren, phantastischen Welt zurück. Ihr bewahrt – das ist wahr – die Fähigkeit, euch selber zu beobachten, und morgen werdet ihr auch die Erinnerung an einige eurer Sinneserfahrungen behalten haben. Doch könnt ihr diese psychologische Fähigkeit nicht anwenden. Ich traue euch nicht zu, dass ihr eine Feder schneiden, einen Bleistift spitzen könntet; das wäre eine Arbeit über eure Kraft.

der Vogel der tief im Azur schwebt: zunächst repräsentiert er die unsterbliche Sehnsucht, über den menschlichen Dingen zu schweben; aber schon seid ihr der Vogel selber. Ich nehme an: ihr sitzt da und raucht. Eure Aufmerksamkeit mag sich ein wenig zu lange auf die blauen Wolken richten, die eurer Pfeife entschweben. Die Vorstellung des Ausströmens wird sich langsam, allmählich, unablässig eures Geistes bemächtigen, und alsbald werdet ihr diese Idee mit euren eigenen Gedanken, mit eurer denkenden Materie verbinden. Durch eine besondere Gleichung, durch eine Art von Übertragung oder geistigem Quiproquo werdet ihr euch – euch selber ausströmen fühlen, und ihr werdet eurer Pfeife (in die ihr euch hineingedrückt und zusammengepresst fühlt wie der Tabak es ist) die seltsame Fähigkeit zuerkennen, euch zu rauchen.[2])

Zum Glück hat diese unbegrenzbare Einbildung nur eine Minute gewährt, denn zwischendurch hat euch ein Augenblick der Klarheit – mit grosser Anstrengung – ermöglicht, auf die Uhr zu sehen. Aber ein anderer Ideenlauf trägt euch davon; er wird euch eine Minute noch in seinem lebendigen Wirbelsturme kreisen machen, und diese neue Minute wird eine neue Ewigkeit sein. Denn die Verhältnisse der Zeit und des Daseins werden völlig verwirrt durch die Menge und die Intensität der Empfindungen und Vorstellungen. Man lebt – könnte man sagen – mehrere Menschenleben innerhalb einer Stunde. Gleicht ihr alsdann nicht einem phantastischen Roman,

---

[2]) Der erste Aufsatz fährt fort:
Ihr befindet euch wohl dabei; nur ein einziges beschäftigt und beunruhigt euch: Was sollt ihr anfangen, um aus eurer Pfeife herauszukommen? –

der lebend sein würde, anstatt geschrieben zu sein? Es besteht keine Gleichung mehr zwischen den Organen und den Genüssen; und vor allem auf diese Beobachtung gründet sich der Tadel, den dieses gefährliche, freiheitraubende Thun verdient.

Wenn ich von Hallucinationen spreche, so nehme man dies Wort nicht in seinem strengsten Sinne. Eine sehr wesentliche Nuance unterscheidet die reine Hallucination, wie sie die Mediziner oft Gelegenheit haben zu studieren, von der Hallucination oder vielmehr der Sinnestäuschung in dem Geisteszustande, den der Haschisch hervorruft. Im ersten Falle ist die Hallucination eine plötzliche, völlige und beherrschende; mehr noch: sie findet weder Vorwand noch Entschuldigung in der Welt der äusseren Dinge. Der Kranke sieht eine Gestalt, hört Laute, wo gar keine vorhanden sind.

Im zweiten Falle ist die Hallucination progressiv, beinahe willkürlich, und sie wird nicht vollständig, sie reift nur heran infolge der Thätigkeit der Einbildungskraft. Und schliesslich hat sie einen Vorwand. Der Ton wird sprechen, wird Unterschiedliches sagen, aber es war doch ein Ton da. Der trunkene Blick des Menschen, der Haschisch genommen hat, wird seltsame Formen erblicken; aber ehe sie seltsam und ungeheuer wurden, waren diese Formen schlicht und natürlich. Die Energie, die Lebhaftigkeit, die in der That aus der Hallucination im Rausche sprechen, entkräften diese eigentümliche Verschiedenheit in nichts. Diese Rauschhallucination wurzelt im umgebenden Milieu und in der gegenwärtigen Zeit, jene andere nicht.

Um dieses Aufwallen der Einbildungskraft, dieses Heranreifen des Traumes und diese poetische Kinderei, zu der ein haschischvergiftetes Gehirn verdammt ist, besser begreiflich zu machen, will ich noch eine Anekdote erzählen. Dieses Mal ist's nicht ein müssiggängerischer junger Mann, der spricht, auch ist's kein Litterat; es ist ein Weib, ein etwas reifes Weib, neugierig, erregbaren Geistes, das, nachdem es dem Verlangen nachgegeben hat, die Bekanntschaft des Trankes zu machen, einer anderen Dame die hauptsächlichste ihrer Visionen also beschreibt – ich zitiere buchstäblich:

„Wie bizarr und neu die Eindrücke waren, die ich aus meiner Narrheit von zwölf Stunden (zwölf oder zwanzig? wahrhaftig, ich weiss nichts davon!) gewonnen habe, das werde ich nie wieder vergessen. Die Erregung des Geistes ist zu lebhaft, die Ermattung, die daraus folgt, zu gross; und, um nichts zu verschweigen: ich finde in dieser Kinderei irgendwie etwas Verbrecherisches. – Schliesslich gab ich der Neugier nach; und dann war's eine Thorheit in Gesellschaft, unter alten Freunden, wo ich nicht gross Schlimmes darin sah, an Würde mir ein wenig zu vergeben. – Vor allem muss ich Ihnen sagen, dass dieser verwünschte Haschisch eine ganz perfide Substanz ist. Man glaubt sich hin und wieder von dem Rausche erlöst; das aber ist nur eine trügerische Stille. Es sind Ruhepausen – dann folgen wieder Rückfälle. So befand ich mich gegen zehn Uhr abends in einem dieser vorübergehenden Zustände; ich glaubte mich befreit von diesem ungeheuren Lebensüberfluss, der mir – es ist wahr – so viele Genüsse verschafft hatte, der aber nicht ohne Beunruhigung und

Furcht war. Ich setzte mich mit Vergnügen zum Souper, wie abgehetzt von einer langen Reise. Denn bis dahin hatte ich mich in kluger Absicht des Essens enthalten. Doch bevor ich mich noch von der Tafel erhob, hatte mein Delirium mich auch schon wieder erwischt, wie die Katze die Maus, und der Trank begann von neuem mit meinem armen Hirn sein Spiel zu treiben. Obgleich mein Haus ganz nah beim Schlosse unserer Freunde lag und ein Wagen zu meiner Verfügung stand, fühlte ich mich doch derart ausgefüllt von dem Verlangen, zu träumen und mich dieser unwiderstehlichen Thorheit hinzugeben, dass ich mit Freuden auf ihr Anerbieten einging, bis zum Morgen in ihrer Obhut zu bleiben. Sie kennen das Schloss; Sie wissen, dass man den ganzen Teil, der von den Vorstehern des Ortes bewohnt wird, im modernen Geschmacke eingerichtet, ausgeputzt und ‚aufgemuntert' hat, dass aber der meist unbewohnte Teil gelassen ist, wie er war, in seinem alten Stile und seiner alten Ausschmückung. Es ward beschlossen, dass für mich in diesem Teil des Schlosses ein Schlafzimmer hergerichtet werden solle, und man wählte zu dem Zwecke das kleinste Gemach, eine Art Boudoir, etwas verwittert und baufällig, darum jedoch nicht weniger entzückend. Ich muss es Ihnen unbedingt beschreiben, so gut oder schlecht ich's kann, damit Sie recht die seltsame Vision verstehen, deren Opfer ich gewesen bin, eine Vision, die mich eine ganze Nacht beherrscht hat, ohne dass ich die Musse gehabt hätte, die Flucht der Stunden zu bemerken.

„Dies Boudoir ist ganz klein, ganz eng. Auf der Höhe des Kranzgesimses rundet sich der Plafond zu einer Wölbung. Die Wände sind mit schmalen, langen Scheiben bedeckt und diese voneinander abgetrennt durch Paneele, auf denen Landschaften gemalt sind im lässigen Stile der Dekorationen. Auf der Höhe des Kranzgesimses, oberhalb der vier Wände, sind verschiedene allegorische Figuren zu sehen, die einen in ruhenden Stellungen, die anderen laufend oder auffliegend. Darüber einige schillernde Vögel und Blumen. Hinter den Figuren erhebt sich ein täuschend gemaltes Gitterwerk, der Wölbung des Plafonds natürlich folgend. Dieser Plafond ist vergoldet. Alle Zwischenräume zwischen den Stäben und den Figuren sind also ausgefüllt von Gold, nur durch das geometrische Netz des vorgespiegelten Gitterwerkes unterbrochen. Sie sehen: das gleicht ein wenig einem sehr vornehmen Käfig, einem recht schönen Käfig für einen recht grossen Vogel. – Ich muss hinzufügen, dass die Nacht sehr schön und sehr klar war; das Mondlicht schien so intensiv, dass, auch nachdem ich die Kerze ausgelöscht hatte, diese ganze Dekoration sichtbar blieb, nicht, wie Sie glauben könnten, durch mein geistiges Auge beleuchtet, sondern von dieser schönen Nacht erhellt, deren Lichter sich an die ganze Goldausschmückung, die Spiegel und die buntscheckigen Farben hefteten.

„Ich war zu Anfang sehr erstaunt, als ich grosse Flächen sich breiten sah, vor mir und mir zur Seite und allüberall. Da waren klare Flüsse, und grünende Landschaften spiegelten sich in ruhigen Wassern. (Sie erraten hier die Wirkung der Paneele, die von den Spiegeln zurückgestrahlt wurden.) Als ich die Augen aufhob, sah ich eine untergehende Sonne, gleich flüssigem Metalle, das gefriert. Das war das Gold des Plafonds; jedoch das Gitternetzwerk liess mich denken, dass ich mich in einer Art Käfig befinde oder in einem allseitig offenen Hause, von all dem Wunderbaren nur getrennt durch die Stäbe meines prächtigen Gefängnisses. Ich lachte anfangs über meine Täuschung; doch je länger ich hinsah, desto stärker wurde der Zauber, desto mehr gewann er an Leben, Klarheit und despotischer Realität. Und nun beherrschte die Vorstellung des Eingeschlossenseins meinen Geist, ohne – ich muss bekennen – den verschiedenen Freuden viel zu schaden, die ich aus dem Schauspiel rings um mich und über mir schöpfte. Ich betrachtete mich als eingeschlossen auf lange Zeit, auf Tausende von Jahren amende, eingeschlossen in diesen prachtvollen Käfig, inmitten dieser feenhaften Landschaftsbilder, unter diesen wundervollen Horizonten. Ich träumte: Die Schöne, die im Walde schläft; sie hat hier eine Sühne zu erdulden; – ich träumte von einer künftigen Befreiung. Und mir zuhäupten flogen flimmernde Tropenvögel, und wie mein Ohr den Ton der Glöckchen am Halse der Pferde vernahm, die ferne auf der grossen Strasse liefen, so verwirrten die beiden Sinne ihre Eindrücke zu einer einzigen Idee und ich schrieb den Vögeln diese wundersamen kupfernen Klänge zu und glaubte, sie singen mit metallenen Schnäbeln. Offenbar schwätzten sie über mich und freuten sich meiner Gefangenschaft. Affen sprangen umher, Satyrn machten ergötzliche Kapriolen, und alle schienen sich über diese hingestreckte Gefangene zu belustigen, die zur Bewegunglosigkeit verdammt war. Alle mythologischen Gottheiten indes blickten auf mich mit einem liebenswürdigen Lächeln, gleichsam als ob sie mich ermutigen wollten, geduldig diesen Zauberspuk zu tragen; und alle Augäpfel glitten bis in die Lidwinkel, als wollten sie sich mit meinem Blicke berühren. Und daraus schloss ich, dass – wenn alte Schulden, wenn irgend welche Sünden, die ich selbst nicht kannte, diese zeitweilige Bestrafung erfordert hatten – dass ich doch auf eine höhere Liebe bauen könne, die mich zur Einsicht verurteilte und mir dabei zugleich viel reichere Freuden bot, als all die Puppenspiele unserer Kindheit. Sie sehen, dass die moralischen Anwandlungen in meinem Traume nicht fehlten; jedoch ich muss bekennen, dass das Pläsier, diese Formen und diese schimmernden Farben zu betrachten und mich den Mittelpunkt eines phantastischen Dramas zu wähnen, zumeist all meine anderen Gedanken absorbierte. Dieser Zustand währte lange, sehr lange ... Währte er bis zum Morgen? Ich weiss es nicht.

Ich sah mit einem Male die Morgensonne schon in meinem Zimmer; ich empfand ein lebhaftes Erstaunen, und trotz aller Anstrengungen des Gedächtnisses, die ich nur machen konnte, war es mir doch unmöglich, zu wissen, ob ich geschlafen oder geduldig einer entzückungvollen Schlaflosigkeit mich unterworfen hatte. Im Augenblick war es noch Nacht, und jetzt Tag! Und während dessen hatte ich lange gelebt, o, sehr lange! ... Das Wissen von der Zeit oder vielmehr das Mass der Zeit war aufgehoben gewesen, und also war die ganze Nacht für mich nur messbar an der Fülle meiner Gedanken. So lang sie mir unter diesem Gesichtspunkte erscheinen musste, kam mir's doch gleichwohl vor, als habe sie nur einige Sekunden gewährt, oder gar, als habe sie selbst in der Ewigkeit nicht Platz.

„Ich sage Ihnen nichts von meiner Abgespanntheit ... sie war ungeheuer. Man sagt, die Verzückung der Dichter und der Schaffenden gleiche dem, was ich erfahren habe, obgleich ich mir immer eingebildet habe, die Leute, deren Berufung es ist, uns zu bewegen, müssten selber mit einem sehr ruhigen Temperament begabt sein; wenn aber der dichterische Wahnsinn dem gleicht, zu dem mir ein Löffelchen voll Konfekt verholfen hat, dann glaub' ich doch, dass die Ergötzungen des Publikum die Dichter recht teuer zu stehen kommen. Nicht ohne ein gewisses Wohlgefühl, eine prosaische Genugthuung fühlte ich mich endlich ‚daheim' in meinem geistigen ‚Daheim', will sagen: im realen Leben."

Da haben wir also ein offenbar vernünftiges Weib; doch wollen wir uns ihres Berichtes nur bedienen, um einige nützliche Bemerkungen daraus auszuziehen, welche die gegenwärtige, durchaus summarische Beschreibung der hauptsächlichsten Eindrücke, die der Haschisch erzeugt, vervollständigen sollen.

Sie spricht da von dem Souper als einem Genusse, der ihr überaus gelegen gekommen sei in dem Augenblicke, da eine momentane, anscheinend aber definitive Besserung ihr erlaubte, in das wirkliche Leben zurückzukehren. In der That giebt es, wie ich sagte, trügerische Pausen der Ruhe, und oft verursacht der Haschisch einen unglaublichen Heisshunger, fast immer aber einen ungeheuren Durst. Anstatt jedoch eine endgültige Ruhe herbeizuführen, bewirkt das Diner oder das Souper jene neue Verdoppelung, jene schwindelartige Krise, über die unsere Dame klagte und der eine Reihe berückender Visionen folgte (mit etwas Schrecken leicht geschminkt), denen sie sich dann ganz, und ach! so gern auch, überliess. Die tyrannischen Hunger- und Durstgefühle, von denen hier die Rede ist, vermögen nur mit einer gewissen Anstrengung Befriedigung zu erlangen. Denn der Mensch fühlt sich derart ausserhalb aller irdischen Dinge, oder vielmehr: er ist derart ausgefüllt von seinem Rausche, dass seine Energie erst einen langen Anlauf nehmen muss, um eine Flasche oder eine Gabel anzurühren.

Die definitive Krise, die durch eine Verbreitung der Nahrung im Körper hervorgerufen wird, ist in der That sehr heftig: sie zu bekämpfen ist unmöglich, und solch ein Zustand würde nicht ertragbar sein, wenn er nicht bald einer anderen Phase des Rausches Platz machte, welche im vorerwähnten Falle durch üppige Visionen sich verriet, die so süss schreckhaft und doch zugleich so voller Tröstung waren.

Dieser neue Zustand ist das, was die Orientalen das ‚Kief' nennen. Da ist nichts mehr von Wirbelsturm und von Tumult; da ist nur eine stille, unbewegte Seligkeit, eine herrliche Resignation. Lange Zeit hindurch seid ihr nicht eurer selbst mehr Herr; aber ihr fühlt euch davon nicht berührt. Der Schmerz und die Idee der Zeit verschwanden, oder wenn sie sich bisweilen noch anzudeuten wagen, so sind sie doch verklärt durch die beherrschende Empfindung. Und sie sind dann im Vergleiche zu ihrer gewöhnlichen Form das, was die dichterische Melancholie gegenüber dem positiven Schmerz bedeutet.

Vor allem aber wollen wir bemerken, dass im Berichte dieser Dame – zu dem Zweck hab' ich ihn zitiert – die Hallucination von bastardhafter Art ist und ihr Daseinsrecht dem äusseren Schauspiel entnimmt; der Geist ist nur ein Spiegel, aus dem das umgebende Milieu widerstrahlt, in einer übertriebenen Manier umgebildet. Schliesslich sehen wir das eintreten, was ich die moralische Hallucination nennen möchte: der Mensch glaubt sich einer Sühne unterworfen; aber das weibliche Temperament, das zur Analyse wenig geeignet ist, erlaubt ihr nicht, den besonderen optimistischen Charakter der genannten Hallucination zu verzeichnen. Der wohlwollende Blick der Gottheiten des Olymp ist poetisiert durch einen Glanz, der wesentlich haschischistischer Art ist. Ich will nicht sagen, diese Dame habe sich der Gewissensbisse ganz entschlagen; aber ihre Gedanken, augenblicksweise der Melancholie und dem Kummer zugewandt, nahmen doch wieder schnell die Farbe der Hoffnung an. Das ist eine Bemerkung, die wir noch Gelegenheit haben werden bestätigt zu finden.

Sie hat von der Erschöpfung des nächsten Morgens gesprochen: in der That, diese Erschöpfung ist gross; aber sie macht sich nicht unmittelbar bemerklich, und wenn ihr endlich gezwungen seid, sie anzuerkennen, geschieht's nicht ohne Erstaunen. Denn zunächst, wenn ihr recht festgestellt habt, dass sich ein neuer Tag am Horizonte eures Daseins erhoben hat, so habt ihr ein erstaunliches Wohlgefühl; ihr glaubt euch einer wunderbaren Leichtigkeit des Geistes zu erfreuen. Kaum aber seid ihr auf, so folgt euch ein alter Rest des Rausches nach und hemmt euch: die Eisenkugel eurer kürzlichen Knechtung. Nur ängstlich tragen euch die schwachen Schenkel, und ihr fürchtet jeden Augenblick, wie einen gebrechlichen Gegenstand euch zu zerschlagen. Eine grosse Erschlaffung – manche wollen wissen, dass sie des Reizes nicht entbehre[1]) – bemächtigt sich eures Geistes und breitet sich über alle eure Fähigkeiten wie ein Nebel über eine Landschaft. Nun seid ihr, noch auf einige Stunden hinaus, unfähig zu Arbeit, Tätigkeit und Energie. Das ist die Strafe für die gottlose Vergeudung, mit der ihr euer Nervenfluid verschwendet habt. Ihr säetet eure Persönlichkeit in die vier Himmelswinde aus, und jetzt: was habt ihr nicht für Mühe, sie wieder zu sammeln und zu konzentrieren![2])

---

[1]) Der erste Aufsatz fasst sich völlig subjektiv:
Eine grosse Ermattung, die des Reizes nicht ermangelt, bemächtigt sich eures Geistes.
[2]) Über die Wirkungen des Haschisch enthält der erste Aufsatz noch folgenden Abschnitt:
Ich behaupte nicht, dass der Haschisch bei allen Menschen all die Wirkungen hervorbringt, die ich imn Vorstehenden beschrieben habe. Ich habe ein weniges von den Phänomenen erzählt, die sich im grossen ganzen – unbeschadet einiger Abweichungen – bei den künstlerischen und philosophischen Geistern zeigen. Es giebt aber auch Temperamente, bei denen diese Drogue nur eine polternde Narrheit und gewaltsame Lustigkeit auslöst: Taumel, Tänze, hopsende Sprünge, Getrippel, Lachausbrüche. Bei ihnen könnte man wohl von einem völlig materiellen Haschischrausche reden. Unerträglich sind sie den Spiritualisten, von denen sie nur herzlich bemitleidet werden. Ihr gemeines Wesen bricht im Haschisch so recht hervor. Eine Magistratsperson, einen Ehrenmann, wie die Leute von Welt von sich selber sagen, einen ganzen Menschen, deren künstliche Gravität immer imponiert, hab' ich einmal in dem Augenblicke, da der Haschisch von ihm Besitz ergriff, im denkbar schamlosesten ‚Cancan' umherspringen sehen. Das Vieh in ihm, sein wirkliches Wesen, reckte sich empor. Dieser Mann, der über die Handlungen von seinesgleichen aburteilte, dieser ‚Togatus', hatte den Cancan irgendwo im Verborgenen gelernt. – Man kann also mit Sicherheit behaupten, dass jene Unpersönlichkeit, jene Objektivität, von der ich sprach, und die nur die vollkommenste Offenbarung des dichterischen Geistes ist, im Haschischrausche jener Leute niemals zu finden sein wird.

IV

Der Gott-Mensch

Es ist Zeit, all diese Spielerei und diese grossen Marionetten beiseite zu lassen, die aus dem Qualme kindischer Gehirne sich bilden. Haben wir nicht von ernsteren Dingen zu reden: von den Modifikationen der menschlichen Empfindungen und, mit einem Worte: von der Moral des Haschisch?

Bis hierher hab' ich nur eine auszugsweise Monographie des Rausches gegeben; ich habe mich begnügt, die Hauptzüge desselben, vor allem die materiellen Züge, hervorzuheben. Wichtiger für den geistigen Menschen ist aber, glaub' ich, die Kenntnis der Wirkung des Trankes auf die geistige Sphäre des Menschen, das ist: die Vergrösserung, die Verzerrung und die Übertreibung seiner geistigen Eindrücke, die alsdann, in einer exceptionellen Atmosphäre, ein wahrhaftes Strahlenbrechungsphänomen bilden.

Der Mensch, der sich lange dem Opium oder dem Haschisch ergeben hatte und dann, geschwächt, wie er es durch die Gewohnheit seiner Knechtschaft war, die nötige Energie zu seiner Befreiung hat finden können, erscheint mir wie ein entsprungener Gefangener. Er flösst mir mehr Bewunderung ein als wie der kluge Mann, der niemals gefehlt hat, da er stets Sorge getragen, der Versuchung aus dem Wege zu gehen. Die Engländer bedienen sich häufig mit Bezug auf Opiumesser einiger Worte, die nur den Unschuldigen übertrieben erscheinen können, denen die Schrecken dieser Ächtung unbekannt sind: enchained, fettered, enslaved! Ketten, in der That! Ketten, im Vergleich zu denen all die anderen: die der Pflicht, die der illegitimen Liebe, nur Gazefäden und nur Spinngewebe sind! Entsetzliche Ehe des Menschen mit ihm selber! „Ich war ein Sklave des Opium geworden; es hielt mich in seinen Krallen, und alle meine Arbeiten und meine Pläne hatten die Farbe meiner Träume angenommen," sagt der Gemahl Ligeias[1]); aber an wieviel wunderbaren Stellen beschreibt nicht Edgar Poe, dieser unvergleichliche Poet, dieser nicht widerlegte Philosoph, den man stets zitieren muss, wo sich's um mysteriöse Krankheiten des Geistes handelt, all den düsteren, berückenden Glanz des Opium! Der Liebhaber der strahlenden Berenice, der Metaphysiker Egäus, spricht von einer Steigerung seiner Fähigkeiten, die ihn zwingt, den einfachsten Erscheinungen einen anormalen, riesigen Wert beizumessen: „Ich konnte stundenlang unermüdlich nachsinnen, wenn meine Aufmerksamkeit sich auf irgend ein kindisches Zitat am Rande oder im Text eines Buches heftete; konnte den grössten Teil eines Sommertages hindurch ganz hingenommen sein, vertieft in einen bizarren Schatten, der in schräger Richtung auf der Tapete oder dem Fussboden sich langreckte; konnte eine ganze Nacht meiner selbst vergessen, wenn ich vor der steilen Flamme einer Lampe oder den glühenden Kohlen im Kamin bis in den Morgen wachte; ganze Tage über dem Dufte einer Blume verträumen; in monotoner

---

[1]) Vgl. Edgar Poe, „Ligeia", Bd. IV der deutschen Gesamtausgabe (J. C. C. Bruns, Minden), S. 107- M. B.

Art mir irgend ein vulgäres Wort wiederholen, bis dass der Ton, je mehr er wiederholt ward, aufhörte, dem Geiste irgend eine Vorstellung zu bedeuten. Das waren einige der gewöhnlichsten und ungefährlichsten Verirrungen meiner geistigen Fähigkeiten, Verirrungen, die zweifellos nicht völlig ohne Beispiel sind, gewiss aber jeder Erklärung und jeder Analyse spotten."[1])

Und der nervöse August Bedloe, der jeden Morgen vor seinem Spaziergange seine Dosis Opium zu sich nimmt, versichert uns, die vornehmlichste Wohlthat, die er dieser täglichen Vergiftung verdankt, sei ein übertriebenes Interesse, das er an allem, und selbst am trivialsten, nehme: „Indessen hatte das Opium seine gewohnte Wirkung hervorgebracht, die darin besteht, dass die gesamte Aussenwelt ein intensives Interesse gewinnt. In dem Erzittern eines Blattes – in der Farbe eines Grashalmes – in der Form eines Kleeblattes – in dem Gesumme einer Biene – im Schiller eines Tröpfchens Tau – im Seufzen des Windes – in den unbestimmten Düften, die dem Walde entströmten, – stieg eine Welt von Inspirationen auf, ein prächtiger und buntgescheckter Zug verworrener, rhapsodischer Gedanken."[2])

So drückt sich, durch den Mund seiner Personen, der Herr des Schrecklichen, der Fürst des Mysterium aus. Diese beiden Charakteristiken des Opium sind vollständig auf den Haschisch anwendbar; im einen wie im anderen Falle wird die Intelligenz unfrei und versklavt; aber das

---

[1]) Vgl. Poe, „Berenice": Bd. IV der deutschen Gesamtausgabe (J. C. C. Bruns, Minden), S, 127- M. B.
[2]) Vgl. Poe, „In den Bergen"; Bd. VI der deutschen Gesamtausgabe (J. C. C. Bruns, Minden). S. 85. – M. B.

Wort „rhapsodisch", das so gut einen Ideenflug bezeichnet, den die äussere Welt und die Zufälligkeiten der Umgebung suggerieren und leiten, ist im Falle des Haschisch von einer zutreffenderen und gefährlicheren Richtigkeit. Hier ist das Räsonnement nur noch wie ein verlaufenes Tier, allen Strömungen anheimgegeben, und der Gedankenflug ist unendlich rascher und ‚rhapsodischer'. Man kann das, glaub' ich, wohl am besten mit den Worten ausdrücken: der Haschisch ist in seiner augenblicklichen Wirkung viel heftiger als das Opium, er ist ein viel grösserer Feind des geregelten Lebens, mit einem Worte: viel verwirrender. Ich weiss nicht, ob zehn Jahre Haschischvergiftung zu gleichen Verheerungen führen wie eine zehnjährige Herrschaft des Opium; ich sage nur dass für heute und morgen der Haschisch traurigere Wirkungen hat; das eine ist ein friedlicher Verführer, der andere ein zügelloser Dämon.

Ich will in diesem letzten Teile die moralische Verwüstung, die diese gefährlich-ergötzliche Gymnastik verursacht, definieren und analysieren; die Verwüstung ist so gross und die Gefahr so stark dass die, die nur mit kleinen Schäden aus dem Kampf heimkehren, mir tapfer erscheinen, als seien sie der Höhle eines vielgestaltigen Proteus entkommen, dass ich sie Orpheus vergleichen möchte, der in der Hölle Sieger blieb. Möge man, wenn man will, diese Ausdrucksweise für übertrieben metaphorisch halten: mir erscheinen aber gewiss die erregenden Gifte nicht allein als eins der fürchterlichsten und sichersten Mittel, über die der Geist der Finsternis verfügt, um die beklagenswerte Menschheit zu umgarnen und zu knechten, sondern sogar als eine seiner vollkommensten Verkörperungen.

Diesmal will ich, um meine Arbeit zu verkürzen und meiner Analyse mehr Klarheit zu geben, anstatt gesammelte Anekdoten einzustreuen, auf eine einzige gedachte Persönlichkeit eine Menge Beobachtungen häufen. Ich muss hier also eine Seele annehmen, wie sie für meine Zwecke dienlich ist. In seinen ‚Bekenntnissen' sagt De Quincey mit Recht, dass das Opium, anstatt den Menschen einzuschläfern, ihn aufregt, aufregt jedoch nur innerhalb seines natürlichen Wesens, und dass es also, um über die Wunderbarkeiten des Opium ein Urteil zu gewinnen, absurd sein würde, bei einem Ochsenhändler danach anzufragen; denn der wird nur von Ochsen und Viehfutter träumen. So hab' ich also nicht die niederen Phantasieen eines haschischberauschten Viehzüchters hier zu beschreiben; wer würde sie mit Interesse lesen? Wer würde überhaupt sie lesen wollen? Um mein Sujet zu idealisieren, muss ich alle Strahlen in einen einzigen Kreis zusammenfassen, muss sie konzentrieren und polarisieren; und der tragische Kreis, in den ich sie zusammenfassen werde, soll, wie gesagt, eine Seele meiner Wahl sein, etwas Ähnliches wie das, was das achtzehnte Jahrhundert als den ‚sensiblen Menschen' bezeichnete, was die romantische Schule den ‚unverstandenen Menschen' nannte und was die Familie und die bourgeoise Masse gewöhnlich ‚originell' schimpft.

Ein halb nervöses, halb galliges Temperament ist für die Ausbrüche eines solchen Rausches das günstigste; nehmen wir dazu einen fein gebildeten Geist, geübt in Form-

und Farbestudien; ein empfindsames Herz, durch das Unglück ermattet, noch aber bereit, sich wieder erfrischen zu lassen; wir gehen, wenn ihr es gern wollt, so weit, auch alte Fehler zuzulassen und – was bei einer leicht erregbaren Natur daraus resultieren muss – wenn nicht positive Gewissensbisse, so doch wenigstens die Reue über die entweihte, schlecht angewandte Zeit. Der Geschmack an der Metaphysik, die Bekanntschaft mit den verschiedenen Hypothesen der Philosophie über das menschliche Geschick sind gewiss zur Vervollständigung nicht unnütz, ebensowenig wie die Liebe zur Tugend, zu der abstrakten Tugend der Stoiker oder der Mystiker, die in all den Büchern, aus denen die moderne Kindheit ihre Nahrung zieht, hingestellt ist als der höchste Gipfel, zu dem eine vornehme Seele emporklimmen kann. Fügt man zu alledem noch eine grosse Feinheit der Sinne – die ich, als selbstverständliche Bedingung, ausgelassen habe – so habe ich, glaub' ich, die gewöhnlichsten Flußelemente des modernen sensiblen Menschen zusammengestellt, das, was man die banale Form der Originalität, nennen könnte. Sehen wir jetzt, was aus dieser Individualität werden wird, wenn sie der Haschisch auf ihr höchstes Mass treibt. Folgen wir dieser Prozession der menschlichen Einbildungskraft bis zu ihrem letzten, glänzendsten Ruhe-Altare: bis zum Glauben des Individuum an seine eigene Göttlichkeit.

Wenn du eine dieser Seelen bist, wird deine angeborene Liebe zur Form und zur Farbe gleich in den ersten Offenbarungen deines Rausches eine unermessliche Weide finden. Die Farben werden eine ungewohnte Energie gewinnen und mit siegreicher Intensität in das Gehirn eindringen. Die Deckenmalereien, ob fragwürdig, mittelmässig oder selbst schlecht, werden ein beängstigendes Leben annehmen; die gröbstbemalten Papiere, mit denen die Wände der Herbergen tapeziert sind, werden sich vertiefen und weiten wie strahlende Dioramen. Die Nymphen in ihren leuchtenden Fleischtönen werden dich anblicken mit grossen Augen, tiefer als der Himmel und klarer als die Flut.

Die Figuren der Antike, in ihre priesterlichen oder kriegerischen Gewande gehüllt, tauschen mit dir durch den blossen Blick feierliche Gelöbnisse aus. Die Schweifung der Linien ist eine Sprache von bestimmter Klarheit, in der du die Bewegtheit und die Sehnsucht deiner Seele liesest. Indessen offenbart sich jener mysteriöse temporäre Geisteszustand, in welchem die Tiefe des Lebens, all ihrer vielfachen Probleme übervoll, sich ganz enthüllt in dem Schauspiel – so natürlich und trivial es auch sei –, das man gerade vor Augen hat; in welchem der erste beste Gegenstand sogleich zu einem sprechenden Symbole wird. Fourier und Swedenborg – der eine mit seinen ‚Analogieen‘, der andere mit seinen ‚Beziehungen‘ – haben sich in dem vegetalischen oder animalischen Leben inkarniert, das dir vor Augen kommt, und belehren dich, statt durch die Stimme sich verständlich zu machen, durch die Form oder die Farbe. Das Verständnis für die Allegorie nimmt in dir Proportionen an, wie sie dir selber nie bekannt waren. Wir bemerken nebenher: Die Allegorie, dieses so geistige Genre, das die ungeschickten Maler uns zu verachten gewöhnt haben, das aber in der That eine der ursprünglichsten, natürlichsten Formen der Poesie ist, tritt im haschisch-erleuchteten Geiste nun wieder ihre rechtmässige Herrschaft an. Der Haschisch breitet sich über das ganze Leben wie ein wundersamer Lack; er giebt ihm feierliche Farbentöne und hellt es auf bis in die letzten Tiefen. Landschaftsausschnitte, fliehende Horizonte, Perspektiven auf Städte, die in leichenhafter Sturmesfahlheit gespenstisch aufleuchten, oder die in den feuertiefen Gluten der Sonnenuntergänge sich entzünden, – Tiefen des Raumes, eine Allegote auf die Tiefe der Zeit, – der Tanz, die Geste oder die Deklamation der Komödianten, falls du in ein Theater hineingeraten bist, – die erste beste Phrase, wenn deine Augen auf ein Buch fallen, – mit einem Worte: alles, die Universalität der Wesenheiten zeigt sich vor dir in einem neuen Glanze, wie du ihn dir bisher nicht träumen liessest. Die Grammatik, die dürre Grammatik sogar, wird so etwas wie ein geisterbeschwörender Zauberspuk, der die Worte auferweckt und sie mit Fleisch und Bein bekleidet: das Substantiv schreitet in seiner substantiellen Majestät, das Adjektiv ist sein durchsichtiges Gewand, das es wie eine Brustwehr umkleidet und ihm Farbe giebt, und das Verbum ist der Engel der Bewegung, welcher der Redewendung Flügel verleiht. Die Musik, die zweite Sprache, welche den Müssigen so euer ist oder auch den tiefen Geistern, die in wechselvoller Beschäftigung Erholung suchen, spricht dir nun von dir selbst und erzählt dir die Legende deines Lebens: sie verkörpert sich in dir, und du strömst ganz in sie hinein. Sie erzählt deine Leidenschaft, nicht in einer vagen, unbestimmten Art, wie sie es an deinen verträumten Abenden, wie sie es in der Oper thut, sondern bestimmt, positiv: jede rhythmische Bewegung bezeichnet eine bekannte Bewegung deiner Seele, jede Note bildet sich zum Worte um, und die ganze Dichtung tritt in dein Gehirn wie ein mit Leben begabtes Wörterbuch.

Man muss nun keineswegs glauben, all diese Phänomene zeigten sich im Geiste in buntem Durcheinander, mit den aufdringlichen Lauten der Wirklichkeit und der Ungeordnetheit des äusseren Lebens. Das innere Auge bildet alles um und lebt jedem Dinge das Komplement an Schönheit, dessen es ermangelt, um wahrhaft wert zu sein, dir zu gefallen. In diese wesentlich ergötzliche und sinnliche Phase gehört auch die Liebe zu den klaren Wassern, ob sie nun laufen oder stille stehen, die sich im cerebralen Rausche einiger Künstler so erstaunlich offenbart. Die Spiegel werden ein Scheingrund für diese Träumerei, die einem geistigen Durste gleicht, welcher in Beziehung steht zu dem physischen Durste, der die Kehle austrocknet und von dem ich oben schon gesprochen habe.

Die fliehenden Wasser, die Wasser-‚Spiele' die harmonisch rauschenden Kaskaden, die blaue Unermesslichkeit des Meeres: sie wogen, singen, schlummern, unaussprechlichen Reizes voll. Das Wasser dehnt sich hin so ganz wie eine Zauberin, und wenn ich auch sonst nicht eben gross an die närrischen Rasereien glaube, die der Haschisch verursachen soll, so möcht' ich doch nicht behaupten, dass die Betrachtung eines klaren Borns so ganz gefahrlos sei für einen Geist, der die weiten, tiefen krystallenen Räume liebt, und dass die alte Fabel von der Undine für den Verzückten nicht zu tragischer Wirklichkeit zu werden vermöchte.

Ich glaube hinreichend gesprochen zu haben von dem ungeheuerlichen Anwachsen von Zeit und Raum, zwei stets verbundenen Vorstellungen; auch sagte ich schon, dass nun der Geist dem ohne Traurigkeit noch Furcht gegenüberstehe. Mit einem gewissen melancholischen Geniessen durchblickt er die Tiefe der Jahre und stürzt sich kühn in uferlose Perspektiven. Man hat auch, denk' ich, wohl bemerkt, dass dieses abnorme und herrische Wachstum sich gleicherweise aller Empfindungen und aller Vorstellungen bemächtigt: so der Menschenfreundlichkeit – ich habe davon, glaub' ich, eine recht hübsche Probe gegeben; so der Liebe. Die Idee der Schönheit muss natürlich in einem so geistigen Temperament, wie ich es angenommen habe, einen sehr grossen Raum für sich in Anspruch nehmen. Die Harmonie, der Ausgleich in den Linien, der schöne Rhythmus der Bewegungen erscheinen dem Träumer als Notwendigkeiten, als Pflichten geradezu, nicht nur für alle Wesen der Schöpfung, sondern auch für ihn, den Träumer, selber, der sich in dieser Periode der Krise in wunderbarer Weise begabt findet, den unendlichen Rhythmus des Universum zu erfassen. Und wenn unser Fanatiker der persönlichen Schönheit auch ermangelt, so glaube man nur nicht, er werde lange leiden unter diesem Eingeständnis, zu dem er doch gezwungen sei, oder er betrachte sich gar als eine dissonierende Note in der Welt von Harmonie und Schönheit, die seine Einbildungskraft improvisiert hat. Die Sophismen des Haschisch sind zahlreich und bewundernswürdig, fast alle neigen hin zum Optimismus, und einer der vornehmsten und der wirkungreichste ist der, der den Wunsch gleich in die That verwandelt. In manchen Fällen des gewöhnlichen Lebens ist das ja zweifellos ganz ebenso, mit wieviel mehr Feuer und Verfeinerung aber erst hier! Und übrigens: wie könnte ein Wesen, das so begabt ist, die Harmonie zu erfassen, eine Art Priester des Schönen, wie könnte es in seiner eigenen Theorie eine Ausnahme und einen Schandfleck bilden?! Die Schönheit des Geistes mit all ihrer Macht, die Anmut mit ihren verführerischen Künsten, die Beredsamkeit mit ihren feinen Kniffen, all diese bieten sich bald als Korrektiva dar für eine indiskrete Hässlichkeit, – und dann als Tröster, – ja, und schliesslich noch als Schmeichler einer eingebildeten Kaiserschaft.

Was die Liebe angeht, so hab' ich gehört, dass viele Leute, die eine gymnasiastenhafte Neugier beseelte, bei den Vertrauten des Haschischgenusses sich Auskunft darüber zu verschaffen suchten. Was kann aus diesem Liebesrausche werden, der schon in seinem natürlichen Zustande so mächtig ist, wenn er eingeschlossen ist in einen anderen Rausch, so wie eine Sonne in eine andere? Das ist die Frage, welche sich erheben wird in einer Menge von Geistern, die ich die Maulaffen der intellektuellen Welt nennen möchte. Um gleich zu antworten auf eine unanständige Unterstellung, auf jenen Teil der Frage, der sich nicht recht hervorwagt, will ich den Leser auf Plinius zurückverweisen, der an einer Stelle von den Eigentümlichkeiten des Hanfes in einer Weise gesprochen hat, dass manche hierher gehörigen Illusionen darüber wohl verfliegen werden. Man weiss ausserdem, dass die gewöhnliche Folge des Missbrauchs, den die Menschen mit ihren Nerven und den nervenerregenden Substanzen treiben, die Atonie ist. Ja, da es sich hier nicht um thatsächliche Kraft handelt, sondern um Emotion oder Empfänglichkeit, so bitte ich den Leser einfach zu bedenken, dass die Einbildungskraft eines nervösen Menschen im Haschischrausche bis ins Wunderbare gesteigert wird und sich ebensowenig genau bestimmen lässt, wie die äusserst mögliche Gewalt des Windes im Sturme, und dass seine Sinne sich bis zu einem Punkte verfeinern, der geradeso schwer bestimmbar ist. Man darf demnach annehmen, dass eine leichte Liebkosung, die allerunschuldigste schon, ein Händedruck zum Beispiel, in diesem Zustande der Seele und der Sinne an Wirkungskraft verhundertfacht sein und jene – und zwar sehr rasch – bis zu der Ohnmacht bringen kann, die von den gewöhnlichen Sterblichen als das Summum des Glückes betrachtet wird. Dass aber der Haschisch in einer Imagination, die sich oft mit den Dingen der Liebe beschäftigte, zärtliche Erinnerungen wachruft, denen der Schmerz und das Unglück bisweilen gar noch einen neuartigen Glanz verleihen, das ist nicht zu bezweifeln. Nicht weniger gewiss ist es auch, dass eine starke Dosis Sinnlichkeit in diese Erregungen der Seele hineinspielt. Übrigens ist es auch nicht zwecklos, hier anzumerken – und diese Anmerkung wird genügen, zugleich die Immoralität des Haschisch in dieser Beziehung festzustellen –, dass eine Ismaelitensekte – Ismaeliten waren es, aus denen die Assassins hervorgingen – in ihren Gottesanrufungen noch weit über den zwiegeschlechtigen Lingam sich hinausverirrte, nämlich bis zu dem absoluten und exklusiven Kult der weiblichen Hälfte des Symbols. Da nun jeder einzelne Mensch die ganze Geschichte repräsentiert, so würde es nur natürlich sein, eine obscöne Ketzerei, eine ungeheuerliche Religion in einem Geiste sich offenbaren zu sehen, der sich lässig auf Gnade oder Ungnade einer teuflischen Drogue ergeben hat und lächelnd zusieht, wie seine eigenen Fähigkeiten zerbröckeln.

Wir sahen im Haschischrausche eine besondere Menschenfreundlichkeit hervortreten, die sich selbst den Unbekannten zuwendet, eine Art von Philanthropie, die mehr dem Mitleid als der Liebe entstammt hier schon zeigt sich der erste Keim jenes satanischen Geistes, der sich hernach in aussergewöhnlicher Art offenbaren wird! – die aber sich steigert bis zu der Furcht, irgend jemanden, wer es auch sei, zu betrüben. Man errät wohl schon, zu was diese Empfindlichkeit werden kann, wenn sie sich lokalisiert, sich richtet auf eine geliebte Persönlichkeit, die im Geistesleben des Kranken eine bedeutsame Rolle spielt oder gespielt hat. Der Kult, die Anrufung, das Gebet, die Träume von Glück brechen alsdann mit pomphafter Energie und dem Eclat eines Feuerwerks hervor; wie das Pulver und die vom Feuer angestrahlten farbigen Bestandteile, so sprühen sie blendend auf – und vergehen im Dunkel.

Es giebt keine Art von empfindsamen Stimmungsmischungen, der die anschmiegsame Liebe eines Haschisch-Sklaven sich nicht anzupassen vermöchte. Das Gefühl der Schutzverleihung, eine Empfindung glühender und aufopfernder Väterlichkeit können sich mit einer sündhaften Wollust vermischen, für welche der Haschisch stets Entschuldigung und Absolution zu finden wissen wird.

Er geht sogar noch weiter. Ich will einmal begangene Fehler annehmen, die in der Seele bittere Spuren zurückgelassen haben; will an einen Gatten oder einen Liebhaber denken, der nicht ohne Betrübnis – in seinem normalen Zustande – auf eine stürmische Vergangenheit zurückblickt. Diese Bitternisse können sich nun in Süssigkeiten verwandeln. Das Bedürfnis nach Verzeihung macht die Einbildungskraft geschickter und bringt sie in die Verfassung des Bittflehenden, und der Gewissensbiss selber kann in diesem teuflischen Drama, das sich nur durch einen langen Monolog ausdrückt, als Erreger wirken und den Enthusiasmus des Herzens mächtig wieder in Wallung bringen. – Ja, der Gewissensbiss! Hatte ich unrecht, als ich sagte, dass der Haschisch einem wahrhaft philosophischen Geiste als ein vollkommenes Satansinstrument erscheint? Der Gewissensbiss, ein besonderes Ingredienz des Genusses, wird bald ertränkt in der deliziösen Betrachtung des Gewissensbisses, in einer Art genussvoller Analyse. Und diese Analyse schreitet so schnell vorwärts, dass der Mensch – dieser natürliche Teufel, um mit den Swedenborgianern zu sprechen – gar nicht bemerkt, wie sehr er seinen freien Willen dabei verliert, wie sehr er, von Sekunde zu Sekunde, der vollkommenen Teufelei sich nähert. Er bewundert seine Reue, er glorifiziert sich, während er auf dem besten Wege ist, seine Freiheit einzubüssen.

Siehe da: so ist nun mein Mann, der Geist meiner Wahl, bei jenem Grade von Freude und Heiterkeit angekommen, wo er **gezwungen** ist, sich selber zu bewundern. Jeder Widerspruch verlischt, alle philosophischen Probleme werden quellenklar, oder wenigstens: sie scheinen so. Alles ist nun Stoff zur Fröhlichkeit. Die Fülle seines gegenwärtigen Lebens giebt ihm einen masslosen Hochmut ein. Eine Stimme in seinem Innern – ach, seine eigene ist es! – sagt zu ihm: „Du hast jetzt das Recht, dich als höher anzusehen denn alle Menschen; niemand kennt noch kann begreifen, was du nun alles denkst und was du fühlst; sie würden sogar unfähig sein, die Menschenliebe recht zu würdigen, die sie dir einflössen. Du bist ein König, den die Leute ringsumher verkennen und der in der Einsamkeit seiner Überzeugung lebt; aber was macht dir's aus? Besitzest du nicht die souveräne Verachtung, die der Seele so wohl thut?"

Wir können indessen annehmen, dass von Zeit zu Zeit eine beissende Erinnerung sein Glück durchquert und zerstört. Eine Suggestion aus einem äusserlichen Anlass kann ein Vergangenes wieder beleben, das hässlich zu betrachten ist. Von wie vielen dummen und niedrigen Handlungen wird die Vergangenheit nicht ausgefüllt, die unwürdig sind dieses Königs der Gedanken und dadurch die ideale Würde entweihen! Glaubt aber, dass der Haschisch-Mann diesen Phantomen, die ihn tadeln, getrost ins Auge blicken, ja, dass er sogar aus diesen garstigen Erinnerungen neue Elemente des Wohlgefallens und des Stolzes zu ziehen wissen wird. Sein Räsonnement wird dabei folgenden Weg gehen: Wenn die erste schmerzliche Stimmung vorüber ist wird er jene That oder jene Empfindung, deren Erinnerung seine gegenwärtige Herrlichkeit erschütterte, voll Neugier analysieren, desgleichen auch die Motive suchen, die ihn zu jener Handlungsweise veranlassten, sowie alles, was ihn damals umgab, – und wenn er in diesen Umständen nicht ausreichende Gründe findet, nicht zu seiner Freisprechung, ja, nicht einmal zur Milderung seines Vergehens: Glaubt nicht, er fühle sich besiegt! Ich verfolge sein Räsonnement wie das Spiel eines Mechanismus unter einer Glasscheibe: „Diese Handlung – lächerlich, feig oder gemein –, deren Erinnerung mich einen Moment beunruhigt hat, steht in vollkommenem Widerspruch zu meiner wahren, zu meiner gegenwärtigen Natur, und sogar die Energie, mit der ich sie verdamme, die inquisitorische Peinlichkeit mit der ich sie analysiere und aburteile, bezeugen meine hohen, göttlichen Eigenschaften für die Tugend. Wieviel Menschen würde man wohl finden auf der Welt, die sich mit soviel Verständnis beurteilen, die sich mit soviel Strenge verdammen?!"

Doch er verdammt sich nicht bloss: er glorifiziert sich! Nachdem die schreckliche Erinnerung auf diese Weise nun in die Betrachtung einer idealen Tugend, einer idealen Herzensgüte, einer idealen Genialität sich aufgelöst hat, ergiebt er sich aus ehrlichstem Herzen seiner geistigen Orgie. Wir sahen, dass er, in einer schändlichen Art dem Sakrament der Busse widersprechend, Beichtkind und Beichtiger zugleich, sich eine leichte Absolution erteilte, oder, schlimmer noch, dass er aus seiner Verdammnis neue Nahrung für seinen Dünkel gezogen hatte. Jetzt schliesst er von der Betrachtung seiner Träumereien und seiner tugendhaften Vorsätze auf seine thatsächliche Geeignetheit für die Tugend; die liebende Kraft, mit der er dies Phantom von Tugend umschliesst, erscheint ihm als eine hinreichende, entscheidende Probe für die männliche Energie, die zur Erreichung seines Ideales nötig ist. Er verwechselt beständig den Traum mit der That, und indem er seine Einbildungskraft mehr und mehr berauscht an dem verführerischen Schauspiel seiner eigenen verbesserten und idealisierten Natur und dies faszinierende Bild seines Selbst seiner thatsächlichen Individualität unterschiebt, die so arm ist an Willenskraft und so reich an Wahn, – so verkündet er schliesslich seine Apotheose in folgenden klaren, schlichten Worten, die für ihn eine ganze Welt abscheulicher Freuden in sich schliessen: „Ich bin der tugendhafteste aller Menschen!"

Erinnert das den Leser nicht an Jean-Jacques, der ebenfalls, nachdem er vor aller Welt gebeichtet hatte, und zwar nicht ohne einen gewissen Genuss, es gewagt hat, ebendiesen Schrei des Triumphes auszustossen – oder der Unterschied ist wenigstens nur recht geringfügig – mit derselben Aufrichtigkeit und der gleichen Überzeugung? Der Enthusiasmus, mit dem er die Tugend bewunderte, die nervöse Zärtlichkeit, die seine Augen mit Thränen füllte beim Anblick einer schönen That oder bei dem Gedanken an all die schönen Thaten, die er hätte vollenden mögen, genügten, um ihm eine übertriebene Vorstellung von seiner sittlichen Kraft zu geben. Jean-Jacques hatte ohne Haschisch sich berauscht.

Soll ich die Analyse dieser siegreichen Monomanie noch weiterhin verfolgen? Soll ich erklären, wie mein Mann unter der Herrschaft des Haschisch sich bald zum Mittelpunkt des Universum macht? Wie er der lebende, denkbar deutlichste Ausdruck jenes Sprichwortes wird, welches sagt, dass die Leidenschaft alles auf sich bezieht. Er glaubt an seine Tugend und an seine Genialität: lässt sich das Ende nicht erraten? Alle Dinge, die ihn umgeben, sind ebensoviele Quellen der Suggestion, die in ihm eine Welt von Gedanken erregen, alle farbenreicher, lebendiger und feiner denn je und mit einem magischen Firnis überzogen. „Diese prächtigen Städte," sagt er zu sich – „in denen diese stolzen Gebäude wie auf den Prunkgemälden sich übereinandertürmen, diese schönen Schiffe, auf den Wassern der Reede in heimwehkranker Unthätigkeit sich wiegend, die unseren Gedanken auszudrücken scheinen: ‚Wann brechen wir auf nach dem Glücke?' – diese Museen, so übervoll von schönen Formen und berauschenden Farben, – diese Bibliotheken, darin die Arbeiten der Wissenschaft und die Träume der Muse gehäuft sind, – diese Sammlungen von Instrumenten, die mit einer einzigen Stimme sprechen, – diese bezaubernden Frauen, noch reizvoller durch die Kunst des Schmucks und durch die weise Mässigung des Blickes, – all diese Dinge sind gemacht für mich, für mich, für mich! Für mich hat die Menschheit gearbeitet, ist sie martyrisiert und hingeopfert, – um meinem unstillbaren Verlangen nach Erregung, nach Wissen und nach Schönheit als Weide, als ‚Pabulum' zu dienen!"

Ich überspringe und kürze ab. Niemand wird erstaunen, dass ein letzter, höchster Gedanke aus dem Gehirn des Träumenden hervorbricht: „Ich bin zum Gotte geworden!", dass ein wilder, inbrünstiger Schrei mit solcher sprudelnden Kraft sich seiner Brust entringt, dass – wenn Wollen und Glauben eines trunkenen Menschen thatsächliche Wirkungsfähigkeit besässen – dieser Schrei die Engel an den Wegen des Himmels niederwerfen würde. „Ich bin ein Gott!". Alsbald aber wandelt sich dieser Sturm von Hochmut in eine milde, stumme, ruhevolle Glückseligkeit, und das ganze wesenhafte All strahlt nun in farbiger Schönheit und wie von einem gelben Morgenlicht verklärt. Wenn zufällig eine vage Erinnerung durch die Seele des beklagenswerten Glücklichen gleitet: Sollte es nicht einen andern Gott geben? – glaubt: er wird sich ‚jenem' entgegenstellen, seine Willensmeinungen mit ihm diskutieren und ihm furchtlos die Stirne bieten. Wer ist doch gleich jener französische Philosoph, der die modernen deutschen Doktrinen in das Wort zusammenfasste: „Ich bin ein Gott, der schlecht zu Mittag gespeist hat!?" Diese Ironie würde einem haschischbethörten Geiste durchaus nichts anhaben; er würde seelenruhig erwidern: „Es ist möglich, dass ich schlecht zu Mittag gespeist habe; aber ich bin ein Gott."

V

Moral

Aber das ‚Morgen'! das fürchterliche ‚Morgen'! Wenn alle Organe erschlafft und ermüdet sind, alle Nerven abgespannt! Das stete kitzelnde Bedürfnis zu weinen, die Unfähigkeit, sich einer fortgesetzten Arbeit zu widmen: Grausam zeigt dir das alles, dass du ein verbotenes Spiel getrieben hast! Die hässliche Natur, ihres Aufputzes vom Vorabende entkleidet, gleicht nun den trübseligen Überresten eines Festes. Die Willenskraft besonders ist angegriffen, von allen Fähigkeiten die kostbarste. Man sagt und es ist etwas Wahres daran –, dass dieser Stoff keinerlei physisches Leiden verursacht, kein schweres wenigstens. Aber kann man behaupten, dass ein Mensch, unfähig jeder Handlung und allein zu Träumereien tauglich, sich wahrhaft wohl befinde, selbst wenn all seine Glieder in gutem Zustande wären?

Ja, wir kennen die menschliche Natur hinreichend, um zu wissen, dass ein Mensch, der mit einem Löffel voll Leckerei sich augenblicklich alle Güter Himmels und der Erde verschaffen kann, deren niemals auch nur den geringsten Teil durch die Arbeit gewinnen wird. Kann man sich einen Staat vorstellen, in dem sämtliche Bürger sich an Haschisch berauschen würden?

Welche Bürger! welche Krieger! welche Gesetzgeber! Sogar im Orient, wo sein Gebrauch doch so verbreitet ist, giebt es Verwaltungen, die die Notwendigkeit eingesehen haben, ihn zu verbieten.[1]) In der That, es ist dem Menschen bei Strafe der Entartung und des geistigen Todes verwehrt, die Grundbedingungen seiner Existenz über den Haufen zu werfen und das Gleichgewicht zwischen seinen Fähigkeiten und seinen Umgebungen, denen sich zu bethätigen ihre Bestimmung ist, zu zerstören, mit einem Worte: sein Geschick niederzureissen, um dafür ein Verhängnis von einer neuen Art einzusetzen. Erinnern wir uns an Melmoth, dieses bewundernswürdige Sinnbild! Sein fürchterliches Leiden besteht in dem Missverhältnis zwischen seinen wunderbaren Fähigkeiten, die er in einem Augenblicke durch einen Satanspakt erwarb, und dem Milieu, in dem er, als Gottes Kreatur, zu leben verdammt ist. Und nicht einer von denen, die er verleiten will, ist damit einverstanden, ihm zu den gleichen Bedingungen sein furchtbares Privilegium abzukaufen. In der That: jeder Mensch, der die Daseinsbedingungen nicht auf sich nimmt, verkauft seine Seele. Es ist leicht, die Beziehung zu erfassen, die zwischen den satanischen Geschöpfen der Dichter und den lebendigen Kreaturen besteht, die sich den Stimulantien ergeben haben. Der Mensch hat zum Gotte werden wollen – und siehe, alsbald sinkt er, zufolge eines unkontrollierbaren Gesetzes

---

[1]) Der erste Aufsatz ist hier ein wenig ausführlicher: In Ägypten verbietet die Regierung den Verkauf und den Handel mit Haschisch, zum wenigsten im Inneren des Landes. Die Unglücklichen, die von dieser Leidenschaft besessen sind, kommen zum Apotheker und nehmen dort ihre kleine Dosis, die schon für sie vorbereitet war, unter dem Vorwande, irgend eine andere Drogue zu kaufen. Die ägyptische Regierung hat durchaus recht. Niemals könnte ein vernünftiger Staat, in dem Haschisch gebraucht wird, existieren. Daraus entstehen weder Krieger noch Bürger. In der That, es ist dem Menschen ... etc. (s. o.!) Wenn es eine Regierung gäb, die Interesse am Untergang derer hätte, die sie regiert: sie brauchte nur zum Haschischnehmen zu ermutigen.

des Geistes, noch unter das Niveau seiner wirklichen Natur. Eine Seele, die sich im kleinen verkauft!

Balzac war ohne Zweifel der Ansicht, dass es für den Menschen keine grössere Schande und kein heftigeres Leiden giebt, als wie der Verzicht auf die Willensbestimmung bedeutet. Ich habe ihn einmal in einer Gesellschaft gesehen, wo von den wunderbaren Wirkungen des Haschisch die Rede war. Er lauschte und stellte Fragen mit einer Spannung und einer Lebhaftigkeit, die amüsant waren. Wer ihn gekannt hat, kann sich denken, dass ihm der Gegenstand interessant sein musste. Aber die Vorstellung, wider seinen Willen zu denken, beunruhigte ihn lebhaft. Man präsentierte ihm Dawamesk; er sah es forschend an, beroch es und – wies es zurück, ohne es zu berühren. Der Kampf zwischen seiner fast kindischen Neugier und seinem Widerstreben gegen die Aufgabe seines Selbst verriet sich auf seinem ausdrucksvollen Gesicht in einer überraschenden Weise. Die Liebe zur Würde trug den Sieg davon. In der That, es ist schwierig, sich vorzustellen, dass dieser Theoretiker der Willenskraft, dieser geistige Zwillingsbruder Louis Lamberts, dem Verluste eines Teilchens dieser kostbaren Kraft hätte zustimmen sollen.

Trotz der wunderbaren Dienste, die der Äther und das Chloroform geleistet haben, scheint mir, dass vom Gesichtspunkte der spiritualistischen Philosophie aus betrachtet – der gleiche moralische Schandfleck allen modernen Erfindungen anhaftet, die dahin zielen, die menschliche Willensfreiheit und den unerträglichen Schmerz zu vermindern. Nicht ohne eine gewisse Bewunderung hörte ich einmal das Paradoxon von einem Offizier, der mir von der grausamen Operation erzählte, welche an einem französischen General zu El-Aghuat vorgenommen wurde und an welcher dieser trotz des Chloroforms verstarb. Dieser General war ein sehr tapferer Mann, und auch wohl etwas mehr als das; eine jener Seelen, denen von Natur aus das anhaftet, was man ritterlich, nennt. „Es war nicht" – erzählte er mir – „Chloroform, was ihm nötig war, sondern die Blicke der ganzen Armee und die Musik der Regimenter. So wäre er vielleicht gerettet worden!" – Der Chirurg war nicht der Ansicht dieses Offiziers; aber der Feldprediger würde seine Gefühle ohne Zweifel bewundert haben.

Es ist nach allen diesen Betrachtungen wahrhaftig überflüssig, bei dem unmoralischen Charakter des Haschisch noch zu verweilen. Wenn ich seinen Gebrauch dem Selbstmorde vergleiche, einem langsamen Selbstmorde mit einer immer blutbefleckten und immer geschärften Waffe, so wird kein vernünftiger Kopf etwas dagegen einzuwenden haben. Wenn ich ihn der Hexerei, der Magie ähnlich finde, welche mit der Materie operieren, und zwar mit Geheimmitteln, die sich mehr als falsch denn als wirksam erweisen, und welche durch diese Operationen eine Herrschaft gewinnen wollen, die dem Menschen untersagt oder doch nur dem Menschen erlaubt ist, der ihrer würdig erachtet wurde, – so wird kein philosophischer Geist diesen Vergleich tadeln. Wenn die Kirche die Magie und die Hexerei verdammt, so geschieht es, weil sie den Absichten Gottes widerstreiten, weil sie die zeitliche Arbeit unterdrücken und die Forderungen der

Reinheit und Sittlichkeit überflüssig machen wollen, und weil die Kirche nur die Schätze als rechtmässig und wahrhaftig betrachtet, die durch angestrengten Eifer zum Guten erworben sind. ‚Gauner' nennen wir den Spieler, der das Mittel erfunden hat, stets sicher zu spielen; – wie sollen wir den Menschen nennen, der mit ein wenig Geld das Glück und das Genie erwerben will? Gerade die Unfehlbarkeit des Mittels macht seine Immoralität aus, wie auch die vermeintliche Unfehlbarkeit es ist, die der Magie ihr höllisches Brandmal aufprägt. Soll ich noch hinzufügen, dass der Haschisch – wie alle einsamen Freuden – das Individuum unnütz macht für die Menschheit und die Gesellschaft überflüssig für das Individuum, indem es dieses zwingt, unaufhörlich sich selber zu bewundern, und es Tag für Tag der lichtklaren Quelle näher treibt, darin es sein Narzissus-Antlitz bewundert?

Es bleibt uns noch die Frage zu beantworten, ob der Mensch um den Preis seiner Würde, seiner Ehrenhaftigkeit und seiner freien Entscheidung nicht grosse geistige Segnungen aus dem Haschisch ziehen, ob er nicht eine Art Maschine zum Denken daraus machen kann, ein fruchtbares Instrument. Das ist eine Frage, die ich oft habe aufwerfen hören, und ich will hier darauf antworten. Zunächst offenbart der Haschisch – wie ich des längeren auseinandergesetzt habe – dem Individuum nichts als das Individuum selber. Es ist wahr, dass dieses Individuum zum Kubus erhoben und auf seine äusserste Möglichkeit gebracht ist; und da es ebenso gewiss ist, dass die Erinnerung an die Eindrücke die Orgie überlebt, so erscheint die Hoffnung dieser ‚Utilitarier' auf den ersten

Blick nicht ganz unsinnig. Aber ich möchte sie doch bitten, zu beachten, dass die Gedanken, von denen sie eine so grosse Ausbeute erhoffen, nicht ebenso schön sind in der Wirklichkeit, wie sie in ihrer derzeitigen Travestierung, bekleidet mit magischem Blendwerk, erscheinen. Sie sind weniger himmel- als erd-haltig und verdanken einen grossen Teil ihrer Schönheit der nervösen Erregtheit, der Begierde, mit welcher der Geist sich über sie macht. Und dann bedeutet diese Hoffnung einen circulus vitiosus: Geben wir einen Augenblick zu, dass der Haschisch Genialität verleiht oder wenigstens solche steigert, so vergessen jene aber doch, dass es in der Natur des Haschisch liegt, den Willen zu schwächen, und dass er also nur auf der einen Seite zulegt, was er auf der anderen fortnimmt, will sagen: er stärkt die Erfindungsgabe und schwächt zugleich die Fähigkeit, daraus Nutzen zu ziehen. Und wenn man annimmt, ein Mensch wäre geschickt und stark genug, sich dieser Alternative zu entziehen, so ist noch eine andere, verhängnisvolle und schreckliche Gefahr zu bedenken, die allen Gewöhnungen anhaftet. Alle werden bald zu Notwendigkeiten. Wer zu einem Gifte Zuflucht genommen hat, um denken zu können, der wird bald nicht mehr denken können ohne Gift. Man stelle sich das grässliche Los eines Menschen vor, dessen gelähmte Vorstellungskraft nicht mehr würde funktionieren können ohne die Hilfe des Haschisch oder des Opium!

In den philosophischen Studien muss der Menschengeist, gleich dem Laufe der Gestirne, einer Kurve folgen, die ihn auf seinen Ausgangspunkt zurückführt. Einen

Schluss ziehen, das heisst: einen Kreis schliessen. Zu Anfang habe ich von jenem wunderbaren Zustande gesprochen, in den der Menschengeist bisweilen durch eine besondere Gnade sich versenkt finde; ich sagte, dass er mit dem Versuch, seine Hoffnungen unaufhörlich anzufeuern und sich bis in die Unendlichkeit emporzuschwingen, in allen Ländern und zu allen Zeiten den Beweis liefere für einen begeisterten Geschmack an allen, selbst gefährlichen, Substanzen, die, indem sie seine Persönlichkeit ausser sich brächten, einen Augenblick lang seinen Augen jenes Gelegenheitsparadies, das all seiner Wünsche Ziel ist, erwecken könnten; und schliesslich: dass dieser wagehalsige Geist, der, ohne es zu wissen, bis zur Hölle hinabsteigt, auf diese Weise von der ihm eigentümlichen Grösse zeuge. Aber der Mensch ist nicht so verlassen, so bar aller ehrenhaften Mittel, den Himmel zu gewinnen, dass er es nötig hätte, die Pharmacie und die Zauberei anzurufen; er braucht nicht seine Seele zu verkaufen, um die bethörenden Liebkosungen und die Freundschaft der Huris zu bezahlen. Was ist ein Paradies, das man um den Preis seines ewigen Heils erkauft? Ich stelle mir einen Menschen vor – soll ich sagen: einen Brahmanen, einen Dichter, oder einen christlichen Philosophen? –, der auf dem steilen Olymp des Geistes sitzt. Rings um ihn her vollführen die Musen Rafaels oder Mantegnas, um ihm Trost zu spenden für seine langen Fastenzeiten und seine fleissigen Gebete, die edelsten Tänze und blicken ihn an mit ihren holdseligsten Blicken und ihrem strahlendsten Lächeln; der göttliche Apoll, der Meister in jeglichem Wissen – (jener des Francavilla, des Albrecht Dürer, des

Goltzius oder jedes anderen: was thut's? giebt es nicht einen Apoll für jeden Menschen, der ihn verdient?) –, er streichelt mit seinem Geigenbogen die zitterndsten Saiten. Unter ihm, am Fusse des Berges, im Gestrüpp und im Schmutze, die Schar der menschlichen Wesen, die Bande der Sklaven, mit Grimassen die Geberden der Freude nachahmend und Schreie ausstossend, die der Biss des Giftes ihnen erpresst. Und der betrübte Dichter spricht: „Diese Unglückseligen, die nie gefastet noch gebetet haben und die Erlösung durch die Arbeit von sich wiesen, fordern von der schwarzen Magie die Mittel, mit einem einzigen Schlage zu der übernatürlichen Wesenheit sich zu erheben. Die Magie aber täuscht sie und entzündet für sie ein falsches Glück und eine falsche Leuchte, während wir, Dichter und Philosophen, unsere Seele durch die anhaltende Arbeit und die Betrachtung neugeboren haben; durch die fleissige Übung des Willens und die stete Lauterkeit der Absicht haben wir für uns einen Garten von wahrhafter Schönheit erschaffen. Dem Worte vertrauend, welches da sagt, dass der Glaube die Berge versetzt, haben wir das einzige Wunder vollendet, zu welchem Gott uns die Befugnis gab!"

Ein Opium-Esser

I

Oratorische Vorsichtsmassregeln

„O gerechtes, feines und mächtiges Opium! das du dem Herzen des Armen wie des Reichen für die Wunden, die niemals vernarben, und für die Ängste, die den Geist in Aufruhr bringen, einen lindernden Balsam reichst! Beredtes Opium! das du durch deine rhetorische Macht die Entschlüsse der Wut entwaffnest, das du für eine Nacht dem schuldbedrückten Menschen die Hoffnungen seiner Jugend und seine alten, vom Blut noch reinen Hände wiedergiebst; das du dem Ehrgeizigen ein flüchtiges Vergessen verschaffst
der ungerächten Schmach und nicht vergolt'nen Schande;
das du die falschen Zeugen vor das Tribunal der Träume forderst zum Triumphe des unschuldig Verurteilten; das du den Meineid verwirrst und die Sprüche der ungerechten Richter zunichte machst; du erbaust im Schosse der Dunkelheit mit den imaginären Baustoffen des Gehirns und einer Kunst, welche tiefer ist als die des Phidias und des Praxiteles, Städte und Tempel, die an Glanz noch Babylon und Hekatompylos überstrahlen; und aus dem Chaos eines traumerfüllten Schlummers beschwörst du ans Sonnelicht die Gesichter der längst begrabenen Schönheiten und so manches traute, gesegnete Antlitz, gereinigt vom Schmutze der Gruft. Du, du allein giebst dem Menschen diese Schätze und besitzest die Schlüssel des Paradieses, o gerechtes, feines und mächtiges Opium!"

– Aber ehe der Autor den Mut gefunden hat, zur Ehre seines geliebten Opium in diesen Schrei auszubrechen, der heftig ist wie das Wiedererkennen der Liebe, – wieviel Listen und oratorische Vorsichtsmassregeln! Zunächst, was ewig alle die vorbringen, die kompromittierliche Geständnisse zu machen haben, die aber schon bei sich so gut wie entschlossen sind, sich darin zu gefallen:

„Dank der Sorgfalt, die ich darauf verwandt habe, hege ich das Vertrauen, dass diese Memoiren nicht einfach interessant, sondern auch, und zwar in beträchtlichem Masse, nützlich und lehrreich sein werden. Gerade in dieser Hoffnung habe ich sie schriftlich zusammengetragen und das wird meine Entschuldigung dafür sein, dass ich jene zarte, ehrenvolle Reserve brach, welche die meisten von uns hindert, über unsere eigenen Verirrungen und Schwächen einen öffentlichen Ausweis zu geben. Nichts – es ist wahr – ist geeigneter, das englische Gefühl zu verletzen, als das Schauspiel eines menschlichen Wesens, das seine Wunden und moralischen Geschwüre unserer Aufmerksamkeit darbietet und jene schamhafte Verhüllung zerreisst, mit welcher die Zeit und die Nachsicht gegenüber der menschlichen Gebrechlichkeit nach stillschweigendem Übereinkommen sie bekleidet sehen möchten."

In der That – fügt er hinzu –, gerade das Verbrechen und das Elend weichen vor jedem Blick der Öffentlichkeit zurück, und selbst auf dem Friedhofe halten sie sich fern von der gewöhnlichen Bevölkerung, gleichsam als ob sie in ihrer Niedrigkeit sich jedes Rechtes auf die Gemeinschaft mit der grossen menschlichen Familie entäus-

Ein Opium-Esser

serten. Im Falle des Opium-Essers, handelt es sich jedoch nicht um Verbrechen, sondern nur um Schwäche, und noch dazu so leicht entschuldbare Schwäche! wie er das in einer vorausgeschickten Biographie bezeugen wird; so dass denn schliesslich die Wohlthat, die für einen anderen aus den Aufzeichnungen einer um so schweren Preis erworbenen Erfahrung sich ergiebt, reichlich für die der sittlichen Scham angethane Gewalt entschädigen und einen gesetzkräftigen Ausnahmefall schaffen kann.

In dieser Adresse an den Leser finden wir einige Aufzeichnungen über das mysteriöse Volk der Opiumesser, diesen kontemplativen Staat, der inmitten des aktiven Staates sich verliert. Sie sind zahlreich; zahlreicher, als man glaubt. Es sind Professoren, es sind Philosophen; ein Lord, an höchster Stelle stehend; ein Unterstaatssekretär. Und wenn so zahlreiche Fälle, aus der ersten Klasse der Gesellschaft herausgegriffen, ungesucht einem einzelnen Individuum zur Kenntnis gekommen sind, welche erschreckliche Statistik würde man da nicht in Bezug auf das ganze englische Volk aufstellen können! Drei Londoner Ärzte, sogar in entlegenen Quartieren, versichern (im Jahre 1821), dass die Zahl der ‚Opium-Liebhaber' immens sei, und dass die Schwierigkeit einer Unterscheidung zwischen denen, die einen gesundheitlichen Gebrauch davon machten, und jenen, die sich solches zu einem unerlaubten Zwecke zu verschaffen suchten, für sie eine Quelle täglicher Wirren sei. Aber das Opium ist sogar auf die Vorstufen der Gesellschaft hinabgestiegen, und in Manchester sind an den Samstag-Nachmittagen die Ladentische der Droguisten mit Pillen bedeckt, die in vorsorglichem Hinblick auf die Anforderungen des Abends hergestellt sind. Für die Arbeiter in den Manufakturen ist das Opium ein ökonomischer Genuss; denn infolge des Sinkens der Löhne können Orgien in Ale und Spirituosen sehr teuer zu stehen kommen. Doch glaube man nicht, wenn der Lohn wieder steigt, werde der englische Arbeiter vom Opium ablassen, um zu den gröberen Genüssen des Alkohol zurückzukehren. Die Fascination ist bewirkt; der Wille ist bezwungen; die Erinnerung an das Entzücken wird ihre ewige Tyrannei ausüben.

Wenn grobe, durch eine tagtägliche reizlose Arbeit abgestumpfte Naturen im Opium einen grossen Trost zu finden vermögen, wie wird es dann erst wirken auf einen feinen, gebildeten Geist, auf eine glühende, geübte Vorstellungskraft, vor allem, wenn sie vor der Zeit durch einen fruchtbar machenden Schmerz bearbeitet ist, – auf ein Gehirn, das durch verhängnisvolle Traumseligkeit gezeichnet ist, ‚touched with pensiveness', um mich des erstaunlichen Ausdruckes meines Autors zu bedienen? Das ist der Stoff des wunderbaren Buches, das ich wie einen phantastischen Teppich vor den Augen des Lesers nun entrollen will. Gewiss werd' ich vieles abkürzen; De Quincey ist im grossen ganzen weitschweifig; der Ausdruck ‚Humorist' passt auf ihn besser wie auf jeden anderen; er vergleicht an einer Stelle seinen Gedanken mit einem Thyrsos, einem einfachen Stabe, der sein ganzes Aussehen und all seinen Reiz von dem verwickelten Blattwerk erhält, das ihn umhüllt. Damit der Leser nichts von den rührenden Bildern verliert, die den Stoff seines Buches bilden, werde ich in Anbetracht meiner räumlichen

Beschränktheit zu meinem Bedauern gezwungen sein, viele überaus amüsante Hors-d'oeuvre zu unterdrücken; desgleichen viele ausgezeichnete Abhandlungen, die keinen direkten Bezug auf das Opium haben, sondern einfach den Charakter des Opiumessers illustrieren sollen. Indessen ist das Buch gehaltvoll genug, dass man selbst in diesem schmaleren Bande, selbst aus dem einfachen Extrakt eine Vorstellung von ihm gewinnen kann.

Das Werk – ‚*Confessions of an english opium-eater, being an extract from the life of a scholar*' – ist in zwei Abschnitte eingeteilt: der eine: ‚*Confessions*'; der andere, seine Ergänzung: ‚*Suspiria de profundis*'. Jeder zerfällt in verschiedene Unterabteilungen, von denen ich einige fortlassen werde, die Korrelate oder Anhänge sind. Die Einteilung des ersten Abschnittes ist durchaus einfach und logisch: ‚Vorausgeschickte Bekenntnisse'; ‚Wonnen des Opium'; ‚Qualen des Opium'. Die ‚Vorausgeschickten Bekenntnisse', über die ich mich ein wenig ausführlich zu verbreiten habe, haben einen leicht zu erratenden Zweck. Es ist erforderlich, dass die Persönlichkeit bekannt sei, dass sie dem Leser sich lieb und wert mache. Der Autor, der es unternommen hat, die Aufmerksamkeit stark zu beschäftigen mit einem Stoffe, der so monoton erscheint, wie die Beschreibung eines Rausches, bestrebt sich lebhaft, aufzuzeigen, bis wie weit er entschuldbar ist; er will für seine Person eine Sympathie wachrufen, von der das ganze Werk Nutzen haben wird. Schliesslich – und das ist sehr wesentlich: Der Bericht gewisser Ereignisse, die an sich selbst vielleicht alltäglich sind, jedoch bedeutungvoll und ernst erscheinen im Hinblick auf die Sensibilität dessen, der sie durchgemacht hat, wird sozusagen der Schlüssel für die aussergewöhnlichen Eindrücke und Visionen, die später sein Gehirn bestürmen werden. Mancher Greis sieht, über einen Wirtshaustisch gebeugt, sich selber wieder, in einer entschwundenen Umgebung lebend; sein Rausch wächst aus den Trümmern seiner Jugend. So auch werden die in den Bekenntnissen, mitgeteilten Ereignisse einen wesentlichen Teil der späteren Visionen beherrschen. Sie werden wieder auferstehen gleich jenen Träumen, die nichts sind als die formlosen oder umgeformten Erinnerungen an die Beschäftigungen eines arbeitreichen Tages.

II

Vorausgeschickte Bekenntnisse

Nein, nicht um ein sündiges und träges Vergnügen zu suchen, begann er mit dem Gebrauch des Opium, sondern einfach um die quälenden Leiden des Magens zu lindern, die einer grausamen Gewohnheit des Hungers entstammten. Diese Ängste der Hungersnot datieren aus seiner frühen Jugend, und im Alter von achtundzwanzig Jahren treten das Übel und das Heilmittel zum ersten Male in seinem Leben in die Erscheinung, nach einem ziemlich langen Zeitraume voll Glück und Heiterkeit und Wohlergehen. Unter welchen Umständen diese verhängnisvollen Angstbeklemmungen sich zeigten, das wird man alsbald sehen.

Der zukünftige ‚Opium-Esser' war sieben Jahre alt, als sein Vater starb, ihn Vormündern überlassend, die ihm seine erste Erziehung in mehreren Schulen geben liessen. Sehr früh zeichnete er sich durch seine litterarische Begabung aus, im besonderen durch eine frühreife Kenntnis der griechischen Sprache. Mit dreizehn Jahren schrieb er in griechischer Sprache; mit fünfzehn konnte er nicht allein griechische Verse in lyrischen Metren abfassen, sondern sogar fliessend und fehlerfrei griechisch konversieren, eine Fähigkeit, die er einer täglichen Gewohnheit verdankte: eine Übersetzung der englischen Zeitungen ins Griechische zu improvisieren. Die Notwendigkeit, in seinem Gedächtnisse und seiner Vorstellungskraft eine

Menge Umschreibungen finden zu müssen, um durch eine tote Sprache durchaus moderne Vorstellungen und Bilder auszudrücken, hatte ihm ein nie versagendes Wörterbuch geschaffen, von ganz anderer Umfassenheit und Ausgedehntheit als das, welches aus dem gewöhnlichen Beharren bei rein litterarischen Themen sich ergiebt. „Der Junge da" sagte einer seiner Lehrer, indem er ihn einem Fremden zeigte – „könnte eine athenische Volksmenge weit besser ansprechen, als Sie oder ich eine englische."

Zum Unglück wurde unser frühreifer Hellenist von diesem ausgezeichneten Lehrer fortgenommen; und nachdem er durch die Hände eines groben Schulmeisters gegangen war, der immer davor zitterte, das Kind möchte zum altklugen Weltverbesserer an seiner Unwissenheit werden, ward er der Sorgfalt eines guten und rechtschaffenen Professors anvertraut, der es gleichfalls an Gewandtheit und sicherem Takt durchaus fehlen liess und in nichts an die geist- und temperamentvolle Erziehungweise des ersten erinnerte. Es ist schlimm, wenn ein Kind seine Lehrer beurteilen und sich über sie stellen kann. Man übersetzte Sophokles, und vor Beginn der Stunde präparierte sich der eifrige Professor, der Archididascalus, mit Hilfe einer Grammatik und eines Lexikon auf die Lektüre der Chöre, um im voraus seiner Lektion alle Stockungen und alle Schwierigkeiten aus dem Wege zu räumen.

Indessen brannte der junge Mensch – er war nahe an siebzehn Jahre alt – darauf, zur Universität zu gehen, und vergeblich quälte er seine Vormünder mit diesem Plan. Der eine, ein guter und vernünftiger Mann, lebte sehr weit entfernt. Von den drei anderen hatten zwei all ihre Autorität in die Hände des vierten gegeben; und dieser wird uns als der eigensinnigste Mentor von der Welt geschildert und als der grösste Liebhaber seines eigenen Willens. Unser abenteuerlicher Jüngling fasste einen grossen Entschluss: er floh von der Schule. Er schrieb an eine liebenswürdige, ausgezeichnete Frau, zweifellos eine Freundin seiner Familie, die ihn als Kind auf ihren Knieen gewiegt hatte, und bat sie um fünf Guineen. Eine Antwort voll mütterlicher Freundlichkeit trifft mit dem Doppelten der erbetenen Summe bald ein. Seine Schülerbörse enthielt noch zwei Guineen, – und zwölf Guineen bedeuten ein unendliches Glücksgut für ein Kind, das die täglichen Lebenserfordernisse nicht kennt. Jetzt handelt sich's nur noch um die Ausführung der Flucht. – Das folgende Stück ist eins von denen, zu deren Kürzung ich mich nicht entschliessen kann. Es ist übrigens auch gut, dass der Leser von Zeit zu Zeit selber die eindringliche ‚feminine' Art des Autors koste.

„Der Doktor Johnson machte eine Beobachtung, die sehr richtig ist (und voll Empfindung, was man von allen seinen Beobachtungen leider nicht sagen kann), diese nämlich, dass wir nichts wissentlich zum letzten Male ohne eine Traurigkeit im Herzen thun, was zu thun wir seit langer Zeit gewohnt waren. Tief empfand ich diese Wahrheit, als ich einen Ort verlassen sollte, den ich doch nicht liebte und wo ich nicht glücklich gewesen war. Am Vorabende des Tages, an dem ich ihn für immer fliehen sollte, hörte ich mit Betrübnis das Abendgebet in dem alten, hohen Klassensaale widerhallen; denn ich hörte es zum letzten Male; und als man bei Anbruch der Nacht uns aufrief und mein Name, wie gewöhnlich, zuerst genannt wurde, ging ich voran, und als ich an dem anwesenden Rektor vorüberkam, grüsste ich ihn; ich sah ihm neugierig ins Gesicht und dachte bei mir: Er ist alt und kränklich, ich werde ihn in dieser Welt nicht wiedersehen! Ich habe recht gehabt, denn ich habe ihn nicht wiedergesehen und werde ihn niemals wiedersehen. Er sah mich freundlich an, mit einem gutmütigen Lächeln, erwiderte meinen Gruss – oder vielmehr mein Lebewohl –, und wir verliessen uns, ohne dass er es argwöhnte, für immer. Ich habe keinen tiefen Respekt vor seiner Intelligenz empfinden können; doch hatte er sich immer gut gegen mich erwiesen; manche Vergünstigung hatte er mir zugestanden, und ich litt unter dem Gedanken an die Kränkung, die ich ihm anthun wollte.

„Der Morgen kam, an dem ich mich auf das Meer des Lebens hinauswagen sollte, ein Morgen, von dem mein folgendes Leben zum grossen Teil seine Farbe erhielt. Ich wohnte im Hause des Rektors und mir war seit meiner Ankunft die Vergünstigung eines besonderen Zimmers gewährt, das mir gleichzeitig als Schlafgemach und als Arbeitsstube diente. Um halb vier stand ich auf, und ich betrachtete mit einer tiefen Bewegung die alten Türme von ..., die, von den ersten Strahlen geschmückt, sich in das klare Frühlicht eines wolkenlosen Junimorgens zu kleiden begannen. Ich war fest und unbeirrbar in meinem Entschlusse, aber dennoch verwirrt durch eine unbestimmte Ahnung von Schwierigkeiten und ungewissen Gefahren; und hätte ich den Sturm, den förmlichen Hagelschlag von Niederdrückendem voraussehen können, der bald darauf über mich niedergehen sollte, ich würde mit gutem Recht wohl noch in einer ganz anderen Aufregung gewesen sein. Der tiefe Friede des Morgens bildete zu dieser Unruhe einen beruhigenden Gegensatz und diente ihr fast als Heilmittel. Das Schweigen war tiefer noch als um Mitternacht; und für mich ist das Schweigen eines Sommermorgens ergreifender als jedes andere Schweigen: das Licht, obwohl so breit und stark wie das Mittagslicht jeder anderen Jahreszeit, erscheint vom Tage doch vollkommen verschieden, besonders darum, weil der Mensch noch nicht da draussen ist; und der Friede der Natur und der unschuldigen Gottesgeschöpfe erscheint um so tiefer und unverletzlicher, je ferner der Mensch ist, der seine Heiligkeit zerstören könnte.

„Ich kleidete mich an, nahm Hut und Handschuhe und zögerte noch einige Zeit in meinem Zimmer. Seit anderthalb Jahren war dies Zimmer die Citadelle meiner Gedanken gewesen; hier hatte ich während langer Stunden der Nacht gelesen und studiert; und obgleich ich es wahrheitgemäss sagen muss, dass ich, der ich doch für die Liebe und die sanften Gefühle geschaffen war, während des letzten Zeitraums dieser Periode meine Heiterkeit und mein Glück in dem fieberhaften Kampfe gegen meinen Vormund verloren hatte, so war's doch andererseits ausgeschlossen, dass ein junger Mensch wie ich, ein Freund der Bücher und den Studien des Geistes zugethan, nicht einiger schönen Stunden sich erfreut haben sollte, sogar in all seiner Mutlosigkeit. Ich weinte, als ich um mich blickte und den Lehnstuhl sah, und den Kamin, den Schreibtisch und andere vertraute Gegenstände, die ich – dess war ich nur allzu sicher – nicht wiedersehen würde. Seit damals bis auf heute, wo ich diese Zeilen schreibe, sind achtzehn Jahre hingerauscht, – und dennoch, in eben diesem Augenblicke, sehe ich deutlich, als wenn es erst gestern gewesen wäre, den Umriss und den Ausdruck des Gegenstandes, auf den ich einen Blick des Abschieds richtete; es war ein Bild der verführerischen ...[1]), das oberhalb des Kamines hing; ihre Augen und der Mund waren so schön und das ganze Antlitz so strahlend von Güte und göttlicher Seelenheiterkeit, dass ich tausendmal meine Feder oder mein Buch hatte sinken lassen, um Tröstung bei ihrem Bilde zu suchen, wie ein Frommer bei seinem Schutzheiligen. Während ich mich in die Betrachtung verlor, verkündete die tiefe Stimme der Turmuhr, dass es ‚vier' sei. Ich erhob mich bis an das Bild, und küsste es; dann ging ich leise und schloss die Thür für immer!

„Die Gelegenheiten zum Lachen und die zum Weinen verflechten und mischen sich in diesem Leben derart, dass ich mich nicht ohne Lächeln eines Begebnisses erinnern kann, das alsbald vorfiel und der sofortigen Ausführung meines Planes beinahe hinderlich geworden wäre. Ich hatte einen Reisekoffer von enormem Gewicht; denn ausser meinen Kleidungsstücken enthielt er fast meine ganze Bücherei. Die Schwierigkeit lag nun darin, ihn zu einem Fiaker hinuntertransportieren zu lassen. Mein Zimmer lag in luftiger Höhe, und – was noch schlimmer war – die Treppe, die zu diesem Winkel des Ge-

---

[1]) Vielleicht die Dame mit den zehn Guineen. C. B.

bäudes hinaufführte, mündete auf einen Korridor, der an der Schlafzimmerthür des Rektors vorüberlief.

„Ich war der Liebling der ganzen Bedientenschaft, und da ich wusste, dass ein jeder von ihnen mit Eifer mir einen heimlichen Dienst erweisen würde, vertraute ich meine Last einem Zimmerdiener des Rektors an. Er schwor, er werde alles thun, was ich wollte; und als der Augenblick gekommen war, stieg er die Treppe hinauf, um den Koffer fortzutragen. Ich befürchtete stark, dies möchte über die Kräfte eines einzelnen Menschen gehen; aber dieser Groom war ein verwegener Gesell, ausgestattet

*mit atlasgleichen Schultern, das Gewicht
der stärksten Monarchieen drauf zu tragen,*

und er hatte einen Rücken, so gross und breit wie die Ebenen von Salisbury. Er setzte sich's also in den Kopf, den Koffer allein tragen zu wollen, indes ich ihn in der Tiefe der untersten Etage angstvoll erwartete. Einige Zeitlang hörte ich ihn, wie er mit sicherem und leisem Schritt herunterkam; infolge seiner Unruhe aber glitt sein Fuss aus, als er sich, einige Schritte vom Korridor entfernt, dem gefährlichen Engpass näherte, und die mächtige Last, die ihm von den Schultern fiel, erhielt, von Stufe zu Stufe springend, eine solche Fallgeschwindigkeit, dass sie, unten angekommen, mit dem Höllenlärm von zwanzig Teufeln gegen die Schlafzimmerthür des Archididascalus rollte oder vielmehr gerade gegen sie anprallte. Meine erste Idee war, dass alles verloren sei und meine einzige Aussicht auf Ausführung der Flucht in der Opferung meines Gepäcks bestehe. Nichtsdestoweniger bestimmte mich ein Augenblick der Überlegung, das Ende des Abenteurs abzuwarten. Der Groom war furchtbar erschreckt, um seinet- wie um meinetwillen; jedoch alledem zum Possen hatte sich das Gefühl des Komischen zu dieser unglückseligen Unzeit so unwiderstehlich seines Geistes bemächtigt, dass er in Lachen ausbrach, – aber in ein langes, betäubendes, so eine volle Salve, die die ‚Sieben-Schläfer' aufgeweckt haben würde. Bei den Tönen dieser Frohsinnsmusik, die sogar in den Ohren der beleidigten Autorität widerklang, konnte ich mich nicht enthalten, auch meinerseits mit einzustimmen, nicht so sehr wegen der unseligen ‚Dummheit' des Koffers, als wegen ihrer nervösen Wirkung auf den Groom. Wir erwarteten alle beide, sehr natürlicherweise, den Doktor aus seinem Zimmer herausstürzen zu sehen; denn im allgemeinen brauchte er nur eine Maus rascheln zu hören, so ging er hervor wie die Sonne aus ihrer Hütte. Seltsam diesmal: Als unsere Lachsalven verklungen waren, liess kein Geräusch, nicht mal ein Knistern in der Kammer sich vernehmen.

Der Doktor war mit einer schmerzhaften Schwäche behaftet, die ihn bisweilen nicht einschlafen liess, die aber, wenn er glücklich einmal eingeschlafen war, ihn vielleicht desto tiefer schlafen liess. Ermutigt durch dieses Schweigen, lud der Groom seine Last sich wieder auf die Schultern und vollendete dann seinen Abstieg ohne weiteren Zwischenfall. Ich wartete so lange, bis ich den Koffer auf eine Karre gepackt und unterwegs nach einem Wagen sah. Dann brach ich, ohne einen anderen Führer als die Vorsehung, zu Fusse auf, unter meinem Arme ein kleines Packet mit Toilettegegenständen, einen englischen Lieblingsdichter in einer Tasche und in der anderen einen kleinen Duodezband, der etwa neun Stücke des Euripides enthielt."

Die Lieblingsidee unseres Schülers war es gewesen, sich gen Westmoreland zu wenden; jedoch ein Ereignis, das er uns nicht näher angiebt, änderte seinen Reiseplan und verschlug ihn nach Nord-Wales. Nachdem er einige Zeit in Denbighshire, Merionethshire und Caernarvonshire umhergeirrt war, liess er sich in einem kleinen, sehr eigenartigen Hause in B ... nieder, wurde jedoch bald wieder hinausgetrieben durch ein Ereignis, durch das sein junger Stolz sich auf das komischeste verletzt fand. Seine Wirtin hatte bei einem Bischof gedient, sei es als Gouvernante oder als Kinderbonne. Der enorme Dünkel des englischen Klerus teilt sich nicht allein den Kindern der Würdenträger, sondern sogar ihrer Dienerschaft mit. In einer kleinen Stadt wie B ... in der Familie eines Bischofs gelebt zu haben, genügte offenbar, um eine Art Vornehmheit zu verleihen; so dass denn die gute Dame unaufhörlich nur Redensarten im Munde führte wie: „Mylord that dies, Mylord that das; Mylord war ein Mann, unabhängig vom Parlament, unabhängig von Oxford ... „Vielleicht fand sie, dass der junge Mensch diese Äusserungen nicht mit genug Ehrerbietung anhörte. Eines Tages war sie fortgegangen, um dem Bischof und seiner Familie Dienste zu leisten, und dieser hatte sie über ihre kleinen Angelegenheiten befragt. Als er erfuhr, dass sie ihr Zimmer vermietet habe, war der würdige Prälat so sorgsam gewesen, ihr ans Herz zu legen, ja recht vor sichtig zu sein in der Wahl ihrer Mieter. „Betty," sagte er, „seien Sie wohl eingedenk, dass dieser Ort an der grossen Strasse liegt, die zur Hauptstadt führt, so dass sie also wahrscheinlich als Durchgangsstation für eine Menge irländischer Gauner dienen muss, die vor ihren Gläubigern aus England fliehen, und englischer Gauner, die Schulden auf der Insel Man hinterlassen haben." Und die gute Dame erzählte hochnasig von ihrer Unterhaltung mit dem Bischof und verfehlte nicht, ihre Antwort nachzufügen: „O Mylord! ich glaube wirklich nicht, dass dieser Gentleman ein Gauner ist, da ..." – „Sie denken nicht, dass ich ein Gauner bin!" erwidert der junge Schüler ausser sich; „ich will Ihnen hinfort die Mühe ersparen, über solcherlei Dinge nachzudenken." Und er macht sich reisefertig. Die arme Wirtin hatte wohl Lust, ihn mit beiden Händen zurückzuhalten; da ihm aber der Zorn ein paar wenig respektvolle Äusserungen mit Bezug auf den Bischof eingegeben hatte, so wurde jede Aussöhnung zur Unmöglichkeit. „Ich war" – sagt er „wahrhaftig entrüstet über diese Leichtfertigkeit des Bischofs, jemanden, den er niemals gesehen hatte, zu verleumden, und ich hatte Lust, ihm meine Gedanken darüber auf Griechisch mitzuteilen, was einmal einen Anhaltspunkt zu Gunsten meiner Ehrenhaftigkeit abgeben und ihm zu gleicher Zeit – so hoffte ich wenigstens – die Pflicht auferlegen musste, mir in derselben Sprache zu antworten: für welchen Fall er (daran zweifelte ich nicht) bezeugen musste, dass ich, wenn ich auch nicht so reich war wie Seine Herrlichkeit, doch ein viel besserer Grieche war. Vernünftigere Gedanken verscheuchten dieses kindische Vorhaben ..."

Wieder beginnt sein Wanderleben; aber von einer Herberge zur andern ziehend, findet er sich seines Geldes sehr bald beraubt. Vierzehn Tage lang muss er sich mit einer einzigen Mahlzeit täglich begnügen. Das Marschieren und die Bergluft, die auf einen jungen Magen kräftig einwirken, machen ihm diese Schmalhans-Küchenmeisterschaft sehr schmerzvoll; denn dieses einzige Mahl besteht aus Thee oder aus Kaffee. Schliesslich werden auch Thee und Kaffee ein unmöglicher Luxus, und während seines ganzen Aufenthalts in Wales fristet er sein Dasein einzig mit Maulbeeren und Hagebutten. Von Zeit zu Zeit unterbricht eine gute gastliche Aufnahme dieses Anachoretenleben wie ein Fest, und diese Gastlichkeit bezahlt er gewöhnlich durch kleine Dienste als Volksschreiber. Er bekleidet das Amt eines Sekretärs für die Bauern, die Eltern in London haben oder in Liverpool. Zumeist sind's aber Liebesbriefe, welche die Mädchen, die – sei's in Shrewsbury, sei's in jeder anderen Stadt an der Küste England – gedient haben, ihn für die Liebsten aufzusetzen bitten, die sie dort zurückgelassen haben. Es kommt sogar eine Episode dieser Art vor, die etwas Rührendes hat. In einem entlegenen Teile Merionethshires, in Llan-y-Stindwr, logiert er gut drei Tage lang bei jungen Leuten, die ihn mit einer liebenswürdigen Herzlichkeit behandeln. Es sind vier Schwestern und drei Brüder, alle englisch sprechend und mit wirklich seltener natürlicher Vornehmheit und Schönheit begabt. Er verfasst einen Brief für einen der Brüder, der auf einem Kriegsschiffe gedient hat und seinen Beuteanteil reklamieren will, und, geheimnisvoller, zwei Liebesbriefe für zwei der Schwestern. Diese naiven Geschöpfe gemahnen durch ihre Reinheit, ihre natürliche Vornehmheit und ihr schämiges Erröten beim

Diktieren ihrer Angaben an die reine, entzückende Anmut der Keepsakes. Er entledigt sich seiner Aufgabe so gut, dass die reinen Mädchen ganz verwundert sind, wie er die Erfordernisse ihrer stolzen Scham in Einklang zu bringen gewusst hat mit ihrem geheimen Wunsche, die liebenswürdigsten Dinge zu sagen. Doch eines Morgens bemerkt er eine seltsame Unruhe, einen Kummer fast: die alten Eltern kehren zurück, mürrische und harte Leute, die fort gewesen waren, um einem jährlichen Meeting von Methodisten in Caernarvon beizuwohnen. Auf alle Redewendungen, die der junge Mann an sie richtet, erhält er nur die eine Antwort: „Dym Sassenach". („no English'). „Trotz allem, was die jungen Leute zu meinen Gunsten sagen konnten, begriff ich doch lebhaft, dass meine Talente zum Schreiben von Liebesbriefen bei diesen finsteren sechzigjährigen Methodisten eine ebenso armselige Empfehlung sein würden wie meine sapphischen oder alkaischen Verse." Und aus Furcht, die liebenswürdige Gastfreundschaft, die ihm von der Jugend angeboten war, möchte sich in der Hand dieser rohen Greise in eine grausame Mildthätigkeit verwandeln, nimmt er seine seltsame Pilgrimschaft wieder auf.

Der Autor sagt uns nicht, durch welche sinnreichen Mittel es ihm glückt, sich bis nach London durchzusetzen. Hier aber wird das Elend, so hart es ohnehin schon war, direkt furchtbar, fast zu einem täglichen Todeskampfe. Man stelle sich einmal vor: Sechzehn Wochen voller Qualen, verursacht durch einen fortwährenden Hunger, der mit Not durch einige Brocken Brot gelindert wird, mühsam vom Tische eines Mannes gestohlen, von dem wir gleich zu sprechen haben werden; zwei Monate unter freiem Himmel verbracht; und schliesslich eine stete Unterbrechung des Schlafes durch wechselnde Angstanfälle und Aufschrecken. Sein Schülerstreich kam ihm wahrhaftig teuer zu stehen.

Als die rauhe Jahreszeit anbrach, wie um seine Leiden, die doch keiner Steigerung mehr fähig schienen, noch zu vermehren, hatte er das Glück, ein Obdach zu finden; – aber welch ein Obdach! Der Mann, bei dessen Frühstück er zugegen war und dem er einige Brotkrusten mauste – (der hielt ihn für krank und ignorierte es, dass er absolut entblösst war von allem) – erlaubte ihm, in einem grossen unbezogenen Hause unterzukriechen, dessen Mieter er war. An Möbeln nichts als ein Tisch und ein paar Stühle; eine Staubwüste, von Ratten wimmelnd. Inmitten dieser Trostlosigkeit wohnte gleichwohl ein armes Mädchen, nicht gerade idiotisch, aber doch mehr als einfältig; gewiss nicht hübsch und zehn Jahre alt, wenn anders nicht der Hunger, der an ihr nagte, ihr Gesicht vor der Zeit gealtert hatte. War sie einfach eine Dienerin oder eine natürliche Tochter des fraglichen Menschen? Der Autor hat es nie erfahren. Diese arme Verlassene war sehr glücklich, als sie vernahm, dass sie fortan einen Gefährten haben werde für die schwarzen Stunden der Nacht. Das Haus war gross, und das Fehlen von Möbeln und Teppiche verstärkte noch das Hallen der Geräusche; das Laufen der vielen Ratten erfüllte Säle und Treppen mit Lärm. Zu all den physischen Schmerzen der Kälte und des Hungers hatte die unglückliche Kleine sich noch ein eingebildetes Leiden zu schaffen gewusst: sie hatte Furcht vor Gespenstern. Der junge Mensch versprach ihr, sie gegen diese zu beschirmen, und – so fügt er recht drollig hinzu „dies war die einzige Hülfe, die ich ihr anbieten konnte". Diese beiden armen Wesen, mager, ausgehungert und frierend, schliefen auf dem Fussboden, mit Stössen von Aktenpapieren als Kopfkissen, ohne eine andere Decke als einen alten Reitermantel. Später stöberten sie jedoch auf dem Boden einen verschollenen Sophabezug auf, ein Stückchen Teppich und einige andere Scharteken, die ihnen ein wenig mehr Wärme gaben. Das arme Kind lehnte sich gegen ihn, um sich zu wärmen und Mut zu sammeln für den Kampf gegen seine Feinde aus der anderen Welt. Wenn er nicht kranker war als wie gewöhnlich, nahm er sie in seine Arme, und die Kleine, durch diese brüderliche Berührung wieder warm geworden, schlief oftmals, indessen es ihm nicht gelingen wollte. Denn während seiner beiden letzten Leidensmonate schlief er viel während des Tages, oder vielmehr: er verfiel oft in plötzliche Somnolenz; das war denn ein böser Schlaf, in dem unruhige Träume ihr Wesen hatten; unaufhörlich erwachte er wieder und unaufhörlich schlief er wieder ein: da der Schmerz und die Angst seinen Schlummer mit Heftigkeit unterbrachen und die Erschöpfung ihn unwiderstehlich wieder herbeiführte. Welcher nervöse Mensch kennt ihn nicht, diesen ‚Hundeschlaf', wie die englische Sprache in ihrer elliptischen Kraft sich ausdrückt?! Denn die seelischen Leiden rufen Wirkungen hervor, ganz ähnlich denen der physischen Schmerzen, des Hungers zum Beispiel. Man hört sich selber stöhnen; bisweilen wird man durch seine eigene Stimme erweckt;

der Magen erweitert sich beständig und zieht sich wieder zusammen, wie ein Schwamm in einer starken Faust; das Zwerchfell zieht sich ein und hebt sich; der Atem setzt aus, und die Angst steigt immer noch an, bis schliesslich die menschliche Natur, in der Intensität des Schmerzes selbst ein Heilmittel findend, mit einem lauten Schrei und einer Durchrüttelung des ganzen Körpers eine Explosion bewirkt, die endlich eine gewaltsame Befreiung herbeiführt.

Indes kam der Herr des Hauses bisweilen plötzlich und zu sehr früher Stunde; bisweilen kam er überhaupt nicht. Er war beständig auf dem Qui-vive, der Thürhüter wegen, indem er das Verfahren Cromwells noch verfeinerte und jede Nacht an einer anderen Stelle schlief. Durch ein Pförtchen besah er sich die Gesichter der Leute, die an die Thüre klopften. Er frühstückte allein: Thee und ein Brötchen oder ein paar Zwiebäcke, die er unterwegs gekauft hatte; niemals lud er jemanden ein. Während dieses wunderbar frugalen Frühstücks fand der junge Mann bisweilen irgend einen Vorwand, um im Zimmer zu bleiben und ein Gespräch anzuknüpfen; dann bemächtigte er sich mit seinem allergleichgültigsten Gesichte der Brotreste, die auf dem Tische verstreut lagen; bisweilen blieb aber nicht ein herrenloses Krümchen für ihn übrig, – alles war verschlungen worden. Was das kleine Mädchen angeht, – das wurde niemals zugelassen in das Kabinett des Menschen, wenn man eine Bude voller Schmöker und alter Papiere so nennen kann. Um sechs Uhr zog diese mysteriöse Persönlichkeit sich zurück und verschloss das Zimmer. Am Morgen, wenn er kaum gekommen war, ging die

Kleine hinunter, um zu seiner Verfügung zu sein. Wenn die Stunde der Arbeit und der Geschäfte für den Mann anbrach, ging der junge Landstreicher aus und irrte umher oder setzte sich in den Anlagen oder sonstwo nieder. Zur Nacht kehrte er zu seinem trostlosen Lager heim, und beim Schall des Klopfers lief die Kleine mit zitternden Füssen herzu, um die Entreethür zu öffnen.

In seinen reiferen Jahren hat der Autor, an einem 15. August, seinem Geburtstage, eines Abends um 6 Uhr einen Blick auf dieses Asyl seiner alten Leiden werfen wollen. Im strahlenden Schimmer eines schönen Salons hat er da Leute gesehen, die Thee tranken und so glücklich aussahen wie nur möglich; – ein befremdlicher Kontrast zu der Dunkelheit, der Kälte, dem Schweigen und der Trostlosigkeit dieses selben Gebäudes damals, als es, achtzehn Jahre früher, einen ausgehungerten Schüler und ein verlassenes kleines Mädchen barg. Er machte später einige Anstrengungen, die Spur dieses armen Kindes wieder aufzufinden. Ob sie lebte? Ob sie nun Mutter war? Kein Zeichen von ihr. Er liebte sie als seine Genossin im Elend; denn sie war weder hübsch, noch angenehm, noch intelligent. Keinen anderen Reiz zur Verführung als ein menschliches Gesicht, – das reine Menschtum, auf seinen armseligsten Ausdruck reduziert. Aber wie sagt doch – ich meine: Robespierre, in seinem Stil von brennendem Eis, aufgekocht und wieder eingefroren, wie die Abstraktion: „L'homme ne voit jamais l'homme sans plaisir!"

Aber wer war und was that dieser Mensch, dieser Mieter mit den so mysteriösen Gewohnheiten? Nun, das war einer jener Geschäftsmänner, wie es deren in allen grossen Städten giebt; sie missen um allerlei verwickelte, kniffliche Dinge, wuchern mit dem Gesetze und haben für eine bestimmte Zeit ihr Gewissen ausser Dienst gestellt, indem sie warten, bis eine glücklichere Lage ihnen gestattet, von diesem genannten Luxusgegenstande wieder Gebrauch zu machen. Wenn er's wollte, könnte der Autor, wie er uns sagt, uns auf Kosten dieses Unglücklichen lebhaft amüsieren und uns seltsame Scenen und unbezahlbare Episoden erzählen; aber er hat alles vergessen und nur die Erinnerung an einen einzigen Umstand behalten wollen: dass dieser Mensch, den Blicken anderer so verächtlich, immer dienstbereit gewesen ist für ihn, sogar hochherzig, wenigstens soweit das in seiner Macht stand. Das Sanktuarium mit den alten Papieren ausgenommen, standen alle Zimmer den beiden Kindern zur Verfügung, die auf diese Weise jeden Abend eine grosse Auswahl von Logierräumen hatten und ihr Zelt aufschlagen konnten, wo's ihnen gut schien.

Aber noch eine andere Freundin besass der junge Mensch, und es ist an der Zeit, dass wir von ihr sprechen. Ich möchte wohl, um diese Episode würdig zu erzählen, wenn ich mich so ausdrücken darf, dem Flügel eines Engels eine Feder rauben: so keusch, voll Reinheit, Anmut und Herzensgüte erscheint mir dieses Bild. „Jederzeit" – sagt der Autor – „habe ich einen Ruhm darin gesucht, in vertraulicher Weise, ‚more socratico' mit allen menschlichen Wesen, ob Männer, Frauen oder Kinder, mich zu unterhalten, die nur der Zufall mir in den Weg führen konnte; eine Gewohnheit, die die Erkenntnis der menschlichen Natur, die edlen Empfindungen und die Ungezwungenheit jener Lebensgewohnheiten begünstigt, wie sie einem Menschen zukommen, der den Titel Philosoph verdienen will. Denn der Philosoph darf nicht mit den Augen jener armseligen, beschränkten Kreatur sehen, die sich selbst den Herrn der Erde, nennt und angefüllt ist von engherzigen, egoistischen Vorurteilen; sondern er muss sich im Gegenteil als ein wahrhaft katholisches, Wesen betrachten, in gleicher Gemeinschaft und Beziehung zu allem, was hoch und was niedrig steht, zu den gebildeten und den ungebildeten Leuten, zu den Schuldbeladenen wie zu den Unschuldigen." Später werden wir inmitten all der Freuden, die das freigebige Opium ihm aufzwang, diesen Geist universeller Gutherzigkeit und Brüderlichkeit sich wiederum hervorthun sehen, aber in Thätigkeit gesetzt und gesteigert durch die besondere Art der Geistesverfassung im Rausche.

In den Strassen Londons war also, mehr noch als in den Wales'schen Landen, der emancipierte Student eine Art Peripathetiker, ein Philosoph der Gasse, inmitten des Wirrwarrs der grossen Stadt unaufhörlich nachsinnend.

Die in Rede stehende Episode mag vielleicht auf englischen Blättern ein wenig befremdlich erscheinen, denn man weiss, dass die britannische Litteratur die Sittenreinheit bis zur Prüderie betreibt; gewiss ist aber, dass ebendieser Stoff, wenn er von einer französischen Feder nur gestreift wäre, sich ungeheuer schnell gewandelt haben würde zum ‚Shocking' während hier nur Anmut und Feinheit walten. Um in zwei Worten alles zu sagen: Unser Vagabund hatte sich durch eine platonische Freundschaft an eine ‚Peripathetikerin' der Liebe gefesselt.

Annchen ist nicht eine jener herausfordernden, blendenden Schönheiten, deren dämonische Blicke noch durch den Nebel leuchten und die sich aus ihrer Frechheit einen Heiligenschein machen. Annchen ist ein ganz einfaches, ganz alltägliches Geschöpf, enterbt, verlassen, wie so viele andere, und durch den Verrat zur Verworfenheit gebracht. Doch sie ist angethan mit einer unnennbaren Anmut, jener Anmut, die halb Schwäche ist, halb Güte, wie sie Goethe über alle Mädchengestalten, die er schuf, auszugiessen wusste, und die sein Gretchen mit ihren roten Händen zu einem unsterblichen Geschöpf gemacht hat. Wie manchmal hat bei ihren einförmigen Wanderungen in der unendlichen Oxfordstreet, inmitten all des Lärms der grossen Stadt, die überfliesst von Thätigkeit, der hungergequälte Schüler seine unglückliche Freundin ermahnt, die Hülfe eines Magistrates anzurufen gegen das Elend, das sie heruntergebracht hatte, und hat ihr dabei angeboten, mit seinem Zeugnis und seiner Beredsamkeit sie zu unterstützen! Annchen war noch jünger als er; sie war erst sechzehn Jahre alt. Wie viele Male beschützte er sie gegen die Polizeioffiziere, die ihn von den Thüren vertreiben wollten, wo er ein Obdach suchte! Einmal that sie noch mehr, die arme Verwaiste: Sie und ihr Freund hatten sich in Soho-square auf die Treppe eines Hauses gesetzt, an dem er, wie er sagt, fortan nie wieder hat vorübergehen können, ohne durch die krallende Erinnerung sein Herz zusammengepresst zu fühlen und ohne einen innerlichen Akt der Dankbarkeit zum Gedächtnis dieses bejammernswerten hochherzigen Mädchens. An jenem Tage hatte er sich kränker und schwächer noch als gewöhnlich gefühlt;

aber als er kaum sass, war's ihm, als ob sein Übel sich noch mehr verschlimmere. Er haue seinen Kopf gegen die Brust seiner Schwester im Unglück gelehnt, und mit einem Male glitt er aus ihren Armen und fiel rücklings auf die Stufen vor der Thür. Ohne ein kräftiges Anregemittel wäre es um ihn gethan gewesen, oder er würde wenigstens auf immer in einen unheilbaren Schwächezustand verfallen sein. Und in dieser Krise seines Schicksals war es das verlorene Geschöpf, das ihm die rettende Hand reichte, – sie, die die Welt nur durch Beschimpfung und Ungerechtigkeit kennen gelernt hatte. Sie stiess einen Angstschrei aus, und, ohne eine Sekunde zu verlieren, lief sie nach Oxford-street, woher sie fast sogleich mit einem würzigen Glase Portwein zurückkehrte; und das war von wunderbar heilsamer Wirkung auf einen leeren Magen der übrigens irgend eine andere, feste Nahrung gar nicht hätte vertragen können. „O meine junge Wohlthäterin! wie manches Mal in den späteren Jahren, wenn ich an einsame Orte verschlagen war und von Dir träumte mit einem Herzen voll Traurigkeit und wahrhafter Liebe, wie manches Mal hab' ich gewünscht, dass der Segen eines dankesschweren Herzens jenes übernatürliche Vorrecht und Vermögen besitzen möchte, das die Alten dem Fluche eines Vaters zuschrieben, der seinen Gegenstand mit der unzerstörbaren Kraft eines Verhängnisses verfolgte! – gewünscht, dass so auch meine Dankbarkeit vom Himmel die Macht empfangen könnte, Dich zu verfolgen, um Dich zu sein, Dir aufzupassen, Dich zu überraschen, Dich noch in der Finsternis eines elenden Loches in London zu erreichen, oder selbst, wenn's möglich wäre, in der Finsternis des Grabes, um Dich aufzuwecken mit einer machtvollkommenen Botschaft von Frieden, Vergebung und endlicher Anerkennung!"

Um so empfinden zu können, muss man viel gelitten haben, muss man eins jener Herzen sein, die das Unglück öffnet und erweicht, im Gegensatz zu denen, die es schliesst und verhärtet. Der Beduine der Zivilisation gewahrt in der Sahara der grossen Städte viele Motive zur Weichherzigkeit, die der Mensch ignoriert, dessen Empfänglichkeit durch das ‚Heim' und die Familie beschränkt ist. Es giebt in dem ‚Barathrum' der Hauptstädte wie in der Wüste ein Etwas, das das Herz des Menschen kräftigt und bildet, das es kräftigt in einer besonderen Art, – wenn es es nicht verderbt und schwächt bis zur Verworfenheit und bis zum Selbstmord.

Kurze Zeit nach diesem Ereignis stiess er eines Tages in Albemarle-street auf einen alten Freund seines Vaters, der ihn an seiner Familienähnlichkeit erkannte; er antwortete auf all dessen Fragen aufrichtig, verhehlte ihm nichts, verlangte aber von ihm auf sein Wort, dass er ihn seinen Vormündern nicht ausliefere. Schliesslich gab er ihm seine Adresse bei seinem Wirte an, dem eigenartigen Rechtsanwalt. Am nächsten Tage empfing er in einem Briefe, den jener ihm getreulich aushändigte, eine Banknote von zehn Livres.

Der Leser kann darüber erstaunt sein, dass der junge Mensch nicht von Anfang an ein Heilmittel gegen sein Elend gesucht habe, sei's in einer regelmässigen Arbeit, sei's, indem er bei den alten Freunden seiner Familie um Beistand nachgesucht hätte. Was diese letztgenannte

Hülfsquelle betrifft, so war es offenbar gefährlich, sich ihrer zu bedienen. Die Vormünder konnten benachrichtigt werden, und das Gesetz gab ihnen jede Vollmacht, den jungen Menschen gewaltsam wieder in die Schule zurückzubringen, aus der er entflohen war. Ja, eine Energie, wie sie sich oft bei den femininsten und sensibelsten Charakteren findet, gab ihm den Mut, eher alle Entbehrungen und alle Gefahren zu ertragen, als einer so erniedrigenden Möglichkeit sich auszusetzen. Übrigens: wo sie finden, diese Freunde seines damals zehn Jahre toten Vaters, Freunde, deren Namen er vergessen hatte, von den meisten wenigstens?! – Bezüglich der Arbeit ist es gewiss, dass er eine leidliche Remuneration durch Korrekturlesen griechischen Satzes hätte finden können, und dass er sich durchaus im stande fühlte, einen solchen Posten in musterhafter Weise auszufüllen; aber wieder: wie es anstellen, um sich einem anständigen Verleger empfehlen zu lassen? Schliesslich, um nichts zu verschweigen, versichert er, es sei ihm niemals in den Sinn gekommen, dass die litterarische Arbeit für ihn jemals zur Quelle irgend welchen pekuniären Vorteils werden könne. Er hatte, um seiner beklagenswerten Lage ein Ende zu machen, immer nur auf einen einzigen Ausweg Hoffnung gehegt, den nämlich, Geld zu leihen auf das Vermögen hin, das er ein Recht hatte zu erwarten.

Schliesslich war es ihm gelungen, die Bekanntschaft einiger Juden zu machen, die der fragliche Rechtsanwalt in ihren dunklen Angelegenheiten bediente. Ihnen zu beweisen, dass er reelle Aussichten hatte, das war das Schwerste nicht, da seine Behauptungen mit Hilfe seines väterlichen Testaments den ‚Doctors' commons' beglaubigt werden konnten. Aber es blieb noch eine, völlig unvorhergesehene Frage offen: die nach der Identität der Persönlichkeit. Er zeigte einige Briefe vor, die Jugendfreunde, unter anderen der Graf von ... und selbst dessen Vater, der Marquis von ... ihm geschrieben hatten, während er in Wales wohnte, und die er stets in seiner Tasche trug. Die Juden liessen sich endlich zur Versprechung von zwei- oder dreihundert Livres herbei, unter der Bedingung, dass der junge Graf von ... (der, nebenbei bemerkt, nicht älter war als er) für die Rückzahlung zur Zeit ihrer Mündigkeit mit haften sollte. Man errät, dass die Absicht des Leihers nicht allein darauf ausging, aus einer Angelegenheit irgend welchen Vorteil zu ziehen, der ja nach alledem für ihn nur sehr gering hätte ausfallen können, sondern in Beziehungen zu dem jungen Grafen zu treten, der, wie er wusste, ein immenses Vermögen zu erwarten hatte.

So bereitet sich denn unser junger Vagabund, nachdem er seine zehn Livres kaum empfangen, zur Reise nach Eton. Etwa drei Livres wurden dem zukünftigen Leiher zurückgelassen, um die Durchsicht der Akten zu bezahlen; ebenso erhielt der Rechtsanwalt etwas Geld zur Entschädigung für seine unmöblierte Gastfreundschaft; fünfzehn Schillinge wurden angewandt, um ein wenig Toilette zu machen (was für eine Toilette!); und schliesslich hat das arme Annchen ebenfalls an diesem Glücksfall teil.

An einem trübseligen Winterabende wendet er sich, begleitet von dem armen Mädchen, gen Piccadilly, mit der Absicht, bis nach Salt-Hill mit der Post von Bristol hinunterzufahren. Da sie noch Zeit vor sich haben, treten sie in Golden-square ein und setzen sich an der Ecke von Sherrad-street nieder, um dem Tumult und den Lichtern von Piccadilly aus dem Wege zu gehen. Er hatte ihr's fest versprochen, sie nicht zu vergessen und ihr zu Hilfe zu eilen, sobald es ihm nur möglich sein würde. In der That, das war unter diesen Umständen eine Pflicht, sogar eine gebieterische Pflicht, und er fühlte in diesem Augenblicke seine Zärtlichkeit für diese Zufallsschwester vervielfacht durch das Mitleid, das ihre äusserste Niedergeschlagenheit ihm einflösste. Trotz all der Stösse, die seine Gesundheit erhalten hatte, war er doch verhältnismässig frohsinnig und sogar voller Hoffnungen, indes das arme Annchen todestraurig war. Im Augenblick des Lebewohles schlang sie ihm heftig beide Arme um den Hals und begann zu weinen, ohne ein Sterbenswort hervorzubringen. Er hoffte, spätestens in einer Woche zurückzukehren, und es wurde unter ihnen verabredet, dass sie am Ende des fünften Tages und jeden weiteren Abend um sechs Uhr kommen sollte, ihn unten in Great-Titchfield-street zu erwarten, wo inmitten der Stadt, an der Oxford-street-Ecke, gleichsam ihr gewohnter Hafen und Ruheplatz war. Er glaubte also, all seine Vorsichtsmassregeln zu ihrer Wiederauffindung wohl getroffen zu haben; er hatte nur ein einziges dabei vergessen: Annchen hatte ihm niemals ihren Familiennamen genannt, oder, wenn sie ihn ihm genannt hatte, so hatte er ihn doch als Nebensache vergessen. Die galanten Frauen mit grossen Prätensionen, grosse Romanleserinnen, lassen sich gern Miss Douglas, Miss Montague etc. nennen; aber die niedrigeren unter diesen armen Mädchen machen sich nur durch ihren Taufnamen kenntlich: Mary, Jane, Frances, etc. Übrigens war Annchen in jenem Augenblicke von heftigem rheumatischen Schmerz und Heiserkeit befallen, und, vollauf damit beschäftigt in diesem Augenblicke, sie mit guten Worten aufzurichten und ihr den Rat zu geben, gut acht zu haben auf ihren Rheumatismus, vergass er ganz, sie nach ihrem zweiten Namen zu fragen, der das sicherste Mittel bildete, im Falle eines verfehlten Rendezvous oder einer längeren Unterbrechung ihrer Beziehungen ihre Spur wiederaufzufinden.

Ich kürze die Einzelheiten der Reise stark ab; hervorhebenswert daran ist nur die Fürsorglichkeit und Gutherzigkeit eines dicken Küfers, an dessen Brust und in dessen Armen unser Held, eingelullt durch das Rollen des Wagens und durch seine Mattheit, einschlummert wie an einer Mutterbrust, – und ferner noch ein langer Schlaf unter freiem Himmel zwischen Glough und Eton: er war nämlich gezwungen gewesen, zu Fusse seine eigenen Spuren zurückzuwandern, da er in den Armen seines Nachbarn jählings aufwachte, nachdem er, ohne es zu wissen, schon sechs oder sieben Meilen über Salt-Hill hinausgefahren war.

Am Ziele seiner Reise angelangt, erfährt er, dass der junge Lord nicht mehr in Eton ist. In Verzweiflung darüber, bittet er um ein Frühstück bei Lord D ..., einem alten Kameraden, mit dem er jedoch weit weniger intim gestanden hatte. Es war der erste gute Tisch, an den sich hinzusetzen ihm seit vielen Monaten vergönnt war; und dennoch konnte er nichts anrühren. Schon in London hatte er am selben Tage, an dem er seine Banknote empfangen hatte, im Laden eines Bäckers zwei Brötchen gekauft, und diesen Laden hatte er seit zwei Monaten oder sechs Wochen mit den Augen verschlungen, mit einer Inbrunst des Verlangens, deren Erinnerung ihm fast schon eine Erniedrigung war. Aber das so ersehnte Brot hatte ihn krank gemacht, und noch mehrere Wochen lang war es ihm unmöglich, ohne Gefahr irgend ein Gericht anzurühren. Selbst inmitten des Luxus und des Komfort war der Appetit verschwunden. Als er dem Lord D ... den beklagenswerten Zustand seines Magens auseinandergesetzt hatte, liess dieser Wein holen, was eine grosse Freude gab.

Was den reellen Gegenstand der Reise angeht, den Dienst, um den er sich vorgenommen hat den Grafen von ... zu bitten und um den er in Ermangelung des anderen Lord D ... bittet, so kommt er damit nicht ganz zum Ziele, insofern nämlich, als dieser, der ihn nicht durch eine totale Weigerung kränken will, wohl zustimmt, seine Garantie zu leisten, aber in bestimmten Ausdrücken und unter bestimmten Bedingungen.

Wieder aufgerichtet durch diesen halben Erfolg, kehrt er nach dreitägiger Abwesenheit nach London zurück und sucht seine Freunde, die Juden, wieder auf. Unglücklicherweise weigern sich die Geldverleiher, die Bedingungen Lord D ... s zu acceptieren, und seine fürchterliche Existenz würde – mit mehr Gefahr noch wie das erste Mal wieder begonnen haben, wenn nicht am Anfang dieser neuen Krise durch einen Zufall, den er uns nicht auseinandersetzt, von seiten seiner Vormünder ihm eine Eröffnung gemacht wäre und eine völlige Aussöhnung nicht eine Änderung in seinem Leben herbeigeführt hätte. Er verlässt London in aller Hast, und begiebt sich schliesslich, nach Verlauf von einiger Zeit, auf die Universität. Erst mehrere Monate später konnte er den Schauplatz seiner Jugendleiden wiedersehen.

Aber das arme Annchen, – was ist aus ihr geworden? Jeden Abend hat er sie gesucht; jeden Abend hat er an der Ecke von Titchfieldstreet auf sie gewartet. Er hat sich nach ihr erkundigt bei allen, die sie nur kennen konnten; während der letzten Stunden seines Aufenthalts in London hat er alle ihm verfügbaren Mittel ins Werk gesetzt, um sie wiederzufinden. Er kannte die Strasse, in der sie wohnte, aber nicht das Haus; übrigens glaubte er sich dunkel zu erinnern, dass sie vor ihrem Abschiede gezwungen gewesen war, vor der Brutalität ihres Wirtes zu fliehen. Von den Leuten, an die er sich wandte, hielten die einen auf seine stürmischen Fragen hin die Motive seiner Suche für unehrenhaft und antworteten nur durch Lachen; andere, welche glaubten, er sei auf der Suche nach einem Mädchen, das ihm irgend eine Bagatelle gestohlen hätte, waren natürlich wenig aufgelegt, sich zu Denunzianten zu machen. Schliesslich hat er, bevor er London endgültig verliess, seine zukünftige Adresse einer Person hinterlassen, die Annchen von Ansehen kannte, – und dennoch hat er niemals wieder ein Wort von ihr gehört. Das war unter den Wirren seines Lebens sein schwerster Kummer. Man beachte, dass der Mensch, der also spricht, ein ernster Mann ist, ebenso ehrenwert wegen der Lauterkeit seiner Sitten wie wegen der Höhe, auf der seine Schriften stehen.

„Wenn sie noch gelebt hat, müssen wir mitten in dem unermesslichen Labyrinthe London uns oftmals gegenseitig gesucht haben; vielleicht nur wenige Schritte voneinander entfernt, ein Zwischenraum, der in einer Strasse Londons genügt, um eine ewige Trennung zu bewirken! Noch einige Jahre lang habe ich gehofft, dass sie am Leben sei, und ich glaube, dass ich bei meinen verschiedenen Streifzügen durch London wohl mehrere Tausend von weiblichen Gesichtern durchforscht habe, in der Hoffnung, dem ihren zu begegnen. Wenn ich es eine Sekunde gesehen hätte, ich hätte es unter tausend erkannt; denn war sie auch nicht hübsch, so hatte sie doch einen lieblichen Ausdruck und eine eigentümlich graziöse Kopfhaltung. Ich habe sie, sage ich, voller Hoffnung gesucht. Ja: Jahre lang! Jetzt aber würde ich ihren Anblick fürchten; und jener entsetzliche Rheumatismus, der mich so sehr erschreckte, als wir uns verliessen – heute bildet er meinen Trost. Ich sehne mich nicht mehr nach ihrem Anblick: ich träume von ihr, und nicht ohne Wohlgefallen, so wie von einem Menschen, der schon seit langem im Grabe ruht – im Grabe einer Magdalena, möcht' ich gern glauben –, von dieser Welt entführt, bevor die Schmähsucht und die Barbarei ihre treuherzige Natur befleckt und entstellt hätten oder die Brutalität der Schnapphähne ihren Ruin vervollständigt hätte, nachdem sie selber ihr die ersten Hiebe beigebracht. –

„So also, Oxford-street, du Rabenmutter mit dem Herzen von Stein, die du die Seufzer der Verwaisten gehört und die Thränen der Kinder aufgetrunken hast, so also war ich endlich nun von dir befreit! Die Zeit war gekommen, wo ich nicht mehr verdammt war, schmerzvoll deine endlosen Trottoirs zu durchmessen, nicht mehr verdammt, in schrecklichen Träumen oder in hungergequälter Schlaflosigkeit mich zu beunruhigen! Annchen und ich, wir haben unsere allzu zahlreichen Nachfolger gehabt, die die Spuren unserer Schritte bevölkert haben; Erben all unseres Elends, andere Verwaiste haben dort geseufzt; Thränen sind vergossen worden von anderen Kindern; und du, Oxford-street, hast seither das Echo der Wehelaute unzählbarer Herzen wiederholt. Für mich aber schien der Sturm, den ich überlebt hatte, das Unterpfand für eine lange schöne Zeit gewesen zu sein ..."

Ist Annchen denn nun ganz verschwunden? O nein! In den Welten des Opium werden wir sie wiedersehen; ein fremdartiges, verwandeltes Phantom, wird sie im Rauche der Erinnerung allmählich emporschweben, wie der Geist aus ‚Tausend und eine Nacht' in den Dünsten der Flasche. – In den ‚Opium-Esser' haben die Schmerzen der Kindheit tiefe Wurzeln gesenkt, die zu Bäumen auswachsen werden; und diese Bäume werden auf alle Dinge des Lebens ihren düsteren Schatten werfen. Aber diese neuen Schmerzen, von denen uns die letzten Seiten der Biographie ein Vorgefühl geben, werden ertragen werden mit Mut, mit der Festigkeit eines gereiften Geistes, und wesentlich erleichtert durch die tiefste und zarteste Sympathie. Diese Seiten enthalten die edelsten Segenswünsche und die zärtlichsten Dankesbezeugungen für eine mutige Gefährtin, die immer am Kopfende des Bettes sass, wo dieses von den Eumeniden zerquälte Haupt ausruhte. Der Orest des Opium hat seine Elektra gefunden, die Jahre hindurch den Angstschweiss von seiner Stirn gewischt und seine fieberwunden Lippen erquickt hat.

„Denn du warst meine Elektra, teure Gefährtin meiner späteren Jahre! und hast nicht gewollt, dass die englische Gattin durch die griechische Schwester übertroffen würde, weder an Seelenadel, noch an geduldiger Liebe!"

Ehemals, in all seinem Jünglingselend, in mondlichtreichen Nächten in Oxford-street umherstreichend, tauchte er oft mit seinen Blicken – und das war sein armseliger Trost – in die Avenueen, die sich quer durch Mary-le-bon hinziehen und aufs Feld hinaus führen; und wenn er dann gedankenvoll diese langen, von Lichtern und Schatten durchschnittenen Perspektiven sah, dann sagte er sich: „Sieh, das ist der Weg gen Norden, das ist der Weg, der nach ... führt; und wenn ich die Flügel der Turteltaube hätte: dorthin müsste ich meinen Flug lenken, um Beistand zu suchen!" Ein Mensch, wie alle Menschen, blind in seinen sehnenden Süchten! Denn dort im Norden war's, in dieser selben Gegend, in eben diesem Thale, in eben diesem so ersehnten Hause, wo er seine neuen Leiden und eine ganze Schar grausamer Phantome finden sollte. Eben dort aber wohnte auch die Elektra mit all ihrer hülfreichen Güte; und auch noch jetzt, wenn er, ein einsamer, nachdenksamer Mann, das unermessliche London durchwandert, das Herz zusammengepresst von unzählbaren Leiden, die nach dem linden Balsam eines liebedurchtränkten Daheims verlangen, und wenn er dann die Strassen erblickt, die sich von Oxfordstreet gen Norden ziehen, und an die heissgeliebte Elektra denkt, die in eben diesem Thale, in eben diesem Hause auf ihn wartet, – so ruft der Mann, wie ehemals der Knabe, aus: „O, wenn ich die Flügel der Turteltaube hätte: dorthin würde ich fliegen, um Trost zu suchen!"

Der Prolog ist zu Ende, und ich kann dem Leser, ohne dass ich zu lügen fürchten müsste, versprechen, dass sich der Vorhang nur über der erstaunlichsten, kompliziertesten und glänzendsten Vision erheben wird, die jemals das gebrechliche Handwerkszeug des Schriftstellers auf der Schneefläche des Papieres entzündet hat.

III

Wonnen des Opium

Wie ich schon zu Anfang sagte, war es die Notwendigkeit, die Schmerzen eines durch diese beklagenswerten Jugendabenteuer geschwächten Organismus zu lindern, die bei dem Autor dieser Memoiren zunächst den häufigen, zuletzt den täglichen Gebrauch des Opium veranlasste. Dass die unwiderstehliche Begier, die mysteriösen Wonnen zu erneuern, die er von Anfang an entdeckte, ihn dazu gebracht hat, seine Experimente häufig zu wiederholen: er leugnet es nicht, er bekennt es sogar freimütig; einzig die Segnung einer Entschuldigung ruft er an. Aber das erste Mal, da er und das Opium Bekanntschaft machten, handelte sich's um einen trivialen Umstand. Eines Tages von Zahnschmerz befallen, schrieb er seine Schmerzen einer Unterbrechung in der Hygiene zu, und da er von Kindheit an die Gewohnheit hatte, seinen Kopf jeden Tag in das kalte Wasser zu tauchen, nahm er unklugerweise zu diesem, im gegenwärtigen Falle gefährlichen Verfahren Zuflucht. Dann legte er sich mit völlig triefenden Haaren ins Bett. Die Folge davon war ein heftiger rheumatischer Kopf – und Gesichtsschmerz, der nicht weniger als zwanzig Tage währte. Am einundzwanzigsten, einem regnerischen Herbstsonntage des Jahres 1804, als er in den Strassen Londons umherirrte, um seine Gedanken von seinem Leiden abzulenken – das war das erste Mal, dass er seit seinem Bezuge der Universität

London wiedersah –, begegnete er einem Kameraden, der ihm Opium empfahl. Eine Stunde nachdem er die Opiumtinktur in der vom Apotheker vorgeschriebenen Menge eingenommen hatte, war jeder Schmerz verschwunden. Aber diese Wohlthat, die ihm im Augenblick so gross erschienen war, bedeutete rein gar nichts im Vergleiche zu den neuen Freuden, die ihm auf diese Weise plötzlich offenbart wurden. Welch eine Entwickelung des Geistes! Welche inneren Welten! War also dies das Wundermittel, das φαρμαχσυ νηπενδης für alle menschlichen Leiden?

„Das grosse Geheimnis des Glücks, darüber die Philosophen so viele Jahrhunderte lang disputiert hatten, war also entschieden aufgedeckt! Man konnte das Glück für einen Penny kaufen und es in seiner Westentasche nach Hause tragen; die Extase würde sich in eine Flasche schliessen und der Friede des Geistes mit Sorgfalt sich versenden lassen! Der Leser wird glauben, ich sei zum Scherz aufgelegt, aber es ist bei mir eine alte Gewohnheit, im Leiden zu scherzen, und ich kann versichern, dass der lange Zeit nicht scherzen wird, der mit dem Opium Beziehungen unterhalten hat. Selbst seine Freuden sind von einer ernsten und feierlichen Natur, und auch in seinem glücklichsten Zustande kann sich der Opiumesser nicht ‚alegro' zeigen; selbst dann noch spricht und denkt er, wie es dem ‚penserosol' zukommt."

Der Autor will vor allem das Opium vor gewissen Verleumdungen verteidigen: Das Opium ist nicht betäubend, wenigstens nicht für die Intelligenz; es berauscht auch nicht; wenn das Laudanum, in zu grosser Menge genommen, berauschen kann, so ist es doch nicht wegen des Opium, sondern wegen des Sprits, der im Laudanum enthalten ist. Er stellt darauf einen Vergleich an zwischen den Wirkungen des Alkohol und denen des Opium, und definiert ihre Verschiedenheiten sehr klar: So folgt die freudige Stimmung, die der Wein hervorbringt, einer anfangs aufsteigenden, schliesslich aber abschwellenden Kurve, während die Wirkung des Opium, einmal erzeugt, neun bis zehn Stunden hindurch sich selber gleich bleibt; das eine ist ein akuter Genuss, das andere ein chronischer; hier ein Aufflammen, dort eine gleichmässige, anhaltende Glut. Aber der grosse Unterschied liegt vor allem darin, dass der Wein die geistigen Fähigkeiten verwirrt, während das Opium die höchste Ordnung und Harmonie in sie bringt. Der Wein beraubt den Menschen der Herrschaft über sich selbst und das Opium macht diese Herrschaft milder und ruhiger. Jedermann weiss, dass der Wein eine ausserordentliche, aber momentane Kraft verleiht: der Verachtung, wie der Bewunderung der Liebe, wie dem Hass. Das Opium aber teilt den Fähigkeiten das tiefe Gefühl der Disziplin und eine Art göttlicher Gesundheit mit. Die weinberauschten Menschen schwören sich eine ewige Freundschaft, drücken sich die Hände und vergiessen Thränen, ohne dass jemand begreifen könnte warum; der sinnliche Teil im Menschen hat offensichtlich seinen Gipfel erklommen. Aber die Ausbreitung der menschenliebenden Empfindungen unter dem Einflusse des Opium ist keine Fieberanwandlung; da ist der Mensch schlecht und recht und gut, geläutert und wieder in seinen natürlichen Zustand eingesetzt, erlöst von allen Bitternissen, die gelegentlich seine edle Geistesart verdorben hatten. Schliesslich: So gross auch die Segnungen des Weines sind, kann man doch sagen, dass er oft an die Narrheit oder wenigstens an das Extravagante streift, und dass er jenseits einer bestimmten Grenze die intellektuelle Energie sozusagen verpufft und verstreut; während das Opium immer das, was erregt war, zu beruhigen, und das, was verstreut war, wieder zu sammeln scheint. Mit einem Worte: es ist der rein menschliche, allzu oft sogar der brutale Teil vom Menschen, der mit Hülfe des Weines die Herrschaft an sich reisst, wohingegen der Opiumesser ganz und gar empfindet, dass der geläuterte Teil seines Wesens und seine moralischen Gemütsneigungen sich ihres Maximum an Verfügbarkeit erfreuen, und vor allem: dass seine Intelligenz eine tröstliche, wolkenlose Klarheit erreicht.

Der Autor bestreitet gleichfalls, dass der durch das Opium hervorgerufenen Erregung des Intellekts notwendig eine entsprechende Niedergedrücktheit folgen müsse, und dass der Gebrauch dieser Drogue als natürliche und unmittelbare Konsequenz eine Stagnation und Betäubung der Fähigkeiten herbeiführe. Er versichert, dass er während eines Zeitraumes von zehn Jahren sich immer an dem Tage, der seiner Ausschreitung folgte, einer bemerkenswerten intellektuellen Gesundheit erfreut habe. Was aber jene Betäubung betrifft, von welcher so viele Schriftsteller gesprochen haben und der die Verdummung der Türken so viel Glauben verschafft hat, so versichert er, sie niemals gekannt zu haben. Dass das Opium, entsprechend der Qualifizierung, unter die man es eingeordnet hat, gegen das Ende hin als Narkotikum wirkt, das ist wohl möglich; seine ersten Wirkungen sind aber immer, dass es den Menschen anregt und ‚ausser sich' bringt, welcher Aufschwung des Geistes niemals weniger als neun Stunden andauert; so dass es also die Schuld des Opiumessers ist, wenn er seine Einnahmezeit nicht in der Art regelt, dass er die ganze Schwere des narkotischen Einflusses mit seinem natürlichen Schlaf zusammenfallen lässt. Damit der Leser beurteilen könne, ob das Opium geeignet ist, die Fähigkeiten eines englischen Gehirnes zu verdummen, will er, wie er sagt, zwei Beispiele seiner Freuden als Proben mitteilen und will – die Frage mehr durch Illustrationen, als durch Argumente behandelnd von der Art und Weise erzählen, in der er seine Opiumsoireen in London sich oft einrichtete, in dem Zeitraum zwischen 1804 und 1812. Er musste damals hart arbeiten, all seine Zeit war ausgefüllt durch strenges Studium, und so glaubte er wohl, wie alle Menschen, das Recht zu haben, von Zeit zu Zeit die Erleichterung und Erholung aufzusuchen, die ihm am meisten zusagte.

„Am nächsten Freitag werd' ich, so Gott will, betrunken sein!" sagte der selige Herzog von ..., und ebenso setzte auch unser Autor im voraus fest, wann und wie oft er sich in einer bestimmten Zeit seiner Lieblingsausschweifung ergeben wollte. Es geschah das alle drei Wochen ein Mal, selten öfter; hauptsächlich am Dienstag- oder Samstag-Abend, den ‚Opera'-Tagen. Das waren die schönen Zeiten der Grassini. Die Musik ging dann in seine Ohren ein, nicht wie eine simple logische Folge von angenehmen Tönen, sondern wie eine Reihe von Erinnerungsbildern, wie die Klänge eines Zauberspieles, das sein ganzes vergangenes Leben vor seinem geistigen Auge wieder heraufbeschwor. Die Musik, ausgedeutet und verklärt durch das Opium: d a s w a r diese Ausschweifung des Intellekts, deren Grösse und Intensität ein einigermassen verfeinter Geist leicht verstehen kann. Viele Leute verlangen, dass die in den Tönen enthaltenen Ideen positiv seien; sie vergessen, oder vielmehr sie wissen nicht, dass die Musik – von dieser Seite mit der Poesie verwandt – nicht sowohl Ideen wie Empfindungen darstellt; sie suggeriert Ideen, das ist wahr, aber sie enthält sie nicht an sich selber.

Sein ganzes vergangenes Leben, sagt er, lebte wieder in ihm, nicht infolge einer Anstrengung des Gedächtnisses, sondern gleichsam gegenwärtig und inkarniert in der Musik. Es war nicht mehr schmerzlich zu betrachten; jede Trivialität und Roheit, wie sie den menschlichen Dingen anhaftet, war von dieser mysteriösen Auferstehung ausgeschlossen oder in einen idealen Nebel gehüllt und getaucht, und seine alten Leidenschaften fanden sich erhöht, veredelt, vergeistigt wieder. Wie manches Mal musste er auf diesem zweiten Theater, in seinem Geiste durch das Opium und die Musik verklärt, die Strassen und die Berge wiedersehen, die er, ein entlaufener Schüler, durchzogen hatte, und seine liebenswürdigen Wirte aus dem Lande Wales, und die glanzdurchfurchten Dunkelheiten der unermesslichen Strassen Londons, und seine melancholischen Freundschaften, und all sein langes Elend, in dem Annchen und die Hoffnung auf eine bessere Zukunft ihn trösteten! Und dann, während der Zwischenaktspausen, im ganzen Saale die italienischen Konversationen und die Musik einer fremden Sprache, von Frauen gesprochen: sie erhöhten noch den Zauber dieser Abendstunden; denn man weiss, dass das Nichtverstehen einer Sprache das Ohr empfänglicher macht für ihre Klangschönheit. Ebenso ist auch niemand geeigneter, eine Landschaft zu geniessen, als der, der sie zum erstenmal betrachtet, da sich alsdann die Natur in all ihrer Fremdartigkeit darbietet, noch nicht abgeblasst infolge allzu häufigen Anblicks.

Bisweilen aber trug des Samstag-Abends eine andere Versuchung von eigenerer und nicht minder verführerischer Art den Sieg davon über seine Liebe zur italienischen Oper. Der in Rede stehende Genuss, der verlockend genug war, um mit der Musik zu rivalisieren, hätte sich der Dilettantismus in der Armenfürsorge, nennen können. Der Autor ist unglücklich gewesen und besonders geprüft worden, als er, blutjung, im gleichgültigen Wirbel der grossen Weltstadt verlassen war. Selbst wenn sein Geist nicht – wie es der Leser hat bemerken müssen – von guter, feinfühliger und empfindsamer Natur gewesen wäre, könnte man doch leicht vermuten, dass er in seinen langen Tagen der Vagabondage und in seinen noch längeren Nächten der Angst den Armen hat lieben und beklagen lernen. Der Schüler will dieses Leben der Niederen wiedersehen, er will in diese Masse von Enterbten hinabtauchen, und wie der Schwimmer das Meer in seine Arme nimmt und so in eine unmittelbarere Berührung mit der Natur tritt, so trachtet er sozusagen danach, ein Bad in der Menge zu nehmen. Eher erhebt der Ton des Buches sich derart, dass ich es für meine Pflicht erachte, dem Autor selbst das Wort zu lassen:

„Diese Ergötzung konnte, wie gesagt, nur am Samstag-Abende stattfinden. Worin unterschied sich der Samstag-Abend von jedem anderen Abende? Von welchen Arbeiten hatte ich denn zu ruhen? Welche Löhnung zu empfangen? Um was anderes hatte ich mich am Samstag-Abende zu bekümmern, als um eine Einladung, die Grassini zu hören? Ganz recht, sehr logischer Leser; was du da sagst, ist unwiderleglich. Aber die Menschen geben ihren Empfindungen einen verschiedenartigen Kurs, und während die meisten von ihnen ihr Interesse für die Armen durch diese oder jene Art von Sympathie mit ihrem Elend und ihren Kümmernissen bezeugen, fühlte ich mich in jener Zeit dazu getrieben, mein Interesse für sie durch Sympathie mit ihren Freuden auszudrücken. Ich hatte erst jüngst die Leiden der Armut gesehen; ich hatte sie allzu deutlich gesehen, um sie gern in der Erinnerung wieder aufleben zu lassen; – aber die Freuden des Armen, die Tröstungen seines Geistes, die Erquickungen seiner körperlichen Abgespanntheit können niemals einen schmerzlichen Anblick bilden. Ja, der Samstag-Abend bezeichnet für den Armen die periodische Wiederkunft der Ruhe; die feindlichsten Sekten sind sich in diesem Punkte einig und erkennen dies gemeinsame Band von Brüderlichkeit an; an diesem Abende ruht fast die ganze Christenheit von ihrer Arbeit. Es ist eine Ruhe, die als Einführung in eine andere Ruhe dient; ein ganzer Tag und zwei Nächte trennen ihn von der nächsten Ermattung. Und das ist's, warum mir's am Samstag-Abende immer scheint, ich selber sei von einem Arbeitsjoch befreit, ich selber habe eine Löhnung zu empfangen, ich könne mich des Luxus eines Ruhetags erfreuen.

„Um also auf einem möglichst breiten Schauplatz Zeuge eines Schauspieles zu sein, für das ich eine so tiefe Sympathie empfand, hatte ich die Gewohnheit, am Samstag-Abend, nachdem ich mein Opium genommen, mich ins Weite zu verirren, ohne mich um den Weg noch die Entfernung zu bekümmern, auf all die Märkte, wo die Armen sich zusammenfinden, um ihre Löhnungen zu verthun. Ich habe mehr als eine Familie, aus einem Manne, seinem Weibe und ein oder zwei Kindern bestehend, ausgespäht und belauscht, während sie ihre Pläne, ihre Mittel, die Stärke ihres Budgets oder den Preis von Haushaltsgegenständen diskutierten. Nach und nach machte ich mich vertraut mit ihren Wünschen, ihren Wirren und ihren Meinungen.

Bisweilen kam mir's vor, dass ich Gemurr von Unzufriedenheit vernahm, am weitaus öftesten aber drückten ihre Gesichter und ihre Worte Geduld, Hoffnung und Heiterkeit aus. Und ich muss diesbezüglich sagen, dass der Arme im ganzen genommen viel mehr Philosoph ist als der Reiche, insofern als er eine schneller gefasste und heiterere Resignation zur Schau trägt dem gegenüber, was er als ein unheilbares Übel oder einen nicht wieder wett zu machenden Verlust betrachtet. In allen Fällen, in denen ich die Gelegenheit dazu fand oder sie mir, ohne indiskret zu erscheinen, verschaffen konnte, mischte ich mich unter sie und äusserte zu dem in Rede wehenden Thema meine Ansicht, die, wenn sie auch nicht stets das Rechte traf, doch immer mit Wohlwollen aufgenommen wurde. Wenn die Löhne ein wenig gestiegen waren, oder wenn man erwartete, dass sie demnächst ein wenig steigen würden, wenn der Laib Brot etwas billiger war, oder wenn das Gerücht ging, dass die Zwiebeln und die Butter bald im Preise sinken würden, so fühlte ich mich glücklich; wenn aber das Gegenteil eintraf, so entnahm ich meinem Opium Mittel zur Tröstung. Denn das Opium – gleich der Biene, die ihre Stoffe gleichmütig der Rose und dem Russ der Kamine entnimmt – besitzt die Kunst, alle Empfindungen sich zu unterwerfen und sie abzustimmen nach seiner Stimmgabel.

„Einige dieser Promenaden führen mich sehr weit ab; denn ein Opiumesser ist zu glücklich, um auf die Flucht der Stunden acht zu geben. Es kostete Mühe, heimwärts zu segeln zu meiner Behausung; nach den Grundsätzen der Nautik heftete ich meine Augen auf den Polarstern, voll Ehrgeiz meinen Durchweg nach dem Nord-Westen, suchend, um es zu vermeiden, von neuem alle die Kaps und Vorgebirge zu passieren, denen ich auf meiner ersten Reise schon begegnet war. Dabei trat ich nun bisweilen plötzlich in Labyrinthe von Gässchen, in Rätselfiguren von Sackgassen, in Probleme von Strassen ohne Ausgang, dazu geschaffen, dem Mute der Lastträger Hohn zu sprechen und die Intelligenz der Droschkenkutscher zu verwirren. Ich hätte manchmal fast glauben können, dass ich selbst zuerst einige dieser terrae incognitae entdeckt hätte, und ich zweifelte, ob sie auf den modernen Karten von London verzeichnet stünden.

„Aber nach Verlauf von einigen Jahren habe ich all diese Phantasieen grausam bezahlt, **damals, als das menschliche Gesicht meine Träume zu tyrannisieren begann**, und als meine wirren Streifereien inmitten des, unermesslichen London in meinem Schlafe sich widerspiegelten mit einem Gefühle seelischer und intellektueller Wirrnis, das Unordnung in meine Vernunft und Angst, und Reue in mein Gewissen brachte ..."

Das Opium verursacht also nicht mit Notwendigkeit Unbeweglichkeit oder Betäubung, da es ja im Gegenteil unseren Träumer oft in jene Zentren warf, die vom gewöhnlichen Leben am stärksten wimmeln. Indessen sind die Theater und die Märkte im grossen ganzen die Lieblingsplätze eines Opiumessers nicht, vor allem, wenn er im höchsten Wonnezustand ist. Die Menge ist alsdann für ihn gleichsam ein Druck; selbst die Musik hat einen sinnlichen und groben Charakter.[1]) Er sucht vielmehr die Einsamkeit auf und das Schweigen, als unerlässliche Bedingungen für seine Extasen und seine tiefen Träumereien. Wenn der Autor dieser ‚Bekenntnisse' sich anfangs in die Menge und in den Strom der Menschen stürzte, geschah's, um einem allzu lebhaften Hange zur Träumerei und einer schwarzen Melancholie entgegenzuwirken, die sich aus

---

[1]) Das ist eine sehr treffende Bemerkung: Dem verfeinerten Künstlergeiste erscheint die Musik-Technik sinnlich und grob. Man vergleiche dazu die Stelle auf S. 97, wo B. die Musik für ‚tiefe Geister' nur als Quelle der ‚Erholung' nennt. In der That ist das Formale der Musik – der „Takt" – im Grunde nur ein nüchternes Rechenexempel (vergl. wiederum unseren Dichter, S. 77-78); und was im übrigen die Musik-Technik betrifft – den „Ton" –, so ist es evident, dass keine Kunst derart grob an den Nerven zerrt, wie sie. Dem entspricht vollkommen die Thatsache, dass ebenso selten, wie ein nicht ‚nervöser' nämlich angegriffener, reizbarer –, ein nicht ungebildeter Musiker gefunden wird; will sagen: auf tausend ‚Musiker' kommt vielleicht noch kaum ein Künstler. – M. B.

seinen Jugendleiden ergeben hatten. In die Forschungen der Wissenschaft wie in die Gesellschaft der Menschen floh er vor einer Art Hypochondrie. Später, als seine wahre Natur wiederhergestellt und die Finsternisse der alten Stürme zerstreut waren, glaubte er gefahrlos seiner Liebe zum Einsiedlerleben genügen zu können. Mehr als einmal ist es ihm passiert, dass er eine ganze schöne Sommernacht ... von Sonnenuntergang bis Aufgang ... am Fenster sitzend verbrachte ... ohne sich zu regen ... ohne auch nur zu wünschen, den Platz zu wechseln ... seine Augen anfüllend mit dem weiten Blicke auf das Meer und eine grosse City ... und seinen Geist mit den langen und genussreichen Betrachtungen, die dieses Schauspiel ihm suggerierte. Eine grosse natürliche Allegorie dehnte sich alsdann vor ihm:

„Die Stadt, gleichsam weich hingewischt in dem Nebel und den sanften Leuchten der Nacht, stellte die Erde dar mit ihren Kümmernissen und ihren Grabhügeln, die fern da draussen lagen, aber doch nicht ganz vergessen, noch dem Gesichtskreise entrückt. Der Ocean mit seiner ewigen Atmung, auf dem doch eine weite Stille brütete, versinnbildlichte meinen Geist und die Stimmung, die ihn damals beherrschte. Mir war's, als hielte ich mich zum ersten Male fern und ausserhalb vom Tumulte des Lebens; der Lärm, das Fieberhafte und der Kampf war aufgehoben; eine Frist war der geheimen Drangsal meines Herzens gewährt; Festesruhe; Befreiung von jeder menschlichen Arbeit. Die Hoffnung, die an den Wegen des Lebens blüht, stand nun in vollem Einklang mit dem Frieden, der in den Gräbern wohnt; die Hervorbringungen meiner Intelligenz erschienen mir ebensowenig der Müdigkeit unterworfen wie die Himmel, und doch war jegliche Unruhe geschlichtet durch eine halkyonische Gelassenheit; es war ein Ruhen, das nicht als Wirkung einer schlaffen Thatenlosigkeit, sondern des majestätischen Antagonismus gleich starker und mächtiger Kräfte erschien; – unendliche Bethätigung, – unendliche Ruhe!

„O gerechtes, feines und mächtiges Opium! ... Du besitztest die Schlüssel zum Paradiese! ..."

An dieser Stelle erheben sich jene Dankesbezeugungen und Erkenntlichkeitsausbrüche, die ich am Anfange dieser Arbeit wörtlich wiedergegeben habe und die ihr als Aufschrift dienen könnten. Es ist das gleichsam das Angebinde, das die Feier schliesst. Denn alsbald wird der Glanz sich verdunkeln und die Stürme werden einander bedrängen im Schosse der Nacht.

IV

Qualen des Opium

Es war im Jahre 1804, als er zum ersten Male Bekanntschaft mit dem Opium machte. Acht Jahre sind dahingeflossen, glücklich und durch das Studium veredelt. Fern, weit fern von Oxford – zweihundertundfünfzig Meilen fern –, im Grunde der Berge abgeschieden und eingeschlossen: was treibt jetzt unser Held? (Sicher, er verdient diesen Titel sehr wohl!)

– Aber nun! er nimmt Opium!

Und was noch? – Er studiert die deutsche Metaphysik: er liest Kant, Fichte, Schelling. In einer kleinen Hütte begraben, eine einzige Dienerin um sich, sieht er die Stunden ernst und geruhig dahinfliessen.

– Und ist nicht verheiratet?

Noch nicht.

– Und immer Opium?

Jeden Samstag-Abend.

– Und diese Lebensführung hat schamlos angedauert seit dem ärgerlichen Regensonntage von 1804?

O weh! ja!

– Aber die Gesundheit, – nach dieser langen und regelmässigen Ausschweifung?

Niemals, sagt er, hat er sich besser befunden als im Frühjahr 1812. Bemerken wir, dass er bis dato nur ein Dilettant gewesen und dass das Opium noch nicht eine tägliche Hygiene für ihn geworden ist! Die Dosen sind immer mässig gewesen und klüglich durch eine Zwischenzeit von einigen Tagen voneinander getrennt. Vielleicht haben diese Klugheit und diese Mässigung die Erscheinung der rächerischen Schrecken zurückgehalten.

Im Jahre 1813 beginnt eine neue Ära. Während des vorhergehenden Sommers hatte ein schmerzliches Ereignis, das er uns nicht näher erklärt, stark genug an seinen Geist gerührt, um auch auf seine physische Gesundheit rückzuwirken; seit 1813 war er von einer erschrecklichen Reizbarkeit des Magens befallen, die zum Erstaunen jener glich, unter der er so viel gelitten hatte in seinen angsterfüllten Nächten tief im Hause des Anwalts; und dieses Übel ward von all seinen alten krankhaften Träumen begleitet. Da ist also endlich die grosse Sühne!

Wozu bei dieser Krise ausführlich verweilen und all ihre Zwischenfälle detaillieren? Der Kampf war langwierig, die Schmerzen ermattend und unerträglich, – und die Befreiung war immer da, in greifbarer Nähe. Ich möchte wohl zu allen denen, die sich nach einem Balsam, einem νηπενδης, für tägliche Schmerzen gesehnt haben, der ihre regelmässige Lebensführung verwirrt und jeder Anstrengung ihres Willens Hohn spricht, – zu allen diesen, die krank sind am Geiste, krank am Körper, möchte ich sagen: Wer von euch ohne Sünde ist – sei es der That oder der Absicht –, werfe den ersten Stein auf unseren Kranken! Also: darüber sind wir einig. Im übrigen fleht er euch an, zu glauben, dass, als er täglich Opium zu nehmen begann, Dringlichkeit, Notwendigkeit, Verhängnis es erheischten; anders zu leben, war nicht möglich. Und dann: Sind sie denn so zahlreich, diese Braven, die geduldig, mit einer von Minute zu Minute erneuerten Energie, dem Schmerz, der Folter die Stirn zu bieten vermögen, immer bereit, niemals ermattet, im Hinblick auf eine unbestimmte und ferne Wohlthat dafür? – Der, welcher so mutvoll und geduldig erscheint, hat nicht allzu grosses Verdienst gehabt bei seinem Siege; und der, welcher kurze Zeit widerstanden hat, hat in dieser kurzen Zeit eine grosse, verkannte Energie entfaltet. Sind nicht die rnenschlichen Temperamente ebenso verschieden wie die chemischen Dosierungen? „In dem nervösen Zustande, in dem ich bin, ist mir's ebenso unmöglich, einen unmenschlichen Moralisten zu ertragen, wie das ungekochte Opium!" Eine schöne Sentenz; eine unwiderlegliche Sentenz! Es handelt sich nicht mehr um mildernde Umstände, sondern um freisprechende.

Schliesslich: diese Krise von 1813 hatte einen Ausgang, – und diesen Ausgang, man errät ihn. Unseren Einsiedler fragen, ob er jeden Tag Opium genommen hat oder nicht, das hiesse fortan ebensoviel wie sich erkundigen, ‚ob seine Lungen an dem und dem Tage geatmet haben' oder ‚ob sein Herz seine Funktionen erfüllt hat'.

– Mehr Fasten in Opium! mehr Rhamadan! mehr Enthaltsamkeit!

Das Opium macht einen Teil des Lebens aus.

Kurz vor 1816, dem schönsten, klarsten Jahre seines Daseins – erzählt er uns –, war er plötzlich und fast mühelos von 320 gr Opium – das will sagen 8000 Tropfen Laudanum – pro Tag auf 40 gr heruntergegangen, so seine seltsame Nahrung um sieben Achtel vermindernd. Die Wolke tiefer Melancholie, die sich auf sein Gehirn niedergesenkt hatte, zerstreute sich an einem Tage wie durch Zauber, die geistige Beweglichkeit kam wieder zum Vorschein, und von neuem konnte er an das Glück glauben. Er nahm nicht mehr als 1000 Tropfen Laudanum täglich (welch eine Mässigung!). Das war gleichsam ein Sankt-Martins-Sommer des Geistes. Und er las wieder Kant. Und er verstand ihn, oder glaubte doch, ihn zu verstehen. Von neuem strömte in ihm jene Leichtigkeit, jene Heiterkeit des Geistes über – traurige Worte, um das Unaussprechliche auszusprechen –, die der Arbeit wie der Ausübung der Menschenbrüderlichkeit in gleicher Weise günstig waren.

Jener Geist voller Wohlwollen und Gefälligkeit für den Nächsten, mehr noch: der Barmherzigkeit, welche – das sei bemerkt ohne die Absicht, einem so ernsthaften Autor gegenüber an Achtung zu ermangeln – der Weichherzigkeit der Trinker ein wenig ähnelt, bezeugte sich eines Tages auf die bizarrste und spontanste Art an einem Malayen. – Merke man ihn sich wohl, diesen Malayen; wir werden ihn später wiedersehen; er wird von neuem erscheinen, vervielfältigt in einer fürchterlichen Weise. Denn wer kann die Reflex- und Reperkussionskraft irgend welchen Ereignisses im Leben eines Träumers abschätzen? Wer kann ohne Zittern an die unendliche Verbreiterung der Kreise in den Wellen des Geistes denken, die ein zufälliger Stein erregte? – Eines Tages also klopfte ein Malaye an die Thür dieser still abgeschiedenen Hütte. Was hatte ein Malaye in den Bergen Englands zu thun? Vielleicht wandte er sich einem Hafen zu, der vierzig Meilen von dort entfernt lag. Die Dienerin, in den Bergen geboren, welche die malayische Sprache nicht besser kannte als die englische und ihrer Lebtage noch keinen Turban gesehen hatte, erschrak heftig. Aber, sich erinnernd, dass ihr Herr doch ein Weiser sei, und in der Voraussetzung, dass er alle Sprachen des Erdballs, vielleicht gar die des Mondes kennen müsste, lief sie ihn suchen, um ihn zu bitten, den Dämon, der sich in der Küche eingenistet, zu beschwören. Das war ein seltsamer und amüsanter Gegensatz; diese beiden Gesichter, die sich, eins das andere, betrachteten; das eine mit saxonischem Stolze gezeichnet, das andere mit asiatischer Servilität; das eine rosig und frisch, das andere gelb und gallig, mit unstät leuchtenden, beweglichen Äugelchen. Der Weise – um seine Ehre in den Augen seiner Dienerin und seiner Nachbarn zu retten – sprach ihn auf Griechisch an; der Malaye antwortete zweifelsohne auf Malayisch; sie verstanden einander nicht, und alles ging vortrefflich. Jener legte sich eine Stunde auf dem Boden der Küche zur Ruhe, und machte dann Miene, sich wieder in Marsch zu setzen. Der arme Asiat konnte, wenn er zu Fusse von London kam, seit drei Wochen keinerlei Gedanken mit einer menschlichen Kreatur ausgetauscht haben. Um ihn über die wahrscheinlichen Anfeindungen dieses einsamen Lebens hinwegzutrösten, und in der Annahme, dass ein Mensch aus jenen Gegenden das Opium kennen müsse, machte unser Autor ihm vor seinem Aufbruch ein dickes Stück der kostbaren Substanz zum Geschenke. Kann man sich eine noblere Art, Gastfreundschaft zu bezeigen, vorstellen? Der Malaye zeigte durch sein Mienenspiel deutlich, dass er das Opium kannte, und nahm nur gerade einen Bissen, der mehrere

Personen hätte töten können. Es war für einen barmherzigen Geist wahrhaftig Grund vorhanden, sich zu beunruhigen; aber man hörte in der Gegend nichts davon, dass der Leichnam irgend eines Malayen an der Heerstrasse aufgefunden worden wäre. Dieser fremde Wandersmann war also mit dem Gifte hinreichend vertraut, und der Zweck, den die Mildthätigkeit angestrebt hatte, war erreicht worden.

Damals – ich sagte es schon – war unser Opiumesser noch glücklich; wahrhaftes Weisen- und Einsiedlerglück, das den ‚Komfort' liebt: Ein reizendes Häuschen; eine schöne Bibliothek, geduldig und feinsinnig angesammelt; – und draussen der Winter, der durch die Berge schnaubt! Eine hübsche Wohnung, macht sie den Winter nicht poetischer? Und der Winter, vermehrt er nicht die Poesie der Wohnung? Das weisse Häuschen lag im Grunde eines kleinen, von ziemlich hohen Bergen eingeschlossenen Thales. Es war wie marmoriert mit Rankengewächsen, die einen Teppich von Blüten über die Mauern breiteten und um die Fenster einen duftigen Rahmen legten – Frühling, Sommer und Herbst hindurch; mit Weissdorn fing es an, und endete mit Jasminen. Aber die schöne Jahreszeit, die Jahreszeit des Glücks, für einen träumerischen, nachdenksamen Menschen wie er: das ist der Winter in seiner rauhesten Gestalt. Es giebt Leute, die sich beglückwünschen, wenn sie vom Himmel einen milden Winter erhalten, und selig sind, wenn sie ihn wieder abziehen sehen. Er aber fordert alljährlich vom Himmel so viel Schnee, Hagel und Eis, wie er nur zu fassen vermag. Er braucht einen kanadischen, einen russischen Winter; – und er kann ihn verlangen für sein Geld. Sein Nest wird dann viel wärmer, molliger und werter sein: die Wachskerzen, um vier Uhr angezündet; ein schöner Kamin; schöne Teppiche; schwere Vorhänge, die bis auf den Boden wallen; eine gute Theemaschine; und der Thee, von acht Uhr abends bis des Morgens um vier Uhr. Ohne Winter ist keiner dieser Genüsse möglich; aller ‚Komfort' verlangt eine rauhe Temperatur; – das kostet übrigens viel Geld; und so hat unser Träumer also wohl das Recht, zu verlangen, dass der Winter ehrlich seine Schulden bezahle, wie er ja auch die eigenen.

Der Salon ist klein und dient zweierlei Zwecken. Man könnte ihn eigentlich besser die Bibliothek nennen; denn dort liegen fünftausend Bände aufgehäuft, einer nach dem anderen angeschafft, eine wahre Eroberung der Geduld. Ein grosses Feuer leuchtet im Kamin; auf der Plattform stehen zwei Tassen und zwei Untertassen; denn die gütige Elektra, von der er uns schon eine Vorahnung gegeben hat, verschönt die Hütte mit dem ganzen Zauber ihres engelgleichen Lächelns. Wozu ihre Schönheit beschreiben?

Der Leser könnte glauben, dass diese Leuchtkraft rein physisch und dem irdischen Pinsel erreichbar sei. Und dann – nicht zu vergessen – die Phiole mit Laudanum, eine Riesenkaraffe, meiner Treu! denn wir sind allzu fern von den Apothekern Londons, um unseren Vorrat häufig zu erneuern; – ein deutsches metaphysisches Buch liegt noch auf dem Tische und zeugt von dem unablässigen intellektuellen Ehrgeiz des Besitzers. – Berglandschaft, schweigsame Abgeschiedenheit, Luxus oder vielmehr solide Wohlhabenheit, unendliche Musse zum Meditieren, recht rauher Winter, geeignet, die Fähigkeiten des Geistes zu konzentrieren: ja, das war wohl das Glück, – vielmehr die letzten Strahlen des Glückes, eine Ruhepause im Verhängnis, ein Fest, von Elend umschlossen. Denn hier rühren wir an die düstere Epoche, da „es Abschied nehmen heisst von dieser süssen Glückseligkeit, Abschied vom Winter wie vom Sommer, Abschied vom Lächeln und vom Lachen, Abschied vom Frieden des Geistes, Abschied von der Hoffnung und den friedlichen Träumen, Abschied von den gesegneten Tröstungen des Schlummers!"

Länger als drei Jahre hindurch wird unser Träumer ein Verbannter sein, verjagt vom Lande des allgemeinen Glückes; denn er ist jetzt angelangt bei „**einer Iliade von Unglückseligkeiten, er ist angelangt bei den Qualen des Opium**". Düstere Epoche, ungeheures Geschlinge von Finsternissen, dann und wann zernagt durch reiche und überwältigende Visionen:

> *Es war, als hätt' ein grosser Maler seinen Pinsel*
> *in jenes düstre Schwarz getaucht, in dem die Erde*
> *erbebt und zittert und die Sonne sich verfinstert.*

Diese Shelley'schen Verse von so feierlichem und wahrhaft miltonianischem Charakter geben gut die Farbe einer opiumdurchschwängerten Landschaft wieder, wenn ich mich so ausdrücken darf; das ist ganz der finstere Himmel und der undurchdringliche Horizont, die das vom Opium geknechtete Gehirn umhüllen. Die Unendlichkeit im Grauen und in der Schwermut und, schwermütiger als alles, die Ohnmacht, sich selbst der Todesstrafe zu entreissen!

Bevor nun unser Büsser weitergeht – wir können ihn von Zeit zu Zeit mit diesem Namen nennen, obgleich er allem Anschein nach einer Klasse von Büssern angehört, die immer bereit ist, in ihre Versündigung zurückzufallen – teilt er uns zum voraus mit, dass man keine allzu strenge Ordnung, wenigstens keine chronologische Ordnung, in diesem Teile seines Buches suchen soll. Als er ihn schrieb, war er allein in London, unfähig, aus dem Wirrwarr bedrückender und widerspenstiger Erinnerungen einen regelrechten Bericht aufzuführen, und weit verbannt von den freundschaftlichen Händen, die seine Papiere zu ordnen verstanden und die Gewohnheit hatten, ihm alle Dienste eines Sekretärs zu leisten. Er schreibt ohne Vorbedacht, fast ohne Scham hinfort, indem er sich einem nachsichtigen Leser gegenüberstehend denkt, fünfzehn oder zwanzig Jahre später als gegenwärtig; und da er vor allem einfach eine Erinnerung an eine unselige Periode aufzeichnen will, so thut er es mit aller Anstrengung, deren er heute noch fähig ist, da er nicht recht weiss, ob er später die Kraft oder die Gelegenheit dazu finden wird.

Doch warum, wird man zu ihm sagen, hast du dich nicht frei gemacht von den Schrecken des Opium, sei es, indem du von ihm abliessest, sei's durch Verminderung der Dosen? – Er hat lange, schmerzvolle Anstrengungen gemacht, das Quantum zu reduzieren; aber die, welche Zeugen dieser kläglichen Kämpfe, dieser aufeinander folgenden Agonieen waren, waren die ersten, die ihn baten, darauf zu verzichten.

Warum verminderte er die Dosen nicht um einen Tropfen täglich? Warum hat er ihre Kraft nicht durch eine

Beimischung von Wasser abgeschwächt? – Er hat ausgerechnet, dass er mehrere Jahre nötig haben würde, um auf diesem Wege einen unzweifelhaften Sieg davonzutragen. Übrigens wissen alle Liebhaber des Opium, dass, ehe man bis auf ein bestimmtes Mass gekommen ist, man stets die Dosis ohne Schwierigkeit verringern kann, mit Genuss sogar, – dass aber, wenn diese Dosis einmal überschritten ist, jede Herabminderung heftige Schmerzen verursacht.

Aber warum sich nicht einverstanden erklären mit einer momentanen Niedergedrücktheit für einige Tage? – Es handelt sich nicht um Niedergedrücktheit; nicht das ist's, worin der Schmerz besteht. Die Verminderung des Opium vermehrt im Gegenteil die Vitalität; der Puls ist besser; die Gesundheit vervollkommnet sich; aber es ergiebt sich zugleich eine schreckliche Reizbarkeit des Magens, begleitet von übermässigem Schweissaustritt und einer krankhaften Gesamtempfindung, die aus dem Fehlen des Gleichgewichts zwischen der physischen Energie und der Gesundheit des Geistes entsteht. In der That, es ist unschwer zu begreifen, dass der Körper, der irdische Teil des Menschen, den das Opium siegreich zum Frieden und zu einer vollständigen Unterwerfung gebracht hatte, wieder in den Besitz seiner Rechte treten will, während die Herrschaft des Geistes, der bis dahin einzig begünstigt gewesen war, sich dementsprechend eingeschränkt findet. Es handelt sich um ein zerstörtes Gleichgewicht, das sich wiederherstellen will, und sich nicht mehr wiederherstellen kann ohne Krise. Selbst wenn man die Irritation des Magens und die übermässigen Schweissverluste gar nicht einmal in Rechnung ziehen will, ist es doch leicht, die Angst eines nervösen Menschen sich vorzustellen, dessen Vitalität regelrecht erwacht sein würde, indes der Geist unruhig und unthätig wäre. In dieser fürchterlichen Lage zieht der Kranke fast immer das Übel der Heilung vor und ergiebt sich gesenkten Hauptes in sein Schicksal.

Der Opiumesser hatte seit langem seine Studien unterbrochen. Zuweilen erklärte er sich auf Bitten seiner Frau oder einer anderen Dame, die sie zum Thee besuchte, bereit, mit erhobener Stimme die Poesieen Wordsworths vorzulesen. Zufällig schlug er sich bis dato noch mit den grossen Dichtern herum; sein eigentlichstes Bestimmungsgebiet aber, die Philosophie, ward völlig vernachlässigt. Die Philosophie und die mathematischen Wissenschaften erfordern eine unausgesetzte Aufmerksamkeit, und sein Geist wich jetzt vor dieser täglichen Arbeit mit einem geheimen, trostlosen Bewusstsein seiner Schwäche zurück. Ein grosses Werk, dem er all seine Kräfte zu weihen gelobt hatte, und dessen Titel ihm durch die ‚Reliquiae' Spinozas geliefert worden war: ‚De emendatione humani intellectus', blieb unvollendet liegen, trostlos wie jene grossen Bauten, die von verschwenderischen Regierungen oder von unklugen Architekten in Angriff genommen werden. Was für die Nachwelt das Probestück seiner Kraft und seiner Aufopferung für die Sache der Menschlichkeit sein sollte, würde also nur zum Zeugnis seiner Schwäche und seiner Anmassung dienen.

Glücklicherweise blieb ihm noch die Sozialökonomie als Zerstreuungsmittel. Obgleich sie als eine Wissenschaft, d. h. als ein organisches Ganzes, betrachtet werden muss, so können doch einige ihrer integranten Bestandteile daraus losgelöst und für sich betrachtet werden. Seine Frau las ihm von Zeit zu Zeit die Parlamentsdebatten oder die Neuerscheinungen des nationalökonomischen, Büchermarktes vor; aber für einen tief veranlagten und gebildeten Litteraten war das eine trübselige Nahrung; für den, der stets gewohnt war, der Logik zu dienen, sind dies nur Brosamen und Überbleibsel vom Tische des menschlichen Geistes.

Indes schickte ihm 1819 ein Edinburger Freund ein Buch von Ricardo, und in der Erinnerung, dass er selber das Kommen eines Gesetzgebers in diesem Wissenszweige prophezeit hatte, rief er aus – noch ehe er das erste Kapitel begonnen hatte: „Seht da, das ist der Mann!" Das Staunen und die Neugier waren wieder aufgeweckt. Aber seine grösste, seine enzückendste Überraschung war, dass er sich noch für irgend welche Lektüre zu interessieren vermochte. Seine Bewunderung für Ricardo wurde dadurch natürlich noch vermehrt. War ein so tiefes Werk wahrhaftig in England geschrieben, im neunzehnten Jahrhundert? Denn er nahm an, dass jegliches Denken in England ausgestorben sei. Ricardo hatte mit einem einzigen Schlage das Gesetz aufgefunden, die Basis geschaffen; er hatte einen Lichtstrahl in all das dunkle Chaos von Materien geworfen, in dem seine Vorgänger sich verloren hatten.

Ganz entflammt, ganz verjüngt, ganz wieder vertraut mit dem Denken und der Arbeit, schickt unser Träumer sich an, zu schreiben, oder vielmehr: er diktiert seiner Gefährtin. Es schien ihm, dass das Forscherauge Ricardos einige wesentliche Wahrheiten sich habe entgehen lassen, deren Analyse, durch algebraische Prozesse herbeigeführt, den Gegenstand eines interessanten Büchleins bilden könnte. Aus dieser Arbeit des Kranken entstanden die ‚Prolegomena zu allen künftigen sozialökonomischen Systemen'.¹) Er hatte Vorkehrungen getroffen mit einem Provinzdrucker, der achtzehn Meilen von ihm entfernt wohnte; man hatte sogar, um das Werk rascher setzen zu können, aushilfsweise einen neuen Setzer eingestellt; das Buch war zweimal angekündigt worden; – aber ach! es blieb ein Vorwort – wie ermüdet ein Vorwort! und eine prächtige Widmung an Ricardo zu schreiben! Welch eine Arbeit für ein Gehirn, das durch die Wonnen einer beständigen Orgie geschwächt war! Und welch eine Erniedrigung für einen nervösen Schriftsteller, den sein Innenleben tyrannisiert! Die Ohnmacht reckte sich auf, furchtbar, unüberwindlich, wie die Eisgebirge des Pols. Alle Vorkehrungen wurden wieder rückgängig gemacht, der Setzer entlassen, – und die ‚Prolegomena', o Scham! ruhten lange Zeit an der Seite ihres älteren Bruders, des bewussten Buches, das ihm Spinoza suggeriert hatte.

Schreckliche Lage! den Geist wimmeln haben von Ideen und nicht mehr die Brücke schlagen können, die die imaginären Felder der Träumerei von den positiven Ernten der That trennt! Wenn der, welcher jetzt mich liest, die notwendigen Voraussetzungen des Hervorbringens kennen gelernt hat, habe ich nicht nötig, ihm die

---

¹) Obgleich De Quincey von seiner geistigen Unfähigkeit spricht, ist dieses Buch oder doch etwas Ähnliches, das auf Ricardo Bezug hat, später erschienen. Siehe das Verzeichnis seiner sämtlichen Werke! C.B.

Verzweiflung eines edlen, klarsichtigen, geschickten Geistes zu beschreiben, der gegen diese Verdammnis so niedrigen Schlages ankämpfte. Abscheulicher Zauber! Alles, was ich in meiner Studie über den Haschisch über die Verringerung der Willenskraft gesagt habe, ist auch auf das Opium anwendbar. – Briefe beantworten? Riesenhafte Arbeit, aufgeschoben von Stunde zu Stunde, von Tag zu Tag! von Monat zu Monat! – Geldangelegenheiten? Ermüdende Kindereien! Die häusliche Ökonomie wird alsdann noch mehr vernachlässigt wie die Sozialökonomie. – Wenn ein opiumgeschwächtes Gehirn **ganz** und **gar** geschwächt wäre, wenn es, um mich einer vulgären Redensart zu bedienen, total verdummt wäre, so würde das Übel offenbar nicht so gross oder doch wenigstens erträglicher sein. Aber ein Opiumesser verliert nicht eine seiner geistigen Bestrebungen; er sieht die Pflicht, er liebt sie; er will alle Bedingungen des Möglichen erfüllen; – aber sein Ausführungvermögen ist nicht mehr auf der Höhe seiner Konzeption. Ausführen? was sage ich? kann er auch nur noch einen Versuch machen? Das Schwergewicht eines Alpen zermalmt all seinen Willen. Unser Elender wird nun zu einer Art Tantalus, entbrannt in Liebe zu seiner Pflicht, unfähig, sich darüber herzumachen; ein Geist, **ein reiner Geist**, weh! – verdammt, zu wünschen, was er nicht erreichen kann; ein braver Krieger, verletzt in dem, was ihm das Teuerste ist, und gelähmt durch ein Verhängnis, das ihm befiehlt, das Bett zu hüten, wo er sich nun verzehrt in einer ohnmächtigen Wut!

So war die Strafe gekommen, langsam, aber fürchterlich. Ach! nicht allein durch diese geistige Ohnmacht sollte sie sich manifestieren, sondern auch noch durch Schrecken von einer grausameren und positiveren Natur. Das erste Symptom, das sich in der physischen Ökonomie des Opiumessers sehen lässt, ist seltsam zu bemerken. Es ist der Keim, der Ausgangspunkt einer ganzen Reihe von Schmerzen. Die Kinder sind im allgemeinen mit der seltsamen Fähigkeit begabt, auf der ergiebigen Leinwand der Finsternis eine ganze Welt bizarrer Visionen zu gewahren oder vielmehr hervorzubringen. Diese Fähigkeit bethätigt sich bei den einen bisweilen ohne ihren Willen. Aber manche andere haben die Macht, sie je nach Belieben hervorzurufen oder zu verbannen. An einem ähnlichen Falle bemerkte unser Erzähler, dass er wieder zum Kinde wurde. Schon um die Mitte des Jahres 1817 marterte diese gefährliche Fähigkeit ihn grausam. Wenn er im Bette lag, doch wachte, zogen Leichenzüge und prächtige Prozessionen vor seinen Augen vorüber; endlose Gebäude von antikem, feierlichem Charakter erhoben sich. Aber die Träume des Schlafes nahmen bald teil an den Träumen des Wachzustandes, und alles, was sein Auge in der Dunkelheit heraufbeschwor, erschien auch in seinem Schlafe, in einem beunruhigenden und unerträglichen Glanze. Midas verwandelte alles, was er berührte, in Gold und fühlte sich gemartert durch dieses hohnvolle Privilegium. Ebenso bildete der Opiumesser alle Dinge seiner Träumereien zu unausweichlichen Wirklichkeiten um. Die ganze Phantasmagorie, so schön und poetisch sie im Scheinleben war, ward von einer herztiefen Angst und schwarzer Melancholie begleitet. Jede Nacht schien es ihm, er steige unaufhörlich tief in lichtlose Abgründe hinab, jenseits von aller gekannten Tiefe, ohne Hoffnung, wieder emporsteigen zu können. Und selbst nach dem Erwachen blieb eine Traurigkeit, eine Verzweiflung bestehen, die der Vernichtung nahekam. Ein Phänomen, das einigen von denen analog ist, die sich im Haschischrausche zeigen: Das Gefühl des Raumes und später das Gefühl der Dauer waren besonders geschwächt. Monumente wie Landschaften nahmen allzu ungeheure Formen an, als dass sie nicht ein Schmerz fürs menschliche Auge hätten sein sollen. Der Raum blähte sich sozusagen auf bis ins Uferlose. Aber die Ausdehnung der Zeit verursachte eine noch heftigere Angst; die Empfindungen und die Vorstellungen, welche die Dauer einer Nacht ausfüllten, repräsentierten für ihn die Macht eines Jahrhunderts. Ausserdem tauchten die gewöhnlichsten Vorkommnisse der Kindheit, längst vergessene Scenen, in seinem Gehirn in einem neuen Leben wieder empor. Erwacht, würde er sich ihrer vielleicht nicht haben erinnern können; aber im Schlafe e r k a n n t e e r s i e w i e d e r, unmittelbar. Ebenso wie der Mensch, der sich ertränkt, in der höchsten Minute des Todeskampfes sein ganzes Leben wie in einem Spiegel wiedersieht; ebenso wie der Verdammte in einer Sekunde die schreckliche Rechnung übersieht, die sich aus all seinen irdischen Gedanken ergibt; ebenso wie die Sterne, vom Tageslichte verschleiert, mit der Nacht wiedererscheinen: ebenso erscheinen auch alle in das Unterbewusstsein eingravierten Inschriften wieder, wie durch die Wirkung einer sympathetischen Tinte.

Der Autor illustriert die Hauptcharakteristika seiner Träume durch einige Proben von seltsamer und furchtbarer Natur; da ist unter anderen eine, in der infolge der eigenartigen Logik, die die Ereignisse des Traumlebens beherrscht, zwei weit voneinander entlegene historische Elemente in seinem Gehirn sich in der bizarrsten Manier zusammenlagern. So wird in dem kindlichen Geiste eines Landmannes eine Tragödie bisweilen die Schlusslösung der Komödie, die das Schauspiel eröffnet hatte:

„In meiner Jugend, und selbst später noch, bin ich immer ein grosser Leser des Titus Livius gewesen; er hat immer eine meiner liebsten Zerstreuungen gebildet; ich gestehe, dass ich, was Stoff und was Stil anbetrifft, ihm vor jedem anderen römischen Historiker den Vorzug gebe, und ich habe das ganze schreckliche und feierliche Vollgewicht, die ganze energische Repräsentation der Majestät des römischen Volkes in jenen beiden Worten empfunden, die inmitten der Berichte des Titus Livius häufig wiederkehren: CONSUL ROMANUS; vor allem, wenn der Consul sich in seinem militärischen Charakter präsentiert. Ich will damit sagen, dass die Worte ‚König', ‚Sultan', ‚Regent' oder alle anderen Titel von Menschen, die in ihrer Person die Majestät eines grossen Volkes repräsentieren, nicht imstande waren, mir den gleichen Respekt einzuflössen. Obgleich ich kein starker Leser historischer Ereignisse bin, hatte ich mich doch gleichfalls in einer genauen und kritischen Manier mit einer gewissen Periode der Geschichte Englands vertraut gemacht, der Periode des Parlament-Krieges, die mich angezogen hatte durch die sittliche Grösse derer, die darin eine Rolle gespielt haben, und durch die zahlreichen interessanten Erinnerungen, die diese wirren Epochen überlebt haben. Diese beiden Teile meiner Musse-Lektüre, die oftmals meinen

Reflexionen Stoff geliefert hatten, bildeten jetzt eben fruchtbaren Weideplatz für meine Träume. Es ist mir oft passiert, dass ich im Wachzustande eine Art zweites Theater sah, das sich später auf der willfährigen Fläche der Finsternis abmalte, – eine Menge Damen, – ein Ballfest vielleicht. Und ich hörte, wie man sagte – oder ich sagte es bei mir selber: „Das sind die Frauen und die Töchter derer, die sich in Friedenszeit versammelten, die an den nämlichen Tafeln miteinander sassen, durch Heirat oder Blutsverwandtschaft verbunden; – und dennoch: seit einem gewissen Augusttage des Jahres 1642 haben sie nicht mehr gelächelt und sind einander fortan nur noch auf den Schlachtfeldern begegnet; und bei Marston-Moor, bei Newbury oder bei Naseby haben sie alle Bande der Liebe mit dem grausamen Schwerte zerhauen und haben die Erinnerung an die alten Freundschaften mit Blute ausgelöscht." –

Die Damen tanzten, und sie erschienen ebenso verführerisch wie am Hofe Georgs IV. Ich wusste indes, sogar in meinem Traume, dass sie seit mehr als zwei Jahrhunderten schon im Grabe ruhten. – Doch all dieser Pomp sollte sich plötzlich zerstreuen; irgendwer klatschte in die Hände, und darauf liessen sich die beiden Worte vernehmen, bei denen mir das Herz still stand: CONSUL ROMANUS! Und im selben Augenblicke kam er an; alles vor ihm her gab freie Bahn; prächtig war er in seinem Feldmantel: Paulus Aemilius, oder Marius; umgeben von einer Abteilung Centurionen, liess er die rote Tunika an einer Lanzenspitze hissen, – und ihm folgte das schreckliche Hurra der römischen Legionen." –

Staunenerregende, monströse Architekturen erstanden in seinem Gehirne, jenen beweglichen Gebilden ähnelnd, welche das Auge des Dichters in den Wolken gewahrt, wenn die sinkende Sonne sie verfärbt. Bald aber folgten diesen Träumen von Terrassen, Türmen, Wällen, die bis zu nie gekannten Höhen stiegen und sich in unermesslich tiefe Abgründe niedersenkten, Seen und weit sich dehnende Wasserflächen. Das Wasser wird zum verfolgenden Elemente. Wir haben schon in unserer Arbeit über den Haschisch diese erstaunliche Vorliebe des Gehirns für das klarflüssige Element und seine verführerischen Mysterien angemerkt. Sollte man nicht sagen, dass eine besondere Verwandtschafft zwischen diesen beiden Excitantien besteht, wenigstens in ihren Wirkungen auf die Einbildungskraft, oder, wenn man diese Erklärung vorzieht, dass das menschliche Gehirn unter dem Einflusse eines erregenden Mittels eine ganz besondere Vorliebe für gewisse Bilder zeigt? Die Wasser änderten alsbald ihren Charakter, und die durchsichtigen Seen, wie Spiegel so blank, wurden zu Meeren und Oceanen. Und dann geschah eine neue Metamorphose mit diesen prächtigen Wassern, die nur wegen ihrer Häufigkeit und ihrer Ausdehnung beunruhigend und eine schreckliche Marter waren. Unser Autor hatte die Menge allzusehr geliebt, er war mit allzuviel Behagen in ihren Ocean hinabgetaucht, als dass das menschliche Antlitz an seinen Träurnen nicht einen despotischen Anteil hätte haben sollen. Und nun zeigte sich das, was er, glaub' ich, schon ‚die Tyrannei des menschlichen Gesichts' genannt hat. „Alsdann begann auf den bewegten Wassern des Oceans das Gesicht des Menschen sich zu zeigen; das Meer erschien mir gepflastert mit unzähligen Häuptern, die sich zum Himmel wandten; wütende, bittflehende, verzweiflungvolle Gesichter spiegelten sich im Tanze auf der Fläche, zu Tausenden, zu Myriaden, zu Generationen, zu Jahrhunderten; meine Bewegung ward unendlich, und mein Geist wogte und wallte wie die Fluten des Oceans."

Der Leser hat bereits bemerkt, dass der Mann längst schon nicht mehr die Bilder heraufbeschwört, sondern dass sie sich ihm aufdrängen, spontan, despotisch. Er kann sie nicht verbannen; denn der Wille hat keine Kraft mehr, herrscht nicht mehr über seine Anlagen. Das dichterische Gedächtnis, ehedem eine unendliche Quelle von Ergötzungen, ist ein unerschöpfliches Arsenal von Folterwerkzeugen geworden.

Im Jahre 1818 folterte der Malaye, von dem wir sprachen, ihn grausam; er war ein unerträglicher Besucher. Wie der Raum, wie die Zeit, hatte auch der Malaye sich vervielfacht. Der Malaye war Asien selbst geworden; das alte Asien, feierlich, monströs und kompliziert, wie seine Tempel und seine Religionen; wo alles, von den gewöhnlichsten Dingen, die das Leben uns zeigt, bis zu den klassischen und grossartigen Erinnerungen, die es bietet, dazu gemacht ist, den Geist eines Europäers zu verwirren und zu verblüffen. Und das war nicht China allein, bizarr und künstelich, verschwenderisch und altväterisch wie ein Feenmärchen, was sein Gehirn bedrängte. Dieses Bild rief natürlicherweise das des benachbarten Indien wach, so mysteriös und beunruhigend für einen abendländischen Geist. Und dann bildeten China und Indien bald mit

Ägypten einen bedrohlichen Dreibund, einen komplizierten Alp, der ihn in verschiedenartigster Weise ängstete – Die folgenden Seiten sind zu schön, als dass ich sie abkürzen möchte:

„In jeder Nacht ward ich durch diesen Menschen in eine Welt asiatischer Bilder hineinversetzt. Ich weiss nicht, ob andere meine Empfindungen in diesem Punkte teilen; aber ich habe oft gedacht, wenn ich gezwungen wäre, England zu verlassen und in China zu leben, inmitten der Moden, der Manieren und der Zierereien des chinesischen Lebens, ich würde verrückt werden. Die Ursachen meines horror liegen tief, und einige muss ich mit anderen Menschen gemein haben. Mittelasien ist überhaupt ein Herd schrecklicher Bilder und furchtbarer Ideenassociationen; nicht allein als Wiege des Menschengeschlechtes muss es ich weiss nicht welch eine enge Empfindung von Schreck und von Respekt verbreiten. Es bestehen noch andere Gründe. Kein Mensch wird behaupten, dass all der seltsame, barbarische und kapriciöse Aberglaube Afrikas oder der wilden Völkerstämme jeder anderen Gegend ihn in der gleichen Art bewegen könne, wie die alten, monumentalen, grausamen und komplizierten Religionen Hindustans. Die Altertümlichkeit der Dinge in Asien, seiner Institutionen, seiner Annalen, seiner Glaubensarten, hat für mich etwas so Frappantes, das Alter der Rasse und der Namen etwas so Gebieterisches, dass es genügt, die Jugend des Individuum ganz auszulöschen: Ein junger Chinese erscheint mir wie ein wiederbelebter vorsintflutlicher Mensch. Sogar die Engländer, obgleich nicht erzogen in der Bekanntschaft mit solchen Institutionen, können nicht umhin, zu erschauern vor der mystischen Erhabenheit jener Kasten, die jede einen besonderen Gang verfolgt und widerstrebt haben, ihre Wasser im Laufe von undenklichen Zeiten zu vermischen. Kein Mensch kann nicht durchdrungen sein von Ehrfurcht vor den Namen ‚Ganges' und ‚Euphrat'. Was viel zu solchen Empfindungen beiträgt, ist die Thatsache, dass Mittelasien seit Tausenden von Jahren der Teil der Erde gewesen ist, der am meisten wimmelte von menschlichem Leben, die grosse ‚officina gentium'. Der Mensch treibt in jenen Gegenden wie das Kraut. Die ungeheuren Reiche, in welche die enorme Bevölkerung Asiens stets hineingebildet worden ist, fügen noch eine weitere Grösse zu den Empfindungen hinzu, die den orientalischen Bildern und Namen inhärent sind. Bei China vor allem werde ich (abgesehen von dem, was es mit dem übrigen meridionalen Asien gemeinsam hat) erschreckt durch die Arten der Lebensführung, durch die Gebräuche, durch eine vollständige, eigensinnige Abgeschlossenheit, durch eine Barriere von Empfindungen, die uns von ihm trennen und die zu tiefgründig sind, um sich analysieren zu lassen. Ich würde es bequemer finden, unter Mondbewohnern oder unter Wilden zu leben. – Es ist notwendig, dass der Leser auf alle diese Ideen eingeht und auf andere noch, die ich nicht die Fähigkeit oder die Zeit habe auszudrücken: damit er den ganzen Schrecken begreife, den diese Träume orientalischer Bildnereien und mythologischer Torturen meinem Geiste einprägten.

„Unter den beiden miteinander verknüpften Bedingungen tropischer Hitze und senkrechten Lichtes trug ich alle Kreaturen: Vögel, wilde Tiere, Reptile, Bäume und Pflanzen, sowie Gebräuche und Schauspiele zusammen, die man gemeinhin im ganzen Bereiche der Tropen antrifft, und brachte sie bunt durcheinander nach China oder nach Hindustan. Mit einer analogen Empfindung bemächtigte ich mich Ägyptens und all seiner Götter und rangierte sie unter das nämliche Gesetz. Affen, Papageie, Kakadus sahen mich fixierend an, zischten mich aus, schnitten mir Grimassen oder unterhielten sich geschwätzig auf meine Rechnung. Ich rettete mich in Pagoden, und ich war Jahrhunderte lang hoch oben festgebunden oder in geheime Gemächer eingeschlossen. Ich war das Idol; ich war der Priester; ich ward angebetet; ich ward geopfert. Vor Brahmas Zorn floh ich durch alle Wälder Asiens; mich hasste Vischnu; Siva stellte mir nach. Plötzlich fiel ich bei Isis und Osiris nieder; ich hatte irgend etwas gethan, so sagte man; ich hatte ein Verbrechen begangen, vor dem der Ibis und das Krokodil erzitterten. Ein Jahrtausend lang lag ich begraben in steinernen Särgen, zusammen mit Mumien und Sphinxen, in den engen Gelassen inmitten der ewigen Pyramiden. Von Krokodilen ward ich geküsst – das waren Küsse wie von Krebsscheren; und ich lag unter einer Masse von unsäglichen, zäh klebrigten Dingen, zwischen dem Schlamm und dem Röhricht des Nils.

„Ich gebe also dem Leser einen dünnen Extrakt aus meinen orientalischen Träumen, deren monströses Theater mich stets derart verblüffte, dass der Schrecken selbst einige Zeit lang dadurch absorbiert schien. Aber über kurz oder lang machte sich ein Stimmungswechsel bemerkbar, bei dem das Staunen seinerseits absorbiert ward und der selber nicht so sehr zum Erschrecken, als zu einer Art Hass und Abscheu beitrug, die ich gegen alles empfand, was ich sah. Über jedem Wesen, über jeder Gewalt, über jeder Drohung, Bestrafung, finsteren Einkerkerung schwebte eine Empfindung von Ewigkeit und Unendlichkeit, die mir die Angst und die Beklemmung des Irrsinns verursachte. Nur in jenen Träumen traten – bis auf eine oder zwei Ausnahmen – die Begleiterscheinungen des physischen Schrecks auf. Bis dahin waren all meine Ängste nur moralischer oder geistiger Art gewesen. Eher aber waren die Haupterreger scheussliche Vögel, Schlangen oder Krokodile, vornehmlich diese letzteren. Das verwünschte Krokodil ward für mich der Gegenstand von mehr Erschrecken als fast all die anderen. Ich ward gezwunen, mit ihm zusammen zu leben; weh! – das war ja immer so in meinen Träumen – Jahrhunderte hindurch! Ich entwischte bisweilen – und fand mich in chinesischen Häusern wieder, die mit Rohrtischen ausmöbliert waren. Alle Füsse der Tische und Kanapees schienen mit Leben begabt: der abscheuliche Kopf des Krokodils mit seinen schrägen Äugelchen sah mich überall an, von allen Seiten, vervielfacht durch unzählbare Wiederholungen; und ich blieb dort, von Schrecken gelähmt. Und dieses scheussliche Reptil ging so oft um in meinem Schlafe, dass manches Mal der nämliche Traum auf die nämliche Weise unterbrochen wurde: Ich hörte süsse Stimmen, die zu mir sprachen – (ich höre alles, selbst wenn ich entschlummert bin) – und augenblicklich erwachte ich. Es war hell-lichter Tag, hoher Mittag, und meine Kinder standen aufrecht,

Hand in Hand gefügt, zur Seite meines Bettes; sie kamen, mir ihre bunten Schuhe, ihre neuen Kleider zu zeigen; ich sollte ihre Toilette bewundern, bevor sie spazieren gingen. Ich versichere, dass der Übergang von dem verfluchten Krokodil und den anderen Monstren und unsäglichen Missgeburten meiner Träume zu diesen unschuldigen Geschöpfen, zu diesem schlichten m e n s c h l i c h e n Kindestum so furchtbar war, dass ich unter dem mächtigen und plötzlichen Umschlag meiner Geistesverfassung weinte, ohne mich beherrschen zu können, indem ich ihre Gesichter küsste." –

Der Leser erwartet vielleicht in dieser Galerie von alten Eindrücken, die sich im Schlafe widerspiegelten, die melancholische Gestalt des armen Annchen. An ihr ist nun die Reihe, hier gleichfalls wiederaufzutauchen.

Der Autor hat die Bemerkung gemacht, dass der Tod derer, die uns teuer sind, und überhaupt die Betrachtung des Todes, unsere Seele weit mehr im Sommer als während der übrigen Jahreszeiten betrifft. Der Himmel erscheint dann höher emporgerückt, ferner, unendlicher. Die Wolken, mittels derer das Auge die Entfernung des Himmelszeltes abschätzt, sind umfangreicher und zu grösseren und dichteren Massen geballt; das Licht und die Erscheinungen der Sonne an ihrer Neige harmonieren besser mit dem Charakter der Unendlichkeit. Der Hauptgrund aber ist der, dass die verschwenderische Fülle des sommerlichen Lebens einen schärferen Kontrast zu der eisigen Sterilität des Grabes bildet. Zwei Vorstellungen, die in antagonistischen Beziehungen stehen, beschwören einander ja übrigens wechselseitig herauf. So versichert der

Autor uns, dass es ihm in den endlosen Sommertagen schwer ist, nicht an den Tod zu denken; und die Idee des Todes einer bekannten oder geliebten Person bedrängt seinen Geist härter während der glanzvollen Jahreszeit.

Es schien ihm eines Tages, als sei er draussen vor der Thüre seines Häuschens. Es war – in seinem Traume – ein Sonntag-Morgen im Mai, ein Ostersonntag, was dem Almanach der Träume durchaus nicht widerspricht. Vor ihm dehnte sich das wohlbekannte Landschaftsbild, aber vergrössert, aber feierlicher gemacht durch die Magie des Schlummers. Die Berge reckten sich höher als die Alpen, und die Wiesen und die Wälder, die am Fusse der Berge lagen, dehnten sich unendlich weiter als sonst; und die Hecken waren geschmückt mit weissen Rosen. Da es sehr früh am Morgen war, liess keine lebende Kreatur sich erblicken, ausser den Tieren, die auf dem Friedhofe auf grünenden Gräbern ruhten, namentlich um den Begräbnisplatz eines Kindes herum, das er zärtlich geliebt hatte. Dieses Kind war in der That im nämlichen Sommer beerdigt; und eines Morgens vor Sonnenaufgang hatte der Autor in der That diese Tiere auf seinem Grabhügel ruhen sehen. – Und er sprach bei sich selber: Es ist noch lange Zeit bis Sonnenaufgang; es ist heut Ostersonntag; es ist der Tag, da man die ersten Früchte der Auferstehung feiert. So will ich draussen spazieren gehen; heut will ich meine alten Sorgen vergessen. Die Luft ist frisch und ruhig; die Berge sind hoch und breiten sich in der Ferne dem Himmel entgegen; die Lichtungen des Waldes sind ganz so friedlich wie der Kirchhof hier; das Morgenrot wird mir das Fieber von der Stirne wischen, – und endlich werde ich aufhören, unglücklich zu sein." Und er ging und öffnete die Pforte des Gartens, als die Landschaft zur Linken sich verwandelte. Wohl war es immer noch ein Ostersonntag und früh am Morgen; die Dekoration jedoch war orientalisch geworden. Die Kuppeln und die Dome einer grossen Stadt säumten weithin den Horizont – vielleicht war das ein Erinnerungsbild aus einer illustrierten Bibel, die er in seiner Kindheit betrachtet hatte –. Unweit von ihm, auf einem Steine, von Palmen Judäas beschattet, sass ein Weib. Es war Annchen!

„Sie hielt ihre Augen mit einem durchdringenden Blicke auf mich gerichtet; und am Ende sagte ich zu ihr: ‚So hab' ich Dich denn endlich wiedergefunden!' Ich wartete; jedoch sie erwiderte mir nicht ein Wort. Ihr Gesicht war das gleiche wie damals, als ich sie zum letzten Male sah, und doch: wie war es anders! Siebzehn Jahre zuvor, als der Schein der Strassenlaterne auf ihr Gesicht fiel, als ich zum letzten Male ihre Lippen küsste, – ja, Deine Lippen, Annchen! die für mich so gar nichts Unentweihtes hatten –, damals schimmerten ihre Augen von Thränen. Doch diese Thränen waren nun versiecht; schöner erschien sie als wie zu jener Zeit, und doch war sie in allem ganz die gleiche, und war auch nicht gealtert. Ihre Blicke waren geruhig, doch ein so eigen feierlicher Ausdruck war darin; ich betrachtete sie nun mit einer Art Furcht. – Plötzlich verfinsterte sich ihr Antlitz, und da ich mich zur Seite der Berge wandte, gewahrte ich Dunstwolken, die sich zwischen uns beiden daherwälzten; sogleich hatte alles sich verflüchtigt; undurchdringliche Finsternis sank nieder; und in einem Augenblicke fand ich mich fern, weit fern von jenen Bergen, und ging mit Annchen einher im Lichte der Laternen von Oxford-street, ganz wie wir siebzehn Jahre zuvor spazieren gingen, als wir noch, sie und ich, zwei Kinder waren." –

Der Autor führt noch eine Besonderheit seiner krankhaften Einbildungen an, und dieser letztere Traum der von 1820 datiert – ist um so furchtbarer, als er verschwommen und von ungreifbarer Art ist, und als er, so ganz er auch durchdrungen ist von einer schwer lastenden Empfindung, in der beweglichen, elastischen Dekoration der Unendlichkeit sich darbietet. Ich glaube kaum, dass ich den Zauber des englischen Stils genau wiederzugeben vermag:

„Der Traum begann mit einer Musik, die ich oft in meinen Träumen hörte, eine vorbereitende Musik, geeignet, den Geist aufzuerwecken und in der Schwebe zu halten; eine Musik, der Ouverture zur Krönungshandlung ähnelnd, die, so wie diese, den Eindruck eines grossen Marsches wachrief, den Eindruck eines endlosen Vorüberzuges von Kavallerie und eines Gestampfs unzähliger Armeen. Der Morgen eines feierlichen Tages war angebrochen – eines kritischen, zugleich endgültig hoffnungvollen Tages für die menschliche Natur, die damals unter irgend einer mysteriösen Verfinsterung und irgend einer fürchterlichen Angst litt. An irgend einem Orte; ich weiss nicht wo, – auf diese oder jene Art; ich weiss nicht wie, – gleichviel durch welche Wesen; ich kannte sie nicht – war eine Schlacht, ein Kampf geliefert; – ein Todeskampf war es gewesen, – der sich abspielte wie ein grosses Drama oder wie ein Musikstück; – und die Sympathie, die infolgedessen in mir wach wurde, ward zu einer Folter für mich, da ich ja doch nichts wusste von Ort, noch Ursache, noch Natur oder möglichem Ausgang der Angelegenheit. Wie es gewöhnlich in unseren Träumen geschieht, – dass wir nämlich notwendigerweise uns selber zum Zentrum jeglicher Bewegung machen –, so weit hatte ich auch die Macht und dennoch wiederum nicht die Macht, darüber zu entscheiden; ich hatte die Macht, vorausgesetzt, dass ich mich bis zum Wollen aufschwingen konnte, und nichtsdestoweniger hatte ich diese Macht nicht, insofern das Gewicht von zwanzig Atlanten auf mir lastete oder der Druck eines unsühnbaren Verbrechens. Tiefer als jemals das Senkblei gesunken ist, lag ich da; unbeweglich, unthätig. Wie ein Chor nahm darauf das Passionsspiel einen tieferen Ton an. Ein sehr wesentliches Interesse war im Spiel, eine wichtigere Angelegenheit, als wie sie jemals der Degen verteidigt oder die Trompete verkündet hat. Und dann mehrfacher plötzlicher Alarm; hier und da kamen sie in blinder Hast hervorgestürzt; unzählbare Flüchtlinge verbreiteten Entsetzen. Ich wusste nicht: kamen sie im Guten oder im Bösen; Finsternisse und Lichter; – Stürme und menschliche Gesichter; – und am Ende unter der Empfindung, dass alles verloren erschienen Frauengestalten, (Gesichter, die ich um den Preis der ganzen Welt gern erkannt hätte, und die ich doch nur einen einzigen Augenblick verschwommen sah; – und dann gerungene Hände, Trennungen, um das Herz zu zerreissen; – und dann Lebewohl auf ewig! – und mit einem Seufzer, wie er längs der Wölbungen der Hölle zitterte, als die blutschänderische

Mutter den verabscheuten Namen des Todes aussprach, ward der Ton zurückgeworfen: Lebewohl auf ewig! – und noch, und immer noch, von Echo zu Echo hallend: Lebewohl auf ewig! – Und ich erwachte unter Zuckungen, und mit lauter Stimme schrie ich: ‚Nein! Ich will nicht mehr schlafen!'"

V

Ein falscher Ausgang

De Quincey hat das Ende seines Buches ausserordentlich abgekürzt; wenigstens erscheint es dem unbefangenen Beurteiler so. Ich erinnere mich, dass, als ich es zum ersten Male las – es sind seitdem viele Jahre vergangen (und ich kannte noch nicht den zweiten Teil, ‚Suspiria de profundis‘, der übrigens auch noch gar nicht erschienen war) –, dass ich mir von Zeit zu Zeit sagte: Was kann der Ausgang eines solchen Buches sein? Der Tod? Der Irrsinn? Aber der Autor, der beständig in seinem persönlichen Namen spricht, ist doch offenbar in einem Zustande von Gesundheit verblieben, die, mag sie auch nicht ganz normal und ausgezeichnet sein, ihm nichtsdestoweniger erlaubt, sich einer litterarischen Arbeit zu widmen. Was mir als das Glaubwürdigste erschien, war das ‚statu quo‘; war, dass er sich an seine Schmerzen gewöhnte, dass er sich abfand mit den schrecklichen Wirkungen seiner bizarren Hygiene; und schliesslich sagte ich mir: Robinson kann am Ende seine Insel verlassen; ein Schiff kann an einem Gestade landen, so unbekannt es auch sei, und kann den einsamen Verbannten von dort mit fortnehmen; doch welcher Mensch kann das Reich des Opium verlassen? Also – fuhr ich bei mir selber fort – ist dieses eigenartige Buch, ob nun ein wahrhaftes Bekenntnis oder reine Erfindung des Geistes (welch letztere Hypothese offenbar unwahrscheinlich ist wegen der Atmosphäre von Wahrhaftigkeit, die über dem Ganzen schwebt, und wegen des unnachahmlichen Ausdrucks von Aufrichtigkeit, der jede Einzelheit begleitet), ein Buch ohne Ausgang. Es giebt offenbar Bücher, wie auch Abenteuer, ohne Ausgang. Es giebt ewige Situationen; und alles, was in Beziehung zum Unheilbaren, zum Unverbesserlichen steht, fällt unter diese Kategorie. Indessen erinnerte ich mich, dass der ‚Opium-Esser' irgendwo am Anfange angekündigt hatte, dass es ihm endlich gelungen sei, ‚Ring für Ring die verfluchte Kette aufzulösen, die sein ganzes Wesen in Fesseln hielt'. Der Ausgang war also für mich ganz und gar unerwartet, und ich will offen gestehen, dass ich, als ich ihn kannte, trotzdem er so bis ins kleinste glaubwürdig erscheint, ihm instinktiv misstraute. Ich weiss nicht, ob der Leser meinen Eindruck in dieser Hinsicht teilen wird; aber ich muss sagen, dass die subtile, geistvolle Art, wie der Unglückliche das Zauberlabyrinth verlässt, in dem er sich durch seine Schuld verloren hatte, mir eine Erfindung zu sein scheint zu Gunsten eines gewissen britannischen ‚cant', ein Opfer, bei dem die Wahrheit hingeschlachtet ward zu Ehren des Schamgefühls und der Vorurteile der Öffentlichkeit. Man erinnere sich, wieviel Vorsichtsmassregeln er getroffen hat, bevor er mit dem Bericht seiner ‚Iliade von Übeln' begann, und mit welcher Sorgfalt er das Recht stabiliert hat, ‚Bekenntnisse' sogar ‚nutzbringende' zu machen. Das eine Volk will ‚moralische' und das andere will ‚tröstliche' Ausgänge. So z. B. wollen die Frauen stets, dass die Bösewichter auch ihre Vergeltung empfangen. Was würde das Publikum unserer Theater sagen, wenn es nicht am Ende des fünften Aktes die Katastrophe vorfände, die die Gerechtigkeit verlangt, die das normale – oder vielmehr utopische – Gleichgewicht zwischen allen Parteien wiederherstellt, – jene gerechte und billige Katastrophe, auf die es vier lange Akte hindurch mit Ungeduld gelauert hat? – Kurzum, ich glaube, dass das Publikum die Unbestraften, nicht liebt, dass es sie mit Vorliebe als ‚Unverschämte' ansieht. De Quincey hat vielleicht ebenso gedacht, und hat sich in die Regel gefügt. Wenn diese Blätter, früher geschrieben, ihm zufällig unter die Augen gekommen wären, ich stelle mir vor, dass er geruht haben würde, zu meinem frühwachen und begründeten Misstrauen freundlich zu lächeln; jedenfalls stütze ich mich auf seinen Text, der so aufrichtig ist bei jeder anderen Gelegenheit und so scharf eindringlich, und ich könnte schon hier einen gewissen dritten Fussfall vor dem schwarzen Idole, ankündigen – was einen zweiten voraussetzt, von dem wir späterhin zu sprechen haben werden.

Wie's nun auch damit sei: hier **ist** der Ausgang: Seit langem liess das Opium seine Herrschaft nicht mehr durch Bezauberungen, sondern nur noch durch Martern fühlen, und – was durchaus glaubhaft und in Einklang mit allen Erfahrungen ist, die sich auf die Schwierigkeit beziehen, mit alten Gewohnheiten, welcher Natur sie auch seien, zu brechen – diese Martern hatten mit den ersten Anstrengungen zur Befreiung von diesem täglichen Tyrannen begonnen. Von zwei Todeskämpfen, deren einer denn fortgesetzten Gebrauche, deren anderer der unterbrochenen Hygiene entsprang, zog unser Autor, so sagt er, denjenigen vor, der eine Hoffnung auf Befreiung in sich schloss. „Wieviel Opium ich in dieser Epoche genommen habe, wüsste ich nicht zu sagen; denn das Opium, das ich gebrauchte, war von einem meiner Freunde gekauft worden, welcher es später nicht erstattet haben wollte; so dass ich also nicht genau bemessen kann, welche Quantität ich innerhalb eines Jahres zu mir nahm. Ich glaube nichtsdestoweniger, dass ich es sehr unregelmässig nahm und dass ich die Dosis von 50 oder 60 gr bis auf 150 gr täglich variierte. Meine erste Sorge war, sie auf 40, auf 30, und schliesslich, so oft ich nur konnte, auf 12 gr zu reduzieren." Er fügt hinzu, dass von verschiedenen Sondermitteln, die er versuchte, das einzige, von dem er Nutzen hatte, die ammoniakalische Baldrian-Tinktur war. Zu was jedoch – er ist es, der spricht – diesen Bericht der Genesung und Heilung noch fortführen? Der Zweck des Buches war, die wunderbare, sei es lust-, sei es leidwirkende Macht des Opium zu zeigen; das Buch ist also zu Ende. Die Moral des Buches wendet sich einzig an die Opiumesser. Sie sollen lernen, zu zittern, und sollen durch dieses ausserordentliche Beispiel wissen, dass man nach siebzehn Jahren G e brauch und acht Jahren M i s s brauch des Opium auf diese Substanz verzichten kann. Möchten sie doch – fügt er hinzu – mehr Energie in ihren Bemühungen an den Tag legen und endlich den gleichen Erfolg erringen!

„Jeremias Taylor vermutet, dass es vielleicht ebenso schmerzvoll ist, geboren zu werden, wie zu sterben. Ich halte das für sehr wahrscheinlich; während der langen Periode, die der Verminderung des Opium geweiht war, erfuhr ich alle Qualen eines Menschen, der von der einen

Daseinsart in die andere übergeht. Das Resultat war nicht der Tod, sondern eine Art physischer Neugeburt ... Es bleibt mir noch gleichsam ein Erinnerungszeichen an meinen ersten Zustand: meine Träume sind nicht vollkommen ruhig; das fürchterliche Anschwellen und die Erregung des Sturmes haben sich nicht gänzlich gelegt; die Legionen, die meinen Schlummer ehedem bevölkerten, ziehen sich zurück, sind aber noch nicht alle abgezogen; mein Schlaf ist unruhig, und gleich den Pforten des Paradieses, als unsere ersten Eltern sich zurückwandten, sie zu betrachten, ist er stets, wie Miltons fürchterlicher Vers es nennt:

> *‚versperrt von grimmig dräuenden Gesichtern*
> *und Armen, die mit Flammenschwertern züngeln.'*

Der Anhang – der aus dem Jahre 1822 datiert – ist dazu bestimmt, die Wahrscheinlichkeit dieses Ausganges eingehender zu bekräftigen, ihm sozusagen eine scharf ausgeprägte medizinische Physiognomie zu geben. Von einer Dosis von 8000 Tropfen zu einer, die zwischen 300 und 160 schwankt, herabgestiegen zu sein, war gewisslich ein recht ansehnlicher Triumph. Eine Anstrengung aber, die noch zu machen blieb, verlangte noch mehr Energie, als sich der Autor deren versehen hatte, und die Notwendigkeit dieser Anstrengung ward mehr und mehr offenbar. Er ward besonders einer gemissen Verhärtung, eines Mangels an Sensibilität des Magens gewahr, die der Vorbote irgend welcher hart-geschwulstigen Affektion zu sein schien. Der Arzt versicherte, dass die Fortsetzung des Opiumgebrauches, wenn auch in reduzierten Dosen, ein gleiches Resultat zur Folge haben könnte. Seit dem der Eid, dem Opium abzuschwören, ihm abzuschwören ganz und gar. Die Erzählung von seinen Anstrengungen, seinem vielfachen Zaudern, von den physischen Schmerzen, die aus den ersten Siegen der Willenskraft erwuchsen, ist wahrlich interessant. Fortgesetzt werden die Dosen verringert; zweimal kommt er auf Zero an; dann wieder Rückfälle, Rückfälle, bei denen er all die voraufgegangene Enthaltsamkeit reichlich wieder wett macht. Alles in allem ergab die Erfahrung der sechs ersten Wochen eine schreckliche Irritabilität des ganzen Systems, besonders im Magen, der einmal bei einem Zustande normaler Vitalität anlangte und dann wieder ausserordentlich litt; eine Aufgeregtheit, die Tag und Nacht nicht von ihm liess; einen Schlaf – was für einen Schlaf! – von drei Stunden auf vierundzwanzig und so leicht, dass er die geringsten Geräusche in seiner Umgebung hörte; eine beständige Geschwulst des Unterkiefers; Mundgeschwüre und, unter anderen mehr oder weniger beklagenswerten Symptomen, heftige Niesanfälle, die übrigens seine Rebellionsversuche gegen das Opium stets begleitet haben – diese neue Art von Schwäche dauerte bisweilen zwei Stunden und kehrte zwei- oder dreimal am Tage wieder ; weiterhin ein Kältegefühl, und schliesslich einen fürchterlichen Rheumatismus, welch letzterer sich unter der Herrschaft des Opium niemals gezeigt hatte. Durch den Gebrauch von Bitterstoffen ist es ihm gelungen, den Magen wieder in normalen Zustand zu bringen, das heisst: wie die anderen Menschen das bewusste Gefühl der Thätigkeiten der Verdauung zu verlieren. Am zweiundvierzigsten Tage verschwanden endlich all diese Symptome, um anderen Platz zu machen; doch weiss er nicht, ob dies Konsequenzen des alten Missbrauches oder der Unterdrückung des Opium sind. So hatte der starke Schweissaustritt, der sogar um Weihnachten jede tägliche Reduzierung der Dosis begleitete, in der heissesten Zeit des Jahres vollständig aufgehört. Andere physische Leiden aber können der regnerischen Julitemperatur in dem Teile Englands, in dem sein Wohnsitz lag, zugeschrieben werden.

Der Autor treibt die Sorgfalt – immer um den Unglücklichen zu Hilfe zu kommen, die sich im gleichen Falle wie er befinden könnten – so weit, dass er uns eine synoptische Tabelle der Daten und Quantitäten der ersten fünf Wochen giebt, während welcher er seinen rühmlichen Versuch zum Guten zu führen begann. Man ersieht daraus schreckliche Rückfälle, so von Zero auf 200, 300, 350. Vielleicht aber war der Abstieg, allzu schnell und schlecht geregelt, so dass er überflüssige Leiden zeitigte, die ihn bisweilen zwangen, eine Zuflucht in der Quelle des Übels selbst zu suchen.

Was mich immer bestärkt hat in der Idee, dass dieser Ausgang, wenigstens teilweise, künstlich, sei, ist ein gewisser Ton von Spottlust, Scherz und selbst Persiflage, der an mehreren Stellen dieses Anhanges herrscht. Schliesslich, um recht zu zeigen, dass er seinem elenden Körper nicht die fanatische Aufmerksamkeit der Kränkelnden schenkt, die ihre Zeit damit verbringen, sich selber zu beobachten, beruft der Autor über diesen Körper, über dieses verächtliche ‚Lumpenbündell' und sei's nur, um ihn dafür zu bestrafen, dass er ihn so viel gefoltert hat, die entehrenden Behandlungsweisen, die das Gesetz den schlimmsten Missethätern auferlegt; und wenn die Ärzte Londons glauben, dass die Wissenschaft irgend einen Segen haben könne von der Sezierung eines so hartnäckigen Opiumessers, wie er es war, so vermacht er ihnen völlig und gern seinen Körper. Gewisse reiche Leute in Rom begingen die Unklugheit, nachdem sie für den Fürsten ein Vermächtnis bestimmt hatten, ‚sich darauf zu versteifen, zu leben', wie Sueton sich scherzhaft ausdrückt, und der Cäsar, der die Legate gern hatte in Empfang nehmen wollen, fand sich durch diese indiskret verlängerten Existenzen schwer beleidigt. Aber der ‚Opium-Esser' befürchtet von seiten der Ärzte keine kränkenden Anzeichen von Ungeduld. Er weiss, dass man von ihnen nur Empfindungen erwarten kann, die den seinen analog sind, d. h. die dieser reinen Liebe zur Wissenschaft entsprechen, die ihn selber dazu treibt, ihnen seine kostbare Hülle zum Leichengeschenk zu machen. Möchte dies Vermächtnis nur in eine unendlich ferne Zeit hinausgeschoben sein; möchte dieser sympathische Schriftsteller, dieser Kranke, der noch in seinen Moquerieen liebenswürdig ist, uns noch länger erhalten werden, als wie der gebrechliche Voltaire, der es, wie man gesagt hat, vierundachtzig Jahre aufschob, zu sterben![1]

---

[1] Während wir diese Zeilen schrieben, ist die Nachricht vom Tode Thomas de Quinceys in Paris eingetroffen. Wir sprachen also Segenswünsche für die Weiterführung dieses ruhmvollen Geschickes aus, das jählings abgeschnitten ward. Der würdige Nebenbuhler und Freund von Wordsworth, Coleridge, Southey, Charles Lamb, Hazzlit und Wilson hinterlässt zahlreiche Werke, deren hauptsächlichste sind: Confessions of an english opium-eater; Suspiria de profundis; the Caesars; Literary reminiscences; Essays on the poets; Autobiographic sketches; Memorials; the Note book; Theological essays; Letters to a young man; Classic records reviewed or deciphered; Speculations, literary and philosophic, with german tales and other narrative papers; Klosterheim, or the

masque; Logic of political economy (1844); Essays sceptical and antisceptical on problems neglected or misconceived; etc. – Er hinterlässt nicht allein den Ruf eines der originellsten, der wahrhaft humorvollen Geister des alten England, sondern ebenso den eines der leutseligsten, mildherzigsten Charaktere, welche die Geschichte der Wissenschaft ausgezeichnet haben, derart schliesslich, dass er in den ‚Suspiria de profundis' – an deren Analyse wir alsbald herangehen werden und deren Titel durch diesen schmerzlichen Umstand einen doppelt melancholischen Ausdruck erhält – ihn naiv abgeschildert hat.

Ich habe einen nekrologischen Artikel, datiert vom 17. Dezember 1859, vor mir, der Stoff zu einigen betrüblichen Betrachtungen liefern kann. Vom einen Ende der Welt zum anderen nimmt in allen litterarischen Diskussionen die grosse Narretei der Moral den Platz der reinen Litteratur für sich in Anspruch. Die Pontmartin und andere Salonredner sperren die amerikanischen und die englischen Journale ebenso wie die unseren. Schon aus Anlass der seltsamen Leichenreden, die dem Tode Edgar Poes folgten, habe ich Gelegenheit gehabt, zu bemerken, dass das Totenfeld der Litteratur weniger respektiert wird als wie der gewöhnliche Kirchhof, auf dem eine Polizeiverordnung die Gräber vor den unschuldigen Ausschreitungen der Tiere schützt. Ich will den unparteiischen Leser zum Richter. Dass der ‚Opium-Esser' niemals ‚der Menschheit positive Dienste' geleistet hat, was geht's uns an? Wenn sein Buch schön ist, so schulden wir ihm Dank. War nicht Buffon, der doch in einem solchen Falle unverdächtig ist, der Ansicht, dass eine glückliche Redewendung, eine neue Art, sich wohl auszudrücken, für einen wahrhaft geistigen Menschen von grösserem Nutzen sei, als die Entdeckungen der Wissenschaft; mit anderen Worten: dass das Schöne edler sei als das Wahre? Dass de Quincey sich bisweilen seltsam streng seinen Freunden gegenüber zeigte, welcher Autor, der die Glut der litterarischen Leidenschaft kennt, hätte das Recht, darüber zu erstaunen? Er setzte sich selber grausam zu und im übrigen – wie er irgendwo sagt, und wie Coleridge schon vor ihm gesagt hat: ‚Die Bosheit kommt nicht immer aus dem Herzen; es giebt auch eine Bosheit der Intelligenz und der Imagination.'

Aber seht hier das Meisterstück der Kritik: De Quincey hatte in seiner Jugend einen beträchtlichen Teil seines Erbgutes an Coleridge zum Geschenk gemacht. „Ohne Zweifel ist das edel und löblich, obgleich unklug," sagt der englische Biograph; „aber man muss sich erinnern, dass eine Zeit kam, da er, ein Opfer des Opium, mit zerrütteter Gesundheit und stark in Unordnung geratenen Geldverhältnissen, durchaus zustimmte, die Mildthätigkeit seiner Freunde anzunehmen." – Wenn wir recht übersetzen, will das besagen, dass man ihm wegen seiner Hochherzigkeit keinerlei Dank zu wissen braucht, weil er später von der der anderen Gebrauch gemacht hat. Das Genie findet solche Züge nicht. Um sich dazu aufzuschwingen, muss man schon mit dem neidischen und eigensinnigen Geiste der moralischen Kritik behaftet sein. – C. B.

VI

Das Kind als Genie

Die Bekenntnisse, datieren von 1822, und die ‚Suspirial' die ihre Fortsetzung bilden und sie ergänzen, sind 1845 geschrieben worden. So ist denn ihr Ton, wenn nicht völlig verschieden, so doch ernster, trauriger, resignierter. So manches liebe Mal, wenn ich dieses eigentümliche Buch durchblätterte, konnte ich mich nicht enthalten, über den verschiedenen Metaphern zu träumen, deren die Dichter sich bedienen, um den Menschen darzustellen, der heimkehrt aus den Kämpfen des Lebens: Da ist das alte Männchen mit gekrümmtem Rücken und einem Gesicht, von einem unentwirrbaren Netz von Falten durchrunzelt, das an seinem Herde ein heldenhaftes, tausend Abenteuern entronnenes Gerippe wärmt; da ist der Wanderer, der sich am Abende umwendet nach den Feldern, die er am Morgen überschritt, und sich mit Traurigkeit und Bekümmernis der tausend Phantasieen erinnert, von denen sein Gehirn besessen war, während er jene Gegenden durchstreifte, die nun am Horizont in Dunst versinken. Den Stimmungscharakter einer Hauptmanier möchte ich daher wohl den des ‚Gespenstes' nennen; ein Ausdruck, der nicht übernatürlich ist, für die Menschheit aber dennoch fast etwas Fremdartiges hat, halb irdisch und halb ausserirdisch, und den wir hie und da in den ‚Memoiren von jenseits des Grabes' finden, wenn die Wut oder der verwundete Ehrgeiz schweigt und die Verachtung des grossen René gegen die Dinge der Erde sich völlig unparteiisch giebt.

Die Einleitung der ‚Suspiria' belehrt uns darüber, dass der Opiumesser, trötz all des Heroismus, den er bei seiner geduldigen Heilung entfaltete, einen zweiten und einen dritten Rückfall erlebt hat. Diesen eben nennt er ‚a third prostration before the dark idol'. Selbst wenn ich die physiologischen Gründe, die er zu seiner Entschuldigung beibringt, beiseite lasse – wie z. B., dass er seine Enthaltsamkeit nicht klug genug eingerichtet habe, glaube ich, dass dieses Unglück leicht vorauszusehen war. Aber dieses Mal ist nicht die Rede mehr von Kampf noch von Empörung. Der Kampf und die Empörung setzen stets ein gewisses Mass von Hoffnung voraus, indes die Verzweiflung stumm ist. Wo es kein Heilmittel giebt, da ergeben sich die grössten Leiden. Die Häfen, ehedem für die Rückkehr geöffnet, haben sich wiedergeschlossen, und der Mensch geht mit Einsicht in sein Schicksal. Suspiria de profundis! Dieses Buch ist richtig betitelt worden.

Der Autor besteht nicht mehr darauf, uns einzureden, die ‚Bekenntnisse' seien ‚zum Teil wenigstens' zu einem volkshygienischen Zwecke geschrieben worden. Sie setzten sich zum Gegenstande – sagt er uns freimütiger –, zu zeigen, welche Macht zur Vermehrung der natürlichen träumerischen Anlage das Opium hat. Herrlich zu träumen, ist eine Gabe, die nicht allen Menschen vergönnt worden ist; und selbst bei denen, die sie besitzen, setzt sie sich stark der Gefahr einer allmählichen Abschwächung durch die stets wachsende moderne Zerstreuung und durch die Wirrnis des materiellen Fortschrittes aus. Die Fähigkeit zu träumen ist göttlich und geheimnisvoll; denn durch den Traum steht der Mensch in Verbindung mit der Schattenwelt, von der er umgeben wird. Aber diese Anlage hat Einsamkeit nötig, um sich frei zu entfalten; je mehr der Mensch sich konzentriert, desto geeigneter ist er, weich und tief zu träumen. Nun: welche Einsamkeit ist grösser, stiller, von der Welt der irdischen Interessen abgeschiedener, als jene, die das Opium schafft?

Die ‚Bekenntnisse' haben uns die Jugendgeschehnisse erzählt, die den Gebrauch des Opium hatten rechtfertigen können. Es sind da jedoch bislang noch zwei wesentliche Lücken vorhanden: die eine bezieht sich auf die vom Opium erzeugten Träumereien während des Aufenthaltes des Autors auf der Universität – das sind seine ‚Oxford-Visionen', wie er sie nennt; die andere ist die Erzählung seiner Kindheitseindrücke. Es wird also, im zweiten Teile wie im ersten, die Biographie dazu dienen, die mysteriösen Irrfahrten des Gehirns zu erläutern und sozusagen zu ‚beglaubigen'. In den Aufzeichnungen, die sich auf die Kindheit beziehen, werden wir den Keim zu den seltsamen Träumereien des Mannes und, besser gesagt, zu seinem Genie finden. Alle Biographen haben mehr oder weniger die Bedeutsamkeit der Anekdoten begriffen, die sich auf die Kindheit eines Schriftstellers oder eines Künstlers beziehen. Doch finde ich, dass diese Bedeutsamkeit noch nicht genug hervorgehoben worden ist. Oftmals, wenn ich Werke der Kunst betrachtete, nicht in Bezug auf ihre leicht erfassliche ‚Materialität', auf die allzu verständlichen Hieroglyphen ihrer Konturen oder auf den augenfälligen Sinn ihrer Stoffe, sondern in Bezug auf die Seele, mit der sie begabt sind, auf die atmosphärische Ausdruckskraft, die ihnen innewohnt, auf das geistge Licht oder die Dunkelheiten, mit denen sie unsere Seele überschatten, habe ich eine Vision von der Kindheit ihrer Schöpfer mich überkommen gefühlt. Ein noch so geringer Kummer, eine noch so kleine Freude des Kindes, sie werden, durch eine ausgesucht feine Sensibilität gesteigert, später im erwachsenen Menschen, selbst ohne sein Wissen, der Ausgangspunkt eines Kunstwerkes. Schliesslich – um mich bündiger zu fassen: Wäre es nicht ein Leichtes, durch eine philosophische Vergleichung der Werke eines gereiften Künstlers mit dem Kindheits-Zustande seiner Seele zu erweisen, dass das Genie nur das klar formulierte Kind ist, jetzt, um sich auszudrücken, mit mannbaren, kraftvollen Organen ausgerüstet? Ich masse mir indes nicht an, diese Idee der Philosophie als irgend etwas Besseres denn eine blosse Konjektur vorzulegen.

Wir wollen also rasch die hauptsächlichsten Kindheitseindrücke des Opium-Essers analysieren, um die Träumereien verständlicher zu machen, die zu Oxford die gewöhnliche Weide seines Gehirnes bildeten. Der Leser darf nicht vergessen, dass hier ein Alter die Geschichte seiner Kindheit erzählt, ein Alter, der, indem er sich in seine Kindheit zurückversetzt, überall feinfühlig nachgrübelt, und dass endlich diese Kindheit, ein Anfang zu späteren Träumereien, durch das magische Milieu dieser Träumerei wiedergesehen und betrachtet wird, will sagen: durch die transparenten Ballwolken des Opium.

VII

Kindheitskümmernisse

Er und seine drei Schwestern waren noch sehr jung, als ihr Vater starb, ihrer Mutter ein überreiches Vermögen, ein richtiges – englisches! – Kaufmannsvermögen hinterlassend. Der Luxus, die Wohlhabenheit, das behagliche, prächtige Leben sind sehr günstige Bedingungen zur Entfaltung der natürlichen Sensibilität des Kindes. „Da ich keine anderen Kameraden als drei unschuldige kleine Schwestern hatte und stets mit ihnen zusammen schlief, umhegt von einem schönen, stillen Garten, fern von jeglichem Anblick der Armut, der Bedrängnis und der Ungerechtigkeit, so konnte ich" – sagt er – „die wirkliche Beschaffenheit dieser Welt nicht ahnen." Mehr als einmal hat er der Vorsehung gedankt für das unvergleichliche Vorrecht, nicht allein, dass er auf dem Lande und in der Einsamkeit aufgezogen ward, sondern auch, dass seine ersten Empfindungen durch die sanfteren Schwestern bestimmt wurden, und nicht durch schreckliche, immer zu Fausthieben bereite Brüder, horrid pugilistic brothers'. In der That, die Männer, die von den Frauen und unter den Frauen erzogen worden sind, gleichen nicht völlig den anderen Männern, selbst Gleichheit des Temperaments und der Geistesanlagen angenommen. Das Einwiegen der Ammen, die mütterlichen Schmeicheleien, die Verhätschelungen der Schwestern, vor allem der älteren Schwestern, einer Art Mütter en miniature, bilden sozusagen die männliche Paste, die sie durchdringen, um. Der Mann, der von Anfang an in der weichlichen Atmosphäre des Weibes gebadet worden ist im Dufte seiner Hände, seines Busens, seines Schosses, seines Haares, seiner schmeidigen, fliessenden Gewande,

Dulce balneum suavibus Unguentatum odoribus,

hat dadurch eine Feinheit der Epidermis und einen vornehmen Wesensausdruck, eine Art Androgyneität, erlangt, ohne die das rauheste und mannhafteste Genie in Bezug auf die Vollkommenheit seiner Kunst ein unvollständiges Wesen bleibt. Endlich will ich noch sagen, dass das frühreife Gefühl von der weiblichen ‚Welt', mundi muliebris, dieses ganzen wogenden, schillernden, duftigen Apparats, die Genies noch erhöht; und ich bin überzeugt, dass meine sehr intelligente Leserin der fast sinnlichen Form meiner Ausdrücke Verzeihung gewährt, wie sie die Reinheit meines Gedankens versteht und ihr zustimmt.

Jane starb zuerst von ihnen. Aber für ihren kleinen Bruder war der Tod noch nichts Begreifliches. Jane war nur fort; zweifellos würde sie wiederkommen. Eine Dienerin, die damit betraut war, ihr während ihrer Krankheit hilfreiche Hand zu leisten, hatte sie zwei Tage vor ihrem Tode ein wenig hart behandelt. Die Kunde verbreitete sich in der Familie, und von diesem Augenblicke an konnte der kleine Junge diesem Mädchen nicht mehr gerade ins Gesicht sehen. Sobald sie erschien, schlug er die Blicke zu Boden. Das war keine Wut, das war nicht der Geist der Rache, der sich verstellt, es war einfach Schreck; die Sensitive, die sich bei einer brutalen Berührung zurückzieht; Furcht und Vorgefühl durcheinander; das war die Wirkung, welche die schreckliche Wahrheit hatte, die sich ihm zum ersten Male enthüllte: dass diese Welt eine Welt voll Unglück, Kampf und Ächtung ist.

Aber die zweite Verwundung seines Kinderherzens liess sich nicht ebenso leicht verheilen. Nach einem Zwischenraume von etlichen glücklichen Jahren starb dann auch die teure, edle Elisabeth, eine so edle und frühreife Intelligenz, dass er stets, wenn er ihren sanften Schatten in der Finsternis heraufbeschwört, um ihre grosse Stirn her eine Aureole oder eine Tiara von Licht zu sehen vermeint.

Die Ankündigung von dem bevorstehenden Ende dieses geliebten Geschöpfs, das zwei Jahre älter war als er und schon so viel Autorität über seinen Geist gewonnen hatte, erfüllte ihn mit unbeschreiblicher Verzweiflung. Am Tage, der ihrem Tode folgte, als die Neugier der Wissenschaft diese kostbare Hülle noch nicht verletzt hatte, beschloss er, seine Schwester wiederzusehen. „Bei Kindern scheut das Leid sich vor dem Lichte und flieht die Blicke der Menschen." Also musste dieser letzte Besuch geheim und ohne Zeugen geschehen. Es war Mittag, und als er in die Kammer trat, begegneten seine Blicke zunächst nur einem grossen Fenster; das in ganzer Weite offen stand und durch das eine brennende Sonne all ihren Glanz hereinströmte. „Das Wetter war trocken, der Himmel wolkenleer; die azurenen Tiefen erschienen wie ein vollkommener Ausdruck der Unendlichkeit, und es war dem Auge nicht möglich, ein pathetischeres Symbol des Lebens und der Glorie im Leben zu betrachten, noch dem Herzen, ein solches zu empfangen."

Ein grosses Unglück, ein ewig unersetzlicher Verlust, der uns in der schönen Zeit des Jahres trifft, trägt – möchte man sagen — einen trauervolleren, düsteren Charakter. Der Tod – wir haben, glaub' ich, schon bei der Analyse der Bekenntnisse, diese Bemerkung gemacht – rührt tiefer an uns unter der prächtigen Herrschaft des Sommers. „Es zeigt sich alsdann ein furchtbarer Gegensatz zwischen der tropischen Üppigkeit des äusseren Lebens und der schwarzen Sterilität des Grabes. Unsere Augen sehen den Sommer, und unser Denken wohnt im Grabe; herrliche Klarheit ist rings um uns her, und in uns ist lauter Finsternis. Und wie diese beiden Bilder miteinander in Kollision geraten, verleihen sie sich gegenseitig übertriebene Stärke." Aber für das Kind, das später ein Gebildeter voll Geist und Vorstellungskraft sein wird, für den Autor der Confessions, und der Suspirial, hatte schon ein anderer Grund als dieser Antagonismus das Bild des Sommers mit der Vorstellung des Todes stark verknüpft, – ein Grund, der intimen Beziehungen zwischen den Landschaftsbildern und den dargestellten Ereignissen in der Heiligen Schrift entstammte. „Die meisten Gedanken und tiefen Empfindungen kommen uns nicht direkt in ihren nackten, abstrakten Gestalten, sondern durch (‚à travers') Kombinationen, die aus konkreten Dingen zusammengesetzt sind." So hatte die Bibel, daraus eine junge Dienerin den Kindern in den langen, feierlichen Winter-Abendstunden vorlas, wesentlich dazu beigetragen, diese beiden Vorstellungen in seiner Imagination zusammenzubringen. Dieses junge Mädchen, das den Orient kannte, erklärte ihnen dessen Klimata, sowie die zahlreichen Nuancen von Sommer, die jene bilden. Unter einem orientalischen Himmelsstriche, in einem dieser Länder, die mit einem ewigen Sommer begnadet zu sein scheinen, hatte auch ein Gerechter, der mehr war als ein Mensch, seiner ‚Passion' sich unterworfen. Offensichtlich war es auch Sommer, als die jünger die Ähren abrupften. Der Palmsonntag, gab er dieser Träumerei nicht gleichfalls Nahrung? ‚S o n n t a g', dieser Tag der Ruhe, das Bild einer Ruhe, tiefer, als sie dem Herzen des Menschen erreichbar ist; ‚P a l m', Palme, ein Wort, das zugleich allen Pomp des Lebens und der sommerlichen Natur ausdrückt! Das bedeutsamste mit Jerusalem verknüpfte Ereignis stand bevor, als der Palmsonntag anbrach; und der Schauplatz der Begebenheit an welche dieses Fest erinnert, war Jerusalem benachbart. Jerusalem, das, wie Delphi, für den Nabel oder Mittelpunkt der Erde gegolten hat, kann wenigstens für den Mittelpunkt der Sterblichkeit gelten. Denn wenn der Tod dort niedergetreten ist, so hat er doch zugleich auch dort seinen finstern Schlund geöffnet.

Angesichts eines prächtigen Sommers, der grausam überschäumte bis in die Totenkammer, kam er also, zum letzten Male die Züge der teuren Verblichenen zu betrachten. Er hatte im Hause sagen hören, dass ihre Züge durch den Tod nicht verändert wären. Die Stirn war wohl dieselbe, aber die vereisten Lider, die bleichen Lippen, die starren Hände überraschten ihn furchtbar; und indes er sie reglos anblickte, erhob sich ein feierlicher Wind und begann heftig zu wehen, „der schwermütigste Wind" –

sagt er – „den ich jemals gehört habe". Wie manche Male seitdem hat er während der Sommertage, zu jener Stunde, da die Sonne am heissesten ist, ebendiesen Wind gehört, „wie er diese selbe Stimme erhob: tief, feierlich, memnonisch, religiös". Das ist – fügt er hinzu – das einzige Symbol der Ewigkeit, welches wahrzunehmen dem menschlichen Ohre gegeben ist. Und dreimal in seinem Leben hat er den gleichen Ton gehört, unter den gleichen Umständen: zwischen einem geöffneten Fenster und dem Leichnam einer Persönlichkeit, die an einem Sommertage gestorben war.

Plötzlich hatten seine Augen – geblendet durch den Glanz des äusseren Lebens, und den Pomp und die Glorie der Himmel mit dem eisigen Gesichte der Toten vergleichend – eine seltsame Vision. Eine Galerie, ein Gewölbe schien sich quer durch den Azur hindurch aufzuthun, – ein langer Weg, bis in die Unendlichkeit. Und auf den blauen Weiten erhob sich sein Geist; und diese Weiten und sein Geist begannen, zum Throne Gottes hinanzueilen; jedoch der Thron wich unaufhörlich zurück vor seiner inbrünstigen Verfolgung. In dieser sonderbaren Extase schlief er ein; als er die Herrschaft über sich selbst wiedergewann, fand er sich am Bette seiner Schwester sitzen. So war das einsame, durch seinen schweren Kummer darniedergedrückte Kind zu Gott emporgeflogen, dem Einsamen par excellence. So hatte der Instinkt, der höher ist denn alle Philosophie, in einem himmlischen Traume ihn eine momentane Erleichterung finden lassen. Er glaubte dann Schritte auf der Treppe zu vernehmen, und da er fürchtete, wenn man ihn in dieser Kammer überraschte, würde man ihn an der Rückkehr hierher verhindern wollen, so küsste er in Hast die Lippen seiner Schwester und zog sich vorsichtig zurück. Am folgenden Tage kamen die Ärzte, um das Gehirn zu obduzieren; er kannte den Zweck ihres Besuches nicht, und einige Stunden nachdem sie sich zurückgezogen hatten, versuchte er von neuem, in die Kammer zu schlüpfen; aber die Thür war verschlossen und der Schlüssel abgezogen. Es blieb ihm also erspart, entehrt durch die Verheerungen der Wissenschaft die Reste d e r e r zu sehen, von der er so unangetastet ein friedliches Bild bewahren konnte, reglos und rein wie der Marmor oder das Eis.

Und dann kamen die Trauerfeierlichkeiten, eine neue Todesangst; die Qual der Überführung im Wagen mit den Gleichgültigen, welche über Dinge schwatzten, die seinem Schmerze völlig entlegen waren; die fürchterlichen Harmonieen der Orgel, und all diese christliche Feierlichkeit, allzu zermalmend für ein Kind, welches die Versprechungen einer Religion, die die Schwester in den Himmel erhob, nicht darüber hinwegzutrösten, dass es sie auf Erden verloren hatte. In der Kirche empfahl man ihm, ein Taschentuch vor die Augen zu halten. Hatte er denn nötig, ein trauervolles Benehmen zur Schau zu tragen und mit dem Weinen zu spielen, er, der sich kaum noch auf den Beinen halten konnte? Das Licht entflammte die bunt bemalten Fensterscheiben, darauf die Apostel und die Heiligen ihre Glorie entfalteten; und wenn man ihn an den folgenden Tagen zum Gottesdienste führte, sahen seine Augen, auf den nicht bemalten Teil der Fenster geheftet, die flockigen Wolken am Himmel unaufhörlich sich umformen in Vorhänge und in weisse Kopfkissen, auf denen Kinderköpfe ruhten, leidend, weinend, sterbend. Diese Betten erhoben sich nach und nach zum Himmel und stiegen zu dem Gotte empor, der die Kinder so sehr lieb gehabt hat. Später, lange danach, traten drei Stellen aus der Leichenrede mit ihrem mysteriösen und tiefen Sinne wieder vor sein Gedächtnis; sie waren gewiss an sein Ohr gedrungen, doch hatte er sie wohl nicht recht verstanden, oder sie hatten seinen Schmerz durch ihre allzu rohen Tröstungen in Aufruhr versetzt; sie sprachen von Erlösung, von Wiederauferstehung und von Ewigkeit, und wurden für ihn ein Thema häufigen Nachdenkens. Aber schon vor dieser Zeit erfasste ihn eine Leidenschaft für die Einsamkeit, und zwar mit jener heftigen Neigung, die alle tiefen Leidenschaften zeigen, besonders die, die nichts von Tröstungen wissen wollen. All das weite Schweigen auf dem Lande, die Sommer durchflirrt von erdrückendem Lichte, – die nebeldunstigen Nachmittage – erfüllten ihn mit gefahrvollem Genusse. Sein Auge verirrte sich im Himmel und im Nebel, auf der Verfolgung von irgend etwas Unauffindbarem; hartnäckig durchforschte er die blauen Tiefen, um dort ein teures Bildnis zu entdecken, dem es vielleicht durch ein besonderes Vorrecht vergönnt war, noch einmal sich zu zeigen.

Nur mit sehr grossem Bedauern kürze ich den ausserordentlich langen Teil ab, der von diesem Schmerze erzählt, welcher tief, voller Windungen und ohne Ausgang ist, wie ein Labyrinth. Die ganze Natur wird dabei angerufen, und jeder Gegenstand repräsentiert in seiner Art die eine einzige Idee. Dieser Schmerz treibt von Zeit zu Zeit dunkle, hübsche Blumen, trauervoll und reich zugleich; seine von düstrer Liebe erfüllten Ausdrücke wandeln sich oft zu Geistesblitzen. Hat nicht selbst der Schmerz seine Geschmeide? Es ist nicht allein das Keusche an dieser zärtlichen Liebe, was den Geist rührt; es hegt für den kritischen Geist auch ein besonderer, neuer Genuss darin, hier jenen inbrünstigen und zartsinnigen Mystizismus sich ausbreiten zu sehen, der hauptsächlich nur im Garten der römischen Kirche erblüht. – Schliesslich kam eine Zeit, da diese krankhafte Sensibilität, die sich ausschliesslich von einer Erinnerung nährte, und diese masslose Vorliebe für die Einsamkeit sich zu einer positiven Gefahr ausbilden konnten; eine jener entscheidenden, kritischen Epochen, da die trostlose Seele sich sagt: „Wenn jene, die wir lieben, nicht mehr zu uns kommen können, wer hindert uns, zu ihnen zu gehen?", da die Imagination, besessen, fasziniert, mit Wonnen den erhabenen Anziehungskräften des Grabes, sich preisgiebt. Zum Glück war die Zeit der Arbeit und der gewaltsamen Ablenkungen gekommen. Er musste den ersten Harnisch des Lebens anziehen und sich auf die klassischen Studien vorbereiten.

Auf den folgenden Seiten, die indessen heiterer sind, finden wir noch den gleichen Geist femininer Zärtlichkeit, nun den Tieren zugewandt, diesen interessanten Sklaven des Menschen, den Katzen, den Hunden, allen Wesen, die leicht gequält, unterdrückt, gefesselt werden können. Ist nicht übrigens das Tier in seiner sorglosen Munterkeit, in seiner Einfalt eine Art Darstellung der Kindheit des Menschen? Indem also die Zärtlichkeit des jungen Träumers sich hier auf neue Gegenstände ausdehnt, bleibt sie ihrem ursprünglichen Charakter doch getreu. Er hebe noch unter mehr oder minder ausgesprochenen Formen, die Schwäche, die Unschuld und die Keuschheit. – Von den Kennzeichen und Hauptcharakterzügen, die das Schicksal ihm aufgeprägt hatte, ist ebenfalls noch auf eine übermässige Feinfühligkeit des Gewissens hinzuweisen, die, in Verbindung mit seiner krankhaften Sensibilität, ihn den alltäglichsten Handlungen eine unverhältnismässige Bedeutung beilegen und in den leichtesten, selbst eingebildeten Fehlern Ursache finden lassen musste zu Angst und Schrecken, die leider nur allzu real waren. Schliesslich stelle man sich ein Kind von dieser Naturanlage vor, des Gegenstandes seiner ersten und grössesten Neigung beraubt, voller Vorliebe für die Einsamkeit und ohne Vertrauten. Hier angekommen, wird der Leser vollkommen begreifen, dass mehrere der Phänomene, die sich auf dem Theater der Träume offenbarten, die Wiederholung der Prüfungen seiner ersten Jahre sein mussten. Das Schicksal hatte den Samen ausgeworfen; das Opium liess ihn Früchte bringen und verwandelte ihn in seltsame, üppige Vegetationen. Die Dinge der Kindheit – ich bediene mich hier einer Metapher, die dem Autor angehört – werden zum natürlichen Coeffizienten des Opium. Nachdem jene frühreife Fähigkeit, vermöge derer er alle Dinge idealisierte und ihnen übernatürliche Verhältnisse gab, gepflegt und lange Zeit in der Einsamkeit ausgeübt war, musste sie zu Oxford, durch das Opium masslos angeregt, grandiose Resultate zeitigen, wie sie selbst bei den meisten jungen Leuten seines Alters ungewöhnlich sind.

Der Leser erinnert sich der Abenteuer unseres Helden in Wales, seiner Leiden in London und der Wiederaussöhnung mit seinen Vormündern. Jetzt nun sehen wir ihn auf der Universität, im Studium sich festigend; mehr als je neigt er hier zur Träumerei und gewinnt an der Substanz, mit der er – wie wir erzählten – in London aus Anlass neuralgischer Schmerzen Bekanntschaft gemacht hatte, einen gefährlichen, mächtigen Helfershelfer für seine frühreifen träumerischen Anlagen. Seitdem ging sein erstes Dasein in das zweite über und verschmolz mit ihm, um nur noch ein ebenso intimes wie anormales Ganzes zu bilden. Er trat sein neues Leben an, um sein erstes noch einmal zu leben.

Wie manches Mal in den Mussestunden auf der hohen Schule sah er das Trauerzimmer wieder, darin der Leichnam seiner Schwester ruhte, – das Licht des Sommers und das Eis des Todes, – den Weg, der seiner Extase quer durch die Wölbung der azurenen Himmel offen stand; und dann den Priester, wie er im weissen Übergewande zur Seite des Grabes stand, – und wie der Sarg in die Erde niederglitt, – und wie ‚der Staub dem Staube wiedergegeben' ward; – schliesslich die Heiligen, die Apostel und die Märtyrer von dem Kirchenfenster: durch die Sonne erhellt, bildeten sie einen prächtigen Rahmen für jene weissen Betten, jene lieblichen Wiegen von Kindern, die unter den wuchtigen Klängen der Orgel ihre Himmelfahrt vollführten! All dieses sah er wieder, aber er sah es mit Veränderungen, mit Verzierungen, in intenseren oder dunstigeren Farben; das Universum seiner Kindheit sah er wieder, jedoch mit dem poetischen Reichtum, den jetzt ein kultivierter und schon verfeinter Geist hinzufügte, der es gewohnt war, seine höchsten Wonnen aus der Einsamkeit, aus der Erinnerung zu schöpfen.

VIII

Oxforder Visionen

1
Das Palimpsest

„Was anderes ist wohl das menschliche Gehirn, als wie ein ungeheures natürliches Palimpsest? Mein Gehirn ist ein Palimpsest, und das deine ebenfalls, Leser. Unzählige Schichten von Ideen, von Bildern, von Empfindungen sind nacheinander auf dein Gehirn niedergesunken, so linde wie das Licht. Es schien, als begrübe eine jede ihre Vorgängerin. In Wirklichkeit jedoch ist keine umgekommen." – Jedenfalls besteht ein Unterschied zwischen dem Palimpsest, das übereinandergeschichtet eine griechische Tragödie, eine mönchische Legende und eine Rittergeschichte trägt, und dem göttlichen, vom Herrn erschaffenen Palimpsest, welches unser unvergleichliches Gedächtnis, ist: Beim ersten handelt sich's um ein phantastisches, groteskes Chaos, um ein Aneinandergeraten von heterogenen Elementen; während im zweiten die innere Notwendigkeit, die aus dem Temperamente sich ergibt, mit starkem Griff eine Harmonie unter den verschiedenartigsten Elementen herstellt. Wie unzusammenhängend eine Existenz auch sei, die menschliche Einheit wird dadurch nicht getrübt. Könnte man alle Echos des Gedächtnisses gleichzeitig auferwecken, sie bildeten ein Konzert, ob nun angenehm oder schmerzlich, so doch jedenfalls logisch und ohne Dissonanzen.

Überrascht durch ein plötzliches Ereignis, gewaltsam im Wasser erstickt, in Lebensgefahr, haben oftmals Menschen in ihrem Gehirn das ganze Theater ihres vergangenen Lebens sich wieder aufhellen sehen. Die Zeit ist aufgehoben gewesen und ein paar Sekunden haben genügt, um eine Menge von Empfindungen und Bildern zu enthalten, die Jahren entsprach. Und das Seltsamste an dieser Erfahrung, die der Zufall mehr als einmal herbeigeführt hat, ist nicht die Gleichzeitigkeit so viel, ursprünglich aufeinander folgender Elemente, sondern das Wiederauftauchen alles dessen, was das Wesen selber nicht mehr kannte, was es indessen als ihm eigentümlich **wiederzuerkennen** gezwungen ist. Das Vergessen ist also nur momentan; und unter manchen feierlich-bedeutsamen Umständen, im Tode zum Beispiel, und vor allem in den mächtigen Erregungen, die das Opium schafft, entrollt sich mit einem einzigen Ruck das ganze ungeheure, komplizierte Palimpsest des Gedächtnisses mit all seinen Schichten, über denen begrabene Empfindungen lagen, geheimnisseltsam einbalsamiert in das, was wir das Vergessen nennen.

Ein Mann von Genie, Melancholiker und Misanthrop, der an der Ungerechtigkeit seines Jahrhunderts Rache nehmen will, wirft eines Tages all seine Werke, die noch Manuskripte sind, ins Feuer. Und da man ihn tadelte wegen dieses schrecklichen dem Hasse dargebrachten Brandopfers, das übrigens die Ermordung all seiner eigenen Hoffnungen bedeutete, antwortete er: „Was thut's? Von Wichtigkeit war es, dass diese Sachen **geschaffen** wurden; sie sind geschaffen worden, also sind sie." Er schrieb jeglichem Dinge den Charakter der Unzerstörbarkeit zu. Um wieviel sinnfälliger lässt diese Idee auf all unsere Gedanken, auf all unsere Handlungen – ob gut oder schlecht – sich anwenden! Und wenn in diesem Glauben irgendwie etwas unendlich Trostreiches liegt – in dem Falle nämlich, da unser Geist auf jenen Teil unser selbst zurückblickt, den wir mit Wohlgefallen betrachten können: liegt nicht ebenso auch etwas endlos Furchtbares darin, in jenem künftigen, unausweichlichen Falle, da unser Geist sich jenem Teile unser selbst zuwenden wird, dem wir nur mit Schrecken gegenüberzutreten vermögen? Im Geistigen wie im Materiellen geht nichts verloren. Ebenso wie jede Handlung, in den Wirbelsturm der universellen Thätigkeit hineingeschleudert, an sich unwiderruflich und unverbesserlich ist, ebenso ist jeder Gedanke unauslöschlich. Das Palimpsest des Gedächtnisses ist unzerstörbar.

„Ja, Leser, unzählig sind die Gedichte von Freud oder Leid, die sich der Reihe nach in das Palimpsest eures Gedächtnisses eingeprägt haben, und wie die Blätter der jungfräulichen Wälder, wie die Schneefelder des Himalaya, die nie zertauen, wie der Lichtschein, der auf den Lichtschein fällt, so haben ihre unvergänglichen Schichten sich aufeinandergehäuft und haben sich, jede ihrerseits, mit Vergessen bedeckt. Aber in der Stunde des Todes, oder auch wohl im Fieber, oder infolge der Nachspürungen des Opium, können alle diese Gedichte wieder Leben und Kraft annehmen. Sie sind nicht tot, sie schlafen. Man glaubt die griechische Tragödie verdrängt und ersetzt durch die Legende des Mönches, und die

Mönchslegende durch den Ritterroman; aber dem ist nicht so. Je weiter das menschliche Wesen im Leben fortschreitet, desto mehr verbleichen und verdunkeln von selber der Roman, der den Jüngling blendete, die fabelhafte Legende, die das Kind bezauberte. Die tiefen Tragödien der Kindheit aber – Kinderarme, auf immer vom Halse ihrer Mütter losgerissen; Kinderlippen, auf immer geschieden von den Küssen ihrer Schwestern – leben stets verborgen unter den anderen Legenden des Palimpsestes. Die Leidenschaft und die Krankheiten besitzen nicht die chemische Qualität, die mächtig genug wäre, diese unsterblichen Eindrücke fortzubrennen."

2
Levana und Unsere Lieben Frauen der Traurigkeiten

„Oftmals zu Oxford hab' ich in meinen Träumen Levana gesehen. Ich erkannte sie an ihren römischen Symbolen." – Aber wer ist Levana? Es war die römische Göttin, welcher die ersten Stunden des Kindes angehörten, welche ihm sozusagen die menschliche Würde verlieh. „Im Augenblicke der Geburt, wann das Kind zum ersten Male die unrastschwangere Luft unseres Planeten schmeckte, legte man es zur Erde nieder. Doch aus Furcht, dass eine so grossartige Kreatur länger als einen Augenblick am Boden kriechen möchte, hob der Vater – als Bevollmächtigter der Göttin Levana – oder ein naher Verwandter als Bevollmächtigter des Vaters – fast allsogleich das Kindlein in die Luft empor, hiess es hinanblicken, als sei es der König dieser Welt, und bog die Stirn des Kindes den Sternen zu, wobei er vielleicht in seinem Herzen zu ihnen sprach: ‚Betrachtet hier, was grösser ist als ihr!' Dieser symbolische Akt repräsentierte die Thätigkeit Levanas. Und diese geheimnisvolle Göttin, die niemals ihre Züge entschleiert hat – nur mir hat sie sie gezeigt, in meinen Träumen – und stets nur durch Bevollmächtigte gewirkt, entnimmt ihren Namen dem lateinischen Verbum ‚levarel': in die Luft emporheben, erhoben halten."

Natürlich haben manche von Levana reden hören als der bevormundenden Macht, welche die Erziehung der Kinder überwacht und leitet. Doch glaube man nicht, dass es sich hier um jene Pädagogie handle, die nur durch Alphabete und Grammatiken herrscht; man muss vor allem an jenes grossartige System zentraler Kräfte denken, das tief im Schosse des menschlichen Seins verborgen ruht und unaufhörlich an den Kindern arbeitet, indem es sie Zug um Zug die Leidenschaft, den Kampf, die Versuchung, die Energie des Widerstandes kennen lehrt. Levana veredelt das menschliche Wesen, das sie überwacht, jedoch durch grausame Mittel. Hart und strenge ist diese gute Amme, und unter den Mitteln, die sie am liebsten gebraucht, um die menschliche Kreatur zu vervollkommnen, liebt sie vor allen anderen den Schmerz. Drei Göttinnen sind ihr untergeben; ihrer bedient sie sich bei dem geheimnisvollen Wirken ihrer Sorgsamkeit. Wie es drei Grazien gab, drei Parzen und drei Furien, wie der Musen ursprünglich drei waren, so giebt es drei Göttinnen der Traurigkeit. Es sind ‚Unsere Lieben Frauen der Traurigkeiten'.

„Oftmals habe ich sie mit Levana sprechen sehen, und bisweilen unterhielten sie sich sogar mit mir. Sie reden also? O nein! Diese mächtigen Phantome verschmähen die Unzulänglichkeiten der Sprache. Sie können durch die Organe des Menschen Worte äussern, wenn sie in seinem Herzen wohnen; doch unter sich bedienen sie sich nicht der Stimme; keinen Laut vernimmt man von ihnen; ein ewiges Schweigen herrscht in ihren Reichen ...

„Die älteste der drei Schwestern nennt sich Mater Lachrymarum, das ist: Unsere Liebe Frau der Thränen. Sie ist's, die Nacht und Tag umherstreift und wimmert und entschwundene Gesichter wiederum heraufbeschwört. Sie ist's, die zu Rama weilte, als man daselbst eine Stimme klagen hörte: die Stimme Rahels, die um ihre Kinder weinte und die von keiner Tröstung wissen wollte. Und gleichfalls weilte sie in Bethlehem, in jener Nacht, da das Schwert des Herodes all die Unschuldigen hervorstiess aus ihren Asylen ... Ihre Augen sind bald milde, bald durchbohrend, erschreckt und eingeschläfert; oft heben sie sich zu den Wolken empor; oftmals klagen sie die Himmel an. Sie trägt ein Diadem auf ihrem Haupte. Und ich weiss aus den Erinnerungen meiner Kindheit, dass sie auf den Winden segeln kann, wann sie das Seufzen der Litanei oder den Donner der Orgel vernimmt, oder wann sie die Wolken des Sommers herniederbrechen sieht. Diese älteste Schwester trägt an ihrem Gürtel Schlüssel, mächtiger noch als die des Papstes; alle Hütten und alle Paläste öffnet sie mit ihnen. Sie ist's ich weiss es –, die den ganzen letzten Sommer zu Häupten des blinden Bettlers verharrte, mit dem ich so gern oft plauderte und dessen frommes achtjähriges Töchterchen mit dem sternklaren Antlitz so tapfer der Versuchung, sich unter das lustige junge Volk des Fleckchens zu mischen, widerstand, um dafür jeden Tag auf den staubigen Wegen mit ihrem bekümmerten Vater einherzuirren. Dafür hat Gott ihr auch herrlichen Lohn gegeben. Im Frühlinge des Jahres, da auch sie selber aufzublühen begann, hat er sie zu sich emporgerufen. Ihr blinder Vater beweint sie noch immer, und immer träumt er nun um Mitternacht, er halte noch in seiner Hand das Händchen, das ihn führte, und immer erwacht er in der Finsternis, die nun so neu, viel tiefer ist als sonst ... Mit Hülfe dieser Schlüssel gleitet Unsre Liebe Frau der Thränen, ein schattenhaftes Gebilde, in die Kammern der Männer, die nicht schlafen, der Frauen, die nicht schlafen, der Kinder, die nicht schlafen, vom Ganges bis zum Nil, vom Nil bis hin zum Mississippi. Und da sie die Erstgeborene ist und das grösseste Reich besitzt, so müssen wir sie mit dem Titel Madonna, ehren.

„Die zweite Schwester nennt sich Mater Suspiriorum: Unsere Liebe Frau der Seufzer. Niemals fährt diese auf den Wolken, noch reist sie mit den Winden. Kein Diadem erstrahlt auf ihrer Stirn. Könnte man ihre Augen erblicken: sie würden weder sanft erscheinen noch durchbohrend; keine Geschichte würde man in ihnen lesen können; nur eine wirre Menge halb verblichener Träume und die Trümmer eines vergessenen Wonnetaumels fände man darinnen. Niemals erhebt sie ihre Blicke; ihr Haupt, mit einem lumpenen Turban angethan, ist stets gesenkt, blickt stets zur Erde nieder. Diese weint noch jammert nicht. Von Zeit zu Zeit nur seufzt sie ganz unmerklich. Ihre Schwester, die Madonna, ist bisweilen stürmisch und masslos erregt, rast wider den Himmel und fordert ihre Lieblinge zurück. Doch Unsere liebe Frau der Seufzer schreit niemals auf, klagt niemals an, nie träumt sie von Empörung. Niedrig ist sie bis zur Verworfenheit. Ihre Milde ist die der Wesen ohne Hoffnung ... Wenn sie bisweilen murmelt, geschieht's doch nur an einsam entlegenen Orten, die trostlos wie sie selber sind, in verwüsteten Städten, wann die Sonne hinabgestiegen ist zu ihrer Ruhe. Diese Schwester ist's, die den Paria besucht, den Juden, den Sklaven, der auf den Galeeren rudert, ... das Weib, das tief im Dunkel niedersitzt, ohne Liebe, die ihr Haupt beschirme, ohne Hoffnung, die ihre Einsamkeit erhelle, jeden Gefangenen in seinem Gefängnis; sie alle, die verraten, sie alle, die verworfen sind; die durch das Gesetz der Überlieferung Geächteten, und die Kinder, deren Erbteil das Elend ist. All die begleitet Unsere Liebe Frau der Seufzer. Auch sie trägt einen Schlüssel an der Seite, jedoch bedarf sie sein nicht mehr. Denn ihr Reich ist überall unter den Zelten Sems und bei den Fahrenden in allen Himmelsstrichen. Indes auch in den höchsten Klassen der Menschheit findet sie manche Altäre, und selbst im glorreichen England giebt es Leute, die vor der Welt ihr Haupt so stolz erhoben tragen wie ein Renntier, doch im geheimen ihr Zeichen auf die Stirn gedrückt erhielten.

„Aber die dritte Schwester, die zugleich auch die jüngste ist! ... Still! nur leis und flüsternd lasst uns von ihr sprechen. Ihr Bezirk ist nicht gross; wär's anders, müsste alles Fleisch vergehen; jedoch in diesem Bezirk ist ihre Macht ohne Schranken ... Trotz des dreifachen Florschleiers, mit dem sie ihr Haupt vollständig umhüllt, kann man aus dessen Tiefen doch das wilde Licht ihrer Augen flammen sehen, ein Licht, das stets Verzweiflung lodert, am Morgen und am Abende, um Mittag wie zur Mitternacht, zur Stunde der Ebbe und zur Zeit der Flut. Diese vermisst sich gegen Gott. Sie ist zugleich die Mutter der Rasenden und die Beraterin der Selbstmörder ... Die Madonna geht ungleichmässigen Schrittes, rasch oder langsam, immer jedoch voll tragischer Würde. Unsere Liebe Frau der Seufzer gleitet furchtsam und vorsichtig daher. Aber die jüngste Schwester bewegt sich in einer Art, die niemand je vorausbemessen kann; sie springt; die Sätze des Tigers sind ihr eigen. Sie trägt keinen Schlüssel; denn ob sie gleich selten zu den Menschen kommt: wenn es ihr erlaubt ist, einer Thüre zu nahen, bemächtigt sie sich ihrer im Sturme und schlägt sie ein. Und ihr Name ist Mater Tenebrarum, das ist: Unsere Liebe Frau der Finsternis.

„Dies waren die Eumeniden oder ‚wohlgesinnten' Göttinnen – wie die Alten in ihrer Furcht sie schmeichelnd nannten –, die zu Oxford in meinen Träumen umgingen. Die Madonna sprach durch die geheimnisvollen Gesten ihrer Hand: Sie rührte mein Haupt an und wies mit dem Finger auf Unsere Liebe Frau der Seufzer; und diese Zeichen, die nur im Traume ein Mensch verstehen kann, konnte man wohl also übersetzen: ‚Siehe! sieh den! ihn, den ich in seiner Kindheit für meine Altäre geweiht habe. Er ist's, den ich zu meinem Liebling kieste. Ich habe ihn vereinsamt, ich habe ihn verführt, aus der Höhe des Himmels habe ich sein Herz zu meinem Herzen hinangezogen. Durch mich ward er zum Diener falscher Götter; durch mich mit schmachtenden Süchten angefüllt, hat er den Wurm der Erde angerufen, hat er seine Gebete dem Grabe, das der Wurm beherrscht, geweiht. Heilig war ihm das Grab; lieblich erschienen seine Finsternisse; und selig die Verwesung. So hab' ich diesen jungen Götzendiener für dich, du liebe, milde Schwester der Seufzer, zubereitet! Nimm ihn jetzt an dein Herz, und bereite ihn für unsre fürchterliche dritte Schwester. Und du' – sie wandte sich zur Mater Tenebrarum – ‚empfange ihn alsdann von ihr. Lasse dein Scepter wuchten über seinem Haupte. Leide nicht, dass ein Weib mit ihrer Zärtlichkeit in seiner Nacht sich zu ihm niedersetze. Das schwächste Zittern der Hoffnung scheuche davon, den Balsam der Liebe lasse verdorren und den springenden Quell der Thränen in Glut versiechen; und verfluche ihn, wie allein nur du verfluchen kannst. So wird er dem Fegfeuer ganz anheimgegeben sein; so wird er die Ding sehen, die doch nicht bestimmt sind, gesehen zu werden, die Schauspiele, die abscheulich, und die Geheimnisse, die unsäglich sind. So wird er die alten Wahrheiten lesen, die traurigen Wahrheiten, die grossen, die furchtbaren Wahrheiten. So wird er, auferstehen, bevor er gestorben ist. Und unsere Sendung, die wir von Gott empfingen, wird erfüllt sein, welche ist: sein Herz zu martern, bis dass wir die Fähigkeiten seines Geistes offenbart haben würden.'"

3
Das Brocken-Gespenst

An einem schönen Pfingstsonntage lasst uns den Brocken ersteigen. Strahlend wolkenloses Morgenrot! Doch stürmt der April bisweilen mit seinen letzten Angriffen gegen die neue Jahreszeit vor und giesst seinen launenhaften Platzregen aus. Solch ein Morgen giebt uns zudem Aussicht, das berüchtigte Brocken-Gespenst zu sehen.

Dieser Gesell hat so lange unter den ländlichen Zauberern gelebt, er hat so vielen schwarzen Götzenkulten beigewohnt, dass sein Herz vielleicht verderbt und sein Glaube erschüttert ist. So macht zunächst das Zeichen des Kreuzes, um ihn dadurch auf die Probe zu stellen, und gebt wohl acht ob er bereit ist, es zu wiederholen. In der That: er wiederholt es. Doch das wirre Gewoge in der Luft entstellt die Form der Dinge und giebt ihm das Ansehen eines Menschen, der seiner Pflicht nur widerstrebend oder ausweichend nachkommt.

Wiederholt also die Probe; „pflückt eine dieser Anemonen hier, die ehedem ‚Zauberersblumen' hiessen und vielleicht in jenen entsetzlichen Riten der Furcht ihre Rolle spielten. Tragt sie auf diesen Stein, der in der Form einem ländlichen Altare ähnt; kniet nieder, hebt die rechte Hand empor, und sprechet: ‚Unser Vater, der du bist im Himmel! ... ich, dein Diener, und dieses schwarze Phantorn, das ich an diesem Tage der Pfingsten auf eine Stunde zu meinem Diener gemacht habe, wir bringen dir auf diesem Altare, der somit dem wahren Kult zurückgegeben wird, unsre vereinten Weihegrüsse dar!' – Seht! die Erscheinung pflückt eine Anemone, und legt sie auf, einen Altar; sie kniet nieder, sie hebt die Rechte zu Gotte empor. Sie ist stumm, freilich; aber die Stummen können auf sehr annehmbare Weise Gotte dienen."

Jedenfalls denkt ihr nun wohl, dieses Gespenst, von alters her an blinde Ergebenheit gewöhnt, sei gehalten, allen Kulten zu gehorchen, und seine natürliche Servilität mache seinen Weihegruss bedeutungslos. Suchen wir also noch ein anderes Mittel, die wahre Natur dieses seltsamen Wesens festzustellen. Ich nehme an, dass ihr in eurer Kindheit irgend einen unauslöschlichen Schmerz erlitten, eine unheilbare Verzweiflung erfahren habt, eine jener stummen Trostlosigkeiten, die hinter einem Schleier weinen, so wie Judäa auf den römischen Medaillen, traurig unter ihrem Palmbaum niedersitzend. Verschleiert euer Haupt in der Erinnerung an diesen grossen Schmerz. Auch das Brocken-Phantom seinerseits hat schon sein Haupt verschleiert, als habe es ein Menschenherz und wolle durch ein schweigendes Symbol die Erinnerung an einen Schmerz ausdrücken, der allzu gross ist, um in Worten Ausdruck zu finden. „Diese Probe ist entscheidend. Ihr wisst jetzt, dass die Erscheinung nur euer eigener Widerschein ist, und dass, wenn ihr euch mit euren geheimen Empfindungen an das Phantom wendet, ihr es zum symbolischen Spiegel macht, darin sich in Tageshelle widerspiegelt, was anders auf ewig verborgen geblieben wäre."

Der Opium-Esser hat ebenfalls einen Düstren Gefährten bei sich, der zu seinem Geiste im selben Verhältnis steht, wie das Brocken-Gespenst zum Wanderer. Dieses wird bisweilen verzerrt durch Sturm, Nebel und Regenschauer; ebenso mischt der Geheimnisvolle Gefährte seiner Natur bisweilen den Widerschein der fremden Elemente bei. „Was er gemeinhin sagt, ist nichts als das, was ich mir selber beim Erwachen sage, in Grübeleien, die tief genug sind, um ihren Eindruck in meinem Herzen zu hinterlassen. Bisweilen aber verändern sich seine Worte wie sein Gesicht und gleichen nicht mehr jenen, derer ich mich wohl bedient haben würde. Kein Mensch kann Rechenschaft ablegen über das, was in den Träumen sich ereignet. Ich glaube, dass dies Phantom im grossen ganzen ein getreues Abbild meiner selber ist; aber ebensosehr ist es von Zeit zu Zeit dem Thun des guten Phantasus unterworfen, der über die Träume herrscht." Man könnte eine gewisse Ähnlichkeit finden zwischen ihm und dem Chor der griechischen Tragödie, der oftmals die geheimen Gedanken der Hauptperson ausdrückt (ihr selber geheim oder doch unvollkommen enthüllt), und der ihr Offenbarungen macht ob nun prophetischer Art oder auf die Vergangenheit bezüglich –, die dazu angethan sind, das Walten der Vorsehung zu rechtfertigen oder die Heftigkeit ihrer – der Hauptperson – Angst zu mildern, derart schliesslich, dass der Unglückliche sie selber gefunden haben würde, wenn sein Herz ihm Zeit gelassen hätte, nachzusinnen.

4
Savannah-la-Mar

Dieser melancholischen Galerie grosser Bilder – beweglicher Allegorieen der Traurigkeit –, darin ich (ich weiss nicht, ob der Leser, der sie nur im Auszuge sieht, dieselbe Empfindung haben kann) einen ebenso musikalischen wie malerischen Reiz finde, fügt sich ein Stück an, das man als das Finale einer breiten Symphonie betrachten kann.

„Gott hat Savannah-la-Mar geschlagen und es in e i n e r Nacht hinabgesenkt, mit all seinen Monumenten, die noch aufrecht stehen, und mit seiner Bevölkerung, die in Schlummer gesunken ist, hinab an den Felsengehängen des Ufers bis tief auf das Korallenbett des Oceans. Gott sprach: Ich habe Pompeji eingesargt und habe es den Menschen verborgen durch sieben Jahrhunderte; ich werde auch diese Stadt einsargen, doch verbergen werde ich sie nicht. Sie soll für die Menschen ein Denkmal meines geheimnisschweren Zornes sein; all ihre Generationen hindurch sollen sie sie in azurenem Lichte erblicken; denn ich werde sie in den krystallenen Schrein meiner tropischen Meere einschliessen." Und oft bei klarer Meeresstille gewahren die Schiffer, die des Weges fahren, durch die glasigen Wasser hindurch diese schweigende Stadt, die wie unter einer Glocke bewahrt erscheint, und können mit dem Blicke ihre Plätze und ihre Terrassen durcheilen, und können ihre Thore zählen und die Glocken ihrer Kirchen. „Ein grosser Friedhof, der das Auge bannt wie eine feenhafte Offenbarung des menschlichen

Lebens, das in den unterseeischen Versunkenheiten die Zeiten überdauert, den Stürmen fern, die unsere Atmosphäre in Aufruhr bringen." Viele Male hat er mit seinem Schwarzen Führer, viele Male im Traume die unverletzliche Einsamkeit von Savannah-la-Mar besucht. Sie blickten beide in die Glockenstühle, darin die reglosen Glocken vergeblich der Hochzeiten harrten, die sie verkünden wollten; sie traten nahe an die Orgeln heran, welche nicht mehr die Wonnen des Himmels celebrierten, noch die Trübsale des Menschen; gemeinsam besuchten sie die in Schweigen liegenden Schlafsäle, darinnen alle Kinder seit fünf Generationen schlummerten.

„,Sie erwarten das himmlische Morgenrot' – spricht ganz leis bei sich selber der Schwarze Führer und wann dies Morgenrot erstehen wird, so werden alle Glocken und Orgeln ein jubelndes Hosiannah anstimmen, – die Echo des Paradieses werden es widertönen.' Und dann wandte er sich zu mir und sprach: Siehe, ein Anblick, der zu Schwermut und Klage stimmt; doch ein geringeres Unheil hatte den Plänen Gottes nicht genügt. Begreife das wohl ... Die ,gegenwärtige Zeit' reduziert sich auf einen mathematischen Punkt, und selbst dieser mathematische Punkt vergeht tausendmal, bevor wir haben versichern können, dass er entstehe. In der Gegenwart ist alles endlich, – ebenso wie dieses Ende unendlich ist in der Schnelligkeit seiner Flucht dem Tode zu. In Gotte aber giebt es kein Ende; in Gotte giebt es nichts als Wandlung; in Gotte ist nichts, das sich zum Tode neigt. So ergiebt sich, dass für Gott die Gegenwart nicht existiert. Für Gott besteht die Gegenwart im Zukünftigen; und diesem Zukünftigen opfert er die Gegenwart des Menschen. Darum verrichtet er im Erdbeben sein Werk. Darum verrichtet er sein Werk im Schmerze. O tief pflügt er im Erdbeben sein Land! O tief – und hier erhob sich seine Stimme wie ein ‚Sanctus', das aus dem Chore einer Kathedrale aufwärts steigt – tief ist die Pflugarbeit des Schmerzes! Doch dessen bedarf es, damit der Herr seinen Acker wohl bestelle. In einer Nacht erschüttert er die Erde, doch liebliche Wohnungen erbaut er den Menschen darauf für tausend Jahre. Dem Schmerze eines Kindes entpresst er reichen Gewinn, dem Winzer gleich, wann er die Trauben keltert, – einen Gewinn, der anders ihm nie geworden wäre. Hätte er minder grausam und tief gepflügt: der widerspenstige Boden wäre nicht gelockert. Der Erde, unserm Planeten, der Wohnstätte des Menschen thut die Erschütterung not; und öfter noch ist der Schmerz notwendig, da er das mächtigste Werkzeug Gottes ist; ja – und er blickte mich feierlich dabei an – ‚unerlässlich ist er den geheimnisvollen Kindern der Erde!'"

IX

Schluss

Diese langen Träumereien, diese poesievollen Bilder illustrieren trotz ihres zumeist symbolischen Charakters für einen intelligenten Leser besser die Geistesart unseres Autors, als weitere Anekdoten oder biographische Notizen es vermöchten. Im letzten Teile der ‚Suspiria' kehrt er noch einmal gleichsam mit Behagen zu den Jahren zurück, die nunmehr schon so ferne liegen; und was nun wahrhaft kostbar ist, dort wie an anderen Stellen, ist nicht so sehr die Thatsache, wie der Kommentar, ein Kommentar, der oftmals schwarz und bitter ist und trostlos; einsames Denken, das sich weit hinausschwingen möchte über diese Erde, weit hinaus über den Schauplatz des menschlichen Ringens und Kämpfens; mächtige Flügelhiebe dem Himmel zu; der Monolog einer Seele, die ewig allzu leicht verwundbar war. Hier, wie in den schon analysierten Partieen, ist der Gedanke jener ‚Thyrsos', von welchem er so hübsch gesprochen hat, mit der Aufrichtigkeit eines Landstreichers, der sich selber recht gut kennt. Der Stoff hat keinen anderen Wert als ein nackter, trockener Stab; aber die Bänder, das Weingerank und die Blumen können durch ihre ausgelassenen Verschlingungen einen Reichtum bedeuten, der den Augen köstlich ist. Der Gedanke De Quinceys ist nicht allein ‚gewunden'; das Wort ist noch nicht stark genug : er ist natürlich spiralig. Übrigens würde die Analyse dieser Kommentare und Reflexionen sehr langwierig sein, und ich muss mich erinnern, dass der Zweck dieser Arbeit war: an einem Beispiele die Wirkungen des Opium auf einen nachdenksamen, zur Träumerei genagten Geist zu zeigen. Ich glaube diesen Zweck erfüllt.

Ich will nur noch hinzufügen, dass der einsame Denker gern auf jene frühreife Sensibilität zurückkommt, welche die Quelle so vieler Schrecken und so vieler Genüsse für ihn war; auf seine unermessliche Liebe zur Freiheit, und auf den Schauder, den das Gefühl der Verantwortlichkeit ihm einflösste. „Der Schrecken des Lebens mischte sich schon in meiner ersten Jugend mit der himmlischen Süsse des Lebens." In diesen letzten Seiten der ‚Suspiria' ist etwas Düsteres und Ätzendes, das anderen als den irdischen Bereichen angehört. Hier und da, bei Gelegenheit von Jugendabenteuern, klingt noch einmal der Frohsinn und der gute Humor durch und die reizende Art, sich über sich selber lustig zu machen, von der er so manche Probe gegeben hat; was aber am grellsten hervorsticht, das sind die lyrischen Ausbrüche einer unheilbaren Schwermut. Ein Beispiel: Er spricht von den Wesen, die unsere Freiheit beeinträchtigen, unsere Empfindungen betrüben und die gesetzmässigsten Rechte der Jugend vergewaltigen, und ruft dabei aus: „O, wie ist es nur möglich, dass jene selber sich die Freunde dieses Mannes oder dieses Weibes nennen, da sie doch eben diejenigen sind, welche dieser Mann oder dieses Weib, mehr noch als alle übrigen, in der äussersten Stunde des Todes mit diesem Abschied grüssen wird: ‚Wollte der Himmel, ich hätte niemals euer Antlitz erblickt!'" – Oder er lässt sich wohl cynisch dieses Geständnis entfahren, welches für mich – ich gestehe es mit dem gleichen Freimut – einen fast brüderlichen Reiz besitzt: „Gemeinhin waren die raren Individuen, die meinen Abscheu erregt haben in dieser Welt, Leute in besten Verhältnissen und von gutem Renommee. Was die Narren betrifft, die ich gekannt habe – und ihre Zahl ist nicht gering –, so denk' ich an sie, an alle ohne Ausnahme, mit Pläsier und Wohlgefallen zurück." Beiläufig bemerkt, kehrt diese schöne Reflexion noch wieder mit Bezug auf den Rechtsanwalt mit den zweideutigen Geschäften. – Oder an einer anderen Stelle versichert er: „Wenn das Leben sich magisch vor uns aufthun könnte, wenn unser Auge, noch jung, im stande wäre, die Korridore dieses Gasthauses zu durchlaufen und seine Säle und Zimmer einer Prüfung zu unterziehen – die Schauplätze der künftigen Tragödien und Züchtigungen, die unser harren: wir und unsere Freunde, alle würden wir zitternd vor Schreck zurücktaumeln!"

Nachdem er mit unnachahmlicher Anmut und Üppigkeit der Farben ein Bild von häuslichem Behagen und keuschem Glanz entworfen hat – Schönheit und Güte, eingefasst in den Rahmen des Reichtums —, zeigt er uns der Reihe nach die anmutigen Heldinnen der Familie, alle, von der Mutter bis zur Tochter, und jede schreitet durch schweres, unheildüsteres Gewölk; und er schliesst mit den Worten: „Wir können dem Tode ins Auge sehen; wüssten wir aber, wie einige unter uns das heute wissen, was das menschliche Leben ist: wer könnte ohne Schauder – angenommen, ihm sei davon Nachricht geworden – der Stunde seiner Geburt ins Auge blicken?"

Ein Opium-Esser

Ich finde unten auf einer Seite eine Anmerkung, die, in Beziehung gebracht zu De Quinceys kürzlich erfolgtem Ableben, einen trauervollen Eindruck machen muss. Die ‚Suspiria de profundis' sollten nach dem Gedanken des Autors eine eigenartige Ausdehnung und Erweiterung erfahren. Die Note kündigt an, dass die Legende von den Schwestern der Traurigkeiten eine natürliche Einteilung für spätere Veröffentlichungen liefern solle. Wie sich also der erste Teil – der Tod der Elisabeth und die Leiden ihres Bruders – logisch auf die Madonna oder Unsre Liebe Frau der Thränen bezieht, so sollte ein neuer Teil, ‚Die Welten der Parias', sich an Unsre Liebe Frau der Seufzer wenden; schliesslich sollte Unsre Liebe Frau der Finsternisse ‚das Reich der Verfinsterung unter ihre Obhut nehmen'. Aber der Tod, den wir nicht zu Rate ziehen bei unseren Plänen und nicht um seine Zustimmung befragen können, der Tod, der uns träumen lässt von Glück und Ruhm und niemals ‚Ja' oder ‚Nein' dazu sagt, bricht jach hervor aus seinem Hinterhalte und zertrümmert mit einem Flügelhiebe unsere Träume und die idealen Architekturen, darin wir in Gedanken den Ruhm unsrer letzten Tage vor aller Fährnis schützten!

Anhang

Über den Wein

I
Brillat-Savarin und Hoffmann über den Wein

Ein sehr berühmter Mann, der zugleich ein grosser Dummkopf war – zwei Dinge, die sich anscheinend sehr gut vereinigen lassen, wie ich zweifellos mehr als einmal das schmerzliche Vergnügen haben werde zu erweisen –, hat es gewagt, in einem Buche über die ‚Tafel' das unter dem zwiefachen Gesichtspunkte der Hygiene und des Genusses abgefasst ist, über den Artikel WEIN zu schreiben, was folgt: „Der Patriarch Noah gilt für den Erfinder des Weines; es ist das ein Liqueur, der aus der Frucht des Weinstockes gewonnen wird."

Und weiter? Weiter nichts; c'est tout! Ihr könntet lange in dem Buche blättern, es hin und her wenden wie ihr nur möchtet, von hinten lesen oder das Buch auf den Kopf stellen, von rechts nach links und von links nach rechts lesen: nichts anderes würdet ihr finden über den Wein in der Physiologie des Geschmacks, des sehr berühmten und sehr geschätzten Brillat-Savarin: „Der Patriarch Noah …" und: „es ist das ein Liqueur …"

Ich nehme an: Ein Bewohner des Mondes oder eines fernen Planeten bereist unsere Erde und gedenkt, ermüdet von seinen langen Fahrten, sich den Gaumen zu erfrischen und den Magen zu stärken. Er beabsichtigt, sich in den Strom der Genüsse und der Gewohnheiten unsrer Erde zu stürzen. Flüchtig hat er von köstlichen Liqueuren sprechen hören, mit deren Hülfe die Bürger dieses Balles sich nach Belieben Mut und Heiterkeit verschaffen. Um sicherer zu gehen in seiner Wahl, öffnet der Mondbewohner das Orakel des Geschmacks, den berühmten und unfehlbaren Brillat-Savarin, und findet dort bezüglich des Artikels WEIN diese kostbare Kennzeichnung. Der Patriarch Noah ... und: dieser Liqueur wird gewonnen ... Das in durchaus verdaulich. Das ist sehr einleuchtend. Es ist unmöglich, nachdem man diese Phrase gelesen hat, nicht eine richtige, klare Vorstellung zu haben von allen Weinen, von ihren verschiedenen Qualitäten, von ihren Unannehmlichkeiten, von ihrer Macht über Magen und Gehirn.

Ach, liebe Freunde, lest nicht Brillat-Savarin! „Gott bewahrt diejenigen, welche er liebt, vor unnützen Lektüren", das ist die erste Maxime eines kleinen Buches von Lavater, einem Philosophen, der die Menschen mehr geliebt hat, als alle Behörden der alten und der modernen Welt. Man hat keinen Kuchen auf den Namen Lavaters getauft[1]; aber die Erinnerung an diesen engelhaften Menschen wird in der Christenheit noch fortleben, wenn die braven Bürger selber den Brillat-Savarin vergessen haben werden, dieses fade Gebäck, dessen geringster Fehler es noch ist, dass er als Vorwand dient für ein G e s c h w ä t z von albern pedantischen Maximen, die diesem famosen Meisterwerke entnommen sind.

Wenn eine neue Ausgabe dieses falschen Meisterwerkes den guten Geschmack der modernen Menschheit zu beleidigen wagt: ihr Trinker, melancholisch oder lustig, ihr alle, die ihr im Weine Vergessen oder Erinnerung sucht

---
[1] Nach Brillat-Savarin ist ein Kuchen benannt. M. B.

und die ihr, niemals genug findend für euer Begehren, den Himmel schliesslich nur noch durch die bauchige Wölbung eurer Flasche anseht[1]); vergessene und verkannte Trinker: würdet ihr euch ein Exemplar kaufen und Böses mit Gutem, Gleichgültigkeit mit Wohlthat vergelten?

Ich schlage die ‚Kreisleriana' des göttlichen Hoffmann auf, und ich lese darin eine sonderbare Empfehlung. Der gewissenhafte Musiker soll sich des Champagners bedienen, um eine komische Oper zu schreiben. Er wird dort die leichte, prickelnde Ausgelassenheit finden, die das Genre erfordert. Die Kirchenmusik braucht Rhein- oder Franzwein. Wie auf dem Grunde der tiefsinnigen Ideen wird er dort eine berauschende Herbheit finden. Doch die heroische Musik kann des Burgunders nicht entraten; er hat den grossen Schwung und das Fortreissende, das auch dem Patriotismus eignet. – Das ist gewisslich etwas Besseres, und, abgesehen von dem leidenschaftlichen Empfinden eines Trinkers, Ende ich darin eine Unparteilichkeit, die einem Deutschen die grösste Ehre macht.[2])

Hoffmann hatte ein eigenartiges psychologisches Barometer aufgestellt, das bestimmt war, ihm die verschiedenen Temperaturen und die atmosphärischen Phä-

---

[1]) Béroalde de Verville, „Moyen de parvenir". C. B.
[2]) Die angezogene Stelle lautet bei Hoffmann:
„Sollte es wirklich geraten sein, dem innern Fantasie-Rade Geistiges aufzugiessen (welches ich doch meine, da es dem Künstler nächst dem rascheren Schwunge der Ideen eine gewisse Behaglichkeit, ja Fröhlichkeit giebt, die die Arbeit erleichtert), so könnte man ordentlich Rücksichts der Getränke gewisse Prinzipien aufstellen. So würde ich z. B. bei der Kirchenmusik alte Rhein- und Franzweine, bei der ernsten Oper sehr feinen Burgunder, bei der komischen Oper Champagner, bei Kanzonetten italiänische feurige Weine anraten."
(Kreisleriana: 5. Höchst zerstreute Gedanken.) – M. B.

nomene seiner Seele anzuzeigen; man findet die Einteilungen wie die folgenden: „Leicht ironischer Geist, durch Nachsicht gemässigt; Geist der Einsamkeit, verbunden mit tiefem Selbstgenügen; musikalische Lustigkeit, musikalischer Enthusiasmus, musikalischer Sturm; sarkastische Lustigkeit, mir selber unerträglich; Streben, aus meinem Ich herauszutreten, äusserste Objektivität, Fusion meines Wesens mit der Natur." Selbstverständlich waren die Einteilungen auf Hoffmanns moralischem Barometer in ihrer fortschreitenden Reihenfolge angeordnet, entsprechend der Einrichtung der gewöhnlichen Barometer. Zwischen diesem psychischen Barometer und der Erklärung der musikalischen Qualitäten der Weine scheint mir eine evidente Verwandtschaft zu bestehen.

Im Augenblicke, da der Tod kam, ihn hinwegzuraffen, begann Hoffmann, Geld zu verdienen. Das Glück lächelte ihm. Wie unser teurer grosser Balzac, sah auch er allein in seiner letzten Zeit das Nordlicht seiner ältesten Hoffnungen endlich erglänzen. Zu dieser Zeit hatten die Verleger, die sich um seine Erzählungen für ihre Almanache rissen, die Gewohnheit, um sich bei ihm lieb Kind zu machen, ihrer Geldsendung eine Kiste mit französischem Weine beizufügen.

II

Von den Wohlthaten des Weines

Tiefe Freuden des Weines, wer hat euch nicht gekannt? Wer immer einen Gewissensbiss zu beschwichtigen, eine Erinnerung heraufzubeschwören, einen Schmerz zu ertränken, ein Schloss in Spanien zu bauen hatte, kurz, alle haben dich angerufen, geheimnisvoller Gott, der du dich verbirgst in den Fasern der Weinbeere. Der Wein! – Wie gross sind doch die Schauspiele, die er aufführt und die er durch die innere Sonne beleuchtet! Wie ist sie wahr und voller Inbrunst, diese zweite Jugend, die der Mensch aus ihm schöpft! Aber auch: wie fürchterlich sind seine niederschmetternden Wonnen und seine entnervenden Bezauberungen! Und dennoch saget, nach Seele und Gewissen, ihr Richter, Gesetzgeber, Männer der Welt, ihr alle, die ihr weich gebettet seid, denen das Glück die Tugend und die Gesundheit freigiebig in den Schoss warf, – saget: Wer unter euch würde den mitleidlosen Mut haben, den Menschen zu verdammen, der im Trunke den Geist sich kräftigt?

Übrigens ist der Wein nicht stets dieser furchtbare Ringer, der seines Sieges gewiss ist und sich geschworen hat, nicht Mitleid noch Dankbarkeit walten zu lassen. Der Wein ist wie der Mensch: man wird niemals recht wissen, bis zu welchem Grade man ihn schätzen oder verachten, ihn lieben oder hassen kann, noch, wie vieler hervorragender Handlungen oder ungeheuerlicher Missethaten er fähig ist. Seien wir also nicht grausamer gegen ihn als wie gegen uns selber und behandeln wir ihn als unseresgleichen.

Bisweilen glaub' ich den Wein sagen zu hören – er spricht mit seiner Seele, mit jener Stimme der Geister, die nur den Geistern wiederum verständlich ist: „Mensch, mein viel-geliebter! Meinem Glasgefängnisse und meinem Korkverschlusse zum Possen will ich ein Lied voller Brüderlichkeit für dich anstimmen, ein Lied voll Lust und Licht und Hoffnung. Ich bin durchaus nicht undankbar; ich weiss wohl, dass ich dir das Leben danke. Ich weiss, dass du um mich Last und Hitze auf deinen Schultern getragen hast. Du hast mir das Leben gegeben; ich werde dich dafür belohnen. Reichlich will ich meine Schuld dir abbezahlen; denn ich empfinde eine ausserordentliche Lust, wenn ich hinunterstürze in die Tiefe einer Kehle, die durch die Arbeit angegriffen ist.

Die Brust eines rechtschaffenen Mannes ist denn doch ein Aufenthaltsort, der mir weit besser behagt, als diese melancholischen, empfindunglosen Höhlen. Das ist gar ein lustiges Grab, darin ich mit Enthusiasmus mein Geschick erfülle. Ich veranstalte einen grossen Wirrwarr im Magen des Arbeiters, und von dort stürz' ich auf unsichtbaren Leitern in sein Gehirn, darin ich meinen tollsten Tanz vollführe.

„Hörst du die mächtigen Refrains der alten Zeiten in mir sich regen und widerhallen, die Gesänge der Liebe und des Ruhmes? Ich bin die Seele des Vaterlandes; halb bin ich galant, halb bin ich militärisch. Ich bin die Hoffnung der Sonntage. ‚Arbeit macht den Alltag süss', – Wein beseligt die Sonntage. Die Ellenbogen auf den Tisch gestemmt und die Ärmel aufgestreift, wirst du voll Stolz mein Loblied singen und wirst fürwahr mit mir zufrieden sein.

„Ich werde die Augen deiner alten Frau entflammen, der alten Genossin deiner täglichen Leben und deiner noch älteren Hoffnungen. Mildern werd' ich ihren Blick und werde auf den Grund ihres Auges den Schimmer ihrer Jugend senken. Und dein lieber Kleiner, das Blässchen, das arme kleine Eselchen, das an die gleiche Arbeit gespannt ist wie das Gabeltier, ihm werd' ich die schönen Farben seiner Wiege wiedergeben und werde für diesen neuen Ringer des Lebens das Öl sein, das die Muskeln der alten Ringer schmeidigte.

„Wie ein vegetalisches Ambrosia werd' ich tief in deine Brust hinabgleiten. Ich werde das Korn sein, das fruchtend in die vom Schmerz gepflügte Furche sinkt. Unsre herzinnige Vereinigung wird die Poesie erschaffen. Wir beide, wir werden zuzweit einen Gott bilden und uns emporschwingen ins Unendliche, wie die Vögel, die Schmetterlinge, die Marienkindchen, wie die Düfte und alle beflügelten Dinge."

Ich habe oft gedacht, dass sich, wenn Christus heute auf der Anklagebank erschiene, gewiss irgend ein Staatsanwalt finden würde, der darthäte, sein Fall sei erschwert durch Rückfälligkeit. Der Wein nun, der ist alle Tage rückfällig: Alle Tage wiederholt er seine Wohlthaten. Das erklärt auch zweifellos die Erbitterung der Moralisten gegen ihn. (Wenn ich sage Moralisten, verstehe ich darunter pharisäische Pseudo-Moralisten.)

Über den Wein

Hier aber nun ein andres Bild! Steigen wir ein wenig tiefer hinab! Betrachten wir eins jener mysteriösen Wesen, die sozusagen von den Abfällen der grossen Städte leben. Denn es giebt sonderbare Berufe; ihre Zahl ist unermesslich. Oft hab' ich mit Schrecken gedacht, dass es Berufe gäbe, die keinerlei Freude in sich schlössen, Abmattungen ohne irgend etwas Erleichterndes, Schmerzen ohne jegliche Belohnung, – ich habe mich getäuscht. Da seht einen Mann, dessen Arbeit es ist, die Überreste eines Tages der Hauptstadt aufzusammeln. Alles, was die grosse Stadt ausgeworfen, alles, was sie verloren, alles, was sie verschmäht, alles, was sie zerbrochen hat, er sammelt und ordnet es. Er registriert die Archive der Ausschweifung, die Chronik der verworfensten Bordelle. Er trifft eine Auslese, wählt und sondert mit Intelligenz; er sammelt – wie ein Geizhals einen Schatz – all den Unrat, der, wiedergekäut durch die Gottheit der Industrie, zu nutzbaren oder ergötzlichen Gegenständen verwandelt werden wird. Da seht ihn, wie er beim halben Flackerlicht der Strassenlaternen, die der Nachtsturm ängstet, eine der langen Marterstrassen heruntersteigt, die die kleinen Leute vom Berge Saint-Geneviève bevölkern. Er ist bekleidet mit seinem ‚Bastshawl Nr. 7'. Kopfschüttelnd kommt er heran, und schlürft stolpernd über die Pflastersteine, wie die jungen Dichter, die ihre Tage verbringen, indem sie umherirren und nach Reimen suchen. In der Einsamkeit redet er mit sich selber; in die kalte, dustre Nachtluft schüttet er seine Seele aus. Das ist ein glänzender Monolog; die lyrischesten Tragödien können einen danach nur noch dauern. „Vorwärts marsch! Division, Tête, Armee!" Genau wie Bonaparte im Todeskampfe auf Sankt Helena! Die Numero sieben scheint in ein Eisenscepter verwandelt, und der ‚Bastshawl', in einen Kaisermantel. Jetzt begrüsst er seine Armee. Die Schlacht ist gewonnen, aber der Tag ist heiss gewesen. Unter den Triumphbogen reitet er daher. Mit Entzücken lauscht er dem enthusiastischen Jubelrufe der Menge. Sogleich wird er einen Codex diktieren, besser als alle Codices, die man kennt. Feierlich schwört er, dass er seine Völker glücklich machen werde. Elend und Laster sind verschwunden auf Erden!

Und indes hat er sich Rücken und Schultern zerschunden unter der Last seines Tragkorbes. Er wird gequält von Nahrungssorgen. Vierzig Jahre Arbeit und lange Wege sind ihm eine Knochenmühle gewesen. Das Alter peinigt ihn. Aber der Wein, ein neuer Paktolos, wälzt ein geistiges Gold durch die ermattete Menschheit. Wie die guten Könige, regiert er durch seine Dienstleistungen und besingt seine Heldenthaten durch den Mund seiner Unterthanen.

Es giebt auf dem Erdballe eine unzählbare, unnennbare Menge Menschen, deren Schlummer ihre Leiden nicht genugsam einschläfern würde. Der Wein singt ihnen Lieder und Gesänge.

Viele Personen werden mich zweifellos recht nachsichtig finden. „Du beschönigst die Völlerei; du idealisierst die Liederlichkeit!" Ich gestehe, dass ich angesichts der Wohlthaten nicht den Mut habe, die Nachteile aufzuzählen. Übrigens hab' ich ja gesagt, der Wein sei wie der Mensch, und habe zugegeben, dass die Zahl ihrer Tugenden der ihrer Laster gleichkomme. Kann ich mehr thun? Ich habe übrigens eine andere Idee. Wenn der Wein aus der menschlichen Produktion ausschiede, so würde, glaub' ich, in der Gesundheit und dem Intellekt unseres Planeten eine Leere, eine Abwesenheit, ein Defekt entstehen, viel schrecklicher als alle Ausschweifungen und Verirrungen für die man den Wein verantwortlich macht. Ist es nicht ein ganz einleuchtender Gedanke, dass die Leute, die – aus Naivetät oder aus System – niemals Wein trinken, entweder Schwachköpfe oder aber Scheinheilige sein müssen – Schwachköpfe, das will sagen: Menschen, die weder die Menschheit kennen, noch die Natur; Künstler, welche die traditionellen Mittel der Kunst zurückweisen; Werkleute, welche die Mechanik lästern; – Scheinheilige, das will sagen: schändliche Gourmands, Nüchternheitsprahler, die im verborgenen trinken und irgend ein geheimes Laster haben? Ein Mensch, der nur Wasser trinkt, hat seinen Mitmenschen ein Geheimnis zu verbergen.

Man urteile doch: Vor einigen Jahren machte in einer Gemälde-Ausstellung die Menge der Schwachköpfe ein Geschrei von einem Bilde, das glänzend, glatt gebohnt und gefirnisst war wie ein Erzeugnis der Industrie. Es war das die absolute Antithese der Kunst; zur Drollingschen Küche verhielt es sich just wie die Menge zur Dummheit, wie die Fanatiker zum Nachahmer. In dieser mikroskopischen Malerei sah man das Fliegen der Bienen. Ich ward von diesem monströsen Dinge angezogen, wie alle Welt; jedoch schämte ich mich dieser sonderbaren Schwäche: denn das war die Anziehungskraft des Scheusslichen. Schliesslich merkte ich, dass ich, ohne es zu wissen, von einer philosophischen Neugier besessen war: von dem starken Velangen zu erfahren, welcher Art der sittliche Charakter des Mannes sein möchte, dessen Kindskopf eine solch schreckliche Extravaganz verbrochen hatte. Ich wettete mit mir selber, dass er von Grund aus schlecht sein müsse. Ich liess Erkundigungen einziehen und mein Instinkt hatte das Pläsier, die psychologische Wette zu gewinnen: Ich erfuhr, das Ungeheuer stehe regelmässig vor Tagesanbruch auf, habe seine Aushälterin ruiniert und trinke nur Milch![1])

Nun noch ein oder zwei Geschichten, und wir werden zum Schlusse kommen. – Eines Tages sah ich auf einem Trottoir einen gewaltigen Menschenauflauf; ich blickte über die Schultern der Gaffer hinweg und sah folgendes: Ein Mann lag auf dem Rücken am Boden ausgestreckt, die Augen offen und zum Himmel emporgewandt; ein anderer stand aufrecht vor ihm und sprach allein durch Gestikulationen, während der Mann am Boden allein durch Blicke antwortete; und in beider Wesen war eine wunderbare Leutseligkeit des Herzens. Die Gesten des Mannes, der aufrecht stand, sagten der Intelligenz des ausgestreckt

---

[1]) Hab' ich nötig, hier erst noch die dringende Bitte auszusprechen, diesen Absatz von dem malenden Ungeheuer ja als vollkommensten Ernst zu nehmen und lieber die Äusserung eines heiligen Künstlerzornes als auch nur die mindeste Neigung zu Scherz darin zu erblicken? Man kann vielleicht hier und da einen ebenso strengen Ästhetiker wie Baudelaire finden, gewiss aber keinen strengeren und unerbittlicheren. Seine ganze Verachtung gegen die Leute, die handwerkliche Mache als ‚Kunst' geben zu können glauben, wird man in den ästhetischen Abhandlungen der weiteren Bände mit unwiderleglicher Schärfe und Klarheit ausgesprochen finden. Interessant – und mehr als das – ist sein Urteil über einen zeitgenössischen Maler: „Ich glaubte einmal, H. sei ein grosser Künstler, doch scheint es, dass er nur ein Maler ist." – Dass technische Fähigkeit und Künstlerschaft zwei Anlagen sind, die einzig beim Genie zusammenfallen, hab' ich schon in der Fussnote über ‚Musik' hervorgehoben. – M. B.

daliegenden: „Komm, komm noch weiter; da ist das Glück, zwei Schritte von hier; komm bis an die Strassenecke. Wir haben das Gestade des Leids noch nicht ganz aus den Augen verloren, wir sind noch nicht auf der offenen See der Träume; voran, Mut, Freund; sag deinen Beinen, dass sie deine Gedanken nicht beschämen sollen." All dies unter harmonisch schaukelndem Geschwank. Der andere war offenbar schon auf hoher See – nebenbei bemerkt: er schwamm in der Gosse –, denn sein seliges Lächeln erwiderte: „Lasse deinen Freund in Frieden. Das Gestade des Leids ist hinter den wohlthätigen Nebeln genugsam verschwunden; ich habe nichts mehr zu fordern vom Himmel der Träume." Ich glaube sogar eine lallende Redensart oder vielmehr einen lallend in Worte gekleideten Seufzer vernommen zu haben, der sich seinem Munde entstahl: „Man muss . . vernünftig sein." Das ist der Gipfel der Erhabenheit.

Aber im Rausche giebt es noch Hyper-Erhabenes, wie man gleich sehen wird. Voller Nachsicht begiebt sich der Freund allein in die Schenke, und kommt dann, einen Strick in der Hand, wieder zum Vorschein. Zweifellos vermochte er die Idee nicht zu ertragen, allein zu sein auf seiner Fahrt nach dem Glück; darum kam er, seinen Freund im Wagen abzuholen. Der Wagen ist eben der Strick; den bindet er ihm um die Lenden. Der Freund, lang hingestreckt, lächelt: offenbar hat er seinen mütterlichen Gedanken begriffen. Der andere macht einen Knoten; dann setzt er sich in Bewegung wie ein sanftes, frommes Pferd, und fährt seinen Freund bis zur Stätte des Glücks. Der Mann, der gefahren oder vielmehr gezogen wird und dabei mit seinem Rücken das Pflaster poliert, lächelt beständig ein unauslöschliches Lächeln. – Die Menge bleibt verdutzt stehen; denn was übermässig schön ist, was die poetischen Kräfte des Menschen übersteigt, verursacht mehr Erstaunen als Rührung. –

Da war ein Mann, ein Spanier, ein Guitarrespieler, der lange Zeit mit Paganini reiste: es war vor der Epoche der grossen allgemeinen Berühmtheit Paganinis.

Sie führten zuzweit das grosse Vagabundenleben der Zigeuner, der herumstreifenden Musiker, der Leute ohne Vaterland und Familie. Alle beide, Violine und Guitarre, gaben überall, wo sie durchreisten, Konzerte. So sind sie lange in verschiedenen Ländern umhergeirrt. Mein Spanier hatte ein derartiges Talent, dass er, wie Orpheus, sagen konnte: „Ich bin der Meister der Natur."

Überall, wo er durchkam und seine Saiten rupfte und sie harmonisch unter seinem Daumen hüpfen liess, war er gewiss, von einer Menschenmenge verfolgt zu werden. Im Besitze solch eines Geheimnisses stirbt man niemals Hungers.

Man folgte ihm, wie man Christo folgte. Wie könnte man auch einen Mann von Tisch und Thüre weisen, der ein Genie ist, ein Zauberer, der eure Seele ihre schönsten, heimlichsten, unbekanntesten, mysteriösesten Lieder hat singen lassen! Man hat mir versichert, dieser Mann habe auf einem Instrumente, das nur aufeinander folgende Töne angiebt, mit Leichtigkeit forthallende Töne hervorgebracht. Paganini bewachte die Börse, er hatte die Verwaltung des Staatssäckels; und das wird niemanden verwundern.

Die Kasse hatte ihren Reiseplatz auf dem Leibe des Verwaltungsbeamten; bald war sie oben, bald unten, heute in den Stiefeln, morgen zwischen zwei Rocknähten. Verlangte der Guitarrist, ein starker Trinker, Rechenschaft über den Stand der Finanzen, so antwortete Paganini es sei nichts mehr da, oder wenigstens so gut wie nichts; denn Paganini war wie die alten Leute, die ewig fürchten, dass sie ‚nicht auskommen'. Der Spanier glaubte es, oder stellte sich, als glaubte er's, und die Augen fern auf den Horizont des Weges geheftet, rupfte und quälte er seine unzertrennliche Genossin. Paganini marschierte auf der anderen Seite des Weges. Das war ein gegenseitiges Übereinkommen, das sie getroffen hatten, um einander nicht zu genieren. So übte und arbeitete ein jeder während des Marsches.

Kamen sie dann in einen Ort, der einige Aussicht auf Kasse verhiess, so spielte der eine von ihnen eine seiner Kompositionen und der andere improvisierte ihm zur Seite eine Variation, eine Begleitung, eine Gegenstimme. Von all der Fröhlichkeit und all der Poesie, die in diesem Troubadourleben steckten, wird niemals jemand etwas erfahren.

Sie verliessen einander, ich weiss nicht warum. Der Spanier reiste allein. Eines Abends langt er in einer kleinen Stadt im Jura an. Durch Plakate und Annoncen lässt er ein Konzert in einem Saale des Rathauses ankündigen. Das Konzert: das ist er; eine Guitarre – und sonst nichts. Er hatte sich durch Spielen in einigen Cafés bekannt gemacht, und es waren einige Musiker in der Stadt, die von diesem ungewöhnlichen Talente frappiert gewesen waren. Schliesslich kam denn auch ein grosses Publikum herzu.

Mein Spanier hatte in einem Winkel der Stadt, dem Friedhofe zur Seite, einen anderen Spanier, einen ‚Landser' aufgegabelt. Dieser war eine Art Begräbnis-Unternehmer, ein Marmorhauer, der Grabsteine schlug. Wie alle Leute mit düsteren Gewerben trank er gern. So brachten denn die Flasche und das gemeinsame Vaterland die beiden einander näher; der Musiker verliess den Marmorhauer nicht mehr. Selbst am Tage des Konzerts, als die Stunde angebrochen war, waren sie zusammen; – aber wo? Das eben ist die Sache! Alle Schenken der Stadt, alle Caféhäuser wurden abgeklappt. Zuguterletzt grub man ihn denn mit seinem Freunde in einem unbeschreiblichen Loche aus, vollständig betrunken, alle beide. Folgen Scenen analog denen zwischen Kean und Friedrich. Schliesslich willigt er ein: er will gehen und spielen! Aber da hat ihn plötzlich der Teufel mit einer fixen Idee: „Du sollst mit mir spielen!" sagt er zu seinem Freunde. Der weigert sich; er hatte wohl eine Geige, spielte sie aber wie der fürchterlichste Bierfiedler. – „Du spielst, oder ich spiele eben auch nicht!"

Da helfen nicht viele Worte noch Vernunftgründe; da heisst es einfach: nachgeben. Nun sehe man die beiden auf der Estrade, vor der feinen Bourgeoisie des Ortes. „Hol Wein her!" sagt der Spanier. Der Begräbnis-Unternehmer, den alle Welt kennt, doch nicht im mindesten als Musiker, war allzu berauscht, als dass er hätte Scham empfinden können. Nachdem der Wein gebracht ist, hat man schon nicht mehr die Geduld, die Flaschen zu entkorken. Meine garstigen Galgenstricke guillotinieren sie mit Messerhieben, wie die ungebildeten Leute. Man denke: welch schöner Effekt für die Provinz in grosser Toilette! Die Damen ziehen sich zurück, und vor diesen beiden Betrunkenen, die halb den Anschein von Irren erwecken, retten sich viele Leute empört durch schleunige Flucht.

Die aber, bei denen die Neugier die Scham noch überwog und die den Mut hatten, zu bleiben, konnten wirklich von Glück sagen. „Fang an!" sagt der Guitarrist zu dem Marmorhauer. Es ist unmöglich, die Art von Tönen zu beschreiben, die nun aus der betrunkenen Geige erklangen: Bacchus im Delirium mit einer Säge einen Stein zerschneidend. Was spielte er, oder vielmehr: was versuchte er zu spielen? Es thut wenig zur Sache; das erstbeste Lied, das ihm einfiel. Plötzlich rauscht eine Melodie auf, energisch und doch einschmeichelnd, kapriziös und einfach zugleich, die umhüllt, erstickt, löscht, verbirgt das linkische Gekratze. Die Guitarre singt so laut, dass man die Geige nicht mehr hört. Und dennoch ist es ganz das Lied, weingetränkt das Lied, das der Marmorhauer begonnen hatte.

Die Guitarre spricht mit ungeheurer Klangfülle; sie plauscht und singt und deklamiert mit bestürzender Verve und einer Sicherheit, einer Reinheit, die der Beschreibung spotten. Die Guitarre improvisierte eine Variation über das Thema der Blindengeige. Sie liess sich von ihr führen und kleidete mütterlich und glänzend die grelle Nacktheit ihrer Töne. Mein Leser wird begreifen, dass das sich nicht beschreiben lässt. Mir hat ein wahrheitliebender, ernsthafter Augenzeuge die Sache erzählt. Das Publikum war schliesslich berauschter als er. Der Spanier ward gefeiert, beglückwünscht, bejubelt mit ungeheurem Enthusiasmus. Doch offenbar missfiel ihm der Charakter der Leute dortzulande; denn dies war das einzige Mal, dass er sich herbeiliess, dort zu spielen.

Und jetzt – wo ist er jetzt? Welche Sonne hat seine letzten Traumgebilde gesehen? Welcher Boden seine kosmopolitische Hülle aufgenommen? Welcher Graben seinen Todeskampf in Verborgenheit gehüllt? Wo sind die berauschenden Düfte der hingeschwundenen Blumen? Wo sind die feenhaften Farben der alten Sonnenuntergänge?

III

Der Mensch und der Wein

Ich habe zweifellos nicht viel Neues gelehrt. Der Wein ist allen bekannt, wird von allen geliebt. Wann es einmal einen wahrhaft philosophischen Mediziner geben wird – derlei findet man heute nicht mehr: der wird eine gewaltige Arbeit über den Wein schreiben können, eine Art Doppelpsychologie, deren beide Komponenten der Wein und der Mensch sein werden. Er wird auseinandersetzen, wieso und wodurch gewisse Getränke die Fähigkeit in sich schliessen, die Persönlichkeit des denkenden Wesens masslos zu mehren und sozusagen eine dritte Person zu erzeugen, eine mystische Operation, bei welcher der natürliche Mensch und der Wein, der animalische und der vegetalische Gott, die Rolle von Vater und Sohn in der Dreifaltigkeit spielen: sie bringen einen Heiligen Geist hervor, und dieser ist der Übermensch, der den beiden in gleicher Weise überlegen ist.

Es gibt Leute, auf die der Wein eine so mächtige Wiederbelebungskraft ausübt, dass ihre Schenkel fester werden und ihr Gehör ganz ungewöhnlich fein. Ich habe ein Individuum gekannt, dessen geschwächtes Sehvermögen im Rausche seine ursprüngliche durchdringende Kraft wiederfand. Der Wein wandelte den Maulwurf zum Adler. Ein alter unbekannter Autor hat gesagt: „Nichts gleicht der Freude des Menschen, der trinkt, es sei denn die Freude des Weines, getrunken zu werden." In der That, der Wein spielt eine intime Rolle im Leben der Menschheit, so intim, dass ich gar nicht erstaunt sein würde, wenn einige vernünftige Geister, verführt durch eine pantheistische Idee, ihm eine Art Persönlichkeit zuerkennen würden. Wein und Mensch wirken auf mich wie zwei befreundete Ringkämpfer, die unaufhörlich ringen und sich versöhnen. Immer umarmt der Besiegte den Sieger. Es giebt bösartige Trunkenbolde; doch das sind Leute, die von Natur aus schlecht sind. Der böse Mensch wird abscheulich, wie der gute hervorragend wird. –

IV

Wein und Haschisch,
verglichen als Mittel zur Vervielfältigung
der Individualität

Mir ist die Idee gekommen, im selben Buche vom Wein und vom Haschisch zu sprechen, da beide in der That etwas Gemeinsames besitzen: die ausserordentliche dichterische Offenbarung des Menschen. Der frenetische Hang des Menschen zu allen Substanzen – ob zuträglich oder gefährlich –, die seine Persönlichkeit ausser sich bringen, bezeugt seine Grösse. Er strebt beständig, seine Hoffnungen zu kräftigen und sich zur Unendlichkeit emporzuschwingen. Doch man muss aufs Ende sehen. Hier ist zunächst ein Liqueur, der die Verdauung anregt, die Muskeln kräftigt, das Blut aufbessert. Selbst in grosser Quantität genommen verursacht er nur vorübergehende Störungen. Dort dagegen ist eine Substanz, welche die Verdauung stört, die Glieder schwächt und einen Rausch von vierundzwanzigstündiger Dauer hervrufen kann. Der Wein regt die Willenskraft an; der Haschisch macht sie zu nichte. Der Wein ist eine physische Stütze, – der Haschisch eine Waffe für den Selbstmord. Der Wein macht gut und gesellig; der Haschisch isoliert, ist antisozial. Der eine ist arbeitsam, wenn ich mich so ausdrücken darf, der andre im wesentlichen träge, ungeeignet zur That. Wozu denn schliesslich auch arbeiten, sich mühen, schreiben, herstellen was es auch sei, wenn man das Paradies mit einem einzigen Schlage gewinnen kann? Schliesslich ist der Wein für das Volk da, das arbeitet und ihn zu trinken verdient. Der Haschisch gehört der Klasse der einsamen Freuden an; für die elenden Müssiggänger ist er geschaffen. Der Wein ist nützlich, er bringt fruchtbare Wirkungen hervor. Der Haschisch ist unnütz und gefährlich.[1])

---

[1]) Nur um eben daran zu erinnern, braucht man des jüngst gemachten Versuches Erwähnung zu thun, den Haschisch zur Heilung des Irrsinns anzuwenden. Der Irre, der Haschisch nimmt, beschwört einen Wahnsinn herauf, der den anderen verjagt, und wenn der Rausch vorüber ist, tritt der eigentliche Wahnsinn, der normale Zustand des Irren, wieder seine Herrschaft an, wie bei uns die Vernunft und die Gesundheit. Irgendwer hat sich die Mühe gemacht, darüber ein Buch zu schreiben. Der Arzt, der dieses schöne System erfunden hat, ist nicht der geringste in der Philosophenwelt. C. B.

V

Schluss

Ich schliesse mit einigen schönen Worten, die nicht von mir sind, sondern von einem bemerkenswerten, wenig bekannten Philosophen, Barbereau, Musiktheoretiker und Professor am Konservatorium. In einer Gesellschaft, in der einige Personen das glückselige Gift genommen hatten, befand ich mich in seiner Nähe, und da sagte er zu mir mit einem Ausdruck unsäglicher Verachtung: „Ich begreife nicht, warum der vernunft- und geistbegabte Mensch sich künstlicher Mittel bedient, um zur dichterischen Seligkeit zu gelangen, da der Enthusiasmus und der Wille genügen, zu einem übernatürlichen Dasein emporzutragen. Die grossen Dichter, die Philosophen, die Propheten sind Wesen, welche durch die reine, freie Ausübung der Willenskraft zu einem Zustande gelangen, darin sie zugleich Ursache und Wirkung, Subjekt und Objekt, Magnetiseur und Somnambule sind."

Ich denke genau wie er.

Charles Baudelaire

Schriften über Wagner, Poe, E. T. A. Hoffmann, Flaubert, Victor Hugo Zur Ästhetik der Malerei, über Maler und Karikaturisten

Übersetzt von Max Bruns

Einleitung

Mit dem vierten Bande, der hier vorliegt, ist meine deutsche Ausgabe von Baudelaires Werken dem ursprünglichen Plane ziemlich getreu zu Ende geführt. Bei solchen Gelegenheiten hat der Autor eine Bitte frei. Ich will sie in Baudelairesche Worte kleiden: **Ich bin der Ansicht, dass die Dinge der Kunst nur unter Aristokraten verhandelt werden sollten;** und: **Ein wenig Unpopularität ist eine bestätigende Weihe.** Durch diese durchsichtige Umkleidung hindurch liest der Leser nackt und klar den Wunsch: „Möchte diese Weihe dem Werke Baudelaires von den ebenso ungeschickten wie eilfertigen Händen literarischer Snobbs nicht genommen werden; es ist zum blossen Modeobjekt zu schade." Und da der Leser die heutigen Gepflogenheiten des Büchermarktes ein wenig kennt, ist ihm dieser ‚sonderbare' Wunsch begreiflich ...

Für jene, die den Originalausgaben der Werke unsers Autors nicht nähergetreten sind, fordert dieser Band eine erklärende Bemerkung: Ein Buch „Zur Ästhetik der Malerei und der bildenden Kunst" hat Baudelaire als solches nie geschrieben – wann, möcht' ich fragen, schrieb er überhaupt ein Buch? Bücher hat er fast nur konzipiert oder zusammengestellt. Seine Pläne umfassender Darlegungen und Monographien – sei es über die modernen Spielarten der Liebe, sei es über den Dandy, den Heros des modernen Lebens: gestaltet sie zu sehen, war ihm, dem Haschischisten, nicht gegeben. Hindernd war ihm gewiss auch jenes schwere, lähmende *Cui bono?*, das stets sich dem *ennui* gesellt, und das seit Chateaubriand wie ein Leit- und Leidmotiv durch die Geschichte des französischen Schrifttums hindurchgeklungen ist. Aber auch Flaubert hat dieses Wort geseufzt und immer wieder sich gefragt, welche stupide Macht ihn zwinge, Papier zu bekritzeln und sich dabei das Mark aus den Knochen zu schreiben – und dennoch h a t er geschrieben und unter Qualen und Nöten Werk nach Werk vollendet. Mit Recht darf da im Falle Baudelaires der Haschisch beschuldigt werden für dieses Dichters „schwere Tatenlosigkeit".

Nicht übrigens, als fänd' ich diese Tatenlosigkeit bedauerlich! Baudelaire schreibt in seinem Tagebuche: *„C'est par le loisir que j'ai, en parlie, grandi . . . à mon grand profit, relativement à la sensibilité, à la méditation et à la faculté du dandysme et du dilettantisme."* Das sympathische Wort eines Menschen, der mit sich selber sich bescheiden konnte. Und was übrigens war zuletzt sein ‚Dilettantismus'? Seine grosse und gleichmässige Liebe zum Schönen. Auch das Bizarre liebt er ja als ein notwendiges Ingredienz des Schönen. Denn er genoss das Schöne als eine Harmonie. Und ich verhehle nicht, dass auch seine eigene geistige Persönlichkeit auf mich zum wenigsten den harmonischen Eindruck einer solchen Schönheit macht, in der das Bizarre alles andere als eine Störung ist. Wer Baudelaires geistiges Wesen, wie es aus der Gesamtheit seines reifen Werkes spricht, recht auf sich wirken lässt, wird, denk' ich, eine moralische Ordnung der Dinge in ihm spüren müssen. ‚Moralisch' ist im Baudelaireschen Sinne freilich kein Polizeibegriff, er rührt vielmehr ans Metaphysische.

Auch die Dinge im All hangen in solcher ‚moralischen' Ordnung; eben das allgemeine Ineinanderwirken des Seienden (und dieses Ineinanderwirkens ‚praestabilierte Harmonie') ist es, was unter dem *monde moral* zu verstehen ist: ‚geistig' mag man *moral* sich übersetzen. Aus diesem Gesichtspunkt – der eine gewisse Verwandtschaft mit Joseph de Maistre erkennen lässt; mit Joseph de Maistre und zugleich mit Poe betrachtet und beurteilt Baudelaire alles, mit dem er seinen Geist beschäftigt. Auch das Verbrechen scheint ihm verwerflich, weil es diese moralische Ordnung stört; und selbst dem Genie gesteht dieser leidenschaftliche Individualist ein Vorrecht zu Doktrinen, „die beim gemeinen Manne uns mit Recht empören würden", nur soweit zu, als sie „die Ordnung nicht aus dem Gleichgewichte bringen".

Hier ist vielleicht die nur wenig abschweifende Bemerkung statthaft, dass die tiefe Tragik in Baudelaires Geschick dem äusseren (persönlichen) Widerspruch zu der betonten inneren Widerspruchlosigkeit entspringt. Der Gegensatz eines Menschen zu seiner Umwelt ist minder tragisch – ist ‚tragisch' überhaupt wohl nicht zu nennen. Aber bei Baudelaire besteht ein Gegensatz zwischen seiner geistigen (‚moralischen') und seiner physischen Persönlichkeit. Und mag es die enggehirnten ‚Ästheten', die als die Blüte dieser Zeit sich geben möchten und kindisch plapperhaft mit ‚Immoralität' sich spreizen, mag sie's nicht allzu sehr betrüben: Haschischist war Baudelaire *malgré soi*; er fand sich da in äusserst unwillkommenen Zwängen; zum Bilde seines geistigen Wesens, seiner inneren ‚moralischen Welt' gehört der Haschischismus keineswegs, er bezeichnet einzig eine physische Schwäche; und diese Schwäche war dem Dichter leid – darüber kann sein Tagebuch belehren. (So wird auch irrig vom ‚Satanismus' Baudelaires geredet: Hätte die Verurteilung der *Fleurs du Mal* den Dichter so tief verwirren und bestürzen, hätte er „für ein Werk so geistiger Art" *(si spirituel)* nicht allein eine einfache Freisprechung, nein, eine glänzende Rechtfertigung bestimmt erwarten können, wenn er sich als ‚Immoralist' im Gegensatze zu dem fundamentalen Wesen der Religion und der Moral gewusst hätte? Dies nur eine flüchtige Andeutung.)

Baudelaire als Moralisten zu betrachten, mag vielen ein neuer und darum eigentümlich gemutender Standpunkt sein. Aber hat er nicht zu oft sinnend über den Schlünden der Unendlichkeit gelagert, nicht zu gern Vauvenargues, Paseal, Bossuet[1]) und La Bruyère zitiert, obwohl er mit Anführungen fremder Autoren kargt, hat er nicht durch seine Optation auf Lacordaires Sitz in der Akademie selbst einen zu deutlichen Hinweis gegeben, nicht allzu gern als Schüler de Maistres sich bezeichnet, nicht allzu vorwiegend mit moralistischen Fragen die Blätter seines Tagebu-

---

[1]) De Maistre, Bossuet, Bourdalone – diese drei Namen bestürmen sein Gedächtnis, als er dem Ursprung eines Wortes nachsinnt, das tief in ihm haften geblieben ist: „Der Weise lacht nur mit Zittern". Er glaubt es bei de Maistre gelesen zu haben, doch ohne Zweifel als Zitat gegeben", und rät dann weiter auf Bossuet. Und bei Bossuet mag er es denn auch gelesen haben, „doch von ihm als Zitat gegeben, nämlich in den Maximes et réflexions sur la Comédie, wo Bossuet für jene Maxime auf Ambrosius, Hieronymus, Basilius und auch auf Platon sich beruft: Platon supposait „qu'un homme sage avait honte de faire rire". Wenigstens klingen die Aussprüche der genannten Kirchenväter und dieses Wort Platos dem von Baudelaire gegebenen Zitat *Le Sage ne rit qu'en tremblant* sehr ähnlich. – Ich erwähne die Stelle hier noch einmal, weil sie für des Dichters Lektüre bezeichnend ist.

ches beschrieben, als dass es erlaubt wäre, den Fonds seines ästhetischen Wesens zu verkennen?

Auch in diesem Malerbuche ist Baudelaire im angedeuteten Verstande ‚Moralist'. Man wird dem Freunde der Delacroix, Guys, Manet, Whistler, Rops und Stevens es glauben dürfen, dass es ihm leicht gewesen wäre, Malerjargon zu reden, zumal er selbst kein schlechter Zeichner war. Doch das verschmäht er und legt den ganzen Nachdruck seiner Worte auf die Forderung einer imaginativen Tätigkeit des Schaffenden. Mit Delacroix nennt er die Natur ein grosses Wörterbuch: der Maler, der die Worte zum Gedichte ordnet, ist ein Künstler; wer Worte einfach abschreibt, ist „nur ein Maler".

Baudelaires sämtliche Schriften über Malerei sind die folgenden:
1845: Salon de 1845;
1846: Le Musée elassique du Bazar Bonne-Nouvelle;
Sur le Prométhée délivré de M. de Senneville;
Salon de 1846;
1855: Exposition universelle de 1855;
1857: Les Caricaturistes français;
Les Caricaturistes étrangers;
1859: Salon de 1859:
1861: Peintures murales d'Eugène Delacroix;
1862: Peintres et Aqua-fortistes;
1863: A propos d'Eugène Delacroix;
Le Peintre de la Vie moderne;
1864: Vente du Cabinet d'Eugène Piot;
? : L'Art philosophique. (Unfertig hinterlassen.)

Diese Schriften und Schriftchen, die nicht einmal in den *Oeuvres complètes* ganz vollzählig enthalten sind, haben, heute zumal, sehr ungleichen Wert, und da mir Baudelaires Werk nicht als ein unfruchtbares Philologenthema gilt, sondern als eine fruchtbare Kraft, deren Art und Wirksamkeit deutsche Leser erfahren und beurteilen wollen, so lag es mir ob, eine Auswahl zu treffen. Unwesentlich schienen mir gelegentliche Rezensionen ausgestellter Bilder; wesentlich vor allem die Schriften, in denen die Bilder dem Ästhetiker zum Anlass wurden, seine Ansichten über das Wesen der bildenden Künste zu entwickeln. Baudelaire wollte, als er in seinen letzten Jahren eine Gesamtausgabe seiner Werke plante, alle seine Schriften über Maler und Malerei unter dem Titel *Curiosités esthétiques* zusammenfassen. Nach Fortlassung dessen, was aus dem angegebenen Grunde heute fallen musste, durfte ich das Bleibende unter dem verwandten und doch nicht ganz so vagen Titel *Abhandlungen zur Ästhetik der Malerei und der bildenden Künste* zu einem in sich leidlich geschlossenen Bande vereinigen, der nach meinem Wunsche ohne tote Stellen und doch auch ohne Lücken, sein sollte.

Dieser Band, der die Ästhetik Baudelaires in nuce enthält, hat mich verleitet, von dem ohnehin vielleicht nicht ganz sicherstehenden Rechte des Herausgebers, den Text mit gelegentlichen Anmerkungen zu begleiten, in einem Grade Gebrauch zu machen, für den ich die Notwendigkeit einer Rechtfertigung empfinde: Ich habe Ideenassoziationen, die Baudelaires Ausführungen erweckten, mit Vorliebe dann hervortreten lassen, wenn es sich um verwandte Ansichten und Äusserungen von Autoren handelte, die, ob nun in Frankreich oder auch bei uns in Deutschland, des Dichters Zeitgenossen waren. Zu zeigen, wie eine Künstlerpersönlichkeit gelegentlich mit einer anderen sich eng berührt, hielt ich für erlaubt; so gerieten Namen wie Delacroix, Goncourt, Flaubert, Gautier, Gérard de Nerval, Immermann und auch Jean Paul unter den Baudelaireschen Text. Warum ich aber auf einen Späteren so oft verwiesen habe, auf O s c a r W i l d e, habe ich in einer dieser Anmerkungen selbst begründet. Schliesslich erhoffe ich auch für die vereinzelten Notizen, die dem Leser bibliographische und andere Erklärungen und Hinweise geben sollten, die Nachsicht derer, für die es solcher Bemerkungen nicht bedurft hätte. Auch ihrer sind gewiss nicht wenige.

Noch ein Wort von, Baudelaires apostolischer Tätigkeit für die verkannten Grossen. Wie er für Poe, wie für Wagner, wie auch für De Quincey gewirkt hat, haben die voraufgegangenen Bände bekundet. Wie kräftig er für Delacroix seine Stimme erhob, mit wieviel Begeisterung, Feinsinn und Takt er das Werk des vornehm bescheidenen Const. Guys ins rechte Licht zu rücken wusste, wird d i e s e r Band erkennen lassen. Aber noch andere Namen dürfen gerechterweise in diesem Zusammenhange nicht unausgesprochen bleiben, Namen, von Künstlern, die vielfacher Anfeindung, ja, leidenschaftlichster Verhöhnung ausgesetzt waren und für die einzutreten Baudelaire nicht unterlassen hat Ihm, der einem Berlioz schon das Schweigen zu den „Tannhäuser"-Skandalen nicht ohne Bitterkeit als „negativen Mut" vorwarf, musste solches

Eintreten wohl als tiefe sittliche Pflicht eines ritterlich gearteten Mannes erscheinen. (Samuel Cramer „würde sich duelliert haben für einen Autor oder einen Künstler, der seit zwei Jahrhunderten tot war"!) Gelegentlich seines Weltausstellung-Berichtes im Jahre 1855 wies er schon auf Courbet hin, „einen jungen Maler, dessen bemerkenswerte Erstlingwerke jüngst mit der Allure eines Aufstandes, einer Empörung sich sehen liessen". Und er rühmt den Mann: „ein machtvoller Arbeiter, ein fest beharrlicher Wille"; und den Charakter seiner Werke: „positive Solidität" und oftmals ein „amoureuser Cynismus". 1862 kommt er noch einmal auf Courbet zu sprechen und schreibt:

„Man muss Courbet die Gerechtigkeit widerfahren lassen, dass er nicht wenig dazu beigetragen hat, die Liebe zu Schlichtheit und Freimut und die uninteressierte, absolute Liebe zur Malerei wieder zu Ehren zu bringen."

Das steht in dem Aufsatz *Peintres et Aqua-fortistes*. Und ebendort ist von Whistler die Rede:

„Ganz kürzlich hat ein junger amerikanischer Künstler, Whistler, in der Galerie Martinet eine Serie Radierungen gezeigt, die Ufer der Themse darstellend; sie sind subtil, belebt wie die Improvisation und die Inspiration; ein wunderbares Gewimmel von Takelungen, Raaen und Strickwerk; ein Chaos von Nebeln, Öfen und faltenwerfenden Rauchstreifen: die tiefe und vielgestaltige Poesie einer ungeheuren Hauptstadt."

In diesem selben Aufsatz tritt auch der Name Édouard Manet auf:

„Manet ist der Autor des *Guitarrespielers,* der im letzten Salon lebhaftes Aufsehen erregt hat. Man wird im nächsten Salon von ihm mehrere Bilder vom stärksten espagnolischen Geschmack sehen, die Glauben machen können, das spanische Genie habe in Frankreich eine Zufluchtstatt gesucht. Manet und Legros verbinden mit einer stark ausgesprochenen Liebe zur Wirklichkeit, zur modernen Wirklichkeit – was schon ein gutes Zeichen ist – jene lebhafte und reiche, sensible, kühne Imagination, ohne welche – das muss nun schon einmal ausgesprochen werden – alle besten Fähigkeiten nichts sind als Diener ohne einen Herren, als ausführende Kräfte ohne eine bestimmende Verwaltung."

Nach dem Skandal, der sich Manet zum Zielpunkt nahm, schrieb Baudelaire (am 25. Mai 1863) an Champfleury:

„Manet hat ein starkes Talent, ein Talent, das widerstehen wird. Aber er hat einen schwachen Charakter. Er scheint mir trostlos und betäubt. Was mich ebenso frappiert, ist die Freude aller Dummköpfe, die ihn verloren glauben ..."

Als Baudelaire 1864 nach Brüssel übergesiedelt war, drehte sich in der Korrespondenz mit seiner Freundin Mme. Paul Menrice das Thema häufig um Manet. So schrieb ihm die Freundin einmal (1865): „Ich werde tagtäglich und von jedermann beleidigt, weil ich den Mut habe, Manet zu verteidigen; kommen Sie doch und geben mir einen Handschlag," – Baudelaire antwortete unterm 24. Mai:

„Wenn Sie Manet sehen, sagen Sie ihm, dass ich Ihnen sage, die kleine oder die große Feuerprobe, der Spott, die Beleidigung, die Ungerechtigkeit seien ausgezeichnete Dinge, und er wäre ein Undankbarer, wenn er sich bei der Ungerechtigkeit nicht bedanken würde. Ich weiss wohl, es wird ihm einigermassen schwierig sein, meine Theorie zu begreifen; die Maler wollen immer sofortige Erfolge; aber wahrhaftig: Manet hat so glänzende und so leichte Fähigkeiten, dass er ein Unglückseliger wäre, wenn er den Mut sinken liesse. Nie wird er die Lücken seines Temperaments ausfüllen. Aber er hat ein Temperament; das ist die Hauptsache; und er scheint sich gar keine Gedanken darüber zu machen, dass, je grösser die Ungerechtigkeit wird, desto mehr die Lage sich verbessert; (Sie werden das alles heiter zu sagen wissen und ohne ihn zu verletzen)."

Dennoch heisst es in Madame Meurices nächstem Briefe: „Noch einmal: Kommen Sie zu uns zurück; Sie fehlen uns. Manet ist entmutigt und zerreisst seine besten Studien." Man sieht, wie wesentlich für Manet die moralische Unterstützung durch seine literarischen Freunde war, und welch schöne Rolle als Verkünder und Vorkämpfer eines grossen Künstlers Baudelaire auch in diesem Falle wieder spielte.

(Die Briefstellen, die ich oben mitteilte, fand ich im *Mercure de France* vom März und April 1906, und ich will hier die Gelegenheit zu der Mitteilung wahrnehmen, dass das Verlagshaus des *Mercure* soeben eine Sammlung Baudelairescher Briefe ankündigt: „un volume in-8° de prés de 600 pages de lettres de Baudelaire, orné d'un frontispice en héliogravure reproduisant un portrait peu connu". Wer Baudelaire intim kennen lernen will, muss aber doch vor allem seine Tagebücher lesen. In die beiden Ausgaben der *Oeuvres complètes de Charles Baudelaire* sind sie bis heute nicht aufgenommen worden. Ich habe die Absicht, in einem fünften Bande sie dieser deutschen Werkausgabe anzureihen. Dieser Band könnte dann auch das General-Register bringen, das der festgesetzte Umfang des gegenwärtigen leider ausschloss.)

M. B.

Der erste Teil
(1846)

I

Was nutzt uns die Kritik?

Was nutzt sie uns? – Ein ungeheurer, furchtbarer Gesichtspunkt, der die Kritik beim ersten Schritte, den sie machen will, beim Kragen nimmt.

Der Künstler macht der Kritik zunächst den Vorwurf, daß sie weder den Laien etwas lehren könne, der doch nicht malen oder reimen will, noch auch die Kunst – da ja aus ihrem Schoß erst die Kritik hervorgegangen ist.

Und doch: wie viele Künstler von heute verdanken ihr ganz allein ihr armseliges bißchen Renommee! Das ist vielleicht der verdienteste Vorwurf, der sie trifft.

Wenn der Künstler so leicht die schöne Rolle spielt, so macht das: der Kritiker ist ohne Zweifel einer von denen, deren es so viele gibt. Bekannt ist ein Gavarni: ein Maler, der sich über seine Leinwand beugt; hinter ihm ein Herr, ernst, trocken, steif, mit weißer Krawatte, in der Hand sein letztes Feuilleton. »Wenn die Kunst edel ist, so ist die Kritik heilig.« – »Wer sagt das?« – »Die Kritik!« –

Ich halte, offen gestanden, für die beste Kritik diejenige, die unterhaltend und dichterisch ist; nicht jene kalte, algebraische, die alles zu erklären vorgibt und dabei weder Haß noch Liebe hat und sich mit Absicht jeder Art von Temperament entäußert; sondern – da ein gutes Bild die Natur ist, durch einen Künstler widergespiegelt – jene Kritik, welche man dementsprechend bezeichnen könnte als das Bild, durch einen intelligenten und sensiblen Geist widergespiegelt. Also wird der beste Rechenschaftbericht von einem Bilde ein Sonett oder eine Elegie sein können.[1])

Aber diese Art von Kritik ist für die Gedichtsammlungen und für die poetischen Leser bestimmt. Was die Kritik im eigentlichsten Sinne des Wortes betrifft, so hoffe ich, die Philosophen werden verstehen, was ich mit folgendem sagen will: Um gerecht zu sein, das heißt, um überhaupt selbst zu Recht zu bestehen, muß die Kritik parteiisch, leidenschaftlich, politisch sein[2]): sie muß einen exklusiven Standpunkt vertreten – aber d e n Standpunkt, der die weitesten Ausblicke eröffnet.

Die Linie auf Kosten der Farbe oder aber die Farbe auf Kosten der Linie zu übertreiben ist ja natürlich auch ein Standpunkt; nur ist er weder allzu umfassend noch allzu gerecht und bekundet eine große Unkenntnis bezüglich der besonderen Bestimmungen.

Man weiß nicht, in welcher Dosis die Natur in einem jeden Geiste die Liebe zur Linie und die Liebe zur Farbe gemischt hat, und durch welche mysteriösen Vorgänge und Verfahren sie jene Verschmelzung bewirkt, deren Resultat ein Bild ist.

---

[1]) Seinen Eindruck von EUGENE DELACROIX' *Tasso im Gefängnis* hat Baudelaire selber in einem Sonett wiedergegeben. Im übrigen ist das bekannteste Beispiel poetischer Kritik, ja wohl die Rhapsodie Paters auf die Lisa Gioconda. Wie O s c a r   W i l d e den Gedanken Baudelaires in seinem Dialog ‚Kritik als Kunst' (in den *Fingerzeigen*) verfochten hat – ohne freilich Baudelaires Erwähnung zu tun – ist bekannt. „Kritik ist eine schöpferische Kunst. Sie behandelt Stoffe und gibt ihnen eine neue und reizvolle Form. Kann man von der Dichtung mehr sagen? Ich würde die Kritik ein Schaffen aus Geschaffenem nennen. Die höchste Kritik ist nichts anderes als ein Erzählen von seiner eigenen Seele." – M. B.
[2]) Auch diesen Ausspruch hat Oscar Wilde sich zu eigen gemacht. Am angeführten Orte sagt er: „Ein unparteisches Urteil hat niemals Wert" und „Das erste Erfordernis für den Kritiker ist: Temperament." – M. B.

Ein umfassenderer Gesichtspunkt wird demnach der wohlverstandene Individualismus sein, der vom Künstler die Naivetät und den rechtschaffenen Ausdruck seines Temperaments verlangt, zu welchem Ausdruck alle Mittel, die sein Metier ihm bietet, Beihilfe leisten. Wer kein Temperament besitzt, ist nicht würdig, Bilder zu machen und – denn wir sind der Nachahmer und namentlich der Eklektiker müde – soll als Handwerker bei einem Maler von Temperament in Dienst treten.

So nun also ausgerüstet mit einem sicheren Kriterium – einem Kriterium, das der Natur entnommen ist – muß die Kritik ihres Amtes walten mit Leidenschaft; denn um Kritiker zu sein, muß man nichtsdestoweniger auch Mensch sein, und die Leidenschaft bringt die verwandten Temperamente in nahe Beziehungen und trägt die Vernunft auf neue Höhen.

Stendhal sagt irgendwo: »Die Malerei ist nur konstruierte Moral!« Wenn man hier das Wort Moral in einem mehr oder minder freien Sinne nimmt, so kann man das von allen Künsten sagen. Da sie stets das Schöne sind, durch eine Empfindung ausgedrückt, die Leidenschaft und die Träumerei eines jeden – das will also sagen: die Verschiedenheit in der Einheit, oder: die verschiedenen Antlitze des Absoluten — so rührt die Kritik in jedem Augenblick an die Metaphysik.

Nun hat jedes Jahrhundert und jedes Volk, den Ausdruck seiner Schönheit und seiner Moral besessen; und wenn man unter Romantik den jüngsten und modernsten Ausdruck der Schönheit verstehen will: so wird demnach der große Künstler – für den vernünftigen und leidenschaftlichen Kritiker – d e r sein, der mit der soeben gestellten Bedingung, der Naivetät, die höchstmögliche Romantik verbinden wird.

II

Was ist Romantik?

Wenige Leute heutzutage werden diesem Worte einen greifbaren, positiven Sinn beilegen wollen; werden sie indessen zu behaupten wagen, daß eine Generation sich bereit finden lasse, eine Schlacht von mehreren Jahren für eine Fahne auszukämpfen, die kein Symbol ist?

Man erinnere sich der Wirren dieser letzten Zeit, und man wird sehen, daß, wenn wenige Romantiker geblieben sind, der Grund der ist, daß wenige unter ihnen die Romantik fanden; gesucht haben sie aber alle, aufrichtigen, ergebenen Herzens.

Einige haben sich nur an die Wahl der Stoffe gehalten; sie hatten nicht das Temperament ihrer Stoffe. – Andere, noch im Glauben an eine katholische Gesellschaft, haben den Katholizismus in ihren Werken zu spiegeln gesucht. – Sich Romantiker nennen und systematisch den Blick auf die Vergangenheit richten heißt sich widersprechen. – Diese haben im Namen der Romantik die Griechen und die Römer gelästert: nun, man kann romantische Römer und Griechen schaffen, wenn man dabei nur man selber ist[1] – Viele andere hat die Wahrheit, in der Kunst und die Lokalfarbe verwirrt. Der Realismus hat lange vor dieser großen Schlacht existiert.

Die Romantik liegt, genau genommen, weder in der Wahl der Stoffe, noch in der exakten Wahrheit, sondern

---

[1] Zum Vergleiche ein Wort der Goncourt (über Th. Rousseau): *Être un refléc-teur en restant-personnel.* (*Manette Salomon*, XXXIX.) – M. B.

in der Art des Empfindens. Sie haben sie draußen gesucht, und allein im Innern war's möglich, sie zu finden.

Für mich ist die Romantik der jüngste, der gegenwärtige Ausdruck des Schönen.

Es gibt ebensoviel Schönheiten, wie es Gewohnheiten und Arten gibt, das Glück zu suchen. (Stendhal.)

Die Philosophie des Fortschritts zeigt das recht einleuchtend. Demnach: Da es ebensoviel Ideale gegeben hat, wie es für die Völker Arten gab, die Moral, die Liebe, die Religion und so weiter aufzufassen, so wird die Romantik nicht in einer vollkommenen Ausführung bestehen, sondern in einer Auffassung, die der Moral des Jahrhunderts analog ist. Weil etliche sie in die Vollkommenheit des Metiers verlegten, darum haben wir das Rokoko der Romantik gehabt, den unerträglichsten aller Widersprüche.

Es ist daher vor allem erforderlich, die Ansichten der Natur und die Lagen des Menschen zu erkennen, was die Künstler der Vergangenheit mißachtet oder nicht gewußt haben.

Wer sagt ‚Romantik', sagt moderne Kunst, – das heißt Intimität, Geistigkeit, Farbe, Streben nach dem Unendlichen, ausgedrückt durch alle Mittel, die die Künste enthalten. Daraus folgt, daß ein offenbarer Widerspruch besteht zwischen der Romantik und den Werken ihrer Hauptsektierer.

Daß auch die Farbe eine sehr wesentliche Rolle spielt in der modernen Kunst, ist es erstaunlich? Die Romantik ist eine Tochter des Nordens, und der Norden ist Kolorist; die Träume und die Feerien sind Kinder des Nebels. England, dieses Vaterland der allerlebendigsten Koloristen, Flandern, die Hälfte von Frankreich sind in dunstige Wolken getaucht; Venedig selbst steht in der flirrenden Nässe der Lagunen. Was die spanischen Maler betrifft, so lieben sie mehr die Kontraste als das Kolorit.

Demgegenüber ist der Süden Naturalist, denn die Natur ist dort so schön und klar, daß der Mensch, da er ja nichts zu wünschen hat, auch gar nichts Schöneres zu erfinden braucht, als was er sieht: hier also – die Kunst im vollen Sonnenlichte und, einige hundert Meilen höher, die tiefen Träume des Ateliers und die Blicke der Phantasie, in die verdämmernden Horizonte getaucht.

Der Süden ist brutal und positiv wie ein Bildhauer in seinen feinsten Schöpfungen noch; der leidende, unrastvolle Norden tröstet sich mit der Imagination, und wenn er skulpiert, so wird es öfter malerisch sein als klassisch.

RAFFAEL, so rein er sein mag, ist dennoch nur ein materieller Geist auf steter Suche nach dem Soliden; aber diese Kanaille von REMBRANDT ist ein machtvoller Idealist, der zu Träumen und jenseitigen Ahnungen anregt. Der eine bildet Geschöpfe im neuen, jungfräulichen Zustande, – *Adam und Eva;* – jedoch der andre schüttet Lumpen aus vor unseren Augen und erzählt uns die menschlichen Leiden.[1])

---

[1]) 1851 schrieb DELACROIX in sein Tagebuch: „Vielleicht kommt man noch einmal dahinter, daß REMBRANDT ein viel größerer Maler ist als RAFFAEL." Die Entwicklung der Malerei seit Delacroix zeigt, daß inzwischen viele dahintergekommen sind. Und gerade jetzt – im Juli 1906! erscheint das Wort wohl kaum ungeheuerlich. – Von welch ‚materieller Solidität' der Süden ist, und wie viel fließender der Norden seine Gestalten formt, läßt sich auch bei GERICAULT verfolgen, wenn man betrachtet, was in Italien und was dann in England aus ihm ward (man vergleiche das *Medusafloss* und das *Derby d'Epsom* – nicht freilich auf ihre künstlerische Vollendung, sondern nur auf das zugrunde liegende malerische Prinzip). – M. B.

Indeß ist Rembrandt nicht ein reiner Kolorist, sondern ein Harmonist; wie neu wird also die Wirkung sein und wie wunderbar die Romantik, wenn ein mächtiger Kolorist uns unsre teuersten Empfindungen und Träume in einer den Stoffen angemessenen Farbe wiedergibt! – Ich möchte nun zunächst eine Reihe von Betrachtungen über die Farbe einschalten, die zum völligen Verständnis der vorliegenden Abhandlungen nicht unnützlich sein werden.

III

Von der Farbe

Stellen wir uns ein schönes Fleckchen Natur vor, wo alles in voller Freiheit grünt, sich rötet, stäubt und schillert, wo alle Dinge – je nach ihrer molekulären Zusammensetzung verschieden gefärbt, durch die wechselnde Licht- und Schattenstellung von Sekunde zu Sekunde verändert und durch die innere Arbeit des Wärmestoffes bewegt – sich in beständiger Vibration befinden, welche die Linien erzittern macht und das Gesetz der ewigen und allumfassenden Bewegung vervollständigt. – Ein Unermeßliches, bisweilen blau und oftmals wieder grün, dehnt sich bis ferne an des Himmels Grenzen: das ist das Meer. Die Bäume sind grün, die Rasen grün, die Moose grün; das Grün ringelt sich in den Zweigen, alle jungen Schüsse und Keime sind grün; das Grün ist der Fond der Natur, da das Grün sich leicht mit allen anderen Tönen vermählt.[1] Zunächst nun frappiert mich, daß überall – Feldmohn im Rasen, Klatschrosen, Papageien und so weiter – das Rot den Sieg des Grünen singt; das Schwarz – wenn solches da ist –, eine einsame und nichtssagende Null, unterbricht die Beihilfe des Blau und des Rot. Das Blau – der Himmel also – wird von leichten weißen Flocken oder von grauen Ballungen durchschnitten, die seine harte Eintönigkeit

---

[1] Außer mit seinen Erzeugern, Gelb und Blau; indessen spreche ich hier nur von den reinen Tönen. Denn diese Regel ist nicht für die transzendenten Koloristen anwendbar, welche die Wissenschaft des Kontrapunktes von Grund aus beherrschen. – C. B.

glücklich mildern, und da der Dunst der Jahreszeit – Sommer wie Winter – die Konturen badet, lindert und verschlingt, so gleicht die Natur einer Drehscheibe, die, von einer wachsenden Geschwindigkeit bewegt, uns grau erscheint, obgleich sie alle Farben in sich zusammenfaßt.

Der Saft steigt, und, eine Mischung von Grundeinheiten, offenbart er sich schließlich in ‚Mischtönen'; die Bäume, die Felsen, die Granitblöcke spiegeln sich in den Wassern und senden ihre ‚Reflexe' dorthinab; alle transparenten Gegenstände halten beim Durchgange nahe und ferne Lichter und Farben fest. Entsprechend wie das Taggestirn sich ändert, verändern auch die Töne ihre Stärke; immer aber ihre natürlichen Verhältnisse von Sympathie und Haß zueinander bewahrend, fahren sie dank wechselseitiger Zugeständnisse in Harmonie zu leben fort. Die Schatten rücken langsam weiter und verscheuchen oder löschen die Töne im selben Maße, wie das Licht, auch seinerseits verdrängt, sie nochmals neu erglänzen lassen will. Die Töne begegnen sich mit ihren Reflexen, ändern ihre Qualitäten, indem sie sie mit transparenten und erborgten Qualitäten ‚lasieren', und vervielfältigen ihre melodischen Vermählungen ins Unendliche und machen sie leichter und leichter. Wenn dann der rote Feuerherd ins Meer versinkt, dann tönen rote Fanfaren von allen Seiten; blutfarbene Harmonie am Horizonte – und alles Grün hüllt sich in reichen Purpur. Bald aber jagen weite blaue Schatten die Menge der orangenen Töne und zartes Rosa in leichten Rhythmen vor sich her – gleichsam das ferne, schwach verzitternde Echo des Lichts. – Diese große Symphonie des Tages, die ewige Variation der Symphonie von gestern, diese Folge von Melodien, in der die Varietät stets aus dem Unendlichen hervorgeht, diese mannigfaltige, reiche Hymne heißt: die Farbe.

Man findet in der Farbe Harmonie, Melodie und Kontrapunkt.

Will man das Kleine im Kleinen prüfen, und zwar an einem Gegenstand von mittlerer Dimension – ich denke etwa an eine Frauenhand, ein wenig blutreich, ein wenig mager und von sehr feiner Haut –, so wird man sehen, daß zwischen dem Grün der starken Venen, die sie durchziehen, und den blütigen Tönen, welche die Verbindungstellen der Fingerglieder charakterisieren, eine vollkommene Harmonie besteht; die rosigen Nägel heben sich scharf auf dem ersten Gliede, dem einige graue und braune Töne eignen. In der Handfläche sind die Lebenslinien, rosiger und weiniger, durch das System der grünen und blauen Venen, die jene durch schneiden, von einander getrennt. Das Studium ebendieses Objektes, mit einer Lupe vorgenommen, wird auf jedweder Fläche, und sei sie noch so klein, eine vollkommene Harmonie von Tönen liefern, grauen, blauen, braunen, grünen, orangenen, und durch ein wenig Gelb gewärmten weißen: eine Harmonie, die, mit den Schatten kombiniert, die Modellierung der Koloristen hervorbringt, als welche sie von der Modellierung der Zeichner wesentlich verschieden ist; die Schwierigkeiten der zeichnerischen Modellierung reduzieren sich fast auf die Kopie eines Gipsabgusses.

Die Farbe ist also der Zusammenklang zweier Töne. Der warme Ton und der kalte, in deren Gegenüberstellung die ganze Theorie besteht, lassen sich nirgendwie in einer absoluten Art definieren: sie existieren nur in Gegenseitigkeit.

Die Lupe ist das Auge des Koloristen.

Ich will nun aus dem Gesagten nicht den Schluß ziehen, das Verfahren eines Koloristen müsse in einem peinlich genauen Studium der auf einem sehr beschränkten Raume ineinanderfließenden Töne bestehen. Denn wollte man zugeben, daß jedes Molekül mit einem besonderen Tone begabt sei, so müßte demzufolge die Materie bis ins Unendliche teilbar sein; und überdies: da die Kunst nur eine Abstraktion und eine Opferung des Details zugunsten der Gesamtheit ist, so ist es von Wichtigkeit, vor allem mit den Massen sich zu beschäftigen. Doch wollte ich bezeugen, daß – die Möglichkeit der Ausführung vorausgesetzt – eine noch so große Anzahl von Tönen, sofern sie nur logisch nebeneinander gesetzt wären, ich auf natürliche Art verbinden und verschmelzen würde dank dem Gesetze, welches sie regiert.[1])

Die chemischen Verwandschaften sind der Grund, zufolge welchem die Natur in der Zusammenstellung dieser Töne keine Fehler begehen kann; denn für sie sind Form und Farbe eins.

Der wahre Kolorist kann ebensowenig Fehler begehen; und alles ist ihm erlaubt, da er von Geburt an vertraut ist mit der Ton-Leiter, mit der Kraft des Tones, mit den Ergebnissen der Mischungen und mit der ganzen Wissenschaft des Kontrapunktes, und da er also aus zwanzig verschiedenen Rots eine Harmonie herstellen kann.

---

[1]) Die Theorie der Neo-Impressionisten und Pointilisten, von Baudelaire 1846 ausgesprochen. – M. B.

Das ist so wahr, daß wenn ein antikoloristischer Grundeigentümer auf den Einfall käme, sein Feld in absurder Art mit kunterbunten Farben zu übergießen, der dichte und transparente Firnis der Atmosphäre und das wissende Auge eines Veronese das alles wieder aufheben und auf einer Leinwand ein erträgliches Ganzes hervorbringen würde, konventionell ohne Zweifel, aber logisch.

Das erklärt, wieso ein Kolorist in seiner Art des Farbenausdruckes paradoxal sein kann, und wieso das Studium der Natur oft zu einem Resultate führt, das von der Natur durchaus verschieden ist.

Die Luft spielt in der Theorie der Farbe eine so große Rolle, daß ein Landschafter, der die Blätter der Bäume so malen würde, wie er sie sieht, einen falschen Ton erhalten würde; wobei ich natürlich erwarte, daß zwischen dem Beschauer und dem Bilde ein geringerer Luftraum sich befinde, als zwischen dem Beschauer und der Natur.

Die Lügen sind fortwährend notwendig, gerade um die Wirkung vollkommener Wahrheit für das Auge zu erreichen.

Die Harmonie ist die Grundlage der Farbentheorie.

Die Melodie ist die Einheit in der Farbe oder die Grundfarbe.

Die Melodie will einen Schluß; sie ist ein Ganzes, darinnen alle Wirkungen auf eine gemeinsame Gesamtwirkung hinauslaufen.

Dementsprechend läßt die Melodie im Geiste eine tiefe Erinnerung zurück.

Den meisten unsrer jungen Koloristen fehlt es an der Melodie.

Wenn man recht beurteilen will, ob ein Bild melodisch ist, so soll man es aus ziemlicher Entfernung betrachten, von der aus man weder das Sujet noch die Linien mehr erkennen kann. Ist es melodisch, so hat es jetzt noch einen Sinn und hat schon seinen Platz im Repertoir der Erinnerungen eingenommen.

Der Stil und der Empfindunggehalt der Farbe entstammen der Auslese – und diese dem Temperament.

Es gibt heitere und närrische Töne – närrische und traurige – reiche und heitere – reiche und traurige – gemeinplätzige – eigenartige.

So ist die Farbe Veroneses ruhig und heiter. Die Delacroix' ist oft von weher Klage, und Catlins Farbe ist oft grausig.

Ich hatte lange Zeit vor meinem Fenster ein Cabaret, halb grasgrün, halb knallrot, und diese Farben waren ein wonnevoller Schmerz für meine Augen.[1])

Es ist mir nicht bekannt, ob etwa ein Analogist in solider Art eine vollständige Tonleiter der Farben und der Empfindungen aufgestellt hat, doch erinnere ich mich

---

[1]) Die „gesteigerte Reizbedürftigkeit der Sinne", die der Genuß an solch einem jähen Farbenkontrast bekundet, erinnert mich an die Bemerkungen des Grafen Keßler über die Psychologie des dekadenten Typus (in seinen *Notizen über Mexiko*). Keßler weist darauf hin, wie die „Nerven in ihrer Abgespanntheit alle normalen Eindrücke mißachten" und nur ungewöhnlich starke oder ungewöhnlich leise Eindrücke aufsuchen, „die durch ihr Ungewohntes ihre Aufmerksamkeit reizen". – Zur Psychologie des dekadenten Farbensinnes liefert auch der Ausspruch Baudelaires von der Harmonie „aus zwanzig verschiedenen Rots" einen Beitrag wenigstens dann, wenn man an die neuerdings bei manchen Malern beliebt gewordene Verbindung von gelbrotem Frauenhaar mit zinnoberroten Schleifen und karminroten Kleidern denkt allerdings weniger eine Harmonie- als eine Kontrastwirkung; eine kleine Einzelheit, deren Erwähnung aber doch gerechtfertigt wird durch ihren typischen Charakter; übrigens geht auch diese dekadente Nuance wohl von Frankreich aus (Toulouse-Lautrec). – M. B.

einer Stelle bei Hoffmann, die das, was ich meine, vollkommen zum Ausdruck bringt, und allen denen recht gefallen wird, die eine aufrichtige Liebe für die Natur hegen: »Nicht sowohl im Traume, als im Zustande des Delirierens, der dem Einschlafen vorhergeht, vorzüglich wenn ich viel Musik gehört habe, finde ich eine Übereinkunft der Farben, Töne und Düfte. Es kömmt mir vor, als wenn alle auf die gleiche geheimnisvolle Weise durch den Lichtstrahl erzeugt würden, und dann sich zu einem wundervollen Konzerte vereinigen müßten. Der Duft der dunkelroten Nelken wirkt mit sonderbarer magischer Gewalt auf mich; unwillkürlich versinke ich in einen träumerischen Zustand und höre dann, wie aus weiter Ferne, die anschwellenden und wieder verfließenden tiefen Töne des Bassethorns.«[2])

Man fragt oft, ob derselbe Mensch zugleich ein großer Kolorist und ein großer Zeichner sein könne.

Ja und nein; denn es gibt verschiedene Arten von Zeichnungen.

Die Qualität eines reinen Zeichners besteht vor allem in der Feinheit, und diese Feinheit schließt die Pinselführung aus: nun gibt es aber glückliche Pinselführungen,

---

[2]) Hierzu muß das Gedicht ‚Correspondances' in den *Fleurs du mal* verglichen werden, dessen hier wesentlichste Strophen Baudelaire gelegentlich seiner Ausführungen über den Charakter der Musik in seinen Wagner-Abhandlungen selbst zitiert. In Einklang mit der oben angeführten Hoffmannschen Bemerkung und in gewissem Anklang an Swedenborgs Lehre von den ‚Beziehungen' sowohl als an Fouriers ‚Analogien' hat Baudelaire dieses Thema öfters angeschlagen; so namentlich in seinem Essay über Victor Hugo, im zweiten Kapitel, wo es vom ‚Mysterium des Lebens' handelt. Wer über die oben berührte Frage der wissenschaftlich als *audition colorée* bezeichneten Tatsache weiteres lesen möchte, findet Literaturhinweise und einige interessante Daten in Herm. Bahrs *Studien zur Kritik der Moderne,* im dritten und vierten Bande. – M. B.

und der Kolorist, der die Natur mittels der Farbe wiederzugeben hat, würde bei der Unterdrückung glücklicher Pinselstriche oft mehr verlieren, als ein Streben nach möglichster Feinheit der Zeichnung ihn gewinnen ließe.

Gewißlich schließt die Farbe nicht die g r o ß e Zeichnung aus – man denke da zum Beispiel an Veronese, der vor allem mit dem Ensemble und den Massen arbeitet; wohl aber die Zeichnung des D e t a i l s, den Kontur des kleinen Stückes: hier wird der Farbauftrag die Linie stets verschlingen.

Die Vorliebe für die Luft, die Wahl der bewegten Sujets verlangen die Anwendung fließender und verschwimmender Linien.

Die ausschließlichen Zeichner handeln nach einem umgekehrten und doch analogen Verfahren. Voll Aufmerksamkeit darauf aus, die Linie in ihren geheimsten Schwingungen zu verfolgen und gewissermaßen zu überraschen, haben sie nicht die Zeit, die Luft und das Licht, ihre Wirkungen mein' ich, zu sehen, und bemühen sich sogar, sie nicht zu sehen, um das Prinzip ihrer Schule nicht zu schädigen.

Man kann also wohl zugleich Kolorist und Zeichner sein, jedoch in einem gewissen Sinne. Ebenso wie ein Zeichner Kolorist sein kann durch die großen Massen, so kann auch ein Kolorist Zeichner sein durch eine vollständige Logik des Ensembles der Linien; aber: die eine dieser Arten verschlingt stets das Detail der anderen.

Die Koloristen zeichnen wie die Natur; ihre Figuren sind natürlich begrenzt durch den harmonischen Wettstreit der farbigen Massen.

Der erste Teil

Die reinen Zeichner sind Philosophen und Quintessenz-Abstraktoren.

Die Koloristen sind epische Dichter.

IV

Eugène Delacroix

Die Romantik und die Farbe führen mich geradenwegs auf EUGENE DELACROIX. Ich weiß nicht, ob er stolz ist auf seine Eigenschaft als Romantiker; aber sein Platz ist hier, weil die Mehrheit des Publikums ihn seit langem, ja schon von seinem ersten Werke an, als Führer der ‚modernen' Schule aufgestellt hat.

An der Schwelle dieses Teiles meiner Arbeit ist mir das Herz voll ungetrübter Freude, und sorglich wähl' ich mir die neusten Federn aus: so hell und klar möcht' ich nun schreiben, so fühle ich mich froh bewegt, meinen liebsten, sympathischesten Stoff nun zu behandeln. – Um die Schlußfolgerungen dieses Kapitels recht begreiflich zu machen, muß ich in der Geschichte unserer Tage ein wenig zurückgehn.

Wenn man sich von der tiefgreifenden Verwirrung, die im Jahre 1822 das Bild *Dante und Virgil* in die Geister bringen mußte – von dem Erstaunen, der Verblüfftheit, der Wut, dem Hurra, den Beleidigungen, dem Enthusiasmus und den unverschämten Lachausbrüchen, die jenes Bild, ein wahres Revolutionsignal, umgaben – wenn man, sag' ich, von alledem sich eine rechte Vorstellung machen will: so muß man sich daran erinnern, daß im Atelier Guérins – eines Mannes von großem Verdienste, herrschsüchtig aber und exklusiv wie sein Meister David – nur eine kleine Schar von Parias war, die sich vorwiegend mit den alten Meistern beschäftigte und im Schatten Raffaels und Michelangelos furchtsam zu konspirieren wagte. Noch ist von Rubens nicht einmal die Rede.[1]

Guérin, rauh und streng gegen seinen jungen Schüler, sah sich das Bild nur um des Lärmes willen an, der sich darum erhob.

Géricault, der aus Italien zurückkam und, wie man sagt, vor den großen römischen und florentinischen Fresken mehreren seiner fast originalen Qualitäten abgeschworen hatte – beglückwünschte den noch zaghaften neuen Maler so lebhaft, daß er darüber fast in Verwirrung geriet.

Dieses Bild war es auch – oder, bald darauf, die *Pestkranken von Chios*[2] – vor dem Gérard selber, der, scheint es, mehr ein geistreicher Mann als ein Maler war, in die Worte ausbrach: »Ein Maler ist uns offenbart worden, aber es ist ein Mensch, der über die Leinwand läuft!« – Um über die Leinwand zu laufen, muß man schon feste Füße und klare, vom inneren Licht erleuchtete Augen haben.

---

[1] Man kann schon sagen, daß auch von Rubens „die Rede war". Die Triumphe Napoleons hatten einen unerhörten Bilderschatz in Paris zusammengebracht, vor welchem der jüngeren Generation – vornehmlich und zunächst ja Géricault die Augen aufgingen für die Mängel der David-Schule. In den Jahren 1810-1815 hat Géricault hauptsächlich nach alten Meistern kopiert – „Kopieren war die Erziehung fast aller großen Meister" sagt Delacroix – und in der Liste seiner damaligen Kopien findet sich auch Rubens (*Die Kreuzabnahme* und *Mars und Venus*), für den Géricault obendrein noch eine besondere Bewunderung hegte wegen seiner Pferdedarstellungen. Als nach dem Sturze Napoleons der Louvre viele Meisterbilder wieder hergeben mußte, wurden die nun entstandenen Lücken durch jene großen Rubensschen Maschinen ausgefüllt, die *Das Leben der Maria von Medici* schildern. So ist also gerade auf Rubens schon vor den zwanziger Jahren nachdrücklich hingewiesen, wenn auch keiner sich so vollsog mit seinen Bildern wie Delacroix. (Vgl. Léon Rosenthal, *Géricault*.) – M. B.

[2] Ich ersetze das ‚*massacre*' durch ‚Pestkranke', um den betäubten Kritikern die so oft bemängelten Fleischtöne zu erklären. – C. B.

Von dem Bilde *Dante und Virgil* bis zu den Malereien in der Pairs- und Deputierten-Kammer ist's zweifellos ein großer Weg; aber die Biographie Eugène Delacroix' ist wenig ereignisreich. Für einen Mann wie er, mit solchem Mut und solcher Leidenschaft begabt, sind die interessantesten Kämpfe jene, die er gegen sich selbst zu bestehen hat; es bedarf keiner großen Horizonte für ein Schlachtfeld, damit auf ihm bedeutungvolle Schlachten geschlagen werden; die seltsamsten Revolutionen und Ereignisse gehen unter der Himmelswölbung des Schädels vor sich, im engen, geheimnisvollen Laboratorium des Gehirns.

Nachdem der Mann sich also rechtschaffen offenbart hatte und sich mehr und mehr noch offenbarte – allegorisches Gemälde *Griechenland, der Sardanapal, die Freiheit* und so weiter – und nachdem die ansteckende Kraft des neuen Evangeliums von Tag zu Tage größer ward – sah sich sogar die akademische Verachtung selbst gezwungen, sich um das neue Genie ein wenig zu bekümmern. Monsieur Sosthènes de la Rochefoucauld, damals Direktor der Schönen Künste, ließ eines schönen Tages E. Delacroix zu sich bescheiden und sagte ihm nach manchem Komplimente, wie er doch gar so aufrichtig betrübt sei, daß ein Mann von einer so reichen Erfindunggabe und einem so wahrhaft schönen Talent, dem die Regierung doch so wohlgesinnt sei, in seinen Wein nicht etwas Wasser gießen wolle; und schließlich fragte er ihn klipp und klar, ob es ihm denn so ganz unmöglich wäre, seine Art ein wenig zu mäßigen. Eugène Delacroix war denn doch recht erstaunt über diesen seltsamen Vorschlag und all den seltsamen ministeriellen guten Rat und antwortete in fast komischer Wut: wenn er so male, dann m ü s s e er wohl offenbar so malen und könne folglich auch nicht anders malen. Er fiel in tiefste Ungnade und ward sieben Jahre lang bei Arbeiten aller Art übergangen. Man mußte warten bis 1830.

Eine Reise nach Marokko hinterließ offenbar einen tiefen Eindruck in seinem Geiste; dort konnte er den Mann und das Weib in der Unabhängigkeit und der angeborenen Eigenart ihrer Bewegungen mit Muße studieren und von der antiken Schönheit einen richtigen Begriff bekommen durch den Anblick einer Rasse, die rein ist von jeder verderblichen Mischung und ausgezeichnet durch ihre Gesundheit und die freie Entfaltung ihrer Muskeln. Aus dieser Epoche datiert wahrscheinlich die Kompostion der *Algerischen Frauen* und eine Menge von Skizzen.

Bis auf den heutigen Tag ist man gegen Eugène Delacroix ungerecht gewesen. Die Kritik war ihm gegenüber bitter und ignorant – und bis auf wenige noble Ausnahmen hat selbst das Lob ihm oft recht ärgerlich erscheinen müssen. Im großen Ganzen und für die meisten Leute bedeutet den Namen Eugène Delacroix aussprechen: irgendwelche unbestimmte Ideen von mißgeleitetem Ungestüm, von Wirrwarr, abenteuernder Inspiration und selbst von Unordnung in ihre Geister schleudern; und in den Augen jener Herren, die die Majorität des Publikums bilden, spielt der Zufall als ehrenwerter und gefälliger Diener des Genies in seinen glücklichsten Kompositionen eine große Rolle. In der unglückseligen Revolutionepoche, von der ich oben sprach und deren zahlreiche Verachtungbeweise ich registriert habe, hat man oft Eugène Delacroix mit Victor Hugo verglichen. Man hatte den romantischen Dichter – nun fehlte der romantische Maler noch. Dieses versessene Streben, um jeden Preis Pendants und Analoga in den verschiedenen Kunstzweigen zu finden, führt oft zu seltsamen Mißgriffen, und der in Rede stehende beweist, wie wenig man von dem verstand, worüber man sprach. Ganz sicher mußte der Vergleich für Eugène Delacroix peinlich erscheinen, vielleicht für alle beide; denn wenn meine Definition der Romantik – Intimität, Geistigkeit und so weder – Delacroix an die Spitze der Romantik stellt, so schließt sie Victor Hugo naturgemäß von ihr aus. Die Parallele ist in dem banalen Bereiche der konventionellen Ideen bestehen geblieben, und diese beiden Vorurteile verdunkeln schwache Köpfe noch heute. Man muß ein für allemal mit diesen rhetorischen Albernheiten aufräumen. Ich bitte alle diejenigen, die es als notwendig empfunden haben, für ihren eigenen Gebrauch eine sichere Ästhethik aufzustellen und die Ursachen der Resultate klarzulegen, die Hervorbringungen dieser beiden Künstler aufmerksam zu vergleichen.

Victor Hugo, dessen Adel und Majestät ich ganz gewiß nicht schmälern will, ist ein Handwerker, weitaus geschickter als erfindungreich, ein Arbeiter, weitaus korrekter als schöpferisch.[1] Delacroix ist wohl bisweilen ungeschickt, aber doch von Grund aus schöpferisch. Victor Hugo läßt in all seinen Bildern, ob lyrisch oder dramatisch, ein System von Auszirkelung und von einförmigen Kontrasten erkennen. Selbst noch die Excentricität nimmt bei ihm symmetrische Formen an. Alle Töne des Reimes, alle Hilfsmittel der Antithese, alle Finten der Apposition versteht er aus dem Grunde und verwendet sie mit kühler Berechnung. Er ist ein Dekadenz- oder Übergangkomponist, der sich seines Handwerkzeuges mit einer wahrhaft bewundernswerten und seltsamen Gewandtheit bedient Hugo war schon von Haus aus Akademiker, bevor er noch geboren war, und wenn wir noch in den Zeiten der alten Fabelwesen lebten, ich wollte gern glauben, daß die grünen Löwen des Instituts, wann er vor dem grimmen Sanktuarium vorüberging, ihm oftmals mit prophetischer Stimme zugeraunt haben: »Du wirst Akademiker sein: *de l'Académie!*«

Delacroix gegenüber ist die Gerechtigkeit träger. Seine Werke sind im Gegenteil Gedichte, große, naiv konzipierte Gedichte[2]), ausgeführt mit der gewohnten Frechheit des Genies. – In denen des einen gibt es nichts zu

---

[1]) Diese hier gegebenen kritischen Bemerkungen über Hugo muß man in Korrespondenz setzen mit dem im dritten Bande mitgeteilten Aufsatze „Victor Hugo", der, wie ich dort schon einleitend hervorhob, gänzlich unkritisch gehalten ist. Ich ziehe, wie ich gestehen muß, diese Kritik der dort beabsichtigten *haute impartialité* bei weitem vor; sie wirkt mit ihrem kräftigen Gehalt auf mich viel herzerfreulicher als jene etwas leeren schönen Worte. Baudelaire ließ sich um 1842 Hugo vorstellen und besuchte ihn innerhalb der nächsten Jahre auch wohl, jedoch recht selten. „Er sprach" – berichtet G a u t i e r über jene Zeit – „von Hugo mit einer ehrfurchtvollen Zurückhaltung, doch ohne enthusiastische Leidenschaft. Er, der so viel rezitierte, sprach doch nur wenig Verse von Hugo." – E u g è n e C r é p e t, der verdienstvolle Sammler biographischen Materiales über Baudelaire, spricht dagegen direkt von „verhaltenen Zwiespältigkeiten und, gegen das Ende hin, einer tiefen Antipathie". Und dieses ‚Ende' fällt in das Jahr 1846 – in dem der gegenwärtige ‚Salon'-Bericht veröffentlicht ward. Daß der Grund der Antipathie auf Baudelaires Seite ein ästhetischer und künstlerischer war und auch sein m u ß t e, sieht man oben. Die ‚Diktatur' eines solchen Mannes war einem Baudelaire natürlich unerträglich. – M. B.

[2]) Unter der Naivetät des Genies ist zu verstehen: die Kenntnis des Metiers, vereinigt mit dem γνωτι σεαυτον, wobei jedoch die Kenntnis bescheidentlich dem Temperament den Vortritt läßt. – C. B.

raten und zu ahnen; denn es macht ihm so viel Vergnügen, seine Geschicklichkeit zu zeigen, daß er nicht ein Grashälmchen, nicht einen spiegelnden Lichtreflex ausläßt. Der andere eröffnet in den seinen der weitgereisten Imagination noch tiefe Blicke. – Der eine erfreut sich einer gewissen Ruhe, besser gesagt eines gewissen Zuschauer-Egoismus, die über seine ganze Poesie eine gewisse Kälte und Mäßigung breitet, – welche die starrköpfige und gallige Leidenschaft des andern im Kampfe mit den Geduldproben des Metiers ihm überhaupt nicht erlaubt. – Der eine beginnt mit dem Detail der andre mit der klaren, intimen Durchdringung des Stoffes; woher es denn kommt, daß jener nur die Haut erfaßt, wo dieser stürmisch gleich ans Herz greift. Allzu materiell, zu aufmerksam auf die Außenseiten der Natur, ist Victor Hugo in der Poesie ein Maler geworden; Delacroix, in steter Ehrfurcht vor seinem Ideal, ist oft wider sein Wissen in der Malerei ein Dichter.

Was nun das zweite Vorurteil betrifft, das Vorurteil vom Zufall, so hat es mit dem genau so wenig auf sich. – Es gibt nichts Unverschämteres und zugleich Dümmeres, als bei einem großen Künstler von dem Bildunggange und der Denkkraft eines Delacroix von den Verpflichtungen zu reden, die er dem Gott des Zufalls gegenüber habe. Darüber zuckt man einfach mitleidvoll die Schultern. Es gibt keinen Zufall in der Kunst, ebensowenig wie in der Mechanik. Ein glücklich Gefundenes ist die einfache Folge eines guten Raisonnements, dessen zwischenliegende Deduktionen man bisweilen übersprungen hat; wie denn ein Fehler die Konsequenz eines falschen Prinzips ist. Ein Bild ist eine Maschine, an der alle Systeme für ein geübtes Auge erkennbar sind; wo alles seine Berechtigung hat, wenn das Bild gut ist; wo e in Ton immer dazu da ist, die Geltung eines a n d e r n zu bestimmen; wo eine gelegentliche Verzeichnung bisweilen nötig ist, um nicht ein Wesentliches zu opfern.

Dieser Eingriff des Zufalls in die Malerei-Angelegenheiten Eugène Delacroix' ist um so unwahrscheinlicher, als er einer der seltenen Menschen ist, die original bleiben, nachdem sie aus allen wahren Quellen geschöpft haben, und deren unbezwingliche Individualität der Reihe nach das Joch aller großen Meister geschüttelt hat. Wohl mancher würde recht erstaunt sein, wenn er eine Studie nach Raffael von ihm sähe, ein geduldiges und fleißiges Meisterwerk von einer Imitation, und wenige erinnern sich heute seiner Lithographien nach Medaillen und gravierten Steinen.[1])

Hier einige Zeilen Heinrich Heines, die Eugène Delacroix' Methode recht gut erklären, eine Methode, die wie bei allen kraftvoll veranlagten Männern – das Ergebnis seines Temperamentes ist: »In der Kunst bin ich Supernaturalist. Ich glaube, daß der Künstler nicht alle seine Typen in der Natur auffinden kann, sondern daß ihm die bedeutendsten Typen, als eingeborene Symbolik eingeborener Ideen, gleichsam in der Seele offenbart werden. Ein neuerer Ästhetiker, welcher *Italienische Forschungen* geschrieben, hat das alte Prinzip von der Nachahmung der Natur wieder mundgerecht zu machen gesucht, indem er

---

[1]) Auch Zeichnungen Daumiers hat Delacroix mit Vorliebe kopiert. (Vgl. Arsène Alexandre, *Honoré Daumier, l'homme et l'oeuvre*. Paris, 1888.) – M. B.

behauptete: der bildende Künstler müsse alle seine Typen in der Natur finden. Dieser Ästhetiker hat, indem er solchen obersten Grundsatz für die bildenden Künste aufstellte, an eine der ursprünglichsten dieser Künste gar nicht gedacht, nämlich an die Architektur, deren Typen man jetzt in Waldlauben und Felsengrotten nachträglich hinein gefabelt, die man aber gewiß dort nicht zuerst gefunden hat. Sie lagen nicht in der äußeren Natur, sondern in der menschlichen Seele.«[1])

Delacroix geht also von diesem Grundsatz aus, daß ein Bild vor allem den intimen Gedanken des Künstlers wiedergeben muß, welcher die Ausführung beherrscht, wie der Schöpfer die Schöpfung; und aus diesem Grundsatze ergibt sich ein anderer, der ihm auf den ersten Blick zu widersprechen scheint: man muß sich bewußt sein, daß die materiellen Mittel der Ausführung sehr große Sorgfalt erheischen. – Er bekennt sich zu einer fanatischen Eingenommenheit für die Sauberkeit der Handwerkzeuge und die Vorbereitung der Elemente des Werkes. – In der Tat: Da die Malerei eine Kunst von einem tiefen Raisonnement ist, welche das gleichzeitige Zusammentreffen einer Menge von Eigenschaften erfordert, so ist es wesentlich, daß die Hand, wenn sie sich an die Arbeit macht, mög-

---

[1]) Man findet die hier angezogene Stelle, die ich nachzuschlagen und ausführlicher zu lesen rate, in den Pariser Kunstberichten über die Gemälde-Ausstellung von 1831, und zwar in dem Abschnitte über DECAMPS und seine *Patrouille*. Heine fährt dortselbst fort: „Dem Kritiker, der im Decamps'schen Bilde die Natur vermißt und die Art, wie das Pferd des Hadji-Bei die Füße wirft und wie seine Leute laufen, als unnaturgemäß tadelt, dem kann der Künstler getrost antworten: daß er ganz märchentreu gemalt und ganz nach innerer Traumanschauung." Und damit kommt man dann sogleich wieder auf den von Baudelaire in ästhetischen Dingen so gern zitierten Hoffmann und sein ‚serapiontisches Prinzip'. – M. B.

lichst wenig Hindernissen mehr beggne und mit dienstbereiter Geschwindigkeit die göttlichen Befehle des Gehirns ausführe: anderen Falles entschwebt das Ideal.

So langsam, ernst, gewissenhaft die Konzeption des großen Künstlers ist, so schnell ist seine Ausführung. Das ist übrigens eine Eigenschaft, die er mit jenem Manne teilt, den die öffentliche Meinung zu seinem Antipoden gemacht hat: Mit INGRES. Eine Frucht austragen und damit niederkommen ist nicht dasselbe, und diese Grandseigneurs der Malerei, mit einer scheinbaren Trägheit behaftet, entwickeln eine wunderbare Beweglichkeit, wenn es gilt, eine Leinwand zu bedecken. Der *Heilige Symphorion* ist mehrere Male ganz von neuem gemacht, und im Anfange enthielt er viel weniger Figuren.

Für E. DELACROIX ist die Natur ein unermeßliches Wörterbuch, und er wendet und befragt die Blätter mit sicherem, tief blickendem Auge; und diese Malerei, die vor allem aus der Erinnerung ersteht, spricht auch vor allem zur Erinnerung. Die Wirkung auf die Seele des Beschauers ist analog den Mitteln des Künstlers. Ein Bild von Delacroix, *Dante und Virgil* und zum Beispiel, hinterläßt immer einen tiefen Eindruck, dessen Intensität durch die Entfernung wächst. Da er unablässig das Detail zugunsten der Gesamtwirkung opfert, und da er die Lebendigkeit und Kraft seines Gedankens durch eine ermüdende, klarere und kalligraphischere Ausführung abzuschwächen fürchtet, so erfreut er sich einer unfaßbaren Originalität, die seinen Stoff so intim macht.

Die Übung einer vorherrschenden Eigenschaft findet gesetzgemäß nur zum Nachteil des übrigen statt. Eine exzessive Vorliebe erheischt Opfer, und die Meisterwerke sind stets nur verschiedene Auszüge aus der Natur. Und darum soll man die Konsequenzen einer großen Leidenschaft, welcher Art sie auch sein mag, auf sich nehmen, soll den bedingenden Notwendigkeiten eines Talents sich fügen und soll nicht markten mit dem Genie. Das haben jene Leute nicht bedacht, die Delacroix' Zeichnung so bespöttelt haben; insbesondere die Bildhauer, Leute, die parteiischer und kurzsichtiger sind, als es erlaubt ist, und deren Urteil höchstens halb so viel Wert hat, wie das eines Architekten. –

Die Bildhauerei, der die Farbe unmöglich und die Bewegung schwierig ist, hat sich den Teufel um einen Künstler zu scheren, den vor allem die Bewegung, die Farbe und die Atmosphäre beschäftigen. Diese drei Elemente verlangen notgedrungen einen etwas unentschiedenen Kontur, leichte, fließende Linien und einen kühnen Pinselstrich. – Delacroix ist heutigen Tages der einzige, dessen Originalität von dem System der geraden Linien verschont geblieben ist[1]); seine Personen sind immer bewegt und seine Draperien immer schwungvoll. Von Delacroix' Gesichtspunkte aus besteht die Linie gar nicht[2]); denn, so zart sie auch sei: ein knauseriger Geometer kann sie immer noch als dick genug ansehen, um daraus tausend andre zu erhalten; und für die Koloristen, welche die ewigen Zitterbewegungen der Natur wiedergeben wollen,

---
[1]) „Es gibt Linien, die ungeheuerlich sind: die Gerade, die Parallele." (Delacroix, *Tagebuch*, 1843.) „Die gerade Linie kommt in der Natur nirgends vor." (Ebda., 1852.) – M. B.
[2]) „In der Wirklichkeit gibt es keinen Kontur." Delacroix, *Tagebuch*, 1857. – M. B

sind die Linien – wie im Regenbogen – nur die intime Verschmelzung zweier Farben.

Übrigens gibt es mehrere Arten von Zeichnung, wie auch mehrere von Farbe: peinlich genaue oder dumme, physiognomische und innerlich geschaute.

Die erste ist negativ, inkorrekt kraft Realität, natürlich, aber abgeschmackt; die zweite ist eine naturalistische, doch idealisierte Zeichnung, die Zeichnung eines Genies, das sich versteht auf Auswahl, Anordnung, Verbesserung, Enträtselung und intimes Auskosten der Natur; die dritte endlich, die edelste und seltsamste, kann die Natur vernachlässigen –: sie bietet dafür eine andere dar, dem Geist und dem Temperament ihres Schöpfers entsprechend.

Die physiognomische Zeichnung eignet gemeinhin den leidenschaftlichen Strebern, wie Ingres zum Beispiel; die schöpferische Zeichnung ist das Privilegium des Genies.

Die Haupteigenschaft in der Zeichnung der großen Meister ist die Wahrheit der Bewegung, und dieses natürliche Gesetz verletzt Delacroix nie.

Prüfen wir nun noch wesentlichere Eigenschaften. – Zu den bedeutsamsten Kennzeichen des großen Malers gehört die Universalität. – So weiß der epische Dichter, Homer oder Dante, gleich gut ein Idyll, einen Bericht, einen Diskurs, eine Beschreibung, eine Ode und so weiter zu geben.

Ebenso Rubens: malt er Früchte, so malt er sie schöner als jedweder Spezialist.

E. Delacroix ist universell; er hat Genrebilder voller Intimität, hat Historienbilder voller Größe gemalt. Er vielleicht allein in unserm ungläubigen Jahrhundert hat religiöse Bilder entworfen, die weder leer und kalt waren, wie Preisarbeiten, noch pedantisch, mystisch oder neochristlich, wie die Bilder all jener Philosophen der Kunst, die aus der Religion eine archäologische Wissenschaft machen und vor allen Dingen den Besitz der ganzen Symbolik und der primitiven Überlieferungen für nötig erachten, um die Glocke des Glaubens schwingen und singen zu lassen.

Das ist leicht begreiflich, wenn man beachten will, daß Delacroix, wie alle großen Meister, eine wunderbare Mischung von Wissen – das heißt: ein vollkommener Maler – und von Naivetät ist – das heißt: ein vollkommener Mensch.

Um aber meiner Behauptung, nur Delacroix verstehe religiöse Bilder zu malen, eine weitere Erklärung zu geben, so mache ich den Beobachter nur hierauf aufmerksam: Wenn auch seine interessantesten Bilder fast immer die sind, deren Stoffe er selber wählt, seine Phantasien also, so entspricht doch die feierlich ernste Trauer seines Talentes vollkommen unserer Religion, denn sie ist eine tief traurige Religion, eine Religion des allgemeinen Schmerzes, die eben um ihrer Katholizität willen dem Individuum volle Freiheit läßt[1]) und nichts Höheres fordert, als daß sie in der Sprache jedes Einzelnen gefeiert werde, wenn er den Schmerz kennt und Maler ist. Ich erinnere mich an einen meiner Freunde übrigens ein Bursche von Verdienst, jetzt schon ein namhafter Kolorist, einer jener frühreifen jungen Leute, die ihr ganzes Leben lang ‚hoffnungsvoll' heißen, und auch bei weitem akademischer, als er selber glaubt: der nannte diese Malerei ‚kannibalisch'.

Ich bin gewiß: Weder in den Kuriositäten einer verdunkelten Palette, noch in dem Regelbuche wird unser junger Freund diese blutige, wilde Verzweiflung finden, der nur so wenig dunkles Grün der Hoffnung gegenübersteht!

Diese fürchterliche Hymne an den Schmerz wirkte auf die klassische Imagination, wie die furchtbaren Weine von Anjou, von der Auvergne und vom Rhein auf einen Magen wirken, der an die blaßvioletten von Médoc gewöhnt ist.

Universalität des Empfindens also, – und nun auch Universalität des Wissens und Kennens!

Seit langem hatten die Maler das sogenannte ‚Genre‘ der Dekoration sozusagen verlernt. Das Hemicycle der Schönen Künste ist ein knabenhaftes, ungeschicktes

---

[1]) Eine sehr wesentliche Bemerkung Baudelaires, die übrigens vollkommen auch dem Standpunkte Barbeys entspricht: Man vergleiche das Vorwort zur zweiten Auflage (1865) der „Alten Geliebten". Mit Verve verficht hier Barbey die so oft angezweifelte und angefeindete Katholizität des Katholizismus und wird obendrein selbst zum Angreifer – der Herren ‚Freidenker‘. „Sie kennen" – sagt er – „nicht den ersten Buchstaben vom Katholizismus. Sie verachten ihn viel zu sehr, als daß sie ihn jemals studiert hätten. Hat ihr Haß den Geist unter dem Buchstaben erahnt? Das moralisch und intellektuell Herrliche im Katholizismus ist, daß er breit, faßlich, unermeßlich ist; daß er die ganze menschliche Natur und ihre verschiedenen Betätigungssphären in sich begreift, und daß er, außer daß er sie in sich begreift, obendrein noch den großen Satz aufstellt und anwendet: „Wehe dem, der sich an etwas ärgert!" Der Katholizismus hat nichts Prüdes, Geziertes, Pedantisches, Unruhiges. Das überläßt er den falschen Tugenden, den geschorenen Puritanismen. Der Katholizismus liebt die Künste und acceptiert ohne Zittern ihre Kühnheiten. Er läßt ihre Leidenschaften und ihre Malereien zu ..." und so fort. – Dieser Kampf gegen die Freidenker richtet sich natürlich auch gegen den Protestantismus, „dieses Ding" – wie Barbey an anderer Stelle (1847) sagte – „das nichts für sich selbst vermag, weil der Autoritätsinn ihm fehlt, und welches die Logik immer weiterrollen wird, von Konsequenz zu Konsequenz, so weit, wie's ihr gefallen wird sie zu rollen." Und daß dies wiederum auch Baudelaires Auffassung ist – der sich so gern De Maistres Schiller nannte! – zeigen seine Tagebuch-Notizen, namentlich die belgischen mit ihrer Verachtung des Protestantismus und der glühenden Bewunderung für die Jesuiten, die von der fanatischen Vergöttlichung dieser Männer durch Barbey allerdings noch übertroffen wird. – M. B.

Werk, das wie eine Sammlung historischer Porträts gemutet. Der *Homer*-Plafond ist ein schönes Bild, das schlecht plafonniert. Die meisten Kapellen, die in der letzten Zeit ausgeführt und unter die Ingres-Schüler verteilt sind, sind im System der primitiven Italiener gearbeitet, das heißt also: sie wollen die Einheit erreichen durch Unterdrückung der Lichteffekte und durch ein ungeheures System von gemilderten Farben. Dieses System, zweifellos vernünftiger, geht den Schwierigkeiten aus dem Wege. Unter Ludwig XIV., Ludwig XV. und Ludwig XVI. machten die Maler Dekorationen voll Lärm und Pomp, denen es aber an Einheit in der Farbe und in der Komposition mangelte.

E. Delacroix hatte Dekorationen zu machen, und er löste das große Problem. Er fand die Einheit für den Beschauer, ohne dabei seinem Berufe als Kolorist zu schaden.

Wir haben die Deputiertenkammer zum Zeugnis dieser einzigartigen Kraftprobe. Das Licht durchströmt in ökonomischer Verteilung alle Figuren, ohne das Auge tyrannisch zu befehden.

Der Rundplafond der Bibliothek des Luxembourg ist ein noch erstaunlicheres Werk; hier ist der Maler nicht nur durchgedrungen zu einer noch milderen und einheitlicheren Wirkung, ohne dabei von den Qualitäten der Farbe und des Lichts etwas zu unterdrücken, als welche ja die Eigentümlichkeit all seiner Bilder sind, sondern er hat sich obendrein noch von einer ganz neuen Seite gezeigt: Delacroix als Landschafter!

Anstatt Apollo und die Musen zu malen, die unveränderliche Dekoration der Bibliotheken, hat E. Delacroix seiner unwiderstehlichen Vorliebe für Dante nachgegeben, dem in seinem Geiste vielleicht allein Shakspeare die Wage hält, und er hat jene Stelle gewählt, wo Dante und Virgil an geheimnisvollem Orte den Dichterfürsten des Altertums begegnen:

»Nicht ließen wir ab, zu gehen, dieweil er sprach; sondern immer weiter durchschritten wir den Wald, den Wald der dicht sich drängenden Geister, mein' ich. Wir waren vom Eingange des Abhangs noch nicht weit entfernt, als ich ein Feuer erblickte, durch einen Halbkreis dichter Schatten strahlend. Wohl trennten uns von ihm noch einige Schritte, schon aber konnte ich gewahren, daß ruhmvolle Geister diesen Ort bewohnten.

»– O du, der jedes Wissen ehrt und jede Kunst: wer sind diese Geister, denen man solche Ehre erzeigt, daß man vom Lose der anderen sie scheidet?

»Er antwortete mir: – ‚Ihr hoher Ruf, der laut auf eurer Erde widerhallt, findet Gnade im Himmel, der von den anderen sie sondert.'

»Indeß ließ eine Stimme sich vernehmen: ‚Ehret den erhabenen Dichter; sein Schatten, der gewichen war, kehrt uns zurück!'

»Die Stimme schwieg, und ich sah vier große Schatten uns entgegenkommen; sie waren nicht froh, nicht traurig anzuschauen.

»Der gute Meister aber sprach zu mir: – ‚Sieh jenen an, der mit dem Degen in der Hand wie ein König den drei anderen voranschreitet: es ist Homer, der höchste aller Dichter; der andere, der ihm folgt, ist Horaz, der Satiriker; Ovid ist der dritte, und der letzte Lucan. Da jeder von ihnen mit mir den Namen teilt, den die einige Stimme jüngst ertönen ließ, erweisen sie mir Ehre, und sie tun gut daran!'

»Also sah ich die schöne Schule jenes Meisters im erhabenen Gesange, der gleich dem Adler über den anderen schwebt, sich hier versammeln. Nachdem sie ein Weilchen sich untereinander besprochen, wandten sie sich mit einer Geberde des Gußes zu mir, worüber mein Führer bei sich lächeln mußte. Und noch größere Ehre erwiesen sie mir; denn sie nahmen mich auf in ihren Kreis, so daß ich nun unter so hohen Geistern der sechste war.[1] . . . . . .
. . . . «

Ich werde hier E. Delacroix nicht durch ein übertriebenes Lob beleidigen, daß er mit der Rundung seiner Leinwand so gut fertig geworden ist und gerade Figuren darauf angebracht habe. Sein Talent steht über derlei Dingen. Ich beschäftige mich vor allem mit dem Geiste dieser Malerei. Es ist unmöglich, all das glückselig Geruhige, was sie atmet, und die tiefe Harmonie, die in dieser Atmosphäre heiter flutet, in Prosa auszudrücken. Das gemahnt an die schönsten grünenden und blühenden Seiten des *Telemach* und trägt uns alle Erinnerungen wieder zu, die je der Geist von den elysischen Erzählungen empfing. Die Landschaft, nichtsdestoweniger nur ein Accidens, ist aus dem Gesichtspunkte, unter dem ich gegenwärtig schreibe – die Universalisät der großen Meister! – außerordentlich bedeutsam. Diese Rundlandschaft, die einen enormen Raum umfaßt, ist mit dem großen Wurf eines Historienmalers und zugleich mit dem Feingefühl und der Liebe eines

---
[1] Dantes *Hölle*, im vierten Gesange. – C. B.

Landschafters gemalt. Lorbeerbüsche, beträchtliche Schattenpartien durchschneiden sie harmonisch; Lichtteppiche von mildem, gleichmäßigem Sonnenscheine schlummern auf Rasengebreiten; blaue oder gehölzumgürtete Höhenzüge bilden einen Horizont, wie man ihn sich nur wünschen mag »zur Augenweide«. Und der Himmel ist weithin blau und blinkend weiß, bei Delacroix etwas Erstaunliches; die zart und dünn sich spinnenden Wolken, hierhin und dorthin verziehend, gleich einem feinen Schleier, der zerreißt, sind von außerordentlicher Leichte; und diese azurene Wölbung, tief und licht, flieht bis in wunderbare Ferne. Die Aquarelle Bonningtons sind nicht so transparent.

Dieses Meisterwerk, das nach meiner Ansicht noch über den besten des Veronese steht, bedarf allerdings, um recht erfaßt zu werden, sehr großer Geistesruhe und eines recht milden Tageslichtes.

Die diesjährigen Bilder Delacroix' sind: Die Entführung der Rebekka (»Ivanhoe«), *Romeos und Juliens Abschied, Gretchen in der Kirche,* und ein *Löwe* in Aquarell.

Das Bewundernswerte in der *Entführung der Rebekka* ist eine vollkommene Anordnung der Töne – intensiver Töne, gedrängt, gepreßt und logisch, daraus ein packender Anblick sich ergibt. Bei fast allen Malern, die nicht Koloristen sind, bemerkt man immer Leeren, große Löcher also, entstanden durch Töne, die, wenn ich so sagen darf, das Farbenniveau des Bildes nicht erreichen; Delacroix' Malerei ist wie die Natur: sie hat den *horror vacui*.

Romeo und Julia – auf dem Balkon – in der kühlen Klarheit des Morgens – halten einander inbrunstvoll in Körpermitte umarmt. In dieser heftigen Umschlingung des Abschieds wirft Julia, die Hände auf die Schultern des Geliebten legend, das Haupt zurück, als wolle sie tief aufatmen, oder auch wohl in einer Bewegung des Stolzes und in der lustvollen Leidenschaft. Diese ungewohnte Stellung – denn fast alle Maler pressen die Verliebten Mund auf Mund gegeneinander – ist nichtsdestoweniger überaus natürlich; diese kraftvolle Bewegung des Nackens eignet auch den Hunden und den Katzen, wenn sie beglückt sich kosen lassen. – Die veilchenlinden Dämmerdüfte umhüllen diese Szene und die romantische Landschaft, die sie vollkommen macht. –

Zur Vervollständigung dieser Analyse hab' ich noch eine letzte Eigenschaft Delacroix' hier zu verzeichnen, die bemerkenswerteste von allen, die erst den wahren Maler des neunzehnten Jahrhunderts aus ihm macht: nämlich jene einzigartige, hartnäckige Melancholie, die allen seinen Werken entströmt und sich sowohl durch die Wahl der Stoffe kennzeichnet wie durch den Ausdruck der Gestalten, durch die Geste, durch den Stil, die Farbe. Leidenschaftlich liebt Delacroix Dante und Shakespeare, zwei andere große Maler des menschlichen Schmerzes; erkennt sie von Grund aus und weiß sie frei zu übertragen. Betrachtet man die Reihe seiner Bilder, so ist's, als wohne man der Celebration irgendeines schmerzenreichen Mysteriums bei: *Dante und Virgil, Das Gemetzel von Chios, Sardanapal, Christus am Ölberg, Der heilige Sebastian, Medea, Die Schiffbrüchigen* und der so bespottete, so wenig verstandene *Hamlet*. Auf mehreren findet man – ich weiß nicht durch welchen beständigen Zufall – eine Gestalt, die trostloser, erschlaffter ist als die anderen, in der sich alle Schmerzen rings gedrängt wiederholen; so die knieende Frau mit hangendem Haar auf dem ersten Entwurf der *Kreuzfahrer in Konstantinopel;* so auf dem *Gemetzel von Chios* die Alte, die so verfallen und runzlich ist. Diese Melancholie atmet gar noch aus dem Bilde der Frauen in *Algier,* seinem kokettesten und blumigsten. Dies kleine Interieur-Gedicht, erfüllt von Ruhe und Schweigen, beschattet mit reichen Stoffen und all dem Tand der Toilette, strömt doch irgendwie den scharfen Geruch eines verrufenen Ortes aus, der uns recht bald den unergründlich trauervollen Höllenkreisen zuführt. Im allgemeinen malt er übrigens keine hübschen Frauen, wenigstens nicht nach dem Geschmack der großen Welt. Fast alle sind krank und leuchten im Widerscheine einer gewissen inneren Schönheit. Weit entfernt, Kraft durch Dicke der Muskeln auszudrücken, gibt er sie durch die Spannkraft der Nerven wieder. Es ist nicht schlechthin der Schmerz, den er aufs beste darzustellen weiß, sondern – wunderbares Mysterium seiner Malerei! – der moralische Schmerz. Diese hehre, ernste Melancholie leuchtet in krankem Glanze sogar in seiner Farbe, die breit ist, schlicht, überreich an harmonischen Massen, wie die aller großen Koloristen, doch klagend und tief wie eine Melodie von Weber.

Von den alten Meistern hat jeder sein Königreich, sein Leibgedinge – und oft ist er gezwungen, mit berühmten Rivalen es zu teilen. Raffael hat die Form, Rubens und Veronese haben die Farbe, Rubens und Michelangelo die zeichnerische Imagination. Ein Teil des Reiches blieb, in den allein Rembrandt ein paar Ausflüge gemacht hatte, –

das Drama, – das natürliche, lebendige Drama, das Drama, furchtbar und voll Melancholie, oft durch die Farbe, stets aber durch die Geste ausgedrückt. In erhabenen Gesten hat Delacroix Rivalen nur außerhalb der Grenzen seiner Kunstgattung. Ich kenne da nur noch Frédérick Lemaître und Macready.[1])

Dank dieser völlig modernen und neuen Eigenschaft ist Delacroix der letzte Ausdruck der Kunstentwicklung. Erbe der großen Tradition, das will sagen des mächtig quellenden Reichtums, der Noblesse und der prunkvollen Komposition, und würdiger Nachfolger der alten Meister, hat er noch ihnen voraus die Meisterschaft des Schmerzes, die Leidenschaft, die Geste! Das, wahrlich, macht die Bedeutung seiner Größe aus. – In der Tat: man denke, das Werk eines der berühmten alten Meister ginge verloren; er wird fast immer seinen Verwandten haben, der ihn erklären, der dem Historiker eine Ahnung von ihm vermitteln könnte. Man streiche Delacroix –: die große Kette der Geschichte ist zerbrochen und rollt zur Erde.

Wozu sollt' ich in einem Artikel, der eher einer Prophezeiung als einer Kritik ähneln mag, Mängel im Einzelnen und winzige Verfehlungen anmerken? Das Gesamtwerk ist so schön, daß mir's dazu an Mut gebricht. Übrigens ist das Ding so leicht, und soviel andre haben es besorgt! — Ist es nicht neuer, die Leute von ihrer guten Seite anzusehen? Die Fehler Delacroix' sind bisweilen so offensichtlich, daß sie dem Ungeübtesten ins Auge springen. Man

---

[1]) In den *Idées et Sensations* der Concourt heißt es einmal: „Neue Kunst des Schauspielers: sich zu zeichnen. Frédérick-Lemaître hatte Linien, in denen er Daumier mit Michelangelo verschmolz." – M. B.

kann willkürlich das erstbeste Blatt öffnen, in dem man lange Zeit hindurch, meinem System entgegengesetzt, die strahlenden Eigenschaften, die seine Originalität ausmachen, hartnäckig übersehen hat. Man weiß, daß die großen Genies niemals halb irren, daß sie das Privilegium des Ungeheuren in jedem Sinne haben.

V
Über amoureuse Stoffe und Tassaert

Ist es dem Leser so wie mir begegnet, daß er in tiefe Melancholien verfiel, wenn er lange Stunden damit verbracht hatte, in leichtfertigen Bildwerken zu blättern? Hat er sich nach dem Grunde des Reizes gefragt, den man bisweilen darin findet, jene Annalen der Üppigkeit zu durchstöbern, die in den Bibliotheken vergraben oder in den Kartons der Händler verloren sind, — sich gefragt dann auch wieder einmal nach der Ursache der üblen Laune, die sie erzeugen? Vergnügen und schmerzliches Gefühl zugleich; Bitterkeit, nach der die Lippe ewig dürstet! – Das Vergnügen liegt darin, daß man unter allen ihren Formen die wichtigste Empfindung der Natur dargestellt sieht, – und der Unwille hat darin seinen Grund, daß man sie oft so schlecht nachgeahmt oder so dumm verleumdet findet.

War's an den endlosen Winterabenden am Kamin, war's in den langen Hundstagmußestunden im Winkel der Glaserbudiken: der Anblick dieser Zeichnungen hat unermeßliche Abgründe von Träumereien unter mich gebreitet, kaum anders als wie ein obscönes Buch uns den mystischen Ozeanen des Blauen entgegenwirbelt. Manches Mal hab' ich vor diesen unzähligen Proben des Empfindens der Einzelnen mich bei dem Wunsche ertappt, der Dichter, der Kunstfreund, der Philosoph möchten sich dem Genusse eines Museums der Liebe hingeben können, darinnen alles seine Stelle hätte, von der ungenützten Zärtlichkeit der heiligen Therese bis zu den ernstlichen Ausschweifungen der gelangweilten Jahrhunderte. Gewiß ist der Abstand sehr weit, der die *Abfahrt nach der Insel Kythera* von den erbärmlichen Fardendrucken trennt, die in den Zimmern der Freudenmädchen hängen, über einem gesprungenen Topf und einer wackligten Konsole; aber bei einem so wesentlichen Gegenstande darf nichts vernachlässigt werden. Und dann heiligt der Geist alle Dinge, und wenn diese Stoffe mit der nötigen Sammlersorgfalt behandelt wären, so würden sie auch nicht durch jene empörende Obscönität beschmutzt sein, die viel mehr Großtuerei als Wahrheit ist.

Erschrecke der Moralist nicht allzu sehr: ich werde mich in den rechten Grenzen zu halten wissen; und übrigens beschränkte mein Traum, sich auf das Verlangen nach jenem ungeheuren Gedicht der Liebe, wie die reinsten Hände es gezeichnet haben: Ingres, Watteau, Rubens, Delacroix! Die närrischen eleganten Prinzessinnen Watteaus neben den ernsten, ruhenden Aphroditen von Ingres; die blendenden Weißen der Rubens und Jordaens, und die düstren Schönheiten von Delacroix, wie man sie sich vorstellen mag: große, bleiche Frauen, ertränkt in Satin![1]

Um also die erschreckte Keuschheit des Lesers völlig wieder zu beruhigen, will ich noch hinzufügen, daß ich unter die amoureusen Stoffe nicht nur sämtliche Bilder einbeziehen würde, die im besonderen die Liebe behan-

---

[1] Ich ließ mir erzählen, Delacroix habe ehedem für seinen *Sardanapal* eine Menge Frauenstudien in den wollüstigsten Stellungen gemacht. – C. B.

deln, sondern auch jedes Bild, das den Geist der Liebe atmet, und wär' es ein Porträt.[1]

In dieser Riesenausstellung denke ich mir die Schönheit und die Liebe aller Himmelsstriche durch die ersten Künstler zum Ausdruck gebracht; von den närrischen, duftigen, wunderbaren Kreaturen, die Watteau d. J. in seinen Modestichen uns hinterließ, bis zu jenen Aphroditen des Rembrandt, die wie gewöhnliche Sterbliche sich die Nägel schneiden und mit grobem Buchsbaumkamm sich kämmen lassen.

Die Stoffe dieser Art sind etwas so Bedeutsames, daß es keinen kleinen oder großen Künstler gibt, der sich, geheim oder öffentlich, nicht mit ihnen befaßt hätte, von Giulio Romano bis auf Deveria und Gavarni.

Ihr großer Fehler ist im allgemeinen ihr Mangel an Naivetät und Aufrichtigkeit. Gleichwohl erinnere ich mich einer Lithographie, die – leider ohne allzuviel Delikatesse eine von den großen Wahrheiten der schlüpfrigen Liebe ausdrückt.

Ein als Frau verkleideter junger Mann und seine als Mann gekleidete Geliebte sitzen Seite an Seite auf einem Sofa – dem wohlbekannten Sofa, dem Sofa des *Hotel garni* und des *Cabinet particulier*. Das junge Weib will dem Liebhaber die Röcke hochheben.[2] – Diesem wollüstigen Blatte würden in dem idealen Museum, von dem ich sprach,

---

[1] Zwei wesentlich amoureuse – übrigens wunderbare Bilder, die in unseren Tagen komponiert wurden, sind *Die grosse Odaliske* und *Die kleine Odaliske* von Ingres – C. B.
[2] Sedebant in fornicibus pueri puellaeve sub titulis et lychnis, illi femineo compti mundo sub stola, hae parum comptae sub puerorum veste, ore ad puerilem formam composito. Alter venibat sexus sub altero sexu. *Corruperat omnis caro viam suam.* (Meursius.) – C. B.

manche anderen gegenüberstehen, auf denen die Liebe nur in der zartsinnigsten Form erschiene.[3])

Zu diesen Betrachtungen regten mich neuerdings zwei Bilder von TASSAERT an: Erigone und *Der Sklavenhändler*. Tassaert ist ein Maler von großem Verdienst, dessen Talent sich aufs glücklichste für die amoureusen Stoffe eignen würde.[4])

Erigone liegt halb auf einem weinlaubbeschatteten Hügel, – in einer herausfordernden Pose: ein Bein fast aufgespreizt, das andre langgestreckt, den Körper heftig vorgebeugt. Die Zeichnung ist fein; die Linien wellig und ver-

---

[3]) Die für Baudelaire so sehr charakteristische Idee dieses idealen Museums, würde, ausgeführt, offenbar vor allem durch ihre Universalität von hohem Reize sein. Baudelaire selber legt ja auf diese Universalität – er hätte sie vielleicht wieder ‚Katholizität' genannt – besonderen Nachdruck: Auch „die ungenützte Zärtlichkeit der heiligen Therese" will er in diesem Museum wiederfinden. Maurice Barrès berührt in seinem Buche *Du Sang, de la Volupté et de la Mort* gelegentlich eines Abschnittes über die Schule von Bologna dasselbe Thema und sagt dort über die Behandlung der *Madonna in trono*: „Der Künstler wollte uns eine große Dame zeigen, die man angenehm zu unterhalten sucht. Es sind das Sittenbilder, und sie offenbaren in der Tat eine ausgezeichnete Psychologie. Vornehmlich die Liebe ist mit tiefem Verständnis in allen ihren Nuancen analysiert. Da sprechen dann die Ästhetiker von Profanierung und bemerken empört, daß die Engel, die die Jungfrau umgeben, bisweilen so weit gehen, Begehrlichkeit zu zeigen. Aber in der Idee des Malers sind sie Pagen, und man denke an Cherubin bei der Gräfin. – Inbezug auf leidenschaftliche Zärtlichkeit sind diese Künstler, welche die moderne Mode verachtet, bisweilen erhaben, besonders im intensiven Ausdruck der Wollust. Das Pathetische findet hier eine Stütze in der pathologischen Wahrheit. Man sehe in Santa Maria della Vittoria in Rom die berühmte Statue der *Heiligen Therese* von BERNINI. Das ist eine große Dame, die vor Liebesempfindungen in Ohnmacht sinkt." – Diese Bemerkung hätte Baudelaire gefesselt, und er, der solche Abschweifungen nie vermied, hätte die Stelle womöglich selbst hierhergesetzt. – M. B.

[4]) Als Baudelaire 1846 diese Zeilen schrieb, hatte Tassaert dem ‚amoureusen' Genre sich längst schon zugewandt, zunächst in lithographischen Drucken: 1832 (oder gegen 1832) hatte er den Cyklus *Les Amans et les Époux*, eine Folge von achtzehn galanten Blättern, heraußgegeben. *Das Thema Les Préludes de la Toilette* hatte er bereits 1828 auf sechs Blättern behandelt, und ausgesponnen hat er's noch in *Les Premiers moments de la Toilette*. – M. B.

ständnisvoll kombiniert. Ich möchte indeß an Tassaert, der doch Kolorist ist, tadeln, daß er diesen Torso in allzu einförmigem Ton gemalt hat.

Das andre Bild stellt einen Markt von Frauen dar, die auf Käufer warten. Es sind wirkliche Frauen, zivilisierte, mit Füßen, die von Schuhzeug gerötet sind, ein wenig gemein, ein wenig rosig; ein dummer, sinnlicher Türke wird sie als superfeine Schönheiten sich kaufen. Die vom Rücken Gesehene, deren Sitzhügel mit durchsichtiger Gaze umhüllt sind, hat noch eine Modistinnenmütze auf dem Kopfe, eine Mütze, die auf der Rue Vivienne oder im Temple gekauft sein mag. Das arme Mädchen ist offenbar von Piraten entführt. – Die Farbe dieses Bildes ist äußerst bemerkenswert durch die Feinheit und Transparenz der Töne. Tassaert scheint sich mit der Manier des Delacroix befaßt zu haben; nichtsdestoweniger hat er sich eine eigene Farbengebung bewahrt.

Er ist ein hervorragender Künstler, den allein die Flaneurs schätzen und den das Publikum nicht hinreichend kennt; sein Talent hat sich beständig vergrößert, und wenn man bedenkt, von wo er ausgegangen und bis wohin er gekommen ist, so hat man Grund, von ihm noch berückende Kompositionen zu erwarten.

VI

Ideal und Modell

Der Titel dieses Kapitels ist ein Widerspruch oder vielmehr ein aus Gegensätzlichem gebildeter Akkord; denn die Zeichnung des großen Zeichners muß Ideal und Modell gedrängt zusammenfassen.

Die Farbe setzt sich aus farbigen Massen zusammen, diese werden durch eine Unendlichkeit von Tönen gebildet, und deren Harmonie ergibt die Einheit: ebenso teilt die Linie, die ihre Massen und ihre großen Allgemeinheiten hat, sich wiederum in eine Menge Sonderlinien, deren jede ein charakterischer Zug des Modells ist.

Die Zirkumferenz, das Ideal der gebogenen Linie, ist einer ihr analogen Figur vergleichbar, die aus einer Unendlichkeit von geraden Linien zusammengesetzt ist und sich mit jener decken muß, da die inneren Winkel mehr und mehr sich abstumpfen.

Wie es nun aber eine vollkommene Zirkumferenz nicht gibt, so ist auch das asolute Ideal eine Dummheit. Das ausschließliche Streben nach Einfalt bringt einen Tropf von Künstle zur Nachahmung des ewig selben Typus.

Die Dichter, die Künstler und überhaupt die ganz menschliche Rasse wären recht unglücklich daran, wenn das Ideal, diese Absurdität, diese Unmöglichkeit, gefunden wäre. Was würde alsdann ein jeder noch mit seinem armen ‚Ich' – mit seiner zerbrochenen Linie beginnen?

Ich habe bereits angemerkt, daß die Erinnerung das große Kriterium der Kunst ist; die Kunst ist eine Mnemotechnik des Schönen; nun wohl: die exakte Nachahmung trübt die Erinnerung. Es gibt Maler von dieser elenden Art, für die die kleinste Warze eine gute Gelegenheit bedeutet; nicht nur haben sie acht, daß sie sie nicht vergessen, sondern sie müssen sie notgedrungen auch noch vier mal so dick machen: so bilden sie die Verzweiflung der Liebhaber, und ein Volk, das seinen König porträtieren läßt, ist ein Liebhaber.

Wenn man allzusehr ins Kleine oder allzusehr aufs Große geht, so ist das der Erinnerung gleichermaßen hinderlich; dem *Apoll vom Belvedere* und dem *Fechter* ziehe ich den *Antinous* vor, denn der *Antinous* ist das Ideal des reizvollen Antinous.

Obgleich das universelle Prinzip einig und einzig ist, gibt die Natur doch niemals etwas Absolutes noch überhaupt Vollständiges;[1] ich sehe nichts als Individuen. Jedes Tier unterscheidet sich irgendwie von seinem Nachbarn in der selben Klasse, und unter den tausenden von Früchten, die ein Baum geben kann, lassen sich unmöglich zwei identische ausfindig machen, denn sie wären ein-und-derselbe; und so ist die Dualität, die der Widerspruch der Einheit ist, ebensosehr auch ihre Konsequenz.[2] Vor allem in der menschlichen Rasse offenbart sich die Unendlichkeit der Varietät in einer erschrecken-

---

[1] Nichts Absolutes: also ist das Ideal des Kompasses die schlimmste der Dummheiten – noch Vollkommenes: also muß man alles vervollkommnen und jedes Ideal wiederfinden. – C. B.
[2] Ich sage Widerspruch und nicht Gegensatz; denn der Widerspruch ist eine menschliche Erfindung. – C. B.

den Art. Ohne die großen Typen zu zählen, die die Natur unter den verschiedenen Himmelsstrichen verteilt hat, sehe ich tagtäglich unter meinem Fenster eine gewisse Zahl Kalmücken, Osagen, Indianer, Chinesen und alte Griechen vorübergehen, alle mehr oder minder parisianisiert. Jedes Individuum ist eine Harmonie; denn es wird dem Leser manches Mal begegnet sein, daß er sich umwandte beim Klange einer bekannten Stimme und daß er dann fast außer sich vor Staunen war, wenn er ein unbekanntes Geschöpf vor sich sah, die lebende Erinnerung an ein anderes Geschöpf, das in Stimme und Gesten dem gegenwärtigen ganz entsprechend beanlagt war. Das ist so wahr, daß Lavater eine Nomenklatur der Nasen und der Munde aufgestellt, die offenbar zu e i n e r Gestalt gehören, und daß er mehrere Irrtümer in dieser Art bei den alten Künstlern nachgewiesen hat, die bisweilen religiösen oder historischen Persönlichkeiten Formen gegeben haben, die ihrem Charakter widersprachen. Daß Lavater sich im Detail getäuscht hat, ist möglich; aber er hatte die Idee des Prinzips. Solche Hand will solchen Fuß; jede Epidermis erzeugt ihr eigenes Haar. Jedes Individuum hat also sein eigenes Ideal.

Ich behaupte nicht, es gebe so viel ursprüngliche Ideale wie Individuen, denn eine Form gestattet mehrere Abgüsse; aber es gibt in der Seele des Künstlers so viel Ideale wie Individuen, da ein Porträt ein kompliziertes Modell eines Künstlers ist.

Das Ideal ist also nicht jenes unbestimmte Ding, jener langweilige und zwischen den Fingern zerrinnende Traum, der am Plafond der Akademien schwimmt; ein

Ideal ist das Individuum, durch das Individuum neuerrichtet, durch den Pinsel oder den Meißel in der eklatanten Wahrheit seiner eingeborenen Harmonie rekonstruiert und wiedergegeben.

Die Hauptqualität eines Zeichners ist demnach das gründliche, aufrichtige Studium seines Modells. Es ist nicht nur erforderlich, daß der Künstler eine tiefe Intuition in den Charakter des Modells besitze, sondern er muß auch verstehen, ein wenig zu generalisieren, absichtlich einige Details zu übertreiben, um die Physiognomie zu bereichern und ihren Ausdruck klarer wiederzugeben.

Es ist seltsam zu beobachten, wie die Kunst, von diesem Prinzip geleitet (daß das Erhabene die Kleinlichkeiten meiden soll) – wie sie, um sich zu vervollkommnen, zu ihrer Kindheit zurückkehrt. Die ersten Künstler unterdrückten gleichfalls die Details. Der ganze Unterschied liegt darin: Wenn sie die Arme und die Beine ihrer Figuren je wie einen einzigen Stock geschnitten haben, so wichen nicht sie dem Detail, sondern das Detail wich ihnen aus; denn um zu sondern, muß man erst besitzen.

Die Zeichnung ist ein Kampf zwischen der Natur und dem Künstler, in dem der Künstler um so leichter triumphieren wird, je besser er die Intentionen der Natur erfaßt. Es handelt sich für ihn nicht darum, zu kopieren, sondern in einer schlichteren und lichtvolleren Sprache zu verdolmetschen.

Die Einführung des Porträts, das heißt also des idealisierten Modells, in die Stoffe der Historie, der Religion oder der Phantasie erheischt zunächst eine sorgfältige Auswahl des Modells und kann dann ganz gewiß die moderne Malerei auffrischen und neu beleben, die, wie alle unsre Künste, allzu geneigt ist, sich mit der Nachahmung der Alten zu begnügen.

Alles, was ich sonst noch über die Ideale sagen könnte, scheint mir in einem Kapitel Stendhals enthalten, dessen Titel ebenso deutlich wie frech ist:

»WIE ÜBERWINDEN WIR RAPHAEL?«

»In den rührenden Szenen, wie die Leidenschaften sie mit sich bringen, wird der große Maler der modernen Zeiten, wenn er jemals erscheint, jeder einzelnen Person *die aus dein Temperament sich ergebende ideale Schönheit* verleihen, durch welche die Wirkung dieser Leidenschaft am lebhaftesten fühlbar werden wird.

»Werther wird nicht gleichgültig sanguinisch oder melancholisch, Lovelace nicht phlegmatisch oder gallig sein. Der gute Pfarrer Primeroso, der liebenswürdige Cassio werden nicht galligen Temperamentes sein; wohl aber der Jude Shylock, wohl der finstere Jago, wohl Lady Macbeth, wohl Richard III.; die liebenswürdige, reine Imogen wird ein wenig phlegmatisch sein.

»Nach seinen ersten Beobachtungen hat der Künstler den Apoll vom Belvedere gemacht. Wird er sich aber begnügen, so oft er einen jungen, schönen Gott darstellen will, stets kühl denApollo zu kopieren? Nein, er wird eine Beziehung zwischen der Handlung und dem Genre von Schönheit herstellen. Apoll, der die Erde von der Schlange Python befreit, wird mehr stark sein; Apoll, der Daphne zu gefallen sucht, mehr feine Züge aufweisen.«[1])

---

[1]) *Histoire de la Peinture en Italie*, chap, Cl. Das ist 1817 gedruckt! – C. B.

VII

Ingres

Im vorigen Kapitel habe ich von der phantasiegeborenen Zeichnung oder Schöpfung gar nicht gesprochen, weil diese im allgemeinen das Vorrecht der Koloristen ist Allein Michelangelo, bei einer gewissen Auffassung vom Ideal der Erfinder unter den Modernen, hat im höchsten Grade schöpferisch gezeichnet, ohne Kolorist zu sein. Die reinen Zeichner sind Naturalisten, denen die Gabe eines ausgezeichneten Sinnes ward; aber sie zeichnen mit der Vernunft, während die Koloristen, die großen Koloristen, mit dem Temperament zeichnen, fast unbewußt. Ihre Methode entspricht der Natur; sie geben Zeichnung, weil sie Farbe geben, und wollten die reinen Zeichner logisch sein und ihrem Glaubensbekenntnisse getreu, so müßten sie sich mit dem schwarzen Stift begnügen. Nichtsdestoweniger machen sie sich in unbegreiflich hitziger Art über die Farbe her und werden ihrer Widersprüche nicht gewahr. Sie beginnen damit, daß sie grausam und absolut die Formen abgrenzen, und wollen dann die Räume ausfüllen. Diese Doppelmethode schafft beständig Gegensätzlichkeiten zwischen ihren Bemühungen und gibt all ihren Produktionen irgendwie etwas Bitteres, Mühsames, sich Widerstreitendes. Sie sind ein ewiger Streit, eine ermüdende Dualität. Ein Zeichner ist ein verfehlter Kolorist.

Wie wahr das ist, beweist INGRES, der hervorragendste Repräsentant der naturalistischen Schule in der Zeichnung, der stets auf der wilden Jagd nach der Farbe ist. Wunderbare und unglückselige Hartnäckigkeit! Das ist die ewige Geschichte der Leute, die den ihnen gebührenden Ruf verkaufen möchten um den, der ihnen unerreichbar ist. Ingres ist in die Farbe verliebt wie eine Modistin hinterm Ladentische. Es gewährt Leid und Lust zugleich, die Anstrengungen zu betrachten, die er aufwendet, um seine Töne auszuwählen und miteinander zu gatten. Das Resultat – nicht immer mißklingend, aber doch gewaltsam und nicht recht schmackhaft gefällt oft den verderbten Dichtern; und doch: wenn ihr ermatteter Geist sich lange genug an diesem gefährlichen Widerstreit ergötzt hat, will er durchaus auf einem Velasquez oder einem Lawrence sich ruhen.

Wenn Ingres nach Delacroix den bedeutendsten Platz einnimmt, so liegt das an jener ganz besonderen Zeichnung, deren Geheimnisse ich oben analysierte und die bislang am besten Ideal und Modell ‚resümiert'. Ingres zeichnet wunderbar gut, und er zeichnet schnell. In seinen Skizzen schafft er Natürlich-Ideales; seine Zeichnung besteht nicht aus vielen Strichen, aber jeder gibt einen wesentlichen Kontur. Man sehe daneben die Zeichnungen aller jener Handwerker in der Malerei, oft seiner Schüler: sie geben zuerst die Kleinlichkeiten wieder, und darum bezaubern sie den Pöbel, dessen Auge allüberall nur für das Kleine offen ist.[1])

In einem gewissen Verstande zeichnet Ingres besser als Raffael, der populäre König der Zeichner. Raffael hat riesige Mauern bedeckt; aber er hätte, o Leser, das Porträt deiner Mutter, deines Freundes, deiner Geliebten nicht so gut gemacht wie jener. Ingres' Kühnheit ist von ganz besonderer Art und ihr stehen so feine Kunstgriffe zur Seite, daß er vor keiner Häßlichkeit und keiner Bizarrerie zurückschreckt: er hat den Überrock Molés, auch Cherubinis Carrick hat er gemalt; und in den *Homer*-Plafond – ein Werk, das mehr als ein anderes aufs Ideal zusteuert – hat er einen Blinden, einen Einäugigen, einen Einarmigen und einen Buckligen gesetzt. Die Natur belohnt ihn reich für diese heidnische Anbetung. Aus Mayeux' könnte er etwas Erhabenes machen.

Noch die schöne *Muse Cherubinis* ist ein Porträt. Man muß gerechterweise sagen: wenn Ingres, bar der zeichnerischen Schöpferkraft, Bilder, wenigstens in großen Verhältnissen, nicht malen kann, so sind dafür aber seine Porträts doch fast Bilder: intime Gedichte.

Ein geringes, hartes, ingrimmiges und leidendes Talent, eine seltsame Mischung von gegensätzlichen Begabungen, alle angewandt zum Nutzen der Natur, eine Mischung, die just in ihrer Seltsamkeit nicht ihren geringsten Reiz besitzt –: Vlame in der Ausführung, Individualist

---

[1]) „Das Beiwerk" – schreibt Delacroix 1858 in sein Tagebuch – tut außerordentlich viel für die Wirkung und muß trotzdem stets geopfert werden … In einem Porträt, in dem man die Hände sieht, sind die Hände Beiwerk … Die Ursache, warum die schlechten Maler das Schöne (das idealisierte Wahre) nicht hervorbringen können, liegt mit darin, daß ihr Beiwerk, statt den Haupteindruck zu unterstützen, ihn im Gegenteil zerstört, und zwar gerade durch den Eifer, mit dem sie gewisse unterzuordnende Details herausholen." – 1860 wiederholt er: „Das erste Prinzip ist das von der Notwendigkeit der Opfer." Das Thema des ‚Opfers' schlägt er immer wieder an: ‚Bilder dürfen nicht zu fertig sein' ; „man muß etwas zu opfern verstehen"; „man darf nicht alles zeigen"; „die Kunst des Malers besteht darin, die Aufmerksamkeit nur auf das Wichtigste zu lenken" u. s. f. Er lobt Rembrandts Methode, „die alle Objekte je nach ihrer Wichtigkeit sehen läßt", denkt sich die Opfer in der idealen Malkunst aber doch wieder „unendlich zarter als in Rembrandts Werken." – M. B.

und Naturalist in der Zeichnung, antik den Sympathien nach, und Idealist nach Vernunftschluß.

So viele Widersprüche in Einklang zu bringen ist keine kleine Arbeit; und so hat er, um die religiösen Mysterien seiner Zeichnung hinzubreiten, nicht ohne guten Grund ein künstliches Licht gewählt, das seine Absichten verdeutlichen hilft, – jener Dämmernis vergleichbar, in der die noch nicht recht erwachte Natur uns blaß und bloß erscheint, wo das Land sich unter einem packend phantastischen Anblick entschleiert.

Bemerkenswert und an Ingres' Talent von anderer Seite meines Wissens noch nicht recht beachtet ist die Tatsache, daß er sich am liebsten mit den Frauen beschäftigt; er malt sie so wie er sie sieht, denn es ist fast, als liebte er sie zu sehr, als daß er sie verändern möchte; bei ihren kleinsten Schönheiten verweilt er mit dem Obereifer eines Chirurgen; dem leichtesten Wellenspiele ihrer Linien folgt er mit der dienstbaren Ergebenheit eines Verliebten. Die *Angelika*, die beiden *Odalisken,* das *Porträt der Madame d'Haussonville* sind Werke von einer tiefen Wollust. Aber all diese Dinge erscheinen uns stets in einem fast erschreckenden Licht; denn es ist weder die goldige Atmosphäre, darin die Gefühle des Ideals sich baden, noch das geruhige, maßvolle Licht der sublunaren Regionen.

Die Werke Ingres' verlangen, wie sie das Ergebnis einer außerordentlichen Aufmerksamkeit sind, zu ihrem Verständnis eine gleiche Aufmerksamkeit. Kinder des Schmerzes, machen sie Schmerz. Das hängt – wie ich weiter oben auseinandergesetzt habe – damit zusammen, daß seine Methode nicht einig und schlicht ist, sondern vielmehr die Anwendung successiver Methoden. Um Ingres, dessen Lehre von einer gewissen fanatisierenden Strenge ist, haben sich einige Männer geschart, von denen FLANDRIN, LEHMANN und AMAURY-DUVAL die bekanntesten sind.

Doch welch gewaltiger Abstand zwischen Meister und Schülern! Ingres ist noch allein in seiner Schule. Seine Methode ist das Ergebnis aus seiner Natur, und wie seltsam und obstinat die auch sein mag, sie ist doch freimütig und sozusagen ungewollt. Ein passionierter Liebhaber des Antiken und seines Modells, ein respektvoller Diener der Natur, macht er Porträts, die mit den besten römischen Skulpturen wetteifern. Jene Herren haben das Mißfällige und Unpopuläre an seinem Genie kühl, mit Vorbedacht und Pedanterie ins System übersetzt; denn was sie vor allem auszeichnet, ist die Pedanterie …

VIII

Porträtkunst

Es gibt zwei Arten der Auffassung für das Porträt, – es sind: die Historie und der Roman.

Die eine besteht in der treuen, strengen, peinlich genauen Wiedergabe des Konturs und der Modellierung des Modells; das schließt die Idealisierung nicht aus; die aufgeklärten Naturalisten werden sie in der Wahl der am meisten charakteristischen Stellung erblicken, jener Stellung, die den geistigen Gepflogenheiten den besten Ausdruck gibt; außerdem werden sie auch verstehen, jedes wesentliche Detail in vernünftiger Art zu übertreiben, alles, was von Natur hervorstechend, in die Augen springend, bedeutsam ist, ins rechte Licht zu rücken, und alles, was unwesentlich oder die Wirkung einer gerade zufälligen ‚Entwertung' ist, nur flüchtig zu behandeln oder ins Ensemble zu verschmelzen.

Die Häupter der historischen Schule sind DAVID und INGRES; die besten Beispiele sind die Porträts Davids, die in der Bonne-Nouvelle-Ausstellung zu sehen waren, und die von Ingres, wie *Monsieur Bertin* und *Cherubini*.[1]

Die zweite Methode – jene, die den Koloristen eigen ist – besteht darin, daß man aus dem Porträt ein Bild macht, ein Gedicht mit all seinem Zubehör, reich an Räumen und

---

[1] Auch diese Ingresschen Porträts waren im *Musée Bonne-Nouvelle* ausgestellt und Baudelaire nannte sie in seiner Besprechung jener Ausstellung „wahre Porträts, das heißt die ideale Rekonstruktion der Individuen". – M. B.

an Träumen. Hier ist die Kunst schwieriger, weil sie mehr von sich verlangt. Der Maler muß es verstehen, ein Haupt in den weichen Dünsten einer heißen Atmosphäre zu baden oder es aus den Tiefen einer Dämmerung hervortreten zu lassen. Hier hat die Phantasie einen größeren Anteil; und doch, wie's oft geschieht, daß der Roman wahrer ist als der geschichtliche Bericht, so geschieht es ebenso oft, daß ein Modell durch den leichten, doch so ausdrucksmächtigen Pinsel eines Koloristen klarer wiedergegeben wird, als durch den Stift eines Zeichners.

Die Häupter der romantischen Schule sind REMBRANDT, REYNOLDs, LAWRENCE. Die bekannten Beispiele: *Die Dame mit dem Strohhut* und *der junge Lambton*.

Im allgemeinen haben FLANDRIN, AMAURY-DUVAL und LEHMANN die ausgezeichnete Eigenschaft, daß ihr Modell wahr und fein ist. Das einzelne Stück ist gut aufgefaßt und leicht und in einem Zuge ausgeführt; aber ihre Porträts werden oft durch eine anspruchvolle und ungeschickte Ziererei verdorben. Ihre maßloses Streben nach Distinktion spielt ihnen jeden Augenblick böse Streiche. Es ist bekannt, mit welcher wunderbaren Biederkeit sie die *distinguierten* Töne suchen, das heißt: Töne, die, intensiv gegeben, sich miteinander vertragen würden wie der Teufel mit dem Weihwasser oder der Marmor mit dem Essig; aber da sie außerordentlich verblichen sind und in homöopathischer Dosis verabfolgt werden, so ist der Effekt weit mehr überraschend als schmerzlich: das ist die ganze große Kunst!

In der Zeichnung ist man distinguiert, wenn man die Vorurteile gewisser Zierpuppen teilt, die viel Umgang mit ungesunder Literatur gepflogen haben und ich nun entsetzen vor kleinen Augen, großen Füßen, großen Händen, niedrigen Stirnen und vor Wangen, auf denen Frohsinn und Gesundheit blühen – lauter Dingen, die sehr schön sein können.

Diese Pedanterie in der Farbe wie in der Zeichnung schadet den Werken dieser Herren immer, so löblich sie im übrigen auch sein mögen.

IX

‚Chic' und ‚poncif'

Der *Chic* – ein scheußliches und verrücktes Wort moderner Herkunft, dessen Orthographie ich nicht einmal recht kenne,[1] das anzuwenden ich aber gezwungen bin, da es von den Künstlern die Weihe erhalten hat, eine moderne Monstrosität zu bezeichnen – bedeutet: Fehlen von Modell und Natur. Der Chic ist der Mißbrauch des Gedächtnisses; obendrein ist der *Chic* weit eher ein Gedächtnis der Hand als des Gehirns; denn es gibt große Künstler, die mit einem tiefen Gedächtnis für Charaktere und Formen begabt sind – Delacroix oder Daumier – und die mit *Chic* doch nichts zu schaffen haben.

Der *Chic* läßt sich der Arbeit jener Schreibkünstler vergleichen, die eine schöne Hand und eine gute, für englische Steilschrift oder für Kursivschrift zugeschnittene Feder besitzen, und die nun kühnlich, mit geschlossenen Augen nach Art eines verschnörkelten Namenzuges einen Christuskopf oder den Hut des Kaisers hinzuschreiben verstehen.

Die Bedeutung des Wortes *poncif* hat viel Verwandtschaft mit der des *chic*. Immerhin wird es mit besonderer Vorliebe inbezug auf den Ausdruck des Kopfes oder auf die Attituden angewandt.

Es gibt Wutgeberden, gibt Geberden des Erstaunens, die *poncif* sind, so zum Beispiel, wenn das Erstaunen durch

---

[1] H. de Balzac hat irgendwo *Le chique* geschrieben. – C. B.

einen wagerecht ausgestreckten Arm und gespreizten Daumen dargestellt wird.

Es gibt im Leben und in der Natur Dinge und Wesen, die *poncif* sind, das heißt: das Resumé der Allerweltideen, die sich bezüglich dieser Dinge und dieser Wesen herausgebildet haben; so haben die großen Künsder einen Horror davor.

Alles, was konventionell und traditionell ist, zeigt Züge vom *Chic* und vom *Poncif.*

Wenn ein Sänger die Hand aufs Herz legt, so will das gemeinhin besagen: Ich werde sie ewig lieben! Ballt er die Fäuste und blickt dabei in den Souffleurkasten oder auf die Bretter, so bedeutet das: Er sterbe, der Verräter! – Da haben wir den *Poncif.*[2])

---

[2]) Man wird leicht einsehen, daß solche Worte, die viel eher einen gewissen, eigentümlichen Empfindunggehalt haben, als daß sich vom Verstande scharf definieren ließen, am besten unübersetzt bleiben, sobald in der deutschen Sprache vollkommene Aquivalente fehlen. Hier fehlen sie. Die Ausdrücke „glatt und gefällig" oder „glatt und platt" sind unzureichend und lassen sich nur eben so weit heranziehen, wie Baudelaire die Worte ‚konventionell' und ‚traditionell' heranzog. Wesentlich ist hier nicht so sehr, daß das gebrauchte Wort um jeden Preis deutsch sei, als daß es mit möglichster Sicherheit eine völlig eigentümliche Empfindung suggeriere. – Die Goncourt charakterisieren das Wesen des *Chic* und des *Poncif,* dieses „Gedächtnisses der Hand", an einem konkreten Falle: ihrem Anatole in *Manette Salomon* (XXV) – : „Anatole hatte niemals Liebe zum Studium nach der Natur empfunden. Er kannte nicht die entzückungvolle Anspannung der Aufmerksamkeit dem Leben gegenüber, das da vor dem Blicke steht, die fast berauschende Anstrengung, es näher zu umfassen, den leidenschaftlichen, erbitterten Kampf der Hand des Künstlers gegen die sichtbare Wirklichkeit ... Zum Unglück war er geschickt, begabt mit jener banalen Eleganz, die ein Fortschreiten, ein Sich-Wandeln verhindert und den Menschen an ein Scheinbild von Talent, an fast so etwas wie einen Stil *canaille* fesselt. Anatole sollte ebensowenig wie irgendein anderer von jener traurigen Leichtheit genesen, von jener lügnerischen und enttäuschenden Berufung, die in die Fingerspitzen eines Künstlers die Hervorbringung einer Mechanik legt." – M. B.

X

Horace-Vernet

Das sind die strengen Prinzipien, die diesen eminent nationalen Künstler auf der Suche nach dem Schönen leiten, ihn, dessen Werke die Hütte des armen Landmannes und die Dachkammer des lustigen Studenten, den Salon der elendesten Toleranzhäuser[1]) und die Paläste unsrer Könige schmücken. Ich weiß wohl, daß dieser Mann ein Franzose und daß ein Franzose in Frankreich etwas heiliges und geweihtes ist – und selbst im Auslande soll es so sein; aber gerade deswegen hasse ich ihn.

Im meistverbreiteten Sinne bedeutet Franzose Vaudevillist und Vaudevillist einen Menschen, der schwindlig wird vor Michelangelo und den Delacroix mit einem tierischen Stupor erfüllt, wie der Donner manches Vieh. Alles was Abgrund ist, sei es nach oben hin oder nach unten, erregt in ihm klügliche Fluchtgedanken. Das Erhabene wirkt auf ihn stets wie eine Meuterei, und selbst an seinen Molière geht er nur mit Zittern und nur weil man ihm eingeredet hat, das sei ein spaßiger Autor.[2])

---

[1]) Der Sinn des Baudelaireschen Wortes *maison de tolerance*, über welches kein Lexikon Aufschluß gibt (auch nicht Vilattes „Parisismen"), ist wohl nicht schwer zu enträtseln. Es erinnert an eine witzige Bezeichnung für Freudenmädchen: barmherzige Schwestern. – M. B.
[2]) Man vergleiche die vierte der „Kleinen Dichtungen in Prosa", Ein *Witzbold* betitelt. – Die Goncourt definieren: „Das Schöne ist das, was unerzogenen Augen abscheulich erscheint. Das Schöne ist das, was deine Maitresse und dein Zimmermädchen instinktiv gräßlich finden." *(Idées et Sensations.)* – M. B.

Alle rechtschaffenen Menschen in Frankreich – außer Horace Vernet – hassen also den Franzosen. Nicht Ideen sind's, wessen dieses unruhige Volk bedarf, sondern Tatsachen, geschichtliche Berichte, Couplets und der *Moniteur!* Das ist alles: niemals Abstraktionen. Es hat große Dinge getan, aber es dachte nicht daran. Man hat es sie tun geheißen.

Horace Vernet ist ein Militär; der Malerei macht. Ich hasse die Kunst, die beim Rollen des Tambours improvisiert ist, diese Leinwand, im Galopp mit Farbe bepinselt,[3] diese Malerei, unter Pistolenknallen fabriziert, wie ich die Armee hasse, die bewaffnete Macht und alles, was an friedlichem Orte lärmende Waffen schleppt.[4] Diese maßlose Popularität, die übrigens nicht länger dauern wird als der Krieg, und die sich im selben Maße verringern wird wie die Völker sich andere Freuden schaffen werden, – diese Popularität sage ich, diese *vox populi, vox Dei*, ist für mich ein Albdruck.

Ich hasse diesen Mann, weil seine Bilder überhaupt keine Malerei sind, sondern eine geschäftige und häufige Masturbation, eine Irritation der französischen Epidermis.

Ich hasse ihn, weil er frisiert geboren[5] und weil die Kunst für ihn ein klares, leichtes Ding ist. – Aber er kündet euch euren Ruhm, und das ist die gewaltige Sache. Bah!

---

[3] Natürlich eine Anspielung auf die bekannte Karikatur, die Vernet hoch zu Roß darstellt, wie er in scharfem Galopp eine riesenlange Leinwand entlang jagt und kühn den Pinsel schwingend ein Schlachtenbild herunterhaut. M. B.

[4] Der Biograph wird versucht sein, aus dieser großen Flut von Haß auch ein paar Tröpflein familiären Gefühls, etwas wie Rachebedürfnis herauszudestillieren – : „*Il faut fusiller le général Aupick!*" – M.B.

[5] Ein Ausdruck Marc Fourniers, der sich auf fast alle Romanciers und Historiker anwenden läßt, die jetzt ihr Stündlein hohen Ruhms genießen und nichts als bloße Feuilletonisten sind, wie Horace Vernet. – C. B.

was scheert es den enthusiastischen Wanderer mit kosmopolitischem Geiste, der das Schöne dem Ruhm vorzieht?

Um Horace Vernet in klarerer Art zu definieren, so ist er die absolute Antithese vom Künstler; er gibt *Chic* zum Ersatz für die Zeichnung, ein Kunterbunt zum Ersatz für die Farbe und Episoden statt der Einheit; er macht Meissoniers in riesigstem Maßstabe.

Im übrigen ist Horace Vernet zur Erfüllung seiner offiziellen Sendung mit zwei hervorragenden Eigenschaften begabt, einer negativen und einer positiven: er hat keine Leidenschaft und hat das Gedächtnis eines Almanachs![1] Wer weiß besser als er, wieviel Knöpfe jede einzelne Uniform hat, welche Falten eine Gamasche wirft oder ein Stiefel, der durch viele Tagemärsche schlapp geworden ist; an welcher Stelle des Lederzeugs das Kupfer an den Waffen seinen Grünspanton absetzt? Welch riesiges Publikum daher und welche Wonne! Ebensoviele Publika, wie verschiedene Metiers erforderlich sind, um Röcke und Tschakos und Säbel und Gewehre und Kanonen herzustellen! Und all diese Korporationen vor einem Horace Vernet, vereint durch die gemeinsame Liebe zum Ruhm! – Welch Schauspiel!

---

[1] Das wahrhafte Gedächtnis, aus einem philosophischen Gesichtspunkte betrachtet, besteht, denke ich, einzig in einer sehr lebhaften Imagination, die leicht zu bewegen und demnach geeignet ist, durch jede Empfindung unterstützt, die Szenen der Vergangenheit heraufzubeschwören, indem sie wie durch Bezauberung mit dem Leben und dem Wesen begabt, das einer jeden eigentümlich ist; wenigstens hab' ich diesen Satz von einem meiner alten Meister aufstellen hören, der ein wunderbares Gedächtnis hatte, obwohl er weder ein Datum noch einen Eigennamen behalten konnte. — Der Meister hatte recht, und es ist gewiß etwas anderes um die Worte und die Diskurse, die tief in die Seele eingedrungen sind und deren tiefen und geheimnisvollen Sinn wir zu erfassen vermochten, als um auswendig gelernte Worte." (H o f f m a n n) – C. B.

Als ich eines Tages einige Deutsche wegen ihrer Vorliebe für Scribe und Horace Vernet tadelte, antworteten sie mir: »Wir bewundern Horace Vernet aufs höchste als den vollkommensten Repräsentanten seines Jahrhunderts.« Donner-noch-eins!

Man erzählt, eines Tages sei Horace Vernet bei Peter von Cornelius zum Besuch erschienen und habe ihn mit Komplimenten überhäuft. Aber er wartete lange auf Erwiderungen; denn Peter von Cornelius beglückwünschte ihn während der ganzen Dauer der Begegnung nur ein einziges Mal zu der Menge Champagner, die er ohne Inkommodationen zu sich nehmen konnte. – Ob nun wahr oder nicht, hat die Geschichte doch volle dichterische Wahrscheinlichkeit. – Da nenne noch einer die Deutschen ein naives Volk!

Manche Leute, die lieber Umwege suchen, um jemandem das Kreuz zu brechen, die jedoch im übrigen Horace Vernet nicht heißer lieben als ich, werden mich der Ungeschicklichkeit zeihen. Aber es ist durchaus nicht unklug, brutal zu sein und gerade auf sein Ziel loszugehen, wenn in jedem Satze das *ich* ein *wir* verdeckt, ein unermeßliches *wir*, ein schweigendes und unsichtbares *wir*, – *wir*, eine ganze neue Generation, Feindin des Krieges[2]) und der nationalen Sottisen; eine Nation, voller Gesundheit, weil sie jung ist, die dem alten Nachtrab

---

[2]) Das schrieb Baudelaire 1846; man merkt gut, daß de Maistre ihn noch nicht „denken gelehrt" hatte. Die antidemokratische, nämlich rein historische, ja fast metaphysische Betrachtung des Krieges als einer untilgbaren Notwendigkeit für die Menschen, wie sie in den *Soirées de St.-Pétersbourg*, mit so glänzender und eindringlicher Beredsamkeit ausgeführt ist, hat Baudelaire nachmals merklich umgestimmt. – M. B.

schon auf die Hacken tritt, ihn mit den Ellenbogen stößt und ihre Breschen legt, – ernst, spöttisch und drohend![1])

---

[1]) Man kann also vor den Bildern von Horace Vernet singen:
Nur ein Weilchen währt dein Leben: Freund, genieße es mit Lust.
Eine Lustigkeit so recht französischer Art. – C. B.

XI
Eklektizismus und Zweifelsucht

Wir befinden uns, wie man sieht, im Hospital der Malerei. Wir rühren an die Krankheiten und die Wunden; und diese gehört nicht zu den seltensten und wenigst ansteckenden.

Im gegenwärtigen wie in den alten Jahrhunderten, ehedem wie heute, teilen die starken und rüstigen Männer, jeder nach seinem Geschmack und Temperament, sich in die verschiedenen Territorien der Kunst und betätigen sich dort in voller Freiheit nach dem Schicksalsgesetze der anziehenden Arbeit. Die einen ernten leicht und mit vollen Händen in den herbstlichgoldigen Weinbergen der Farbe: die anderen arbeiten mit Geduld und ziehen mühsam die tiefe Furche der Zeichnung. Jeder dieser Männer hat begriffen, daß sein Königreich ein Heiligtum ist, und daß er nur unter dieser Bedingung in Glück und Ruhe regieren kann bis an die Grenzen, die sein Reich umgeben. Jeder trägt ein Zeichen in seiner Krone; und die Worte, die auf diesem Zeichen geschrieben stehen, sind lesbar für alle Welt. Keiner macht sich Skrupel wegen der Rechtmäßigkeit seines Reiches, und gerad in dieser unirrbaren Überzeugung liegt ihr Ruhm und ihre Heiterkeit.

Horace Vernet selbst, dieser verhaßte Repräsentant des *Chic*, hat das Verdienst, daß er kein Zweifler ist. Er ist ein Mann von glücklicher und närrischer Laune, der in einem künstlichen Lande wohnt, darinnen Schauspieler und Kulissen aus dem selben Karton geschnitzt sind; aber er herrscht als Meister in seinem Parade- und Ergötzungreiche.

Die Zweifelsucht, die heute in der moralischen Welt die Hauptursache aller krankhaften Affektionen ist und deren Verheerungen größer sind als je, hat den Eklektizismus erzeugt; denn die Zweifler hatten den guten Willen zum Heil.

Der Eklektizismus hat sich zu den verschiedenen Epochen stets größer geglaubt als die alten Lehren, da er als letztgekommener die fernsten Horizonte durchspähen konnte. Aber diese Unparteilichkeit beweist die Ohnmacht der Eklektiker. Leute, die sich so umständlich die Zeit zum überlegen gönnen, sind keine vollkommenen Menschen; es fehlt ihnen eine Leidenschaft.

Die Eklektiker haben sich's nicht einfallen lassen, daß die menschliche Aufmerksamkeit um so intensiver ist, je enger ihre Grenzen sind und je mehr sie selbst ihr Beobachtungfeld einengt. Wer zu viel umfaßt, preßt schlecht.

Vor allem in den Künsten hat der Eklektizismus die sichtbarsten und fühlbarsten Folgen gehabt, weil die Kunst, um tief zu sein, eine beständige Idealisation verlangt, die nur dank einem Opfer erreicht wird, – einem unfreiwilligen Opfer.

Wie geschickt ein Eklektiker auch sei, er ist ein schwacher Mensch; denn er ist ein Mensch ohne Liebe. Er hat demnach kein Ideal, hat keine vorbestimmte Willensrichtung; nicht Stern noch Kompaß.

Er mischt vier verschiedene Verfahren durcheinander, die nur eine schwache Wirkung hervorbringen, eine Negation.

Ein Eklektiker ist ein Schiffer, der mit vier Winden segeln möchte.

Ein Werk, das unter einem exklusiven Gesichtspunkt geschaffen ist, hat immer, wie groß auch seine Fehler sein mögen, einen großen Reiz für die Temperamente, die denen des Künstlers verwandt sind.

Das Werk eines Eklektikers hinterläßt keine Erinnerung.

Ein Eklektiker weiß nicht, daß es die Hauptsache für einen Künstler ist, den Menschen an die Stelle der Natur zu setzen und gegen diese zu protestieren. Dieser Protest geschieht nicht kühl nach vorgefaßter Absicht, nicht wie nach einem Kodex oder einer Rhetorik; er ist stürmisch und naiv, wie das Laster, wie die Leidenschaft, wie der Appetit. Ein Eklektiker ist also kein Mensch.

Die Zweifelsucht hat gewisse Künstler verführt, die Hilfe aller andren Künste anzurufen. Die Versuche mit widerstreitenden Mitteln, das Aufpfropfen einer Kunst auf eine andre, die Einführung der Poesie des Geistreichen und des Gefühlvollen in die Malerei, all diese modernen Miseren sind Laster, die den Eklektikern eigen sind.

XII
Ary Scheffer und die Affen des Gefühls

Ein scheußliches Beispiel dieser Methode – wenn man das Fehlen von Methode so nennen darf – ist ARY SCHEFFER.

Nachdem er Delacroix imitiert, nachdem er den Koloristen, den französischen Zeichnern und der neochristlichen Schule Overbecks nachgeäfft hatte, bemerkte Ary Scheffer (etwas spät offenbar), daß er zum Maler nicht geboren sei. Seitdem hieß es andere Mittel zu Hilfe rufen; und er suchte Schutz und Schirm bei der Poesie.

Ein Fehler, der aus zwei Gründen lächerlich ist: Zunächst ist die Poesie nicht der unmittelbare Zweck der Malerei; wenn sie sich ihr beigemischt findet, so ist das Werk nur um so wertvoller, aber seine Schwächen kann sie nicht verdecken. Bei der Komposition eines Bildes mit vorgefaßter Absicht nach Poesie zu suchen ist das sicherste Mittel, sie nicht zu finden. Sie muß ohne Wissen des Künstlers kommen. Sie ist das Ergebnis der Malerei selber; denn sie liegt in der Seele des Beschauers, und das Genie besteht darin, sie dort wachzurufen. Die Malerei ist einzig durch Farbe und Form interessant; der Poesie ähnelt sie nur insoweit, als auch diese im Leser malerische Vorstellungen erweckt.

An zweiter Stelle – und das ist eine Konsequenz aus diesem Erstgesagten – ist zu bemerken, daß die großen Künstler, die ihr Instinkt stets trefflich leitet, aus den

Dichtern nur sehr farbige und sehr augenfällige Sujets sich ausgewählt haben. So geben sie Shakspeare vor Ariost den Vorzug.

Nun wohl: um ein eklatantes Beispiel für die Dummheit Ary Scheffers zu haben, wollen wir das Sujet des Bildes prüfen, das den Titel führt *Der heilige Augustin und die heilige Monika*. Ein braver spanischer Maler hätte schlecht und recht mit der zwiefachen Frömmigkeit der Kunst und der Religion nach besten Kräften die allgemeine Vorstellung, die er sich vom heiligen Augustin und der heiligen Monika machte, wiedergegeben. Aber davon ist keine Rede; es gilt vor allem, folgende Stelle herauszubringen – mit Pinseln und Farbe: »Wir suchten gemeinsam zu ergründen, was jenes ewige Leben sein wird, das das Auge nicht gesehen, das Ohr nicht gehört hat, und das des Menschen Herz nicht berührt!« Das ist der Gipfel der Absurdität. Mir ist, als säh' ich einen Tänzer einen Mathematik-Pas ausführen!

Ehemals war das Publikum Ary Scheffer wohlgesinnt: es fand in diesen poetischen, Bildern die teuersten Erinnerungen an die großen Dichter wieder, und das genügte ihm. Die flüchtige Beliebtheit Ary Scheffers war eine Huldigung zum Gedächtnisse Goethes. Aber die Künstler, selbst die von nur mittelmäßiger Originalität, haben dem Publikum nun längst schon wahre Malerei gezeigt, mit sicherer Hand und nach den einfachsten Regeln der Kunst ausgeführt: so ist ihm allmählich die unsichtbare Malerei zuwider geworden und es ist heute Ary Scheffer gegenüber grausam und undankbar, wie jedes Publikum. Meiner Treu! es tut gut daran.

Eine einfache Methode, um die Bedeutung eines Künstlers kennen zu lernen, besteht in der Prüfung seines Publikums. E. Delacroix hat die Maler und die Dichter für sich; Decamps die Maler; Horace Vernet die Garnisonen; und Ary Scheffer die ästhetischen Frauen, die religiöse Musik machen, um sich für ihren weißen Fluß zu entschädigen.[1])

Die Affen des Gefühls sind im großen Ganzen schlechte Künstler. Wär's anders, sie würden etwas andres machen als Gefühl. Die Stärksten unter ihnen sind noch die, die nur das Hübsche begreifen.

Da das Gefühl ein unendlich mannigfaches und vielfältiges Ding ist, wie die Mode, so gibt es Affen verschiedener Arten von Gefühl.

Der Affe des Gefühls zählt vor allem auf das Text-Büchlein. Es ist zu bemerken, daß der Titel des Bildes nie etwas von dem Stoffe sagt, vor allem bei denen, die infolge einer angenehmen Mischung von Scheußlichkeiten Gefühl mit Geist verquicken. So kann man durch Erweiterung der Methode bis zum tief empfundenen Rebus gelangen.

Zum Beispiel ihr findet im Büchlein: *Arme Spinnerin!* Nun wohl, es ist gar nicht ausgeschlossen, daß das Bild einen weiblichen Seidenwurm oder eine Raupe darstellt, die von einem Kinde zerdrückt wird. Dieses Alter ist ohne Mitleid.

---

[1]) Denen, die mein heiliger Zorn hier und da erzürnt haben mag, empfehle ich die Lektüre von Diderots *Salons*. Unter anderen Beispielen von Nächstenliebe werden sie dort sehen, daß dieser große Philosoph, als man ihn auf einen Maler empfehlend aufmerksam machte, der eine Familie zu ernähren hätte, sagte, man solle die Bilder vernichten oder die Familie. – C. B.

Heute und morgen. – Was ist das? Vielleicht die weiße Fahne und die Trikolore; ebensogut vielleicht auch ein Deputierter im Triumph und der selbe nach seiner Amtsentsetzung. Nein, – es ist ein junges Mädchen, zur Würde der Lorette promoviert, wie sie mit Edelsteinen und Rosen spielt, und nun, wie sie, welk und hohl, auf dem Stroh den Konsequenzen ihrer Leichtfertigkeit erliegt.

Der Indiskrete. – Ratet, ich bitte. – Dies stellt einen Herrn dar, der ein paar errötende junge Mädchen mit einem schlüpfrigen Album in den Händen überrascht.

Im allgemeinen sind die gefühlvollen Bilder den letzten Poesien irgendeines Blaustrumpfes entnommen: melancholisches und verschleiertes Genre; oder sie sind auch wohl eine malerisch: Übersetzung der zänkischen Schreiereien des Armen gegen den Reichen: protestierendes Genre; oder der Weisheit der Völker entliehen: geistreiches Genre; bisweilen auch den Werken Bouillys oder Bernardins de Saint-Pierre: moralistisches Genre.

XIII
Über die Landschaft

In der Landschaft kann man, wie beim Porträt oder beim Historienbilde, Klassifikationen aufstellen, die sich auf verschiedene Methoden stützen: so gibt es Koloristen, Zeichner und imaginative Landschafter; Naturalisten, die unbewußt idealisieren, und Sektierer des *Poncif*, die sich einem ganz besonderen und seltsamen Genre widmen, die ‚historische' Landschaft geheißen.

Zur Zeit der romantischen Revolution widmeten sich die Landschafter, nach dem Beispiele der berühmtesten Vlamen, ausschließlich dem Studium der Natur; dies war ihr Heil und gab der Schule der modernen Landschaft einen besonderen Glanz. Ihr Talent bestand vor allem in einer ewigen Anbetung des sichtbaren Werkes, unter allen seinen Gesichtspunkten und in allen seinen Einzelheiten.

Andere, philosophischer und größere Raisonneure, beschäftigten sich vor allem mit dem Stil, das heißt: der Harmonie der Hauptlinien mit der Architektur der Natur.

Was die Phantasie-Landschaft betrifft – als welche der Ausdruck der menschlichen Träumerei ist, der menschliche Egoismus, der Natur substituiert –, so fand sie wenig Pflege. Dieses seltsame Genre – für welches Rembrandt, Rubens, Watteau und einige englische Weihnachtbücher die besten Beispiele bieten und das im Kleinen das Analogon zu den schönen Operndekorationen ist – repräsentiert das natürliche Bedürfnis nach dem Wunderbaren.

Hier ist die Imagination der Zeichnung in die Landschaft übertragen: fabelhafte Gärten, unermeßliche Horizonte, – Wässer von einer nicht mehr natürlichen Klarheit und einem Lauf, der den Gesetzen der Topographie Hohn spricht, – gigantische Felsen, in idealen Proportionen konstruiert, – traumhaft verschwommene Nebel. Die Phantasie-Landschaft hat bei uns wenig Enthusiasten gehabt,[1]) sei es nun, daß sie ein etwas unfranzösisches Gewächs ist, sei es, daß es der Schule vor allem not tat, sich in den rein natürlichen Quellen zu baden.

Die historische Landschaft nun, von der ich gleichsam als Offizium für die Toten einige Worte sagen will, ist weder das freie Spiel der Phantasie, noch die wunderbare Untertänigkeit der Naturalisten: sie ist die Moral in ihrer Anwendung auf die Natur.

Welcher Widerspruch und welche Monstrosität! Die Natur hat keine andere Moral als die Tatsache, weil sie die Moral selber ist; und nichtsdestotrotz handelt sich's hier darum, sie zu rekonstruieren und sie nach gesunderen und reineren Regeln zu verordnen, Regeln, die im reinen Enthusiasmus des Idealen sich nicht finden, sondern in den bizarren Gesetzbüchern, die die Adepten keinem zeigen.

So besteht die Tragödie darin, gewisse ewige Muster zuzuschneiden, als welche da sind: die Liebe, der Haß, die Kindesliebe, der Ehrgeiz und so weiter und so weiter, und sie, an Fäden hangend, nach einer geheimnisvollen, geheiligten Etikette, gehen, grüßen, sich setzen und spre-

---
[1]) In Deutschland malte um 1820 S c h i n k e l seine phantasievollen Operndekorationen - (Zauberflöte, Undine, Alceste, Armida, Nurmahal u. a.) — M. B.

chen zu lassen.[1]) Niemals, und rückte man mit den wuchtigsten Keilen und Doppelhämmern heran, könnte man dem Gehirn eines tragischen Dichters die Idee der unendlichen Varietät beibringen, und wenn man ihn schlüge und ihn tötete, würde man ihm doch nicht einreden können, daß verschiedene Sittlichkeiten vonnöten sind. Hat man jemals tragische Personen trinken und essen sehen? Es ist evident, daß diese Leute anstelle der natürlichen Bedürfnisse sich ihre Moral gemacht und daß sie sich ihr Temperament geschaffen haben wohingegen die meisten Menschen dem ihren unterworfen sind. Ich habe einen gewöhnlichen Dichter von der Comédie-Française sagen hören, Balzacs Romane schnürten ihm das Herz zusammen und flößten ihm Abscheu ein; er seinerseits begreife nicht, daß Liebende von etwas anderem leben sollten als vom Duft der Blumen und von der Morgenröte Tränentropfen. Es wäre Zeit, scheint mir's, daß die Regierung sich ins Mittel legte; denn wenn die Männer der Kunst und Literatur, die jeder ihren Traum und ihre Arbeit haben und für die der Sonntag nicht existiert, der Tragödie naturgemäß entgehen, so gibt es doch eine gewisse Anzahl Leute, denen man eingeredet hat, die Comédie-Française sei das Sanktuarium der Kunst, und deren bewundernswerte Gutwilligkeit einen Tag auf sieben begaunert wird. Ist es vernunftgemäß, einigen Bürgern zu gestatten, daß sie in Stumpfsinn sich verkommen lassen und sich falsche Ideen zuziehen? Aber es scheint,

---

[1]) Man wird diesen Satz ganz im Tone der Samuel Cramerschen Rede über Walter Scott gehalten finden – und nun vielleicht um so mehr der Ansicht zuneigen, daß die „Fanfarlo" gleichfalls 1846 geschrieben sein wird, und eher wohl früher noch als später. – M. B.

die Tragödie und die historische Landschaft sind stärker als die Götter.

Der Leser begreift nun, was eine gute tragische Landschaft ist. Es ist ein Arrangement von Bäumen, Fontänen, Grabhügeln und Aschenurnen, alle ihren Schnittmustern entsprechend. Die Hunde sind nach einem gewissen historischen Hundemuster zugeschnitten; ein historischer Hirt kann sich bei Strafe der Schande und Schmach keine anderen gestatten. Jeder unmoralische Baum, der sich's erlaubt hat, ganz allein und nach seiner Manier zu wachsen, wird notgedrungen niedergehauen; jeder Kröten- oder Kaulquappensumpf wird mitleidlos verschüttet. Die historischen Landschafter, die ob etlicher kleiner Versündigungen an der Natur Gewissensbisse haben, stellen sich die Hölle unter dem Aspekt einer wirklichen Landschaft vor: sie denken sich einen reinen Himmel und eine reiche, frei entfaltete Natur; zum Beispiel eine Steppe oder einen Urwald.[2]

Ich weiß nicht, welches der Ursprung der historischen Landschaft ist. Keinesfalls ist sie auf Poussin zurückzuführen.

ALIGNY und COROT machen sich viel zu schaffen mit dem Stil. Aber was bei Aligny eine heftige und philosophische vorgefaßte Meinung ist, ist bei Corot eine naive Gewohnheit und eine natürliche Geistesart. Er ist mehr Harmoniker als Kolorist; und seine Kompositionen, stets bar

---

[2] „... Er hatte als einer der Ersten mutig mit der historischen Landschaft gebrochen, der traditionell zusammenkomponierten hübschen Lage, der heroischen Petersilie des Blattwerks, dem monumentalen Baum (Eiche oder Buche), der unvermeidlich dreimal in jedem Jahrhundert ein Verbrechen oder eine mythologische Liebschaft verbirgt." (Goncourt, *Manette Salomon*, LXXXIII.) – M. B.

von Pedanterie, sind eben wegen der Einfalt der Farbe verführerisch anzusehen. Fast alle seine Werke haben die besondere Gabe der Einheit, welche eine der Notwendigkeiten des Gedächtnisses ist. –

Im allgemeinen kann der Ingressche Einfluß in der Landschaft keine genügenden Ergebnisse zeitigen. Die Linie und der Stil ersetzen nicht das Licht, den Schatten, die Reflexe und die färbende Atmosphäre, – alles Dinge, die in der Poesie der Natur eine zu große Rolle spielen, als daß sie sich dieser Methode unterwürfe. –

Die Anhänger der Gegenpartei, die Naturalisten und die Koloristen, sind weit populärer und haben mehr Aufsehen erregt. Eine reiche, gesättigte Farbe, klare, leuchtende Himmel, eine besondere Aufrichtigkeit, derzufolge sie alles hinnehmen, was die Natur gibt, sind ihre hervorstechenden Eigenschaften: indessen gefallen sich einige von ihnen, wie TROYON, gar zu sehr in den Spielen und Akrobatenkünsten ihres Pinsels. Diese vorbedachten, mühselig erlernten und monoton triumphierenden Mittel interessieren den Beschauer zuweilen mehr als die Landschaft selber. Es kommt in diesen Fällen sogar vor, daß ein unerwarteter Schüler die Sicherheit und Kühnheit noch weiter treibt; denn es gibt nur eine Eigenschaft, die keiner nachahmen kann: die Schlichtherzigkeit. –

JOYANT, CHACATON, LOTTIER und BORGET suchen sich ihre Stoffe im allgemeinen in fernen Ländern, und ihre Bilder haben den Reiz einer Reiselektüre. Ich mißbillige die Spezialitäten nicht; aber ich möchte doch nicht gern, daß man solchen Mißbrauch damit triebe, wie Joyant, der niemals vom Markusplatze fortgekommen und niemals über den Lido hinausgefahren ist. Wenn die Spezialität Joyants die Augen mehr als eine andere anzieht, so geschieht das zweifellos dank der eintönigen Vollkommenheit, die er hineinlegt, und die er stets durch die gleichen Mittel erreicht. Es scheint mir, Joyant hat niemals Fortschritte machen können. –

Es ist ein Mann, der nach meinem Sinne mehr als alle anderen die Bedingungen des Schönen in der Landschaft erfüllt, ein Mann, den die Menge wenig kennt. – Man hat schon erraten, daß ich von ROUSSEAU sprechen möchte.

Es ist ebenso schwierig, Rousseaus Talent mit Worten begreiflich zu machen, wie Delacroix', zu dem er übrigens einige Beziehungen hat. Rousseau ist ein Landschafter des Nordens. Seine Malerei atmet eine große Melancholie. Er liebt die bläuliche Natur, die Dämmerungen, die eigenartigen, wasserfeuchten Sonnenuntergänge, die dichten Schattenpartien des Laubwalds, darin die Winde kreisen, die großen Schatten- und Lichtspiele. Seine Farbe ist prächtig, aber nicht in die Augen stechend. Seine Himmel sind in ihrer flockigen Weichheit unvergleichlich. Wenn man an manche Landschaften von Rubens und Rembrandt denkt, einige Erinnerungen an englische Malerei mit einlaufen läßt und dann beherrschend und regelnd über dem allen, eine tiefe, ernste Liebe für die Natur sich vorstellt, so kann man sich vielleicht eine Idee von dem Zauber seiner Bilder machen. Er mischt viel von seiner Seele hinein, wie Delacroix; er ist ein Naturalist, den es unablässig zum Ideal hinanreißt.

XIV
Warum die Bildhauerei langweilig ist

»Der Ursprung der Bildhauerei verliert sich in der Nacht der Zeiten«; sie ist also eine Karaïbenkunst.

In der Tat sehen wir alle Völker sehr geschickt Fetische schneiden, lange bevor sie bei der Malerei ankommen, als welche eine Kunst tiefen Raisonnements ist und deren Genuß sogar ehe besondere Eingeweihtheit voraussetzt.

Das Bildwerk nähert sich viel mehr der Natur, und das ist auch der Grund, warum selbst unsre Bauern, denen der Anblick eines sorgsam gedrechselten Stückes Holz oder Stein Freude macht, angesichts der schönsten Malerei stumpfsinnig bleiben. Es steckt da eben ein seltsames Mysterium, das sich nicht mit Fingern begreifen läßt.

Dem Bildwerke haften verschiedene hindernde Unannehmlichkeiten an, als notwendige Folge seiner Mittel. Brutal und positiv wie die Natur, ist es zugleich doch wieder unbestimmt und unfaßbar, weil es zu viele Gesichter auf einmal zeigt. Vergeblich, daß der Bildhauer sich müht, sich auf einen einheitlichen Gesichtspunkt zu stellen; der Beschauer, der um die Figur herumgeht, kann hundert verschiedene Gesichtspunkte wählen, ohne den guten zu treffen, und es kommt zuweilen vor was für den Künstler demütigend ist –, daß ein Beleuchtungzufall, die Wirkung einer Lampe eine Schönheit offenbaren, ganz anders als die von ihm geträumte. Ein Bild ist nur das, was es sein will; es gibt kein Mittel, es anders zu sehen als in seinem Lichte. Die Malerei hat nur einen Gesichtspunkt; sie ist exklusiv und despotisch: dementsprechend ist der Ausdruck des Malers bei weitem stärker.

Darum ist es auch ebenso schwierig, in der Bildhauerei sich auszukennen, wie schlechtes darin zu machen. Ich habe den Bildhauer PREAULT sagen hören: »In Michelangelo, in Jean Goujon, in Germain Pilon kenne ich mich aus; aber in der Bildhauerei kenne ich mich nicht aus.« – Ganz offenbar wollte er von der Bildhauerei der Bildhauer, sprechen, anders gesagt: der Karaïben.

Der Zeit der Wilden entstammend, ist die Bildhauerei in ihrer glanzvollsten Offenbarung nichts anderes als eine Komplementarkunst. Es handelt sich nicht mehr darum, mit Fleiß und Geschick Portativfiguren zu meißeln, sondern sich bescheidentlich der Malerei und der Architektur anzuschließen und ihren Absichten zu dienen. Die Kathedralen steigen gen Himmel und häufen die tausend Tiefen ihrer Abgründe mit Skulpturen, die mit dem Monumente selber ein Fleisch und einen Leib ausmachen; mit bemalten Skulpturen das merke man wohl –, deren Farben, rein und schlicht, jedoch in einer besonderen Skala angeordnet, sich dem übrigen harmonisch einfügen und die poetische Wirkung des großen Werkes vervollständigen. Versailles verbirgt sein Volk von Statuen unter Schatten, die ihnen als Hintergrund dienen, oder unter Boskets von lebenden Wassern, die die tausend Diamanten des Lichts über sie ausgießen. In allen großen Epochen ist die Bildhauerei ein Komplement; im Anfange und am Ende ist sie eine isolierte Kunst. Sobald die Skulptur sich darauf einläßt, daß man sie aus der Nähe betrachte, so gibt es keine Kleinlichkeiten und Kindlichkeiten, die der Bildhauer nicht wagte, und die alle Friedenspfeifen und Fetische siegreich übertreffen. Wenn sie eine Salon- oder Schlafzimmerkunst geworden ist, so sieht man die Karaïben der Spitze erscheinen, wie GAYRARD, und die Karaïben der Runzel, des Haares und der Warze, wie DAVID.

Weiterhin die Karaïben des Feuerbocks, der Stutzuhr, des Schreibzeugs und so weiter, wie CUMBERWORTH, dessen *Maria* eine Frau ‚für alles' ist: Statue oder Kandelaber; – wie FEUCHERE, der die Gabe einer zur Verzweiflung treibenden Universalität besitzt: Kolossalfiguren, Zündholzbehälter, Goldschmiedemotive, Büsten und Basreliefs: er ist zu allem fähig. – Übrigens muß man nicht glauben, es fehle diesen Leuten an Wissen. Sie sind gebildet wie Vaudevillisten und Akademiker; sie nehmen von allen Epochen und allen Genres ihren Tribut; sie haben alle Schulen ausgebaut. Sie würden gern die Grabmale von Saint-Denis in Kaschmir- und Zigarrenkästen und alle florentinischen Broncen in Zwei-Sous-Stücke umwandeln. Um eingehendere Belehrung über die Prinzipien dieser närrischen, irrlichterierenden Schule zu erhalten, müßte man sich wohl an KLAGMANN wenden, der meines Wissens der Meister dieses ungeheuren Ateliers ist.

Es bezeugt recht den elenden Zustand der Bildhauerkunst, daß PRADIER ihr König ist. Allerdings versteht er, Fleisch wiederzugeben, und er hat besondere Delikatessen des Meißels; doch besitzt er weder die zu großen Kompositionen erforderliche Phantasiekraft, noch zeichnerische Erfindung und Vorstellung. Er ist ein kaltes, akademisches Talent, das sein Leben damit zugebracht hat, einige antike

Torsi etwas vollständiger zu machen und ihren Hälsen Coiffuren ausgehaltener Mädchen anzupassen.

Die Büste ist ein Genre, das der großen Skulptur gegenüber weniger Imagination und weniger bedeutende, aber nicht minder delikate Fähigkeiten verlangt. Das ist eine intimere und eingeschränktere Kunst, die nicht so leicht Publikumerfolge zeitigt. Da heißt es, wie beim Porträt nach Art der Naturalisten: den Hauptcharakter des Modells sicher erfassen und seine Poesie zum Ausdruck bringen.

Der zweite Teil
Einige Karikaturisten
(1857)

I

Carle Vernet

Ein erstaunlicher Mann war dieser Carle Vernet. Seine Werke bilden eine Welt, eine kleine *Comédie humaine;* denn gerade die Bilder des Alltags, die Skizzen der Menge und der Straße, die Karikaturen sind oft genug der treueste Spiegel des Lebens. Häufig wirken die Karikaturen sowohl wie die Modekupfer im selben Maße karikierender wie sie unmodern werden. So überrascht und verletzt uns das Steife, das Zusammenhanglose der Gestalten jener Zeit aufs seltsamste; und doch ist diese Welt weit unfreiwilliger seltsam, als man gewöhnlich glauben möchte. Denn so war damals die Mode, so waren die menschlichen Wesen: die Menschen glichen den Bildern; die Kunst war der Abdruck der Welt. Jeder war steif, gerade, und jeder Bürger mit seinem zu eng geschnittenen Frack, den Stulpstiefeln und den traurig auf die Stirn flutenden Haaren, sah wie ein Akademiker, aus, der gerade vom Trödler kommt. Nicht nur, weil er das skulpturale Gepräge und die Anforderungen des Stiles dieser Epoche so streng gewahrt hat, ich sage: nicht nur vom historischen Gesichtspunkte aus haben die Karikaturen Carle Vernets großen Wert, sondern sie sind gewißlich auch künstlerisch wertvoll. Posen und Gesten tragen den Stempel der Wahrheit; die Köpfe und Gesichter sind in einem Stile gehalten, den viele unter uns noch beglaubigen können, wenn sie an die Leute denken, die den väterlichen Salon in den Jahren ihrer Kindheit besuchten.[1] Ein jeder entsinnt sich wohl noch des großen Stiches, der eine Spielhölle darstellt. Um einen ungeheuren, länglich runden Tisch haben sich Spieler verschiedenen Charakters und verschiedenen Alters vereint. Es fehlen nicht die unentbehrlichen Mädchen, die gierig auf die Chancen lauern, die ewigen Kurtisanen der glücklichen Spieler. Freude und heftige Verzweiflung bekommt man da zu sehen; junge Spieler, die wild und hitzig den Wurf verfolgen; alte, ernste und zähe Spieler; Greise, die die spärlichen Haare im wütenden Winde der ehemaligen Aquinoctien verloren haben. Zweifellos fehlt dieser Komposition, wie allem, was Carle Vernet und der Schule entstammt, das Freie. Als Ersatz dafür bietet er großen Ernst, eine Härte, die gefällt, eine Trockenheit der Manier, die zum Sujet ganz leidlich paßt: denn das Spiel ist eine heftige, aber zugleich eine zurückhaltende Leidenschaft.

---

[1] Seine Mode-Karikaturen sind ausgezeichnet. – C. B.

II

Charlet

Es wird ziemlich schwierig für mich sein, in passender Weise meine Ansicht über Charlet darzulegen. Er hat einen großen Namen, und zwar hauptsächlich in Frankreich, er ist eine der Zierden des Landes. Man sagt, er entzücke, amüsiere, ja rühre sogar eine ganze Generation jetzt noch lebender Menschen. Ich habe Leute gekannt, die sich allen Ernstes darüber erregten, daß sie Charlet nicht im Institute fanden. Das war für sie ein ebenso großer Skandal, wie das Fehlen Molières in der Akademie. Ich weiß wohl, daß der eine häßliche Rolle spielt, der den Leuten erklären möchte, wie Unrecht sie haben, an einer gewissen Art Gefallen zu finden oder sich durch selbe ergreifen zu lassen. Und doch muß ich den Mut haben, zu sagen, daß Charlet nicht zur Klasse der Unsterblichen, nicht unter die kosmopolitischen Genies gehört. Er ist nicht ein Weltbürger-Karikaturist; und wenn man mir antwortet, daß ein Karikaturist das niemals sein könne, so behaupte ich, daß das mehr oder weniger wohl der Fall sein kann. Er ist ein Gelegenheitkünstler und ein ausschließlicher Patriot, zwei Dinge, die dem Genie hinderlich sind. Er hat das mit einem andern berühmten Manne gemeinsam, den ich nicht nenne, weil die Zeit noch nicht reif dafür ist,[1]) und der seinen Ruhm ausschließlich aus

---
[1]) Dieses Fragment ist einem unvollendet gebliebenen und schon vor mehreren Jahren begonnenen Buche entnommen. Béranger lebte damals noch. – C. B.

Frankreich und der Aristokratie des Soldaten herleitet. Ich sage, daß das schlecht ist und von einem beschränkten Geiste zeugt. Wie jener andere große Mann hat er oft die Pfaffen beleidigt: das ist schlecht, ein schlechtes Zeichen nenne ich das; denn diese Leute werden über die Grenze, über den Rhein und die Pyrenäen hinaus nicht verstanden. Wir werden bald auch vom Künstler sprechen, das heißt, von der Begabung, von der Ausführung, von der Zeichnung und vom Stil, und werden diese Frage vollkommen erschöpfen. Augenblicklich spreche ich nur von der Intelligenz.

Charlet hat immer dem Volke den Hof gemacht. Er ist kein freier Mann, er ist ein Sklave: man darf auch nicht einen uneigennützigen Künstler in ihm suchen, denn eine Zeichnung von Charlet bedeutet selten eine Wahrheit, sie ist fast immer eine an die bevorzugte Kaste gerichtete Schmeichelei. Es gibt nichts Schönes, Gutes, Edles, Liebenswürdiges und Geistreiches als den Soldaten. Die Milliarden mikroskopischer, Tierchen, deren Weide unser Planet ist, sind nur von Gott geschaffen und mit Organen und Sinnen begabt, um den Soldaten und die Zeichnungen Charlets in all ihrem Glanze betrachten zu können. Charlet versichert, daß der junge Infanterist und der Grenadier der Schöpfung Endzweck sind. Auf jeden Fall sind das keine Karikaturen, sondern Dithyramben, Lobpreisungen, denn dieser Mensch faßt seinen Beruf seltsam verkehrt auf. Die groben Naivetäten, zu denen Charlet seine Rekruten veranlaßt, sind mit einer gewissen Anmut behandelt, die ihnen Ehre macht und Interesse für sie einflößt. Es sind engelhafte Herzen mit dem Geiste einer Akademie, bis auf die Liaisons. Den Bauern so zu zeigen, wie er ist, das ist eine unnütze Laune Balzacs; die Greuel des menschlichen Herzens unbarmherzig zu malen, das paßt gut zu dem mürrischen, hypochondrischen Gehirne eines Hogarth; die Laster des Soldaten recht natürlich darzustellen, o, welche Grausamkeit! Wie entmutigend könnte das doch auf ihn wirken! So faßt der berühmte Charlet die Karikatur auf.

Was nun den ‚Pfaffen' betrifft, so leitet unseren parteiischen Künstler hier das selbe Gefühl. Es handelt sich nicht darum, die moralischen Häßlichkeiten der Sakristei in origineller Weise zu zeichnen oder zu malen; es gilt, dem gemeinen Soldaten zu gefallen: der gemeine Soldat verzehrt den Jesuiten. In der Kunst »gilt, was gefällt«, wie der Bourgeois sagt.

Auch Goya hat das Klostervolk angegriffen. Ich nehme an, daß er die Mönche nicht liebte, denn er hat sie sehr häßlich geschildert; aber sie sind schön in ihrer Häßlichkeit, triumphierend in ihrem Schmutz und ihrer mönchischen Völlerei! Hier dominiert die Kunst, die Kunst läutert wie das Feuer; dort verdirbt die Servilität die Kunst. Und nun vergleiche man den Künstler und den Schmeichler: Hier prachtvolle Zeichnungen, dort eine voltairesche Predigt.

Man hat viel von den Gassenjungen Charlets gesprochen, von diesen lieben kleinen Engeln, die dereinst so hübsche Soldaten abgeben werden, die so sehr die alten Militärs lieben und Krieg spielen mit hölzernen Säbeln. Immer rund und frisch wie ein Borsdorfer Apfel, das Herz auf der Hand und mit klaren Augen lächeln sie der Natur entgegen. Aber die furchtbaren Kinder, die bleichen Straßenjungen des großen Poeten, mit der heiseren Stimme und dem Teint, der braun ist wie ein abgegriffener Sou: Charlet hat ein zu reines Herz, um solche Dinge zu bemerken.

Zuweilen hat er, wie ich zugeben muß, gute Motive. Aber ach! wenn die Idee gut ist, ist die Zeichnung unzulänglich. Die Zeichnung Charlets ist nichts weiter als *chic*, immer runde und ovale Linien. Seine Gefühle schöpft er aus den Gassenhauern. Er ist ein sehr künstelnder Mensch, der sich vorgenommen hat, die Ideen seiner Zeit wiederzugeben. Er ist der Spiegel der Meinungen, ein Mann, der seine Intelligenz nach der Mode zugeschnitten hat. Das Publikurn war in der Tat sein *patron*.[1])

---

[1]) Ein Wortspiel: *Patron* bedeutet im Französischen zugleich ‚Schutzheiliger' und ‚Schnittmuster'. – M. B.

III

Daumier

Ich werde jetzt von einem der bedeutendsten Männer sprechen, nicht allein in der Karikatur, sondern überhaupt in der modernen Kunst, von einem Manne, der jeden Morgen die Pariser Bevölkerung amüsierte, der jeden Tag das allgemeine Bedürfnis nach Frohsinn befriedigte und ihm seine Weide gab. Die Bürger, Geschäftsleute, die Straßenjungen und die Frauen lachen und gehen oft vorüber, die Undankbaren! ohne den Namen zu beachten. Einzig die Künstler haben ganz begriffen, daß sich Ernstes darunter verbirgt und in der Tat Stoff zu einer Studie gibt.

Das erste Auftreten Honoré Daumiers war nicht sehr glänzend; er zeichnete, weil er das Bedürfnis hatte, zu zeichnen, weil es eben sein unvermeidlicher Beruf war. Er brachte zuerst einige kleine Skizzen in einem von William Duckett ins Leben gerufenen Journal unter; dann kaufte Achille Ricourt, der damals einen Handel mit Stichen betrieb, ihm einige andere davon ab. Die Revolution von 1830 rief wie alle Revolutionen ein Karikaturen-Fieber hervor. Das war allerdings für die Karikaturisten eine schöne Zeit. In diesem erbitterten Kriege gegen die Regierung und besonders gegen den König waren alle ganz Herz, ganz Feuer. Es ist wirklich ein interessantes Ding, heute jene ungeheure Reihe historischer Späße zu betrachten, die man *La Caricature* nannte: ein großes komisches Archiv, in dem alle Künstler von irgendwelchem Werte ihre Beiträge niederlegten. Dieses phantastische Heldengedicht wird gekrönt durch die pyramidale, olympische Prozeßbirne seligen Angedenkens. Ein jeder weiß wohl noch, daß Philipon, der alle Augenblicke mit der königlichen Justiz ein Hühnchen zu rupfen hatte, dem Gerichtshof einmal recht beweisen wollte, daß nichts Unschuldigeres existiere, als diese aufreizende, unheilschwangere Birne; er zeichnete darum vor den versammelten Richtern eine Reihe von Skizzen, von denen, die erste genau die Figur des Königs darstellte, während die übrigen sich immer mehr von dem ursprünglichen Typ entfernten und sich immer mehr und mehr der verhängnisvollen Form der ‚Birne' näherten. »Bitte,« sagte er, »was für Beziehungen entdecken Sie zwischen dieser letzten Skizze und der ersten?«[1])

---

[1]) Das Blatt mit den hier gemeinten vier Zeichnungen Philipons hat übersetzt folgenden Text:
Die Birnen, verfertigt im Pariser Schwurgerichtssaal vom Herausgeber der *Caricature*. Aus dem Erlös dieses Blattes sollen die 6000 Francs Buße des *Charivari* bestritten werden. (Bei Aubert, Galerie Vero-Dodat.)
Wenn Ihnen eine bloße Ähnlichkeit genügt, um in einer Karikatur den Monarchen zu erkennen, so geraten Sie damit ins Absurde. Sehen Sie sich diese unförmigen Zeichnungen an, auf die ich vielleicht meine Verteidigung hätte basieren können:
Diese Zeichnung ähnelt Louis Philipp; Sie werden sie also verurteilen?
Alsdann muß auch diese verurteilt werden, die der ersten ähnelt.
Und dann auch diese weitere, die der zweiten ähnelt.
Und schließlich, wenn Sie konsequent sind, werden Sie auch diese Birne nicht freisprechen können, die den vorhergehenden Zeichnungen ähnelt.
Also für eine Birne, pour une brioche – (brioche heißt zunächst *Wecken* oder *Stulle* – wäre also vielleicht zu übersetzen: für ein Butterbrod, für einen Pappestiel, für nichts und wieder nichts – es hat aber auch den Nebensinn von *dummer Streich!*) – und für alle Groteskköpfe, in welche Zufall oder Bosheit diese traurige Ähnlichkeit gelegt hat, könnten Sie den Urheber zu fünf Jahren Gefängnis und fünftausend Francs Buße verurteilen!!
Gestehen Sie, meine Herren, daß das eine sonderbare Preßfreiheit ist!! – M. B.

Durch diese plastische Ausdrucksweise hatte man die Macht, dem Volke alles zu sagen und alles zu verstehen zu geben, was man wollte. Darum sammelte sich um diese verwünschte, tyrannische Birne die große Bande der patriotischen Heuler. Jedenfalls barg sich Erbitterung und eine wunderbare Übereinstimmung darunter, der die Justiz mit Hartnäckigkeit parierte, und wenn wir heute die alten Witzblätter durchblättern, so versetzt es uns in ungeheure Verwunderung, daß ein so erbitterter Krieg sich jahrelang hinziehen konnte. Diese Zeichnungen sind oft voll von Haß und Blut. Gemetzel, Einkerkerungen, Verhaftungen, Verfolgungen, Prozesse, Verprügelungen der Polizei, alle jene Episoden aus der erszen Zeit der Regierung von 1830 wiederholen sich jeden Augenblick; man urteile selbst:

Die Freiheit, jung, schön und den Kopf bekleidet mit der phrygischen Mütze, schlummert einen gefährlichen Schlaf und denkt kaum der Gefahr, die sie bedroht. Ein Mann nähert sich ihr vorsichtig und in böser Absicht. Er hat den dicken Hals eines Gemüsehändlers oder eines Großgrundbesitzers. Sein birnenförmiger Kopf wird von einem hochstehenden Toupet überragt und von einem großen Backenbart begleitet. Man sieht die Rückansicht des Monstrums, und das Vergnügen, seinen Namen zu erraten, erhöht nicht wenig den Wert des Stiches. Er nähert sich der jungen Person. Er ist im Begriff, sie zu überfallen. »Haben Sie zu Nacht gebetet, Madame?« Und Othello-Philip erstickt die unschuldige Freiheit trotz ihres Geschreis und ihres Widerstandes.

An einem mehr als verdächtigen Hause geht ein ganz junges Mädchen vorbei, den Kopf mit der kleinen phrygischen Mütze bedeckt, die sie mit der unschuldigen Koketterie einer demokratischen Grisette trägt. Die Herren so und so (bekannte Gesichter, – die ehrenwertesten Minister, sicherlich) betreiben hier ein besonderes Gewerbe. Sie umringen das arme Mädchen, sagen ihr Schmeicheleien oder Schmutzworte ins Ohr und treiben sie sanft nach einem engen Korridor. Hinter einer Tür verrät sich der ‚Mann'. Sein Profil verliert sich, aber er ist es gewiß! Denn Toupet und Backenbart sind da. Er wartet, er ist ungeduldig. – Auf allen diesen Zeichnungen, von denen die meisten mit Ernst und mit bemerkenswerter Gewissenstiefe gemacht sind, spielt der König die Rolle des Menschenfressers, des Mörders, des unersättlichen Gargantua, ja schlimmere noch zuweilen.

Mit derselben Wut führte die *Caricature* mit der Regierung Krieg. Man hatte ein Mittel gefunden, um die Geldstrafen zu bestreiten, mit denen der *Charivari* überhäuft wurde; man veröffentlichte nämlich in der *Caricature* Ergänzungen zu den Zeichnungen, deren Erlös für die Bezahlung der Geldstrafen bestimmt war. Bei Gelegenheit des beklagenswerten Gemetzels in der Rue Transnonain zeigte sich Daumier schon als ein wahrhaft großer Künstler. Die Zeichnung ist recht selten geworden, denn sie wurde beschlagnahmt und vernichtet. Er gab zwar nicht unbedingt Karikatur, sondern Geschichte, alltägliche und furchtbare Wirklichkeit –: In einem ärmlichen, traurigen Zimmer, dem üblichen Zimmer des Proletariers, mit gewöhnlichen, unentbehrlichen Möbelstücken liegt der Länge nach auf dem Rücken mit ausgestreckten Armen und Beinen der Körper eines nackten Arbeiters in

Hemd und Baumwoll-Mütze. Zweifellos hat in dem Zimmer ein großer Kampf und Skandal stattgefunden, denn die Stühle, der Nachttisch und das Nachtgeschirr sind umgestürzt. Unter dem Gewicht seines Leichnams, zwischen seinem Rücken und den Steinfliesen hat der Vater die Leiche seines kleinen Kindes zerquetscht. In dieser kalten Mansarde herrscht nichts als Schweigen und Tod."

In dieser Epoche begann Daumier auch mit einer Galerie satirischer Porträts von politischen Persönlichkeiten. Er hat zwei Galerien solcher Porträts gemacht; die eine zeigt die Betreffenden in ganzer Gestalt, die andere als Brustbilder. Diese, glaube ich, ist neuer und enthält nur die Paladine von Frankreich. Der Künstler offenbart darin eine wunderbare Intelligenz für das Portrait; und obgleich er die Züge des Originals alle übertreibt und ins Lächerliche zieht, ist er doch der Natur so treu geblieben, daß diese Sachen allen Porträtisten als Vorbild dienen können.

Die ganze Armut des Geistes, alle Lächerlichkeiten, alle Torheiten des Verstandes, alle Laster des Herzens sind auf diesen vertierten Gesichtern deutlich zu sehen und zu lesen; und zugleich ist alles großzügig gezeichnet und hervorgehoben. Daumier besaß die Beweglichkeit eines Künstlers und die Sorgfalt eines Lavater. Übrigens sind von seinen Werken die, welche aus jener Zeit datieren, sehr verschieden von dem, was er heute macht. Sie waren noch nicht mit der Leichtigkeit hingeworfen, hatten nicht den losen, lockeren Strich, den er sich später aneignete. Bisweilen, wenn auch nicht oft, sind sie ein wenig plump, aber immer sind sie sehr vollendet, sehr gewissenhaft und sehr richtig gezeichnet.

Mir fällt noch eine sehr schöne Zeichnung ein, die dieser Klasse angehört: *Die Pressfreiheit*. Inmitten seiner Freiheit-Werkzeuge, seiner Buchdrucker-Geräte steht breitspurig, fest auf seinen großen Füßen ruhend, ein Buchdrucker, die geheiligte Papier-Mütze auf dem Ohre, die Hemdsärmel aufgekrempelt, mit geballten Fäusten und gerunzelten Augenbrauen. Der ganze Mann ist muskulös und wie die Figuren der großen Meister gebaut. Im Hintergrunde der ewige Philipp und seine Stadt-Sergeanten. Sie wagen nicht, sich mit ihm einzulassen. – Daumier hat sein Talent an tausend verschiedenen Stellen verstreut. Blättert man seine Werke durch, so sieht man in phantastischer, ergreifender Wirklichkeit vor den Augen alles sich entrollen, was eine große Stadt an lebenden Ungeheuerlichkeiten enthält. Alles was sie an Schätzen birgt, alles Schreckliche, Groteske, Düstere und Lustige, Daumier kannte es. Die lebendige, verhungerte Leiche, der fettg gemästete Leichnam, die lächerlichen Miseren des Haushaltes, die Dummheiten, der Hochmut, der Enthusiasmus und die Verzweiflung des Bürgers, nichts fehlt darunter. Keiner hat wie er (in der Art des Künstlers) den Bourgeois gekannt und geliebt, jene letzte Spur aus dem Mittelalter, jene gotische Ruine, die ein so hartes Leben hat, jenen so gewöhnlichen und zugleich so exzentrischen Typus. Daumier hat eng mit ihm zusammen gelebt, er hat ihn Tag und Nacht belauert, er kennt die Geheimnisse seines Alkovens, er hat sich seiner Frau und seinen Kindern angeschlossen, er kennt die Form seiner Nase, die

Konstruktion seines Kopfes, er weiß, was für ein Geist das Haus von oben bis unten durchweht. Unmöglich wird es sein, eine vollständige Analyse der Werke Daumiers zu geben; ich werde die Titel seiner Hauptserien angeben, ohne zu viel über ihren Wert oder zu ihrer Erklärung zu sagen. Jede von ihnen enthält prachtvolle Stücke:

Robert Macaire, Eheliche Sitten, Pariser Typen, Profile und Silhouetten, Die Männer im Bade, Die Frauen im Bade, Pariser Kahnfahrer, Die Blaustrümpfe, Schäferspiele, Die alte Geschichte, Die guten Bürger, Die Leute von der Justiz, Der Tag des Herrn Coquelet, Die Philantropen von heute, Tagesereignisse, Alles was man möchte, Vertretung der Volksvertreter.

Hinzu kommen noch die beiden Porträt-Galerien, von denen ich gesprochen habe.[1])

Ich habe noch zwei wesentliche Bemerkungen zu machen in bezug auf die beiden Serien *Robert Macaire* und *Die alte Geschichte*. – Robert Macaire bedeutete die entscheidende Einführung der Sitten-Karikatur. Der lange politische Krieg hatte sich ein wenig beruhigt. Die Hartnäckigkeit der Verfolgungen, die Haltung der Regierung, die sich mehr gefestigt hatte, und eine gewisse natürliche Lässigkeit des menschlichen Geistes hatten viel Wasser in jenes Feuer gegossen. Es galt neues zu finden. Das Pamphlet machte der Komödie Platz. »Die Menippische Satire«

---

[1]) Infolge einer regelmäßigen, unaufhörlichen Produktion ist diese Liste mehr als unvollständig geworden. Daumier und ich wollten einmal einen vollständigen Katalog seiner Werke machen. Es hat uns beiden nicht gelingen wollen. C. B. – (Ein Gesamtverzeichnis der Lithographien, Holzschnitte, Radierungen, Gemälde, Aquarelle, Zeichnungen und Skizzen, wie auch der vereinzelten bildhauerischen Arbeiten Daumiers findet sich in der bereits angeführten Monographie von Arsène Alexandre. Neben ihm sind die paar Anführungen Baudelaires allerdings „mehr als unvollständig", selbst wenn man sich auf einen Überblick über Daumiers karikaturistische Tätigkeit beschränken will. M. B.)

überließ Molière den Boden, und der große Heldensang von Robert Macaire, den Daumier in flammender Weise vortrug, folgte den revolutionären Zornesausbrüchen und den anzüglichen Zeichnungen. Seitdem nahm die Karikatur eine neue Wendung, sie war nicht mehr speziell politisch. Sie wurde zur allgemeinen Satire des Bürgers und begab sich damit auf das Gebiet des Romans.

Auch *Die alte Geschichte* erscheint mir bedeutsam, denn sie ist sozusagen die beste Paraphrase des berühmten Verses: *„Wer macht uns frei vom Bann der Griechen und der Römer?"* Daumier hat sich grausam über das Altertum hergemacht, über das falsche Altertum, – denn niemand fühlt besser als er die Größe der Alten, – er hat darauf gespieen; und der aufbrausende Achill, und der kluge Ulysses, und die weise Penelope, und Telemach, dieser große grüne Junge, und die schöne Helena, die Troja ins Verderben stürzte, und alle andern erscheinen vor uns in einer lächerlichen Häßlichkeit, bei der wir an jene alten Gerippe von tragischen Schauspielern denken, die hinter den Coulissen eine Prise Tabak nehmen. Das war ein amüsanter Götterfrevel, der sein Nützliches hatte. Ich erinnere mich, daß einer meiner Freunde, ein altertümelnder Lyriker, sehr empört darüber war. Er nannte das eine Ruchlosigkeit, und sprach von der schönen Helena, wie andere von der Jungfrau Maria sprechen. Aber die, welche etwas weniger Respekt vor dem Olymp und der Tragödie haben, amüsierten sich natürlich darüber.[1])

---

[1]) Die *Histoire ancienne* ist 1902 auch in einer deutschen Ausgabe erschienen (bei A. Hofmann & Co. in Berlin); der Titel lautet hier: *Die ollen Griechen;* Bilder zur Sage und Geschichte der Alten, mit Versen von W. Polstorff, nebst einer Einleitung von Ed. Fuchs. – M. B.

Daumier hat es, um zum Schluß zu kommen, sehr weit in seiner Kunst gebracht; er hat eine ernste Kunst daraus gemacht; er ist ein **großer** Karikaturist. Will man ihn würdig einschätzen, so muß man ihn vom künstlerischen und vom moralischen Gesichtspunkte aus analysieren. – Was Daumier als Künstler auszeichnet, das ist die Gewissenhaftigkeit. Er zeichnet wie die großen Meister. Seine Zeichnung ist reich und leicht, eine ausgeführte Improvisation; und doch ist sie niemals *chic*. Er hatte ein wunderbares, fast göttliches Gedächtnis, das ihm das Modell ersetzte.[2]) Alle seine Figuren sind ausgezeichnet in den Verhältnissen und immer wahr in der Bewegung. Er hat eine sichere Beobachtunggabe, so daß man bei ihm nicht einen Kopf findet, der nicht mit dem Körper, der ihn trägt, übereinstimmt. So die Nase, so die Stirn, so das Auge, so der Fuß, so die Hand. Das ist die Logik des Gelehrten in eine leichte, flüchtige Kunst übertragen, die trotzdem die Beweglichkeit des Lebens hat.

Was nun die Moral angeht, so hat Daumier da gewisse Beziehungen zu Molière. Wie dieser geht er gerade auf sein Ziel los. Der Gedanke tritt unmittelbar hervor. Man sieht sich's an und man hat verstanden. Die Erklärungen, die unter seine Zeichnungen geschrieben worden sind, dienen zu nichts Wesentlichem, denn sie könnten gewöhnlich fehlen. Seine Komik ist sozusagen unfreiwillig. Der Künstler sucht nicht; man sollte lieber sagen: die Idee ist ihm entschlüpft. Seine Karikatur ist von furchtbarer

---

[2]) In der Tat wird allgemein erzählt, Daumier, dessen Karikaturen doch so oft an das Porträt streifen, habe nie nach dem Modell, sondern stets aus dem Kopf gezeichnet. – M. B.

Größe, aber ohne Haß und Bitterkeit, denn in allen seinen Werken birgt sich ein Fond von Ehrenhaftigkeit und Wohlwollen. Er hat – ein bemerkenswerter Zug – sich oft geweigert, gewisse sehr schöne und sehr ungestüme satirische Motive zu behandeln, weil sie, wie er sagte, die Grenzen des Komischen überschritten und das menschliche Gewissen verletzen könnten. Auch da, wo er erschütternd und schrecklich ist, ist er's fast immer, ohne zu wollen. Er hat gemalt was er sah, und das Resultat hat sich ergeben. Bei seiner leidenschaftlichen und durchaus angeborenen Liebe zur Natur wurde es ihm leicht, das Gebiet der absoluten Komik zu erreichen. Und mit Sorgfalt vermied er jeden Gegenstand, der einem französischen Publikum nicht eine klare, unmittelbare Anschauung gegeben hätte.

Noch ein Wort. Was die bedeutsame Eigenart Daumiers noch erhöht und ihn zu einem Künstler aus der erlauchten Familie der Meister stempelt, das ist die natürliche Farbigkeit seiner Zeichnungen. Seine Lithographien und seine Holzschnitte erwecken die Idee der Farbe. Sein Stift enthält andere Dinge als das Schwarz, das gut für die Umränderung der Konturen ist; er läßt die Farbe sowohl

---

[1]) Zu denen, die Daumiers hohe künstlerische Qualitäten sogleich richtig einzuschätzen vermochten, gehört auch Balzac. Er war ein Freund Philipons und ein eifriger Förderer und anonymer Mitarbeiter der *Caricature*. Als er bei dieser Gelegenheit einige Kompositionen Daumiers zu Gesicht bekam, rief er aus – so wenigstens berichtet a. a. O. Arsène Alexandre: „Dieser Bursch, meine Kinder, hat Michelangelo im Leibe!" – Und umgekehrt hat bekanntlich Daubigny beim Anblick der sixtinischen Fresken ausgerufen: „Aber das ist ja wie von Daumier!" – Mittlerweile sind Vergleiche Daumiers mit Michelangelo schon fast zu Gemeinplätzen geworden, sodaß man zur Veränderung wohl einmal Baudelaires Hinweis auf die natürliche Farbigkeit der Daumierschen Schwarz-Weiß-Arbeiten beachten und – andere Vergleiche ziehen könnte. – M. B.

wie die Gedanken erraten; das aber ist das Merkmal einer höheren Kunst und zugleich das, was alle intelligenten Künstler deutlich aus seinen Werken gelesen haben.[1])

IV

Henri Monnier

Henri Monnier hat vor einigen Jahren viel von sich reden gemacht; er hat in den beiden verschiedenen Dörfern der bürgerlichen Welt und der Atelier-Welt großen Erfolg gehabt. Und das aus zweierlei Gründen. Erstens nämlich, weil er wie Julius Cäsar drei Berufe auf einmal ausfüllte: er war Schauspieler, Schriftsteller, Karikaturist. Zweitens weil seine Begabung von wesentlich bourgeoiser Art war. Als Komödiant war er korrekt und kalt; als Künstler hatte er ein Mittel gefunden, chic nach der Natur zu zeichnen.

Er ist gerade das Gegenteil des Mannes, von dem wir soeben gesprochen haben. Anstatt auf den ersten Hieb das Ganze einer Gestalt oder eines Sujets vollständig zu erfassen, wählt Henri Monnier das Verfahren einer langsamens unablässigen Prüfung der Einzelheiten. Er hat niemals die große Kunst gekannt. Monsieur Prudhomme zum Beispiel, diese bis zur Ungeheuerlichkeit wahre Type, Monsieur Prudhomme ist nicht im Großen aufgefaßt worden. Henri Monnier hat den lebendigen Prudhomme wirklich studiert; er hat ihn Tag für Tag studiert, eine lange, lange Zeit hindurch. Wieviel Tassen Kaffee er dabei hat verschlucken, wieviel Partien Domino Henri Monnier hat spielen müssen, um zu diesem erstaunlichen Resultate zu kommen, ich weiß es nicht. Nachdem er ihn studiert hat, hat er ihn übersetzt; ich irre mich, er hat ihn photographiert. Auf den ersten Blick erscheint das Produkt überraschend; aber als nun alles über Monsieur Prudhomme gesagt worden war, hatte Henri Monnier nichts mehr zu sagen. Mehrere seiner *Volksszenen* sind gewiß recht nett, oder man müßte den harten, bestechenden Reiz der Daguerrotypie leugnen; aber Monnier weiß nichts zu schaffen, nichts zu idealisieren, nichts zu arrangieren. Um auf seine Zeichnungen zurückzukommen, die hier vor allem in Betracht gezogen werden müssen, so sind sie gewöhnlich leblos und hart, und, sonderbarer Weise! es ist immer eine leere Stelle in der Idee, trotz der peinlichen Präzision des Stiftes. Monnier hat eine seltsame Fähigkeit, aber er hat nur eine einzige: nämlich die Kälte, die Klarheit des Spiegels, eines Spiegels, der nicht denkt und sich damit begnügt, die Vorübergehenden wiederzugeben.

V

Grandville

Anders steht es mit Grandville. Grandville ist ein krankhaft literarisches Gehirn, und immer auf der Suche nach unechten Mitteln, um seine Gedanken in das Gebiet der plastischen Kunst einzuführen; oft sieht man ihn auch ein altes Verfahren anwenden: es besteht darin, daß er dem Munde seiner Personen beschriebene Papierfähnchen anheftet. Ein Philosoph oder ein Arzt würde eine wohlgelungene psychologische oder physiologische Studie über Grandville haben schreiben können. Sein Leben hat er damit zugebracht, nach Ideen zu suchen, und zuweilen hat er sie gefunden. Da er aber von Beruf Künstler und der Begabung nach ein Mann der Feder war, so ist es ihm nie gelungen, sie gut auszudrücken. Natürlich hat er manche große Fragen berührt und hat sie dann ins Ungewisse fallen lassen, denn er war eben weder vollkommen, Philosoph noch Künstler. Grandville hat einen großen Teil seines Daseins über den allgemeinen Ideen der Analogie gebrütet und hat daraufhin sogar die *Metamorphosen des Tages* begonnen. Aber er wußte nicht die richtigen Konsequenzen daraus zu ziehen; er wurde hin- und hergeworfen wie eine entgleiste Lokomotive. Dieser Mann mit seinem übermenschlichen Mute hat einen Teil seines Lebens damit zugebracht, die Schöpfung zu verbessern. Er nahm sie in die Hände, drehte sie, ordnete sie in neuer Art, erklärte und deutete sie; und die Natur wurde zur Apokalypse. Er hat die Welt um- und umgekrempelt. Und hat er schließlich nicht ein Bilderbuch komponiert, das sich *Die Welt auf der Kehrseite* nennt? Es gibt oberflächliche Leute, die sich über Grandville amüsieren; mich dagegen erschreckt er. Denn für den Künstler interessiere ich mich unglücklicherweise, nicht für seine Zeichnungen. Wenn ich mich in die Werke Grandvilles versenke, so empfinde ich ein gewisses Unbehagen, etwa so wie in einem Zimmer, in dem die Unordnung systematisch arrangiert wurde, wo geschmacklose Gesimse sich auf den Boden stützen, wo die Gemälde infolge einer optischen Täuschung verbogen erscheinen, wo die Gegenstände sich mit ihren schiefen Kanten stoßen, wo die Möbeln die Beine in die Luft halten, und wo die Schubladen sich senken, anstatt sich ausziehen zu lassen.

Ohne Zweifel hat Grandville manches Schöne und Gute gemacht; seine eigensinnigen und kleinlichen Gewohnheiten kamen ihm dabei sehr zu statten; aber er hatte keine Leichtigkeit und hat auch niemals eine Frau zu zeichnen gewußt. Es ist die närrische Seite seiner Begabung, die bei Grandville wichtig ist. Ehe er starb, befleißigte er sich, zähe wie er war, in plastischer Form und mit der Präzision eines Stenographen die ununterbrochene Reihenfolge seiner Träume und Schreckbildnisse aufzuzeichnen. Der Künstler Grandville wollte, ja er wollte, daß der Stift das Gesetz der Ideenverbindungen erklären solle. Grandville ist sehr komisch, aber es ist oft unbewußte Komik.

VI

Gavarni

Wir kommen jetzt zu einem anderen Künstler, der, bizarr in seiner Grazie, in anderer Weise aber wohl bedeutend ist. Gavarni begann damit, Zeichnungen von Maschinen und dann Modezeichnungen zu machen und es scheint mir, daß er lange ein Malzeichen davon zurückbehalten hat. Er ist kein vollkommener Karikaturist, auch nicht einmal auschließlich Künstler, sondern ebenfalls ein Literat. Er deutet leicht an und läßt erraten. Ihren besonderen Charakter gibt seiner Komik eine große, oft bis zur Winzigkeit gehende Feinheit der Beobachtung. Wie Marivaux kennt er die ganze Macht des Verschweigens, die zugleich ein Lockmittel und eine Schmeichelei für die Intelligenz des Publikums ist. Die bisweilen sehr verwickelten Fabeln zu seinen Zeichnungen erfindet er selbst. Viele bevorzugen Gavarni vor Daumier, und das ist gar nicht zu verwundern.

Da Gavarni weniger Künstler ist, ist er für sie viel leichter verständlich. Daumier ist ein freies und unmittelbares Genie. Nehmt ihm die Fabel, und was übrig bleibt ist schön und deutlich. So ist es nicht bei Gavarni; der hat zwei Seiten: er gibt die Zeichnung zu seiner Fabel hinzu. Gavarni ist ferner nicht ausgesprochen satirisch; er schmeichelt oft, anstatt zu beißen; er tadelt nicht, er ermutigt. Wie alle Literaten, hat er, der selber Literat ist, einen leisen Anflug von Verderbtheit. Dank der mächtigen Taktik des Halbwortes und der reizenden Scheinheiligkeit, seiner Gedanken wagt er alles. Ein anderes Mal, wenn sein cynischer Gedanke sich frei enthüllt, wirft er ein graziöses Gewand über, umschmeichelt die Vorurteile und macht die Welt zur Mitschuldigen. Was für Gründe für die Popularität! Eine Probe unter tausenden: Wer erinnert sich nicht jenes großen, schönen Mädchens, das mit zarter Sprödigkeit einen jungen Mann betrachtet, der in flehender Haltung vor ihr die Hände faltet? »Einen kleinen Kuß, meine gute, barmherzige Dame; der liebe Gott, wird's Ihnen lohnen.« »Kommen Sie heute abend wieder, heute morgen ist er schon Ihrem Vater verabfolgt.« Man könnte wirklich meinen, die Dame sei ein Porträt. Seine Skizzen dieser Art sind so hübsch, daß die Jugend die verhängnisvolle Lust anwandeln wird, sie nachzuahmen. Bemerkt sei noch, daß das Schönste in der Fabel liegt; die Zeichnung war unfähig, so viele Dinge auszudrücken.

Gavarni hat die Lorette geschaffen. Sie existierte wohl schon ein wenig vor ihm, allein er hat sie vervollständigt. Ich glaube sogar, daß er es war, der das Wort erfunden hat. Die Lorette ist, wie schon gesagt worden, nicht jenes ausgehaltene Mädchen aus dem Kaiserreiche, das dazu verdammt war, in furchtbarer Vertraulichkeit mit der Metall-Leiche, die sie unterhielt, einem General oder Bankier, zu leben. Die Lorette ist eine freie Person. Sie kommt und geht. Sie hält offenes Haus. Sie hat keinen Herrn: sie besucht Künstler und Journalisten. Sie tut, was sie kann, um Geist zu zeigen. Ich sagte, Gavarni habe sie vervollständigt; und in der Tat, fortgerissen von seiner literarischen Einbildungkraft, hat er wenigstens ebensoviel erfunden, wie er sah, und aus diesem Grunde hat er die Sitten stark beeinflußt. Paul de Kock hat die Grisette erschaffen und Gavarni die Lorette, und manche von diesen Mädchen haben sich vervollkommnet, um ihr ähnlich zu werden, wie die Jugend des Quartier latin dem Einflusse des »Studenten« unterlegen ist, und wie viele Menschen sich Mühe geben, den Modekupfern zu gleichen.[1])

So wie er ist, ist Gavarni ein mehr als interessanter Künstler, von dem viel bleiben wird. Man muß seine Werke durchblättern, um die Geschichte der letzten Jahre unserer Monarchie zu verstehen. Die Republik hat Gavarni ein wenig verdunkelt: das grausame Gesetz der Natur. Er kam auf, als es ruhig wurde, und er ging unter, als der Sturm losbrach. Der wahre Ruhm und die wahrhafte Mission Gavarnis und Daumiers hat darin bestanden, Balzac zu ergänzen, der das übrigens wohl wußte und sie wie Bundesgenossen und Dolmetscher ehrte.

---

[1]) Die Kunst stellt einen Typus auf – das Leben müht sich, ihn wiederzugeben: eine Wahrheit, die wiederum Oscar Wilde in seinen *Fingerzeigen* in glitzernder Dialektik paraphrasiert und mit weiteren Beispielen versehen hat („Der Verfall der Lüge"); auch dort ist nicht gesagt, daß schon Baudelaire auf diese Tatsache hinwies. (Zur Bekräftigung jener These ließe sich noch eine Stelle aus Jean Paul heranziehen [sie findet sich im *Jubelsenior*], an welcher der Autor darauf hinweist, daß „in Leipzig 1786 Schillers ‚Räuber' eine junge Knappschaft versuchten, sie nachzuahmen und sich mit den Spolien nach England reisefertig zu machen"; daß „in diesem England 1772 die Friedensrichter der Grafschaft Middlesex den großen Garrick baten, mit den Repräsentationen von Gays Bettler-Oper abzubrechen, weil sie neue Diebe erzöge"; daß überhaupt „die allmächtige Reaktion des Scheins auf das Sein unbezweifelt" sei.) – M. B.

[2]) Im Jahre 1848 erschienen bei Hetzel & Garnier unter dem Titel *Oeuvers choisies de Gavarni* zwei Serien: *La vie de jeune homme* und *Les débadeurs*, die eine 30, die andere 50 Blätter umfassend: Holzschnittreproduktionen, die der „bizarren Grazie" des Gavarnischen Stiftes nicht gerecht werden. 1904 widmete der *Studio* Daumier und Gavarni eine seiner hübschen Sondernummern. – M. B.

Die Hauptschöpfungen Gavarnis sind: *Der Briefkasten, Die Studenten, Die Loretten, Die Schauspielerinnen, Die Coulissen, Die Enfants terribles, Männer und Frauen der Feder* und eine ungeheure Reihe vereinzelter Sachen.[2])

VII

Hogarth

Ein Name von ausgemachter Popularität, nicht allein in Künstlerkreisen, sondern auch bei den Leuten der Welt, einer der hervorragendsten Künstler auf dem Gebiete der Komik, der im Gedächtnis haftet wie ein Sprichwort, ist Hogarth. Ich habe mit bezug auf Hogarth oft sagen hören: »Er ist das Begräbnis der Komik.« Ich gebe das gern zu; das Wort kann als geistreich genommen werden, ich möchte es jedoch als Lob verstanden wissen; ich entnehme dieser übelwollenden Formulierung das Symptom, das Diagnostikum eines ganz besonderen Vorzuges. In der Tat wolle man beachten: in Hogarths Talent steckt etwas Kaltes, Bedrückendes, Düsteres. Das schnürt das Herz zusammen. Brutal und gewaltsam, immer aber vor allem mit dem moralischen Sinn seiner Kompositionen beschäftigt, Moralist vor allem, überlädt er sie, wie unser Grandville, mit allegorischen und anzüglichen Details, die, wie er es sich denkt, seine Gedanken ergänzen und besser klarmachen sollen. Dem Beschauer, dem Leser sollt' ich wohl lieber sagen, passiert es aber bisweilen, daß sie, der Absicht Hogarths entgegen, das Verständnis hintanhalten und verwirren.

Übrigens hat Hogarth, wie alle Künstler, die große Sucher sind, recht verschiedene Arten und Stücke. Sein Verfahren ist nicht immer so hart, so geschrieben, so schnüffelnd. Zum Beispiel vergleiche man die *Bilder der Heirat nach der Mode* mit jenen Blättern, welche *die Gefahren und Folgen der Unmässigkeit, das Ginhaus, die Hinrichtung des Musikanten, den Dichter in seinem Heim* darstellen; da wird man diese letzteren viel leichter und flotter finden. Eins der eigenartigsten ist jedenfalls jenes, das uns einen Leichnam platt, steif und lang auf dem Sektionstische liegend zeigt. Auf einem Flaschenzug oder einer anderen mechanischen Vorrichtung, die an der Decke befestigt ist, wickeln die Eingeweide des toten Schlemmers sich auf. Dieser Tote ist furchtbar, und nichts kann eigenartiger mit diesem Leichnam kontrastieren, der leichenhaft vor allen ist, als die hohen, langen, mageren oder rundlichen, grotesk ernsten Gesichter all dieser britannischen Doctores, die mit ungeheuren Lockenperücken beladen sind. In einer Ecke steckt ein Hund gefräßig seine Schnauze in einen Eimer und plündert einige menschliche Überreste. Hogarth das Begräbnis der Komik! ich möchte lieber sagen: die Komik des Begräbnisses. Dieser menschenfresserische Hund hat mich immer an das historische Schwein gemahnt, das sich schamlos am Blute des unseligen Fualdes besoff, während eine Drehorgel sozusagen das Leichenamt für den in Todeszuckungen Liegenden zelebrierte.

Ich sagte vorhin, man solle das Atelier-Bonmot als Lob auffassen. In der Tat finde ich in Hogarth manches von jener gewissen Finsterkeit, Gewaltsamkeit und Entschlossenheit wieder, das fast alle Werke aus dem Lande des Spleens atmen.

Ich will hier keine detaillierte Analyse der Werke Hogarths geben; zahlreiche Würdigungen des sonderbaren und kleinlich genauen Moralisten sind bereits geschrieben, und ich will mich darauf beschränken, den Grundcharakter zu kennzeichnen, der die Werke jedes Künstlers von Bedeutung beherrscht.

VIII

Goya

In Spanien hat ein seltener Mann der Komik neue Horizonte eröffnet.

Bei dieser Gelegenheit muß ich meine Leser zuerst auf den ausgezeichneten Artikel verweisen, den Théophile Gautier über Goya im *Cabinet de l'Amateur* geschrieben hat und der seitdem in einem Bande vermischter Schriften neu erschienen ist. Théophile Gautier ist es wohl gegeben, derartige Naturen zu verstehen. Was übrigens das Verfahren Goyas betrifft, – eine Kombination von Aqua-Tinta- und Radiermanier, mit der kalten Nadel übergangen – so enthält der in Rede stehende Artikel alles Notwendige darüber. Ich selbst will nur noch einige Worte über das so seltene Element, das Goya in die Komik eingeführt hat, hinzufügen: ich möchte über das Phantastische sprechen. Goya hat, genau genommen, nichts von der speziellen, der besonderen, der unbedingten Komik, er hat nichts von der eigentlich deutsamen, Komik, wenn man sie in französischer Art auffaßt.[1] Und doch taucht er oft tief hinab zu einer wilden Komik und erhebt sich wieder bis zu einer absoluten Komik; aber der Gesichtswinkel, unter dem er die Dinge sieht, ist auffallend phan-

---

[1] Die Definition der Ausdrücke ‚deutsame' und ‚absolute' Komik enthält der letzte Aufsatz im dritten Bande dieser Ausgabe – *Über das Wesen des Lachens, insonderheit über das Komische in der Kunst* –, der überhaupt als allgemeine ästhetische Einleitung zu diesen Ausführungen über ‚einige Karikaturisten' zu betrachten ist. – M. B.

tastisch, oder vielmehr der Blick, den er auf die Dinge wirft, übersetzt sie von selbst ins Phantastische. *Los Caprichos* ist ein wunderbares Werk, nicht allein durch die Originalität, sondern noch mehr durch die Ausführung. Ich denke mir vor den Capriccios einen Neugierigen, einen Liebhaber, einen Mann, der keine Kenntnis hat von den historischen Ereignissen, auf welche mehrere dieser Platten anspielen, ich denke mir den schlichten Geist eines Künstlers davor, der nicht weiß, wer Godoï, noch König Karl, noch die Königin ist; er wird sich gewiß im Grunde seines Gehirnes lebhaft ergriffen fühlen durch die originelle Art, durch den Reichtum und die Sicherheit der Mittel und auch durch jene phantastische Atmosphäre, die alle seine Sujets umfließt. Übrigens gibt es in den Werken, die den tiefen Individualitäten entstammen, Dinge, welche den seltsamen periodischen oder zeitweiligen Träumen gleichen, die regelmäßig unsern Schlaf befallen. Und das kennzeichnet den wahren Künstler, der auch in jenen flüchtigen, sozusagen an den Ereignissen hangenden Werken, die man ‚Karikaturen' nennt, Dauerndes und Lebensvolles schafft; das, will ich sagen, unterscheidet die historischen von den künstlerischen Karikaturisten, die flüchtige Komik von der ewigen Komik.

Goya ist immer ein großer, oft ein erschreckend großer Künstler. Er vereinigt mit der Heiterkeit, der Ungezwungenheit und der Satire der Spanier aus der guten alten Zeit des Cervantes einen weit moderneren Geist, oder wenigstens das, was in modernen Zeiten gesuchter geworden ist; die Liebe zum Unfaßbaren, das Gefühl für heftige Gegensätze, für die Schreckbilder der Natur und die unter gewissen Verhältnissen seltsam vertierten menschlichen Gesichter. Interessant ist es zu sehen, daß dieser Geist, der nach der großen satirischen Bewegung und nach den Umsturzleuten des XVIII. Jahrhunderts erscheint, und der einem Voltaire allein schon der Idee wegen gefallen haber würde (denn von dem Übrigen verstand der arme große Mann garnichts) mit allen seinen Mönchskarikaturen, – gähnenden Mönchen, schlemmenden Mönchen, viereckigen Verbrecherschädeln, die sich auf die Frühmesse vorbereiten, listigen, gleißnerischen Köpfen, scharf und tückisch wie das Profil beutegieriger Vögel; es ist interessant, sage ich, daß dieser Hasser der Mönche so viel von Hexen, Sabbaten, Teufeleien, von Kindern, die man am Spieße brät, und von Gott weiß was geträumt hat; von allen Wollüsten der Träume, von allen Ausschweifungen der Hallucinationen und dann von jenen weißen, schlanken Spanierinnen, die von alten Greisinnen gewaschen und ein wenig für den Sabbat, ein wenig für die Prostitution am Abend, den Sabbat der Zivilisation, vorbereitet werden! Und Licht und Dunkel spielen durch diese grotesken Schrecknisse. Was für ein seltsamer Humor! Ich erinnere mich noch besonders zweier ungewöhnlicher Platten: – die eine stellt eine phantastische Landschaft dar, ein Gemisch von Wolken und Felsen. Ist es ein unbekannter, unwirtlicher Winkel der Sierra? ist es eine Wiedergabe des Chaos? Nun, im Schoße dieses furchtbaren Schauplatzes hat ein erbitterter Kampf stattgefunden zwischen zwei Hexen, die mitten in der Luft schweben. Die eine reitet auf der anderen; sie prügelt sie, sie bändigt sie. Die beiden Ungeheuer treiben quer durch die düstere

Luft. Alle Greuel, der ganze moralische Schmutz und alle Laster, die der Menschengeist nur begreifen kann, stehen auf diesen beiden Gesichtern geschrieben, die infolge eines häufig angewandten und unerklärlichen Verfahrens des Künstlers die Mitte zwischen Mensch und Tier einhalten.[1]

Die andere Platte stellt ein unglückliches Wesen, eine einsame und verzweifelte Monade dar, die mit aller Macht aus ihrem Grabe herauskommen möchte. Böse Dämonen, eine Myriade häßlicher, zwergenhafter Gnomen drücken mit vereinten Kräften auf den Deckel des halbgeöffneten Grabes. Die wachsamen Hüter des Todes verbinden sich gegen die widerspenstige Seele, die sich in einem unfruchtbaren Kampfe verzehrt. Dies Schreckbild[2] handelt von den Schauern des Unbestimmten, des Unergründlichen.

Am Ende seiner Laufbahn wurden die Augen Goyas so schwach, daß man ihm, wie gesagt wird, seine Bleistifte anspitzen mußte. Trotzdem hat er selbst in dieser Epoche große und sehr bedeutende Lithographien gemacht, unter anderen Stierkämpfe, voller Gewühl und Gewimmel, bewundernswerte Platten, ungeheure Bilder en Miniature, – neue Beweise zugunsten jenes eigenartigen Gesetzes, das über dem Geschick der großen Künstler waltet, und nach dessen Bestimmung sie zur Zeit, da das Leben dem Intellekt sich nicht mehr fügen will, das, was sie auf der einen Seite verlieren, auf der anderen wiedergewinnen – also daß sie, zufolge einer stetigen Verjüngung, wieder er-

---
[1] Blatt 62 der *Caprichos*, betitelt ‚Quién le creyera?' (‚Wer hätte das geglaubt?') Manche erblicken in der Darstellung eine Satire auf die Liebesstreite großer Damen. – M. B.
[2] Blatt 69 der *Desastres de la guerra:* ‚Nada. Ello lo dice, (deutsch etwa: ‚Nichts! Das ist die Antwort des Grabes'). – M. B.

starken, frischer und froher werden und an Kühnheit wachsen bis zum Rande des Grabes.

Im Vordergrunde eines dieser Bilder, auf dem ein Gedränge und ein bewundernswertes Durcheinander herrscht, entblößt ein wütender Stier, eine jener rachsüchtigen Bestien, die sich noch voller Erbitterung über die Toten stürzen, das Hinterteil eines Kämpfenden. Dieser, der nur verwundet ist, schleppt sich schwerfällig auf den Knien. Das furchtbare Tier hat mit seinen Hörnern sein zerrissenes Hemd emporgehoben, so daß die beiden Hinterbacken des Unglücklichen zu sehen sind, und es senkt von neuem sein Haupt mit drohender Grimasse. Aber diese Indecenz bei dem Blutbade rührt die Zuschauer kaum.

Das große Verdienst Goyas besteht darin, wirkliche Ungeheuer geschaffen zu haben. Seine Ungeheuer sind lebensfähig und harmonisch erzeugt. Keiner hat im Sinne des Absurd-Möglichen mehr gewagt als er. Alle diese Fratzen, diese bestialischen Gesichter, diese diabolischen Grimassen sind von »Menschlichkeit« durchtränkt. Sogar mit besonderem Hinblick auf die Naturgeschichte würde es schwer sein, sie zu verurteilen, so viel Zusammenhang und Harmonie haben sie in allen Teilen ihres Wesens; es ist, mit einem Worte gesagt, unmöglich, die Verbindunglinie, den Knotenpunkt zwischen Wirklichkeit und Phantasie zu erfassen; denn das ist eine so unbestimmte Grenze, daß der feinste Analytiker sie nicht wird bezeichnen können; so sehr ist diese Kunst übersinnlich und natürlich zugleich.[3])

---

[3]) Wir besaßen vor einigen Jahren mehrere kostbare Gemälde Goyas, die leider in einen dunklen Winkel der Galerie verbannt waren; sie sind mit dem spanischen Museum verschwunden. – C. B.

IX

Pinelli

Das Klima Italiens ist ja zwar auch südlich, ist aber doch nicht das Spaniens, und die Fermentation des Komischen ergibt in Italien andere Resultate. Die italienische Pedanterie – ich bediene mich dieses Wortes mangels eines fehlenden – hat ihren Ausdruck in den Karikaturen des Lionardo da Vinci und in den Sittenscenen des Pinelli gefunden. Allen Künstlern sind die Karikaturen des Lionardo da Vinci bekannt: richtige Porträts. Häßlich und frostig, ermangeln diese Karikaturen zwar nicht der Unerbittlichkeit, aber sie ermangeln der Komik; kein Aus-sich-heraustreten, kein Sich-hingeben; es war dem großen Künstler nicht amüsant, sie zu zeichnen, er hat sie als Gelehrter, als Naturgeschichtsprofessor gemacht.

Die italienischen Künstler sind mehr Buffi als Komiker. Es fehlt ihnen an Tiefe. Materialistisch, wie der Süden es ist, riecht ihr Scherz immer nach der Küche oder nach dem üblen Orte. Alles in allem war es ein französischer Künstler, CALLOT, der zufolge der Geisteskonzentration und der Willensfestheit, die unserm Lande eigen sind, jenem Genre der Komik seinen schönsten Ausdruck gegeben hat. Ein Franzose ist der beste italienische Buffo geblieben. (Man muß in der *Prinzessin Brambilla* nachlesen, wie gut H o f f m a n n den italienischen Charakter begriffen hat, und wie die deutschen Künstler, die im Café Greco trinken, ausgesucht fein darüber sprechen.) –

Ich nannte vorhin PINELLI, den klassischen Pinelli, deß Ruhm gegenwärtig schon erklecklich geringer ist. Wir wollen ihn nicht eigentlich als Karikaturisten bezeichnen; vielmehr skizziert er nur pittoreske Szenen. Ich erwähne ihn nur, weil ich in meiner Jugend bis zum Überdruß ihn als den Typus des ‚noblen Karikaturisten' habe preisen hören. In der Tat, das komische Element findet sich da nur in unendlicher Verdünnung.

Aber Pinelli – und das hat offenbar nicht wenig zu seinem Ruhme beigetragen – führte eine Existenz, die romantischer war als sein Talent. Seine Originalität zeigte sich mehr in seinem Charakter als in seinem Werke; denn er war einer der vollständigsten ‚Künstlertypen' von jener Art, wie die braven Bürger sie sich denken, das heißt also ein Beispiel von klassischer Unordnung und von Erfindunggabe, die sich durch liderliche Aufführung und durch gewaltsame Gewohnheiten dokumentiert. Pinelli besaß die ganze Charlatanerie gewisser Künstler: seine beiden kolossalen Hunde, die ihn wie Vertraute und Kameraden überall begleiteten, sein dicker Knotenstock, seine zu Zöpfen geflochtenen Haare, die an seinen Wangen herunterhingen, die Kneipe, die schlechte Gesellschaft, der Entschluß, in auffälliger Art die Werke zu zerstören, für die man ihm keinen ihm genügend erscheinenden Preis bot, alles das machte einen Teil seiner Berühmtheit aus.

Aber alles das erscheint mir als ein Zeichen von Schwäche. Ich wollte, man schüfe einen neuen Ausdruck, um diese Art des Herkömmlichen in Allure und Benehmen, das einer dem anderen nachäfft, zu kennzeichnen, diese Art, die im Leben und ebenso in den Werken jener Künstler sich zeigt. Übrigens bemerke ich, daß die Geschichte oft Beispiele vom Gegenteil bietet, und daß die erfindungreichsten, erstaunlichsten, in ihren Konzeptionen exzentrischesten Künstler oft gerade d i e Männer sind, deren Leben geruhig und bis ins kleinste geordnet ist. Mehrere von ihnen haben die ausgesprochensten häuslichen Tugenden offenbart. Hat man nicht oft bemerken können, daß nichts dem vollkommenen Bourgeois mehr gleicht als der Künstler von konzentriertem Genie?[1])

---

[1]) Man darf hier an R e m b r a n d t erinnern, der Saskia und dann der Hendrikje treulichen Gefährten; und an P o e, dessen Häuslichkeit Frances Osgood so anmutig geschildert hat; und an F l a u b e r t, den großen Visionär, dessen Leben in seinem abgeschiedenen Croisset nach der Uhr dahinfloß. Auch der alte B r u e g h e l hat, während er seine spukhaften, dämonomanischen Bilder schuf, das Leben eines glücklich verehelichten Biedermannes geführt. Und die erschütternden ekstatischen Schöpfungrhapsodien des unvergleichlichen M o m b e r t schuf ein schlichter Mensch, der im Alltagsleben sich nicht gern Dichter nennen läßt. Auch H o f f m a n n hat es genugsam betont, was einer besonderen Betonung nicht bedürfen sollte: daß komplizierte Werke nur in äußerster Sammlung geschaffen werden können. Und wiederum hat auch E u - g è n e D e l a c r o i x dieses Thema in seinem *Tagebuch* (1855) gestreift, wo er sich über die Scheingenies also ausläßt: „Sogenannte geniale Männer, wie wir sie heutzutage sehen, die affektiert und lächerlich sind, bei denen Geschmacklosigkeit und Anmaßung sich den Rang streitig machen, deren Idee stets von Wolken verdunkelt ist und die sogar in ihre Lebensweise diese Verschrobenheit hineintragen, die sie für ein Zeichen von Talent halten, solche Männer sind nur Zerrbilder von Schriftstellern, Malern und Musikern. Weder Racine noch Mozart noch Michelangelo konnten in dieser Weise lächerlich sein. Das größte Genie ist eben nichts anderes als ein hervorragend vernünftiges Wesen." – M. B.

X

Brueghel

Die Vlamen und Holländer haben von Anfang an sehr schöne Sachen von wirklich besonderem und landeseigentümlichem Charakter gemacht. Jeder kennt die alten und seltsamen Produktionen des Bauern-BRUEGHEL, den man nicht, wie mehrere Schriftsteller das getan haben, mit dem Höllen-Brueghel verwechseln darf.[2])

Daß in diesen Werken eine gewisse Schematisierung, eine vorgefaßte Absicht auf Exzentrizität eine Methode im

---

[2]) **Bauernbrueghel** führt im Französischen auch den Namen *Brueghel le Drôle;* mit diesem benennt ihn auch Baudelaire. Dieser Brueghel – der ‚alte' Brueghel, der ‚Vater' Brueghel (1525-1569) hat außer seinen Bauerndarstellungen auch so viele ‚höllische' Stoffe behandelt, daß es allerdings entschuldbar erscheint, wenn manche ihn daraufhin mit dem ‚Höllenbrueghel' verwechseln, zumal er den selben Vornamen führte wie sein ältester Sohn: P i e t e r. Dieser nun – der Ende 1564 (oder Anfang 1565) geboren ist und 1638 (oder 1639) starb – ist der eigentliche *Höllen-Brueghel*. „Wie sein Beiname schon besagt, widmete er sich mit Vorliebe jenen Darstellungen von Teufeleien, Gespenstern und Erscheinungen, die auch sein Vater gemalt hatte. So ist es gekommen, daß er oft mit ihm verwechselt wurde, und die zahlreichen Kopien, die er nach Werken seines Vaters angefertigt hat, vergrößern diese Verwirrung noch" (M i c h e l). Übrigens hat er keineswegs ausschließlich das ‚höllische' Genre gepflegt, und die Werke, die bis auf uns gekommen sind, zeigen ihn oft auch seinerseits als Darsteller der grotesken Seiten des Bauernlebens (Dorfkirmes, Bauerntanz, Schlägerei); auch biblische Stoffe hat er behandelt (Kreuztragung). Sein jüngerer Bruder, J a n, (1568-1625) wird bekanntlich *Sammet-Brueghel,* auch wohl *Blumen-Brueghel* zubenannt; „ein Lieblingsgegenstand von ihm war das Paradies in schöner, üppiger Gegend, mit Figurenstaffage von Rubens« (H. Singers Allg. Künstler-Lexikon). Man möchte vielleicht glauben, er sei nicht dazu angetan, die Verwirrung bezüglich der beiden anderen noch zu vergrößern. Immerhin hat auch er zu Anfang seiner Künstlerlaufbahn mit ‚teuflischen' Stoffen sich befaßt: so soll die ‚Versuchung des heiligen Antonius' in der Dresdener Galerie, die oft dem Höllenbrueghel zugeschrieben ist, ein Jugendwerk des Sammetbrueghel sein. – Zu dem allen kommt, daß auch die Signaturen der drei Brueghel große Ähnlichkeit miteinander haben. (Vgl. M i c h e l, *Les Brueghel.*) – M. B.

Bizarren herrscht, ist außer Zweifel. Ebenso gewiß ist aber auch, daß dieses befremdliche Talent etwas höheres als eine Art künstlerischer Wette zum Ursprung hat. In den, phantastischen Bildern des Bauernbrueghel zeigt sich die ganze Gewalt der Halluzination. Welcher Künstler könnte so ungeheuerlich paradoxale Werke bilden, der nicht im tiefsten Grunde durch eine unbekannte Kraft gezwungen würde? In der Kunst – das ist ein Umstand, dem nicht genug Beachtung geschenkt wird – ist der Anteil, der dem freien Willen des Menschen überlassen bleibt, wesentlich geringer, als man glaubt.[1]) In dem barocken Ideal, das Brueghel verfolgt zu haben scheint, sind manche Beziehungen zu dem Grandvilles enthalten, vor allem, wenn man die Neigungen recht prüft, die der französische Künstler in den letzten Jahren seines Lebens zu erkennen gegeben hat: Visionen eines kranken Gehirns, Halluzinationen des Fiebers, Szenenwechsel, wie sie im Traume walten bizarre Ideenassoziationen, zufällige und einander widerstrebende Formenzusammenstellungen.

Die Werke des Bauernbrueghel lassen sich in zwei Klassen einteilen: die eine enthält politische Allegorien, die heute fast unenträtselbar geworden sind; in dieser Serie findet man Häuser, deren Fenster Augen, Mühlen, deren Flügel Arme sind, und tausend erschreckende Kompositionen, in denen die Natur unablässig in ein Logogryph umgewandelt ist. Zudem ist es manches Mal noch unmöglich, klarzustellen, ob Kompositionen dieser Art

---

[1]) „... Und dann finde ich es borniert, zu sagen, ich täte besser, etwas anderes zu schreiben ... borniert! hörst du? ... etwas anderes! ... Unsere Wege sind Zwangswege, unsere Arbeiten Zwangsarbeiten." (André Gide in *Paludes*.) – M. B.

der Klasse der politischen und allegorischen Zeichnungen oder der zweiten Klasse angehören, die offenbar die interessantere ist. Diese wird von unserem Jahrhundert – für das es, dank seinem doppelten Charakter der Ungläubigkeit und der Unwissenheit, eine Schwierigkeit in der Erklärung irgendwelcher Tatsache überhaupt nicht gibt – einfach als Gebilde der Laune und der Phantasie bezeichnet. Mir aber scheint sie eine Art Mysterium zu enthalten. Es sind letzthin Arbeiten von einigen Medizinern erschienen, die endlich die Notwendigkeit eingesehen haben, eine Menge wunderbarer geschichtlicher Fakta auf anderem Wege zu erklären, als durch die bequemen Mittel der Voltaire-Schule, die überall nur geschickte Taschenspielerkünste sah; aber alle physischen Geheimnisse haben sie noch nicht entwirrt. Nun wohl, ich glaube, man wird das teuflische und drollige Thohuwabohu des Bauernbrueghel schwerlich anders zu erklären vermögen als durch eine Art besonderer und satanischer Gnade. Das Wort Gnade mag man nach Belieben durch das Wort *folie* oder Hallucination ersetzen; aber das Mysterium wird darum fast ebenso dunkel bleiben. Die Sammlung aller dieser Stücke strömt eine Ansteckung aus; die Schwänke des Bauernbrueghel verursachen Schwindel. Wie hat eine menschliche Intelligenz so viel Teuflisches und Wunderbares enthalten, wie hat sie so viel erschreckend Absurdes erzeugen und darstellen können? Ich kann es nicht begreifen noch den Grund dafür positiv bestimmen; aber oftmals finden wir in der Geschichte, und sogar in mehr als einem Abschnitt der modernen Geschichte, den Beweis für eine ungeheure Kraft der Ansteckungen, der Vergiftung durch die geistige Atmosphäre, und ohne irgendwie in Affektation oder in Pedanterie verfallen zu wollen, ohne auch irgendwelche positiven Absichten zu haben (so etwa, als wollt ich beweisen, Brueghel könne amende gar den Teufel leibhaftig gesehen haben), kann ich doch die Bemerkung nicht unterdrücken, daß dieses überreiche Hervorschießen von Monstrositäten in der sonderbarsten Art mit der berüchtigten und geschichtlichen Z a u b e r e r - und H e x e n e p i d e m i e zusammenfällt.[1]

---

[1] In der Tat hat der Hexenprozeß in Holland Belgien zur Zeit Karls V. und der Päpste Hadrians VI. und Clemens' VII. (also um 1540) im üppigsten Flor gesstanden, und mit dem H e x e n p r o z e ß natürlich auch H e x e n g l a u b e, denn beide haben sich ja stets in vollkommener Gegenseitigkeit bedingt, – nicht nur der Glaube den Prozeß, sondern auch der Prozeß den Glauben: daher z. B. auch die *doctores alme universitatis Coloniensis* in ihrer *approbatio* des „Malleus Maleficarum" mit Unmut von jenen Geistlichen sprechen, „die sich nicht scheuen, zu behaupten und zu predigen, daß es keine Hexen gäbe". – M. B.

Der dritte Teil
(1859)

Das von mir zur Einleitung für diesen Abschnitt ausgewählte Kapitel „Über kritische Methode" entstammt n i c h t, wie die weiteren, dem Jahre 1859, sondern wurde schon 1855, und zwar gelegentlich der Weltausstellung in Paris, geschrieben. – M. B.

I

Über kritische Methode

Wenige Beschäftigungen sind so interessant, so fesselnd, so voll von Überraschungen und Offenbarungen für einen Kritiker, für einen Träumer, dessen Geist ebensosehr der Verallgemeinerung wie dem Studium der Einzelheiten zugewandt ist, den, besser gesagt, die Idee der universellen Ordnung und Hierarchie beschäftigt, – als wie ein Vergleich der Nationen und ihrer wechselseitigen Hervorbringungen. Wenn ich sage ‚Hierarchie‘, so will ich damit nicht die Überlegenheit dieser einen Nation über jene andere behaupten. Wohl mag es in der Natur mehr oder minder heilige Pflanzen, mehr oder minder geistige Formen, mehr oder minder geweihte Tiere geben; wohl mag es ganz berechtigt sein, angeregt durch die ungeheure allgemeine Analogie, den Schluß zu ziehen, daß gewisse Nationen gewaltige tierische Wesen, deren Organismus ihrer Umgebung angepaßt ist – von der Vorsehung für ein bestimmtes Ziel bereitet und erzogen seien, ein Ziel von größerer oder geringerer Erhabenheit, mehr oder weniger dem Himmel nahe –: i c h möchte h i e r nichts anderes hervorheben, als ihre g l e i c h e Nützlichkeit in DESSEN Augen, von dem wir allesamt Nichts sagen können, und die wunderbaren wechselseitigen Hilfewirkungen, die in der Harmonie des Weltalls sie verbinden.

Ein Leser, den die Einsamkeit (weit mehr als Bücher) an solch umfassende Betrachtungen gewöhnt hat, kann schon erraten, worauf ich hinaus will; – und um alle zaudernden Weitschweifigkeiten des Stils durch eine Frage zu beenden, die beinahe einer Formel gleich kommt, so frag' ich jeden Menschen in gutem Glauben – vorausgesetzt, daß er ein wenig gedacht hat, ein wenig gereist ist –: Was täte und was sagte wohl ein moderner Winckelmann – (wir haben ihrer so viele; die Nation quillt über von ihnen, und die Nichtstuer sind ganz in sie vernarrt) – was würde er sagen angesichts, eines chinesischen Erzeugnisses, so fremd und bizarr, von gewundener Form und von leuchtender Farbe, und von so delikater Feinheit oft, als wollt' es sich in Nichts auflösen –? Und doch ist dies ein Probestück der universellen Schönheit; aber damit es recht begriffen werde ist es dem Kritiker und dem Beschauer nötig, daß er in sich selber eine fast geheimnisvolle Umwandlung vollziehe, und daß er, durch ein Willensphänomen auf seine Imagination einwirkend, sich selber lehre, Anteil zu haben an jenem Milieu, das dieser ungewohnten Blüte Dasein gab. Wenige Menschen haben – im großen Ganzen – diese göttliche Gnade des Kosmopolitismus; doch alle können sie in verschiedenen Graden erwerben. Die in dieser Hinsicht Bestbegabten sind jene einsamen Wanderer, die jahrelang im Grunde der Wälder, inmitten schwindelerregender Prärien lebten, ohne einen andern Gefährten als ihre Flinte, betrachtend, untersuchend, schreibend. Kein Schulschleier, kein Universität-Paradoxon, keine Pädagogen-Utopie hat zwischen sie und die allumfassende Wahrheit sich eingeschoben. Sie kennen die wunderbare, ewige, unausweichliche Beziehung zwischen der Form und der Funktion. Diese Menschen kritisieren nicht: sie betrachten, sie suchen zu lernen.

Wenn ich anstelle eines Pädagogen einen Mann von Welt, einen intelligenten, nehme und ihn in eine entlegene Gegend versetze, ich bin gewiß: mag sein Erstaunen bei der Landung dort auch groß sein, mag er in längerer oder kürzerer Zeit sich gewöhnen, mag es ihm schwerer fallen oder leichter – die Sympathie wird, früher oder später, so lebhaft sein und so durchdringend, daß sie in ihm eine neue Ideenwelt erschaffen wird, eine Welt, die einen integrierenden Bestandteil seiner selber ausmachen und ihn in der Gestalt von Erinnerungbildern bis an den Tod begleiten wird. Diese Gebäudeformen, die anfangs seinem akademischen Blicke widersprachen – ein jedes Volk ist akademisch, wenn es die anderen beurteilt, ein jedes barbarisch, wenn es beurteilt wird –; diese Gewächse, beunruhigend für sein Gedächtnis, das mit heimischen Erinnerungen beladen ist; diese Frauen und diese Männer, deren Muskeln nicht nach der klassischen Art seines Landes vibrieren, deren Gang sich nicht dem ihm gewohnten Rhythmus anschmiegt, deren Blick mit anderem Magnetismus hervorbricht; diese Düfte, die nicht mehr jene des mütterlichen Gemaches sind; diese geheimnisvollen Blumen, deren tiefe Farbe so machtvoll in sein Auge dringt, indessen ihre Form den Blick beängstet; diese Früchte, deren Geschmack die Sinne wirrt und dem Gaumen Vorstellungen offenbart, die dem Geruchsinn zugehören –: diese ganz Welt von neuen Harmonien wird langsam in ihn eingehen, wird ihn mählig durchdringen wie der Dunst eines aromerhitzten Bades. All diese Lebensfülle wird seine eigene Fülle von Leben mehren; einige tausende Ideen und Empfindungen werden seinen Wortschatz bereichern, und es ist nicht unmöglich, daß er, das Maß überschreitend und Gerechtigkeit in Empörung verwandelnd, gleich dem bekehrten Sigambrer tut und verbrennt, was er zuvor verehrte, und verehrt, was er zuvor den Flammen übergab.

Was sagte wohl, was schriebe wohl – ich wiederhole es – angesichts ungewohnter Erscheinungen einer jener »modernen beeidigten Professoren« der Ästhetik, wie Heinrich Heine sie nennt, dieser entzückende Geist, der ein Genie sein würde, wenn er sich öfter dem Göttlichen zuwendete? Der unsinnige Doktrinär des Schönen würde ohne Zweifel Blödsinn schwätzen; eingeschlossen in die verblendende Feste seines Systems, würde er das Leben und die Natur verlästern, und sein griechischer, italienischer oder pariserischer Fanatismus würde ihn bestimmen, diesem unverschämten Volk es zu verwehren, in andrer Art zu spielen, träumen, denken, als der ihm selber eigentümlichen; – o du tintebesudelte Wissenschaft, du Bastardgeschmack: wie seid ihr doch barbarischer als die Barbaren! Ihr vergaßet die Farbe des Himmels, die Form der Pflanze, die Bewegung und den Ruch des Getiers, und eure zitternden Finger, durch die Feder gelähmt, vermögen nicht mehr, mit Behendigkeit auf dem ungeheuren Klavier der »B e z i e h u n g e n« einherzulaufen! Öfter als einmal hab' ich, wie alle meine Freunde, versucht, mich in ein System einzuschließen, um von dort aus nach meinem Belieben zu predigen. Doch ein System ist eine Art Verdammnis, die uns zu ewig erneutem Abschwören verurteilt; immer muß man ein anderes erfinden, und diese Abmattung ist eine grausame Strafe. Und immer war mein System schön, umfassend, geräumig, bequem, eigen und glatt vor allem; zum wenigsten erschien mir's so. Und immer kam dann eine plötzliche, ganz unerwartete Hervorbringung der universellen Lebenskraft, die bereitete meinem kindlich-ältlichen Wissen, der kläglichen Tochter der Utopie, ein Dementi. Ich konnte das Kriterium verlegen oder ausdehnen, wie ich wollte: immer blieb es hinter dem universellen Menschen zurück, unablässig lief es h i n t e r dem vielgestalten und wechselfarbenen Schönen einher, das sich in den unendlichen Spiralen des Lebens bewegt. Immer wieder zur Erniedrigung einer neuen Wandlung verdammt, faßte ich zuletzt einen großen Entschluß. Dem Schrecken dieser philosophischen Abtrünnigkeiten zu entgehen, fand ich mich stolz darein, bescheiden zu sein: ich begnügte, mich, zu empfinden; ich kehrte zurück, in der schuldlosen Naivetät ein Asyl zu suchen.[1]) Dafür bitt' ich die akademischen Geister jeglicher Art, die die verschiedenen Ateliers unserer Kunstfabrik bewohnen, gehorsamst um Verzeihung. Dort war's, wo mein philosophisches Gewissen Ruhe fand; und wenigstens kann ich versichern – soweit ein Mensch für seine Tugenden einstehen kann –

---

[1]) Allzu lebhaft erinnert mich dieses Geständnis an eine Briefstelle Flauberts (am 1. Mai 1845 aus Genua an Alfred Le Poittevin), als daß ich mir versagen möchte, sie hier anzuführen: „Ich gehe viel in die Kirchen, ich höre singen und die Orgel spielen, ich blicke die Mönche an, betrachte die Meßgewänder, die Altäre, die Statuen. Es gab eine Zeit, da hätt' ich viel mehr über das alles nachgedacht als heute (ich weiß nicht einmal, was ich wohl gedacht haben würde); ich hätte vielleicht mehr reflektiert und weniger betrachtet. Jetzt aber mache ich die Augen auf und blicke alles schlicht und einfältig an; und das mag wohl das Höhere sein." – M. B.

daß sich mein Geist jetzt einer reicheren Unparteilichkeit erfreut.

Jedermann begreift ohne Schwierigkeit dieses: Wenn die Menschen, deren Amtes es ist, das Schöne auszudrücken, den Regeln der beeideten Professoren sich fügen würden, so würde das Schöne selbst von der Erde verschwinden, da alle Typen, alle Ideen, alle Empfindungerlebnisse in eine große Einheit sich ergießen würden, die monoton und unpersönlich wäre und unermeßlich wie die Langeweile und das Nichts. Die Verschiedenheit, die Lebensbedingung *sine qua non*, wäre alsdann im Leben ausgelöscht. So wahr ist's, daß es in den vielfältigen Hervorbringungen der Kunst ein Etwas gibt, das, immer neu, für immer den Regeln und den Schulanalysen sich entziehen wird! Das Erstaunen, welches doch einer der höchsten Genüsse ist, die Kunst und Literatur uns bereiten, hängt mit eben dieser Verschiedenheit der Typen und der Sensationen eng zusammen. – Der »beeidete Professor«, eine Art Mandarin-Tyrann, wirkt auf mich immer wie ein Gottloser, der sich an Gottes Stelle setzt.

Ich werde sogar noch weiter gehen – mag es den allzu stolzen Sophisten nicht mißfallen, die ihr Wissen aus den Büchern schöpften – und so delikat und schwierig es auch sein mag, meiner Idee ihren Ausdruck zu geben, ich denke nicht, daß mir's mißlingen müßte. Das Schöne ist immer bizarr. Ich will nicht sagen, es sei bizarr mit kühler Absichtlichkeit, denn in diesem Falle wäre es ein Ungeheuer, vom Gleise des Lebens abgewichen. Ich sage: es enthält ein wenig Bizarrerie, naive Bizarrerie, ungewollt und unbewußt, und eben durch diese Bizarrerie, ist es gerade erst das ‚Schöne'. Sie bedeutet seine Immatrikulation, sein Charakteristikum. Man kehre den Satz nur um und versuche doch einmal, ein **banales Schönes** sich vorzustellen! Nun denn: Wie könnte diese Bizarrerie, die also notwendig ist, unbegreiflich, verschieden bis ins Unendliche, abhängig von der jeweiligen Umgebung, von den Klimaten, den Sitten, der Rasse, der Religion und dem Temperament des Künstlers – wie könnte sie jemals beherrscht verbessert, rückgängig gemacht werden durch die utopischen Regeln, die in irgendwelchem kleinen wissenschaftlichen Tempel des Planeten ausgebrütet wurden, – wie könnte sie's ohne Todesgefahr für die Kunst selber? Diese Dosis Bizarrerie, welche die **Individualität** bestimmt und entscheidet, ohne die es nichts Schönes, giebt, spielt in der Kunst – mag die Exaktheit dieses Vergleiches für seine Trivialität mir Verzeihung erwirken – die Rolle der Geschmackseigentümlichkeit oder der Würze an den Gerichten: sofern nämlich die Gerichte – abgesehen von ihrem Nutzen oder ihrem Gehalt an nährender Substanz – sich gleichfalls nur durch die »Idee« unterscheiden, die sie der Zunge offenbaren.

Ich werde mich also befleißigen, von jeder Art von Pedanterie mich fernzuhalten. Genug andere sprechen den Jargon des Ateliers und bringen zum Nachteil der Künstler sich zur Geltung. Die Bildung scheint mir in vielen Fällen kindisch zu sein und ihre Natur recht wenig darzutun. Es wäre mir ein allzu Leichtes, in subtiler Art über symmetrische oder im Gleichgewicht gehaltene Komposition, über die Abwägung der Töne, über warmen Ton und kalten Ton und all dergleichen schöne Dinge mehr zu handeln. O Eitelkeit! Ich ziehe es vor, im Namen des Gefühls, der Geistigkeit *[morale]* und des Genusses zu sprechen. Und hoffe, daß manche, die gelehrt sind ohne Pedanterie, meine ‚Ignoranz' nicht eben geschmacklos finden werden.

Man erzählt von Balzac – (wer möchte nicht alle Anekdoten, so klein sie seien, die sich auf dieses große Genie beziehen, mit Ehrfurcht vernehmen?): Angesichts eines schönen Bildes – eines Winterbildes, melancholie-umsponnen und schwer von lastendem Weiß, mit kärglich verstreuten Hütten und elenden Bauerngestalten, habe er, nachdem er lange ein Häuschen betrachtet hatte, aus dessen Schornstein ein kümmerliches Streifchen Rauch aufstieg, am Ende ausgerufen: »Wie ist das schön! Aber was machen sie in dieser Hütte? woran denken sie? was sind ihre Leiden? Sind auch die Ernten wohl gut gewesen? **Sie haben gewiß fällige Gelder zu bezahlen?**«

Lache wer will über Balzac. Ich weiß nicht, wer der Maler ist, dem die Ehre zuteil geworden: ist, daß er die Seele des großen Romanciers hat erzittern, sinnen und sich beunruhigen machen können, aber ich denke, Balzac hat uns hier in seiner wundervollen Ursprünglichkeit eine großartige Lektion in der Kritik erteilt. Es wird oftmals geschehen, daß ich ein Bild einzig nach der Summe von Ideen oder Träumereien einschätzen werde, die es in meinem Geiste rege macht.

Die Malerei ist eine Art Beschwörung, eine Evokation, ein magisches Geschehen – (könnten wir darüber doch die Seele der Kinder befragen!) – und wenn die heraufbeschworene Persönlichkeit, wenn die erstandene Idee vor uns aufgetaucht sind und Blick in Blick uns angesehen haben, dann haben wir nicht mehr das Recht, über die Beschwörungformeln des Zauberers uns aufzuhalten. Es wäre wenigstens der Gipfel der Kinderei.

II

Der Künstler von heute

Wir werden uns in folgendem[1]) vornehmlich mit Frankreich zu beschäftigen haben; und da würde ich nun fürwahr eine ungeheure Freude empfinden, könnt' ich den lyrischen Ton anschlagen, um von den Künstlern meines Vaterlandes zu sprechen; leider aber spielt in einem kritischen Geiste, und mag er noch so ungeübt sein, der Patriotismus keine absolut tyrannische Rolle, und so haben wir denn einige erniedrigende Geständnisse zu machen. Als ich zum ersten Male den Salon betrat, begegnete ich gerade auf der Treppe einem unserer feinsinnigsten und geschätztesten Kritiker, und auf die erste Frage, die natürliche Frage, die ich an ihn richten mußte, antwortete er: »Flach, mittelmäßig; ich habe selten einen so scheußlichen Salon gesehen.« Er hatte recht und unrecht zugleich. Eine Ausstellung, die zahlreiche Werke von Delacroix, Penguilli, Fromentin besitzt, kann nicht scheußlich sein; eine Musterung im ganzen zeigte mir aber, daß er wahr gesprochen hatte. Daß zu allen Zeiten die Mittelmäßigkeit vorgeherrscht hat, ist nicht zu bezweifeln; daß sie aber heute mehr denn je regiert, daß sie völlig triumphiert und alles verdunkelt, ist ebenso wahr als betrüblich. Nachdem ich einige Zeit lang über soviel in guter Absicht ausgeführte Plattheiten, über soviel sorgsam geleckte Spielereien, über soviel geschickt zusammenge-

---
[1]) Geschrieben gelegentlich des Pariser Salons von 1859. – M. B.

stellte Dummheiten oder auch Fehlerhaftigkeiten meine Blicke hatte schweifen lassen, brachte mein Gedankengang mich in natürlicher Art auf eine Betrachtung des Künstlers in der Vergangenheit gegenüber dem Künstler von heute; und dann erstand vor mir, gleichsam gewohnheitmäßig, am Ende dieser entmutigenden Betrachtungen unausweichlich das furchtbare, das ewige Warum. Ich fragte mich: Was war der Künstler früher (Lebrun oder David zum Beispiel?) Lebrun: Bildung, Imagination, Kenntnis der Vergangenheit, Liebe zum Großen. David, dieser Koloß, den Myrmidonen schmähen wollen, war nicht auch er die Liebe zur Vergangenheit, die Liebe zum Großen, verbunden mit der Bildung? Und was ist er heute, der Künstler, dieser frühere Bruder des Poeten? Wenn man auf diese Frage die rechte Antwort geben will, so braucht man nicht befürchten, zu hart zu werden. Ein skandalöser Favoritismus erheischt auch wohl eine entsprechend energische Reaktion. Der Künstler ist heute und seit zahlreichen Jahren, trotzdem er jeglichen Verdienstes ermangelt, ein simples ‚verzogenes Kind'. Welche Ehren, welche Gelder werden an Männer ohne Seele und Erziehung vergeudet! Ich gehöre ganz gewiß nicht zu denen, die in eine Kunst Mittel einführen möchten, welche ihr doch fremd sind; indessen kann ich, um ein Beispiel anzuführen, nicht umhin, für einen Künstler wie Chenavard Sympathie zu empfinden, der immer liebenswürdig ist, liebenswürdig wie die Bücher, und anmutvoll bei aller Schwerfälligkeit. Mit ihm, des bin ich gewiß, kann ich zum wenigsten doch über Virgil und über Plato sprechen. Préault besitzt eine hübsche Gabe:

einen instinktiven Geschmack, der ihn auf das Schöne wirft, wie das Jagdtier auf seine natürliche Beute. Daumier ist mit einem klaren Verstande begabt, der seiner ganzen Unterhaltung Farbe gibt. Ricard, wie sehr er im Gespräch auch schmetterlingt und hüpft, läßt doch in jedem Augenblick erkennen, daß er viel weiß und daß er viel verglichen hat. Unnütz ist es, sollt' ich meinen, von der Konversation Eugène Delacroix' zu sprechen, die eine wundervolle Mischung von philosophischer Solidität, geistiger Leichtigkeit und glühendem Enthusiasmus ist. Und nach diesen entsinne ich mich niemandes mehr, der würdig wäre, mit einem Philosophen oder einem Dichter sich zu unterhalten. Außerhalb der Zahl der Genannten findet man nur noch das ‚verzogene Kind'. Ich bitte und beschwöre Sie[1]): Sagen Sie mir, in welchem Salon, in welchem Kabaret, in welcher mondainen oder intimen Vereinigung Sie das ‚verzogene Kind' ein geistiges Wort haben aussprechen hören, ein tiefes, lichtvolles, gehaltreiches Wort, das zum Denken oder zum Träumen anregt, kurzum: ein suggessives Wort! Wenn ein solches Wort in die Unterhaltung geschleudert wurde, geschah's vielleicht nicht von einem Politiker oder einem Philosophen, sondern wohl von einem Manne mit eigenartigem Beruf, einem Jäger, einem Seemann, einem Vögel-Ausstopfer amende; von einem Künstler, einem ‚verzogenen Kinde' – niemals.

Das ‚verzogene Kind' hat Vorrechte, die ehemals legitim waren, von seinen Vorfahren geerbt. Der Enthusi-

---

[1]) Baudelaire richtet diese Anrede an den Herausgeber der *Revue française,* für dessen Zeitschrift er sein ganzes Resumé über den Salon von 1859 verfaßte. – M. B.

asmus, der einst einen David grüßte oder einen Guérin, einen Girodet, Gros, Delacroix, Bonnington, erleuchtet noch mit mildtätigem Lichte seine kümmerliche Persönlichkeit; und während gute Dichter, kraftvolle Erzähler, auf arbeitsame Art ihr Dasein fristen, bezahlt der verdummte Geldmann die indezenten kleinen Sottisen des ‚verzogenen Kindes' mit fürstlichen Summen. Man beachte wohl: Wenn diese Gunst sich Männern von Verdienst zuwendete, so würd' ich mich darüber nicht beklagen.

Ich gehöre nicht zu den Leuten, welche einer Sängerin oder einer Tänzerin, die sich den Gipfel ihrer Kunst erobert hat, ein Vermögen neiden, das sie durch tägliche Arbeit und Gefahr erwarb. Ich würde fürchten, in den Fehler des verstorbenen Girardin sophistischen Angedenkens zu verfallen, der es eines Tages Théophile Gautier zum Vorwurf machte, daß er seine Imagination sich höher bezahlen lasse, als man die Dienste eines Unterpräfekten bezahlt. Nein, in diesem Punkte bin ich nicht ungerecht; gut aber ist's, die Stimme zu erheben und offen über die heutige Dummheit sich zu entrüsten, wenn zur selben Zeit, da ein hinreißendes Bild von Delacroix für tausend Francs kaum einen Käufer fand, die unwahrnehmbaren Gestalten Meissoniers mit zehn- und zwanzigfachen Preisen sich bezahlen ließen. Doch diese s c h ö n e n Zeiten sind vorüber; wir sind tiefer gesunken, und Meissonier, der trotz aller seiner Verdienste das Unglück gehabt hat, daß er den Geschmack am Winzigen in breiten Kreisen popularisierte, ist ein wirklicher Riese neben den heutigen Tändelfabrikanten.

Mißachtung der Imagination, verächtliche Erhabenheit über das Große, Liebe – nein, dies Wort ist zu schön – ausschließliche Praxis des Berufes, das sind, glaub' ich, was den Künstler betrifft, die Hauptgründe seiner Niedrigkeit. Je mehr Imagination man besitzt, desto mehr muß man auch seine Kunst verstehen, um jener auf ihren abenteuerlichen Fahrten zu folgen und die Schwierigkeiten, die sie begierig sich sucht, zu überwinden. Und je mehr man seine Kunst versteht, desto weniger soll man die Technik vorherrschen lassen und zeigen, damit vielmehr die Imagination in ihrem vollen Licht erstrahle. So spricht die Weisheit; und die Weisheit spricht ferner: Wer nur Geschicklichkeit besitzt, der ist ein Tropf; und die Imagination, die ihrer entraten will, ist eine Narretei. So einfach diese, Dinge aber auch sind, dem modernen Künstler, sind sie zu hoch oder zu niedrig. Eine Hausmeisterstochter sagt sich: »Ich werde aufs Konservatorium gehen, werde an der Comédie Française debütieren und die Verse Corneilles rezitieren, bis daß ich die Rechte derer erhalte, die sie schon recht lange rezitiert haben.« Und sie tut also, wie sie gesagt hat. Sie ist sehr klassisch monoton und sehr klassisch langweilig und ignorant; aber ihr ist geglückt, was sehr leicht war, nämlich, durch ihre Geduld die Theatergesellschaft-Rechte zu erlangen. Und das ‚verzogene Kind' der Maler von heute sagt sich: »Was ist die Imagination? Eine Gefahr und eine Ermüdung. Was ist die Lektüre und die Betrachtung des Vergangenen? Verlorene Zeit. Ich werde klassisch sein. Nicht wie Bertin – denn das Klassische wechselt den Ort und den Namen –, sondern wie ... Troyon zum Beispiel.« Und er tut also, wie er gesagt hat.

Er malt und malt; er verstöpselt seine Seele und malt in einem fort, bis daß er endlich dem Künstler, der in Mode ist, gleicht und nun durch seine Dummheit und seine Geschicklichkeit die Stimme und das Geld des Publikums gewinnt. Des Nachahmers Nachahmer findet seine Nachahmer, und so verfolgt ein jeder seinen Traum von Größe, indem er seine Seele immer mehr und mehr verstöpselt und vor allem n i c h t s l i e s t, noch nicht einmal *Das Ganze der Kochkunst,* welches Werk ihm doch eine zwar minder lukrative, dafür aber ruhmvollere Karriere hätte eröffnen können. Beherrscht es nun recht die Kunst der Saucen, Patinen, Glacis, Frottis, Jus und Ragouts (ich spreche Malerjargon), so nimmt das ,verzogene Kind' gar stolze Attituden an und wiederholt sich mit mehr Überzeugung als jemals, daß all das andre unnütz ist.

Da war ein deutscher Bauer; der kam zu einem Maler und sprach zu ihm: »Ach lieber Herr, ich möchte von Ihnen gern m e i n B i l d gemalt haben. Sie müßten mich darstellen, wie ich am Haupteingange meines Hofes sitze, in dem großen Lehnstuhl, den ich von meinem Vater geerbt habe. Mir zur Seite müßten Sie meine Frau mit ihrem Spinnrocken malen; hinter uns, kommend und gehend, meine Töchter, die unsere Familiensuppe zubereiten. Auf dem großen Hauptwege zur Linken ein paar meiner Söhne; sie kommen vom Felde zurück, haben die Ochsen in den Stall gebracht und wollen nun einen Zug aus der Flasche tun; andere mit meinen Enkelkindern stellen die mit Heu gefüllten Karren wieder ein. Indeß ich dieses Schauspiel nun betrachte, vergessen Sie bitte nicht die Rauchstöße, die aus meiner Pfeife kommen; die Farben der untergehenden Sonne spielen darin. Auch möchte ich, daß man die Töne des Angelus hört, die vom benachbarten Kirchturm herüberklingen. Dort haben wir uns nämlich alle verheiratet, Väter und Söhne. Es ist wesentlich, daß Sie malen, wieviel Genugtuung ich in diesem Augenblick empfinde, da ich zugleich meine Familie und meinen Wohlstand, der nun um eines Tages Arbeit vermehrt ist, betrachte!«[1])

Heil diesem Bauern! Ohne eine Ahnung davon zu haben, begriff er das Wesen der Malerei. Die Liebe zu seinem Berufe hatte seiner Imagination einen hohen Schwung gegeben. Wo ist unter unseren Modekünstlern der Mann, der würdig wäre, dieses Bildnis auszuführen, und dessen Imagination sich rühmen könnte, auf der Höhe dieser Aufgabe zu stehn?'

---

[1]) Diese Szene zwischen dem ‚deutschen' Bauern und dem Maler wird in einem alten volkstümlichen Gedichte erzählt – :
  „Mein Herr Maler, will Er wohl mich abkonterfeien,
  Mich, den reichen Bauern Troll, und mein Weib Mareien;
  Michel, meinen ältesten Sohn; meine Töchter kennt er schon ..." usw.
                                                                    M. B.

III
Das moderne Publikum und die Photographie

Hätt' ich Zeit, meinen Leser zu erheitern, so würde mir's leicht gelingen; ich brauchte nur den Katalog der heurigen Ausstellung zu durchblättern und einen Auszug aller lächerlichen Titel und aller närrischen Sujets zu geben, die den Ehrgeiz haben, die Blicke auf sich zu lenken. Das ist so recht der französische Geist. Zu verblüffen suchen durch Mittel, die der in Rede stehenden Kunst fremd sind, das ist die große Hilfsquelle der Leute, die nicht Maler sind von Natur. Bisweilen, immer aber in Frankreich, steckt dieses Laster sogar Leute an, die nicht ohne Talent sind und dieses Talent also durch eine ehebrecherische Mischung schänden. Ich könnte hier den komischen Titel in der Manier der Vaudevillisten anführen, dann den sentimentalen Titel, dem nur noch das Ausrufzeichen fehlt, den Kalauer-Titel, den tiefen und philosophischen, den täuschenden oder Fallstrick-Titel, im Genre *Brutius, lass ab von Caesar!* »O ungläubige und verderbte Art!« spricht unser Herr Christus, »wie lange noch werd' ich unter euch sein? wie lange noch unter euch leiden?« Diese Art, Maler wie Publikum, hat in der Tat so wenig Glauben an die Malerei, daß sie sie ewig zu vermummen und gleich einer scheußlichen Medizin in Zuckerkapseln einzuschließen sucht. Und welch ein Zucker, du mein Gott! – Habe ich doch unter den Skulpturen eine ausgezeichnete kleine Gruppe bemerkt, deren Nummer ich mir leider nicht eingeprägt hatte, und als ich das Sujet kennen lernen wollte, habe ich viermal ohne Erfolg den Katalog durchgelesen. Endlich ward ich von einer mitleidigen Seele belehrt, das Ding betitle sich *Ewig und niemals*. Ich habe mich aufrichtig betrübt gefühlt, zu sehen, daß ein Mann von wahrem Talent unnützerweise den Rebus kultiviert.

Wenn man dieser Sache recht auf den Grund geht, so wird man ein klägliches Symptom darin erblicken. Um mich in einer paradoxalen Art zusammenzufassen, möchte ich den Leser und alle meine Freunde, die in der Geschichte der Kunst bewanderter sind als ich, fragen, ob der Geschmack am Dummen, der Geschmack am Geistreichen (was beides hier ganz das gleiche ist), zu aller Zeit existiert haben, ob Kämmerchen zu vermieten[1]) und andere spitzfindige Konzeptionen in jeder Aera der Kunst aufgetaucht sind, um stets den nämlichen Enthusiasmus zu erregen, ob das Venedig Veroneses und Bassanos durch diese Logogryphen bekümmert, ob die Augen der Giulio Romano, Michelangelo, Bandinelli durch derartige Monstrositäten geblendet sind; mit einem Worte: ich frage, ob Monsieur Biard ewig und allgegenwärtig ist, wie Gott. Ich glaube es nicht und betrachte diese Schrecken als ein speziell der französischen Rasse zuteil gewordenes Gnadengeschenk.[2]) Daß seine Künstler ihm den Geschmack einimpfen, ist wahr; daß es von ihnen verlangt, diesem Be-

---

[1]) Dieser Rebus-Titel (er i s t übrigens kaum noch ein Rebus) ist heute namentlich für gewisse obscöne Bilder beliebt geworden; er ist ein Seitenstück zu dem pikanten *(Liebes-)Äpfel zu verkaufen!*, welchen Stoff auch R o p s auf seinem radierten Titelblatte *Les cousines de la colonelle* dargestellt hat. – M. B.

[2]) Der deutsche Leser weiß, daß auch sein Vaterland an dieser Gnadengabe in vollem Maße partizipiert; vielleicht handelt sich's hier weniger um eine Frage der Nationalität als um den ‚Geist der Zeiten'. – M. B.

dürfnis zu entsprechen, ist nicht minder wahr; denn wenn der Künstler das Publikum verdummt, so gibt ihm dieses das gut zurück. Sie sind zwei korrelative Enden, die mit gleicher Kraft auf einander wirken. Bewundern wir also, mit welch rapider Geschwindigkeit wir auf dem Wege des Fortschritts voranstürzen – unter Fortschritt verstehe ich die fortschreitende Herrschaft der Materie – und wie wunderbar tagtäglich die gemeine Geschicklichkeit um sich greift, jene Geschicklichkeit, die sich durch Geduld erlernen läßt.

Bei uns ist der natürliche Maler – wie auch der natürliche Dichter – fast ein Monstrum. Die ausschließliche Liebe zum Wahren – so edel, wenn sie auf ihre eigentlichen Anwendungarten sich beschränkt – bedrängt und erstickt bei uns zulande den Geschmack am Schönen. Wo man einzig das Schöne sehen sollte, sucht unser Publikum allein das Wahre. Es ist nicht Künstler, nicht Künstler von Natur; Philosoph vielleicht, Moralist, Baumeister, Liebhaber instruktiver Anekdoten, was man nur will – doch niemals Künstler in spontaner Art. Es empfindet oder vielmehr urteilt Stück für Stück, analytisch, Andere, begünstigtere Völker empfinden sofort und zugleich, synthetisch.

Ich sprach von den Künstlern, die das Publikum zu verblüffen suchen. Der Wunsch, verblüfft zu werden, ist durchaus berechtigt. *It is a happiness to wonder: c'est un bonheur d'être étonné*: es ist ein Glück, in Verwunderung gesetzt zu werden. Aber ebenso: *it is a happiness to dream: c'est un bonheur de rêver:* es ist ein Glück, zu träumen. Wenn ihr verlangt, daß ich euch den Titel Künstler oder

Kunstliebhaber zuerkenne, so ist die ganze Frage also die: ich muß wissen, durch welche Mittel ihr in Erstaunen setzen oder in Erstaunen gesetzt sein wollt. Wenn auch das Schöne i m m e r in Erstaunen setzt, so wär' es doch absurd, anzunehmen, daß alles Erstaunliche auch immer schön sei. Unser Publikum nun, als welches besonders unfähig ist, das Glück des Träumens oder des Bewunderns zu empfinden – das ist ein Charakteristikum der kleinen Seelen –, will in Erstaunen gesetzt werden durch Mittel, die der Kunst fremd sind, und seine gehorsamen Künstler passen sich seinem Geschmacke an; sie wollen es durch unwürdige Kniffe frappieren, überraschen, verblüffen, denn sie kennen seine Unfähigkeit zur Extase vor dem natürlichen Verfahren der wahren Kunst.

In diesen kläglichen Tagen ist eine neue Industrie hervorgetreten, die nicht wenig dazu beitrug, die platte Dummheit in ihrem Glauben zu bestärken und was etwa noch Göttliches im französischen Geiste zurückgeblieben sein mochte zugrunde zu richten. Diese götzendienerische Menge forderte ein Ideal, das ihrer würdig, das ihrer Natur wohl angemessen war; das ist ja auch durchaus begreiflich. Auf dem Gebiete der Malerei und der Skulptur, vor allem in Frankreich – ich glaube nicht, daß irgend jemand das zu leugnen wagen würde – lautet heute das Credo der Leute von Welt: »Ich glaube an die Natur und glaube einzig an die Natur (und das hat seine guten Gründe). Ich glaube, daß die Kunst nichts anderes ist und sein kann, als die genaue Wiedergabe der Natur« (eine furchtsame und abtrünnige Sekte will die Dinge widerwärtiger Natur, so einen Nachttopf oder ein Skelett, nicht zugelassen wissen). »Und so wäre denn die Industrie, die ein mit der Natur identisches Resultat uns geben würde, die absolute Kunst.« Ein rächerischer Gott hat die Stimmen dieser Menge erhört. Daguerre ward sein Messias. Und nunmehr sagte sie sich: »Da also die Photographie uns alle wünschenswerten Garantien für Genauigkeit gibt« – das glauben sie, die Sinnverwirrten! – »so kommen wir notgedrungen zu der Erklärung: Die Kunst ist die Photographie.« Seit diesem Augenblicke kam die ganze unsaubere Gesellschaft wie ein einziger Narcissus herbeigestürzt, ihr triviales Bildnis im Spiegel zu betrachten. Eine Narretei, ein außerordentlicher Fanatismus bemächtigte sich all dieser neuen Sonneanbeter. Unglaubliche Abscheulichkeiten ließen sich sehen. Man brachte Narren und Närrinnen zusammen, herausstaffiert wie die Fleischer und die Wäscherinnen im Karneval, und gruppierte sie, mit der Bitte an diese ‚Heroen', während der zur Operation notwendigen Zeit ihre eben zweckmäßige und erforderliche Grimasse doch ja recht gut bewahren zu wollen, und so schmeichelte man sich, die tragischen oder anmutvollen Szenen der alten Geschichte wiederzugeben. Irgendein demokratischer Schriftsteller mußte hier das Mittel erblicken, auf wohlfeile Art im Volke den Widerwillen gegen die Geschichte und die Malerei zu verbreiten, wodurch er denn ein zwiefaches Verbrechen beging und zugleich die göttliche Malerei und die erhabene Kunst des Schauspielers beleidigte. Kurze Zeit darnach beugten sich tausende begieriger Blicke über die Löcher des Stereoskops, als wären sie die Dachluken der Unendlichkeit. Die Liebe zum Schlüpfrigen, die von Natur im

Herzen des Menschen nicht minder lebhaft als die Eigenliebe ist, ließ eine solch schöne Gelegenheit zu ihrer Befriedigung sich nicht entgehen. Und man sage nicht, daß nur die kaum der Schule entwachsenen Kinder an diesen Dummheiten ihre Freude hätten; sie wurden Sucht und modisches Ergötzen für alle Welt. Vor einer schönen Dame, einer Dame der Welt – nicht meiner Welt – verbargen einige Personen diskret dergleichen Bilder, indem sie also sich die Mühe machten, der Dame Schamgefühl auf sich zu nehmen; da hab' ich diese Dame sagen hören: »Geben Sie nur ruhig her; es gibt nichts, was für mich zu stark sein könnte.« Ich schwöre, daß ich selber dies gehört habe; doch wer wird mir's glauben? »Sie sehen wohl: es sind große Damen,« sagt Alexandre Dumas. »Es gibt noch größere in der Art,« sagt Cazotte.

Da die photographische Industrie die Zuflucht aller mangelhaften Maler war, die zu unbegabt oder zu träge waren, um ihre Studien zur Vollendung zu bringen, so trug diese allgemeine Modesucht nicht nur den Charakter der Blindheit und der Imbezillität, sondern sie schmeckte auch stark nach einer gewissen Rache. Daß eine so stupide Verschwörung, in der man – wie in allen anderen – die Schlechten und die Hereingefallenen findet, in absoluter Art reussieren könnte, glaube ich nicht oder will ich zum wenigsten nicht glauben; überzeugt bin ich aber, daß die schlecht angewandten Fortschritte der Photographie – wie übrigens alle lediglich materiellen Fortschritte – zur Verarmung des ohnehin schon so seltenen künstlerischen Genies in Frankreich viel beigetragen haben. Die moderne Aufgeblasenheit wird wohl recht schön erröten, alle ihre

Blähungen wieder von sich geben, alle ihre unverdauten Sophismen, mit der eine neuerliche Philosophie sie bis in den Rachen hinein vollgepfropft hat, wieder ausspeien müssen; das macht aber: wenn die Industrie ins Reich der Kunst eindringt, so wird sie deren tötlichste Feindin; und: die Verwirrung der Funktionen behindert die gute Ausübung jeder einzelnen. Die Poesie und der Fortschritt, sind zwei Ehrgeizige, die einander hassen mit einem instinktiven Haß, und wenn sie sich auf einem Wege begegnen, so muß dann eins des andren Diener sein. Wird es der Photographie erlaubt, die Kunst in einigen ihrer Funktionen zu ergänzen, so wird diese alsbald völlig von ihr verdrungen und verderbt sein dank der natürlichen Bundesgenossenschaft, die aus der Dummheit der Menge ihr erwachsen wird. Sie muß daher zu ihrer eigentlichen Pflicht zurückkehren, die darin besteht, der Wissenschaften und der Künste Dienerin zu sein, doch eine recht bescheidene Dienerin, ähnlich dem Buchdruck und der Stenographie, die niemals noch die Literatur erschufen oder ergänzten. Mag sie rapid das Album des Wanderers bereichern und seinen Augen die Genauigkeit ersetzen, die seinem Gedächtnisse versagt blieb; mag sie die Bibliothek des Naturforschers schmücken, die mikroskopischen Tiere vergrößern, sogar durch manche Nachweisungen dem Astronomen seine Hypothesen stützen; mag sie endlich der Sekretär und Notizenführer irgend jemandes sein, der in seinem Berufe einer absoluten materiellen Genauigkeit bedarf; so weit ist alles schön und gut. Mag sie die hangenden Ruinen, die Bücher, die Stempeldrucke und die Manuskripte, an denen die Zeit schon nagt, mag sie die kostbaren Dinge dem Vergessen entreißen, deren Form entschwinden wird und die doch in den Archiven unseres Gedächtnisses einen Platz beanspruchen; man wird ihr dafür Dank und Beifall zollen. Aber: Darf sie erst in die Domäne des Unantastbaren und Imaginären entweihend eindringen, in alles das, was ohne Wert ist, wenn nicht der Mensch ihm seine Seele einhaucht – dann wehe uns!

Ich weiß recht wohl: nun werden manche mir entgegnen: »Die Krankheit, die du eben schildertest, ist die der Imbecillen. Welcher Mensch, der würdig ist des Namens Künstler, und welcher wirkliche Liebhaber und Sammler hat je die Kunst wohl mit der Indusrie verwechselt?« Ich weiß es; indeß will ich sie meinerseits nun fragen, ob sie an die Ansteckungbeziehungen zwischen Gut und Schlecht, ob sie an die Wirkung der Massen auf die Individuen und an den unwillkürlichen, notgedrungenen Gehorsam des Einzelnen der Masse gegenüber glauben. Daß der Künstler auf das Publikum einwirkt, das Publikum dagegen wieder auf den Künstler, das ist ein unbestreitbares Gesetz, dem keiner sich entziehen kann; zudem sind auch die Tatsachen, furchtbare Zeugen, leichtlich zu studieren; man kann das Unheil feststellen. Von Tag zu Tage schrumpft die Kunst, was ihre Achtung vor sich selbst betrifft, zusammen; sie wirft sich vor der äußerlichen Wirklichkeit nieder, und mehr und mehr wird der Maler geneigt, nicht was er träumt, nein, was er sieht zu malen. Und doch: »es ist ein Glück, zu träumen,« und es war ein Ruhm, das, was man träumte, zu gestalten; aber – was sage ich! – kennt sie es denn wohl noch, dieses Glück?

Wird jemand, der unvoreingenommen die Dinge betrachtet, versichern, das Eindringen der Photographie und die große industrielle Narretei hätten mit diesem kläglichen Ergebnis nichts zu schaffen? Ist nicht die Annahme erlaubt, ein Volk, das sich gewöhnt, die Resultate einer Wissenschaft und die Hervorbringungen des Schönen mit gleichen Augen anzusehen, werde nach Verlauf einer gewissen Zeit merklich die Fähigkeit in sich vermindert haben, das Allerzarteste, das Unstofflichste, das es gibt, zu beurteilen und zu empfinden?

IV

Die Königin der Fähigkeiten

In letzter Zeit hörten wir in tausend verschiedenen Arten die Worte: »Kopiert die Natur; kopiert nur die Natur. Es gibt keine größere Freude noch einen größeren Triumph, als eine ausgezeichnete Kopie der Natur.« Und diese kunstfeindliche Lehre beansprucht, nicht allein auf die Malerei angewendet zu werden, sondern auf alle Künste, selbst auf den Roman, selbst, auf die Poesie. Auf diese von der Natur so angetanen Lehren hätte ein imaginativer Mensch gewiß mit Recht erwidern können: »Ich finde es unnütz und müßig, das Daseiende zu wiederholen, da nichts, was da ist, mir genügt. Die Natur ist häßlich, und ich gebe den Monstren meiner Phantasie vor der positiven Trivialität den Vorzug.«[1] Philosophischer wär's allerdings, gewesen, besagte Doktrinäre zunächst einmal zu fragen, ob sie der Existenz der äußerlichen Natur denn auch ganz sicher sind, oder, wenn diese Frage zu stark an ihre Spottsucht appelliert, ob sie denn sicher sind, die ganze Natur, alles, was in der Natur enthalten ist, zu kennen. Ein ja wäre die denkbar maulheldenhafteste und gewagteste Antwort gewesen. Soweit ich diese absonderlichen und entwürdigenden Faseleien begreifen konnte, wollte die Lehre sagen – ich erweise ihr die Ehre, zu glauben, daß sie das sagen wollte: Der Künstler, der wahre

---

[1] Auch dieses Thema hat Oscar Wilde in den „Fingerzeigen" glänzend entwickelt – wiederum in dem Kapitel: „Der Verfall der Lüge." – M. B.

Künstler, der wahre Poet, darf nur so darstellen, wie er sieht und wie er fühlt. Er muß schlecht und recht seiner eigenen Natur treu sein. Er muß die Entlehnung des Sehens und Empfindens von irgendeinem anderen, und sei er ein noch so großer Mann, meiden wie die Pest; denn andernfalles wären die Erzeugnisse, die er uns bescheren würde, mit Bezug auf ihn Lügen – und keine ‚Wirklichkeiten'. Nun, wenn die Pedanten, von denen ich spreche – es gibt selbst in der Niedrigkeit Pedanterie – wenn diese Pedanten, die überall ihre Vertreter haben, da ihre Theorie so der Unfähigkeit wie der Faulheit schmeichelt, wenn sie das Ding nur so verstanden wissen wollten, glauben wir dann doch einfach, daß sie sagen: »Wir haben keine Imagination und bestimmen, daß niemand solche habe.«

Geheimnisvolle Fähigkeit – diese Königin der Fähigkeiten! Sie rührt an alle anderen; sie erregt sie, sie ruft sie zum Kampfe. Bisweilen gleicht sie ihnen bis zum Grade der Verschmelzung und ist dabei doch stets sie selber, und die Leute, die sie nicht lenkt, sind leicht erkennbar an einem gewissen Fluche, der auf ihnen lastet, und ihre Hervorbringungen verdorren meist, wie der Feigenbaum im Evangelium verdorren mußte.

Sie ist die Analyse, sie ist die Synthese; und dennoch können Menschen, die geschickt sind in der Analyse und hinreichend befähigt, ein Résumé zu geben, bar sein der Imagination. Sie ist das, und sie ist's doch wieder nicht. Sie ist die Sensibilität – und dennoch gibt's sensible Personen, allzu sensible sind's vielleicht, die ihrer bar sind. Die Imagination hat die Menschen den geistigen Sinn der

Farbe, des Konturs, des Tones und des Dufts gelehrt. Sie hat im Anbeginn der Welt die Analogie und die Metapher erschaffen. Sie nimmt die ganze Schöpfung auseinander – dann aber befolgt sie jene Regeln, deren Ursprung man einzig in der Tiefe der Seele zu finden vermag; nach ihnen häuft und ordnet sie die Stoffe und schafft so eine neue Welt, erzeugt die Empfindung des Neuen. Da sie die Welt erschaffen hat – man kann das, glaub' ich, sogar in einem religiösen Sinne sagen –, so ist's gerecht, daß sie sie auch beherrscht. Was sagt man von einem Krieger ohne Imagination? Daß er einen ausgezeichneten Soldaten abgeben kann, daß er aber, wenn er Armeen befehligt, keine Erorberungen machen wird. Der Fall wäre dem eines Dichters oder Romanciers vergleichbar, welche der Imagination die Herrschaft über die Fähigkeiten nehmen würden, um sie zum Beispiel der Sprachenkenntnis oder der Beobachtung der Tatsachen zu übergeben. Was sagt man von einem Staatsmanne ohne Imagination? Daß er die Geschichte der Verträge und der Bündnisse in der Vergangenheit sehr gut kennen kann, daß er jedoch die Bündnisse und die Verträge, welche die Zukunft bringen wird oder bringen könnte, nicht vorauszusehen vermag. Von einem Gelehrten ohne Imagination? Daß er alles gelernt hat, was, da es gelehrt wird, gelernt werden kann, daß er jedoch die noch nicht aufgedeckten Gesetze nicht finden wird. Die Imagination ist die Königin des Wahren, und das Mögliche ist eine der Provinzen des Wahren. Sie ist direkt verwandt mit dem Unendlichen.

Ohne sie sind alle Fähigkeiten, so solid oder so verschärft sie sein mögen, doch gleich als wären sie nicht da

– wohingegen die Schwäche irgendwelcher sekundärer Fähigkeiten, wenn die letzteren eine kraftvolle Imagination erregt, ein Mißgeschick von niederer Bedeutung ist. Keine Fähigkeit kann ihrer entraten, und sie kann einige ergänzen. Oftmals geschieht's, daß das, was jene suchen und erst nach Durchprobierung mehrerer, der Natur der Dinge nicht angepaßter Methoden finden – daß sie in stolzer Einfalt das errät. Schließlich spielt sie selbst in der Moral eine mächtige Rolle; denn – sei mir's erlaubt, so weit zu gehen – was ist die Tugend ohne Imagination? Das will nicht weniger sagen als die Tugend ohne das Erbarmen, die Tugend ohne den Himmel; etwas Hartes, Grausames, Leben-Ertötendes, das in gewissen Ländern zur Bigotterie, in anderen zum Protestantismus geworden ist.[1])

---

[1]) In dieses schöne Kapitel Baudelaires sind zweifellos Ideen Hoffmanns und Poes mit eingeschmolzen – Ideen freilich, deren Wahrheit dem Künstler Baudelaire selbst von Natur schon offenbar gewesen ist. Bisweilen ist ihm ja der Vorwurf gemacht, er habe Poe nachgeahmt. Darüber schrieb er in einem jüngst (im *Mercure de France, 1. avril 1906*) veröffentlichten Briefe aus Brüssel an Théophile Thoré: „Man hat mich der Poe-Nachahmung geziehen! Wissen Sie, warum ich Poe so geduldig übersetzt habe? Weil er mir ähnlich war. Als ich zum ersten Male ein Buch von ihm aufschlug, habe ich mit Erschrecken und Entzücken nicht nur Stoffe gefunden, die ich mir ausgeträumt hatte, sondern SÄTZE, von mir gedacht und zwanzig Jahre zuvor von ihm geschrieben." Von diesen Sätzen mag mancher sich auf das Wesen der ‚Imagination', der künstlerischen Schöpferkraft beziehen, auf dieses große, schöne Rätsel, das groß und schön ist über allen. Denn ‚Imagination' – dieses nicht übersetzbare Wort – bedeutet in Baudelaires Sinne ja wohl zunächst und vor allen Dingen einmal das Gegenteil von Nüchternheit und von Pedanterie: nie unbewegte, allgegenwärtige Phantasie; zugleich schließt Imagination aber auch die Fähigkeiten der Tiefgründigkeit und des ‚Ahnsinns', zugleich auch noch die der Analyse und der Synthese in sich. Ist sie dann aber nicht in der Tat „direkt verwandt mit dem Unendlichen"? Bedeutet sie, recht betrachtet, etwas anderes als den Inbegriff der Eigenschaften, in denen uns das höchste Wesen offenbar wird? In diesem Zusammenhange darf ich an meine früher aufgestellten Sätze erinnern: Der Philosoph konstatiert das Menschliche im Geistigen, „aber der Künstler bezeugt das Geistige im Menschlichen" – und: „In die-

sem Ocean von aufwärts ringendem Leben ist der Höchste, verhältnismäßig Vollendetste der Künstler" – Die genialste Leistung, die die Imagination je hervorgebracht hat, ist die Konstatierung des Göttlichen – nicht der dogmatisch blinde Glaube, sondern das unwiederlegliche, tatsächlich aus innerer Erfahrung – eben aus Imagination – gewonnene Wissen! – M. B.

V
Die Herrschaft der Imagination

Gestern abend, bald nachdem ich auf einer der letzten Seiten, nicht ohne eine gewisse Zaghaftigkeit, geschrieben hatte: »Da die Imagination die Welt geschaffen hat, so beherrscht sie sie auch,« blätterte ich in der *Nachtansicht der Natur* und stieß dabei auf diese Zeilen, die ich nur deshalb anführe, weil sie die bestätigende Umschreibung jener Zeile sind, die mich beunruhigte: *"By imagination, I do not simply mean to convey the common notion implied by that much abused word, which is only fancy, but the constructive imagination, which is as much as is made in the likeness of God, bears a distant relation to that sublime power by which the Creator porjects, creats, and upholds his uniserve."* – »Mit Imagination will ich nicht einfach die Idee ausdrücken, die man gemeinhin diesem so vielfach mißbrauchten Worte beilegt, als welche nichts anderes besagt als *Phantasie,* sondern vielmehr die *schöpferische* Imaginatio[1]), eine weitaus höhere Funktion, die, je mehr der Mensch ein Bildnis Gottes ist, umso mehr eine entfernte Beziehung zu jener Macht bewahrt, durch welche der Schöpfer sein Universum aus sich herausträumt, schafft und es erhält.« – Ich bin durchaus nicht beschämt, sondern im Gegenteil sehr glücklich darüber, daß ich mir mit jener ausgezeichneten Mme. Crowe begegnet bin, die ich stets bewundert und beneidet habe um ihre Fähigkeit, zu

---
[1]) Hier möcht' ich übersetzen ‚Geisteskraft'. – M. B.

glauben, die in ihr so stark sich offenbart wie in anderen das Mißtrauen.

Es ist nun schon lange her, da hört' ich einen in seiner Kunst wahrhaft bewanderten und tiefgründigen Mann über diesen Gegenstand die umfassendsten und dabei schlichtesten Ideen äußern. Als ich ihn zum ersten Male sah, besaß ich keine andere Erfahrung, als jene, die eine außerordentliche Liebe, und kein anderes Urteilsvermögen, als jenes, das der Instinkt uns gibt. Wahr ist, daß diese Liebe und dieser Instinkt ziemlich lebhaft waren; denn schon als ich noch sehr jung war, konnten meine Augen, erfüllt von gemalten oder gravierten Bildern, sich niemals daran satt sehen, und ich glaube, die Welten könnten darüber zugrunde gehen – *impavidum ferient:* ich würde nie zum Bilderstürmer werden. Er war offenbar geneigt, recht nachsichtig und liebenswürdig gegen mich zu sein; denn wir gingen in unseren Unterhaltungen vom Gemeinplätzigen, das heißt aber von den umfassendsten und tiefsten Fragen aus.[1]

So zum Exempel von der Natur. »Die Natur ist bloß ein Wörterbuch,« wiederholte er häufig. Um recht zu begreifen, welch ausgedehnter Sinn in dieser Wendung sich birgt, muß man sich vergegenwärtigen, welch mannigfaltigen Gebrauch man gemeinhin vom Wörterbuche macht. Man sucht dort den Sinn der Worte, ihr Werden und Entstehen, ihre Etymologie; und schließlich ent-

---

[1] In Baudelaires Tagebuchaufzeichnungen *(„Fusées")* findet sich gleich auf dem ersten Blatte die Bemerkung: „Unermeßliche Gedankentiefe in den vulgären Redewendungen, die Generationen von Ameisen allzustark ausgeschachtet haben." – Daß oben von Delacroix die Rede ist, hat der Leser schon selbst gefühlt. – M. B.

nimmt man ihm alle Elemente, aus denen ein schöner Satz oder eine Erzählung sich zusammenfügt; doch nie hat jemand das Wörterbuch als eine Komposition im dichterischen Sinne des Wortes angesehen. Die Maler, die der Imagination folgen, suchen in ihrem Wörterbuche die Elemente, die ihrer Konzeption entsprechen; und indeß sie sie mit einer gewissen Kunst ihren Zwecken anpassen, geben sie ihnen obendrein eine völlig neue Physiognomie. Die aber keine Imagination besitzen, schreiben aus dem Wörterbuche ab. Und daraus ergibt sich ein sehr großes Laster, das Laster der Banalität, das unter den Malern ganz besonders jenen eigentümlich ist, die ihre Spezialität von vornherein mit der äußeren Natur in nähere Berührung bringt, den Landschaftern zum Beispiel, die es im allgemeinen als einen Triumph ansehen, wenn sie ihre Persönlichkeit nicht merken lassen. Der Anschauung zuliebe vergessen sie Empfinden und Denken.

Für diesen großen Maler aber waren oder vielmehr sind alle Teile der Kunst, von denen der eine diesen, der andre jenen für den wesentlichsten hält, nichts mehr als die sehr niederen Dienerinnen einer einzigen, überlegenen Fähigkeit.

Wenn eine recht klare Ausführung notwendig ist, so ist der Grund: die Sprache des Traumes soll eine durchaus verständliche Übersetzung erfahren; ist die Ausführung recht flüchtig, so geschieht's, damit sich von dem außerordentlichen Eindrucke, der die Konzeption begleitete, ja nichts verliere; daß die Aufmerksamkeit des Künstlers sich bis auf die materielle Eigenart seiner Handwerkzeuge erstreckt, ist leicht begreiflich, da eben alle Vorsichtmaßregeln getroffen werden müssen, um die Ausführung geschickt und eindruckvoll zu machen.

Bei einer solchen, von Grund aus logischen Methode müssen alle Personen, ihre bezügliche Anlage, die Landschaft oder das Intérieur, das ihnen als Hintergrund oder als Horizont dient, ihre Kleider, überhaupt alles, dazu dienen, die schöpferische Idee klar herauszubringen und noch ihre originelle Farbe, sozusagen ihre Livree zu tragen. Wie einen Traum die ihm eigentümliche Atmosphäre umgibt, ebenso bedarf auch eine Konzeption, wenn sie zur Komposition geworden ist, zu ihrer Entfaltung eines ihr entsprechend gefärbten und ihr eigentümlichen Milieus. Es gibt da offenbar einen besonderen Ton, der irgendeiner Partie des Bildes zugewiesen ist, und dieser beherrscht die anderen und wird zum Schlüssel für sie. Jedermann weiß, daß Gelb, Orange, Rot Ideen von Freude, Reichtum, Ruhm und Liebe erwecken und versinnlichen; aber es gibt tausende von gelben oder roten Atmosphären, und alle übrigen Farben werden logisch und in einer entsprechenden Quantität durch die beherrschende Atmosphäre beeinflußt werden. Die Kunst des Koloristen hat von gewissen Seiten her offenbar Beziehungen zur Mathematik und zur Musik. Indes entfaltet sie ihre feinsten Wirksamkeiten dank einem Empfinden, dem eine lange Betätigung eine unbestimmbare Sicherheit verliehen hat. Man sieht: dieses große Gesetz der allgemeinen Harmonie verurteilt viele Blender und viele grellen Dinge, selbst bei den berühmtesten Malern. Es gibt Bilder von Rubens, die nicht allein an ein Farbenfeuerwerk gemahnen, sondern sogar an mehrere Feuerwerke, die auf dem gleichen Platze abgebrannt werden. Je größer ein Bild ist, desto breiter muß der Farbenauftrag sein; das ist ja selbstverständlich; aber es ist gut, wenn die Pinselstriche nicht ineinander verwischt werden; sie verbinden sich auf natürliche Art in einer gewollten Entfernung für den Beschauer, dank dem sympathischen Gesetze, das sie vereinigt hat. Die Farbe erhält so mehr Energie und Frische.[1])

Ein gutes Bild, das dem Traume, der es erzeugte, getreulich gleicht, muß entstanden sein wie eine Welt. Ebenso wie die Schöpfung, wie wir sie sehen, das Ergebnis mehrerer Schöpfungen ist, bei denen die vorhergegangenen stets durch die folgende vervollständigt wurden: so besteht auch ein harmonisch ausgeführtes Bild aus einer Reihe übereinander liegender Gemälde, von der sich sagen läßt, daß jeder neue Niederschlag dem Traume größere Realität verleiht und ihn um eine Stufe emporhebt, der Vollkommenheit entgegen. Dem ganz entgegen entsinn' ich mich, in den Ateliers von Paul Delaroche und Horace Vernet große Bilder gesehen zu haben, die nicht entworfen waren, sondern angefangen, nämlich in gewissen Partien absolut beendet, indes gewisse andere nur erst durch einen schwarzen oder weißen Kontur angedeutet waren. Man könnte diese Art der Ausführung mit

---

[1]) Dieses ganze köstliche Kapitel, in welchem Baudelaire gleich zu Beginn seines großen Lehrmeisters so dankesvoll gedenkt, erinnert überall an Delacroix' Tagebuch-Aufzeichnungen. Mit Bezug auf die Pinselführung schreibt Delacroix: „Was soll man von den Malern sagen, welche die Pinselführung verstecken?" – und: „Wir sehen, daß der Laie die glattesten Bilder allen anderen vorzieht, und zwar weil sie glatt sind. Übrigens hängt in dem Werke eines wirklichen Meisters alles von der Distanz ab, aus der das Bild gesehen werden soll. Auf eine gewisse Distanz gehen die Pinselstriche zusammen, aber sie geben der Malerei einen Nachdruck, den die verschmolzenen Töne nicht hervorbringen." – M. B.

einer rein handwerklichen Arbeit vergleichen, die in einer gegebenen Zeit eine bestimmte Menge Raum ausfüllen soll, oder mit einer langen Landstraße, die in eine große Anzahl von Tagemärschen eingeteilt ist. Ist ein Tagemarsch beendet, so braucht man ihn eben nicht mehr zu machen, und wenn man dann den ganzen Weg durchmessen hat, ist man erlöst von seinem Bilde.

All diese Vorschriften werden offenbar durch das verschiedene Temperament der Künstler mehr oder minder modifiziert. Indessen bin ich davon überzeugt, daß dieses die Methode ist, die den reichen Imaginationen die größte Sicherheit gewährt. Und demnach zeugen allzu starke Abweichungen von der hier angegebenen Methode von einer anormalen und ungerechtfertigten Bedeutsamkeit, die irgendeiner untergeordneten Erscheinung in der Kunst beigelegt wird.

Ich fürchte nicht, daß man entgegnen möchte, es sei absurd, für eine Menge verschiedener Individuen die gleiche Erziehung vorauszusetzen. Denn offenbar sind ja auch die Lehren der Rhetorik und der Prosodie keine willkürlich erfundenen Tyranneien, sondern eine Sammlung von Regeln, die von der Organisation des spirituellen Wesens selbst gefordert werden. Und niemals haben Prosodie und Rhetorik die Originalität gehindert, sich unterschiedlich zu betätigen. Das Gegenteil – daß sie nämlich der Originalität förderlich waren, sich zu erschließen – würde unendlich wahrer sein.

Der Kürze halber muß ich eine Menge gegenseitiger Ergänzungen hier unbeachtet lassen, die aus der Grundformel sich ergeben, in welcher sozusagen das ganze Regelbuch der rechtschaffenen Ästhetik enthalten ist, und die sich etwa also in Worte fassen ließe: Das ganze sichtbare Universum ist nur ein Magazin von Bildern und Zeichen, denen die Imagination entsprechenden Rang und Platz anweisen muß. Alle Fähigkeiten der menschlichen Seele müssen der Imagination untergeordnet werden, als welche sie alle zugleich in Beschlag nimmt. Gleich wie eine gute Kenntnis des Wörterbuches die Vertrautheit mit der Kunst der Komposition nicht notgedrungen in sich schließt; und wie ihrerseits die Kunst der Komposition die allumfassende Imagination nicht einbegreift: so ist's auch sehr wohl möglich, daß ein guter Maler doch kein großer Maler ist. Doch ist ein großer Maler unbedingt ein guter Maler, da die allumfassende Imagination die Einsicht in alle Mittel und den Wunsch, sich diese zu erobern, stets in sich schließt.

Es wäre noch sehr mancherlei zu sagen, vornehmlich von den übereinstimmenden Seiten aller Künste und von den Ähnlichkeiten in ihren Methoden! – doch schon nach dem, was ich hier, so gut ich's vermochte, auseinandergesetzt habe, läßt sich die ungeheure Klasse der Künstler, will sagen jener Leute, die sich dem Ausdrucksmittel der Kunst gewidmet haben, ganz offenbar in zwei durchaus verschiedene Lager teilen: Der Eine, der sich selber ‚Realist' benennt (ein doppelsinniges und nie recht definiertes Wort) und den wir, um seine Verirrung besser zu kennzeichnen, einen ‚Positivisten' nennen wollen, sagt: »Ich will die Dinge so wiedergeben, wie sie sind, oder vielmehr wie sie sein würden, wenn ich annehme, daß ich selbst nicht existiere.« Das Universum ohne den Menschen. Und jener, der Imaginative, sagt: »Ich will die Dinge mit meinem Geiste durchleuchten und ihren Widerschein auf andere Geister fallen lassen.« Wenn nun auch diese beiden durchaus entgegengesetzten Methoden alle Sujets, von der religiösen Scene bis zur bescheidensten Landschaft, vergrößern oder verringern können, so hat doch gleichwohl der Mann von Imagination im großen Ganzen sich in der religiösen Malerei und in der Phantasie betätigen müssen, wogegen die sogenannte Genremalerei und die Landschaft offensichtlich den wägen und schwer erregbaren Geistern stets sprudelnde Hilfsquellen bieten mußten.

Außer den Imaginativen und den sogenannten Realisten gibt's dann noch eine Klasse furchtsamer, unterwürfiger Menschen, die all ihren Stolz darein setzen, einem Kodex von falscher Erhabenheit Gehorsam zu zollen. Indessen diese die Natur darzustellen wähnen und jene ihre Seele malen wollen, passen andere sich rein konventionellen, völlig willkürlichen Regeln an, die nicht der menschlichen Seele entnommen sind, sondern einfach von der Routine eines berühmten Ateliers auferlegt werden. In diese so zahlreiche, jedoch so wenig interessante Klasse gehören die falschen Liebhaber der Antike, die falschen Liebhaber des Stils – mit einem Worte alle Menschen, die infolge ihres Unvermögens das Herkömmliche zu den Ehren des Stils erhoben haben.

VI

Religion – Historie – Phantasie

Bei jeder neuen Ausstellung machen die Kritiker die Bemerkung, die religiösen Gemälde nähmen mehr und mehr ab. Ich weiß nicht, ob sie bezüglich der Anzahl recht haben; gewiß aber täuschen sie sich nicht bezüglich der Qualität. Mehr als ein religiöser Schriftsteller – gleich den sozialdemokratischen von Natur geneigt, das Schöne dem Glauben aufzuopfern, oder aber es von ihm abhängig zu machen – hat nicht ermangelt, diese Beschwernis im Ausdruck der Dinge des Glaubens eben dem Fehlen des Glaubens zuzuschreiben. Ein Irrtum, den man philosophisch als solchen aufdecken könnte, wenn nicht schon die Tatsachen uns hinreichend vom Gegenteil überführten, wenn die Geschichte der Malerei uns nicht gottlose und atheistische Künstler zeigte, die ausgezeichnete religiöse Werke schufen. Begnügen wir uns also einfach mit dem Hinweis, daß die Religion, die höchste ‚Fiktion' des menschlichen Geistes – ich spreche mit Absicht, wie ein atheistischer Professor der schönen Künste sprechen würde; man ziehe daraus keine Schlüsse wider meinen Glauben – daß sie von denen, die sich dem Ausdruck ihrer Handlungen und ihrer Empfindungen widmen, die kraftvollste Imagination und die angespanntesten Bemühungen fordert. So verlangt die Persönlichkeit des Polyeuctes vom Dichter wie auch vom Schauspieler bedeutend lebhafteren geistigen Aufschwung und Enthusiasmus, als irgendeine vulgäre Persönlichkeit, die in ein gewöhnliches Geschöpf der Erde verliebt ist, oder selbst als ein rein politischer Heros. Das einige Zugeständnis, das man den Anhängern jener Theorie, die im Glauben die einzige Quelle religiöser Inspiration erblickt, wohl machen könnte, ist, daß der Dichter, der Schauspieler, der Künstler in dem Augenblicke, da sie das religiöse Werk ausführen, an die Realität dessen, was sie darstellen, glauben, erhitzt, wie sie es notwendigerweise sind. Und so ist nun die Kunst die einzige geistige Domäne, in welcher der Mensch sagen könnte: »Ich werde glauben, wenn ich will, und wenn ich nicht will, werd' ich nicht mehr glauben.« Die grausame und erniedrigende Maxime *Spiritus flat ubi vult* verliert im Gebiete der Kunst ihr Recht.

*

Ich weiß nicht, ob AMAND GAUTIER den Glauben besitzt, wie die Kirche den Glauben versteht, ganz gewiß aber hat er, indem er ein ausgezeichnetes Werk, durchweht vom Geist der Frömmigkeit, geschaffen, für das in Rede stehende Objekt den hinreichenden Glauben besessen. Er hat bewiesen, daß selbst im neunzehnten Jahrhundert der Künstler ein gutes religiöses Bild hervorbringen kann, vorausgesetzt, daß seine Imagination imstande ist, sich bis auf diese Höhe zu erheben. In diesem Jahre hat Amand Gautier ein einziges Werk ausgestellt; es trägt den schlichten Titel: *Barmherzige Schwestern*. Es bedarf fürwahr wohl schöpferischer Kraft, um diese Poesie herauszubringen: Die feine, empfindsame Poesie, die in diesen langen, einförmigen Gewändern enthalten ist, in dieser starren Tracht von Haar und Haube, in diesen Gesten, dieser ganzen Art, bescheiden und ernst wie das klösterliche Leben. Alles in Gautiers Bilde trägt zur Offenbarung des Grundgedankens bei: Diese langen weißen Mauern, die schnurgerecht gepflanzten Bäume, die bis zur Armut einfache Fassade, die geraden Bewegungen, bar aller weiblichen Koketterie, dieses ganze Geschlecht, das hier auf eine fast soldatische Disziplin sich zurückzog und dessen Antlitz von der rosigen Blässe der aufgeopferten Jungfräulichkeit so traurig schimmert, alles das gibt die Empfindung des Ewigen, des Unabänderlichen, der in ihrer Einförmigkeit angenehmen Pflicht. Diese Leinwand ist mit breitem, schlichtem Pinselstrich gemalt, dem Stoffe angemessen, und als ich vor ihr stand, in Betrachtung vertieft, empfand ich jenes undefinierbare Gefühl, mit dem gewisse Lesueurs und die besten Philippe de Champainges, jene, welche die klösterlichen Gewohnheiten darstellen, die Seele beschleichen.

*

DELACROIX' Imagination! Diese hat nie gezagt, die schwierigen Höhen der Religion zu erklimmen; der Himmel gehört ihr wie die Hölle, wie der Krieg, wie der Olymp, wie auch die Wollust. Hier haben wir recht den Typus des Malerpoeten! Er ist fürwahr einer der wenigen, die auserwählt sind, und sein weitumspannender Geist macht auch die Religion sich zu eigen. Seine Imagination, voll Inbrunst wie die inbrunstvollen Kapellen, sie leuchtet in allen Farben, sie brennt und strahlt in allen Purpurtönen. Aller Schmerz der ‚Passion', der Marter- und der

Leidenszeit, er martert ihn, daß er ihn w i e d e r leide; und jegliches Geleucht der Kirche durchleuchtet auch ihn. Zug um Zug strömt er auf seine ganz beseelte Leinwand das Blut, das Licht, die Finsternisse aus. Mir ist, als möcht' er mit der ihm natürlichen Pracht die Herrlichkeiten des Evangeliums noch verherrlichen. Ich habe eine kleine *Verkündigung* von Delacroix gesehen, auf welcher der Engel, der Maria heimsucht, nicht allein war, sondern in sozusagen ‚höfischem' Geleite zweier andrer Engel; und die Wirkung dieser himmlischen ‚Cour' war mächtig und reizvoll. Eins seiner Jugendbilder, der *Christus am Ölberg* – (»Vater, ist's möglich, so gehe dieser Kelch an mir vorüber«; in Saint-Paul, Rue Saint-Antoine) – leuchtet und schimmert von frauenhafter Zärtlichkeit und poetischer Salbung. Der Schmerz und der Prunk, beide in der Religion in so hohem Maße sich offenbarend, erwecken in seinem Geiste stets ein Echo.

Nun wohl: dieser außerordentliche Mensch, der gerungen hat mit Scott und Byron, mit Goethe, Shakspeare, Ariost und Tasso, mit Dante, mit dem Evangelium, der die Geschichte mit den Lichtstrahlen seiner Palette verklärte, und dessen Phantasie in hohen Wogen auf unsere geblendeten Augen eingeflutet ist, dieser, Mann, nun vorgeschritten in der Zahl seiner Tage,[1]) jedoch mit einer unzerstörbaren Jugend gezeichnet, der seit seinen Jünglingjahren all seine Zeit der Übung und Ausbildung seiner Hand, seines Gedächtnisses und seiner Augen gewidmet hat, um seiner Imagination unfehlbare Waffen zu rüsten,

---

[1]) Er war damals sechzigjährig, nur um vier Jahre von seinem Tode getrennt. – M. B.

dieses Genie hat jüngsthin einen Professor gefunden, der ihn in seiner Kunst unterweise, und zwar in der Person eines jungen ‚Chronisten‘, dessen heilige Berufung bis dato sich darauf beschränkt hatte, über die Robe der Madame So-und-so auf dem letzten Stadthausballe ernstlich zu berichten. Ach! diese ‚rosa‘ Haare, ach! diese ‚lila‘ Landschaften, ach! diese ‚roten‘ Wolken Rauch – (welche Keckheit: roter Rauch!) – sie sind hier nun in ‚grüner‘ Art behandelt. Zermalmt ist fortan Delacroix' Werk: den vier Himmelswinden ist es zum Spiele gegeben. Diese Art von Artikeln, die man übrigens in allen bourgeoisen Salons herunterschwätzt, beginnen unveränderlich mit den Worten: »Ich muß ja sagen, ich maße mir gar nicht an, ein Kenner zu sein, die Mysterien der Malerei sind mir verschlossen, aber ich muß denn doch usw. (wenn dem so ist, warum redet er überhaupt davon?) – und endet gemeiniglich mit einer galligen Phrase, die im Grunde doch nur einen Blick des Neids auf jene Glückseligen bedeutet, welche das Unbegreifliche begreifen.

Was liegt – entgegnen Sie mir – was liegt an der Dummheit, wenn das Genie doch triumphiert? Es ist jedoch, mein Lieber, nicht müßig, die Widerstandskraft zu bemessen, gegen die das Genie anprallt. Die ganze Bedeutung dieses junger Chronisten reduziert – doch ist das gerade noch genug – sich darauf, daß er den mittleren Geist der Bourgeoisie verkörpert. Denken Sie doch, daß diese Komödie gegen Delacroix nun schon seit 35 Jahren – seit 1822 nämlich – spielt, und daß seit dieser Epoche unser Maler, immer pünktlich sich einstellend, in jeder Ausstellung uns mehrere Bilder gegeben hat, unter denen jedesmal zum mindesten ein Meisterwerk war, durch welches er unermüdlich – um mich des verbindlichen und nachsichtvollen Ausdruckes von Thiers zu bedienen – »jenen Schwung der Erhabenheit« bekundete, »der die Hoffnungen wieder belebt, die durch das gar zu bescheidene Verdienst des ganzen Restes etwas entmutigt waren«. Und weiterhin fügte er an: ´Ach weiß nicht, welch ein Erinnern an die großen Künstler mich packt beim Anblick dieses Bildes *(Dante und Virgil)*. Ich finde jene wilde, glühende, jedoch natürliche Macht hier wieder, die mühelos ihren eigenen Entrissenheiten folgt ... Darin glaub' ich mich nicht zu täuschen: Delacroix hat die Weihe des Genies empfangen. Daß er voll Zuversicht vorwärtsschreitet, daß er an ungeheure Arbeiten sich heranmacht, ist eine unerläßliche Bedingung des Talents ...« Ich weiß nicht, wie viele Male in seinem Leben Thiers Prophet gewesen; an jenem Tage war er's. Delacroix hat sich herangemacht an »ungeheure Arbeiten« und hat jene gute Meinung nicht lügen gestraft. Beim Anblick dieses breit strömenden, unversieglichen Ergusses von Malerei kann man sich leicht den Mann vorstellen, von dem ich eines Abends die Worte vernahm: »Wie alle anderen in meinem Alter habe ich mehrere Leidenschaften gekannt; aber einzig in der Leidenschaft der Arbeit hab' ich mich völlig glücklich gefühlt.« Pascal sagt, die Togen, der Purpur und die Helmbüsche seien sehr glückliche Erfindungen gewesen, um der breiten Masse zu imponieren, um das wahrhaft Ehrfurchtgebietende markant zu bezeichnen; und dennoch haben die offiziellen Auszeichnungen, die Delacroix zum Gegenstande hatten, die Dummheit nicht zum schweigen bringen können. Aber wenn man die Dinge im rechten Lichte sieht, so muß man sagen: Für die Leute, die, wie ich selber, wünschen, daß die Angelegenheiten der Kunst nur unter Aristokraten verhandelt werden, und zugleich der Ansicht sind, daß die S e l t e n h e i t der Erwählten das Paradies ausmacht, für die ist alles so aufs beste bestellt. Bevorzugter Mann!

Die Vorsehung hat ihm Feinde aufgespart. Glücklicher Mann unter den Glücklichen! Sein Talent triumphiert nicht nur über die Widrigkeiten, sondern eben dadurch läßt es noch neue entstehen, auf daß es nochmals darüber triumphiere! Er ist ebenso groß wie die Alten, in einem Jahrhundert und in einem Lande, in dem die Alten nicht hätten leben können. Denn wenn ich Männer wie Raffael und Veronese bis zu den Sternen erheben höre, und zwar mit der offensichtlichen Absicht, das Verdienst, das nach ihnen sich hervorgetan hat, zu verringern, so frage ich mich bei all meinem Enthusiasmus für diese hehren Schatten, die seiner nicht mehr bedürfen, ob ein Verdienst, das z u m m i n d e s t e n dem ihren ebenbürtig ist – und geben wir aus bloßer Gefälligkeit für den Augenblick zu, es sei dem ihren unterlegen –, ob es nicht unendlich v e r d i e n s t v o l l e r ist, da es sich in feindseliger Umgebung und widrigem Terrain entfaltet hat? Die vornehmen Künstler der Renaissance verdienten wahrlich heftigsten Tadel, wenn sie n i c h t groß, fruchtbar und erhaben gewesen wären, ermutigt und angefeuert, wie sie's wurden, durch eine ausgezeichnete Genossenschaft von hohen Herren und Prälaten – was sag' ich? durch die Menge selber, die in jenen goldenen Zeiten Künstler war! Aber der moderne Künstler, der sich auf eine stolze Höhe erhob, trotz seines Jahrhunderts –! Was sollen wir von ihm sagen, wenn nicht gewisse Dinge, die dieses Jahrhundert allerdings nicht gutheißen wird, und die man den kommenden Zeitaltern überlassen muß?

Und um nun auf die religiösen Gemälde zurückzukommen: Sah man denn je die unerläßliche Feierlichkeit der *Grablegung* besser ausgedrückt? Glaubt man im Ernst, daß Titian das erfunden hätte? Er hätte, er hat die Sache anders aufgefaßt; aber ich gebe dieser Art den Vorzug. Die Dekoration – ist die Gruft selber, ein Sinnbild des unterirdischen Lebens, das die neue Religion lange Zeit führen muß!

Und draußen die Luft und das Licht, das duckend sich in das Gewölbe stiehlt. Die Mutter Maria ist einer Ohnmacht nahe; mit Mühe hält sie sich aufrecht! Bemerken wir nebenher, daß Eugène Delacroix, anstatt aus der hochheiligen Mutter ein Album-Weibchen zu machen, ihr stets eine tragische Geste und Größe verleiht, wie sie dieser Königin der Mütter durchaus gebühren. Es ist unmöglich, daß ein halbwegs poesiebegabter Kunstliebhaber seine Einbildungkraft nicht sollte erschüttert fühlen, nicht durch einen geschichtlichen, sondern durch einen poetischen, religiösen, allumfassenden Eindruck, wenn er diese wenigen Menschen betrachtet, die sorglich den Leichnam ihres Gottes in eine Totengruft hinunterlassen, in jenes Grab, das die Welt anbeten wird – »das einzige,« sagt erhaben René, »das am Ende der Zeiten nichts zurückzugeben haben wird!«

Dort sehet ihn liegen auf wildwachsendem Grün, voll weiblich gemutender Weichheit und Traurigkeit, den berühmten Dichter, der »die Kunst, zu lieben« lehrte. Werden seine hohen Freunde in Rom die kaiserliche Laune zu besiegen wissen? Wird er eines Tages die prunkreiche Wollust der verschwenderischen Stadt aufs neue kosten? Nein, von diesen ruhmlosen Landen her wird sich der lange, melancholische Strom der »Trübsale« ergießen; hier wird er fortan leben – hier auch sterben.

»Eines Tages, nachdem ich den Ister in der Nähe seiner Mündung überschritten und mich ein wenig von der Schar der Jäger entfernt hatte, ruhte mein Blick plötzlich auf den Wogen des Pontus Euxeinos.

Und ich entdeckte ein Grabmal von Stein, darüber ein Lorbeerbaum wuchs. Ich bog die Zweige zur Seite; sie bedeckten einige lateinische Buchstaben, und alsbald las ich jenen ersten Vers der Elegieen eines unglückseligen Dichters –:

"Rom ist dein Ziel, o mein Buch! – nicht darf ich nach Rom dich geleiten!"

Ich wüßte den Eindruck nicht zu beschreiben, der mich bewegte, da ich inmitten dieser Öde das Grab Ovids auffand. Welch trüben Gedanken hing ich nicht nach – über die Martern der Verbannung, die ebenso die meinen waren, und über die Untauglichkeit der Talente für das Glück! Rom, das sich heut der Bilder seines geistvollen Poeten freut, Rom hat mit trocknem Auge zwanzig Jahre lang Ovids Tränen fließen sehen. Ah! weniger undankbar als die Völker des Ausonius, erinnern sich doch die Wilden, die an den Ufern des Ister wohnen, jetzt noch des

Orpheus, der in ihren Wäldern erschien! Sie haben Tänze vollführt um die Stätte, da seine Asche versenkt liegt; sie haben gar von seiner Sprache ein gewisses bewahrt: so lieb ist ihnen das Gedächtnis dieses Römers, der sich beschuldigte, er sei der Barbar, als er von dem Sarmaten nicht verstanden wurde.«

Nicht ohne Absicht habe ich, wo von Ovid die Rede ist, diese Betrachtungen des Eudor hierhergesetzt. Der wehmutvolle Ton des Dichters der »Märtyrer« paßt recht zu diesem Bilde; die sieche Traurigkeit des christlichen Gefangenen fand da einen treulichen Spiegel. Hier haben wir ganz den breiten Strich und den Reichtum der Empfindungen, die seine Feder kennzeichneten; und in dem milden Idyll Eugène Delacroix' erkenn' ich eine »vollkommen schöne Geschichte«, denn hier finden sich »die Blume der Verlassenheit, die Anmut der niederen Hütte und eine schlichte Einfalt, den Schmerz zu erzählen, die ich mir nicht bewahrt zu haben schmeichle«. Gewiß will ich es nicht versuchen, mit meiner Feder die trübe Wollust zu umschreiben, die aufsteigt von diesem grünenden ‚Exil'. Der Katalog, der an dieser Stelle die so klare und so kurze Sprache Eugène Delacroix' spricht, sagt uns schlechthin – und das ist mehr wert –: »Die einen betrachten ihn voll Neugier, die andern zollen ihm Beifall in ihrer Art und bieten ihm wilde Früchte und Stutenmilch.« So traurig er ist, der Dichter der feinen Formen ist doch nicht unempfänglich für diese Barbaren-Anmut, für den Reiz dieser ländlichen Gastlichkeit. Alles, was im Ovid an Delikatesse und an Fruchtbarkeit liegt, ist in das Gemälde Delacroix' übergegangen; und wie das Exil dem glänzenden Dichter die Traurigkeit gab, derer er noch ermangelte[1]), so hat die Melancholie die fruchtbare Landschaft des Malers mit ihrem zaubervollen Glanze überzogen. Ich kann unmöglich sagen: Dies oder jenes Bild von Delacroix ist das beste unter seinen Bildern; denn immer ist's der Wein aus dem gleichen Fasse, zu Kopfe steigend, auserlesen, *sui generesis*, – aber man kann sagen: Der *Ovid bei den Scythen* ist eines jenes erstaunlichen Werke, wie Delacroix allein sie zu erfinden und zu malen weiß. Der Künstler, der dieses hervorgebracht hat, kann sich einen glücklichen Menschen nennen, und glücklich kann auch der sich nennen, der alle Tage seinen Blick daran wird weiden können.[2]) Der Geist gibt sich mit langsamer, köstlicher Wollust ganz daran hin, so wie er in den Himmel, wie in den Horizont des Meeres sich versenkt – mit gedankentiefen Blicken, mit einem fruchtbar starken Hange zur Träumerei. Ich bin überzeugt, daß dieses Bild einen ganz besonderen Reiz hat für feine Geister; ich möchte fast schwören, daß es mehr als andere vielleicht den nervösen und dichterischen Temperamenten hat gefallen müssen, wie etwa Fromentin.

Ich martre meinen Geist, ihm irgendeine Formel zu entreißen, die recht Eugène Delacroix' ‚Spezialität' bezeichne. Ein hervorragender Zeichner, ein wunderreicher

---

[1]) Vergleiche die Worte in Baudelaires Tagebuche: „Ich will nicht sagen, daß sich nicht die Freude mit der Schönheit verschwistern könne, muß aber die Freude als eins der vulgärsten Ornamente bezeichnen, indeß die Melancholie der Schönheit hehre Gefährtin ist, derart, daß ich wenigstens mir keinen Typus von Schönheit vorzustellen vermag, dem das ‚Unglück' ferne stände." – M. B.
[2]) Das Bild ist im Herbst 1905 in der Bayerschen Sammlung in Paris zur Versteigerung gekommen und hat den Preis von 9000 Francs erzielt. An welchen Besitzer es fiel, ist mir nicht bekannt. – M. B.

Kolorist, ein inbrunstdurchglühter, fruchtbarer Komponist – all das liegt auf der Hand, all das ist auch gesagt worden. Doch woher kommt's, daß er den Eindruck des Neuen hervorbringt? Was gibt er uns mehr als die Vergangenheit? Ebenso groß wie die Großen, ebenso geschickt wie die Geschickten – warum gefällt er uns mehr? Man könnte sagen: begabt mit einer reicheren Imagination, bringe er vor allem das geheimste Innere des Gehirns zum Ausdruck, den erstaunlichen Anblick der Dinge – so treu bewahrt sein Werk Stempel und Geist seiner Konzeption. Es ist das Unendliche im Endlichen. Es ist der Traum! – und hierunter verstehe ich nicht die Rumpelkammern der Nacht, sondern die Vision, die aus einer intensiven Versenkung (oder – in den minder fruchtbaren Gehirnen – aus künstlichem Rausche) geboren wird. Mit einem Worte: Eugène Delacroix malt vor allem die Seele in seinen schönen Stunden. Ah! dieser Mann erfüllt mich bisweilen mit dem Verlangen, ich möchte so lange leben wie ein Patriarch, oder ich möchte, so viel Mut es einen Toten auch kosten müßte, seiner Wiederbelebung zuzustimmen, – »Gebt mich der Unterwelt zurück!« sprach der Unselige, den die thessalische Zauberin wieder auferweckt hatte – ich möchte dennoch auf eine Zeit wieder belebt werden, um die Äußerungen der Bezauberung und die Lobeserhebungen zu vernehmen, die er in künftigen Zeiten erregen wird. Und doch: wozu? Wenn nun dieser kindische Wunsch mir erfüllt wäre und ich dürfte meine Prophezeiung verwirklicht sehen – was würde mir's für eine Segnung sein? Würde mich's nicht mit Scham erfüllen, zugestehen zu müssen, daß ich eine schwache

Seele war, die sich nicht emporzuheben vermochte über den Wunsch, ihre Überzeugungen gebilligt zu sehen?!

VII

Religion – Historie – Phantasie
(Fortsetzung)

Der epigrammatische Geist der Franzosen, verbunden mit einem Elemente von Pedanterie, das bestimmt ist, seiner natürlichen Leichtigkeit durch etwas Ernst die Wage zu halten, mußte eine Schule hervorbringen, die Théophile Gautier in seiner Gutherzigkeit liebenswürdig als die neo-griechische Schule bezeichnet, und die ich mit Verlaub die Schule der ‚feinen Köpfe' nennen will. Hier hat die Ausbildung den Zweck, das Fehlen der Imagination zu verdecken. Allermeist handelt es sich hier einfach darum, das gemeine und vulgäre Leben in einen griechischen oder römischen Rahmen zu übertragen. Dézobry und Barthélemy werden hier sehr hilfreich sich erweisen, und Pastichen nach den Fresken aus Herculanum mit ihren bleichen Tönen, die durch sehr feinen Firnisauftrag erzielt sind, werden dem Maler gestatten, allen Schwierigkeiten einer reichen und soliden Malerei auszuweichen. Auf der einen Seite ist es also der archaistische Trödelkram (ernsthaftes Element), auf der anderen die Übertragung der Vulgaritäten des Lebens in den Bereich der Antike (Element der Überraschung und des Erfolges), die nun für alle Bedingungen einer guten Malerei Ersatz bieten werden. Wir werden demnach antike Göhren mit dem antiken Ball und dem antiken Reifen, mit antiken Puppen und antikem Spielzeug spielen sehen; idyllische Bamblos spielen Monsieur und Madame *(Meine Schwester ist nicht zu Hause)*; Amoretten sitzen rittlings auf Wassergetier *(Dekoration für einen Badesaal), Liebesgötterverkäufer* in schwerer Menge bieten ihre Ware aus, die bei den Flügeln aufgehängt ist wie ein Kaninchen bei den Ohren, und die man auf die Place de la Morgue schicken sollte, wo ein blühender Handel mit natürlicheren Vögeln statthat. Amor, der unvermeidliche Amor, der unsterbliche Cupido der Zuckerbäcker, spielt in dieser Schule eine beherrschende und universelle Rolle. Er ist der Präsident dieser galanten Zieraffenrepublik. Das ist ein Fisch, der in allen Saucen zu schwimmen versteht. Aber sind wir nicht rechtschaffen müde, Farbe und Marmor an diesen alten Gassenjungen verschwendet zu sehen, der gefiedert ist wie ein Insekt oder eine Ente? Wenn ich meinerseits die Aufforderung erhielte, Amor darzustellen, mir scheint, ich würde ihn unter der Gestalt eines wütenden Gaules bilden, der seinen Herrn verschlingt, oder auch eines Dämonen, mit Augen, von Ausschweifung und Schlummerlosigkeit gerötet, der wie ein Gespenst oder ein Galeerensklave lärmende Ketten an seinen Gelenken schleppte und in der einen Hand eine Giftphiole, in der anderen den Dolch schwänge, an dem das Blut des Verbrechens klebte. Die in Rede stehende Schule, deren Hauptcharakterzug (in meinen Augen) ein beständiges ‚Reizend-sein' ist, rührt zugleich an den Sprichwörterglauben, an den Rebus und an das Alt-Neue. Als Rebus ist sie bislang rückständig geblieben gegenüber dem *Die Liebe lässt die Zeit vergehen* und *Die Zeit lässt die Liebe vergehen*, welche das Verdienst haben, ein Rebus ohne Scham zu sein, exakt und untadelig. Durch ihre Manie, das triviale moderne Leben nach antikem Schnitt umzugewanden, begeht sie unablässig etwas, das ich eine Karikatur in der Umkehrung nennen möchte. Ich glaube ihr einen großen Dienst zu leisten durch einen Hinweis auf das kleine Buch Édouard Fourniers als eine unerschöpfliche Quelle für Sujets, falls sie noch reizender werden möchte. Die ganze Geschichte, alle modernen Berufe und Industrien mit den Kostümen der Vergangenheit zu bekleiden, das wäre, sollt' ich meinen, für die Malerei ein unfehlbares und unendliches Mittel, in Erstaunen zu setzen. Der ehrenwerte Gebildete selbst würde daran etliches Gefallen finden.

Es ist unmöglich, bei Gérome[1]) noble Qualitäten zu verkennen, deren erste die Suche nach Neuem und die Vorliebe für große Stoffe sind; aber seine Originalität (wenn er wirklich solche besitzt) ist oft von mühsamer und kaum bemerklicher Art. Kühl arbeitet er die Stoffe durch kleine Zutaten und knabenhafte Hilfsmittelchen auf. Die Idee eines *Hahnenkampfes* erweckt naturgemäß die Erinnerung an Manila oder an England. Gérome versucht nun unsere Neugier dadurch zu überraschen, daß er dies Spiel in eine Art antike Pastorale versetzt.

Der *König Candaules* bedeutet auch wieder eine Falle und eine Zerstreuung. Viel Volks gerät in Ekstase vor dem Mobiliar und der Dekoration des königlichen Bettes; siehe da, ein asiatisches Schlafgemach! welcher Triumph! Aber ist es wohl wahr, daß die fürchterliche Königin, die auf sich selbst so eifersüchtig war, daß sie sich ebensosehr

---

[1]) Baudelaire, der (gleich Théophile Gautier) pedantisch genau war in der Orthographie von Eigennamen, schreibt diesen Namen inkorrekt; richtig ist Gérôme. – M. B.

durch den Blick wie durch die Hand beschmutzt fühlte, ist es wohl wahr, daß sie dieser platten Marionette geähnelt hat? Es liegt übrigens eine große Gefahr in einem solchen Stoffe, der dem Tragischen und dem Komischen gleich nahe steht. Wenn die asiatische Anekdote nicht in asiatischer, düsterer, blutiger Art behandelt wird, so wird sie stets die Komik erwecken; sie wird unveränderlich den Geist an die Unanständigkeiten der Baudouin und der Biard des achtzehnten Jahrhunderts gemahnen, wo eine angelehnte Tür zwei aufgerissenen Augen erlaubt, das Spiel einer Wasserspritze zwischen den äußerst üppig schwellenden Reizen einer Marquise zu überschauen.

*

Die französischen Siege erzeugen unablässig eine große Anzahl militärischer Gemälde. Was die militärische Malerei betrifft, als Metier und Spezialität betrachtet, so bin ich meinerseits nicht des Glaubens, daß der Patriotismus den Hang zum Falschen und zum Nichtigen lenke. Dieses Genre von Malerei, sofern man nur recht darüber nachdenken will, fordert die Falschheit oder die Nichtigkeit. Eine ‚wahre‘ Schlacht ist kein Bild; denn um verständlich und konsequenterweise als ‚Schlacht‘ interessant zu sein, kann sie nur durch weiße, blaue oder schwarze Linien wiedergegeben werden, welche die formierten Bataillone darstellen sollen. Das Terrain wird, in einer Komposition dieses Genres, ebensogut wie in der Wirklichkeit, wichtiger als die Menschen. Unter solchen Bedingungen aber entsteht kein Bild mehr, oder doch höchstens nur ein taktisches und topographisches Bild.

HORACE VERNET glaubte einmal, mehrere Male sogar, die Schwierigkeit durch eine Reihe gehäufter und nebeneinandergestellter Episoden zu lösen. Daher denn das Bild, aller Einheit bar, jenen schlechten Dramen gleicht, bei denen eine Überfülle kleiner parasitischer Ereignisse verhindert, die Mutteridee, die schöpferische Konzeption zu gewahren. Abgesehen von dem Bilde, das für die Taktiker und die Topographen gemacht ist, und das wir von der reinen Kunst ausschließen wollen, ist also das Militärbild nur unter der Bedingung verständlich und interessant, daß es eine schlichte Episode aus dem militärischer Leben ist. So hat es zum Beispiel PILS sehr gut verstanden, dessen geistreiche und solide Kompositionen wir oft bewundert haben; so ehemals auch CHARLET und RAFFET. Aber selbst in der schlichten Episode, in der einfachen Darstellung eines Gemenges von Menschen auf einem kleinen, abgegrenzten Raum – welche Fehler, welche Übertreibungen und welche Monotonie hat da noch das Auge des Beschauers oft zu erleiden! Ich gestehe: was mich an dieser Art von Schauspielen am meisten betrübt, ist nicht die Unmenge von Wunden, die gräßliche Verschwendung, die mit abgehauenen Gliedmaßen getrieben wird, sondern die Unbeweglichkeit im Heftigen und die scheußliche, kalte Grimasse einer sich ewig gleich bleibenden Wut. Und welche gerechten Ausstellungen könnte man nicht sonst noch machen! Bis zu welcher Verrücktheit eine ausschließliche, kunstfremde Leidenschaft einen patriotischen Schriftsteller fortreißen kann, sehe man aus folgendem: Ich blätterte eines Tages in einer berühmten Sammlung, in der, von einem Text begleitet, die französischen Siege dargestellt waren. Einer dieser Stiche stellte einen Friedensschluß dar. Die französischen Persönlichkeiten, gestiefelt und gespornt und gar trutzig, beleidigten fast neben den demütigen, verwirrten Diplomaten; und der Text lobte den Künstler, der es verstanden habe, bei den einen die moralische Kraft durch die Energie der Muskeln und bei den anderen die Feigheit und die Schwäche durch eine völlig feminine Rundung der Formen auszudrücken![1]) Doch lassen wo solche Kindsköpfigkeiten beiseite, deren allzu langwierige Analyse nicht hierher gehört, und entnehmen wir ihnen einzig die Lehre, uns zu merken, daß man sogar im Ausdrucke der edelsten und erhabensten Gefühle der Scham ermangeln kann.

*

Man verwundere sich nicht, wenn meine so methodisch angelegten Ausführungen seit einigen Seiten ungeordnet erscheinen. Ich habe in dem dreifältigen Titel dieses Kapitels das Wort *Phantasie* nicht ohne allen Grund gebraucht. ‚Genremalerei' hat einen gewissen prosaischen Beigeschmack, und ‚romanhafte Malerei', was meiner Idee etwas besser entsprechen würde, schließt die Idee des Phantastischen aus. Dies ist die Art von Malerei, bei der

---

[1]) Ein ganz entsprechendes Verfahren wendete neuerdings ein sehr ‚beliebter' deutscher Bildhauer an, der die Begegnung Napoleons und der Königin Luise in Tilsit darstellte, und dabei Napoleon zu ebenem Boden stehen ließ, der Königin jedoch einen Marmorsockel unter die Füße schob: Wie ‚groß' stand sie nun da! wie war Napoleon so jämmerlich ‚klein' neben der ‚hohen' Frau! Lebhaft empfand ich, wie derlei direkt das Schamgefühl verletzt, als ich eine Reproduktion dieses trübseligen Machwerks in einer Buchhändlerauslage sah; auch kam mir in den Sinn, daß kurz zuvor eine Reproduktion des „David" von Michelangelo auf behördlichen Befehl aus der Auslage eines Buchhändlers zu Stuttgart als „schamgefühlverletzend" hatte entfernt werden müssen. Ja, ja! – M. B.

ganz besonders strenge Auswahl geboten ist; denn die Phantasie ist umso gefährlicher, je leichter und offener sie ist; gefährlich wie die Poesie in Prosa, wie der Roman, gleicht sie der Liebe, die eine Prostituierte einflößt und die recht schnell in Kinderei oder in Niedrigkeit versinkt; gefährlich wie alle absolute Freiheit.

Aber die Phantasie ist unermeßlich wie das Universum, welches vervielfacht wird durch alle denkenden Wesen, die es bewohnen. Sie ist das erstbeste Ding, durch den Erstbesten ausgebeutet; und wenn diesem die Seele fehlt, die ein magisches, übernatürliches Licht auf die natürliche Dunkelheit der Dinge wirft, so ist sie etwas scheußlich Unnützes, so ist sie die Erstbeste, durch den Erstbesten besudelt. Hier gibt es also keine Analogie mehr, sie sei denn zufällig, sondern im Gegenteil Verwirrung und Kontrast, ein Feld, buntgescheckt infolge Fehlens einer geregelten Kultur.

Nebenher können wir einen Blick der Bewunderung und fast bedauernden Sehnens auf die reizvollen Hervorbringungen einiger Männer werfen, die in der Zeit edler Renaissance, von der ich zu Anfang dieser Arbeit sprach, das Hübsche, das Köstliche, das Entzückende repräsentierten: es sind EUGENE LAMI, der durch seine kleinen paradoxen Persönchen uns eine Welt und einen Geschmack von ehedem gewahren läßt, und WATTIER, dieser kluge Kopf, der so sehr Watteau geliebt hat. Diese Epoche war so schön und so fruchtbar, daß die Künstler in jener Zeit nichts von dem vergaßen, wessen der Geist bedarf. Während Eugène Delacroix und Devéria das Große und das Malerische schufen, vermehrten andere – geistvoll und nobel im Kleinen, Maler des Boudoirs und der leichten Schönheit – unablässig das aktuelle Album der idealen Eleganz. Diese Renaissance war groß in allem, im Heroischen und in der Vignette.

In stärkeren Proportionen setzt heute CHAPLIN, ein ausgezeichneter Maler übrigens, bisweilen diesen Kult des Hübschen fort, allerdings mit ein wenig Schwerfälligkeit; das schmeckt schon etwas weniger nach der Welt, und etwas mehr nach dem Atelier.

DIAZ ist ein merkwürdiges Beispiel für ein Glück, das leicht durch eine einzige Fähigkeit erreicht wird. Die Zeiten liegen uns noch nicht fern, wo er eine Betörung war. Die Heiterkeit seiner mehr schillernden als reichen Farbe erinnerte an die beglückende Buntgescheckthheit der orientalischen Stoffe. Die Augen erfreuten sich so naiv aufrichtig daran, daß sie gern vergaßen, nach Kontur und Farbe zu suchen.

CHIFFLART ist ein ‚grand prix de Rome', und – o Wunder! – besitzt eine Originalität. Der Aufenthalt in der ewigen Stadt hat seine Geisteskräfte nicht verlöscht; was denn am Ende nur beweist, daß allein die dort sterben, die dort zu leben zu schwach sind, und daß die Schule nur die erniedrigt, die zur Erniedrigung geboren sind. Alle Welt tadelt mit Recht an zwei Zeichnungen Chifflarts *(Faust im Kampfe, Faust auf dem Sabbat)* zuviel Schwärze und Finsternis, vor allem für so komplizierte Zeichnungen. Aber ihr Stil ist wirklich schön und großartig. Welch chaotischer Traum! Mephisto und sein Freund Faust, unbesieglich und unverwundbar, durchqueren im Galopp, den Degen hoch, den ganzen Sturm des Krieges.

Dort Margarete, lang, düster, unvergeßlich, wie ein quälerisches Phantom des Gewissens vor der riesigen, bleichen Scheibe des Mondes schwebend und sich abhebend. Ich bin dem Maler von Herzen dankbar, daß er diese poetischen Stoffe heroisch und dramatisch angepackt und alle Fadheiten der überlieferten Melancholie weit von sich gewiesen hat. Ary Scheffer wiederholte ewig einen Faust, der aussah wie sein Christus, und einen Christus, der aussah wie sein Faust, und alle beide sahen aus wie ein Pianist, der bereit ist, auf den Elfenbeintasten seine unverstandenen Traurigkeiten hinzuströmen. Der gute Ary Scheffer hätte diese beiden kraftvollen Zeichnungen sehen müssen, um zu begreifen, daß es nur dann erlaubt ist, die Dichter zu übertragen, wenn man eine Energie in sich spürt, die der ihren gleicht. Ich glaube nicht, daß der solide Stift, der diesen Sabbat und dies Gemetzel gezeichnet hat, je der läppischen Melancholie der jungen Dämchen sich hingibt.

Unter den jungen Berühmtheiten ist eine der beststabilierten die EUGENE FROMENTINS. Seine kluge, mächtige, wohl beherrschte Malerei geht offenbar von Eugène Delacroix aus. Auch bei ihm findet man diese wissende, natürliche Intelligenz der Farbe, die unter uns so selten ist. Aber Licht und Wärme – die manchen Gehirnen eine Art Tropenkoller einflößen, sie zu unzähmbarer Wut aufstacheln und zu unbekannten Tänzen treiben – gießen in seine Seele nur eine sanfte, geruhige Betrachtung. Das ist weit eher Ekstase als Fanatismus. Es ist anzunehmen, daß ich selbst ein wenig an einem Heimweh kranke, das mich zur Sonne treibt; denn von diesen lichtüberfluteten Leinwanden erhebt sich für mich ein berauschender Dunst, der sich bald zu Wünschen und Süchten verdichtet. Ich ertappe mich dabei, wie ich das Los dieser Menschen beneide, die in diesen blauen Schatten hingestreckt liegen und deren Augen, nicht wach und nicht schlafend, wenn anders sie überhaupt etwas ausdrücken, nichts ausdrücken als Liebe zur Ruhe und das Gefühl des Glückes, das ein reifes Meer von Licht erzeugt. Der Geist Fromentins hat ein wenig vom Weibe, gerade so viel, als nötig ist, um der Kraft eine gewisse Anmut zu gesellen. Aber eine Fähigkeit, die gewiß nicht weiblich ist und die er in hervorragendem Maße besitzt, ist die, die vereinzelten Bereiche des Schönen auf der Erde zu erfassen, der Fährte des Schönen überall zu folgen, wo es zwischen den Trümmern der verfallenen Natur sich einzunisten vermochte. So ist's denn auch nicht schwer zu verstehen, mit welcher Liebe er all den Adel des patriarchalischen Lebens liebt, und mit welchem Interesse er diese Menschen betrachtet, in denen noch etwas vom Heroismus, der Vorzeit dauert. Nicht nur von den blendenden Stoffen und den seltsam gearbeiteten Waffen sind seine Augen entzückt, sondern vor allem von dieser Würde und diesem Patrizier-Dandysm, die für die Häuptlinge der mächtigen Stämme so charakteristisch sind. Doch wozu mich hierüber verbreiten? Warum das ausdrücken, was Fromentin selbst in seinen beiden reizvollen Büchern *Un Eté dans la Sahara* und *Sahel* gut ausgedrückt hat? Jedermann weiß, daß Fromentin seine Reise auf doppelte Art erzählt, und daß er sie ebenso gut beschreibt wie er sie malt, in einem Stil, der keinem anderen angehört.

Ehe ich dieses Kapitel schließe, will ich noch die Blicke auf das Bild von LEIGTHON hinlenken: *Graf Paris begibt sich in das Haus der Capuletti, um seine Braut Julia aufzusuchen, und findet sie entseelt.* Eine reiche und minutiöse Malerei mit heftigen Tönen und von einer pretiösen Vollendung, ein Werk von Hartnäckigkeit, aber dramatisch, sogar emphatisch; denn unsere Freunde jenseit des Kanals stellen die Sujets, die dem Theater entnommen sind, nicht als ‚wahre‘ Szenen dar, sondern als ‚gespielte‘ Szenen, gespielt mit der nötigen Übertreibung, und dieser Fehler – wenn es ein solcher ist – verleiht jenen Werken irgendwie eine seltsame, paradoxale Schönheit.

VIII

Das Porträt

Ich glaube nicht, daß die Vögel des Himmels sich jemals mit der Mühwaltung belasten, die Kosten meiner Tafel zu bestreiten, noch daß ein Löwe mir die Ehre erweist, mir als Totengräber oder Leichenträger zu dienen; gleichwohl: in der Thebais, die mein Gehirn sich geschaffen hat, disputiere ich zuweilen mit grotesken Ungeheuern, mit Schemen, die am hellen Tage umgehen, mit Straßen-, Salon- und Omnibusgespenstern. Mir gegenüber erblicke ich den Geist der Bourgeoisie, und man sei überzeugt: fürchtete ich nicht, die Wandbekleidung meiner Zelle auf ewig zu beschmutzen, ich würde ihm gern mit einer Wucht, derer er sich nicht versähe, mein Tintefaß ins Antlitz schleudern. Man höre, was er mir heute sagte, dieser widerwärtige Geist, der keine Hallucination ist: »Wahrhaftig, die Dichter sind sonderbare Narren, wenn sie vorgeben, bei allen Verrichtungen der Kunst sei die Imagination vonnöten. Was bedarf es zum Beispiel der Imagination, um ein Porträt zu machen? Um meine Seele zu malen, meine so ersichtliche, so klare, so notorische Seele? Ich sitze, und in Wirklichkeit bin ich es, das Modell, von dem und durch dessen Zustimmung die Hauptarbeit verrichtet wird.[1]) Ich liefere in Wahrheit dem

---

[1]) Manette Salomon, das Berufsmodell, schildern die Goncourt genau von dem selben stolzen und ihr so selbstverständlichen Gedanken erfüllt: „Elle est persuadée que c'est son corps qui fait les tableaux". – M. B.

Künstler, was er braucht. Ich bin, ich bin allein die ganze Materie.« Doch ich entgegne ihm: »*Caput mortuum*, schweige! Du dumm-frecher Hyperboräer der alten Tage, du ewiger Eskimo mit deinen Kneifergläsern, vielmehr mit deinen Schuppen vor den Augen, die alle Visionen von Damaskus, die alle Donner und alle Blitze nicht zu erleuchten vermöchten! je positiver und solider die Materie dem Anschein nach ist, desto feiner und mühseliger ist die Arbeit der Imagination. Ein Porträt! Was ist einfacher und komplizierter, was liegt klarer zu Tage und was tiefer? Wenn La Bruyère der Imagination bar gewesen wäre, hätte er seine *Charaktere* niederschreiben können, deren Materie, so klar zu Tage liegend, doch so gefällig sich ihm darbot? Und so eng umschrieben man irgendwelchen geschichtlichen Stoff auch wähnt, welcher Historiker kann sich schmeicheln, ihn darzustellen und ihn zu ‚durchleuchten' ohne Imagination?«

Das Porträt, dieses anscheinend so bescheidene Genre, erfordert ungeheure Intelligenz. Ohne Zweifel muß der willfährige Gehorsam des Künstlers groß sein, ebenso groß aber auch seine Divination. Wenn ich ein gutes Porträt sehe, so ahne ich alle Mühseligkeiten des Künstlers, der zunächst hat sehen müssen, was sich sehen ließ, dann aber auch ahnen, was sich; verbarg. Ich verglich ihn eben mit dem Historiker, ich könnte ihn ebensogut mit dem Schauspieler vergleichen, der pflichtgemäß alle Charaktere und alle Kostüme annimmt. Wenn man dem Dinge recht auf den Grund gehen will, so ist nicht an einem Porträt ohne Bedeutung. Die Gest, die Miene, die Kleidung, selbst die Dekoration alles muß dazu dienen, einen Charakter, darzustellen. Von großen Malern haben DAVID, als er nur ein Künstler des achtzehnten Jahrhunderts und nachdem er das Haupt einer Schule geworden war, HOLBEIN in allen seinen Porträts, danach gestrebt, mit Mäßigung, aber doch mit Intensität den Charakter zum Ausdruck zu bringen, den zu malen sie übernommen hatten. Andere haben mehr oder anderes zu tun versucht. REYNOLDS und GERARD haben das romaneske Element hinzugefügt, immer in Übereinstimmung mit dem Naturell der Persönlichkeit; so einen sturmdurchtobten Himmel, leichte, luftige Hintergründe, ein poetisches Mobiliar, eine langestreckte Attitude, ein abenteuerliches Ausschreiten usw; Das ist ein gefährliches, aber nicht verwerfliches Verfahren, das leider nur Genie erfordert. Kurzum, welches Mittel der Künstler auch am offensichtlichsten angewendet haben mag, und ob dieser Künstler nun Holbein, David, Velasquez oder Lawrence sei: ein gutes Porträt erscheint mir immer als eine dramatisierte Biographie oder vielmehr als das jedem Menschen innewohnende natürliche Drama. Andere haben die Mittel einschränken wollen. Geschah es aus Unfähigkeit, sie alle zu gebrauchen? geschah's in der Hoffnung, eine stärkere Intensität des Ausdrucks zu erreichen? Ich weiß nicht, oder vielmehr: ich neige zu der Annahme, daß hier, wie in so vielen anderen menschlichen Dingen, beide Gründe gleich annehmbar sind.

Ich will von der INGRES-Schule im allgemeinen und von der Methode, die sie beim Porträt anwendet, im besonderen sprechen. Alle Schüler haben nicht strikt und ergeben die Vorschriften des Meisters befolgt. Indeß

AMAURY-DUVAL mutig das Asketentum der Schule übertrieb, versuchte LEHMANN bisweilen, durch einige ehebrecherische Mischungen für die Erzeugung seiner Bilder Verzeihung zu erwirken. Im ganzen kann man sagen, daß die Lehre despotisch gewesen ist, und daß sie in der französischen Malerei eine schmerzliche Spur hinterlassen hat. Ein Mann voll Eigensinn, mit einigen kostbaren Fähigkeiten begabt, jedoch entschlossen, den Nutzen derer, die er nicht besitzt, zu leugnen, hat sich den ungewöhnlichen, außerordentlichen Ruhm zuerkannt, die Sonne auszulöschen. Ein paar schwelende Feuerbrände, die noch im Raume verstreut blieben, haben die Schüler des Mannes auszutrampeln übernommen. Durch diese Simplifikatoren ausgedrückt, erschien die Natur leichter faßlich; das ist unbestreitbar; aber um wieviel weniger schön und weniger begeisternd sie geworden ist, das ist klar zu sehen. Ich muß zwar sagen, daß ich ein paar Porträts von FLANDRIN und AMAURY-DUVAL gesehen habe, die unter dem trügerischen Scheine von Malerei einige wunderbare Proben von Modellierung darboten. Ich will sogar gestehen, daß der ersichtliche Charakter dieser Porträts – abgesehen von allem, was Farbe und Licht betrifft – kraftvoll und sorgfältig, in packender Art, zum Ausdruck gebracht war. Aber ich frage: ist es rechtschaffen, die Schwierigkeiten einer Kunst durch Unterdrückung einiger ihrer Teilgebiete zu vereinfachen? Da finde ich CHENAVARD mutiger und freier. Er hat die Farbe als einen gefährlichen Pomp, als ein verdammliches Element der Leidenschaft einfach verschmäht und sich auf den schlichten Bleistift verlassen, um die Idee in ihrem ganzen

Werte auszudrücken. Chenavard ist nicht fähig, den ganzen Segen abzuleugnen, den die Trägheit gewinnt bei dem Verfahren, die Form eines Gegenstandes wiederzugeben ohne das unterschiedlich gefärbte Licht, das sich an jedes seiner Moleküle heftet; nur behauptet er, dieses Opfer sei glorreich und nützlich, und Form und Idee gewännen gleichermaßen dabei. Aber die Schüler Ingres' haben, sehr unnützerweise, geflissentlich einen Anschein von Farbe bewahrt. Sie glauben, oder geben wenigstens vor, Malerei zu liefern.

Dann ist noch ein anderer Tadel – ein Lob vielleicht in manchen Augen – der sie heftig trifft: ihre Porträts sind nicht wirklich ähnlich. Da ich unablässig die Anwendung der Imagination, die Einführung der Poesie in alle Funktionen der Kunst fordere, wird niemand auf die Vermutung kommen, ich wünsche, im Porträt vor allem, eine gewissenhafte Abänderung des Modells. Holbein kannte Erasmus; er hat ihn so gut gekannt und so gut studiert, daß er ihn von neuem schafft und ihn auferweckt, sichtlich, unsterblich, aufs Höchste gesteigert. INGRES findet ein Modell groß, malerisch, verführerisch. »Dies ist zweifellose«, sagt er sich, »ein seltsamer Charakter; ob Schönheit oder Größe, ich werde das sorgsam zum Ausdruck bringen; ich werde nichts davon auslassen, aber **ich werde ihm etwas hinzufügen, was unerläßlich ist**: den Stil. Und wir wissen, was er unter Stil versteht: es ist nicht die natürliche poetische Eigenschaft des Vorwurfs, die es aus ihm herauszuholen gilt, um sie ersichtlicher zu machen; es ist eine fremde Poesie, gemeinhin der Vergangenheit entliehen. Ich hätte das

Recht, den Schluß zu ziehen: Wenn Ingres seinem Modell etwas hinzufügt, so geschieht es, weil er nicht fähig ist, es wahr und groß zugleich zu machen. Mit welchem Recht hinzufügen? Man entlehne der Überlieferung nur die Kunst zu malen und nicht die Mittel zu sophistisieren. Dieser Pariser Dame, einem berückenden Muster all der Anmut, die ein französischer Salon duftet, wird er wider ihren Willen eine gewisse Schwere, eine römische Bonhomie geben. Raphael verlangt sie. Diese Arme sind sehr rein gerundet und von ganz verführerischem Kontur, ohne allen Zweifel; aber, ein wenig grazil, ermangeln sie, um den vorbedachten Stil herauszubringen, einer gewissen Dosis von Embonpoint und *succus matronalis*. Ingres ist das Opfer einer Besessenheit, die ihn unablässig zwingt, das Schöne umzustellen, zu transponieren und zu verändern. Und so tun alle seine Schüler: jeder, wenn er sich an die Arbeit setzt, macht sich immer erst bereit, seinem beherrschenden Geschmack entsprechend, sein Modell zu deformieren. Findet man diesen Fehler unbedeutend und diesen Tadel unverdient?

IX

Die Landschaft

Wenn jene Zusammenstellung von Bäumen, Bergen, Gewässern und Häusern, die wir eine Landschaft nennen, schön ist, so ist sie es nicht durch sich selbst, sondern durch mich, durch meine eigene Anmut, durch die Vorstellung oder das Gefühl, das ich damit verbinde. Damit ist, denk' ich, hinlänglich gesagt, daß jeder Landschafter, der es nicht versteht, durch eine Zusammenstellung von vegetabilischer oder mineralischer Materie einer Empfindung Ausdruck zu geben, kein Künstler ist.

Ich weiß wohl, daß die menschliche Imagination durch eine seltsame Anstrengung vermag, einen Augenblick die Natur ohne den Menschen und die ganze suggessive Masse in den Raum verstreut sich vorzustellen, ohne einen Betrachter, der vergleichen und Sinn und Bild herauslesen würde. Es ist gewiß, daß all diese Ordnung und all diese Harmonie darum doch nicht minder die inspirierende Eigenschaft bewahren, die von der Vorsehung in sie hineingelegt worden ist; aber mangels einer Intelligenz, die durch sie inspiriert werden könnte, würde diese Eigenschaft in dem angenommenen Falle sein, als wäre sie nicht.

Diejenigen Künstler, welche die Natur ausdrücken wollen ohne die Empfindungen, die sie inspiriert, unterwerfen sich einer bizarren Operation, die darin besteht, den denkenden und fühlenden Menschen in ihnen selber zu töten, und leider, das glaube man, hat diese Operation für die meisten nichts Bizarres noch Schmerzliches. So beschaffen ist die Schule, die heute und schon seit langem das Übergewicht hat. Ich will in Übereinstimmung mit dem landläufigen Urteil zugestehen, daß die moderne Landschafterschule eine eigenartige Kraft und Geschicklichkeit besitzt; aber in diesem Triumph und diesem Vorherrschen eines geringwertigen Genres, in diesem alberndummen Kult der Natur, der nicht gereinigten, nicht durch die Imagination erklärten, erblicke ich ein offenbares Zeichen allgemeinen Niederganges. Der Wert eines Naturausschnitts besteht nur in der gegenwärtigen Empfindung, die der Künstler in ihn hineinzulegen versteht.

Die meisten verfallen in den Fehler, den ich zu Beginn dieser Studie schon gekennzeichnet habe: sie halten das Wörterbuch der Kunst für die Kunst selber; sie kopieren ein Wort aus dem Wörterbuche in dem Glauben, ein Gedicht zu kopieren. Nunwohl: ein Gedicht läßt sich überhaupt nicht kopieren, es will komponiert sein. So zum Beispiel öffnen sie ein Fenster, und der ganze in der Fensteröffnung enthaltene Raum, Bäume, Himmel und Haus, nimmt für sie die Bedeutung eines vollkommenen Gedichtes an.

Einige gehen noch weiter. In ihren Augen ist schon eine Studie ein Gedicht. Ich weiß, daß DAUBIGNY mehr will und kann. Seine Landschaften haben eine Anmut und eine Frische, die auf den ersten Blick gefangen nehmen. Sie übermitteln der Seele des Beschauers sogleich das ihnen eigentümliche Gefühl, mit dem sie durchtränkt sind. Aber man könnte sagen, diese Qualität erreiche Daubigny nur auf Kosten der Vollendung und Vollkommenheit im Detail. Manche Malerei von ihm, im übrigen geist- und reizvoll, ermangelt der Solidität. Sie hat die Anmut, aber auch die Weichheit und die Verschwommenheit einer Improvisation.

Vor allem muß man Daubigny aber doch die Gerechtigkeit widerfahren lassen, anzuerkennen, daß seine Werke im allgemeinen poetisch sind, und ich ziehe sie mit ihren Unvollkommenheiten vielen anderen vor, die vollkommener, aber bar jener Eigenschaft sind, die ihn auszeichnet.

MILLET sucht vor allem den Stil; er macht kein Geheimnis daraus, er zeigt es offen und sucht seinen Ruhm darin. Aber ein Teil von dem Lächerlichen, das ich den Schülern Ingres' zuerkannte, haftet auch ihm an. Der Stil bringt ihm Unglück. Seine Bauern sind Pedanten, die von sich selber eine zu hohe Meinung haben. Sie tragen eine Art düsterer, verhängnisschwerer Vertiertheit zur Schau, die mir Lust macht, sie zu hassen. Ob sie ernten, ob sie säen, ob sie Kühe auf die Weide treiben, ob sie Tiere scheren, sie scheinen stets zu sagen: »Wir armen Enterbten dieser Welt, dennoch sind wir es, die sie fruchtbar machen! Wir erfüllen eine Mission, wir walten eines Priestertums!« Anstatt einfach die natürliche Poesie seinem Stoffe zu entnehmen, will Millet um jeden Preis etwas hinzufügen.

In ihrer monotonen Häßlichkeit haben alle diese kleinen Parias eine philosophische, melancholische und raffaeleske Prätention. Dieser leidige Umstand verdirbt in

Millets Malerei all die schönen Eigenschaften, die den Blick zunächst auf ihn lenken[1])

TROYON ist das beste Beispiel seeleloser Geschicklichkeit. Welche Popularität demnach! Bei einem Publikum ohne Seele verdiente er sie. Als sehr junger Mensch hat Troyon mit derselben Sicherheit, der selben Geschicklichkeit, der selben Empfindunglosigkeit gemalt. Es ist lange Jahre her, daß er uns schon in Erstaunen versetzte durch den Aplomb seiner Mache, durch die ‚Rundung' seines Spiels, wie man beim Theater sagt, durch den Vorzug seiner Unfehlbarkeit, seiner Mäßigung, seiner gehaltenen Art. Es steckt eine Seele in ihm, ich glaube es gern, aber sie ist zu sehr von der Art aller Seelen.

Die beiden Männer, die die öffentliche Meinung immer als die bedeutendsten auf dem Spezialgebiete der Landschaft bezeichnet hat, sind Rousseau und Corot. Solchen Künstlern gegenüber muß man behutsam und ehrerbietig sein. ROUSSEAUS Schaffen ist kompliziert, voller Kniffe und Abänderungen des zunächst Gewollten. Wenige haben das Licht aufrichtiger geliebt und besser wiedergegeben. Aber der Hauptumriß der Formen ist oft schwer zu

---

[1]) Man sieht, daß Baudelaire nicht im entferntesten auf die Idee kommt, Millet könne der Nachwelt etwas absonderliches bedeuten; eine Prophezeiung, wie sie in so glühender Begeisterung dem Nachruhm Delacroix' widmen zu dürfen glaubte, hat er einem Millet gegenüber weislich unterlassen. Nun wohl: Ich habe oben mitgeteilt, welchen Preis heute das Gemälde Delacroix' erzielt hat, das Baudelaire mit besonderer Liebe vor den anderen Werken des bewunderten Meisters auszeichnete: der *Ovid bei den Scythen* (9000 Francs); hier sei nun noch der heutige Preis eines Millet'schen Gemäldes genannt: Bei der Versteigerung im Jahre 1889, die Millets Biographin Julia Cartwright wie ein nationales Ereignis darstellt, erfolgte der Zuschlag des *Angelus* auf ein Höchstgebot von 533000 Francs an M. Proust, den Direktor der ‚Beaux-Arts', der im Auftrage der Regierung an der Versteigerung teilnahm und das Bild gegen zwei Amerikaner, die hartnäckig höher und höher boten, so um mehr als eine halbe Million „für Frankreich rettete"! – M. B.

fassen. Der lichte, wallende, gaukelnde Dunst verwischt das Skelett der Wesen. Rousseau hat mich stets geblendet; aber er hat mich zuweilen gelangweilt. Und dann verfällt er dem berühmten modernen Fehler, der einer blinden Liebe zur Natur, zur bloßen Natur entspringt; er hält eine simple Studie für eine Komposition. Ein spiegelnder Sumpf mit einem Gewimmel feuchter Gräser darauf und gesprenkelt mit Flecken von Licht, ein runzliger Baumstumpf, eine Hütte mit überblühtem Dach, mit einem Wort: ein kleiner Zipfel Natur, wird seinen liebevollen Augen ein ausreichendes, genügendes Bild. Aller Reiz, den er in diesen von unserem Planeten abgerissenen Fetzen zu legen vermag, genügt nicht immer, um das Fehlen von Konstruktion vergessen zu machen.

Wenn Rousseau, oftmals unvollständig, aber unablässig unruhig und zuckend, etwas von einem Menschen hat, der, von mehreren Teufeln gequält, nicht weiß, welchem er folgen soll, so hat COROT, der seine absolute Antithese ist, oft nicht genug den Teufel im Leibe. So mangelhaft, und ungerecht sogar, dieser Ausdruck auch sein mag, ich wähle ihn, da er annähernd den Grund wiedergibt, der diesen erfahrenen Künstler hindert, zu blenden und in Staunen zu versetzen. Er versetzt langsam in Erstaunen, ich will es gern zugeben, er bezaubert nach und nach; aber man muß in sein Können und Wissen einzudringen verstehen, denn bei ihm ist nirgend etwas, das schmetterlingt, sondern überall eine unfehlbare harmonische Strenge. Mehr noch: er ist einer von den Seltenen, der einzige vielleicht, der ein tiefes Gefühl für die Konstruktion bewahrt hat, der den verhältnismäßigen Wert jeder Einzelheit im Ensemble beobachtet, und – wenn es erlaubt ist, die Komposition einer Landschaft mit der menschlichen Struktur zu vergleichen – der immer weiß, wo er das Knochengerüst zu placieren hat und welche Dimension es haben muß. Man fühlt, man ahnt, daß Corot breit, mit abgekürztem Verfahren zeichnet, was die sicherste Methode ist, um mit Schnelligkeit eine große Menge kostbarer Materialien zu sammeln. Wenn ein einziger Mensch die moderne französische Schule in ihrer impertinenten und langweiligen Liebe zum Detail zügeln konnte, so war es gewiß er. Wir haben an diesem hervorragenden Künstler seine etwas zu milde Farbe und sein fast dämmerhaftes Licht tadeln hören. Es ist, als sei alles Licht, das die Welt überflutet, überall um einen oder um mehrere Töne abgedämpft. Sein Blick, fein und voll richtigen Gefühls, begreift besser alles, was die Harmonie bestätigt, als was den Kontrast anzeigt.

Man darf unter den Verdiensten Corots nicht seine ausgezeichnete Lehrart vergessen, die solid, lichtvoll und methodisch ist. Von den zahlreichen Schülern, die er herangebildet, unterstützt oder von den Gepflogenheiten dieser Zeit ferngehalten hat, ist LAVIEILLE der, den ich am angenehmsten bemerkt habe. Es gibt von ihm eine sehr schlichte Landschaft: eine Hütte an einem Waldsaum, mit einem Wege, der da einmündet. Die Weiße des Schnees bildet einen wohltuenden Gegensatz zu der Feuersbrunst des Abends, die langsam hinter den unzähligen Masten des blattlosen Waldes erlischt. Seit einigen Jahren haben die Landschafter ihren Geist häufiger auf die malerischen Schönheiten der toten Jahreszeit gerichtet. Aber keiner, glaube ich, empfindet sie besser als Lavieille. Manche von den Wirkungen, die er oft wiedergegeben hat, scheinen mir das Glück des Winters gleichsam im Extrakt zu geben. In der Traurigkeit dieser Landschaft, die das dunkelweiße und rosige Kleid der ersterbenden schönen Wintertage trägt, liegt eine unwiderstehliche elegische Wollust, die alle Liebhaber einsamer Spaziergänge kennen.

Sei mir's erlaubt, nochmals zu meiner Manie zurückzukehren, ich meine zu dem Bedauern, das ich empfinde, wenn ich sehe, wie der Anteil der Imagination im Landschaftbilde geringer und geringer wird. Ja: die Imagination macht erst die Landschaft. Ich verstehe, daß ein Geist, der eifrig mit Notizensammeln beschäftigt ist, sich nicht den wunderbaren Träumereien überlassen kann, die in den Schauspielen der gegenwärtigen Natur enthalten liegen; aber warum flieht die Imagination das Atelier des Landschafters? Die Künstler, die dieses Genre kultivieren, mißtrauen ihrem Gedächtnis vielleicht allzusehr und bevorzugen eine Methode sofortiger Kopie, die zu der Trägheit ihres Geistes vollkommen paßt. Nicht nur die Marinemalereien sind immer seltener zu sehen, die doch ein so poetisches Genre darstellen! (ich verstehe unter Marinen nicht militärische Schauspiele zur See), sondern ebenso auch ein Genre, das ich wohl die Landschaft der großen Städte nennen möchte, ich meine die Zusammenfassung all der Größe und Schönheit, die aus einer mächtig geballten Ansammlung von Menschen und Monumenten sich ergibt, der tiefe und komplizierte Reiz einer Hauptstadt, die im Ruhm und in der Trübsal des Lebens betagt und gealtert ist.

Vor ein paar Jahren hatte ein hochbegabter und eigenartiger Mann, ein Marineoffizier, wie man sagt, eine Reihe radierter Studien nach den malerischesten Punkten von Paris begonnen. Durch die Herbe, Feinheit und Sicherheit seiner Zeichnung erinnerte MERYON an die alten ausgezeichneten Radierer. Selten habe ich die natürliche Feierlichkeit einer ungeheuren Stadt poesievoller dargestellt gesehen. Aber ein grausamer Dämon hat sein Gehirn berührt; ein rätselhafter Wahnsinn hat diese Fähigkeiten verwirrt, die doch ebenso festgegründet wie brillant erschienen. Sein beginnender Ruhm und seine Arbeiten sind plötzlich unterbrochen worden. Und seitdem warten wir beständig voll Angst auf tröstliche Nachrichten von diesem seltsamen Offizier, der in einem Tage ein mächtiger Künstler geworden war und der allen feierlichen Abenteuern des Ozeans Lebewohl gesagt hatte, um die schwarze Majestät der beunruhigendsten aller Hauptstädte zu malen.[1])

Man sieht, ich kann die Wahl des Stoffes niemals als gleichgiltig betrachten, und trotz der unerläßlichen Liebe, die das unscheinbarste Stück fruchtbar machen muß, glaube ich, daß das Sujet für den Künstler einen Teil des Genies ausmacht, und für mich, einen Barbaren trotz allem, einen Teil des Gefallens. In Summa: ich habe unter den Landschaftern nur kluge oder kleine Talente mit einer großen Trägheit der Imagination gefunden. Nicht sah ich bei ihnen, zum wenigsten nicht bei allen, den natürlichen, so schlicht zum Ausdruck gebrachten Reiz der Sa-

---
[1]) Charles Méryon starb im März 1868. (Anmerkung des französischen Herausgebers.)

wannen und Präten Catlins (ich wette, sie wissen nicht einmal, wer Catlin war), ebensowenig wie die übernatürliche Schönheit der Landschaften Delacroix' und ebensowenig wie die prächtige Imagination, welche durch die Zeichnungen Victor Hugos flutet wie das Mysterium durch den Himmel. Ich spreche von seinen Tuschzeichnungen, denn es ist allzu offenbar, daß in der Poesie unser Dichter der König der Landschafter ist.

Ich möchte wieder zu den Dioramen zurückkehren können, deren derber, mächtiger Zauber mir eine nützliche Illusion aufzuzwingen vermag. Ich ziehe es vor, manche Theaterdekorationen zu betrachten, in denen ich meine liebsten Träume in künstlerischer Gestaltung und tragischer Konzentration wiederfinde. Diese Dinge sind, weil sie falsch sind, dem Wahren unendlich näher; wogegen die meisten unserer Landschafter Lügner sind, eben weil sie das Lügen vernachlässigt haben.[2])

---

[2]) Man könnte glauben, dieser Satz sei der Ausgangspunkt des Wilde'schen Essays über den Verfall der Lüge, des ersten in den *Intentions*, gewesen; und da Wilde, dessen ästhetische Theorien so oft von Baudelaire – wie auch von Poe und von Flaubert – inspiriert erscheinen, diese fruchtbaren Quellen niemals nennt, so ist es wohl billig, wieder und nochmals seinen Namen in Fußnoten unter Baudelaireschen Text zu drucken. Nicht ohne alles Interesse ist vielleicht die Erinnerung, daß auch I m m e r m a n n in seinem *Münchhausen* den Helden für die schöne Lüge, die phantasiegeborene Lüge, die Lüge des Künstlers eine Lanze brechen läßt; natürlich ist diese Lanze etwas – hölzern. – M. B.

X

Skulptur

Im Hintergrunde einer verschollenen Bibliothek, in jenem Dämmerlicht, das so gern in langes Sinnen versenkt, steht hoch und feierlich Harpokrates, einen Finger auf den Mund gelegt, gebietet dir Schweigen und sagt zu dir, gleich einem pythagoräischen Pädagogen: Sch-t! und seine Miene ist gebieterisch. Apoll und die Musen, ehrfurcht-heischende Phantome, deren göttliche Formen dem Schatten entragen, wachen über deinen Gedanken, leihen deiner Arbeit Beistand und ermutigen dich zum Erhabenen.

An der Biegung eines Bosketts, verborgen unter schweren Schatten, spiegelt die ewige Melancholia ihr erhabenes Antlitz in den Wassern eines Bassins, die reglos sind wie sie. Und der Träumer, der des Weges geht und diese große Gestalt betrachtet, mit ihren kraftvollen Gliedern, die dennoch ein geheimer Kummer schlank zieht, fühlt sich von ihrer Traurigkeit und ihrem Reiz getroffen und sagt: Dort seh' ich meine Schwester.

Ehe du dich im Beichtstuhl niederwirfst – in der Tiefe jener kleinen Kapelle, die unter dem Rollen der Omnibusse wankt – hemmt deinen Schritt eine fleischlose, erhabene Erscheinung, die den schweren Deckel ihres Sarges heimlich hebt, dich anzuflehn, verwesliches Geschöpf, der Ewigkeit dich zu erinnern! Und im Winkel jener blumigen Allee, die zu der Ruhestätte derer leitet, die noch dir teuer sind, siehst du die wunderbare Gestalt der Trauer, verhärmt und verstört, das Antlitz in den eigenen Tränen badend; sie zermalmt unter ihrer drückend schweren Trostverlassenheit die staubigen Reste eines berühmten Mannes und lehrt dich, daß Reichtum, Ruhm, und Vaterland sogar, nichts als Frivolitäten sind vor jenem Unbekannten, das keiner je genannt hat noch erklärt, das der Mensch nur durch geheimnisschwere Beiworte bezeichnet, wie: vielleicht; niemals; ewig! und das, so hohen manche, die ewige Glückseligkeit in sich schließt, die so heiß ersehnte, oder die Angst, in der es nie einen Waffenstillstand gibt, die Angst, deren Bild die moderne Vernunft mit der konvulsivischen Geste der Agonie verscheuchen möchte.

Ein Geist, den die Musik der spielenden Wasser berückt, die weicher als der Ammen Stimme singt, gerätst du in ein laubiges Gemach, drin Venus oder Hebe, die heiteren, lockeren Göttinnen, einstmals die Lenkerinnen deines Lebens, unter Alkoven von Blattwerk die Rundung ihrer reizvollen Glieder dehnen, die im Glühofen die rosige Farbe des Lebens sich liehen. Aber nur in den Gärten der vergangenen Zeit werden solch entzückende Überraschungen sich dir noch bieten; denn von den drei hervorragenden Materialen, die der Imagination zur Verfügung stehen, um den bildnerischen Traum zu verwirklichen, der Bronze, der Terracotta und dem Marmor, erfreut sich – nach unserer Meinung sehr mit Unrecht – in unserer Zeit allein der Marmor einer fast ausschließlichen Popularität.

Du gehst durch eine große Stadt, die in der Zivilisation gealtert ist, eine von jenen, die die wichtigsten Archive des gesamten Lebens enthalten, und deine Blicke werden emporgezogen, *sursum ad sidera*; denn auf den öffentlichen Plätzen, an den Kreuzungen der Wege, erzählen unbewegliche Gestalten, die größer sind als jene, die zu ihren Füßen vorübergehen, in einer stummen Sprache die prunkvollen Legenden des Ruhmes, des Krieges, der Wissenschaft und des Martyriums. Die einen weisen zum Himmel, dem sie unablässig zugestrebt; die anderen auf jenen Boden, von dem sie sich emporgeschwungen haben. Sie handhaben oder betrachten das, was die Leidenschaft ihres Lebens war und was nun ihr Emblem geworden ist: ein Werkzeug, einen Degen, ein Buch, eine Fackel, *vitaï lampada!* Wärst du der unachtsamste der Menschen, der unglücklichste oder der erbärmlichste, Bettler oder Bankier, das Steingespenst bemächtigt sich deiner für ein paar Minuten und gebietet dir im Namen der Vergangenheit, an Dinge zu denken, die nicht irdisch sind.

Das ist die göttliche Rolle der Bildhauerei.

Wer kann bezweifeln, daß es einer machtvollen Imagination bedarf, um ein so prächtiges Programm auszuführen? Seltsame Kunst, die sich ins Dunkel der Zeit verliert, und die schon in dem primitiven Zeitalter Werke hervorbrachte, vor denen der zivilisierte Geist in Erstaunen gerät! Eine Kunst, in welcher das, was in der Malerei als Vorzug gelten muß, zum Fehler oder Mangel werden kann; eine Kunst, in der die Vollkommenheit umso unerläßlicher ist, als das Mittel, scheinbar zwar vollständiger, in der Tat jedoch barbarischer und kindlicher, immer, selbst bei den mittelmäßigsten Werken, einen Anschein von Vollendung und Vollkommenheit bewirkt. Wir müssen hier bemerken, daß das Basrelief schon eine Lüge ist: es ist ein Schritt zu einer zivilisierten Kunst hin, mit dem es sich um ebensoviel von der reinen Idee der Bildhauerei entfernt. Man erinnert sich, daß Catlin um ein Haar in einen recht gefährlichen Streit zwischen Häuptlingen der Wilden hineingeraten wäre, die jenen Häuptling hänselten, dessen Profilbild Catlin gemalt hatte, und ihm vorwarfen, er habe sich die Hälfte seines Gesichtes stehlen lassen. Und bisweilen läuft der Affe, durch ein prächtiges Gemälde nach der Natur überrascht, hinter das Bild, um seine Rückseite zu finden. Aus den barbarischen Bedingungen, an welche die Bildhauerei gebunden ist, ergibt sich, daß sie vereint mit einer sehr vollkommenen Ausführung eine sehr hochstrebende Geistigkeit verlangt. Andernfalls wird sie nur das erstaunliche Ding hervorbringen, vor dem der Affe und der Wilde sich verwundern können. Es folgt daraus gleichfalls, daß sogar das Auge des Liebhabers bisweilen auf seine kritische Fähigkeit verzichten muß, ermüdet von der monotonen Weiße aller dieser großen Puppen, die in allen ihren Längen- und Dickenverhältnissen so exakt sind. Das Mittelmäßige scheint ihm nicht immer verächtlich, und wenn eine Statue nicht ganz besonders scheußlich ist, so kann es sie für gut halten; eine erhabene für häßlich freilich nie! Hier prägt sich mehr als auf jedem anderen Gebiete das Schöne dem Gedächtnis unverwischbar ein. Welch wunderbare Macht haben Ägypten, Griechenland, Michelangelo, Coustou und etliche andere in diese reglosen Phantome hineingelegt! Welchen Blick in diese augenlosen Augen! Wie die lyrische Dichtung alles veredelt, die Leidenschaft sogar, so verleiht die Bildhauerei, die wahre, allem, selbst der Bewegung, etwas Feierliches; sie gibt allem Menschlichen etwas Ewiges, etwas, das an der Dauer des verwendeten Materiales Anteil hat. Der Zorn wird ruhig, die Zärtlichkeit streng; der wogende, schillernde Traum der Malerei bildet sich um in ernste, anhaltende Versunkenheit. Aber wenn man einmal bedenken will, wieviel Vollkommenheiten es zu vereinen gilt, um diesen feierlich erhabenen Zauber zu bewirken, so wird man nicht erstaunt sein, daß oftmals Ermüdung und Entmutigung unseres Geistes sich bemächtigen, wenn er die Galerien der modernen Skulpturen durchläuft, bei denen das göttliche Ziel fast stets verkannt ist und das Hübsche, das Kleinliche gefällig an des Großen Stelle tritt.

Unser Geschmack ist von leichter Natur, und unser Dilettantismus vermag sich in bunter Reihe allem Großen und allen Koketterien anzupassen. Wir wissen die geheimnisschwere, priesterliche Kunst Ägyptens und auch Ninives zu lieben, die Kunst Griechenlands, vernunftgemäß und reizvoll zugleich, Michelangelos Kunst, präzis wie eine Wissenschaft, wunderbar großartig wie der Traum, die Geschicklichkeit des achtzehnten Jahrhunderts, das an der Wahrheit sich so ungestüm berauscht; aber in diesen verschiedenen Arten der Bildhauerei steckt Ausdrucksmacht und Reichtum des Empfindens als die getreuliche Folge einer tiefen Imagination, die unsere Kunst vor heute nur allzuoft vermissen läßt.

Will man nun noch das Gegenteil der Bildhauerei betrachten? So muß man die beiden kleinen dramatischen

Welten sehen, die Butté erfunden hat, und die, glaube ich, den *Turm zu Babel* und die *Sündflut* darstellen. Übrigens tut der Stoff wenig zur Sache, wenn durch seine Natur oder durch die Art, in der er behandelt ist, das Wesen der Kunst selber sich zerstört erweist. Diese lilliputanische Welt, diese Miniatur-Prozessionen, diese kleinen Menschenmengen, die sich durch steinerne Straßenquartiere schlängeln, gemahnen gleichzeitig an die Reliefpläne im Marinemuseum, an die Musikuhrenbilder und an jene Landschaften mit Festung, Zugbrücke und aufziehenden Wachtposten, die man bei den Pastetenbäckern und in Spielwarenhandlungen sehen kann.

Es ist mir äußerst unangenehm, derlei zu schreiben, besonders wenn es sich um Werke handelt, in denen man im übrigen Imagination und Erfindunggabe antrifft, und wenn ich davon spreche, geschieht es, weil sie, allein hierin bedeutsam, dazu dienen, eins der größten Laster des Geistes festzustellen, als welches der hartnäckige Ungehorsam gegen die bestimmenden Regeln der Kunst ist. Welches sind die Eigenschaften, so schön man sie sich auch ausdenken will, die solchem Mangel, solcher Ungeheuerlichkeit das Gegengewicht zu halten vermöchten? Welches gut gefugte Gehirn kann, sich ohne Entsetzen eine Malerei in Relief, eine durch Mechanik bewegte Skulptur, ein reimlose Ode, einen Roman in Versen und dergleichen mehr vorstellen? Ist das natürliche Ziel einer Kunst erst einmal verkannt, so ist es natürlich, alle Mittel, die dieser Kunst fremd sind, sich zur Hilfe zu holen. Und mit bezug auf Butté, der in kleinen Verhältnissen ungeheure Szenen hat darstellen wollen, die eine zahllose

Menge von Personen erforderten, können wir bemerken, daß die Alten diese Versuche stets ins Gebiet der Basreliefs verwiesen und daß unter den Modernen sehr große und sehr geschickte Bildhauer sich doch nie ohne Schaden und Gefahr darangewagt haben. Die beiden Grundbedingungen, Einheit des Eindrucks und Gesamtheit der Wirkung, finden sich schmerzlich verletzt, und, so groß das Talent des ‚Regisseurs' auch sei, der beunruhigte Geist fragt sich, ob er einen ähnlichen Eindruck nicht schon einmal bei Curtius empfangen habe. Die prächtigen Kolossalgruppen, die in Versailles die Gärten schmücken, sind keine vollkommene Widerlegung meiner Ansicht; denn abgesehen davon, daß sie nicht immer gleichmäßig geglückt sind, und daß einige, vor allem einige von denen, auf welchen fast alle Figuren senkrecht stehen, durch ihren Charakter und ihren gänzlichen Mangel an Anordnung im Gegenteil nur dazu dienen würden, besagte Ansicht zu bestärken, will ich obendrein noch darauf hinweisen, daß es sich hier um eine ganz besondere Art Bildhauerei handelt, bei welcher die bisweilen durchaus beabsichtigten Mängel unter einem flüssigen Feuerwerk, unter einem leuchtenden Sprühregen verschwinden; kurzum, es ist das eine Komplikation von Kunst und Hydraulik, mit einem Wort also eine inferiore Kunst. Indes sind die vollkommensten unter diesen Gruppen vollkommen eben nur, soweit sie sich der wahren Kunst annähern und die Figuren durch ihre gebeugten Haltungen und ihre Verschlingungen jene einheitliche Arabeske der Komposition herstellen, die, unbeweglich und fest in der Malerei, in der Bildhauerei beweglich und mannigfaltig ist ähnlich wie in den gebirgigen Ländern.

*

Man erinnert sich, daß wir über *Niemals und ewig!* schon gesprochen haben; ich habe die Erklärung für diesen logogryphischen Titel noch immer nicht zu finden vermocht. Vielleicht ist es ein Coup der Verzweiflung oder eine unmotivierte Laune, wie *Rouge et Noir*. Vielleicht hat H é b e r t jener Geschmacksrichtung der Commerson und Paul de Kock sich gefügt, die sie veranlaßt, im zufälligen Aufprallen jeder Gegensätzlichkeit einen Gedanken zu erblicken. Wie es sich damit nun auch verhalten mag, er hat eine charmante Zimmerskulptur gemacht (obgleich bezweifelt werden darf, ob der Bourgeois und seine Gattin geneigt sein werden, ihr Boudoir damit zu schmücken), eine Art skulpierter Vignette, die nichtsdestoweniger bei einer Ausführung in größeren Verhältnissen eine ausgezeichnete Trauerdekoration für einen Friedhof oder für eine Kapelle zu bilden vermöchte. Das junge Mädchen, von reicher, biegsamer Gestaltung, wird mit harmonischer Leichtigkeit emporgehoben und im Gleichgewicht gehalten; und ihr Körper, der in Verzückung oder in Todesnot sich krampft, empfängt mit Ergebung den Kuß des riesigen Skeletts. Man glaubt im allgemeinen, vielleicht weil das Altertum das Skelett gar nicht oder wenig kannte, dieses sei aus dem Gebiete der Bildhauerei zu verbannen. Das ist ein großer Irrtum. Wir sehen es im Mittelalter erscheinen, wo es sich mit dem ganzen Ungeschick und dem ganzen Stolz der bloßen, kunstleeren Idee benimmt und breit macht. Aber von jener Zeit an bis zum achtzehnten Jahrhundert, dem historischen Klima der Liebe und der Rosen, sehen wir das Skelett mit Glück auf allen Gebieten blühen, die ihm nur verstattet sind. Der Bildhauer begriff recht bald die ganze geheimnisvolle, abstrakte Schönheit, die in diesem mageren Gerippe liegt, dem das Fleisch als Kleidung dient und das gleichsam der Plan des menschlichen Gedichtes ist. Und diese kosende, beißende, fast wissenschaftliche Anmut erhebt sich ihrerseits nun geklärt und gereinigt vom Schmutze des Humus unter den unzählbaren Arten von Anmut, die die Kunst der unwissenden Natur bereits entnommen hatte. Das Skelett von Hébert ist nicht im eigentlichen Sinne ein Skelett. Ich glaube indessen nicht, daß der Künstler, wie man sagt, der Schwierigkeit hat aus dem Wege gehen wollen. Wenn diese gewaltige Persönlichkeit hier den unbestimmten Charakter der Gespenster, der Larven und der Lamien trägt, wenn sie an einzelnen Stellen noch mit einer pergamentenen Haut bekleidet ist, die an den Knochenfugen sich umrollt wie die Häute eines Palimpsestes, wenn es zur Hälfte mit einem ungeheuren Schweißtuch sich verhüllt und drapiert, das hier und da auf den Vorsprüngen der Gelenke hängt, so geschah das offenbar, weil der Bildhauer vor allem die große, unfaßbare Idee des Nichts hat ausdrücken wollen. Es ist ihm geglückt und sein Gespenst ist ‚voll von Leere'.

Bei der günstigen Gelegenheit, die dieser Stoff bot, habe ich bedauert, daß CHRISTOPHE nicht zwei Stücke aus seinem Atelier ausgestellt hat, deren eines von ganz verwandter Natur, deren anderes mehr anmutig-allegorisch ist. Dieses letztere stellt ein nacktes Weib dar, von großem, florentinisch-kraftvollem Bau, das, von vorn gesehen, dem Beschauer ein lächelndes, niedliches Gesicht zeigt, ein Bühnengesicht. Eine geschickt geschlungene, leichte Draperie dient zur Verbindung zwischen diesem konventionell hübschen Kopfe und der mächtigen Brust, auf die er sich zu stützen scheint. Tritt nun jedoch einen Schritt weiter nach links oder nach rechts, so entdeckt man das Geheimnis der Allegorie, die Moral der Fabel, nämlich den wirklichen, zurückgesunkenen Kopf, den unter Tränen und Todesschauern eine Ohnmacht befällt. Was beim ersten Anblick die Augen entzückt hatte, war eine Maske, war die universelle, war deine und war meine Maske, ein hübscher Fächer, dessen eine geschickte Hand sich bediente, um den Augen der Welt den Schmerz oder die Gewissensqual zu verbergen. In diesem Werk ist alles reizvoll und voll Kraft. Der strotzende Körper bildet einen malerischen Gegensatz zu dem geheimnisvollen Ausdruck einer völlig weltlichen Idee, und die Überraschung spielt dabei keine unerlaubt aufdringliche Rolle. Wenn der Künstler sich bereit finden ließe, diese Schöpfung in Gestalt einer kleinen Bronce in den Handel zu bringen, so kann ich ihm, ohne unklug zu sein, einen ungeheuren Erfolg voraussagen.

Was die andre Idee betrifft, wie reizvoll sie auch ist, meiner Treu, so möchte ich für ihren Erfolg mich doch nicht verbürgen; umsoweniger als sie, um zu vollkommenem Ausdruck zu gelangen, zweier Materialien bedarf: das eine müßte hell und glanzlos sein, um das Skelett wiederzugeben, das andre, für die Kleidung bestimmte, düster und leuchtend; und das würde natürlich das Furchtbare der Idee und ihre Impopularität noch vermehren. Denn ach:

Den Rausch des Grauens kürt sich nur der Held!

Man stelle sich ein großes weibliches Skelett vor, das ganz gerüstet ist, zu einem Feste zu gehen ... Sei mir's der Abkürzung halber gestattet, einen gereimten Fetzen einzufügen, auf dem ich versucht habe, das feine Pläsier, das in diesem Figürchen steckt, nicht zu ‚illustrieren', sondern zu erklären, so etwa wie ein aufmerksamer Leser die Ränder der Seiten in seinem Buche mit dem Bleistift bekritzelt[1]):

Stolz wie ein Mensch in adliger Gestaltung,
mit Handschuhn, Spitzentuch und Blumenstrauß,
zeigt sie der mageren Kokette Haltung
und fordert kalt und stolz die Welt heraus.

Nie ward im Tanz solch schlanker Leib umschlossen.
Der Robe übertrieben reiche Pracht
fällt bauschend auf den hagren Fuß, umgossen
von zartem Schuhwerk, drauf ein Klunker lacht.

Die Rüschen, die das Schulterbein umnesten,
– ein geiler Bach, der am Gestein sich reibt –
bewahren schämig vor zu frechen Gesten
den Grabesreiz, den sie's zu bergen treibt.

---

[1]) In der sechsten Strophe bricht Baudelaire seine Selbstanführung ab; ich habe aber das ganze Gedicht hierhergesetzt und mich begnügt, die vom Dichter an dieser Stelle unterdrückten Verse einzuklammern. Das Gedicht, ist in den *Fleurs du Mal* in der Abteilung ‚Tableaux parisiennes' enthalten und trägt dort den Titel: D a n s e   m a c a b r e. In Stefan Georges Übersetzung *Die Blumen des Bösen* findet es sich nicht. – M. B.

In tiefen Augen paart sich Nacht und Leere.
O Reiz des närrisch ausstaffierten Nichts –:
Weich auf dem Rückgrat schwankt des Schädels Schwere,
fast müd der Blumen drückenden Gewichts.

Ein Zerrbild werden manche dich benennen,
die fleischeslüstern, großes Totenbild,
nicht des Skelettes feine Anmut kennen;
m e i n höchster Wunsch wird ganz durch dich gestillt.

Kommst du, des Lebens Feier jäh zu stören,
du Herrische? [mag deinen Knochenrest
ein nie gestorbenes Gelüst betören,
dich treiben zu der Wollust Sabbathfest?

Denkst du, bei Geigensang und Flackerkerzen
vom Hohne deines Alps dich zu befrein?
Der Strom der Wollust soll in deinem Herzen
erfrischen, was versengt in Höllenpein?

Grundloser Born verworfener Gedanken!
Du Tiegel, drin das ewige Leiden braut!
Durch das gewundne Gitterwerk der Flanken
noch jetzt dir hungertoll die Natter schaut.

Doch sag' ich's gleich: Ich fürchte, all dein Werben
gleicht einer reichen Saat auf kargem Feld:
Nicht liebt den Spott, wer bangt, einst selbst zu sterben;
den Rausch des Grauens kürt sich nur der Held.

Der Augen Grund, voll furchtbarer Gedanken,
strömt Schwindel aus; die Tanzeslust entflieht;
und jeder fühlt in Übelkeit sich wanken,
der zweiunddreißig Zähne grinsen sieht.

Und doch: Weß Arm umwand mit Lustbehagen
nicht Knochen schon? weß Geist umflog kein Grab?
Und Duft, und Kleid, und Schmuck – was will's besagen?
Nur Schönheitdünkel blickt auf dich herab.

Du Wollustschlund, der hält, was je er faßte,
sag diesen Tänzern, die verdrossen tun:
„Ihr Püppchen fein, trotz Schmink- und Puderquaste
und Moschusdüft riecht ihr nach Moder nun.

‚Schön wie Apoll' – doch hauptkahl wie Herodes,
geputzt wie Don Juan – und doch verdorrt,
fegt euch der Weltenkehraustanz des Todes
in Wirbeln zu dem Unbekannten fort!

Vom Seine- bis zum Gangesstrand – ich staune –
rast blickverzückt die Menschenhorde – und
gewahrt doch nicht des Engels Heerposaune,
die gähnend dräut gleich einem Donnerschlund.

Betörte Menschheit, deinen Tanzeskünsten
kann in Verwundrung nur der Tod sich nahn;
und salbt er sich, gleich dir, in Myrrhendünsten,
so mischt er seinen Hohn in deinen Wahn!"]

Ich glaube, wir können es hiermit genug sein lassen; ich würde sonst an weiteren Proben dartun, daß ich in ihnen nur neue, überflüssige Belege zur Stütze der Grundidee finden konnte, die meine Arbeit von Anfang an beherrscht hat: daß nämlich die geistreichsten und die geduldigsten Talente das Verlangen nach Größe und die heilig-wilde Begeisterung der Imagination nicht zu ersetzen vermögen. Man hat sich seit einigen Jahren damit vergnügt, einen unserer teuersten Freunde über Gebühr zu bekritteln; nun wohl! ich zähle zu jenen, die ohne Erröten eingestehen: Wieviel Geschick unsere Bildhauer auch jährlich aufwenden mögen, ich finde doch (seit Davids Hingang) an ihren Werken nicht das immaterielle Wohlgefallen, das mir so oft die stürmischen Träume AUGUSTE PREAULTS gaben, selbst wenn sie unvollkommen sind.

XI

Geleitwort

Endlich ist mir's vergönnt, das unwiderstehliche »Uff!« auszustoßen, mit dem sich jeder einfache Sterbliche so beglückend erlöst fühlt der, ohne seiner Milz verlustig gegangen zu sein, zu einem Dauerlauf verdammt war, wenn er sich dann in der längst so heiß ersehnten Oase der Ruhe niederwerfen kann. Von Anfang an, ich will es gern gestehen, gaukelten die glückverheißenden Schriftcharaktere, die das Wort ENDE bilden, vor meinem Gehirn, bekleidet mit ihrer schwarzen Haut wie kleine äthiopische Possentänzer, die den liebenswürdigsten ‚Charaktertanz' vollführten. Die Künstler – ich spreche von den wahren Künstlern, von jenen, die gleich mir der Ansicht sind, daß Alles, was nicht Vollkommenheit ist, sich verbergen sollte, und daß Alles, was nicht erhaben ist, unnütz und schädlich ist; spreche von jenen, die wissen, daß in der ersten sich darbietenden Idee eine schreckenerregende Tiefe liegt, und daß es unter ihren zahllosen Ausdrucksmöglichkeiten nicht mehr als höchstens zwei oder drei ausgezeichnete gibt (ich bin milder als La Bruyère) – diese Künstler, sage ich, die immer mißzufrieden sind und nie gesättigt, wie eingekerkerte Seelen, sie werden gewisse Scherze und gewisse Querköpfigkeiten nicht krumm nehmen, an denen sie ja selber ebensooft leiden wie der Kritiker. Auch sie wissen es: Nichts ist ermüdender, als das auszusprechen, was alle Welt schon wissen müßte. Wenn die Langeweile und die Verachtung als Leidenschaften betrachtet werden können, so sind auch für sie Verachtung und Langeweile die Leidenschaften gewesen, derer sie ich am schwersten erwehren konnten, die ihnen am verhängnisvollsten wurden, die ihnen sozusagen am nächsten zur Hand waren. Ich erlege mir selbst die harten Bedingungen auf, die ich jeden sich auferlegen sehen möchte; ich frage mich unablässig: *cui bono?* und wenn ich denke, ich hätte etwas vernünftiges vorgebracht, so frage ich mich: wem und zu was kann es dienen? Unter den zahlreichen Auslassungen, die ich begangen habe, sind manche beabsichtigt; ich habe mit Vorbedacht eine Menge offenbarer Talente vernachlässigt, die zu bekannt waren, um gelobt zu werden, aber nicht absonderlich genug im guten oder bösen, um der Kritik als Thema zu dienen. Ich hatte mir die Aufgabe gestellt, die Imagination zu suchen, und da ich sie selten gefunden habe, so habe ich auch nur von einer kleinen Anzahl Männer sprechen können. Die unfreiwilligen Auslassungen und Irrtümer jedoch, die ich etwa begangen habe, wird mir die Muse der Malerei verzeihen als einem Manne, dem zwar ausgedehnte Kenntnisse fehlen, dem dafür aber die Liebe zur Malerei in allen Nerven liegt.

Der vierte Teil
Der Maler des modernen Lebens
(1863)

I
Das Schöne, die Mode und das Glück

Es gibt in der Welt, und in der Welt der Künstler sogar, Leute, die ins Louvre-Museum gehen, dort an einer Menge sehr interessanter, obwohl zweitklassiger, Bilder vorübereilen, sich schließlich träumerisch vor einen Raffael oder einen Tizian hinpflanzen, einen von denen, die der Stich am meisten popularisiert hat, und dann befriedigt wieder von dannen schreiten, indeß sich mehr als einer von ihnen sagt: »Ich kenne mein Museum.« So gibt es ja auch Leute, die ehedem einmal Bossuet und Racine gelesen haben und nun die Literaturgeschichte zu beherrschen meinen.

Zum Glück erstehen von Zeit zu Zeit Leute, die das Unrecht wieder gut machen, Kritiker, Liebhaber, Sammler, die versichern, daß mit Raffael, daß mit Racine nicht alles abgetan ist, daß auch die *poetare minores* ihr Gutes, Gediegenes und Entzückendes haben; die, mit einem Worte, sagen: Mag man die allgemeine Schönheit, wie die klassischen Dichter und Künstler sie zum Ausdruck bringen, auch noch so hebend bewundern, man hat nichtsdestoweniger unrecht, wenn man darüber die besondere, gelegentliche Schönheit und das Sittenstück vernachlässigt.

Ich muß nun sagen, daß die Welt sich seit einigen Jahren ein wenig gebessert hat. Der Preis, den die Liebhaber heute den gravierten und kolorierten Artigkeiten des letzten Jahrhunderts zuerkennen, beweist, daß eine

Revolution in dem Sinne stattgefunden hat, in dem sie dem Publikum not tat; Debucourt, die Saint-Aubin und manche andere stehen jetzt auf der Liste der Künstler, die würdig sind, studiert zu werden. Aber jene repräsentieren die Vergangenheit; nun wohl: ich will mich heute mit dem Sittenbild der Gegenwart beschäftigen. Die Vergangenheit ist nicht bloß um der Schönheit willen interessant, die die Künstler ihr zu entnehmen wußten, für die sie die Gegenwart war, sondern ebensosehr auch als Vergangenheit, um ihres historischen Wertes willen. Ebenso verhält sich's mit der Gegenwart. Das Vergnügen, das uns die Darstellung der Gegenwart bereitet, entspringt nicht bloß der Schönheit, mit der sie angetan sein mag, sondern ebensosehr auch ihrem eigentümlichen Gegenwartcharakter.

Vor meinen Augen liegt eine Serie von Modekupfern, die mit der Revolution beginnt und etwa mit dem Consulat endigt. Diese Kostüme, die viele gedankenlose Leute zum Lachen reizen – jene ernsthaften Leute, denen es am wahren Ernste mangelt –, bieten eben doppelten, nämlich einen künstlerischen und einen historischen Reiz dar. Sehr häufig sind sie schön und geistvoll gezeichnet; was ich aber für mindestens ebenso wichtig halte und was ich glücklich bin auf allen oder doch fast allen anzutreffen, ist das moralische und ästhetische Gepräge der Zeit. Die Vorstellung, die der Mensch sich vom Schönen macht, drückt sich in seinem ganzen Gehaben aus, fältelt oder steift seinen Anzug, rundet oder geradet seine Geste und durchdringt mit der Zeit sogar die Züge seines Gesichts. Der Mensch gleicht schließlich dem, was er sein wollte. Diese

Gravuren können ins Schöne oder ins Häßliche umgewandelt werden; im Häßlichen werden sie Karikaturen, im Schönen antike Statuen.

Die Frauen, die mit diesen Kostümen bekleidet waren, ähnelten mehr oder minder ersteren oder letzteren, je nach dem Grade von Poesie oder von Vulgarität, womit sie behaftet waren. Die lebende Materie machte das flüssig, was uns zu starr erscheint. Die Vorstellungkraft des Beschauers kann heute diese ‚Tunika' und jenen ‚Schal' in Regung und Bewegung bringen. Jetzt wird vielleicht eines Tages auf irgendwelchem Theater ein Drama erscheinen, das uns die Auferstehung dieser Kostüme erleben läßt, in denen unsere Väter sich ebenso bezaubernd fanden, wie wir uns selbst in unseren armseligen Kleidern (die allerdings gleichfalls ihre Anmut haben, jedoch von innerlicherer, geistigerer Natur), und wenn diese Kostüme dann von intelligenten Schauspielern und Schauspielerinnen getragen und belebt werden, so werden wir uns wundern, daß wir so unbesonnen über sie gelacht haben. Die Vergangenheit wird, unbeschadet ihres pikanten, phantomhaften Reizes, das Licht und die Bewegung des Lebens wiedergewinnen und wird Gegenwart werden.

Wenn ein unvoreingenommener Mensch alle französischen Moden vom Ursprunge Frankreichs an bis auf den heutigen Tag eine um die andere durchblättern würde, so würde er nirgends chokiert noch überhaupt überrascht werden. Die Übergänge würden dort ebenso behutsam ausgeglichen sein wie auf der Staffel der animalischen Welt. Keine Lücke, also auch keine Überraschung. Und wenn er der Vignette, die jeweils eine Epoche repräsentierte, ergänzend die philosophische Idee hinzufügte, von der jene Epoche am stärksten beschäftigt und beherrscht wurde (an welche Idee die Vignette ohnehin unvermeidlich erinnert), so würde er sehen, welch tiefe Harmonie alle Glieder der Geschichte lenkt, und würde gewahr werden, daß selbst in den Jahrhunderten, die uns am tollsten und am unsinnigsten erscheinen, das unsterbliche Verlangen nach Schönheit stets seine Genugtuung gefunden hat.

Hier bietet sich nun in der Tat eine schöne Gelegenheit eine rationelle und geschichtliche Theorie des Schönen aufzustellen, gegenüber der Theorie von dem einen und absolut Schönen; eine Gelegenheit, zu zeigen, daß das Schöne immer, unvermeidlich, aus zwei Elementen zusammengesetzt ist, obgleich es einen einheitlichen Eindruck erzeugt; denn die Schwierigkeit, die variablen Elemente des Schönen bei der Einheitlichkeit des Eindrucks zu sondern, schwächt in keiner Weise die Notwendigkeit der Varietät in seiner Zusammensetzung.

Das Schöne wird aus einem ewigen, unveränderlichen Element gebildet, dessen Quantität außerordentlich schwierig zu bestimmen ist, und aus einem relativen, bedingten Element, das, wenn man will, um und um oder allzugleich, von dem Zeitabschnitt, der Mode, dem geistigen Leben, der Leidenschaft dargestellt wird. Ohne dieses zweite Element, als welches gleichsam der amüsante, glänzende Überguß ist, der den göttlichen Kuchen uns verdaulich macht, wäre das erste Element für die menschliche Natur unzuträglich, ungeeignet unverdaulich. Ich glaube, man wird schwerlich irgendwelche Probe von

Schönheit ausfindig machen, die nicht diese beiden Elemente enthielte.

Ich wähle, wenn man will, die beiden äußersten Sprossen der Geschichte. In der hieratischen Kunst zeigt sich die Dualität auf den ersten Blick; der Anteil der ewigen Schönheit, offenbart sich nur mit Erlaubnis und unter der Regel der Religion, welcher der Künstler angehört. In dem frivolsten Werke eines raffinierten Künstlers aus einer der Epochen, die wir allzu eitel als zivilisiert bezeichnen, offenbart die Dualität sich gleichfalls; der ewige Schönheitanteil wird gleichzeitig verschleiert und zum Ausdruck gebracht sein, wenn nicht schon durch die Mode, so doch wenigstens durch das besondere Temperament des Künstlers. Die Dualität der Kunst ist eine urnotwendige Konsequenz der Dualität des Menschen. Man betrachte, wenn's beliebt, den ewig währenden Anteil als die Seele der Kunst und das veränderliche Element als ihren Körper. Darum ist auch Stendhal – ein impertinenter, zanksüchtiger, oft sogar widerwärtiger Geist, dessen Impertinenzen jedoch das Nützliche haben, daß sie zum Nachdenken herausfordern – darum ist er auch der Wahrheit näher gekommen als andere, als er sagte: »Das Schöne ist nur die Verheißung des Glücks.« Ohne Zweifel schießt diese Definition über das Ziel hinaus; sie unterwirft das Schöne viel zu sehr dem unendlich wechselvollen Ideal des Glückes; sie entkleidet allzu schnellbereit das Schöne seines aristokratischen Charakters; aber sie hat das große Verdienst, sich entschieden vom Irrtum der Akademiker zu entfernen.

II
Der Künstler, ein Mann der Welt, ein Mann der Menge und ein Kind

Ich will das Publikum heute von einem eigenartigen Manne unterhalten, von einer Originalität, so stark und so entschieden, daß sie sich selbst genügt und nicht einmal nach Anerkennung strebt. Keine seiner Zeichnungen ist signiert, wenn man unter Signatur die paar Buchstaben versteht, die einen Namen bilden, die leicht nachzumachen sind und die so viele andere groß und breit auf die untere Partie ihrer flüchtigst hingeworfenen Skizzen setzen. Aber alle seine Werke sind durch seine mächtig hervorströmende Seele signiert. Ein großer Freund der Menge und des Incognito, treibt Constantin Guys[1]) die Originalität bis zur Bescheidenheit. Thackeray, der bekanntlich ein großer Kunstliebhaber ist und selbst die Illustrationen, zu seinen Romanen zeichnet, sprach eines Tages in einem kleinen Londoner Blatte über Guys. Dieser erregte sich darüber als über eine Verletzung seines Schamgefühls.

Guys ist alt. Jean-Jacques begann, wie man sagt, mit zweiundvierzig Jahren zu schreiben. Etwa in diesem Alter mag auch Guys, besessen von all den Bildern, die sein Gehirn erfüllten, die Kühnheit gehabt haben, Tinte und Farbe auf ein weißes Blatt Papier zu setzen. Um die Wahr-

---

[1]) Als Baudelaire 1863 diese Abhandlung schrieb, setzte er statt des Namens durchgehends nur die Initialen C. G. Es liegt kein Grund vor, dieses Verfahren, das der Autor auf Guys' ausdrückliches Verlangen damals wählen mußte, heute noch beizubehalten. – M.B.

heit zu gestehen: er zeichnete wie ein Barbar, wie ein Kind, verdrossen über die Ungeschicklichkeit seiner Finger und den Ungehorsam seines Handwerkzeugs. Ich habe eine große Zahl dieser primitiven Klexereien gesehen und ich muß sagen: die meisten von denen, die sich darauf verstehen oder sich darauf zu verstehen vorgeben, hätten das Genie, das in diesen dunklen Versuchen sich barg, nicht vorausahnen dürfen, ohne daß es eine Schande für sie gewesen wäre. Inzwischen hat Guys ganz für sich allein alle kleinen Schliche des Handwerks herausgefunden und ohne fremde Ratschläge sich selbst erzogen, und heute ist er ein mächtiger Meister in seiner Art geworden und hat von seiner anfänglichen Ungewandtheit nur soviel beibehalten, als erforderlich ist, um seinen reichen Fähigkeiten eine unerwartete Würze zu verleihen. Wenn er auf einen jener Versuche seines ‚jungen Alters' stößt, zerreißt oder verbrennt er ihn in einer äußerst ergötzlichen Beschämung.

Zehn Jahre lang habe ich den Wunsch gehegt, die Bekanntschaft Guys' zu machen, der von Natur ein großer Wandersmann und Kosmopolit ist. Ich wußte, daß er lange für eine englische illustrierte Zeitung gearbeitet hatte und daß dort Stiche nach seinen Reiseskizzen (Spanien, Türkei, Krim) veröffentlicht waren. Ich habe seither eine beträchtliche Menge dieser an Ort und Stelle selber hingeworfenen Zeichnungen gesehen, und so war es mir vergönnt, ein bis ins Kleinste getreues Tagebuch des Krimkrieges zu ‚lesen', das jedem anderen vorzuziehen ist. Dieselbe Zeitung hatte auch, immer ohne Signatur, zahlreiche Kompositionen desselben Autors nach den neuen

Balletten und Opern gebracht. Als ich ihn dann endlich fand, sah ich gleich auf den ersten Blick, daß ich es eigentlich nicht mit einem ‚Künstler' sondern mit einem Mann von Welt' zu tun hatte. Man fasse hier bitte das Wort Künstler, in einem sehr beengten Sinne auf und das Wort ‚Mann von Welt' in einem sehr ausgedehnten. ‚Mann von Welt' besagt hier: ein Mann, der die ganze Welt geistig umfaßt, ein Mann, der die Welt und die geheimen, jedoch gesetzmäßigen Gründe aller ihrer Gebräuche erkannt hat; ‚Künstler' besagt hier: Spezialist, ein Mann, der sklavisch an seine Palette gefesselt ist. Guys liebt es nicht, Künstler genannt zu werden. Hat er nicht ein wenig recht? Er interessiert sich für die ganze Welt; er will wissen, begreifen und würdigen, was sich auf der Oberfläche unsres Sphäroids nur ereignet. Der Künstler lebt sehr wenig oder überhaupt gar nicht in der moralischen und politischen Welt. Der, der im Quartier Breda wohnt, weiß nicht, was im Faubourg Saint-Germain vorgeht. Bis auf zwei oder drei Ausnahmen, die man nicht erst zu nennen braucht, sind die meisten Künstler – man muß es wohl aussprechen – sehr geschickte Dummköpfe, reine Handwerker, Dorfintelligenzen, Bauerngehirne. Ihre Konversation ist auf einen sehr, sehr engen Kreis beschränkt und wird dem ‚Manne von Welt', dem geistvollen Bürger des Universums, bald unerträglich.

Um also zu einer Würdigung Guys' überzugehen, so merke man sich zunächst, daß als Ausgangspunkt seines Genies die *Curiositas* betrachtet werden kann.

Erinnert sich der Leser eines Bildes – es ist wahrhaftig ein Bild! – das von einer der gewaltigsten Federn unserer

Zeit geschrieben ist und den Titel trägt *Der Mann der Menge?* Hinter einer Scheibe in einem Café sitzt ein Genesender, betrachtet genußvoll die Menge und vermischt in Gedanken sich selbst mit allen Gedanken, die um ihn her tätig sind. Erst jüngst von den Schatten des Todes losgekommen, saugt er mit Entzücken alle Keime, alle Ausströmungen des Lebens in sich ein; da er auf dem Punkte gestanden hat, alles zu vergessen, erinnert er sich an alles und will mit Inbrunst an alles sich erinnern. Zuletzt stürzt er im Gewirr dieser Menge dahin, auf der Spur eines Unbekannten, dessen Züge, in einem flüchtigen Augenblicke wahrgenommen, ihn fasziniert haben. Die Neugier ist zu einer verhängnisvollen, unwiderstehlichen Leidenschaft geworden![1])

Man denke sich einen Künstler, der sich geistig beständig im Zustand des Genesenden befände, und man wird den Schlüssel zu Guys' Charakter haben.

Nun ist aber die Genesung wie eine Rückkehr zur Kindheit. Der Genesende erfreut sich, wie das Kind, im höchsten Grade der Fähigkeit, sich lebhaft für die Dinge, für die scheinbar trivialsten sogar, zu interessieren. Kehren wir, wenn's möglich ist, durch eine retrospektive Bemühung der Vorstellungkraft zu unsern jüngsten, morgenlichsten Eindrücken zurück und wir werden erkennen, daß sie eine seltsame Verwandtschaft mit den so lebhaft gefärbten Eindrücken hatten, die wir später im Anschluß

---

[1]) Der Leser findet diese Novelle im fünften Bande der deutschen Poe-Ausgabe. Der ‚Mann der Menge' ist dort übrigens nicht der Verfolgende, sondern der Verfolgte: „Dieser alte Mann" – sagte ich schließlich zu mir selber – „ist die Verkörperung, ist der Genius des Verbrechens. Er kann nicht allein sein. Er ist der Mann der Menge." – M. B.

an eine physische Krankheit empfingen, vorausgesetzt, daß diese Krankheit unsere geistigen Fähigkeiten rein und intakt gelassen hat. Das Kind sieht alles im Lichte der ‚Neuheit'; es ist immer ‚berauscht'. Nichts gleicht mehr dem Zustande, den wir Inspiration nennen, als die Freude, mit der das Kind Formen und Farben in sich aufnimmt. Ich wage sogar noch weiter zu gehen; ich behaupte, die Inspiration hat eine gewisse Beziehung zur ‚Kongestion', und jeder erhabene Gedanke wird von einer mehr oder minder starken Nervenerschütterung begleitet, die ihre Ausläufer bis ins Kleinhirn sendet. Der Mann von Genie hat starke Nerven; das Kind hat schwache. Bei dem einen hat die Vernunft einen beträchtlichen Platz eingenommen; beim andern beherrscht die Sensibilität fast das ganze Wesen. Aber das Genie ist doch nichts anderes als die freiwillig **wiedergefundene Kindheit**, die nun, um sich Ausdruck zu verschaffen, begabt ist mit mannbaren Organen und mit dem analytischen Geist, der es erlaubt, die Gesamtheit des unwillkürlich aufgespeicherten Materials zu ordnen. Auf diese tiefe und genußreiche Neugier muß man den starren, tierisch extatischen Blick der Kinder zurückführen, wenn er auf etwas ‚Neues' fällt, welcher Art es auch sei, ein Gesicht oder eine Landschaft, ein Licht, eine Vergoldung, Farben, schillernde Stoffe, Bezauberung durch eine Schönheit, die die Toilette noch schöner macht. Einer meiner Freunde erzählte mir eines Tages, daß er einmal, als er noch sehr klein war, der Toilette seines Vaters zugeschaut und daß er mit einer Bestürzung, in die sich Entzücken mischte, die Muskeln der Arme, die Farbenabstufungen der rosa und gelb getönten

Haut und das bläuliche Geflecht der Venen betrachtet habe. Das Bild des äußeren Lebens erfüllte ihn schon mit Ehrfurcht und bemächtigte sich seines Gehirns. Schon bezwang und besaß ihn die Form. Die Prädestination zeigte früh schon ihre Nasenspitze. Die Verdammung, hatte sich vollzogen. Muß ich erst noch hinzufügen, daß dieses Kind heute ein berühmter Maler ist?

Ich bat vorhin, Guys als einen ewigen Rekonvaleszenten zu betrachten; wenn der Leser seine Vorstellung von ihm bereichern will, so nehme er ihn ebensogut auch als einen Kind-Mann, als einen Mann, der in jeder Minute das Genie der Kindheit besitzt, das heißt also ein Genie, das für keinen Anblick des Lebens je ‚abgestumpft' ist.

Ich sagte schon, daß es mir widerstrebt, ihn einen reinen Künstler zu nennen, und daß er sich selber gegen diese Bezeichnung mit einer Bescheidenheit wehrt, in die sich eine aristokratische Scham mischt. Ich würde ihn gern einen ‚Dandy' nennen und hätte einige gute Gründe dafür; denn das Wort Dandy enthält den Begriff eines quintessentiellen Charakters und einer subtilen Einsicht in den ganzen moralischen Mechanismus dieser Welt; andrerseits aber strebt der Dandy Unempfindlichkeit an, und in dieser Beziehung sondert sich Guys durchaus von ihm, da diesen eine unersättliche Leidenschaft beherrscht, die Leidenschaft, zu sehen und zu empfinden. *Amabam amére* sagte Sankt Augustin. »Mich erfüllt die Leidenschaft für die Leidenschaft« könnte Guys sehr wohl sagen. Der Dandy ist blasiert oder gibt vor, es zu sein, aus Politik und Kastengeist. Guys hat einen Horror vor den blasierten Leuten. Er verfügt über die so schwierige Kunst (die verfeinten Geister werden mich verstehen), *aufrichtig und doch nicht lächerlich* zu sein. Ich würde ihn gern mit dem Namen eines Philosophen schmücken, auf den er ein größeres Anrecht hat als auf einen anderen Titel, wenn seine außerordentliche Vorliebe für die sichtbaren, faßbaren, auf den plastischen Zustand kondensierten Dinge ihm nicht ein gewisses Widerstreben gegen jene einflößte, die das unberührbare Reich des Metaphysikers bilden. Klassifizieren wir ihn also mit La Bruyère als reinen malerischen Moralisten.

Die Menge ist sein Gebiet, wie die Luft des Vogels, wie das Wasser des Fisches Gebiet ist. Seine Leidenschaft und sein Beruf ist, sich ‚der Menge zu vermählen'. Für den vollkommenen Flaneur, für den passionierten Beobachter ist es ein ungeheurer Genuß, in der Masse zu hausen, im Wogenden, in der Bewegung, im Flüchtigen und Unendlichen. Außerhalb seines Heims zu sein, und doch sich überall bei sich daheim zu fühlen; die Welt zu sehn, im Mittelpunkt der Welt zu sein, und der Welt verborgen zu bleiben: das sind ein paar der geringsten Genüsse dieser unabhängigen, leidenschafterfüllten, unvoreingenommenen Geister, die die Sprache nur ungeschickt zu definieren vermag. »Jeder Mensch,« sagte Guys einmal in einer jener Unterhaltungen, die er mit einem ausdruckreichen Blick und einer großen Handbewegung belebt, »jeder Mensch, den nicht Kummer niederdrückt, ein Kummer von jener allzupositiven Art, als daß er nicht alle Fähigkeiten aufheben sollte, und der sich dennoch im Schoße der Menge langweilt, ist ein Dummkopf! ein Dummkopf! ich verachte ihn!«

Wenn Guys bei seinem Erwachen die Augen öffnet und sieht, wie die lärmende Sonne auf die viereckigen Fensterscheiben Sturm läuft, sagt er mit Gewissensbissen, mit Bedauern zu sich selbst: »Welch gebieterischer Befehl! welche Fanfare von Licht! Seit mehreren Stunden schon allüberall Licht! Licht, das ich durch meinen Schlummer verlor! Wieviel ‚erhellte' Dinge hätt' ich sehen können, die ich nicht gesehen habe!« Und er bricht auf! er sieht den Fluß der Lebenskräfte rollen, so majestätisch und so glänzend. Er bewundert die ewige Schönheit und die erstaunliche Harmonie des hauptstädtischen Lebens, die Harmonie, die im Tumult der menschlichen Freiheit so urvorbedacht stabiliert ist. Er betrachtet die Landschaftsbilder der großen Stadt, Landschaften von Stein, über die kosend der Nebel gleitet, auf die peitschend die Strahlen der Sonne niederfallen. Er freut sich der schönen Equipagen, der stolzen Gäule, der schmucken Sauberkeit der Grooms, der Geschicklichkeit der Lakaien, der Haltung der biegsamen Frauenleiber, der schönen Kinder, die glücklich sind, zu leben und schön gekleidet zu sein; mit einem Wort: des universellen Lebens. Wenn eine Mode, der Schnitt eines Kleidungstückes sich leicht geändert hat, wenn die geknoteten Bänder, die Schnallen durch die Bandschleifen entthront sind, wenn das Bavolet[1]) sich verbreitert hat und der Chignon um eine Furche tiefer in den Nacken gerückt ist, wenn der Gürtel sich emporgeschoben und der Rock eine Bereicherung erfahren hat, so

---

[1]) Der Hutrand; *à la bavolet* hieß jene Hutfaçon, die um 1840 in Mode war: der korbartige Bänderhut (‚Schüppe'), ohne den wir uns Flauberts Madame Arnoux kaum vorstellen können. – M. B.

glaube man, daß es sein Adlerblick, auf eine außerordentliche Entfernung schon erspäht hat. Ein Regiment zieht vorüber; es geht vielleicht ans Ende der Welt und schmettert seine Fanfaren, berückend und leicht wie die Hoffnung, in die Luft der Boulevards; und schon hat das Auge Guys' die Waffen, die Haltung, die Physiognomie dieser Truppe gesehen, inspiziert, analysiert. Pferdegeschirr, Gefunkel, Musik, entschlossene Blicke, breite und ernste Schurrbärte, das alles dringt in buntem Gewirr in ihn ein; und in ein paar Minuten ist dann das Gedicht, das sich daraus bildet, im wesentlichen komponiert. Und so lebt seine Seele mit der Seele dieses Regiments, das dahinmarschiert wie ein einziges Lebewesen, ein stolzes Bild der Freude im Gehorsam!

Doch es ist Abend geworden. Das ist die seltsame, zweifelhafte Stunde, da des Himmels Vorhänge sich schließen, da die Städte sich entzünden. Das Gas streicht seinen Farbfleck auf den Purpur des Sonnenuntergangs. Ehrenhaft oder unehrenhaft, vernünftig oder närrisch, sprechen die Menschen bei sich: »Endlich ist der Tag vollendet!« Die Weisen und die Übeltäter sinnen auf Vergnügen, und jeder eilt an den Ort seiner Wahl, den Kelch des Vergessens zu trinken. Überall, wo nur Licht leuchten, wo Poesie erklingen, wo Leben wimmeln, wo Musik nur schwingen mag, wird Guys als letzter bleiben, überall, wo eine Leidenschaft seinem Auge Modell stehen mag, überall, wo der natürliche und der konventionelle Mensch sich in einer eigenartigen Schönheit zeigen, überall, wo die Sonne die raschen Freuden des verderbten Tieres, beleuchtet. »Nun, das ist ja freilich ein wohlangewandter

Tag,« sagt sich ein gewisser Leser, den wir alle kennen gelernt haben, »ein jeder von uns besitzt wohl Genie genug, ihn in der selben Weise auszufüllen.« Nein! wenig Menschen sind mit der Fähigkeit begabt, zu sehen; noch geringer ist die Zahl derer, die die Macht des Ausdrucks besitzen. Jetzt, zur Stunde, da die andern schlafen, ist dieser über seinen Tisch gebeugt; er heftet auf ein Blatt Papier den selben Blick, den er noch kurz zuvor auf die ihn umgebenden Dinge richtete; mit seinem Bleistift, seiner Feder, seinem Pinsel müht er sich ab, läßt das Wasser aus dem Glase bis an die Decke spritzen, wischt seine Feder an seinem Hemde aus, sich eilend, heftig erregt, tätig, als fürchte er, die Bilder möchten ihm entgleiten, hadernd, obgleich allein, sich selber rüttelnd. Und die Dinge erstehen wieder auf dem Papier, natürlich und mehr als natürlich, schön und mehr als schön, seltsam und mit einem enthusiastischen Leben begabt wie die Seele ihres Erweckers. Die Phantasmagorie ist aus der Natur ausgezogen worden. Alle Materialien, mit denen das Gedächtnis sich beschattet hatte, klassifizieren sich, ordnen sich, treten in harmonische Verbindungen und gehen jene erzwungene Idealisation ein, die das Ergebnis einer kindlichen, Wahrnehmung ist, das heißt einer verschärften und dank ihrer Unbefangenheit magischen Wahrnehmung!

III

Die Modernität

So geht er, läuft und sucht. Was sucht er? Ganz gewiß: dieser Mann, wie ich ihn dargestellt habe, dieser Einsiedler, der mit einer tätigen Imagination begabt ist, der immer durch ‚die große Menschenwüste' reist, hat ein höheres Ziel als ein reiner Müßiggänger, ein anderes, umfassenderes Ziel, als das flüchtige Pläsier des Augenblicks. Er sucht jenes Etwas, das ich mit Verlaub als die Modernität, bezeichnen will; denn es bietet sich kein besseres Wort, um die in Rede stehende Idee auszudrücken. Es handelt sich für ihn darum, von der Mode das loszulösen, was sie im Geschichtlichen an Poetischem, im Flüchtigen an Ewigem enthalten mag.

Wenn wir einen Blick auf unsre modernen Bilderausstellungen werfen, sind wir frappiert über die allgemeine Neigung der Künstler, alle Modelle mit alten Kostümen zu bekleiden. Fast alle bedienen sich der Moden und der Möbeln der Renaissance, wie David sich der römischen Moden und Möbeln bediente. Es findet dabei jedoch der Unterschied statt, daß David, der sich besonders griechische oder römische Sujets gewählt hatte, nicht anders konnte als sie in antiker Art kleiden, während die Maler von heute sich Stoffe von einer Natur wählen, die im allgemeinen eine Anwendung auf alle Epochen zuläßt, und sich dabei darauf versteifen, sie mit Kostümen des Mittelalters, der Renaissance oder des Orients herauszustaffieren. Es ist das offenbar das Zeichen einer großen Trägheit; denn es ist bequemer, zu erklären, an der Kleidung einer Epoche sei alles absolut häßlich, als sich die Mühe zu machen, die geheimnisvolle Schönheit, die darin enthalten sein mag, so gering oder flüchtig sie auch sei, herauszuholen. Die Modernität ist das Vorübergehende, das Entschwindende, das Zufällige, ist die Hälfte der Kunst, deren andere Hälfte das Ewige und Unabänderliche ist. Es hat eine Modernität für jeden alten Maler gegeben; die meisten Porträts, die aus früheren Zeiten auf uns gekommen sind, zeigen die Kostüme ihrer Zeit. Sie sind vollkommen harmonisch, weil das Kostüm, die Haartracht und selbst die Geste, der Blick und das Lächeln – denn jede Epoche hat ihre Haltung, ihren Blick und ihr Lächeln – ein Ganzes von vollkommener Lebensfülle bilden. Dieses sich wandelnde, flüchtige Element, dessen Metamorphosen so häufig sind, hat niemand das Recht zu verachten oder unbeachtet zu lassen. Wer es unterdrückt, fällt notgedrungen in das Vacuum einer Schönheit, die abstrakt und undefinierbar wäre wie die des einzigen Weibes vor dem Sündenfalle. Und wer das Zeitkostüm, das sich doch unbedingt aufdrängt, durch ein anderes ersetzt, begeht eine Widersinnigkeit, die nur im Falle einer von der Mode gewollten Maskerade zu entschuldigen ist. So sind die Göttinnen, die Nymphen und die Sultaninnen des achtzehnten Jahrhunderts ‚moralisch' ähnliche Porträts.

Es ist zweifellos ausgezeichnet, die alten Meister zu studieren, um malen zu lernen, aber solches Studium kann nur eine überflüssige Übung sein für jemanden, der die

Absicht hat, den Charakter der gegenwärtigen Schönheit zu begreifen. Die Draperien des Rubens oder Veronese werden niemanden lehren, ‚Moire antique', ‚Satin à la Reine' oder irgendwelchen anderen Stoff unserer Fabriken, den die Krinoline emporhebt und balanziert, oder die gestärkten Musselinröcke zu malen. Gewebe und Köper sind nicht die gleichen wie bei den Stoffen des alten Venedig oder wie bei jenen, die man am Hofe der Katharina trug. Fügen wir ferner hinzu, daß der Schnitt des Rockes und der Taille durchaus anders ist, daß die Falten nach einem neuen System angeordnet sind, und schließlich, daß die Geste und Haltung der Frau von heute ihrer Robe ein Leben und eine Physiognomie geben, die nicht sind wie bei den Frauen von ehedem. Mit einem Worte: damit jede *modernitas* würdig sei, *antiquitas* zu werden, muß ihr jene geheimnisvolle Schönheit entnommen werden, die das menschliche Leben unwillkürlich in sie hineinlegt. Diesem Streben insbesondere widmet sich Guys.

Ich sagte, jede Zeit habe ihre Haltung, ihren Blick und ihre Geste. Besonders in einer großen Porträtgalerie – der in Versailles zum Beispiel – fällt es leicht, diese Behauptung zu erhärten. Aber sie läßt sich noch weiter ausdehnen. In die Einheit, die sich Nation nennt, bringen die Gewerbe, die Stände, die Jahrhunderte die Vielfalt, nicht allein inbezug auf die Gesten und Manieren, sondern ebensogut auch bezüglich der positiven Gestaltung des Gesichts. Diese Nase, dieser Mund, diese Stirn fallen in einen Zeitraum, den ich hier zwar nicht abgrenzen, der aber gewiß einer Schätzung unterworfen werden kann.[1])

Ganz ebenso ist es auch mit dem Studium des Militärs, des Dandy, sogar des Tieres, sei es Hund oder Pferd, überhaupt mit allem, was das äußere Leben eines Jahrhunderts ausmacht. Was würde man zum Beispiel von einem Marinemaler sagen, der – ich treibe die Hypothese aufs äußerste – die gemäßigte und elegante ‚Schönheit' eines modernen Schiffes wiederzugeben hätte und nun seine Augen damit ermüdete, die übetadenen, windungreichen Formen, die monumentale Rückansicht des früheren Schiffes und die komplizierte Takelung des sechzehnten Jahrhunderts zu studieren? Und was dächte man von einem Künstler, der einen Auftrag auf das Porträt eines Vollbluts, einer Berühmtheit der Festlichkeiten des Turf, erhalten hätte und nun hinginge, seine Beobachtungen in den Museen zu vertiefen, und sich begnügte, das Pferd in den Galerien der Vergangenheit, bei Van Dyk, Bourguignon oder Van der Meulen zu studieren?

Von der Natur geleitet, von den Umständen tyrannisiert, hat Guys einen völlig anderen Weg eingeschlagen. Er hat damit begonnen, das Leben zu betrachten, und hat sich erst spät den Kopf zerbrochen, um sich die Mittel anzueignen, das Leben auszudrücken. Das Resultat war eine packende Originalität, bei welcher das, was von Barbarischem und Naivem haften geblieben sein mag, als ein neuer Beweis von Gehorsam dem Eindruck gegenüber, als eine der Wahrheit dargebrachte Schmeichelei erscheint. Die meisten von uns – vor allem die beschäftigten Leute,

---

[1]) Solche Erwägungen sind den Porträtmalern nicht vertraut genug; und im besonderen ist es der große Fehler Ingres', daß er jedem Typ, der vor seinen Augen Modell sitzt, eine mehr oder minder gewaltsame Vollkommenheit aufzwingen will, die er dem Repertoir der klassischen Ideen entliehen hat. – C. B.

in deren Augen die Natur nur insoweit existiert, als sie zu ihren Beschäftigungen in Nützlichkeitbeziehungen tritt – sind der tatsächlichen Phantastik des Lebens gegenüber merkwürdig abgestumpft. Diese Phantastik nimmt Guys unablässig in sich auf; sein Gedächtnis und seine Augen sind davon erfüllt.

IV

Die mnemonische Kunst

Dieses Wort ‚Barbarei', das mir vielleicht zu oft in die Feder gekommen ist, könnte manche zu dem Glauben führen, es handle sich hier um ein paar unförmige Zeichnungen, die nur die Imagination des Beschauers zu etwas Vollkommenem zu gestalten vermöchte. Das hieße mich schlecht verstehen. Ich denke an eine unvermeidliche, synthetische, kindliche Barbarei, die zuweilen in einer vollkommenen Kunst (der mexikanischen, der ägyptischen, der ninivitischen) noch sichtbar bleibt, und die dem Bedürfnis entspringt, die Dinge groß zu sehen, sie vor allem in der Wirkung ihrer Gesamtheit zu betrachten. Es ist nicht überflüssig, hier die Bemerkung zu machen, daß viele Leute alle die Maler der Barbarei geziehen haben, deren Blick synthetisch abkürzt, Corot zum Beispiel, der sich's angelegen sein läßt, zunächst die Grundlinien seiner Landschaft aufzureißen: ihr Knochengerüst und ihre Physiognomie. So markiert auch Guys, wenn er seine eigenen Eindrücke getreulich wiedergibt, mit einer instinktiven Energie die Gipfel- oder Lichtpunkte eines Objekts (sie können in dramatischer Hinsicht Gipfel- und Lichtpunkte sein) oder seine hauptsächlichsten Charakteristika, bisweilen sogar mit einer Übertreibung, die für das menschliche Gedächtnis von Nutzen ist; und die Imagination des Beschauers, die auch ihrerseits dieser so despotischen Mnemonik unterliegt, sieht klar den Eindruck, den die Dinge auf den Geist dieses Malers hervorgebracht haben. Der Beschauer ist hier der Übersetzer einer Übersetzung, die immer klar und berauschend ist.

Es gibt eine Bedingung, die der Lebensfülle dieser ‚legendären' Übersetzung des äußeren Lebens viel hinzugefügt. Ich meine die zeichnerische Methode Guys'. Er zeichnet aus dem Kopfe und nicht nach dem Modell, bis auf die Fälle (im Krimkriege zum Beispiel), wo eine dringende Notwendigkeit vorliegt, sofortige, eilige Notizen zu machen und die Hauptlinien eines Stoffes festzuhalten. In der Tat zeichnen alle guten, wahren Zeichner nach dem Bilde, das in ihrem Gehirn geschrieben steht und nicht nach der Natur. Wenn man uns die wunderbaren Handzeichnungen Raffaels, Watteaus und vieler anderer entgegenhält, so müssen wir sagen: das sind Notizen, sehr genaue freilich, aber doch bloße Notizen. Wenn ein wirklicher Künstler bis zur endgültigen Ausführung seines Werkes gediehen ist, würde ihm das Modell weit eher hinderlich als hülfreich sein. Es kommt sogar vor, daß Männer wie Daumier und Guys, die sich seit langem gewöhnt haben, ihr Gedächtnis zu üben und es mit Bildern auszufüllen, vor dem Modell und der Vielfalt der Einzelheiten, die es enthüllt, ihre Hauptfähigkeit verwirrt und gleichsam lahmgelegt fühlen.

Es tritt dann ein Widerstreit ein zwischen dem Bestreben, alles sehen, nichts vergessen zu wollen, und der Fähigkeit des Gedächtnisses, das die Gewohnheit angenommen hat, die Grundfarbe und die Silhouette, die Arabeske des Konturs rasch aufzufassen. Ein Künstler, der ein vollkommenes Formgefühl besitzt, zugleich aber gewohnt ist, vor allem sein Gedächtnis und seine Imagination zu betätigen, findet sich dann gleichsam erdrückt von einer ganzen Meute von Details, die mit der Wut einer auf absolute Gleichheit versessenen Menge alle ihr Recht begehren. Jedes Recht wird dabei aufs heftigste vergewaltigt; jede Harmonie zerstört, hingeopfert; manche Trivialität wird enorm; manche Kleinigkeit beherrschend. Mit je größerer Unparteilichkeit der Künstler sich über das Detail neigt, desto stärker vermehrt sich die Anarchie. Ist er kurzsichtig oder weitsichtig, so verschwindet jede Hierarchie und jede Unterordnung. Das ist ein Zustand, der sich oft in den Werken unserer beliebtesten Modemaler zeigt, deren Fehler übrigens zu den Fehlern der Menge in einem so trefflichen Verhältnis stehen, daß sie zu ihrer Popularität außerordentlich beigetragen haben. Etwas ganz Analoges kann man in der Praxis der Schauspielerkunst spüren, dieser so geheimnisvollen, so tiefen Kunst, die heute in die Wirrnis der Niedergangserscheinungen hinabgesunken ist. Frédérick-Lemaitre komponiert eine Rolle in der vollen breiten Art des Genies. So reich durchstirnt mit kleinen aufgesetzten Lichtern sein Spiel auch ist, es bleibt doch immer synthetisch und skulptural. Bouffé dagegen stattet seine Rollen mit der Kleinlichkeit eines kurzsichtigen Bureaukraten aus. Bei ihm springt alles in die Augen, und doch wird nichts zum Bilde, und doch will nichts vom Gedächtnis aufbewahrt sein.

Demgemäß zeigt sich in der Ausführung Guys' zweierlei: erstens die Anspannung einer auferweckenden, zum Leben beschwörenden Erinnerung, einer Erinnerung, die zu jedem Dinge sagt: »Lazarus, stehe auf!«, und zweitens ein Feuer, ein Rausch des Stiftes und des Pinsels, daß es fast wirkt wie Wut. Das ist die Angst, man möchte nicht rasch genug sein, man könnte das Phantom entgleiten lassen, ehe man noch die Synthese erfaßt und ausgezogen hätte; das ist diese furchtbare Angst, von der alle großen Künstler besessen werden und um deretwillen es ihr sehnlichstes Verlangen ist, alle Mittel des Ausdrucks sich zu eigen zu machen, damit niemals die Befehle des Geistes durch Verzögerungen der Hand Störungen und dann Veränderungen erfahren, damit zuguterletzt die Ausführung, die ideale Ausführung ebenso unbewußt, ebenso ‚flüssig' sei, wie es die Verdauung für das Gehirn eines normalen Menschen nach dem Diner ist. Guys beginnt mit leichten Bleistiftandeutugen, die nur die Stelle markieren, die die Gegenstände im Raum einnehmen sollen. Die Hauptgesichtsflächen werden sodann durch Tuschfarben bezeichnet; so entstehen Massen, die anfangs ganz flüchtig und leicht koloriert sind, die später aber wieder aufgenommen und nach und nach mit kräftigeren Farben bedeckt werden. Zuletzt wird dann der Kontur der Gegenstände endgültig mit Tinte umzogen. Wenn man die Werke nicht gesehen hat, sollte man nicht glauben, daß der Künstler so überraschende Wirkungen durch diese so einfache, fast elementare Manier erzielen kann. Sie hat den unvergleichlichen Vorteil, daß jede Zeichnung in jedem Augenblicke seiner Arbeit ausreichend fertig erscheint; man könnte sie meinetwegen eine Skizze nennen, aber eine vollkommene Skizze. Alle Valeurs stehen in vollem Einklang, und wenn er ihnen eine weitere Ausführung angedeihen lassen will, so werden sie stets in Reihe und Glied der gewünschten Vervollkommnung entgegenschreiten. Auf diese Weise bereitet er zwanzig Zeichnungen zugleich mit einer Unbändigkeit und einer Freude vor, die reizvoll und auch für ihn selber amüsant ist; die Skizzen häufen und stapeln sich zu zehnen, zu hunderten, zu tausenden. Von Zeit zu Zeit geht er sie durch, blättert und prüft und wählt dann einige aus, deren Intensität er mehr oder weniger verstärkt, deren Schatten er verdichtet, deren Lichter er in fortschreitender Folge aufhellt.

Eine ungeheure Wichtigkeit legt er den Hintergründen bei, die, kräftig oder leicht gegeben, nach Beschaffenheit und Natur stets den Figuren angepaßt sind. Die Stufenleiter der Töne und die Gesamtharmonie werden streng innegehalten, und zwar mit einem Genie, das mehr dem Instinkt als dem Studium zu verdanken ist. Denn Guys besitzt von Haus aus das geheimnisvolle Talent des Koloristen, eine wirkliche Gabe, die das Studium wohl mehren kann, die es an sich selber zu schaffen jedoch meiner Meinung nach nicht fähig ist. Um alles mit einem Worte zu sagen: Unser eigenartiger Künstler bringt zugleich die feierliche oder groteske Miene, Bewegung und Haltung der Wesen und ihre Lichtwirkung im Raum zum Ausdruck.

V

Der Dandy

Der reiche, müßige Mensch, der, blasiert sogar, keine andere Beschäftigung hat, als der Spur des Glückes nachzulaufen; der Mensch, der im Luxus groß gezogen und von Jugend auf an den Gehorsam der anderen Menschen gewöhnt ist, kurzum der Mensch, dessen einziger Beruf die Eleganz ist, wird sich stets, zu allen Zeiten, einer besonderen, durchaus eigenen Physiognomie erfreuen. Der Dandysm ist eine nicht scharf zu definierende Einrichtung, ebenso sonderbar wie das Duell; sehr alt, da Caesar, Catilina, Alcibiades uns hervorstechende Muster dafür bieten; sehr allgemein, da Chateaubriand ihn in den Wäldern und an den Seen der neuen Welt gefunden hat. Der Dandysm, der eine Institution außerhalb der Gesetze ist, hat rigurose Gesetze, denen alle die Seinen streng unterworfen sind, wie groß auch im übrigen das Ungestüm und die Unabhängigkeit ihres Charakters sein möge.

Die englischen Romanschreiber haben mehr als die anderen den Roman des *high life* gepflegt, und die Franzosen, die, wie de Custine, speziell Liebesromane schreiben wollten, haben zunächst, und sehr mit Recht, Sorge getragen, ihre Personen mit hinlänglich großen Vermögen auszustatten, um all ihre Launen ohne Bedenken bezahlen zu können; weiterhin haben sie sie auch von jedem Berufe befreit. Diese Wesen haben nichts anderes zu verrichten, als die Idee des Schönen in ihrer Person zu pflegen, ihren Leidenschaften Genüge zu tun, zu empfinden und zu denken. Sie besitzen also zu freier Verfügung und im größesten Maßstabe Zeit und Geld, als ohne welche die Laune, auf eine flüchtige Träumerei reduziert, sich nie in Handlung umsetzen kann. Es ist leider nur allzu wahr, daß ohne Muße und Geld die Liebe nichts als ein derber Rausch oder die Erfüllung einer ehelichen Pflicht zu sein vermag. Anstatt einer sprühenden oder träumerischen Laune wird sie ein widerliches Nützlichkeitobjekt.

Wenn ich gelegentlich des Dandysm von der Liebe spreche, so geschieht es, weil die Liebe die natürliche Beschäftigung der Müßigen ist. Aber der Dandy erblickt in der Liebe keinen Spezialzweck. Wenn ich vom Gelde gesprochen habe, so geschah's, weil das Geld für die Leute, die sich aus der Pflege ihrer Leidenschaften einen Kult bilden, eine Unerläßlichkeit bedeutet; aber der Dandy strebt nicht nach Gelde als etwas an sich wesentlichem; ein unbeschränkter Kredit könnte ihm genügen; er überläßt diese grobe Leidenschaft den gewöhnlich gesinnten Sterblichen. Der Dandysm ist auch gar nicht einmal, wie viele Leute von geringer Überlegungkraft zu glauben scheinen, eine unmäßige Liebe zur Toilette und zur materiellen Eleganz. Diese Dinge sind für den vollkommenen Dandy nur ein Symbol der aristokratischen Überlegenheit seines Geistes. So besteht denn auch für seine Augen, die vor allem andren auf Distinktion, bedacht sind, die Vollkommenheit der Toilette in der absoluten Einfachheit, als welche in der Tat die beste Art ist, sich zu ‚unterscheiden'. Worin besteht dann also jene Leidenschaft, die, Doktrin geworden, aus den beherrschenden Adepten diese ungeschriebene Institution gemacht hat, die eine so hochgemute Kaste bildete? Sie besteht vor allem in dem brennenden Bedürfnis, sich eine Originalität zu bilden, die sich in den äußeren Grenzen der Konvenienz hält. Sie besteht in einer Art von Kult seiner selber, der die Suche nach dem Glück, das man in jemand anderem, im Weibe zum Beispiel, finden könnte, der selbst alles, was man als Illusionen bezeichnet, zu überleben vermag. Sie besteht in dem Pläsier, in Erstaunen zu setzen, und in der stolzen Genugtuung, selbst doch nie erstaunt zu sein. Ein Dandy kann ein blasierter, kann sogar ein leidender Mensch sein; aber in letzterem Falle wird er lächeln, wie der Lacedämonier unter dem Bisse des Fuchses lächelte.

Man sieht, in mancher Beziehung grenzt der Dandysm an den Spiritualismus und den Stoizismus. Aber ein Dandy kann niemals ein alltäglicher Mensch sein. Wenn er ein Verbrechen beginge, so würde er darum vielleicht nicht herabgesunken sein; wenn dieses Verbrechen jedoch einer trivialen Quelle entstammte, so wäre die Schande nicht wieder gut zu machen. Der Leser möge über diesen Ernst im Frivolen sich nicht empören und sich erinnern, daß in allem Wahnwitz Größe, in allen Excessen Kraft steckt. Seltsamer Spiritualismus! Für die, welche zugleich seine Priester und seine Opfer sind, sind alle komplizierten materiellen Bedingungen, denen sie sich unterwerfen – von der untadeligen Toilette zu jeder Stunde des Tages und der Nacht bis zu den gefährlichsten Kraftleistungen des Sports – nichts als eine geeignete Gymnastik zur Stärkung des Willens und zur Disziplinierung der Seele. In der Tat, ich hatte nicht so ganz unrecht, den Dandysm als eine Art Religion zu betrachten. Die strengste Klosterregel, der unweigerliche Befehl des ‚Alten vom Berge', der seinen berauschten Schülern den Selbstmord anbefahl,[1]) war nicht despotischer und fand keinen willigeren Gehorsam, als diese Doktrin der Eleganz und der Originalität, die ihrerseits gleichfalls ihren ehrgeizigen und hingabevollen Sektierern – oftmals ungestümen, leidenschaftlichen, mutigen Naturen voll gehaltener Energie – den furchtbaren Spruch auferlegt: *Perinde ac cadaver!*

Ob diese Menschen sich Raffinés, Incroyables, ‚Löwen' oder ‚Dandys' nennen: der Ursprung ist bei ihnen allen der gleiche; allen ist derselbe oppositionelle und revolu-

---

[1]) Der ‚Alte vom Berge' gehört (mit dem mysteriösen ‚Melmoth' etwa) zu den legendären Persönlichkeiten, die sich in Baudelaires Werken nicht bloß ein vereinzeltes Mal citiert finden; über ihn liest man auch in der Abhandlung vom Haschisch, wo sogar einiges Quellenmaterial zusammengetragen ist. Und wie Baudelaire sein Interesse am *Club des hachischins* mit Théophile Gautier teilte, so auch – und das ist vielleicht interessant genug, um diese Note zu rechtfertigen – sein Interesse für diesen ‚Alten vom Berge', „der diejenigen seiner jüngeren Schüler, denen er eine Vorstellung vom Paradiese geben wollte, zunächst mit Haschisch berauschte und dann in einen Garten voller Lustbarkeiten einschloß," um ihnen zuletzt für ihren „passiven und unüberlegten Gehorsam" den Selbstmord anzubefehlen. Diese fast ungeheuerlich wirkende Persönlichkeit hatte auf Gautier einen so unauslöschlich tiefen Eindruck gemacht, daß er sich lange Jahre mit dem Plan eines großen Romanes *Le Vieux de la Montagne* getragen hat. Schon 1845 ist über das geplante Werk ein Verlagsvertrag zwischen Gautier und Delavigne abgeschlossen worden. Doch blieb es ungeschrieben. 1866 bittet Gautier einen Freund, den Roman nunmehr anzukündigen; die Ankündigung war bald gemacht, der Roman nicht. Spoelberch de Lovenjoul (‚Projets littéraires de Th. Gautier' in *Les Lundis d'un Chercheur*) mutmaßt, daß die Anregung zu diesem Stoffe bei Gautier auf Gérard de Nerval zurückzuführen sei, dessen Rückkehr von seiner syrischen Reise mit dem Auftauchen der ersten Ideen Gautiers für einen Roman *Le Vieux de la Montagne* zeitlich genau zusammenfällt. Ich finde in Gautiers Vorwort zu Gérards *Aurélia ou le Rêve et la Vie* einen Satz, der in diesem Zusammenhange nicht ohne Bedeutung ist: „Il put voir le Caire, la Syrie, Constantinople, et il revint de des voyages plus imbu encore d'idées de cabale, de magisme, d'initiations mystiques ..." etc. – Es ist interessant, daß die Erwähnungen, die der Alte vom Berge in Baudelaires Schriften findet, in die sechziger Jahre fallen, in denen Gautier seinen Plan (vielleicht also auf Baudelaires Anraten) noch einmal aufnahm. – M. B.

tionäre Charakter gemeinsam; alle sind sie Repräsentanten dessen, was das beste am menschlichen Stolz und Hochmut ist: jenes heutzutage nur allzu seltenen Bedürfnisses, die Trivialität zu bekämpfen und zu zerstören. Daraus entsteht denn auch bei den Dandys jene hochfahrende Attitude einer Kaste, die unerachtet ihrer Kälte etwas Herausforderndes hat. Der Dandysm erscheint mit Vorliebe in den Übergangzeiten, wenn die Demokratie noch nicht allmächtig ist, wenn die Aristokratie erst zum Teil wankt und herabsinkt. Im Trubel solcher Zeitläufte ist es möglich, daß manche deklassierten, degoutierten, müßigen Menschen, die im übrigen jedoch reich sind an ursprünglicher Kraft, den Plan fassen, eine Art neuer Aristokratie zu begründen, die umso schwieriger zerstörbar sei, als sie sich auf die kostbarsten, unaustilgbarsten Eigenschaften gründen soll, auf die Himmelsgaben, die Arbeit und Geld nicht zu verleihen vermögen. Der Dandysm ist der letzte Ausbruch von Heroismus in den Niedergangepochen; und der Dandytyp, dem der Wanderer in Nordamerika begegnete, tut dieser Idee in keiner Weise Abbruch: denn nichts steht der Annahme im Wege, die Stämme, die wir als ‚Wilde' bezeichnen, seien die Überreste großer, verschwundener Zivilisationen.[1]) Der Dan-

---

[1]) „Die Wilden ... sind nicht Urmenschen, sondern verwilderte Menschen, Abkömmlinge dahin verirrter oder verschlagener Menschen aus einem kultivierten Stamm, dessen Kultur unter sich zu erhalten sie unfähig waren." (Schopenhauer, Parerga II, ‚Zur Philosophie und Wissenschaft der Natur', § 92.) – Ein ‚Dandytyp' ist zweifellos auch Immermanns Hofschulze; Immermann betont sogar die Verwandtschaft, die in dieser Beziehung sein westfälischer Bauer mit dem Aristokraten hat im Gegensatz zum bürgerlichen Mittelstande. – Auch unter den Verbrechern befindet sich der Dandy in ausgeprägter Form. (Vgl. Bruns, *Genie, Dandysm und Verbrechertum* in Groß' ‚Archiv für Kriminalistik und Kriminal-Anthropologie', Bd. XIV.) – M. B.

dysm ist ein Sonnenuntergang; gleich dem Gestirne, das zur Rüste geht, ist er erhaben, ohne Wärme und voll Melancholie. Aber ach! der steigende Sumpf der Demokratie, der alles überschwemmt und alles gleichmacht, ertränkt Tag für Tag diese letzten Repräsentanten des menschlichen Stolzes und flutet Vergessen über die Spuren dieser wunderbaren Myrmidonen. Die Dandys werden bei uns immer seltener[2]), während bei unsern Nachbarn in England die sozialen Verhältnisse und die Konstitution (die wahre Konstitution, jene, die sich durch die Sitten äußert) den Erben Sheridans, Brummels und Byrons noch lange einen Platz lassen wird, wenn sich überhaupt welche zeigen werden, die dessen würdig sind.

Was dem Leser als eine Abschweifung hat erscheinen mögen, ist in der Tat durchaus keine. Die moralischen Betrachtungen und Träumereien, die uns über den Zeichnungen eines Künstlers kommen, sind in vielen Fällen die beste Wiedergabe, die der Kritiker von ihnen liefern kann; die Suggestionen bilden einen Teil der Mutteridee selber, und indem man jene der Reihe nach mitteilt, kann man von dieser einen Begriff geben. Muß ich noch sagen, daß Guys, wenn er einen seiner Dandys aufs Papier zeichnet, ihm stets seinen historischen Charakter gibt – seinen legendären, möchte ich sogar fast sagen, wenn es sich nicht hier um die Gegenwart handelte und um Dinge, die gemeinhin als Narreteien betrachtet werden. Diese Leichtig-

---

[2]) Baudelaire hat über vier französische Dandys stets zu schreiben geplant: als 1860 die *Paradis artificiels* erschienen, war auf dem Umschlage unter anderem ein Essai angekündigt ‚La famille des Dandies ou Chateaubriand, de Custine, Paul de Molènes et Barbey d'Aurevilly'; doch bei der Ankündigung verblieb es. Seine Tagebuchnotizen kommen gleichfalls häufig auf den Dandy zurück. – M. B.

keit der Alluren, diese Sicherheit der Manieren, diese Einfachheit und Selbstverständlichkeit der Herrschermiene, diese Art, einen Anzug zu tragen und ein Pferd zu lenken, diese stets geruhigen Gesten, die doch so viel Kraft offenbaren – das alles ist's ja gerade, was uns beim Anblick eines solchen privilegierten Wesens, in dem das Anmutige und das Furchtbare so mysteriös sich mischen, auf den Gedanken bringt: »Der da ist vielleicht ein reicher Mann, sicherer aber noch ist er ein Herkules ohne Beschäftigung.«

Der Schönheitcharakter des Dandy besteht vor allem in der kühlen Miene und Haltung, in der sich der unerschütterliche Vorsatz ausspricht sich nicht bewegen zu lassen; das wirkt wie ein verborgenes Feuer, das man ahnt und das strahlen könnte, aber nicht will. Und gerade das ist in diesen Bildern vollkommen zum Ausdruck gebracht.

VI

Das Weib

Das Wesen, das für die meisten Männer die Quelle der lebhaftesten und – sagen wir's zur Schande der philosophischen Wollüste – sogar der dauerhaftesten Genüsse ist; das Wesen, dem alle ihre Bestrebungen gelten oder nützen; jenes Wesen, furchtbar und unmitteilbar wie Gott (mit dem Unterschied, daß das unendliche Wesen sich nicht mitteilt, weil es das Endliche blenden und zermalmen würde, wohingegen das Wesen, von dem wir sprechen, vielleicht nur darum unbegreiflich ist, weil es nichts mitzuteilen hat); jenes Wesen, in dem Joseph de Maistre ‚ein schönes Tier' sah, dessen Reiz und Anmut das ernste Spiel der Politik heitrer und leichter machen, für das Güter erworben, durch das sie verloren werden; für das, vor allem aber durch das, die Künstler und die Dichter ihre kostbarsten Kleinode schaffen; dem die entnervensten Freuden und die fruchtbarsten Leiden entstammen: das Weib mit einem Worte, ist für den Künstler im allgemeinen, und für Guys im besonderen, nicht bloß das Weibchen des Mannes. Es ist vielmehr eine Gottheit, ein Gestirn, unter dessen Aspekt alle Schöpfungen des männlichen Gehirns entstehen; es ist eine Spiegelung alles Anmutigen, das die Natur besitzt, und das sich hier in einem einzigen Wesen verdichtet; es ist der Gegenstand der lebhaftesten Bewunderung und Neugier, die das Bild des Lebens im Beschauer erregen kann. Es ist eine Art

Götze, stupid vielleicht, aber blendend, bezaubernd: an seinen Blicken hangen Schicksal und Wille. Es ist nicht, sage ich, ein tierisches Lebewesen, dessen korrekt angeordnete Gliedmaßen ein vollkommenes Beispiel von Harmonie darbieten; es ist sogar nicht einmal der reine Schönheittyp, wie ihn der Bildhauer in seinen strengsten Meditationen sich zu erträumen vermag; nein, das würde nicht ausreichen, seinen geheimnisvollen und vielfältigen Zauberbann zu erklären. Hier helfen uns Winckelmann und Raffael nicht weiter; und ich bin gewiß: trotz seines umfassenden Intellekts würde Guys – das soll ihn nicht beleidigen – ein Werk der antiken Bildhauerei fahren lassen, wenn er anders die Gelegenheit verlöre, ein Porträt von Reynolds oder Lawrence zu genießen. Alles, was das Weib schmückt, alles, was dazu dient, seine Schönheit in das hellste Licht zu setzen, bildet einen Teil des Weibes selber; und die Künstler, die sich im besonderen dem Studium dieses rätselhaften Wesens widmen, sind ebenso vernarrt in den ganzen *mundus muliebris* wie in das Weib selbst. Das Weib ist fraglos eine Leuchte, ein Blick, eine Einladung zum Glück, ein Wort bisweilen; aber es ist vor allem eine allgemeine Harmonie, nicht allein in ihrer Art, sich zu geben, und in der Bewegung ihrer Glieder, sondern auch in ihrem Musselin, ihrer Gaze, ihren mächtigen, schimmernden Wolken von Stoffen, in die sie sich hüllt und die gleichsam die Attribute und das Piedestal ihrer Göttlichkeit sind; in dem Metall und dem Gestein, das schlängelnd sich um Arm und Hals ihr windet und zu dem Feuer ihrer Blicke noch sein Geschiller und Gefunkel fügt oder auch mit sanftem Laut in ihre Ohren plappert.

Welcher Dichter würde in dem Gemälde des Entzückens, das die Erscheinung einer schönen Frau hervorruft, das Weib von seinem Kostüm zu trennen wagen? Wo ist der Mann, der auf der Straße, im Theater, im Bois, nicht in der uninteressiertesten Art an einer einsichtvoll komponierten Toilette sich erfreut und ein Bild von ihr mit heimgenommen hat, unzertrennlich von der Schönheit derer, die jene Toilette trug, indem er also aus den beiden, der Frau und der Robe, eine unteilbare Einheit machte? Dies, scheint mir, ist der geeignete Ort, um auf gewisse Fragen bezüglich der Mode und des Schmucks zurückzukommen, die ich zu Anfang dieser Studie nur gestreift habe, und die Kunst der Toilette in Schutz zu nehmen gegen die ungereimten Verleumdungen, mit der gewisse recht verfängliche Liebhaber der Natur sie überhäufen.[1]

---

[1] Baudelaire tadelt im folgenden Kapitel das achtzehnte Jahrhundert, das mit seiner Moral der ‚Natur' eine schiefe Auffassung der menschlichen Künstlichkeiten erzeugt habe. Demgegenüber sind Rétifs Ansichten von Interesse, wie er sie im achtundneunzigsten Briefe in der *Paysanne pervertie* zum Ausdruck bringt: „Du sollst den Moden folgen, so extravagant sie auch scheinen mögen: denn sie geben der Schönheit ein Element, das in Extase versetzt. Aber zugleich vervollkomme sie auch; achte stets, daß du ihre Formen auf das wirklich Schöne zurückführst, was sehr leicht ist, da die extravaganteste Mode ganz gewiß irgendwie vom Schönen ausgeht ..." usw. M. B.

VII

Lob der Schminke

Es gibt eine Chanson, derart trivial und läppisch, daß man sie in einer Arbeit, die einigen Anspruch auf Ernsthaftigkeit erhebt, nicht wohl zitieren kann, welche aber doch im Vaudevillistenstil recht gut die Ästhetik der Leute zum Ausdruck bringt, die nicht denken. »Die Natur verschönt die Schönheit!« Man darf annehmen, daß der ‚Dichter' wäre er seiner Muttersprache mächtig gewesen, gesagt haben würde: »Die schlichte Einfalt verschönt die Schönheit!« was jener Wahrheit, völlig unerwarteter Art gleichkommt: Das Nichts verschönt das Seiende.

Die meisten Irrtümer bezüglich des Schönen entstammen der falschen Auffassung des achtzehnten Jahrhunderts bezüglich der Moral. Die Natur ward in jener Zeit als Grundlage, Quelle und Typus jedes möglichen Guten und Schönen angenommen. Die Verneinung der Erbsünde hatte an der allgemeinen Verblendung in jenen Tagen einen nicht geringen Anteil. Wenn wir gleichwohl gewillt sind, uns einfach an die sichtbare Tatsache, an die Erfahrung aller Zeiten und an die ‚Gerichts-Zeitung' zu halten, so werden wir einsehen, daß die Natur gar nichts oder so viel wie gar nichts lehrt, insofern sie nämlich den Menschen zwingt, zu schlafen, zu trinken, zu essen und, so gut oder schlecht es nun eben gehen will, sich gegen die feindlichen Einflüsse der Atmosphäre zu schützen. Sie ist es auch, die den Menschen dazu treibt, seinesgleichen zu töten, zu verzehren, einzusperren, zu foltern; denn sobald wir den Bereich der Notwendigkeiten und der Bedürfnisse verlassen, um in den des Luxus und der Genüsse einzutreten, sehen wir, daß die Natur nur zum Verbrechen raten kann. Diese unfehlbare Natur ist es, die den Verwandtenmord und die Menschenfresserei schuf und tausend andere Abscheulichkeiten, die aufzuzählen Scham- und Feingefühl uns verbieten. Die Philosophie (ich meine die gute) und die Religion befehlen uns, arme, schwächliche Verwandte zu ernähren. Die Natur (die nichts anderes ist als die Stimme unseres Interesses) gebietet uns, sie zu ermorden. Man überblicke und analysiere einmal alles, was natürlich ist, alle Handlungen und Begierden des rein natürlichen Menschen: nur Entsetzliches wird man finden. Alles Schöne und Edle ist das Ergebnis von Vernunft und Überlegung. Das Verbrechen, zu dem das Menschtier schon im Leibe seiner Mutter einen Hang in sich aufgesogen hat, ist von ursprünglicher Natürlichkeit. Die Tugend dagegen ist ‚künstlich‘, übernatürlich, da es zu allen Zeiten und bei allen Völkern der Götter und der Propheten bedurft hat, um sie die vertierte Menschheit zu lehren, und weil der Mensch allein unfähig gewesen wäre, sie zu entdecken. Das Böse geschieht mühelos, n a t ü r l i c h, zufolge Notwendigkeit und Verhängnis; das Gute ist stets das Erzeugnis einer Kunst.

Alles, was ich über die Natur als schlechte Beraterin auf dem Gebiete der Moral und über die Vernunft als wahrhafte Erlöserin und Erneuerin sage, läßt sich auf den Bereich des Schönen übertragen. Ich komme so dahin, den Schmuck als eins der Zeichen für den uranfänglichen Adel der menschlichen Seele zu betrachten. Die Rassen, die unsere Zivilisation, verwirrt und verderbt, mit völlig lächerlichem Stolz und Schwachsinn gern als wilde behandelt, begreifen ebensogut wie das Kind die hohe geistige Bedeutung der Toilette. Der Wilde und das Baby bezeugen durch ihre naive Sucht nach dem Glänzenden – nach buntscheckigem Federwerk, nach schillernden Stoffen, nach der übertriebenen Erhabenheit der künstlichen Formen – ihr Mißfallen an der Wirklichkeit und beweisen so ohne Wissen und Wollen die Immaterialität ihrer Seele. Wehe jenem, der, wie Ludwig XV. (welcher nicht das Produkt einer wahren Zivilisation, sondern einer Rückströmung von Barbarei war), die Entartung so weit treibt, daß er schließlich nur noch ‚die schlichte Natur' mag!

Die Mode muß also als ein Symptom des Strebens nach dem Ideal angesehen werden – nach jenem Ideal das im menschlichen Gehirn alles überflutet, was das natürliche Leben an Grobem, Irdischem und Unsauberem dort aufhäuft – jenem Ideal, das als eine erhabene Umgestaltung der Natur oder vielmehr als ein fortwährender und allmählich fortschreitender Versuch einer Neugestaltung der Natur sich darstellt. Demgemäß hat man ganz mit Recht – ohne den Grund dafür zu erkennen – darauf hingewiesen, daß alle Moden reizvoll sind, das heißt relativ reizvoll, indem ja eine jede ein neues, mehr oder minder glückliches Streben nach dem Schönen bedeutet, eine wie auch immer geartete Annäherung an ein Ideal, das zu erreichen es den unbefriedigten Menschengeist fortwährend kitzelt. Aber die Moden dürfen, sofern man sie richtig schätzen will, nicht als tote Dinge betrachtet werden; dann könnte man ebensogut die abgelegten Kleider bewundern wollen, die lässig und müßig im Schranke eines Trödlers hängen. Man muß sie sich verlebendigt vorstellen, belebt durch die schönen Frauen, die sie trugen. Nur so wird man ihren Sinn und ihren Geist verstehen. Wenn also der Aphorismus »Alle Moden sind reizvoll!« als allzu absolut den Leser quälen sollte, so sage er – und er wird sicher sein, sich nicht zu täuschen –: Alle hatten einst ihren rechtmäßigen Reiz.[1]

Die Frau ist ganz in ihrem Recht, und sie erfüllt sogar eine Art Pflicht, wenn sie das Bestreben hat, magisch und übernatürlich zu erscheinen; sie soll erstaunlich sein und voller Reiz; ein Götzenbild, muß sie mit Gold sich schmücken, auf daß sie angebetet werde. So muß sie denn allen Künsten die Mittel entleihen, sich über die Natur hinwegzuheben; denn um so leichter wird sie die Herzen unterjocht, wird sie die Geister jäh betroffen sehen.[2] Recht wenig will's besagen, daß die Kniffe und Künste jedermann kennt, wenn ihr Er-

---

[1] Noch unlängst hat ein Kenner der Mode, zugleich ihr Zeichner und ihr Ästhetiker, diese Wahrheit aufs Neue ausgesprochen: „Die hübscheste Mode – darüber besteht kein Zweifel und alle Welt ist sich darin einig – ist immer die gerade gegenwärtige, und das hat einen ganz einfachen Grund: die vergangenen Moden sind nur noch farblose Erinnerungen; sobald sie nicht mehr getragen werden, gewahren wir leicht ihre Fehler und ihre Lächerlichkeiten ... Was alle Welt reizt und verführt, was wir an ihr bemerken, mein Lieber, was uns so entzückend erscheint, und das Strahlen der weiblichen Anmut, ist das Weib selber. – Nein, niemals hat man sich besser gekleidet als heute! Zu allen Zeiten, mit Bezug auf alle Moden haben die Frauen es in gutem Glauben erklärt, wenn sie sich in ihrem Spiegel betrachteten, und die Männer, oft unbequeme Richter, haben ebenso gedacht ..." u. s. w. (A. Robida, Mesdames nos aïeules; dix siècles d'élégances.) – M. B.

[2] Sogar bei Kant ist ein verwandter Gedankengang zu finden: „Will man den ganzen Menschen studieren, so darf man nur auf das weibliche Geschlecht seine Augen richten: denn wo die Kraft schwächer ist, da ist das Werkzeug um so künstlicher. Daher hat die Natur in das weibliche Geschlecht eine natürliche Anlage zur Kunst gelegt. Der Mann ist geschaffen, um über die Natur zu gebieten, das Weib aber, um den Mann zu regieren. Zum ersteren gehört viel Kraft, zum andern viel Geschicklichkeit." – M. B.

folg gewiß und ihre Wirkung ewig unwiderstehlich ist. In diesen Betrachtungen wird der philosophische Künstler leicht die Berechtigung all jener Praktiken finden, die die Frauen zu allen Zeiten angewendet haben, um ihre gebrechliche Schönheit, wenn ich so sagen darf, zu konsolidieren und zu vergöttlichen. Sie aufzuzählen würde nicht möglich sein; beschränken wir uns auf das, was unsere Zeit grobhin sich schminken, nennt: Wer sieht nicht, daß die *Poudre de riz,* die unsere wahrheitbeflissenen Philosophen so dumm verdammen, zum Zwecke und zum Ziele hat (das heißt beabsichtigt und erreicht), alle Flecke, mit denen die Natur in so verletzender Art den Teint übersät, verschwinden zu lassen und in der Körnung und Färbung der Haut eine abstrakte Einheit herbeizuführen, welche Einheit – gleich jener, die der Trikot erzeugt – das menschliche Wesen sofort der Statue, das heißt einem göttlichen, höheren Wesen näherbringt? Was das künstliche Schwarz betrifft, das das Auge umkreist, und das Rot, das die obere Wangenpartie betont, so entspringt ihr Gebrauch allerdings dem selben Prinzip, nämlich dem Streben, gewissermaßen aus den Grenzen der Natur hinauszutreten, aber das Resultat dient der Befriedigung eines ganz entgegengesetzten Strebens. Das Rot und das Schwarz bedeuten das Leben, ein übernatürliches, sehr stark betontes Leben; dieser schwarze Rahmen macht den Blick tiefer und besonderer, gibt dem Auge entschiedener das Wesen eines Fensters, das mit dem Ausblick auf das Unendliche offen steht; das Rot, das auf dem Äpfelchen der Wange flammt, verstärkt noch die Klarheit, in der das Rund des Auges leuchtet, und fügt zu einem schönen Frauenantlitz die mysteriöse Leidenschaft der Priesterin.*)

So darf man also, wenn man mich recht versteht, das Antlitz nicht in der gemeinen, uneingestehbaren Absicht bemalen, die schöne Natur zu imitieren und mit der Jugend zu wetteifern. Man hat im übrigen auch die Beobachtung gemacht, daß künstliche Mittel die Häßlichkeit nicht verschönen und nur der Schönheit dienen können. Wer möchte wagen der Kunst die unfruchtbare Arbeit zuzuweisen, sie solle die Natur nachahmen? Die Schminkkunst hat sich nicht zu verbergen, muß nicht bestrebt sein, zu vermeiden, daß man sie erahnt; sie kann im Gegenteil sich offen zeigen, wenn nicht mit Affektation, so doch wenigstens mit einer gewissen Einfalt.

Jenen Leuten, die ihre schwere Gewichtigkeit hindert, das Schöne noch in seinen kleinsten Äußerungen aufzusuchen, gestatte ich gern, über meine Reflexionen zu lachen und eine kindische Feierlichkeit darin zu finden; ihr erhabenes Urteil läßt mich völlig unberührt; ich begnüge mich damit, mich an die wirklichen Künstler zu wenden, und ebenso an die Frauen, die bei ihrer Geburt einen Sternfunken von jenem heiligen Feuer empfingen, in dem sie nun sich ganz entzünden möchten.

---

*) Diesen ‚priesterlichen' Reiz, den die Schminkkunst dem Weibe verleiht, spürte auch Gérard de Nerval an den Frauen in Cairo, deren Antlitz fast ganz von einer schwarzen Maske bedeckt wird: „aber hinter diesem Walle erwarten dich brennende Augen, gewappnet mit jeglicher Verführung, die sie der Kunst entleihen können. Die Braue, die Augenhöhle, das Lid innerhalb der Wimpern sogar, sind durch Bemalung belebt, und es ist unmöglich, das Wenige von ihrer Persönlichkeit, das eine Frau sehen zu lassen hier das Recht hat, besser zur Geltung zu bringen ... Dieses ist recht das Land der Träume und der Illusion!" Auch an anderen Stellen seines schönen, anmutvollen Werkes spricht Gérard gern von dem ‚mysteriösen' Kleidungsapparat der egyptischen Frauen und rühmt Egypten, „das, ernsthaft und fromm, stets das Land der Rätsel und der Mysterien ist." (*Voyage en Orient*, t. I, ‚Les femmes du Caire'.) – M. B.

VIII

Damen und Dirnen

Da es sich Guys nun also zur Aufgabe gemacht hat, die Schönheit in der ‚Modernität' aufzusuchen und darzulegen, so zeigt er dementsprechend gern Frauen in großem Putz, durch allen künstlichen Pomp verschönt, welcher gesellschaftlichen Klasse sie auch angehören mögen. In der Kollektion seiner Werke springen übrigens die Kasten- und Rassenverschiedenheiten, unter welchem Apparat von Luxus die Gestalten sich auch zeigen, sofort dem Beschauer in die Augen, genau wie im Gewühl des menschlichen Lebens.

Bald erscheinen – getroffen von dem zerstreuten Licht eines Theatersaales, mit ihren Augen, ihren Edelsteinen, ihren Schultern den Glanz aufsaugend und widerstrahlend, aufleuchtend wie Porträts in der Loge, die ihnen als Rahmen dient – junge Damen der vornehmsten Welt. Die einen schwer und ernst, die andern blond und duftig. Die einen tragen in aristokratischer Unbekümmertheit eine früh gereifte Büste zur Schau, die andern zeigen in schlichter Einfalt eine knabenhafte Brust. Ihr Fächer rührt an ihre Zähne, ihr Blick schwimmt im Leeren oder er ankert auch; sie sind theatralisch und feierlich wie das Drama oder die Oper, der sie zu lauschen scheinen – scheinen wollen.

Bald sehen wir lässig in den Alleen der öffentlichen Gärten elegante Familien sich ergehen; die Frauen ziehen mit stiller Miene am Arme ihrer Männer daher, deren solide, gesättigte Gesichter von einem sicheren Vermögen und voller Zufriedenheit mit sich selber sprechen. Hier ersetzt der handgreifliche Eindruck die feine Distinktion. Schwächliche kleine Mädchen in weiten Röcken, die durch ihre Gesten und ihre Tournure kleinen Frauen gleichen, spielen Strickspringen oder Reifen oder statten einander unter freiem Himmel Visiten ab, so die Komödie wiederholend, die daheim ihre Eltern spielen.

Emportauchend aus einer untergeordneten Welt, stolz, endlich im Licht der Rampe zu erscheinen, schütteln Mädchen von kleinen Theatern, dürftig, gebrechlich, noch in der Entwicklung begriffen, über ihren jungfräulichen und kränklichen Formen seltsame Verkleidungen, die keiner Zeit angehören und ihre Freude bilden.

Von einem Hintergrund wie Höllenlicht oder von einem Hintergrund wie Nordlicht, rot, orange, schwefelfarben, rosa (denn mit dem Rosa verbindet sich eine Vorstellung von Ekstase in der Frivolität), bisweilen auch violett (das ist die Lieblingfarbe der Stiftsdamen; Kohleglut, die hinter einem azurenen Vorhang verlischt, von jenen magischen Hintergründen, die bald so, bald so das bengalische Licht nachahmen, hebt sich das vielgestaltige Bild der Schmugglerware Schönheit. Hier majestätisch, dort leicht, bald schlank, selbst überschlank, und bald zyklopisch; bald klein und sprühend, bald schwer und monumental. Sie hat sich eine herausfordernde, barbarische Eleganz erfunden, oder sie befleißigt sich, mehr oder weniger mit Glück, auch wohl der Einfachheit, die in einer besseren Klasse heimisch ist. Sie tritt hervor und schreitet und gleitet und tanzt und rollt mit ihrem Gewicht umsäumter Röcke, das ihr zugleich zum Halt und zur Balance dient; sie schleudert ihren Blick unter ihrem Hute hervor, wie ein umrahmtes Porträt. Sie repräsentiert so recht die Wildnis in der Zivilisation. Sie hat ihre Schönheit, die dem Element des Bösen entstammt, und diese Schönheit ist immer ohne Geistigkeit, bisweilen aber von einer Müdigkeit getönt, die Melancholie vortäuschen könnte. Ihr Blick überschweift den Horizont wie des Raubtiers Blick – ebenso planlos, ebenso gleichmütig zerstreut, zuweilen auch ebenso aufmerksam haftend. Wie sie der Typ der Zigeunerin ist, deren wirre Wege die Grenzen einer geregelten Gesellschaft überschreiten, so läßt die Trivialität ihres Lebens, eines Lebens in Schlichen und Kämpfen, sich auch durch ihre künstliche Zurichtung hindurch ganz unvermeidlich gewahren. Auf sie kann man mit Recht die Worte La Bruyères, des unnachahmlichen Meisters, anwenden: »Bei etlichen Frauen findet sich eine künstliche Größe, die den Bewegungen der Augen, der Haltung des Kopfes, der Art des Ganges eigen ist, die aber nicht darüber hinausgeht.«

Die Betrachtungen bezüglich der Courtisane lassen sich bis zu einem Grade auch auf die Schauspielerin anwenden; denn auch sie ist ein künstlich zugerichtetes Geschöpf, ein Gegenstand der öffentlichen Vergnügung. Hier aber ist die Eroberung, die Beute von edlerer, geistiger Natur. Es gilt, nicht nur durch die bloße physische Schönheit, sondern ebensosehr auch durch Talente der seltensten Art die allgemeine Gunst zu erlangen. Wie die Schauspielerin auf der einen Seite der Courtisane sich annähert, so ist sie auf der andren mit dem Dichter verwandt. Vergessen wir auch nicht, daß, abgesehen von der natürlichen und selbst der künstlichen Schönheit, bei allen Wesen ein Idiotismus des Metiers sich findet, ein Charakteristikum, das sich physisch in Häßlichkeit, ebensogut aber auch in einer Art professioneller Schönheit äußern kann.

In dieser ungeheuren Galerie des Londoner und des Pariser Lebens begegnen wir den verschiedenen Typen der irrenden Frau, der aufrührerischen Frau jeden Schlages: da ist zunächst die *femme galante* in ihrer ersten Blüte, um patrizische Alluren bemüht, stolz zugleich auf ihre Jugend und auf ihren Luxus, in den sie ihr ganzes Genie und ihre ganze Seele hineinlegt; einen breiten Saum von Satin, von Seide oder Samt, der sie umfließt, schürzt sie mit zwei Fingern delikat empor und setzt ihren spitz zulaufenden Fuß nach vorn, dessen allzu schmuckreiches Schuhwerk genügen würde, sie zu verraten, tät' es nicht schon die etwas lebhafte Emphase ihrer ganzen Toilette. Der Stufenleiter folgend steigen wir bis zu jenen Sklavinnen hinunter, die an schmutzigen, oft caféhausartig dekorierten Orten wohnen; jenen Unglücklichen, die unter die habgierigste Vormundschaft gestellt sind und nichts zu eigen besitzen, noch nicht einmal den excentrischen Putz, der ihrer Schönheit scharfe Würze ist.

Von jenen äußern die einen – Beispiele einer unschuldig-monströsen Dünkelhaftigkeit— durch die Haltung des Kopfes und durch ihre kühn erhobenen Blicke das offenbare Glücksgefühl des Daseins (zu welchem Zwecke jedoch?). Bisweilen finden sie ganz ungesucht

Posen von einer Kühnheit und einer Noblesse, die den feinsinnigsten Bildhauer entzücken würden, wenn der moderne Bildhauer den Mut und den Geist besäße, die Noblesse überall aufzusammeln, selbst im Straßenschmutz; dann wieder sieht man sie wie hingeschmettert in Attituden, aus denen die Verzweiflung der Langeweile spricht, in Kneipenstumpfsinn, in einem männlichen Cynismus, Zigaretten rauchend, zum Zeitvertreib, in der Ergebenheit des orientalischen Fatalismus; lang ausgestreckt, auf Kanapees sich räkelnd, den Rock hinten und vorn zum doppelten Fächer gerundet, oder im Gleichgewicht auf Taburetts und Stühlen hockend; schwerfällig, trübsinnig, stupid, extravagant, mit Augen, die von Branntwein glasig schimmern, und Stirnen, die der Eigensinn wölbt. Wir sind bis zur letzten Stufe der Spirale hinabgestiegen, bis zur *fœmina simplex* des römischen Satirikers. Bald sehen wir vom Hintergrunde einer Atmosphäre, in welcher Alkohol und Tabak ihre Dünste mischten, die überflammte Magerkeit der Schwindsucht sich abheben oder die Rundungen der Fettsucht, dieser scheußlichen Gesundheit des Müßiganges. In einem Chaos von Qualm und von Gold, wie die darbende Ehrbarkeit es sich nicht träumen läßt, bewegen sich in Haß und Krampf Nymphen des Todes und lebendige Puppen, aus deren kindlichem Auge eine düstre Klarheit strömt; indessen hinter einem Kontor, das Likörflaschen füllen, eine feiste Megäre sich brüstet; ihren Kopf umwindet ein schmutziges Tuch, das den Schatten seiner satanischen Zipfel auf die Wand zeichnet: man könnte denken, daß alles, was dem Erzbösen geweiht ist, verflucht sei, Hörner zu wagen.

Wahrhaftig, dem Leser weder zuliebe noch zuleide habe ich solche Bilder vor seinen Augen entrollt; so oder so würde ich die Achtung gegen ihn verletzt haben. Was diese Bilder kostbar macht und ihnen unverletzliches Existenzrecht gibt, sind die unzähligen, meist ernsten und schwarzen Gedanken, die sie erzeugen. Wenn aber etwa ein übel Beratener in diesen Kompositionen Guys', die sich durch sein ganzes Werk zerstreut finden, die Gelegenheit suchen möchte, einer krankhaften Begierde zu fröhnen, so bin ich menschenfreundlich genug, ihn im voraus zu benachrichtigen, daß er nichts finden wird, was eine kranke Phantasie erregen kann. Nichts als das unvermeidliche Laster wird er sehen: den Blick des Dämons, der aus dem Dunkel hervorlauert, oder die Schulter Messalinens, auf die mit spiegelndem Schein das Gaslicht fällt; nichts als die reine Kunst: die besondere Schönheit des Bösen, das Schöne, das im Grauenvollen wohnt. Zudem birgt – um es nebenher zu wiederholen – die Grundempfindung, die dieser Wust in den Beschauer überströmt, mehr Trübes als Erheiterndes. Was die besondere Schönheit dieser Bilder ausmacht, ist ihre moralische Fruchtbarkeit. Sie sind durchschwängert von Suggestionen, aber von grausamen, ätzenden, die meine Feder, wenngleich des Kampfes gegen die plastischen Darstellungen nicht ungewohnt, vielleicht doch nur ungenügend wiederzugeben vermochte.

*

So reihen sich, durch unzählbare Kreuzwege überschnitten, diese langen Galerien des *high life* und des *low life* aneinander. Wir können mit Sicherheit wetten, daß die Zeichnungen Guys' in wenig Jahren kostbare Archive des zivilisierten Lebens bilden werden. Seine Werke werden von den Liebhabern ebenso gesucht sein wie die der Debucourt, der Moreau, der Saint-Aubin, Carle Vernet, Lami, Deveria, Gavarni und aller jener ausgezeichneten Künstler, die zwar nur das Familiäre und das Hübsche dargestellt haben, nichtsdestoweniger aber in ihrer Art ernste Historiographen sind. Mehrere unter ihnen haben dem Hübschen sogar zu sehr geopfert und in ihre Kompositionen einen klassischen ‚Stil' hineingebracht, der dem Sujet fremd ist; mehrere haben sich dazu verstanden, Ecken abzurunden, haben die Unebenheiten des Lebens gemildert, haben sozusagen das Donnern des Orkans gedämpft. Minder gewandt als jene, bewahrt Guys ein tiefes und völlig eigenes Verdienst: er hat freiwillig eine Funktion erfüllt, die andere Künstler verachten und die zu erfüllen vor allem einem Manne von Welt zukam. Er hat überall die flüchtige, vergängliche Schönheit des gegenwärtigen Lebens gesucht, den Charakter dessen, was als die ‚Modernität' zu bezeichnen der Leser uns verstattet hat. Oftmals bizarr, gewaltsam, exzessiv, immer aber poetisch hat er in seinen Zeichnungen die bittere oder benebelnde Blume des Weines des Lebens zu konzentrieren verstanden.

Charles Baudelaire

Die Blumen des Bösen

Übersetzt von Therese Robinson

AN DEN LESER

In Dumpfheit, Irrtum, Sünde immer tiefer
Versinken wir mit Seele und mit Leib,
Und Reue, diesen lieben Zeitvertreib,
Ernähren wir wie Bettler ihr Geziefer.

Halb sind die Sünden, matt ist unsre Reue,
Und unsre Beichte macht sich fett bezahlt,
Nach ein paar Tränen rein die Seele strahlt
Und wandert froh den schmutzigen Pfad aufs neue.

Satan, der Dreimalgrosse, übt die Künste,
Auf seinem Kissen wiegt er unsern Geist,
Bis das Metall, das Kraft und Wille heisst,
vom Zaubrer aufgelöst in fahle Dünste.

Des Teufels Fäden sind's, die uns bewegen,
Wir lieben Graun, berauschen uns im Sumpf,
Und Tag für Tag zerrt willenlos und stumpf
Der Böse uns der Hölle Stank entgegen.

Wie an der Brust gealterter Mätressen
Der arme Wüstling stillt die tolle Gier,
So haschen nach geheimen Lüsten wir,
Um sie wie dürre Früchte auszupressen.

Die Blumen des Bösen

Gleich Würmern wimmelnd ist ins Hirn gedrungen
Die Teufelsschar, die uns zerstören muss,
Wir atmen, und ein unsichtbarer Fluss,
Der Tod, strömt klagend hin durch unsre Lungen.

Wenn Notzucht, Gift und Dolch und alles Böse
Noch nicht geschmückt mit holder Stickerei
Des Schicksals Grund voll fadem Einerlei,
Dann ist's, weil unsre Seele ohne Grösse.

Doch zwischen Panthern, Schakalen und Hunden,
In der Skorpionen, Schlangen, Affen, Welt,
Die kriecht und schleicht und heult und kläfft und bellt,
Im Tierhaus unsrer Laster ward gefunden

Das schlimmste, schmutzigste von allen Dingen,
Die Qual, die nicht Gebärde hat noch Schrei,
Und doch die Erde macht zur Wüstenei
Und gähnend wird dereinst die Welt verschlingen:

Der Überdruss! – Tränen im Blick, dem bleichen,
Träumt vom Schafott er bei der Pfeife Rauch.
Du, Leser, kennst das holde Untier auch,
Heuchelnder Leser – Bruder – meinesgleichen!

SEGEN

Wenn nach des Himmels mächtigen Gesetzen
Der Dichter kommt in diese müde Welt,
Schreit seine Mutter auf, und voll Entsetzen
Flucht sie dem Gott, den Mitleid selbst befällt.

„Warum gebar ich nicht ein Nest voll Schlangen,
Statt diesem Spottgebild verwünschter Art!,
Verflucht die Nacht, in der mein Bauch empfangen,
Da flüchtiger Lust so bittre Strafe ward!

Was wähltest du mich aus von allen Frauen,
Dem blöden Mann zur ekelvollen Wut,
Was werf' ich nicht die Missgeburt voll Grauen
Gleich einem Liebesbrief in Feuersglut!

Doch ich will deinem Hasse nicht erliegen,
Ich wälz' ihn auf das Werkzeug deines Grolls
Und will den missgeratnen Baum so biegen,
Dass keine Frucht entspringt dem faulen Holz."

So presst sie geifernd ihren Grimm zusammen,
Nichts ahnend von des Himmels Schluss und Rat,
Und schürt sich in Gehenna selbst die Flammen
Für ihre mütterliche Freveltat.

Indessen zieht ein Engel seine Kreise,
Und der Enterbte blüht im Sonnenschein,
Und zu Ambrosia wird ihm jede Speise
Und jeder Trank zu goldnem Nektarwein.

Zum Spiel taugt Wind ihm, Wolken und Gestirne
Berauscht von Liedern zieht er durch sein Reich,
Und traurig senkt der Engel seine Stirne,
Sieht er ihn sorglos, heitern Vögeln gleich.

Denn alle, die er liebt, voll Scheu ihn messen;
Weil seine Sanftmut ihren Groll entfacht,
Versuchen sie ihm Klagen zu erpressen,
Erproben sie an ihm der Roheit Macht.

Sie mischen eklen Staub in seine Speisen,
Beschmutzen jedes Ding, dem er sich naht,
Was er berührt, sie heuchelnd von sich weisen
Und schreien „wehe", kreuzt er ihren Pfad.

Auf öffentlichem Markt, wie eine Dirne,
Höhnt laut sein Weib: „Da mir sein Beten gilt,
So will ich auch vom Sockel bis zur Stirne
Vergoldet sein gleich einem Götzenbild.

Berauschen will ich mich an Weihrauch und Essenzen,
An Wein und Huldigung mich trinken satt,
Und da er göttergleich mich will bekränzen,
Werd' ich beherrschen ihn an Gottes Statt!

Und will die Posse mir nicht mehr gefallen,
Pack' ich ihn mit der schwachen, starken Hand,
Mit meinen Nägeln wie Harpyenkrallen
Zerfleisch' ich ihn, bis ich sein Herze fand.

Gleich einem jungen Vogel fühl' ich's zittern,
Zuckend und rot wird's meiner Hände Raub,
Und um mein Lieblingstier damit zu füttern,
Werf' ich es voll Verachtung in den Staub!"

Zum Himmel, zu dem ewigen Strahlensitze
Hebt fromm der Dichter seine Hände auf,
Und seines lichten Geistes weite Blitze
Verhüllen ihm des Volks blindwütigen Hauf:

"Dank dir, o Gott, der uns das Leid liess werden,
Das uns erlöst aus tiefer Sündennacht,
Das reine Elixier, das schon auf Erden
Die Starken deiner Wonnen würdig macht!

Dem Dichter wahrst du deiner Sitze besten
Inmitten seliger Legionen Schar,
Ich weiss, du lädst ihn zu den ewigen Festen
Der Herrlichkeit und Tugend immerdar.

Ich weiss, nicht Welt noch Hölle macht zum Hohne
Den einzigen Adel, den der Schmerz verleiht.
Ich weiss, auf meinem Haupt die Wunderkrone
Muss leuchten über Welt und Ewigkeit.

Ich weiss, dass Schätze, die versunken schliefen,
Dass Gold und Edelstein aus finstrem Schacht,
Dass Perlen, die du hebst aus Meerestiefen,
Nicht würdig sind für dieser Krone Pracht.

Denn sie ward aus dem reinsten Licht gesponnen,
Das der Urflamme heiliger Herd besass,
Des Menschen Blick, die leuchtendste der Sonnen
Erlischt vor ihrem Glanz wie mattes Glas.

DER ALBATROS

Oft kommt es vor, dass, um sich zu vergnügen,
Das Schiffsvolk einen Albatros ergreift,
Den grossen Vogel, der in lässigen Flügen
Dem Schiffe folgt, das durch die Wogen streift.

Doch, – kaum gefangen in des Fahrzeugs Engen
Der stolze König in der Lüfte Reich,
Lässt traurig seine mächtigen Flügel hängen,
Die, ungeschickten, langen Rudern gleich,

Nun matt und jämmerlich am Boden schleifen.
Wie ist der stolze Vogel nun so zahm!
Sie necken ihn mit ihren Tabakspfeifen,
Verspotten seinen Gang, der schwach und lahm.

Der Dichter gleicht dem Wolkenfürsten droben,
Er lacht des Schützen hoch im Sturmeswehn;
Doch unten in des Volkes frechem Toben
Verhindern mächt'ge Flügel ihn am Gehn.

Die Blumen des Bösen

ERHEBUNG

Hoch über stillen Wäldern, blauen Meeren,
Hoch über eisiger Gletscher Einsamkeit
Und über Wolkenflügen, weltenweit,
Jenseits der sternbeglänzten ewigen Sphären

Dort regst du dich, mein Geist, so frei und jung!
Wie kühne Schwimmer durch die Wellen gleiten,
So ziehst du durch die unermessnen Weiten
Voll grosser, männlicher Begeisterung.

Flieh' aus der Erde giftigtrübem Schlamme,
Steig' auf zum Äther, Seele, werde rein!
Und trink wie einen starken Götterwein
Der lichten Räume himmlischklare Flamme.

Weit hinter dir lass Kummer, Schuld und Streit,
Die dumpf und lastend dich zur Erde zwingen,
Beglückt, wer sich erhebt auf leichten Schwingen
Zu leuchtender Gefilde Heiterkeit!

Wessen Gedanken gleich der Lerche steigen
Des Morgens frohbeschwingt zum Firmament,
Wer überm Leben schwebt und mühlos kennt
Der Blumen Sprache und der Dinge Schweigen!

DIE BLUMEN DES BÖSEN

ZUSAMMENKLANG

Im Tempel der Natur, in Säulengängen,
Durch die oft Worte hallen, fremd, verwirrt,
Der Mensch durch einen Wald von Zeichen irrt,
Die mit vertrauten Blicken ihn bedrängen.

Wie weite Echo fern zusammenklingen
Zu einem einz'gen feierlichen Schall,
Tief wie die Nacht, die Klarheit und das All,
So Düfte, Farben, Klänge sich verschlingen.

Denn es gibt Düfte, frisch wie Kinderwangen,
Süss wie Oboen, grün wie junges Laub,
Verderbte Düfte, üppige, voll Prangen,

Wie Weihrauch, Ambra, die zu uns im Staub
Den Atemzug des Unbegrenzten bringen
Und unsrer Seelen höchste Wonnen singen.

DEN ENTSCHWUNDENEN

Den entschwundenen, nackten Zeiten bin ich so hold,
Da Phöbus die Säulen umwob mit lauterem Gold,
Da Mann und Weib ohne Lüge und schamhaftes Bangen
In heiter beweglichem Spiel durch das Leben gegangen,
Und – vom zärtlichen Licht umspielt und umflossen –
Ihrer edlen Leiber kraftvolle Schönheit genossen.
Als Cybele fruchtbar, verschwenderisch fast
Ihre Kinder nicht fühlte als drückende Last
Und wie eine Wölfin mit mütterlich drängenden Lüsten
Die ganze Erde getränkt an den schwellenden Brüsten,
Als der Mensch geschmeidig, voll siegreicher Pracht
Mit stolzem Recht sich zum König der Erde gemacht,
Und die edlen Früchte ohne Flecken und Schaden
Mit frischem und saftigem Fleisch zum Bisse geladen.

Will in unseren Tagen ein Dichter bewundernd schauen
Ursprüngliche Schönheit, da wo Männer und Frauen
In Nacktheit sich zeigen, da fühlt er die Freude entfliehen,
Da fühlt er den eisigen Frost seine Seele durchziehen
Vor dem düsteren Bild dieser Hässlichkeit,
Vor der Missgeburt, die nach Kleidern schreit!

DIE BLUMEN DES BÖSEN

O armselig Zerrbild, für Masken geschaffen!
Ihr mageren Rümpfe, ihr feisten, ihr schlaffen,
Die der Nützlichkeit Gott unerbittlich und fest
Schon als Kinder in eherne Windeln gepresst!
Ihr Frau'n, die ihr bleich seid wie wächserne Kerzen,
Die Wollust nagt euch am Leib und am Herzen,
Jungfraun, durch ererbte Sünden entweiht,
Ihr schleppt schon der Mutterschaft Hässlichkeit!

Wohl ist uns, die wir zum Untergang neigen,
Andere Schönheit, den Alten verschlossen, zu eigen,
Gesichter, drin glühendes Leiden brennt,
Darin man die Schönheit des Siechtums erkennt;
Diese Gabe jedoch, aus der Muse zögernden Händen
Soll uns, des Untergangs Kindern, die Blicke nicht blenden.
Wir huldigen tief und voll Leidenschaft
Der heiligen Jugend, der Jugend voll Klarheit und Kraft.
Deren Auge strahlend und klar wie die fliessende Quelle,
Die überall Leben spendet und sorglose Helle,
Die in des Himmels Leuchten, der Vögel Gesang,
Die Duft ist und Wärme und Farbe und Klang.

DIE LEUCHTTÜRME

Rubens, der Trägheit Garten, des Vergessens Bronnen,
Ein Lager blüh'nden Fleischs, der Liebe leer,
Doch so von Leben und von Glut durchronnen
Wie von der Luft das All, das Meer vom Meer.

Leonard da Vinci, Spiegel tief und dunkel,
Wo Engel lächeln süss und rätselschwer
Aus Fichtenschatten, grünem Eisgefunkel
Von ihrer Heimat Gletschergipfeln her.

Rembrandt, das Haus der Traurigen und Kranken,
Von einem hohen Kruzifix erhellt,
Gebete, Seufzer überm Unrat schwanken,
Ein kalter Schimmer jäh ins Dunkel fällt.

Buonarroti, fern, wo Riesenschatten schweben,
Wo Herkules mit Christus sich verband,
Gespenster steil aus ihrer Gruft sich heben,
Mit starrem Finger fetzend ihr Gewand.

Die Blumen des Bösen

Der in des Pöbels Wut, des Fauns Erfrechen,
Der Schönheit fand selbst in der Schurken Reich,
Puget, du grosses Herz voll Stolz und Schwächen,
Der Sklaven König, kummervoll und bleich.

Watteau, ein Fest, wo Herzen leuchtend irren,
Den Schmetterlingen gleich, ein Faschingsball,
Lieblicher Zierat, Glanz und Lichterschwirren
Und Tollheit wirbelnd durch den Karneval.

Goya, ein Nachtmahr, ferner wirrer Schrecken,
Leichengeruch vom Hexensabbat weht,
Wo, lüsterner Dämonen Gier zu wecken,
Die nackte Kinderschar sich biegt und dreht.

Und Delacroix, Blutsee, wo Geister hausen
Im Schatten tief, der Himmel schwer wie Blei,
Wo durch die trübe Luft Fanfaren brausen
Seltsamen Klangs, wie ein erstickter Schrei.

Dies alles, Fluch und Lästerung und Sünden,
Verzückungsschrei, Gebet und Todesschmerz
Ist Widerhall aus tausend dunklen Gründen,
Berauschend Gift für unser sterblich Herz.

Ein Schrei ist's, der da gellt in tausend Stürmen,
Die Losung, die von tausend Lippen schallt,
Leuchtfeuer, das da flammt von tausend Türmen,
Des Jägers Ruf, der durch die Wildnis hallt.

Ein Zeichen, Gott, das wir dir bringen wollen,
Vor deinen Herrlichkeiten zu bestehn,
Glühende Tränen, die durchs Weltall rollen
Und an der Ewigkeiten Rand vergehn.

DIE KRANKE MUSE

Du arme Muse, was ist dir geschehn?
Im hohlen Blick les' ich die nächt'gen Qualen,
Und muss den Wahnsinn und den Schreck, den fahlen
Im stummen, angstgequälten Antlitz sehn.

Gossen sie Lieb' und Furcht aus ihren Schalen,
Die grünen Zwerge und die rosigen Feen?
Hat dich der Alb gepackt mit eisigem Wehn
Und dich erstickt in wilden Zauberqualen?

Ich wollt', dein Atem wäre stets voll Kraft,
Dass er nur starker Dinge Abbild schafft!
Des Blutes Rauschen rhythmischer Gesang,

Wie er in jenen alten Zeiten klang,
Als Phöbus und der grosse Pan regierten,
Des Liedes Vater und der Gott der Hirten.

DIE KÄUFLICHE MUSE

O meine Muse, der Paläste Kind!
Wirst du, wenn erst der Winter hetzt die Raben,
Für deinen nackten Fuss ein Feuer haben
In trüber Schneenacht und bei eisigem Wind?

Willst du die marmorkalten Schultern laben
Am nächt'gen Strahl, der durch die Läden rinnt?
Willst du, wenn leer dir Tasch' und Gaumen sind,
Verborgnes Gold aus blauen Höhlen graben?

Allabendlich wird dich der Hunger zwingen,
Chorkindern gleich beim Weihrauchfass zu singen
Den Lobgesang, der deinen Schmerz verhöhnt,

Seiltänzern gleich wirst du zur Schau dich stellen,
Indes dein Lachen, darin Schreie gellen,
Des rohen Haufens Gier und Lüsten frönt.

Die Blumen des Bösen

DER SCHLECHTE MÖNCH

Aus alter Klöster hohem Wandgemälde
Schaut oft der heiligen Wahrheit Angesicht,
Den Brüdern, die der fromme Eifer quälte,
Ein wenig Wärme spendend, Trost und Licht.

Zur Zeit, da Christi Saat geblüht, erwählte
Manch edler Mönch, von dem man heut kaum spricht,
Das Leichenfeld zur Werkstatt und erzählte
In Bildern uns vom Tode stark und schlicht.

Mein Herz gleicht einer finstern Klosterzelle,
Seit Ewigkeiten tritt mein Fuss die Schwelle, –
Mit nichts hab' ich die kahle Wand geschmückt.

Ich träger Mönch, wann werd' ich endlich geben
Aus jenem öden Schauspiel, meinem Leben,
Was meine Hand erschuf, mein Aug' beglückt?

DER FEIND

Mein Kinderland war voll Gewittertagen,
Nur selten hat die Sonne mich gestreift,
Und so viel Blüten hat der Blitz zerschlagen,
Dass wenig Früchte nur mein Garten reift.

Nun kommt der Herbst, – ich muss zur Harke greifen,
Die Erde sammeln, die verwüstet schlief,
In die der Regen Risse grub und Streifen
Und manche Höhle wie ein Grab so tief.

Doch ob den Blumen, die erhofft mein Träumen,
In dieses wild zerwühlten Ackers Räumen
Die Wundernahrung wird voll Glut und Kraft?

O Schmerz! die Zeit trinkt unsren Lebenssaft,
Der dunkle Feind, der uns am Herzen zehrt
Und sich von unsrem Blute stärkt und mehrt!

DER UNSTERN

So schwere Lasten zu heben,
Bedarf es des Sisyphus Mut,
Und hätten wir Kraft auch und Glut,
Lang ist die Kunst, flüchtig das Leben.

Fern ruhmreicher Sarkophage,
An des Friedhofs verlassenem Hang,
Wie verdeckter Trommel Gesang
Schlägt mein Herz nun die trauernde Klage.

Manches Kleinod von leuchtender Glut
In finstrer Verborgenheit ruht,
Wohin Sonde und Senkblei nicht gleiten.

Manche Blume der edelsten Art
Strömt Duft wie Geheimnis so zart
In der Wildnis verlorene Weiten.

DAS FRÜHERE LEBEN

Ich wohnte lang in weiter Hallen Schweigen,
Die abends in der Meeressonne Glut
Sich stolz erheben und zur blauen Flut
Sich gleich basaltnen Grotten niederneigen.

Das Meer, darauf des Himmels Abbild ruht,
Tönt feierlich beim Auf- und Niedersteigen,
Und der Akkorde übermächt'ger Reigen
Strömt in den Abend voller Gold und Blut.

Dort leb' ich lang in dämmerstillem Lächeln,
Voll Wollust atmend Glanz und blaue Luft;
Die nackten Sklaven, ganz getaucht in Duft,

Sie mussten mir die müde Stirne fächeln,
Von einer einzigen Sorge nur beschwert,
Das Leid zu finden, das mein Herz verzehrt.

Die Blumen des Bösen

ZIGEUNER AUF DER FAHRT

Zum Aufbruch muss der Stamm der Zaubrer rüsten,
Glutäugig Volk. – Es schleppt der Weiber Schar
Rücklings die Kinder, reicht dem Säugling dar
Den stets bereiten Schatz aus braunen Brüsten.

Zu Fuss die Männer, deren Waffen flimmern,
Die Karren rollen langsam nebenher;
Und Aller Augen wandern sehnsuchtsschwer
Zum, Himmel, wo die fernen Träume schimmern.

Sie ziehn vorbei, – und im Versteck die Grille
Singt doppeltlaut ihr Lied durch Morgenstille;
Die Erde, die sie liebt, vermehrt ihr Grün,

Lässt Felsen sprudeln, lässt die Wüste blühn
Für sie, die in der Zukunft dunkles Brauen
Wie in vertraute lichte Lande schauen.

DER MENSCH UND DAS MEER

Du freier Mensch, du liebst das Meer voll Kraft,
Dein Spiegel ist's. In seiner Wellen Mauer,
Die hoch sich türmt, wogt deiner Seele Schauer,
In dir und ihm der gleiche Abgrund klafft.

Da liebst es, zu versinken in dein Bild,
Mit Aug' und Armen willst du es umfassen,
Der eignen Seele Sturm verrinnen lassen
In seinem Klageschrei, unzähmbar wild.

Ihr beide seid von heimlich finstrer Art.
Wer taucht, o Mensch, in deine letzten Tiefen,
Wer kennt die Perlen, die verborgen schliefen,
Die Schätze, die das neidische Meer bewahrt?

Und doch bekämpft ihr euch ohn' Unterlass
Jahrtausende in mitleidlosem Streiten,
Denn ihr liebt Blut und Tod und Grausamkeiten,
O wilde Ringer, ewiger Bruderhass!

Die Blumen des Bösen

DON JUAN IN DER UNTERWELT

Als Don Juan, den schwarzen Fluss erreichend,
Den Fährmann zahlte und bestieg das Schiff,
Ein finstrer Bettler, Antisthenes gleichend,
Mit starkem Rächerarm zum Ruder griff.

Laut stöhnend warfen sich die Frau'n zur Erde,
Mit schlaffen Brüsten und zerfetztem Kleid,
Wie Brüllen einer aufgescheuchten Herde
Klang ihr Geschrei, gedehnt, voll dumpfem Leid.

Sganarell heischte Lohn, sein Lachen schwirrte.
Indes Don Louis, die Greisenhand gereckt,
Der Totenschar, die an den Ufern irrte,
Den Sohn wies, der sein Haupt mit Schmach bedeckt.

Nah ihrem Gatten, fröstelnd, sass Elvire,
In ihrer Trauer aller Anmut bar,
Fleht' um das letzte Lächeln letzter Schwüre,
So süss und falsch wie jenes erste war. –

Ein grosser fremder Mann, in Stahl die Glieder,
Lenkte das Steuer, steinernen Gesichts.
Der bleiche Held beugte auf's Schwert sich nieder,
Betrachtete die Flut und weiter nichts.

DIE BLUMEN DES BÖSEN

AN THEODOR VON BANVILLE

Du hast die Muse so beim Haar ergriffen,
So herrisch sie besiegt voll schöner Lässigkeit,
Dass du ein Held erschienst, ein Bravo, der im Streit
Sein Lieb erdolcht, die Waffe blankgeschliffen.

Dein Blick war feurig und voll junger Kraft,
Und Kühnheit zeigtest du und Stolz und Stärke
Im künstlerischen Wunderbau der Werke,
Aus denen atmet künft'ge Meisterschaft.

Uns Dichtern starrt das Blut im Glück, im Leid.
War's Zufall, dass man des Kentauren Kleid,
Das Blut und Mark gerinnen liess in Qualen,

Im scharfen Gift getränkt zu dreien Malen,
Das aus rachssücht'ger Schlangen Geifer rinnt,
Die Herakles im Spiel erwürgt als Kind?

ZÜCHTIGUNG DES HOCHMUTS

In jener alten Zeit, als noch Theologie
Eifrig betrieben ward voll Kraft und Energie,
Trug es sich zu, dass ein gar weiser, frommer Mann,
Der selbst die Lässigsten noch schlug in seinen Bann
Und sie der finstern Macht des Bösen abgerungen,
Zu weit auf jenem Weg, ihm selber fremd, gedrungen,
Der zu dem Himmelsglanz erhabner Wonnen führt,
Den nur die reinste Schar der Geisterwelt berührt,
Und schwindelnd, wahnerfasst, da er zu hoch gestiegen,
Satanischem Gelüst des Hochmuts musst' erliegen.
„Mir, kleiner Jesus, mir verdankst du deinen Ruhm,
Hätt' ich statt des enthüllt dein sündig Menschentum,
Müsst' deine Schmach so hoch wie jetzt die Ehre gelten,
Als Spott und Missgeburt durchirrtest du die Welten!"

In diesem Augenblick entfloh ihm der Verstand,
Ein schwarzer Flor sich um sein leuchtend Denken wand,
Das Chaos wirbelte durch seine kranke Seele,
Lebender Tempel einst voll Ordnung und ohn' Fehle,
Von dessen Dach gestrahlt der hellsten Lichter Pracht,
Auf ihn sank Schweigen jetzt und Finsternis und Nacht.
Ein Grabgewölb', zu dem den Schlüssel man verloren.

DIE BLUMEN DES BÖSEN

Von nun an ward er gleich den Tieren vor den Toren,
Und wenn er schwankend schlich durch lauter Gassen Flut
Nicht fühlend Winterfrost, nicht fühlend Sommerglut,
Alt, schmutzig und verbraucht, mit blind' und tauben Mienen,
Musst' er der Kinder Spott als Ziel und Scheibe dienen.

DIE SCHÖNHEIT

Schön bin ich, Sterbliche, ein Traum von Stein,
Mein Busen trieb euch oft in blutige Sünde,
Die Glut, die euren Dichtern ich entzünde,
Muss wie der Urstoff stumm und ewig sein.

Ich throne hoch in blauer Rätselpracht,
Kühl wie der Schnee, weiss wie das Kleid des Schwanen,
Ich hasse jedes Schwanken aus den Bahnen,
Ich habe nie geweint und nie gelacht.

Die Dichter, die mein stolzes Wesen lieben
– Fast scheint's von stolzern Bildern nur entlehnt –
Vergebens sich in strengen Formeln üben,

Denn ihnen schenk' ich, was ihr Herz ersehnt:
Den reinen Spiegel, schönren Lebens Quelle,
Mein weites Aug', mein Aug' voll ewiger Helle.

Die Blumen des Bösen

DAS IDEAL

Nie sind's die zarten Schönen der Vignetten,
Armliche Zeugnisse aus kranker Zeit,
Die mit verschnürtem Fuss, die Hand an Kastagnetten,
Ein Herz wie meins erfüllt mit Freudigkeit.

Lasst Gavarni die blut- und seelenlosen
Lispelnden Schönen aus dem Hospital!
Nicht eine dieser schwanken, bleichen Rosen
Gleicht meinem glutenroten Ideal.

Nein, für mein abgrundtiefes Herz erwähle
Ich, Lady Macbeth, dich, gewaltige Seele,
Aschylos' Traum, erblüht im nordischen Wind;

Und dich, erhabene Nacht, Buonarrotis Kind,
Die still in seltsam fremder Ruh' entfaltet
Die Reize, für Titanenmund gestaltet.

DIE RIESIN

Zur Zeit, da der Natur, der kräftevollen,
Gewalt'ge Kinder gross und wild gediehn,
Hätt' ich bei einer jungen Riesin leben wollen,
Wie eine Katze auf der Königin Knien.

Ich hätt' erspäht in ihrem Spiel, dem tollen,
Des Leibes Wachsen und der Seele Blühn,
Den leichten Tau, der ihrem Aug' entquollen,
Der tief versteckten, düstern Flamme Glühn.

Hätt' ihrer mächt'gen Glieder Pracht umstreichelt,
Auf ihre stolzen Kniee mich geschmeichelt,
Und manchmal, wenn die kranke Sommerglut

Sie müd dahingestreckt auf sonnigen Matten,
Hätt' schlummernd ich an ihrer Brust geruht,
Ein friedlich Dorf in mächt'ger Berge Schatten.

DIE JUWELEN

Die Holde war ganz nackt; doch kennt den Liebsten sie
Und hatte sich geschmückt mit klingendem Geschmeide,
Des überreiche Pracht ihr sieghaft Aussehn lieh,
Maurischen Sklaven gleich in ihrem Feierkleide.

Wenn hell und spöttisch klirrt im Tanze Gold und Stein,
Und alles flimmernd sprüht von leuchtenden Juwelen,
Ergreift Verzückung mich, und bis zu Wut und Pein
Lieb' ich die Dinge, drin sich Klang und Licht vermählen.

Nun lag so da, umglüht von zärtlichem Begehr,
Und lächelte voll Lust von ihres Diwans Kissen
Auf meine Liebe, die, anschwellend wie das Meer,
Aus nächtigen Tiefen stieg, zum Ufer hingerissen.

Die Blicke hielten mich wie ein gezähmtes Tier,
Unsicher, träumerisch bewegte sie die Glieder,
Und Kindlichkeit, vermischt mit Lüsternheit und Gier,
Goss neuen Zaubers Reiz auf jede Wandlung nieder;

Und all die Herrlichkeit, Schenkel und Arm und Bein,
Glänzend und schwanengleich in sanfter Biegung schwellen
Sah mein entzückter Blick, mein Auge klar und rein;
Die Brüste, Trauben, die an meinem Weinstock quellen,

Sie nahten schmeichlerisch, den bösen Engeln gleich,
Aus ihrer Ruhe mir die Seele aufzustören,
Und sie, die einsam thront im stillen, kühlen Reich
Auf dem kristallnen Fels, zu quälen und betören.

Ich glaubt' vereint zu sehen, was ich noch nie geschaut,
Antiopes Hüften und die Schultern eines Knaben,
Den kräftigen Gliedern und der fahlen, braunen Haut
Die duftigen Salben fremde Reize gaben!

Das Licht glomm langsam aus, ergab sich still dem Tod,
Nur vom Kamin der Schein flackerte hin und wieder,
Und immer, wenn die Glut aufseufzte, floss es rot,
Ein blutiger Strom, um ambrafarbne Glieder!

DIE MASKE

Statue im Geschmack der Renaissance
Dem Bildhauer Ernest Christophe

Dies Kleinod sieh aus Florentiner Tagen;
Des Körpers weiche Biegung, darin Kraft
Und Anmut, holde Schwestern, sich vertragen,
Fürwahr, dies Frauenbild ist zauberhaft!
So göttlich derb, so zierlich zum Entzücken,
Erschaffen nur für Prunk und Leidenschaft,
Um Päpste oder Fürsten zu beglücken.

Sieh auch dies Lächeln fein und lasterhaft,
Drin Eitelkeit und Hochmut Feste feiern,
Den heimlich schwülen Blick, den Spott durchbricht,
Das zärtliche Gesicht, umrahmt von Schleiern,
Drin jede Miene wie ein Sieger spricht:
„Die Wollust ruft mich, Liebe wird mich krönen!"
Hast du Verführung, Anmut je gesehen
So hold wie hier die Majestät verschönen?
Komm, lass uns rings um ihre Schönheit gehen!
O Lästerung der Kunst! O seltsam Grauen!
Muss ich dies göttergleiche Wesen hier
Als doppelköpfig Ungeheuer schauen?

Doch nein, nur Maske, trügerische Zier
Sind des erlesnen Antlitz lichte Züge;
Sieh her, das wahre Bild von Leid verzerrt,
Das krampfverzogne Antlitz, das die Lüge
So gleisnerisch dem Blick der Welt versperrt.
Du arme Schönheit! Wie mit lichten Wellen
Dein Tränenstrom sich in mein Herz ergiesst;
Dein Trug berauscht mich, und die Seele schwellen
Fühl' ich beim Leid, das deinem Aug' entfliesst.

Doch warum weint sie? So von Kraft getragen,
So schön, dass, wer sie sieht, in Andacht bebt,
Welch Leid kann ihre Götterbrust zernagen? –
Sie weint, o Tor, sie weint, weil sie gelebt!
Und weil sie noch lebt! Das lässt sie erbeben
Und schaudert fröstelnd durch die Glieder ihr,
Dass morgen sie und übermorgen leben,
Und immer, immer leben muss! – wie wir.

DIE BLUMEN DES BÖSEN

HYMNE AN DIE SCHÖNHEIT

Kommst du vom Himmel herab, entsteigst du den Schlünden?
Aus deines teuflischen, göttlichen Blickes Schein
Strömen in dunkler Verwirrung Tugend und Sünden,
Schönheit, und darin gleichst du berauschendem Wein.

Du trägst im Aug' der Sonne Sinken und Steigen,
Du birgst den Duft gewitterschwüler Nacht,
Deine Lippen sind leuchtende Schalen, und wenn sie sich neigen,
Haben sie Helden schwach und Kinder zu Helden gemacht.

Entfliehst du zum Abgrund, steigst auf du zu himmlischen Strahlen?
Der bezauberte Geist folgt hündisch der Spur deines Lichts!
Du schüttest nach Laune Freuden aus oder Qualen,
Beherrschst uns alle und verantwortest nichts.

Du trittst auf Leichen, Schönheit, und lachst unsrer Qualen,
Entsetzen umschmiegt deine Brust wie Juwelen und Gold,
Auf dem stolzen Leib seh' ich zärtlich tanzen und strahlen
Den Meuchelmord, kostbar Geschmeid, dem vor allem du hold.

Die scheuen Falter dein Leuchten, Kerze, umschweben,
Die Flamme segnend büssen sie ihr Gelüst,
So gleicht, wer sein Lieb umarmt mit Keuchen und Beben,
Dem Todgeweihten, der seine Bahre küsst.

Ob du vom Himmel kommst, ob aus nächtigen Orten,
Gleichviel, o Schönheit, dem Dämon, dem Kinde verwandt,
Öffnet dein Auge, dein Lächeln mir nur die Pforten
Des unendlichen Alls, das ich liebe, doch nimmer gekannt.

Von Gott oder Satan, Engel oder Sirene,
Gleichviel, nur gib mir, o Herrin, samtäugige Fee,
Du Wohlklang und Leuchten und Duft, dass verschönert ich wähne
Die hässliche Erde und leichter den Augenblick seh'.

Die Blumen des Bösen

FREMDLÄNDISCHER DUFT

Wenn ich geschlossnen Augs in Abendglut
Einschlürfe deinen warmen Duft mit Beben,
Seh' ich ein herrlich Ufer sich erheben
Aus einem Meer, drauf ewiges Leuchten ruht.

Ein schwellend Eiland, dem der Sonne Flut
Seltsame Bäume, saftige Frucht gegeben
Und schlanke Männer voller Kraft und Leben
Und Frauen, deren Blick voll Glanz und Mut.

Dein Hauch führt mich zu lieblichen Gestaden,
Im Hafen seh' ich Schiff an Schiff beladen
Und von der langen Reise müd und schwer.

Ich schlürf' den Duft von Tamarindenbäumen,
Der sich vermischt in meinen wachen Träumen
Dem Sang der Schiffer auf besonntem Meer.

DAS HAAR

O Vlies des Wellen auf die Schultern fluten!
O Locken, schwer von müdem Wohlgeruch,
Erinnerungen, die da träumend ruhten,
Verzückung fühl' ich durch den Abend gluten,
Breit' ich die Locken wie ein wehend Tuch.

Asiens Schmachten, Afrikas Erglühen,
Die Ferne fühl' ich, längst verwehte Luft,
Duftenden Wald aus deinen Tiefen sprühen.
Mag Andrer Geist auf Tönen schwellend blühen,
Der meine, Liebe, schwimmt auf deinem Duft.

Dorthin, wo Baum und Mensch voll Saft und Leben
In Sonnenglut sich dehnt zu langer Rast,
Seid Flechten, Wellen mir und lasst mich schweben,
Meer, schwarz wie Ebenholz, du sollst mir weben
Den Traum von Segel, Flamme, Ruder, Mast.

Die Blumen des Bösen

Träumend will ich des Hafens Lärm durchschreiten,
Tief atmen will ich Duft und Ton und Licht,
Wo Wellen schwer wie Gold und Atlas gleiten,
Die mächtigen Schiffe ihre Arme breiten
Zur ewigen Glut, die brausend niederbricht.

Tief tauche ich mein Haupt von Liebe trunken,
Ins dunkle Meer, drin jenes andre ruht,
Mein Sinn, umschmeichelt und ins Spiel versunken,
Erkennt dich wieder, Trägheit, Lebensfunken,
Ewiges Wiegen lässig müder Flut.

Du bläulich Haar, Tempel voll Finsternissen,
Um mich gebreitet webst azurnen Raum,
Ich trink' auf weicher Locken flaum'gem Kissen
Berauscht den Duft den süssen, ungewissen
Von Bisam, Teer und Öl vom Kokosbaum.

Lang, immer werd' ich auf die schweren Strähnen
Rubinen streuen, Perlen, Saphirstein,
Dass nie du taub wirst meinem Wunsch und Sehnen,
Oase meiner Träume, meiner Tränen
Kelch, draus ich schlürfe der Erinnrung Wein.

SO BETE ICH DICH AN

So bete ich dich an, wie nächt'ger Wölbung Neigen,
Urne der Traurigkeit, o grosses, dunkles Schweigen,
Und liebe, Schöne, dich gleich heiss, ob du mich fliehst,
Ob du, Zierat der Nacht, durch meine Träume ziehst,
Um lächelnd und voll Spott endlose Kluft zu breiten,
Die meine Arme trennt von blauen Ewigkeiten.
Zum Angriff stürme ich, berenne, dringe vor
Wie an dem Leichnam klimmt der Würmer Schar empor,
Liebkos dich, grausam Tier. – Du höhnst mein Liebesmühen,
Doch deine Kälte lässt nur heisser mich erglühen.

Die Blumen des Bösen

DU LOCKTEST GERN DIE WELT

Du locktest gern die Welt in deine Dirnengasse!
In dir ward Überdruss zur Grausamkeit, zum Hasse,
Und deiner Zähne Kraft übst du in Spiel und Scherz,
Zermalmend jeden Tag ein neues Menschenherz.
Der Augen Flackerglanz gleicht jenen falschen Strahlen,
Womit beim Festgepräng Schaubuden glitzernd prahlen,
Verlockend laut und frech mit der erborgten Pracht,
Nicht ahnend ihr Gesetz und ihrer Schönheit Macht.
Maschine blind und taub, zur Grausamkeit nur taugend,
Heilsames Werkzeug du, das Blut der Menschheit saugend,
Hat dich der Ekel nie ob deiner Schmach erfasst,
Sahst du vorm Spiegel nie, wie Reiz um Reiz verblasst?
Des Unheils Grösse, die du glaubtest zu durchschauen,
Hat niemals dich vermocht, zu wenden Qual und Grauen,
Wenn die Natur voll List im tiefverborgnen Sinn
Dich ausersehn, o Weib, des Lasters Königin,
Aus dir, niedrig Geschöpf, den Genius zu gestalten –
O Grösse voller Schmutz! Schmachvoll erhabnes Walten!

SED NON SATIATA

Seltsame Gottheit, düster wie die Nacht,
Drin Moschus- und Havannaduft sich mischen,
Fremdartig Werk des Grossen, Zauberischen,
Hexe aus Ebenholz, Kind schwarzer Mitternacht.

Der Trank von deinem Mund hat süssen Opiums Macht.
Zu dir in Zügen langen, träumerischen
Die Wünsche ziehn. Dein schwarzes Aug' inzwischen
Stillt der Zisterne gleich den Durst, den es entfacht.

In diesen Augen, Seufzern deiner Seele,
O Mitleidlose, deine Flammen hehle;
Ich bin nicht Styx, dich neunmal zu umfahn,

Und kann nicht gleichen, zügellose Dirne,
Zu brechen deine Kraft, zu bleichen deine Stirne
Im Schlamme deines Betts, Proserpinan.

Die Blumen des Bösen

IN IHREM KLEID

In ihrem Kleid, das wie Perlmutter schimmert,
Scheint sie zu tanzen, selbst wenn sie nur geht,
Wie eine Schlange, die sich biegt und flimmert
Und auf des heiligen Gauklers Stab sich dreht.

Wie Wüstensand und Himmel unbekümmert
Um Menschenleid, das angstvoll ruft und fleht,
So wie die Welle, die den Damm zertrümmert,
Lebt sie dahin in träger Majestät.

Ihr Auge glänzt wie kaltes Mineral;
Und auf der Fremden und Geheimnisvollen,
In der sich Sphinx und Engel paaren wollen,

Die ganz aus Schimmer, Diamant und Stahl,
Liegt nutzlos funkelnd, wie ein Stern im Blauen,
Die kalte Hoheit unfruchtbarer Frauen.

DIE SCHLANGE, DIE TANZT

Holde Lässige, wie gerne
Dich mein Auge schaut,
Wenn gleich einem schwanken Sterne
Schillert deine Haut.

Auf des Haares weichen Schwellen,
Hauchend herb und lau,
Schweifend Meer voll duft'ger Wellen,
Wogend schwarz und blau

Zieht, wie nach des Winds Befehle
Schifflein ohne Ruh',
Meine träumerische Seele
Fernen Himmeln zu.

Ach, in deinen Augen schimmert
Nichts was herb noch hold,
Kalt Geschmeid, das frostig flimmert,
Stahl vermischt mit Gold.

DIE BLUMEN DES BÖSEN

Und dein Schreiten rhythmisch wiegend
Stolz und frei und schön
Mahnt an Schlangen, die sich biegend
Auf dem Stabe drehn.

Unter deiner Trägheit Bürde
Wiegst so zärtlich weich
Du dein kindlich Haupt voll Würde,
Jungen Tieren gleich.

Und du streckst dich, neigst dich wieder
Gleich dem Schiff, das ruht;
Und nur leise auf und nieder
Schaukelt mit der Flut.

Wie die Welle an der Klippen
Eisumstarrten Strand
Spült die Feuchte deiner Lippen
An der Zähne Rand.

Und ich trinke Feuerweine,
Bitter, stark wie Erz,
Himmel, die mit Sternenscheine
Überstreun mein Herz!

EIN AAS

Denkst du daran, mein Lieb, was jenen Sommermorgen
  Wir sahn im Sonnenschein?
Es war ein schändlich Aas, am Wegrand kaum geborgen
  Auf Sand und Kieselstein.

Die Beine hochgestrecht nach Art lüsterner Frauen,
  Von heissen Giften voll
Liess es ganz ohne Scham und frech den Leib uns schauen,
  Dem ekler Dunst entquoll.

Die Sonne brannte so auf dies verfaulte Leben,
  Als koche sie es gar
Und wolle der Natur in hundert Teilen geben,
  Was sie als eins gebar.

Der Himmel blickte still auf dies Gefaule nieder,
  Wie er auf Blumen schaut.
So furchtbar war der Dunst, dir schauderten die Glieder
  Von Ekel wild durchgraut.

Die Blumen des Bösen

Die Fliegen hörten wir summend das Aas umstreichen
    Und sahn das schwarze Heer
Der Larven dichtgedrängt den faulen Leib beschleichen,
    Wie ein dickflüssig Meer.

Und alles stieg und fiel aufsprudelnd, vorwärtsquellend
    Nach Meereswogen Art,
Fast schien's, als ob dem Leib, von fremdem Leben schwellend,
    Tausendfach Leben ward.

Und seltsame Musik drang uns von da entgegen,
    Wie Wind und Wasser singt,
Wie Korn, das in dem Sieb mit rhythmischem Bewegen
    Die Hand des Landmanns schwingt.

Die Formen ausgelöscht wie Träume und Legenden,
    Entwürfe stümperhaft,
Die halbverwischt die Hand des Künstlers muss vollenden
    Aus der Erinnrung Kraft.

Und eine Hündin lief unruhig dort hinterm Steine,
    Uns traf ihr böser Blick,
Erspähend den Moment, zu reissen vom Gebeine
    Das aufgegebne Stück. –

Und doch wirst einstmals du dem grausen Schmutz hier
  gleichen, Dem Kehricht ekelhaft,
Du meiner Augen Licht, du Sonne ohnegleichen,
  Stern meiner Leidenschaft.

Ja, so wirst du dereinst, o Königin der Güte,
  Nach letzter Ölung sein,
Wenn du verwesend liegst tief unter Gras und Blüte
  Bei schimmelndem Gebein.

Dann, Schönheit, sag' dem Wurm, der dich zerfleischt mit
  Küssen, Wie treu ich sie gewahrt
Die Göttlichkeit des Wesens, das zersetzt, zerrissen
  Von meiner Liebe ward.

Die Blumen des Bösen

DE PROFUNDIS CLAMAVI

Zu dir, du Einzige, soll mein Ruf erschallen
Aus tiefster Nacht, darin mein Herz versank.
Hier ist die Luft wie Blei, die Erde krank,
Und Fluch und Schauder durch das Dunkel wallen.

Sechs Monde schwebt die Sonne kalt und fahl,
Sechs Monde sind von eisiger Nacht umsponnen,
Es grünt kein Baum, kein Strauch, es rauscht kein Bronnen,
Auf Erden ist kein Land so tot und kahl.

Und nichts auf dieser Erde weit und breit
Gleicht jener kalten Sonne Grausamkeit,
Dem Chaos dieser ungeheuren Nacht.

Das niedre Tier selbst meinen Neid entfacht,
Dem dumpf in Schlaf gewälzt der Tag vergeht,
Wenn langsam sich der Zeiten Spindel dreht.

DER VAMPIR

Die du wie des Messers kalter Stoss
In mein jammernd Herze bist gefahren,
Die du stark bist wie Dämonenscharen
Und im tollen Rausch erbarmungslos,

Die in meinem Geist schwach und gering
Eingenistet sich und eingebettet,
Schändliche, an die ich festgekettet
Wie der Sträfling an den Eisenring!

Wie der Spieler seiner tollen Sucht,
Wie der Trinker der Begierde Krallen,
Wie der Leichnam ist dem Wurm verfallen,
So verfiel ich dir, o sei verflucht!

Oft rief ich das rasche Schwert herbei,
Dass es mir die Freiheit neu erringe,
Und ich bat das falsche Gift, es bringe
Mir Erlösung aus der Tyrannei.

Doch verächtlich hat das rasche Schwert,
Hat das falsche Gift zu mir gesprochen:
"So hat dich die Sklaverei zerbrochen,
Dass du nimmer der Erhebung wert.

Tor und Schwächling, selbst wenn unsre Kraft
Dir Erlösung von der Schmach gegeben,
Würde deiner Küsse Leidenschaft
Deines Vampirs Leichnam neu beleben."

LETHE

Komm Grausame, nach der ich mich verzehre,
Komm schöner Tiger, der so lässig schleicht,
Wehr' nicht der Hand, die zitternd dich umstreicht
Und wühlt in deines Haares üppiger Schwere.

In deiner Röcke duftig weicher Flut
Will ich, mein Haupt begrabend, still versinken
Und will wie Duft aus welken Blumen trinken
Den faden Hauch erstorbener Liebesglut.

Und schlafen will ich! Nicht mehr leben müssen!
In einem Schlummer wie der Tod so weich
Will deine Glieder, glatt und seidengleich,
Ich überstreun mit reuelosen Küssen.

Die wohligen Seufzer zu ersticken, kann
Nichts mit dem Abgrund deines Betts sich messen,
Auf deinem Mund wohnt mächtiges Vergessen,
Und Lethes Flut aus deinen Küssen rann.

DIE BLUMEN DES BÖSEN

Hinfort lass' vom Geschick ich blind mich führen
Voll Lust, als wär's mein vorbestimmtes Amt,
Fügsamer Märtyrer, schuldlos verdammt,
Dem Glut und Inbrunst noch die Qualen schüren,

Und will, um zu ertränken meinen Schmerz,
Das Opium und des guten Schierlings Laugen
Von dieser Brust der wunderbaren saugen,
Die nie umschlossen hielt ein Menschenherz.

ALS ICH BEI EINER JÜDIN LAG

Als ich bei einer Jüdin lag zur Nacht,
Ein Leichnam bei dem andern hingebreitet,
Hab' ich bei ihr, die hässlich, irrgeleitet,
Der düstern Schönen meines Traums gedacht.

Ich sah des Heimatlandes stolze Pracht,
Den ernsten Blick, drin Kraft und Anmut streitet,
Das Haar, das wie ein duftiger Helm sich spreitet
Und beim Gedanken schon mein Blut entfacht.

Voll Inbrunst hätte ich umhüllt den Leib
Vom Fuss bis zu der schwarzen Wellen Fluten
Mit meinen Zärtlichkeiten, meinen Gluten,

Hätt' einmal, grausam königliches Weib,
Einmal die Träne dir im Aug' gefunkelt,
Die dieses Sterns eiskalten Glanz verdunkelt.

Die Blumen des Bösen

TOTENREUE

Senkt man dich, schöne Düstre, einst hinab,
Und schläfst du unterm schwarzen Marmorstein,
Und nennst auf dieser Erde nichts mehr dein
Als jene finstre Höhle, die dein Grab,

Und drückt der schwere Stein, den man dir gab,
Den Busen dir, die Hüften schlank und fein,
Dämmt er des Herzens Schlag und Willen ein,
Grenzt er den Abenteurerweg dir ab,

Dann spricht das Grab, dem ich mein Leid vertraut,
Zu dir in langer, schlummerloser Nacht:
Das Grab versteht des Dichters Schmerzenslaut

„Was nützt's, du Törin, dass du nie bedacht,
Was weinend Tote noch im Grab beklagen?"
Wie Reue wird der Wurm am Fleisch dir nagen.

DIE KATZE

Komm, schöne Katze, und schmiege dich still
An mein Herz, halt zurück deine Kralle.
In dein Auge ich träumend versinken will,
Drin Achat sich verschmolz dem Metalle.

Wenn meine Hand liebkosend und leicht
Deinen Kopf und den schmiegsamen Rücken,
Das knisternde Fell dir tastend umstreicht
Sanft, doch berauscht vor Entzücken,

Dann seh' ich sie. Und ihres Blickes Strahl
Er scheint dem deinen, schönes Tier, zu gleichen,
Ist tief und kalt, scharf wie geschliffner Stahl,

Und feine Düfte fühl' ich zitternd streichen,
Gefährlich süssen Hauch, der gluterfüllt
Den braunen Leib von Kopf zu Fuss umhüllt.

Die Blumen des Bösen

ZWEIKAMPF

Zwei Krieger kämpfen; ihre Waffen schwirren,
Von Blut und Funken ist die Luft durchsprüht.
Der Schrei der Jugend, die in Liebe glüht,
Ist dieses Spiel, dies laute Waffenklirren.

Die Schwerter und die Jugend sind zersplittert!
Der scharfe Nagel und der Zahn, mein Lieb,
Sind was an Dolch und Degens Statt uns blieb.
O reifer Herzen Wut, von Lieb' erbittert!

In jene Schlucht, drin Luchs und Panther wüten,
Versanken unsere Helden kampfesbleich,
Und an den Sträuchern hängt ihr Fleisch wie Blüten.

In diese Hölle, unsrer Freunde Reich,
Lass, Grausame, uns reulos niedergleiten,
Dass unser Hass durchglüh' die Ewigkeiten!

DER BALKON

Du, der Erinnrung, Quell, du Frau der Frauen,
Die all mein Leid und all mein Glück gebracht!
Kannst du im Geist die Freuden neu erbauen,
Des Herdes Süssigkeit, den Rausch der Nacht?
Du, der Erinnrung Quell, du Frau der Frauen.

In stillen Nächten bei der Kohle Glut,
Auf dem Balkon, vom rosigen Duft umgeben,
Wie war dein Busen süss, dein Herz mir gut,
Wir tauschten Worte, ewig wie das Leben,
In stillen Nächten bei der Kohle Glut!

An heissen Abenden wie schön die Sonne!
Der Raum so tief! Das Herz voll Kraft und Mut!
Ich neigte mich zu dir, o Königin der Wonne,
Und trank den Duft, den Duft von deinem Blut, –
An heissen Abenden wie schön die Sonne!

Dann sank die Welt in nächt'ge Dunkelheit,
Mein Auge suchte deins. Die Nacht ward stummer,
Ich trank dein Atmen, Gift voll Süssigkeit,
In meinen Bruderhänden lag dein Schlummer,
Dann sank die Welt in nächt'ge Dunkelheit.

Ich kann sie wecken, jene holden Zeiten,
Da all mein Glück in deinem Schoss geruht,
Denn wer kann wehmutvollre Lust bereiten,
Als es dein Leib, dein sanftes Herze tut?
Ich kann sie wecken, jene holden Zeiten.

Ihr Schwüre, Düfte, Küsse steigt hervor,
Steigt aus dem tiefen Abgrund meiner Qualen,
Wie Sonnen, die aus Meeresgrund empor
Zum Firmament in junger Schönheit strahlen;
Ihr Schwüre, Düfte, Küsse steigt hervor!

DER BESESSENE

Die Sonne ward vom schwarzen Flor umhüllt.
O meines Lebens Mond verlösch' die Strahlen;
Umwölk' dich, schlummre ein, verstumm' in Qualen
Und sink ins Leere tief und leiderfüllt:

So lieb' ich dich. Doch bist du heut gewillt,
Ein neuer Stern aus Schatten, neblig fahlen,
Mit deinem Glanz vor Toren hell zu prahlen,
So funkle Dolch, dein Sehnen sei gestillt!

Entflamme deinen Blick an tausend Kerzen!
Entflamme Gier in tausend rohen Herzen!
Wild oder matt, nur Lust kann dir entblühn;

Sei, was du willst, sei Nacht, sei rosiges Glühn;
All meine Fibern fühl' ich nach dir beben:
Mein König Belzebub dein ist mein Leben!

Die Blumen des Bösen

EINE ERSCHEINUNG
DIE FINSTERNISSE

In Höhlen unerforschter Traurigkeit,
Wohin mich die Geschicke feindlich stiessen,
Wo niemals rosige Strahlen sich ergiessen,
Wo nur die mürrische Nacht mir Freundschaft leiht,

Bin ich ein Maler, den ein Gott im Scherz
Verdammt zu malen, ach! in dieser Wüste;
Bin ich ein Koch voll grausiger Gelüste,
Ich siede und verzehr' mein eignes Herz.

Nur manchmal strahlt und wächst aus tiefer Nacht
Ein Wesen, das aus Glanz und Duft gedichtet;
Wenn in des Ostens träumerischer Pracht

Es sich zu ganzer Höhe aufgerichtet,
Hab' ich das holde Rätsel schnell enthüllt:
Sie ist es! Dunkel, und doch glanzerfüllt.

DER DUFT

*Hast du, mein Leser, je nach Schwelgerart
Inbrünstiglich und langsam eingesogen
Den Weihrauchduft im dunkeln Kirchenbogen,
Den Moschushauch, den treu ein Kissen wahrt?*

*O zaubrisch tiefer Reiz, in dessen Wogen
Vergangenheit und Gegenwart sich paart,
Wie wenn der Freund Erinnrungsblüten zart
Um der Geliebten schlanken Leib gezogen.*

*Denn ihrem schweren Haar, das knisternd flammt,
Schwellendes Kissen mir und Weihrauchschale,
Entströmt der wilde Hauch, der brünstig fahle,*

*Aus ihrer Kleider Musselin und Samt,
Durchtränkt von ihrer Jugend, Düfte steigen,
Wie sie dem Fell der jungen Tiere eigen.*

DER RAHMEN

Wie schmückt ein schöner Rahmen das Gemälde!
Sei es von noch so hochberühmter Hand
Er gibt ihm seltsam reizvolles Gewand,
Da aus dem All er es erlösend wählte.

So war's, als ob Juwel und Gold vermählte
Sich ihrer seltnen Schönheit wie ein Band,
Das, nie verdunkelnd, ihren Glanz umwand,
Verzierung nur, daraus ihr Reiz sich schälte.

Sie glaubte, dass das All sie lieben müsse
Und tauchte fast erstickend in die Küsse,
Mit denen sie der seidne Pfühl umschmiegt.

Ihr schöner, nackter Leib, stets in Erregung,
Bot wild und sanft den Zauber der Bewegung,
Der in dem Spiel der jungen Tiere liegt.

DAS BILD

Krankheit und Tod verlöschten längst die Funken
Des Feuers, das uns lohend einst umfing,
Der Augen, Leuchten sanft und liebestrunken
Und jenen Mund, an dem mein Herz verging.

Was blieb von unsrer Küsse mächtigen Schauern,
Von der Verzückung Rausch so stark und wild?
Ach meine arme Seele, du magst trauern!
Nichts blieb zurück, als ein verwischtes Bild,

Das stirbt wie ich, in Einsamkeit verborgen,
Und das die Zeit, der Greis voll böser Gunst,
Mit rauher Schwinge streift an jedem Morgen ...

Du düstrer Feind des Lebens und der Kunst,
Du sollst mir niemals im Gedächtnis morden
Sie, die mein Glück war, die mein Ruhm geworden!

Die Blumen des Bösen

DIR DIESES LIED

Dir dieses Lied, wenn meines Namens Klang
An ferner Zeiten bleichen Strand getragen
Und abends Menschen träumen macht und klagen,
Ein glückhaft Schiff, das aus dem Norden drang,

Dass dann dein Name, gleich verwehten Sagen,
Den Leser quält, wie müder Trommelsang,
Und ewig du durch tief geheimen Zwang
In meiner stolzen Reime Netz geschlagen.

Verwünschtes Wesen, dem im Weltbereich,
In Höh'n und Tiefen nur ich selber gleich,
O Schatten, dessen Spuren schnell vernichtet,

Du trittst in Staub mit leichtem Fuss und Herz
Das blöde Volk, das dich zu streng gerichtet,
Steinäugig Götterbild, die Stirn aus Erz!

SEMPER EADEM

„Woher" fragst du, „dies seltsam fremde Sorgen,
Dies Leid, das in dir schwillt wie Meeresflut?"
Ach, wenn das Herz die reife Frucht geborgen,
Wird Leben Qual. – Wir wissen's allzu gut.

Das ist kein Rätsel voller Dunkelheiten,
Ein einfach Leid nur, das sich drängt zum Licht.
Drum schweige, Liebste, such' nicht Heimlichkeiten,
Ist auch die Stimme sanft, o frage nicht!

Frag' nicht, du Törin, Herz voll Klang und Beben,
Lächelnder Mund! – Viel stärker als das Leben
Hält uns der Tod in seinem Netz umfasst.

Lass, lass mich Rausch aus einer Lüge trinken,
In deines Blicks traumseliger Nacht versinken,
Gib mir im Schatten deiner Wimpern Rast.

Die Blumen des Bösen

GANZ UND GAR

Der Böse trat heut in mein Zimmer
Und fragt', mich zu versuchen, schlau:
„Von all dem Reiz, von all dem Schimmer,
Der wogt um die geliebte Frau,

Von all den schwarz und rosigen Dingen,
Die hold berauschen deinen Sinn,
Draus ihres Wesens Zauber klingen,
Was nimmt dich wohl am stärksten hin?

Was ist das schönste?" – Meine Seele
Zu dem Verworfnen also sprach:
„An ihr ist alles ohne Fehle,
Es steht kein Reiz dem andern nach.

Da alles hold, warum mich sorgen,
Was mich am meisten glücklich macht?
Sie leuchtet wie der rosige Morgen
Und tröstet wie die dunkle Nacht.

Die Harmonie ist so erlesen,
Die Leib und Seele hält in Bann,
Dass man ihr zart melodisch Wesen
Nicht in Akkorde lösen kann.

Seltsam geheimnisvolles Weben,
Das meine Sinne wirrt und eint,
Durch ihre Stimme Düfte schweben,
Ihr Atem Klang und Wohllaut scheint."

Die Blumen des Bösen

WAS SAGST DU HEUTE ABEND

Was sagst du heute abend, arme Seele,
Was sagst du Herz, schon fast verwelkt, verblüht,
Der schönen, holden Göttin ohne Fehle,
Ihr, deren Blick belebend dich durchglüht?

All unser Stolz ist ja, ihr Lob zu singen,
In deren Dienst die müde Seele ruht,
Um ihren Leib sich Himmelsdüfte schwingen,
Ihr Aug' umkleidet uns mit lichter Glut.

Mag ich zur Nacht im Zimmer stumm, allein,
Auf lautem Markt im Volksgedränge sein,
Ihr Geist umschwebt mich hell wie eine Sonne

Und flüstert: „Ich bin Glanz aus lichten Höhn,
Um meinetwillen liebe nur was schön,
Denn ich bin Schutzgeist, Muse und Madonne."

DIE LEBENDE FACKEL

Es schreiten mir voran zwei Augen voller Glühen,
Ein Gott gab ihnen einst die magische Zaubermacht;
Ein hehres Brüderpaar, mein Brüderpaar, sie ziehen
Und streun demantne Glut in meiner Augen Nacht.

Sie schützen mich vor Schuld und Fall und Strafe,
Sie führen mich zur Schönheit sanft und lind,
Sie sind mir Diener, und ich bin ihr Sklave,
Und der lebendigen Fackel folg' ich blind.

Ihr holden Augen strahlt so heilig rein,
Wie Kerzen, die am lichten Tage wehen.
Der Tag verblasst, doch löscht nicht euren Schein.

Sie feiern Tod, ihr singt von Auferstehen;
Von meiner Seele Auferstehn ihr singt,
Ihr Sterne, die kein Sonnenlicht bezwingt.

Die Blumen des Bösen

AN SIE, DIE ALLZU FROH

Dein Haupt, dein Blick, dein Gang
Sind schön wie die schönsten Auen,
Wie frischer Wind im Blauen
Spielt Lachen dir um Augen, Mund und Wang'.

Der Gram, der dein Auge feuchtet,
An jener Kraft zerbricht,
Die hell wie klares Licht
Von deinen Armen, deinen Schultern leuchtet.

Die Farben in grellem Glanz,
Die dein Gewand bedecken,
In Dichters Geist erwecken
Ein Bild von lieblich leichtem Blumentanz.

Die tollen Kleider passen
Zur Tollheit, deren Macht
Mich so zum Narren macht,
Dass ich dich glühend lieben muss und hassen.

Oft wenn im lichten Park
Ich schleppe meine Qualen,
Fühl' ich die Sonnenstrahlen
Wie Hohn mir brennen tief in Hirn und Mark.

So schwer ins Herz mich trafen
Des Frühlings Glanz und Glut,
Dass ich in heisser Wut
Auf Blumen schlug, um die Natur zu strafen.

So möcht' ich einst zur Nacht,
Wenn der Wollust Stunden klingen,
Zu deinen Schätzen dringen,
Ein Feigling zu dir kriechen stumm und sacht,

Dich züchtigen, du Gesunde,
Zerpressen deine Brust,
Ins blühende Fleisch voll Lust
Dir schlagen eine breite, tiefe Wunde.

Und – Wollust unerhört! –
Durch dieser Lippen Reine
Giess' ich das süsse, feine,
Mein schändlich Gift, das, Schwester, dich zerstört.

Die Blumen des Bösen

HINGABE

Engel voll Heiterkeit, kennst du die finsteren Mächte,
Kennst du das Schluchzen der Reue, der Scham und der Gier,
Kennst du das fiebernde Grauen der furchtbaren Nächte,
Die das Herz uns zerpressen, zerknittern wie schwaches Papier?
Engel voll Heiterkeit, kennst du die finsteren Mächte?

Engel voll Güte, kennst du das lautlose Hassen,
Fäuste im Dunkeln geballt und die Tränen der Wut,
Wenn Rachsucht und Wildheit den Weckruf erschallen lassen,
Zu Herren sich machen über den Geist und das Blut?
Engel voll Güte, kennst du das lautlose Hassen?

Engel voll Reinheit, kennst du die fiebrischen Qualen,
Die an der endlosen Krankenhausmauer entlang
Wie Verdammte sich schleppen, lechzend nach Sonnenstrahlen,
Seltsam die Lippen bewegend, mit zögerndem Gang?
Engel voll Reinheit, kennst du die fiebrischen Qualen?

Engel voll Schönheit, kennst du die schmerzlichen Falten,
Die Angst vor dem Alter und jener quälenden Pein,
Was wir so lange für Glück und für Liebe gehalten,
In lächelnden Augen zu lesen als Treue allein?
Engel voll Schönheit, kennst du die schmerzlichen Falten?

Engel voll Güte und Freude, du leuchtende Sonne,
Der sterbende David hätte Genesung erfleht
Von deines herrlichen Leibes strahlender Wonne,
Ich aber flehe nur eines: denk' mein im Gebet,
Engel voll Güte und Freude, du leuchtende Sonne!

Die Blumen des Bösen

GESTÄNDNIS

Einmal, nur einmal war's in dunkler Stunde,
Dein weicher Arm hielt meinen Arm umfasst.
(Nie ist auf meiner Seele finstrem Grunde,
Du Liebe, Süsse, dieser Tag verblasst.)

Spät war's; der Mond hing an dem Himmelsdome,
Ein goldnes Schaustück auf dem dunklen Fries,
Und feierlich gleich einem weiten Strome
Durchrann die Nacht das schlafende Paris.

Aus dunklem Torweg, längs der Häuser schleichend
Huschte der Katzen weich verstohlener Tritt,
Wachsamen Ohres, lieben Schatten gleichend
Verfolgten sie uns langsam Schritt für Schritt.

Und plötzlich durch das tief vertraute Schweigen,
Das uns in dieser bleichen Nacht erblüht,
Hört' ich ein Seufzen deiner Brust entsteigen,
Dem reinen Instrument, drin Frohsinn sprüht.

Das sonst wie eine freudige Fanfare
Heiter und hell ertönt im Morgenstrahl,
Aus ihm entfloh der fremde, sonderbare,
Zitternde Seufzer voll verhaltener Qual,

Gleich einem Kind, missraten und voll Tücken,
Das seiner Eltern Haupt mit Schmach bedeckt,
Und das sie vor der Welt schmähsüchtigen Blicken
In einer dunklen Höhle tief versteckt.

Du armer Engel, so sang deine Klage:
„Gibt's denn auf Erden Treue, die nicht bricht?
Ach, immer, welche Maske sie auch trage,
Schaun wir der Selbstsucht in das Angesicht.

Kein leichtes Los, das Los der schönen Frauen,
Die leere Mühsal einer Tänzerin,
Die sinnlos lächelt und in Todesgrauen
Noch immer lächelt starr und ohne Sinn.

An Andrer Herz zu klopfen, wie vermessen!
Alles zerbröckelt, Glück und Jugendzeit,
Bis mit der grossen Schaufel das Vergessen
Die Scherben sammelt für die Ewigkeit!"

Oft weck' ich jene bleichen Mondesstrahlen,
Die warme Stille, die kein Hauch bewegt,
Und das Geständnis, das du unter Qualen
Am Beichtstuhl eines Herzens abgelegt.

GEISTIGE MORGENRÖTE

Wenn an des Wüstlings Bett die bleiche Frühe
Gemeinsam tritt mit nagend bittrer Not,
Dann scheint's, als ob nach rächendem Gebot
Im dumpfen Tier ein Engel neu erblühe.

Der fernen Himmel unerreichbar Blau
Winkt ihm, auf dem noch Traum und Leiden wuchten,
Es öffnet sich und lockt wie tiefe Schluchten.
Und so, du göttlich reine, zarte Frau,

So flattert über toller Feste Trümmer
In ewiger Klarheit, rosig, licht und mild
Vor meinem weiten Blick dein leuchtend Bild.

Die Sonne löscht der Kerzen matt Geflimmer,
So siegst auch du, – durch dumpfen Nebel bricht
Dein strahlend Herz: unsterblich Sonnenlicht!

DIE BLUMEN DES BÖSEN

ABENDKLÄNGE

Die Stunde ist's, da ihre Kelche breiten
Die Blumen und wie Weihrauchschalen stehn,
Klänge und Düfte sich im Winde drehn,
Schwermütiger Walzer, zärtlich sanftes Gleiten.
Die Blumen still wie Weihrauchschalen stehn,
Die Geige bebt, ein Herz klagt aus den Saiten,
Schwermütiger Walzer, zärtlich sanftes Gleiten,
Ein grosses Grab der Himmel, ernst und schön.
Die Geige bebt, ein Herz klagt aus den Saiten,
Ein Herz das flieht vor Nacht und Untergehn.
Ein grosses Grab der Himmel, ernst und schön
Und blutigrot der Sonne still Entgleiten.
Ein Herz das flieht vor Nacht und Untergehn
Zum letzten Strahl erloschner Herrlichkeiten,
Und blutigrot der Sonne still Entgleiten,
In heiligem Glanz seh' ich dein Bild erstehn.

DAS FLAKON

So starke Düfte gibt's, dass sie den Stoff bezwingen,
Mit ihrer feinen Kraft Glas und Kristall durchdringen.
Ein Kästchen öffnest du aus fernem Morgenland,
Des Schloss nur knirschend weicht in mürrischem Widerstand,

Vielleicht auch einen Schrein in längst verlassnen Räumen
Voll schwerer Moderluft, drin Staub und Spinnweb träume,
Da liegt ein alt Flakon, das deiner sich entsinnt,
Draus eine Seele strömt und sprudelnd überrinnt.

Schmetterlingspuppen gleich tausend Gedanken schliefen,
Sanft schauernd wie im Traum in Nächten schweren, tiefen,
Nun bebt ihr Flügelpaar, hebt sie zu Flug und Tanz,
Gold und azurgefärbt und spiegelnd rosigen Glanz.

Erinnerung flattert auf, berauschend, giftdurchdrungen,
Die Augen schliessest du, Schwindel hält dich umschlungen
Und stösst mit wildem Arm dich hart und unbeugsam
In eine finstre Schlucht voll Unrat, Gift und Schlamm;

In tausendjährige Gruft wirft er die Seele nieder,
Wo Lazarus, erwacht, regt die gespenstigen Glieder,
Zerreissend sein Gewand, voll Glut und wilder Kraft
Uralter Liebe denkt, vermodert, leichenhaft.

So, wenn ich längst entschwand aus menschlichem Gedenken
in einem finstern Schrein, darein sie mich versenken,
Ein alt verstaubt Flakon, des keiner mehr bedarf,
Das man zerstört, beschmutzt achtlos beiseite warf,

Dann, holder Höllenduft, will ich dein Sarg auf Erden
Und deiner Schädlichkeit Beweis und Zeugnis werden,
Du liebes Gift, gemischt nach himmlischem Gebot,
Du Saft, der an mir nagt, mein Leben und mein Tod!

DAS GIFT

Der Wein verwandelt oft die schmutzigsten Spelunken
    In Schlösser voller Märchenpracht,
Und Säulenhallen er vor uns erstehen macht
    Aus rotem Dunst und goldnen Funken,
Wie eine Sonne, die versinkt in Nebelnacht.

Das Opium weitet aus, was ohne Grenz' und Schranken,
    Es dehnt die Unermesslichkeit,
Es höhlt der Wollust Rausch, vertieft das Meer der Zeit,
    Und mit Genüssen, schwarzen, kranken
Macht es die Seele übervoll und weit.

Nichts aber gleicht dem Gift aus deinen grünen Augen,
    Den tiefen Seen, drin gramerfüllt,
Verzerrt und zitternd malt sich meiner Seele Bild,
    Aus denen durstige Träume saugen
Die tiefe Bitternis, die Qualen weckt und stillt.

Nichts aber gleicht dem Gift, dem Gift von deinem Munde,
 Das in mir wühlt und mich verzehrt,
Die Reue tötet und schamlos Vergessen lehrt,
 Den Wahnsinn träufelt in die Wunde
Und mit dem irren Geist taumelnd zur Hölle fährt.

UMSCHLEIERTER HIMMEL

Durch dunstigen Schleier scheint dein Auge zu glühn,
Geheimnisvoll (ist's grau, ist's blau oder grün?)
Spiegelt sein zärtlicher, träumender, grausamer Blick
Des blassen Himmels müden Gleichmut zurück.

Du bist wie die weissen Tage, umschleiert, gedämpft,
Da vergeblich das fiebernde Herz die Tränen bekämpft,
Da ein unbekannt Weh die Nerven zerquält und zerreisst,
Bis die allzu Wachen verspotten den schläfrigen Geist.

Dem Streifen, dem fernen, schönen, scheinst du verwandt,
Dem die herbstliche Sonne durch Nebel ihr Glühen gesandt.
Wie schimmerst du lieblich, du feuchtes, erfrischendes Tal,
Umspielt von des dunstigen Himmels mattblinkendem Strahl.

O gefährliche Frau, o verführende, zaubrische Luft!
Ich lieb' euren Schnee und des Reifes nebligen Duft,
Doch weiss ich, wie man im Winter sich Freude erringt,
Die schärfer als Eis und als Stahl uns glühend durchdringt.

DIE BLUMEN DES BÖSEN

DIE KATZE

I

In meinem Hirn, als wär's ihr eigner Raum,
Schleicht auf und nieder auf der weichen Tatze
Geschmeidig sanft die schöne, stolze Katze.
Und ihrer Stimme Ton vernimmt man kaum,

So zart und heimlich ist ihr leis Miauen.
Und ob sie zärtlich, ob sie grollend rief,
Stets ist der Klang verhalten, reich und tief
Und Zauber weckend und geheimes Grauen.

Die Stimme, die wie schwere Perlen sank
In meines Wesens dunkle Gründe nieder,
Erfüllt mich wie der Klang der alten Lieder,
Berauscht mich wie ein heisser Liebestrank.

Sie schläfert ein die grausamsten Verbrechen,
Verzückung ruht in ihr. Kein Wort tut not,
Doch alle Töne stehn ihr zu Gebot
Und alle Sprachen, die die Menschen sprechen.

Auf meiner Seele Saitenspiel liess nie
Ein andrer Bogen so voll Glut und Leben
Die feinsten Saiten schwingen und erbeben,
Kein anderer so königlich wie sie,

Wie deine Stimme, rätselvolles Wesen,
Seltsame Katze, engelgleiches Tier,
Denn alles, Welt und Himmel ruht in ihr,
Voll Harmonie, holdselig und erlesen.

II

Und ihrem weichen Fell, das braun und fahl,
Entsteigt ein Hauch, so süss die Sinne labend,
Dass ich davon durchduftet bin am Abend,
Berührt ich's streichelnd nur ein einzig Mal.

Von je des Orts vertrauter Geist gewesen,
Herrscht sie und richtet und beseelt zugleich
Ein jedes Ding in ihrem weiten Reich;
Ein Feenkind vielleicht, ein göttlich Wesen.

Und wenn mein Blick, magnetisch hingelenkt
Zu jener Katze, die beherrscht mein Sinnen,
Sich wieder wendet, fügsam, ohn' Entrinnen
Und still in ihren Anblick sich versenkt,

Dann seh' ich staunend und im Tiefsten schauernd,
Dass ihre Augensterne feurig fahl,
Leuchtfeuern gleich und lebendem Opal,
Mich unverwandt betrachten, still und lauernd.

DAS SCHÖNE SCHIFF

Ich will dir schildern, du mein hold Entzücken,
Die Reize all, die deine Jugend schmücken,
Will malen deiner Schönheit Art,
Darin sich Kindlichkeit mit stolzer Reife paart.

Wenn leis im Wind die weiten Röcke wehen
Glaub ich, ein Schiff in hoher Fahrt zu sehen,
Das segelschwer die Flut durchfliegt,
In sanftem Takt sich träg und weich und lässig wiegt.

Auf deinem runden Hals, den stolze Schultern tragen,
Seh ich dein schönes Haupt in fremder Anmut ragen,
Voll Sanftmut und doch stolzgesinnt
Gehst deines Weges du, ein majestätisch Kind.

Ich will dir schildern, du mein hold Entzücken,
Die Reize all, die deine Jugend schmücken,
Will malen deiner Schönheit Art,
Darin sich Kindlichkeit mit stolzer Reife paart.

Dein Busen, der sich dehnt, die Seide strafft, die feine,
Gleicht einem köstlichen und schöngeformten Schreine,
Auf dessen Wölbung klar und licht
Wie auf metallnem Schild der Sonne Glanz sich bricht.

Verlockend Schilderpaar, bewehrt mit rosigen Spitzen!
Schrein, der voll Heimlichkeit viel Holdes muss beschützen,
Duft, Spezerei und dunklen Wein,
Draus süsser Taumel strömt in Herz und Hirn hinein!

Wenn leis im Wind die weiten Röcke wehen,
Glaub ich, ein Schiff in hoher Fahrt zu sehen,
Das segelschwer die Flut durchfliegt,
In sanftem Takt sich träg und weich und lässig wiegt.

Die edlen Beine, die des Kleides Falten jagen,
Erwecken dumpfe Lust und dumpfer Wünsche Plagen,
Zwei Zauberschwestern sind es traun,
Die schwarzen Liebestrank in tiefer Schale brau'n.

Die Arme könnten leicht mit jungen Riesen ringen,
Schimmernden Schlangen gleich,
        die stark und weich umschlingen,
Gemacht, den Liebsten wie mit Erz
Zu schmieden an die Brust, zu pressen in das Herz.

Auf deinem runden Hals, den stolze Schultern tragen,
Seh ich dein schönes Haupt in fremder Anmut ragen,
voll Sanftmut und doch stolzgesinnt
Gehst deines Weges du, ein majestätisch Kind.

Die Blumen des Bösen

AUFFORDERUNG ZUR REISE

Kind, Schwester, hold ist's zu träumen,
Wir zögen zu zwein ohne Säumen
Nach jenem herrlichen Land.
In Lieb uns verstehend,
In Liebe vergehend,
Dort wo die Welt dir verwandt.
Wo die feuchten Sonnen,
Von Schleiern umsponnen,
Erwecken so seltsame Glut,
So rätselhaft Sehnen
Wie dein Auge voll Tränen,
Drin verräterisch Leuchten ruht.
Dort, wo Frieden, Lust und Prangen,
Glanz und Wollust uns umfangen.
Viel blankes Gerät
Im Saale steht,
Die Jahre gaben ihm Schimmer.
Fremder Blumen Duft,
Weiche Ambraluft
Durchwehen wie Träume das Zimmer.

Die Wände so weich,
Die Spiegel so reich,
Des Orients leuchtend Gepränge
Fast scheint es dir,
Als vernähmest du hier
Der Seele Heimatklänge.
Dort wo Frieden, Lust und Prangen,
Glanz und Wollust uns umfangen.
Sieh auf dem Kanal
Im sonnigen Strahl
Die träumenden Schiffe gleiten.
Dein kleinstes Begehr,
Sie bringen es her
Von der Erde entlegensten Weiten.
Den Fluss und das Land
Umschlingt wie ein Band
Der Schimmer der sinkenden Sonne,
In goldlila Glut
Die Erde ruht,
Hinsterbend in glühender Wonne.
Dort wo Frieden, Lust und Prangen,
Glanz und Wollust uns umfangen.

DAS UNSÜHNBARE

I

Kann ich der alten Reue je entweichen,
Die stets geschäftig, klammernd mich umschlingt,
Sich von mir nährt, so wie der Wurm von Leichen,
Wie eine Raupe, die den Eichbaum zwingt?
Kann ich der alten Reue je entweichen?

Wo ist der Saft, der Wein, der Leidbeschwörer,
Drin wir ertränken unsren alten Feind,
Der dirnengleich gefrässiger Zerstörer,
Ameisengleich geduldiger Nager scheint?
Wo ist der Saft, der Wein, der Leidbeschwörer?

Sag's, Zauberin, wenn du den Trost gefunden,
O sag's der Seele, angst- und qualbeschwert,
Dem Sterbenden, erdrückt von Todeswunden,
Auf den der Pferde Huf herniederfährt,
Sag's, schöne Zaubrin, wenn du Trost gefunden;

Sag's dem Gefallnen, den der Wolf schon wittert,
Um den die wilden Raben krächzend schrein,
Dem Krieger, der in letzten Qualen zittert
Um einen Sarg und einen Leichenstein;
Sag's dem Gefallnen, den der Wolf schon wittert!

Der Himmel, schwarz wie Pech, erhellt sich nimmer,
Und nie zerreisst das Dunkel schwer und fahl,
Das ohne Morgen, ohne Abendschimmer
Und ohne Stern und finstern Wetterstrahl,
Der Himmel, schwarz wie Pech, erhellt sich nimmer.

Einst strahlte Hoffnung von der Gasthausschwelle,
Sie ist verlöscht, – in tiefer Finsternis
Blind tastend suchen wir des Obdachs Stelle
Auf wilder Wege Qual und Bitternis.
Der Böse hat verlöscht die Gasthausschwelle.

Geliebte Zaubrin, liebst du die Verfluchten,
Kennst du der unsühnbaren Dinge Spiel,
Der Reue Pfeil, den giftigen, verruchten,
Dem unser Herz als Scheibe dient und Ziel?
Geliebte Zaubrin, liebst du die Verfluchten?

Das Unsühnbare nagt mit blindem Wüten
An unsrer Seele schwachem Monument
Und unterwühlt den Grund, wie die Termiten
Zerstören der Gebäude Fundament.
Das Unsühnbare nagt mit blindem Wüten.

II

Auf einer Bühne hab ich einst gesehen
Die Fee, umwogt von dunkler Töne Flut,
Durch einen gottverlassnen Himmel gehen,
Und Morgen flammte auf in roter Glut.
Auf einer Bühne hab ich einst gesehen

Das Wesen, das aus Licht und Gold gewebt,
Und sah vor ihr des Satans Kunst verwehen.
Doch dies, mein Herz, drin nie Verzückung bebt,
Die Bühne ist's, wo wir umsonst erflehen,
Immer umsonst die Fee, die leuchtend schwebt.

PLAUDEREI

Du bist der Schein rotgoldnen Herbsteslichts,
Allein in mir schwillt wie ein Meer das Leid
Und lässt, rückflutend, müder Lippe nichts,
Als Nachgeschmack von Schlamm und Bitterkeit.

Du streifst die Brust mir. – Ach, ein holder Wahn!
Verwüstet liegt, was deine Hand erheischt,
Zerrissen durch der Weiber wilden Zahn;
Du suchst mein Herz, – die Bestie hat's zerfleischt.

Ein Tempel bin ich, den das Volk geschändet,
Verzweiflung, Tod und Taumel herrscht darin –
Welch warmen Duft dein nackter Busen spendet!

Du willst es, Schönheit, Seelenquälerin!
Mit deinem Blick, dem strahlend sieggewohnten,
Verbrenn' die Fetzen, die die Bestien schonten!

Die Blumen des Bösen

HERBSTGESANG

I

Bald wird man uns ins kalte Dunkel drängen;
Fahr wohl du Licht, du flüchtige Sommerwelt!
Schon hör' ich, wie im Hof mit dumpfen Klängen
Das Holz erdröhnend auf das Pflaster fällt.

Nun dringt der Winter ein. Und kein Erretten!
Zorn, Schauder, Hass, erzwungner Arbeit Pein;
Der Sonne gleich in des Polarlands Ketten
Wird bald mein Herz ein eisiger Klumpen sein.

Der Scheite Fallen lässt mich fröstelnd schauern;
Kein Mordgerüst, das dumpfer widerhallt.
Mein Geist bebt wie ein Turm, an dessen Mauern
Der Stoss des Widders unermüdlich prallt.

Mir scheint, von diesem hohlen Lärm benommen,
Als ob in Hast, – für wen? – den Sarg man baut,
Sommer war gestern, Herbst ist heut gekommen,
Und Abschied heisst der rätselhafte Laut.

II

Wohl lieb' ich deiner Augen grünen Schimmer,
Du Süsse, aber heut wird alles schwer,
Nicht deine Liebe, nicht Kamin und Zimmer
Ersetzt mir heut das sonnbestrahlte Meer.

Und doch lass mir dein zartes Herz erblühen,
Sei Mutter du dem Frevler irr und kank;
Geliebte! Schwester! Sei das sanfte Glühen
Des flüchtigen Herbst's, der Sonne, die versank.

Nur kurze Müh! – Hörst du mein Grab bereiten?
Die heisse Stirne ruht auf deinen Knien.
Des fahlen Sommers Glut fühl' ich entgleiten,
Sanft goldnen Herbst durch meine Seele ziehn.

EINER MADONNA
EX-VOTO IN SPANISCHEM GESCHMACK

Aus meinem tiefen Leid will den Altar ich bauen,
Verborgenen Altar, dir höchste aller Frauen,
In einer Nische tief im Herzensgrund versteckt,
Wo ihn kein eitler Wunsch, kein Spott der Welt entdeckt.
Die Wölbung sei von Gold und von Azur besponnen.
Dort ragt dein Bildnis hoch, ernststaunend und versonnen.
Der Verse Gitterwerk aus edelstem Metall
Mit Reimen übersät, hellfunkelnd wie Kristall,
Flecht' ich zum Diadem, das leuchtet wie die Sonne.
Aus meiner Eifersucht, o sterbliche Madonne,
Wird eines schweren, starren Mantels Pracht,
Barbarisch ausgeschmückt; gefüttert mit Verdacht,
Der einem Panzer gleich umschliesst des Leibes Blühen,
Drauf keine Perlen, doch all meine Tränen glühen.
Mein Sehnen ist das Kleid, das zitternd dich umfängt,
Das wellengleich sich hebt und wellengleich sich senkt,
Sich wiegend auf den Höhn, im Tale Ruh' geniessend,
Den weiss und rosigen Leib in sanftem Kuss umschliessend.
Die Ehrfurcht ist der Stoff des schweren Seidenschuhs,
Der demutvoll sich schmiegt um deinen Götterfuss,
Ihn sanft und weich umfängt in zärtlichem Gebaren,

Den treuen Abdruck mir des Fusses zu bewahren.
Wenn ich trotz aller Kunst und List, die ich ersann,
Dir nicht den Silbermond als Schemel geben kann,
Leg' ich die Schlange, die mein Innerstes zerrissen
Zu Füssen dir, dass du mit deinem sieggewissen
Und königlichen Stolz das Ungetüm zertrittst,
Das, ganz von Hass geschwellt, den giftigen Geifer spritzt. –
Um dich, o Königin, stehn glühend meine Schmerzen,
Wie auf dem Hochaltar die schlanken Weiheherzen,
Ihr Widerschein besternt der blauen Wölbung Wand,
Zu dir ist immerdar ihr strahlend Aug' gewandt.
Und wie die Wünsche dich umschmeicheln und umschwirren,
Wird alles Weihrauchduft und Benzoe und Myrrhen,
In heiligen Dämpfen hebt mein stürmisch dunkler Geist
Zu deinem Gipfel sich, den ewiger Schnee umgleisst.

Dass ganz Mariens Bild du mögest gleich erscheinen,
Muss ich die Grausamkeit der heissen Liebe einen.
Komm, schwarze Wollust, wähl' Todsünden sieben aus!
Ich, feiger Henkersknecht, schmied' sieben Schwerter draus,
Geschliffen blank und scharf; und wie im Gaukelspiele
Wähl ich dein Lieben mir, dein tiefstes Ich zum Ziele,
Und stosse fühllos zu, – wild zuckst du auf im Schmerz –
Ich traf dein schluchzendes, dein blutend Menschenherz.

Die Blumen des Bösen

LIED AM NACHMITTAG

Deiner Brauen finstrer Strich
Lässt dich seltsam fremd erscheinen,
Gleichst den Engeln nicht, den reinen,
Hexe, dennoch lockst du mich.

Dennoch lieb' ich dich, du Wilde,
Meine sündige Leidenschaft!
Weih dir gleicher Gluten Kraft,
Wie der Mönch dem Heiligenbilde.

Durch dein Haar weht voll und weich
Wilder Duft von fernen Bäumen,
Deine Stirne steht in Träumen
Stolz und fremd und rätselreich.

Um den Leib, der hold und blühend,
Beben Weihrauchdüfte sacht;
Zaubrisch bist du wie die Nacht,
Nymphe stolz und düster glühend.

Ach, es wirkt kein Liebessaft
Wie dein lässig müdes Gleiten,
Und aus deinen Zärtlichkeiten
Steigt für Tote Lebenskraft.

Deiner Hüften sanftes Biegen
Scheint verliebt in deine Brust,
Du erfüllst den Pfühl voll Lust
Durch dein schmachtendes Dichschmiegen.

Manchmal, die geheime Glut
Deiner Raserei zu stillen,
Häufst du ohne Sinn und Willen
Kuss und Biss voll Liebeswut

Und zerreisst zu andern Malen
Mir die Brust mit Spott und Scherz,
Senkst dann lächelnd in mein Herz
Blicke sanft wie Mondesstrahlen.

Unter deinen Atlasschuh,
Unter deinen Fuss aus Seiden
Werf' ich mich, mein Glück, mein Leiden
Alles, was ich bin und tu.

Auch das Herz, das einst geblutet,
Bis dein Leuchten Heil gesandt,
Bis du mein sibirisch Land
Wie ein Feuerstrom durchglutet!

SISINA

Denk' dir Diana stolz im Jagdschmuck prunken,
Wie eilend sie durch Wald und Dickicht dringt,
Im Winde Brust und Haar, vom Lärme trunken,
Dem besten Reiter stolz den Preis entringt.

Sahst du Theroigne in Greu'l und Blut versunken,
Wie sie ein barfuss Volk zum Sturme zwingt,
Wie sie, die Hand am Schwert, ganz Glut und Funken,
Die königlichen Stufen aufwärts springt?

So ist Sisina. Doch der Krieg'rin Trieben
Paart sich bei ihr ein mitleidvolles Lieben;
Ihr Geist, gehetzt von Lärm und Kriegeswut,

Senkt still die Waffen vor dem Leid der Amen,
Und in dem glutverzehrten Herzen ruht
Für die, die dessen wert, ein tief Erbarmen.

Die Blumen des Bösen

VERSE ZU DEM PORTRÄT VON HONORÉ DAUMIER

Der, dessen Bild wir heut dir zeigen,
Und dessen Kunst von höchstem Wert
Uns lachen über uns gelehrt,
Ein Weiser ist's, dem wir uns neigen.

Ein Spötter auch, der lächelnd schafft,
Doch wie des Lasters Bild er meisselt,
Wie er des Bösen Sippschaft geisselt,
Das zeigt uns seines Herzens Kraft.

Sein Lachen ist nicht das des Narren,
Ist des Mephisto Fratze nicht,
Die in Alektos Fackellicht
Sich selbst verbrennt, uns lässt erstarren.

Dies Lachen ist nicht Heiterkeit,
Ist nichts als schmerzensvolle Bürde;
Das seine, strahlend, frei, voll Würde
Bild seiner edlen Wesenheit.

FRANCISCAE MEAE LAUDES

Novis te cantabo chordis,
O novelletum quod ludis
In solitudine cordis.

Esto sertis implicata,
O foemina delicata
Per quam solvuntur peccata,

Sicut beneficum Lethe,
Hauriam oscula de te,
Quae imbuta es magnete.

Quum vitiorum tempestas
Turbabat omnes semitas,
Apparuisti, Deitas,

Velut stella salutaris
In naufragiis amaris …
Suspendam cor tuis aris!

Die Blumen des Bösen

Piscina plena, virtutis,
Fons aeternae juventutis,
Labis vocem redde mutis!

Quod erat spurcum, cremasti;
Quod rudius, exaequasti;
Quod debile, confirmasti!

In fame mea taberna,
In nocte mea lucerna,
Recte me semper guberna.

Adde nunc vires viribus,
Dulce balneum suavibus
Unguentatum odoribus!

Meos circa lumbos mica,
O castitatis lorica,
Aqua tincta seraphica:

Patera gemmis corusca,
Panis salsus, mollis esca,
Divinum vinum, Francisca!

EINER KREOLISCHEN DAME

Im Land der Düfte, sonnenüberglutet,
Seh ich in purpurroter Gärten Nacht,
Wo holde Trägheit von den Palmen flutet,
Ein fremdes Weib voll seltsam fremder Pracht.

Das Antlitz bleich, doch klar und warmdurchblutet,
Die schlanke Zauberin, bewusst der Macht,
Geht wie Diana stolz und hochgemutet,
Im sichern Blick ein stilles Lächeln wacht.

Kommst schöne Frau du einst zum Ruhmeslande,
Zur Seine, zu der grünen Loire Strande,
Dann wirst du alter Schlösser schönste Zier.

In schattigen Lauben weckst du, gleich Gebeten,
Die Lieder auf im Herzen der Poeten,
Die unterwürfiger als Sklaven dir.

MOESTA ET ERRABUNDA

Sag' mir, flüchtet dein Herz sich manchmal, Agathe
Aus der unreinen Städte schwarzem Ozean weit
Zu einem anderen Meer, dessen leuchtend Gestade
Blau und klar und tief, wie die Jungfräulichkeit?
Sag' mir, flüchtet dein Herz sich manchmal, Agathe?

Das Meer, das weite, unendliche spendet uns Trost!
Welcher Dämon gab seinem tönenden Sinken und Steigen,
Das brausend des Sturmwinds Riesenorgel umtost,
Gab ihm der Wiege heilige Kräfte zu eigen?
Das Meer, das weite, unendliche spendet uns Trost!

Entführe mich, Wagen! Segel, trag mich von hinnen!
Schlamm ward aus Tränen und Staub. Entführe mich weit
Fühl' ich Agathens traurige Seele nicht sinnen
Und rufen: „Ferne von Sünden und Reue und Streit
Entführe mich, Wagen! Segel, trag mich von hinnen!"

Wie fern bist du, Garten, von himmlischen Düften getränkt,
Wo unter leuchtendem Blau nur Freuden uns winken,
Wo uns die Liebe nimmer enttäuscht und gekränkt,
Und in reinen Wonnen die schuldlosen Seelen versinken!
Wie fern bist du, Garten, von himmlischen Düften getränkt.

Doch unsrer kindlichen Liebe blühendes Eden,
Lieder und Küsse und Blumen und Spiele im Hain,
Und fern von den Hügeln des Geigentons zitternde Fäden
Und abends der fröhliche Sang und die Krüge voll Wein,
Doch unsrer kindlichen Liebe blühendes Eden,

Himmelsgarten voll heimlichem, schuldlosem Glück,
Seh ich dich fern wie Indiens Gestade entschweben?
Zwingen dich tiefe, schmerzvolle Seufzer zurück,
Ruft eine silberne Stimme dich wieder ins Leben,
Himmelsgarten voll heimlichem, schuldlosem Glück?

Die Blumen des Bösen

DAS GESPENST

Bösen Engeln will ich gleichen,
Fahlen Blicks mich zu dir schleichen,
Gleiten an dein Lager sacht,
Wie ein Schattenspuk der Nacht.

Schenken dir zu tausend Malen
Küsse kalt wie Mondesstrahlen,
Wie die Schlange schlüpfrig feucht,
Die um Gruft und Steine kreucht.

Kommt der bleiche Tag daher,
Ist die Stelle kalt und leer
Bis die Abendnebel brauen. –

Wenn es Andrer Kunst gelingt,
Dass dich Zärtlichkeit bezwingt,
Will ich Herr sein durch das Grauen.

HERBST-SONETT

„*Du wunderlicher Freund, was bin ich dir?*" –
Dein Blick, kristallklar, fragt's zu allen Stunden.
Sei hold und schweig! – Die Seele voller Wunden
Erträgt nur noch des Tieres dumpfe Gier.

Drum lass das höllische Geheimnis ihr,
Du, die mich lässt in langem Schlaf gesunden,
Rühr' nicht an Flammenworte, die bekunden,
Dass Geist und Leidenschaft nur Plage mir.

Liebe mich sanft! – Aus tückischem Revier
Hat düstern Amors Pfeil uns bald gefunden.
Sein Werkzeug, Wahn und Schmach, hab' ich empfunden.

O bleiche Blume Marguerite, wir,
Wir beide sind nur Glanz aus Herbstesstunden,
O meine weisse, kühle Marguerite!

LUNAS TRAURIGKEIT

Heut nacht liegt Luna träg und traumgebannt,
Wie eine schöne Frau, vom Pfühl umschmeichelt,
Die sich, vom Schlummer fast schon übermannt,
Noch sanft und träumerisch den Busen streichelt.

Auf der Lawine Kissen seidenglatt
Hat sie sich langer Ohnmacht hingegeben
Und hebt den Blick zum Himmel sterbensmatt,
Wo Traumgesichte, weiss wie Blüten, schweben.

Wenn heimlich dann in ihrem müssigen Sehnen
Sie eine erdwärts rinnen lässt der Tränen,
Dann nimmt ein Dichter, der dem Schlaf entronnen,

In hohle Hand die Zähre bleich und fahl
Und birgt ihr Leuchten, flimmernd wie Opal,
An seinem Herzen vor dem Blick der Sonnen.

DIE KATZEN

Die toll Verliebten und die strengen Weisen
Verehren, wenn die Kraft und Jugend schmolz,
Die Katzen sanft und stark, des Hauses Stolz,
Die fröstelnd, so wie sie, den Herd umkreisen.

Die, so wie sie, Weisheit und Sinnenglut
Und Dunkel lieben, Nacht von Grau'n durchflossen,
Die sich der Orkus hätt' erwählt zu Rossen,
Stünd' seinem Dienst zu Kauf ihr stolzes Blut.

Sie gleichen Statuen, wenn sie sinnend kauern,
Den grossen Sphinxen in der Wüste Schauern,
Die ewig dämmern an des Traumes Rand.

Aus ihren Lenden magische Funken sprühen,
Und wie besternt von feinem goldnen Sand
Scheint ihres rätselvollen Auges Glühen.

DIE EULEN

Im Schutz von schwarzen Eibenbäumen
In Reihen sitzt der Eulen Schar,
Wie Götter fremd und sonderbar,
Ihr rotes Auge glüht. Sie träumen.

Sie sitzen starr und ohne Laut,
Bis zu den schwermutvollen Stunden,
Da schräg der letzte Strahl entschwunden,
Und Finsternis ihr Reich sich baut.

Den Weisen lehrt ihr still Gebaren,
Wie er sich hüte vor Gefahren,
Die Hast und Lärmen bringt zu Tag.

Dem Menschen, toll von Schein und Schimmer,
Ward es zum Fluche, dass er nimmer
An einem Platze rasten mag.

DIE PFEIFE

Ich bin des Dichters Pfeife, und genau
Siehst du an mir, die stammt aus fremden Fluren,
Von meines Herren Leidenschaft die Spuren:
Dass er ein Raucher ist, trag' ich zur Schau.

Wenn Leid und Sorge sich um ihn verdichtet,
Dann dampf' ich wie ein grosser Küchenherd,
Darauf dem Arbeitsmann, der heimwärts kehrt,
Die brave Köchin treu das Essen richtet.

Ich wiege seine Seele und umschlinge
Sie mit dem Netz, das meinem Mund entsteigt,
In leichtem Blau sich um ihn hebt und neigt,

Und trage einen Traum auf luftiger Schwinge,
Der machtvoll ihn bezaubernd trägt empor,
Wenn sich in Müdigkeit sein Geist verlor.

Die Blumen des Bösen

MUSIK

Oft trägt mich die Musik, dem Meere gleich,
    Zu meinem bleichen Stern,
Durch Nebelrauch, durch Lüfte klar und weich
    Ich segle fern.
Das Antlitz aufwärts und die Brust voran,
    Die Lunge kraftgefüllt,
So stürm' ich kühn den Wogenberg hinan,
    Den mir die Nacht verhüllt.
Und fühle alle Leiden mich erbittern,
    Die je ein Schiff erlitt,
Den leisen Wind, den Sturm, sein krampfhaft Zittern.
    Den Abgrund fühl' ich mit.
Doch manchmal ist der Spiegel flach und weit,
    Der Spiegel meiner Hoffnungslosigkeit.

BEGRÄBNIS EINES
VERFEMTEN DICHTERS

Wenn sich dumpf der Abend senkt
Wird den Dichterleib, den starren,
Einst ein Mann, der christlich denkt,
Hinter altem Schutt verscharren.

Keusche Sterne schliessen sacht
Ihre Augen schlafbezwungen,
Spinne dort ihr Netzlein macht,
Und die Viper ihre Jungen.

Nächtlich hörst zum Zeitvertreibe
Über dem verfemten Leibe
Du der wilden Wölfe Schrei'n

Und der Hexen tolle Weisen,
Schlüpfrig Scherzen mit den Greisen,
Schwarzer Schelme Gaunerein.

EIN PHANTASTISCHER KUPFER

Dies seltsame Gespenst, das nackten Leibes reitet,
Hat sich als einzigen Schmuck ums Knochenhaupt gebreitet
Ein Faschingsdiadem grausig und lachhaft fast;
Es treibt und hetzt sein Pferd in atemloser Hast,
Ein Pferd gespensterhaft, apokalyptisch düster,
Dem wie den Kranken rinnt der Schaum
          aus Mund und Nüster.
So sprengen sie dahin durch unbegrenzte Weiten,
Der wilde Huf zertritt Weltall und Ewigkeiten.
Der Reiter schwingt ein Schwert,
          das hell wie Flammen schimmert,
Hoch über allem Volk, das unterm Huftritt wimmert,
Durcheilt, ein stolzer Fürst, sein weit Gebiet und schaut
Grabfelder eisigkalt, von Ewigkeit umgraut.
Da liegen hingestreckt im weisslichfahlen Lichte
Die Völker aller Zeit und jeglicher Geschichte.

DER FRÖHLICHE TOTE

Der Grund soll fett und reich an Schnecken sein,
Wo ich mir selbst das tiefe Loch will graben
Und strecken will mein alt und müd Gebein
Und wie der Hai im Meer mich im Vergessen laben.

Ich hasse Testament und Leichenstein,
Will von der Welt nicht eine Träne haben,
Nein, lieber lad' ich mir als Gäste ein
Zu meinem letzten Fleisch und Bein die Raben.

O Würmer, Freunde ohne Aug' und Ohren,
Ein Toter kommt, der froh den Tod erkoren;
Weise Geniesser ihr, der Fäulnis Brut,

Bohrt euch durch meine Reste ohne Sorgen
Und sagt mir, blieb noch eine Qual verborgen
Dem alten Leib, der tot bei Toten ruht?

Die Blumen des Bösen

DAS FASS DES HASSES

Der Hass ist bleicher Danaiden Fass;
Umsonst mag Rache mit den rauhen Händen
Ins weite Dunkel ohne Unterlass
Aus grossen Eimern Blut und Tränen senden,

Geheim durchbohrt ein Dämon das Gelass,
Und Schweiss und Blut von tausend Jahren schwänden,
Selbst wenn die Opfer, neubelebt vom Hass,
Aufs neue bluten müssten und verenden.

Dem Trinker gleicht der Hass, dem in Spelunken
Mit jedem Schluck der wildre Durst erwacht
Und sich der Hydra gleich verhundertfacht.

Doch weiss der Trinker, wenn er hingesunken,
Wer ihn besiegt; des Hasses Straf' und Bann,
Dass er nicht unterm Tische schlafen kann.

DIE ZERSPRUNGENE GLOCKE

*Wie bittersüss ist mitternächt'ges Lauschen
Im Winter, nah der Glut, die steigt und sinkt,
Wenn ferne Zeiten leise Reden tauschen,
Und Glockenläuten durch den Nebel dringt.*

*Beglückt die Glocke, die mit starker Kehle
Durch viele Jahre freudig und mit Macht
Gebete singt, so wie aus frommer Seele
Ein tapfrer Krieger, der das Zelt bewacht.*

*Ach, meine Seele sprang, – und will ich singen,
In kalter Nacht die Einsamkeit zu zwingen,
Dann hör' ich meine eigne Stimme tönen*

*Wie eines wunden Kriegers dumpfes Stöhnen,
Den man vergass in seiner letzten Not,
Der zwischen Leichen stirbt den bittern Tod.*

SCHWERMUT

Dem Regenmonat ist die Welt zuwider,
Aus seinem kalten Fass in Strömen rinnt
Das Grauen auf den nahen Kirchhof nieder,
Und Sterben auf der Vorstadt Labyrinth.

Die Katze reckt die kranken, magren Glieder
Und sucht ein warmes Plätzchen. Es beginnt
Gespenstisch Stöhnen in der Traufe wieder,
Des toten Dichters Geist, der scheu entrinnt.

Der Brummbass klagt, und halbverkohlte Reiser
Knistern im Fistelton, die Uhr tickt heiser,
Indes im Spiel, von schmutzigen Düften voll,

Der eklen Erbschaft einer Krankenstube,
Herzdame und der schöne Karobube
Von einer Liebe flüstern, die verscholl.

TRÜBSINN

Mir ist, als lebte ich schon über tausend Jahr

Nie barg ein alter Schrein, so überfüllt er war
Mit Rechnungen und Akten, Versen, Briefen,
Mit Locken, die verwahrt in Scheinen schliefen,
So viel geheimes Leid wie längst mein Hirn es barg.
Das ist ein Riesenbau, ein ungeheurer Sarg,
Ist eine Gruft, die zu viel Tote fasst.

Ich bin ein Kirchhof, den das scheue Mondlicht hasst,
Durch den die Würmer ziehn, Reu und Gewissensqual,
Zernagend meiner liebsten Toten Mal.
Ich bin ein alt Gemach, wo welke Rosen schauern,
Und wie ein fahl Gewirr verblichne Trachten trauern,
Wo nur ein matt Pastell, ein blasser Stich geniesst
Den süsslich schalen Duft, der dem Flakon entfliesst.

Nichts gleicht an Langsamkeit der lahmen Tage Stocken,
Wenn unter schwerer Zeit eisgrauen kalten Flocken
Der Überdruss, der dumpf aus müder Unlust steigt,
Anschwellend dir das Mass der Ewigkeiten zeigt.

DIE BLUMEN DES BÖSEN

Hinfort, beseelter Staub, wirst du nichts andrem gleichen
Als dem granitnen Stein, den Schrecknisse umschleichen,
Der in dem Nebeldunst der stummen Wüste träumt!
Der Sphinx, die man vergass, vor der kein Fuss mehr säumt,
Die niemand kennt, und die in wilder Laune Qualen
Ihr einsam Lied nur singt den roten Abendstrahlen.

SCHWERMUT

Ich bin ein Fürst in Landen dumpf und kalt,
Bin reich und machtlos, jung und dennoch alt.
Ein Fürst, der seine Höflingsschar verachtet,
Die Tiere selbst voll Überdruss betrachtet,
Der taub für jeder Freude Lochruf scheint,
Taub für sein Volk, das vor dem Schlosse weint.
Des Narren Lied voll toller Spukgedanken
Erheitert nicht den grausam kalten Kranken,
Zum Sarg wird ihm sein goldnes Ruhebett.
Die Damenschar umschmeichelt das Skelett,
Weil es ein Fürst, mit schamloser Gebärde,
Und jede hoft, dass ihr ein Lächeln werde.
Der Weise selbst, der Gold im Blei erkannt,
Hat die verderbten Säfte nicht gebannt.
Kein Bad in Blut, wie es die Römer boten
Den altersschwachen, zitternden Despoten,
Erneute Kraft in diesen Leichnam giesst,
Drin statt des Blutes grüne Lethe fliesst.

DIE BLUMEN DES BÖSEN

SCHWERMUT

Der Himmel, schwer wie eines Deckels Last,
Sinkt auf die Seele voll verhaltenem Weinen,
Bleiern und dumpf hält er das All umfasst,
Trüber als Nacht will uns der Tag erscheinen.

Es wandelt sich die Welt zum finstern Haus,
Zum feuchten Kerker voller Angst und Schauer,
Und flatternd, scheu wie eine Fledermaus
Rennt Hoffnung sinnlos gegen Wand und Mauer.

Der müde Regen, der die Welt umfängt,
Spannt um das Haus die engen Gitterstäbe,
Verwünschtes Ungeziefer kommt und hängt
In unser Hirn die grauen Spinngewebe.

Und plötzlich heulen Glocken dumpf empor,
Zum Himmel heben sie ihr furchtbar Tönen,
Wie irrer, heimatloser Geister Chor,
Ein eigensinnig, unaufhörlich Stöhnen.

Und lautlos zieht ein langer Leichenzug
Durch meine Seele seine schwarzen Bahnen,
Die Hoffnung weint. Das Grauen, das sie schlug,
Das Grauen pflanzt in meinem Hirn die Fahnen.

WAHNSINN

Ihr Wälder ängstigt mich wie Kathedralen,
Ihr seid durchheult von wildem Orgelklang,
Und des Verdammten Herz in ewigen Qualen
Stöhnt Echo eurem De-profundis-Sang.

Dich hass' ich, Ozean! Dein sinnlos Tosen
Find' ich in mir. Wut und Verzweiflungswahn,
Schluchzendes Lachen eines Hoffnungslosen
Tönt mir aus deinem Lachen, Ozean!

Dich liebt ich, Nacht, liess nicht der Sterne Strahl
Vertraute Sprache zu mir niedergleiten,
Ich suche tote, schwarze Einsamkeiten,

Doch Finsternis ist nur ein schwarzer Schal,
Tausend Gesichter schau'n aus seinen Falten
Verwandten Blicks, verlorene Gestalten.

LIEBE ZUM NICHTS

Du trüber Geist, einst voller Kampfverlangen,
Die Hoffnung spornt nicht mehr den trägen Mut,
Streck' dich nun hin, verbirg die Schamesglut,
Ross, dessen Hufe vor dem Sprunge bangen.

Schweig, Herz, gib dich in dumpfem Schlaf gefangen!

Geschlagner Geist, besiegter Tunichtgut,
Die Lust an Streit und Liebe ist vergangen,
Lebt, Flöten, wohl und Saiten, die verklangen!
Versuch nicht, Lust, dies trotzig trübe Blut!

Für mich verlor der Frühling Glanz und Glut!

Wie Eis und Schnee den Leib, den sie umschlangen,
Verzehrt die Zeit mich mit der zähen Flut;
Stumm nun der Erdball mir zu Füssen ruht,
Ich trag' nach Schutz und Hütte nicht Verlangen!

Lawine komm, im Sturz mich zu umfangen!

Die Blumen des Bösen

ALCHIMIE DES SCHMERZES

Der Eine füllt die Welt mit Glühn,
Dem Andern ist sie Schmerz und Grauen,
Er kann nur die Verwesung schauen,
Wo Jener Leben sieht und Blühn.

Du unbekannter Gott voll Listen,
Der meine Kräfte hemmt und spannt,
Du machst dem Midas mich verwandt,
Dem traurigsten der Alchimisten.

Du wandelst mir das Gold in Blei,
Das Paradies in Wüstenei;
Du lässt in lichten Wolkendecken

Geliebte Leichen mich entdecken
Und auf den himmlisch heitren Auen
Prunkvolle Sarkophage bauen.

ANZIEHENDER SCHAUDER

Schau dieses Himmels fahle Seltsamkeiten,
Wie dein Geschick zerrissen, wunderlich,
Was mag durch deine leere Seele gleiten,
Was fühlst du bei dem Anblick? Wüstling, sprich.

Ich fühle Gier nach wirren Dunkelheiten,
Nach Qual und Ungewissheit lechze ich,
Doch nicht voll Jammer starr' ich in die Weiten,
Wie einst Ovid, da Rom für ihn erblich.

Ihr wild zerrissnen, grauen Himmelsräume,
Ihr seid, wie ich, von Trotz und Stolz erfüllt!
Und eure Wolken trauerflorumhüllt,

Es sind die Leichenwagen meiner Träume,
Von eurem Schein geht fremdes Leuchten aus,
Ein Glanz der Hölle, wo mein Herz zu Haus.

DIE BLUMEN DES BÖSEN

DIE FRIEDENSPFEIFE
NACH LONGFELLOW

Als Gitche Manito, Herr aller Kreaturen,
Der Mächtige, durchschritt die weiten, grünen Fluren,
Das ungeheure Feld, von Bergesluft umweht,
Da hielt er seinen Schritt am Roten Steinbruch droben,
Beherrschend jeden Raum, von Licht und Glanz umwoben
Stand Gitche Manito, gross und voll Majestät.

Dorthin berief er sie, die Völker aller Lande,
An Zahl den Körnern gleich, den Gräsern und dem Sande..
Mit seiner Schreckenshand brach er ein Felsstück los,
Um eine Pfeife sich gar prächtig herzurichten,
Griff nach dem Bachrand dann,
       wählt' aus dem Schilf, dem dichten,
Für seine Pfeife sich ein Rohr, das breit und gross.

Um es zu stopfen, nahm er Bast der Weidenschäfte,
Der Übermächtige, der Schöpfer aller Kräfte,
Hochstehend zündet' dann ein göttlich Feuer er,
Der Friedenspfeife Licht. Und überm Steinbruch droben
Stand er nun rauchend da, von Licht und Glanz umwoben:
Für alle Völker war's ein Zeichen hoch und hehr.

Die Blumen des Bösen

Und langsam stieg der Rauch, die sanfte Luft durchdringend,
Die süss vom Morgen war, von weichen Düften schwingend.
Erst war's ein leichter Streif, ein zart gewelltes Band
Und dann ein blauer Dampf, der immer dichter quellend
Bald zu verblassen schien, doch steigend, endlos schwellend
Dort oben erst zerbrach am hellen Himmelsrand.

Vom fernsten Gipfel her der wilden Felsenhallen,
Von Nordlands stürm'schen Seen, die laut und lärmend schallen,
Von Tuscaloosa's Wald, darin die Düfte sprühn,
Bis Tawasenthas Tal, das lieblich ohnegleichen,
Allüberall sah man das ungeheure Zeichen
Friedlich und still hinauf zum roten Morgen glühn.

Und der Propheten Spruch: „Seht ihr den dunstigen Streifen
Wie eine Herrscherhand hinauf zum Himmel greifen,
Wie eine Hand, die sich aus Nacht zur Sonne schwingt?
's ist Gitche Manito, Herr aller Kreaturen,
Sein mächtig Wort ertönt weit über alle Fluren:
‚Ich rief euch Krieger her – hört, was mein Wort euch bringt!'"

Auf wildem Wasserweg, auf sandigen Wüstenstrassen,
Von jeder Seite her, wo die vier Winde blasen,
Zog sie heran, die Schar der Krieger ohne Zahl.
Der grossen Wolke Flug, sie hatten ihn verstanden,
Und folgsam sie sich nun zum Roten Steinbruch fanden,
Wo Gitche Manito, der Herr, sie hinbefahl.

Die Blumen des Bösen

Dort standen sie, wo weit die grünen Flächen schienen,
Gerüstet wie zum Kampf mit krieggewohnten Mienen,
Buntscheckig wie das Laub, drauf Herbstesleuchten ruht,
Und jener Hass, der sie in hundert Schlachten sandte,
Der Hass, der schon im Aug' uralter Ahnen brannte,
Entflammte ihren Blick auch jetzt in böser Glut.

Stumm lag ererbter Hass in Blick und in Gebärde,
Und Gitche Manito, ihr Herr und Herr der Erde,
Sah alle an, sein Blick voll tiefen Mitleids war.
So blickt ein Vater mild in trauervoller Liebe
Auf seiner Kinder streit- und mordbegierige Triebe,
Wie Gitche Manito auf seiner Völker Schar.

Weit streckt' er über sie die ungeheure Rechte,
Zu bändigen ihr Herz und alles Enge, Schlechte,
Zu kühlen ihre Glut im Schatten seiner Hand.
Und seine Stimme klang, ein majestätisch Brausen,
Stürzendem Strome gleich, in dessen mächtigem Sausen
Ein urgewaltiger Klang, ein dunkler Ton gebannt:

„O meine Kinder ihr, Mitleid lässt mich erbeben,
Hört göttliche Vernunft, lenkt euren Sinn hierher!
Ich, Gitche Manito, Herr über Tod und Leben,
Ich bin's, der zu euch spricht, ich, der dem Land gegeben
Renntier und Biber und den Büffel, Fuchs und Bär.

Ich macht' euch leicht die Jagd, Fischfang in Fluss und Seen,
Warum muss denn, o sprecht, der Jäger Mörder sein?
Geflügelt Wild liess ich in Sumpf und Moor erstehen,
Was, Undankbare, fehlt euch noch zum Wohlergehen?
Was dringt ihr stets mit Hass auf euren Nächsten ein?

Wahrlich, ich hab' sie satt, die wilden Kriegeswerke.
Gebete, Schwüre selbst von euch sind Missetat!
Gefahr umlauert euch, darum ein jeder merke:
Nur in der Einigkeit liegt eure Wucht und Stärke.
Als Brüder lebt hinfort und pflanzt des Friedens Saat!

Aus meinen Händen sei euch ein Prophet beschieden,
Der mit euch leben wird und eure Leiden trägt,
Glück strömt aus seinem Wort und Glanz und ewiger Frieden
Misstraut ihr ihm jedoch und seinem Werk hienieden,
Die letzte Stunde dann, verworfne Kinder, schlägt!

Verlöscht denn in der Flut die mörderischen Farben,
Ein jeder suche sich die Pfeife, die er braucht;
Schwerfällig ist der Stein und reich des Schilfes Garben;
Kein Kampf und Streiten mehr, nicht Wunden, Blut und Narben,
Als Brüder lebt hinfort! Die Friedenspfeife raucht!"

Und plötzlich werfen sie die Waffen hin zur Erde
Und spülen schnell im Fluss mit fröhlicher Gebärde

Des Krieges Farben von den Stirnen stolz und kühl.
Die Pfeifen höhlen sie, und jeder pflückt am Strande
Ein langes Schilfrohr sich
         und schmückt's und schlingt's zum Bande
Und lächelnd schaut der Geist der armen Kinder Spiel.

Ein jeder kehrt beglückt und ruhig zu seinen Fluren,
Und Gitche Manito, Herr aller Kreaturen,
Steigt auf zur Himmelstür, die weit geöffnet steht.
Durch jener Wolke Dunst, die ihn von dort geschieden,
Steigt er, der Mächtige, mit seinem Werk zufrieden,
Erhaben, riesengross, von Glanz und Duft umweht.

GEBET EINES HEIDEN

Lass nicht die Flammen verschwelen,
Lös' der Erstarrung Weh',
Wollust, Folter der Seelen!
Diva! exaudi me!

Göttin, im All sich verlierend,
Flamme, die ganz uns durchdringt!
Höre dies Herz, das erfrierend
Eherne Sänge dir singt.

Wollust, bleib Herrin mir immer!
In der Verführerin Schimmer,
Der Maske aus Fleisch und aus Samt,

Im Trank, der mich seltsam entflammt
Und Träume schenkt fremd und erlesen,
Wollust, du schmiegsames Wesen!

DIE BLUMEN DES BÖSEN

DER DECKEL

Wohin er wandert, ob zu Land, zu Meere,
In Tropenglut, in weisser Wüstenei,
Ob Jesu Knecht er, Höfling auf Cythere,
Ein finstrer Bettler oder Krösus sei,

Ob fahrender Gesell, ob Bürger, Bauer,
Ob träg und eng sein Hirn, ob weit er denkt,
Stets fühlt der Mensch des tiefen Rätsels Schauer,
Und angstvoll er den Blick zum Himmel lenkt.

Zum Himmel! Wo ihn das Gewölb erdrückt,
Das für ein Possenspiel mit Licht geschmückt,
Drin jeder Spieler blutigen Boden stampft.

Der Himmel! Schreck dem Wüstling, Trost dem Tropfe,
Der schwarze Deckel auf dem grossen Topfe,
Darin die winzige Menschheit kocht und dampft.

DER UNERWARTETE

Harpagon hielt beim kranken Vater Wache
Und sprach im Angesicht der Todesqual:
„Ich glaube doch, wir haben unterm Dache
Noch alte Bretter da, genug an Zahl?"

Und Celimene gurrt: „Ein Herz voll Güte
Gab Gott mir, und natürlich Schönheit auch."
Ihr Herz! Ein hartes Herz, das nie erblühte
Und das verdorrt wie Fleisch in Glut und Rauch.

Ein grosser Zeitungsschreiber stiess mit Höhnen
Den Ärmsten ganz in Finsternis und Nacht:
„Wo siehst du nun den Schöpfer alles Schönen,
Wo ist der Tröster, der dich glücklich macht?"

Besser als alle Welt kenn' ich den Einen,
Den Wollüstling, den Narren ohne Kraft,
Der täglich schwört mit Klagen und mit Weinen:
„Ach, morgen werd' ich sicher tugendhaft."

„Reif ist er!" spricht die Turmuhr in das Schauern,
Vergebens wird's dem kranken Fleisch gesagt.
Blind ist der Mensch und taub und morsch wie Mauern
Wie ein Gebäude, das der Wurm benagt."

Und jäh steht Er da, den sie stets verneinten,
Voll stolzen Hohns er sich vernehmen lässt:
„Seid ihr es, die sich immer gern vereinten
Bei meiner lustigen schwarzen Messe Fest?

In deren Herzen meine Fackeln brennen,
Die heimlich mir so oft den Schweif geküsst?
Am Siegerlachen lernt jetzt Satan kennen,
Der wie die Welt gross und abscheulich ist!

Entsetzte Heuchler, war es euer Sinnen,
Dass man den Herrn gewinnt und narrt zugleich?
Und glaubtet ihr zwei Preise zu gewinnen,
Irdische Güter und das Himmelreich?

Jedoch das Wild zahlt stets des Jägers Plagen,
Der auf der Lauer lag geraume Zeit.
Ich will euch mit mir durch den Nebel tragen,
Genossen meiner trüben Lustigkeit.

Durch Nebel, Erde, Felsgestein und Grauen,
Wo euer Staub in wirren Haufen liegt,
Dort steht mein Schloss, aus e in e m Block gehauen,
Gewaltig, nicht aus glattem Stein gefügt.

Erbaut ist's aus der ewigen Ursünde,
Mein Stolz, mein Ruhm, mein Leiden ruht darin!"
Da war's, als ob ein Engel Sieg verkünde,
Posaunen schmettern durch das Weltall hin.

Sie künden Sieg der Seelen, die da sprechen:
„Preis deiner Geissel, Herr, Preis deiner Macht!
Du wirst uns nicht wie schwaches Rohr zerbrechen,
Gross ist die Gnade, Herrlichkeit und Pracht!"

So feierlich und hold die Töne fliessen
Durch dieser Himmelsernte Abendlicht,
Dass sie Verzückung in die Seelen giessen,
Für die der Feierklang herniederbricht.

Die Blumen des Bösen

MITTERNÄCHTIGE SELBSTPRÜFUNG

Die Uhr verkündet uns die Mitternacht,
Und spöttisch klingt aus ihrem Schlage
An unser Herz die leise Frage,
Wie wir den Tag genutzt, die Zeit verbracht.
Den dreizehnten und Freitag, Tag der Leiden,
Drin, Schuld und Qualen festgebannt,
Den Schicksalstag, der uns bekannt,
Verlebten wir wie Ketzer oder Heiden.

Wir haben frech geschmäht und prahlerisch
Christum, den göttlichsten der Götter,
Wie die Schmarotzer und die Spötter
An eines ekelhaften Krösus Tisch.
Wir haben um des Haufens Gunst und Gnaden,
Des Bösen Knechte, voller List
Umschmeichelt, was uns feindlich ist
Und was uns lieb, verleugnet und verraten.

Wir haben, Henkersknechten gleich, verhöhnt
Die Schwachen, frech vom Volk Bedrohten,
Der Dummheit lächelnd Gruss geboten,
Die blöder Tiere Stirnen ehern krönt.
Dem Irdischen unsre Huldigung erwiesen,
Den Staub geküsst, das Nichts verklärt,
Die Stumpfheit andachtsvoll verehrt,
Der Fäulnis Glanz verherrlicht und gepriesen.

Und endlich, wir erstickten die Begier,
Die Tollheit mit des Rausches Schleier,
Wir, Priester unsrer stolzen Leier,
Wir, deren hohes Amt auf Erden hier
Mit Schimmer zu umkleiden Nacht und Schrecken,
Wir labten ohne Hunger uns am Schmaus!
Rasch, löschen wir die Lampe aus!
Lasst unsre Scham im Dunkel sich verstecken.

Die Blumen des Bösen

TRAURIGES MADRIGAL

Ich trag' nach deiner Klugheit nicht Begehren,
Sei schön! sei traurig! – Sieh, der Träne Spur
Wird deiner lichten Züge Reiz vermehren,
Wie Ströme einer Landschaft Bild verklären,
Wie Sturm und Regenflut verjüngt die Flur.

Dann lieb' ich dich, wenn jäh das frohe Strahlen
Auf deiner Stirn erlischt in Traurigkeit,
Wenn stumm dein Herz ertrinkt in seinen Qualen,
Wenn auf der lichten Gegenwart sich malen
Die schwarzen Schatten der Vergangenheit.

Dann lieb' ich dich, wenn sich dein Aug' entringen
Die Tropfen schwer und heiss wie Blut,
Wenn meine Arme schützend dich umschlingen
Und doch die Angst, die wilde, nicht bezwingen,
Die dir wie Todesqual im Herzen ruht.–

Dann atme ich – o göttlich süsse Qualen,
O tiefer, heiliger Gesang! –
Die Seufzer, die aus deiner Brust sich stahlen,
Und seh' dein Herz wie eine Sonne strahlen
Vom Reichtum, der aus deinem Auge drang.

Ich weiss, dass tief noch bis zu dieser Stunde
Vergessne Sünden brennen dir im Blut,
Wie Feuer in der Esse finstrem Schlunde,
Ich weiss, dass tief in deiner Seele Grunde
Etwas vom Hochmut der Verdammten ruht.

Und doch, mein Lieb, wenn nie in wilden Schauern
Sich dir der Hölle Bilder offenbart,
Wenn nie in eines Albdrucks finstern Mauern,
Drin Gift und Mord und alle Schrecken lauern
Und heimlich Ungemach verwünschter Art,

Wenn in des Nachtmahrs eisenschwerer Klammer
Du nie von Grauen warst und Furcht durchwühlt,
Wenn du beim Glockenschlag in deiner Kammer
Des ganzen Lebens unstillbaren Jammer,
Den wilden Abscheu nie gefühlt,

Dann kannst du nie, – die mich nur liebt mit Klagen,
Du meine Sklavin, meine Königin, –
Nie, von dem Schauer schwüler Nacht getragen,
Mit deiner Seele Schrei mir sagen:
„Nimm, König, mich als Deinesgleichen hin!"

DER MAHNER

Ein jeder Mensch, der wert ein Mensch zu sein,
Fühlt tief im Herzen eine Schlange wohnen,
Sie lebt und herrscht da wie auf Königsthronen,
Und sagt er: „Ja, ich will!", so sagt sie: „Nein!"

Senkt er die Blicke voller Glut und Sehnen
Tief in der Nixen Augen, der Sirenen,
So spricht der Natter Zahn: „Gedenk der Pflicht!"

Erzeugt er Kinder oder pflanzt er Bäume,
Schafft er aus Worten oder Marmor Träume,
„Lebst du heut abend noch?" die Schlange spricht.

Was auch der Mensch erhoffen mag und planen,
Kein Augenblick an ihm vorüberschwingt,
In dem nicht quälend an sein Denken dringt
Der giftigen Schlange unerträglich Mahnen.

Die Blumen des Bösen

AN EINE MALABARESIN

So fein sind Hand und Fuss, so weich der Hüften Biegen,
Europens Schönste müsst' im Wettstreit dir erliegen;
Des Künstlers Blick voll Lust den holden Körper schaut
Und deiner Augen Samt, der schwärzer als die Haut.
Da, wo dein Gott dich schuf in heissen, blauen Gründen,
Ist deine einzige Pflicht, des Herren Pfeife zünden.
Mit Wasser duftend frisch füllst du für ihn den Krug
Und wehrst von seinem Bett der giftigen Mücken Flug.
Und wenn im Morgenwind leis singen die Platanen,
Kaufst du dir Ananas und saftige Bananen.
Auf nacktem Fuss läufst du, wohin dein Herz dich zieht,
Und trällerst vor dich hin ein altes, fremdes Lied.
Und senkt der Abend dann des Scharlachmantels Schatten,
Streckst du die Glieder sanft auf den geflochtenen Matten,
Und Träume flattern auf, den bunten Vögeln gleich,
Beschwingt und zart wie du, wie du an Anmut reich.
Was zieht dich, glücklich Kind, nach unsrem fernen Lande,
Von Menschen übervoll und voll von Leid und Schande,
Dass du dich anvertraust den Schiffern und den Winden
Und heissen Abschied nimmst von deinen Tamarinden?
Du, halbbekleidet nur mit zartem Musselin,

Wenn dich der Hagel trifft, Schneestürme dich umziehn,
Wie wirst du weinen um die Tage, die verrannen,
Wie wird der Schnürleib dir die Hüften roh umspannen!
Und wenn du müde ziehst durch unsren Schlamm und Kot,
Den seltsam fremden Reiz verkaufst ums Abendbrot,
Dann wird dein Auge starr durch trübe Nebel träumen,
Dann siehst du fern und wirr Schatten von Kokosbäumen.

DIE STIMME

In einer jener hohen Büchernischen,
Drin düstre Weisheit, leichter Märchentand,
Römischer Moder, griechischer Staub sich mischen,
Stand meine Wiege. – Wie ein Folioband
Nicht höher war ich, als zwei Stimmen klangen.
Die erste sprach: „Süss ist die Welt und dein,
Denn ohne Grenzen mach' ich dein Verlangen,
Und dein Genuss wird ohne Grenzen sein."
„O folge mir!" hört' ich die zweite klingen,
„Zieh durch der Träume, durch der Wunder Land!"
Süss klang der Ton wie leichten Seewinds Singen.
Weiss nicht, woher er kam, wohin er schwand,
Das Ohr umschmeichelnd und den Sinn erschreckend.
„Ja, holde Stimme!" rief ich. – Da begann
Mit jenem Tag, stets neue Qualen weckend,
Mein Leid und meine Not. In nichts zerrann
Der Erde Zier. In schwarzen Abgrunds Wallen
Seh' wunderlicher Welten Schatten ich,
Hellsichtigkeit, als Opfer dir verfallen,
Folgt meinem Fuss der Schlange giftiger Stich.
Und Sehern gleich lieb' ich seit jener Stunde

Die Wüste und des Meers Verlassenheit,
Mich schmerzt das Glück, ich lache jeder Wunde,
Aus herbstem Trank schlürf ich noch Süssigkeit.
Oft scheint mir Wahrheit, was den andern Lüge,
Ich strauchle, denn zum Himmel blick' ich starr,
Da spricht die Stimme: „Wahr' des Herzens Flüge,
Viel seliger als der Weise träumt der Narr."

Die Blumen des Bösen

HYMNE

Engel voll Schönheit und Süsse,
Der Licht und Klarheit mir leiht,
Unsterbliches Idol, ich grüsse
Dich in Unsterblichkeit!

Du flutest durch mein Leben
Wie salziger Seewind hin,
Ins Herz voll irdischem Streben
Giesst du des Ewigen Sinn.

Kissen voll wohliger Frische,
Das holde Düfte entfacht,
Weihrauch in heimlicher Nische,
Der vergessen glüht in der Nacht,

Wie soll ich's ganz dir entwirren?
Wie mach' ich mein Lieben dir kund?
Es ruht ja wie Ambra und Myrrhen
In der Seele unsterblichem Grund!

Engel voll Huld und voll Süsse,
Der Kraft und Jugend mir leiht,
Unsterbliches Idol, ich grüsse
Dich in Unsterblichkeit!

DIE BLUMEN DES BÖSEN

DER REBELL

Ein Engel stürzt sich wie ein Aar zur Erde
Und rauft des Glaubenslosen Haar voll Grimm:
„Ich will, dass dem Gesetz Gehorsam werde!
Dein guter Engel bin ich, drum vernimm:

Du sollst sie lieben ohne Widerstreiten,
Die arm und schlecht sind, blöd und kranken Bluts,
Damit du vor dem Herrn dereinst kannst breiten
Prunkvoll den Teppich deines Edelmuts.

Denn das ist Liebe! Sorg', eh' sie entschwindet,
Dass stets dein Herz in Gott Verzückung findet,
Das ist der ewigen Wollust Sinn und Sein!"

Der Engel wahrlich züchtigt, den er liebt,
An dem Verdammten seine Faust er übt;
Doch immer sagt der Gottverfluchte: „Nein!"

BERTHAS AUGEN

Vor dir verblasst des schönsten Augs Gefunkel,
Du Kinderblick, darin ein Rätsel ruht,
Ein Etwas, wie die Nacht so sanft und gut!
Ihr Augen, hüllt mich ein in euer Dunkel!

Ihr Kinderaugen gleicht dem Zauberschacht,
Zu euren letzten Tiefen dring' ich nimmer,
Dahin, wo seltner Edelsteine Flimmer
Von schlafbefangner Schatten Heer bewacht.

Mein Kind hat Augen dunkel, tief und weit,
Wie du unendlich, Nacht, und klar wie du!
In ihrem Glanz wohnt Leidenschaft und Ruh',
Sprüht Lieb' und Treue keusch und lustbereit.

DER SPRINGBRUNNEN

Dein Aug' ist müd umschattet,
Mein Liebchen, schliess es zu,
Im Arm mir, sanft ermattet,
Die Lust geniesse du.
Lass uns dem Springbrunn lauschen,
Der unaufhörlich singt
Und heut mit sanftem Rauschen
Die Liebesnacht durchdringt.

> *Der Strahl, der sprühend*
> *Zum Himmel steigt,*
> *Drin Phöbus blühend*
> *Vielfarbig sich zeigt,*
> *In Tränen verglühend*
> *Zur Erde sich neigt.*

So deine Seele singend
Sich in Verzückung hebt
Und kühn sich aufwärts schwingend
Zu fernen Himmeln schwebt,
Um dann in müden Wellen,

Hinschmachtend erdenwärts,
In heimlichen Gefällen
Zu strömen in mein Herz.

> *Der Strahl, der sprühend*
> *Zum Himmel steigt,*
> *Drin Phöbus blühend*
> *Vielfarbig sich zeigt,*
> *In Tränen verglühend*
> *Zur Erde sich neigt.*

Du, hold die Nacht durchscheinend,
An deine Brust gelehnt
Lausch' ich dem Lied, das weinend
Aus Brunnentiefen tönt;
Und fühl' im Blätterschauern,
Im Quell, der raunend schwillt,
Der Mondnacht weiches Trauern,
Der Liebe Spiegelbild.

> *Der Strahl, der sprühend*
> *Zum Himmel steigt,*
> *Drin Phöbus blühend*
> *Vielfarbig sich zeigt,*
> *In Tränen verglühend*
> *Zur Erde sich neigt.*

Die Blumen des Bösen

DAS LÖSEGELD

Der Mensch hat, dass sein Lösegeld er zahl',
Zwei tiefe, reiche Felder Tuffsteinlandes,
Er muss sie mit dem Eisen des Verstandes
Aufwühlen und bebau'n gar viele Mal.

Damit er nur der kleinsten Rose Spriessen,
Nur weniger Halme Blühn und Wachsen schau,
Muss er mit seiner Stirne salzigem Tau,
Muss er mit Schweiss und Tränen sie begiessen.

Ein Feld heisst Liebe, und das andere Kunst.
Und wenn einst, Bösen schreckensvoll und Frommen,
Die Stunde des Gerichts herabgekommen,
Muss er, zu ringen um des Richters Gunst,
Ihm seine erntevollen Scheunen zeigen,
Mit Frucht und Korn und Blumen so gefüllt,
Dass sich, von Duft und Farbenrausch umhüllt,
Die Engel alle huldvoll zu ihm neigen.

WEIT VON HIER

Dies ist die heilige Stätte,
Da ruht auf seidenem Bette
Die Liebliche, Sanfte, Kokette.

Die Hand auf dem Busen liegt,
Der Arm ist ins Kissen geschmiegt,
Und das Schluchzen der Brunnen sie wiegt.

Hier lebt und atmet Dorette.
Fern, fern im Winde fliegt
Der Seufzer endlose Kette,
Umschmeichelnd die schlanke Brünette.

Der Leib, von Salben umschmiegt,
Duftet und glüht um die Wette
Mit Nelke und Violette,
Die erblassen, im Wettstreit besiegt.

ROMANTISCHER SONNENUNTERGANG

Wie schön der jungen Sonne Aufwärtsschweben!
Ihr Morgengruss schiesst Flammen in den Tag.
Beglückt, wer sie in Liebe grüssen mag,
Wenn traumhaft schön sie sich der Nacht ergeben!

Ich weiss ja, ich sah Blumen, Quell und Tal
Erblühn wie kranke Herzen, wo sie funkelt ...
Auf, kommt zum Horizont, bevor es dunkelt,
Noch zu erhaschen einen schrägen Strahl!

Jedoch umsonst, der schöne Gott entgleitet,
Die mächtige Nacht hat schon ihr Reich bereitet,
Das voller Grauen, finster, kalt und feucht.

Ein Moderhauch wallt auf im dunklen Lande,
Indes mein scheuer Fuss am Sumpfesrande
Auf Schnecken tritt, erschreckte Kröten scheucht.

ZU DEM „TASSO IM GEFÄNGNIS"
Von Eugen Delacroix

Der Dichter im Kerker, zerrissen und krank,
Ein Schriftstück zertretend in krampfhaftem Drang,
Misst scheu mit dem Blick, drin Schrecken entbrennen,
Die Stufen, die ihn vom Wahnsinn trennen.

Das trunkne Lachen, das ihm entfährt,
Vergebens dem Fremden und Furchtbaren wehrt,
Dem Zweifel, der Angst und den seltsamen Schauern,
Die vielgestalt ihn und scheusslich umlauern.

Der Geist, der in dumpfigen Käfig gesperrt,
Die Schreie und Fratzen, gehetzt und verzerrt,
Der Schwarm von Gespenstern, die toll ihn umstieben,

Dieser Träumer, durch Grauen vom Lager getrieben,
Dein Bild ist's, o Geist, der in Träume verstrickt,
Von der Wirklichkeit Mauern gelähmt und erstickt.

Die Blumen des Bösen

DER ABGRUND

Pascal sah, wo er ging, des Abgrunds Spalt.
Abgrund ist alles uns, Tat, Traum, Verlangen;
Wie oft hob sich mein Haar in starrem Bangen,
Durchschauerte mich Grauen eisig kalt!

In Höh'n und Tiefen, wo kein Ton mehr hallt,
In Ländern, furchtbar und doch voller Prangen,
Ist Gottes Hand durch meinen Schlaf gegangen,
Ein Schreckbild malend, grausam, vielgestalt.

Ich fürchte mich vorm Schlaf, dem schwarzen Tor,
Das Unheil birgt, wenn man den Weg verlor:
Die Ewigkeit blickt starr durch alle Scheiben.

Mein Geist, hintaumelnd an des Wahnsinns Sumpf,
Beneidet, was da fühllos, kalt und stumpf.
– Ach, immer bei den Zahlen, Dingen bleiben!

DIE KLAGEN EINES IKARUS

Der Bursch, der die Dirne bezwungen,
Ist glücklich, zufrieden und satt,
Mein Arm ist zerbrochen und matt,
Weil er mit Wolken gerungen.
Der Sternwelt, die leuchtend schwebt,
Ein unvergleichlich Entzücken,
Dank' ich's, dass meinen Blicken
Nur Sonnenerinnerung lebt.

Ich hoffte, im Raum zu erkennen
Der Dinge Mitte und Schluss,
Und fühl' nun im Glutenkuss
Meine Flügel zerfallen, verbrennen.

Vernichtet vom Schönheitsdrang
Wird mir kein Nachruhm zu eigen,
Es wird meinen Namen verschweigen
Die Tiefe, die mich verschlang.

Die Blumen des Bösen

SAMMLUNG

Sei still, mein Schmerz, du musst nun leiser klagen,
Den Abend riefst du, sieh, er kam zu dir,
Hat um die Stadt sein weiches Tuch geschlagen
Und brachte Frieden dort und Kummer hier.

Lass nun die Menge sich bei Festgelagen,
Gepeitscht von ihrem Henkersknecht, der Gier,
Den bittren Ekel und die Scham erjagen,
Gib mir die Hand, mein Schmerz, und komm mit mir.

Fern, fern wir zwei. – Siehst du der Jahre Reigen
Sich im verblichnen Kleid vom Himmel neigen,
Die Reu', die lächelnd in der Tiefe wacht?

Die Sonne stirbt dort unterm Brückenbogen,
Und wie ein Bahrtuch kommt's von Ost gezogen,
Horch! Hörst du ihn, mein Schmerz, den Schritt der Nacht?

L'HEAUTONTIMOROUMENOS

Ich treff' ins Herz dich ohne Hassen,
Ein Henker ohne Zorn und Pein,
So schlug einst Moses auf den Stein!
Und Fluten will ich strömen lassen

Aus deinem Aug', ein Meer von Weh,
Um meine Wüste neu zu tränken,
Und stolz will ich die Wünsche lenken
Auf deiner Tränen salziger See.

Dein liebes Schluchzen und dein Klagen,
Dein wilder, hoffnungsloser Schmerz
Wird mir berauschend an das Herz
Wie Sturm und Trommelwirbel schlagen.

Bin ich der grelle Missklang nicht
In diesem reinen Weltentönen
Dank der Gewalt, die, mich zu höhnen,
Die Seele rüttelt, reizt und sticht?

Denn in mir ist ein Schrei voll Grauen!
Ein Gift in mir, so schwarz und wild!
Ich bin der Spiegel, drin ihr Bild
Die Furien und Megären schauen!

Ich bin die Wange und der Streich,
Ich bin das Messer und die Wunde,
Glieder und Rad zur selben Stunde!
Opfer und Henkersknecht zugleich!

Der Vampir, der sein Blut muss saugen,
Der Einsamkeit verlorener Sohn,
Mein Mund, verdammt zu ewigem Hohn,
Will nimmermehr zum Lächeln taugen!

DAS UNLÖSBARE

I

Eine Form, ein Hauch, ein Seelenschwingen
Schied vom Äther, fiel aus lichtem Blau
In des Sumpfes Schlamm und bleiern Grau,
Wo kein Himmelslicht zu ihm kann dringen,

Und ein Engel, töricht und verirrt,
Liess von Liebe sich ins Dunkel locken,
Wilder Albdruck macht das Herz ihm stocken,
Und er wehrt sich angstvoll und verwirrt,

Wie ein Schwimmer in der Nacht, o Grausen!
Gegen eines Wirbelstroms Gewalt,
Dessen Sang wie Sang von Narren schallt,
Der im Kreis sich dreht mit tollem Brausen;

Und ein Mensch, behext von böser Macht,
Will mit nutzlos hastigem Tasten fliehen
Einen Ort, wo Wurm und Schlangen ziehen,
Sucht umsonst die Tür in finstrer Nacht;

Ein Verdammter muss zum Abgrund steigen,
Keine Lampe in der Hand er trägt,
Fauler Dunst ihm feucht entgegenschlägt,
Endlos sich die steilen Treppen neigen,

Scheussliches Getier harrt unten sein,
Dessen wilden Blickes Phosphorfunkeln
Macht die schwarze Nacht noch schwärzer dunkeln,
Macht nichts sichtbar als den Blick allein.

Im Polareis liegt ein Schiff gefangen,
Wie in einer Schlinge von Kristall,
Sucht vergebens in dem Riesenwall
Nach dem Spalt, durch den es einst gegangen.

Bilder eines Lebens, welches nie
Aus den Netzen des Geschicks zu lösen,
Bilder, die da zeigen, dass dem Bösen
Alles, was er tat, nach Wunsch gedieh.

II

Zweisamkeit, drin Licht und Dunkel streitet,
Lebt im Herzen, das sein Spiegel ward!
Born der Wahrheit klar und schwarz, drauf zart
Eines Sterns blasszitternd Licht hingleitet.

Doch ein Leuchtturm, höhnend in der Nacht,
Eine Fackel von des Satans Gnaden,
Einziger Trost und Ruhm auf irren Pfaden
Ist das Wissen um des Bösen Macht.

Die Blumen des Bösen

DIE TURMUHR

Turmuhr! Finstrer Gott, taub unsrem Flehen,
Stumm dein Finger droht: „Erinnre dich!"
Und das Leid, das einst mein Herz durchschlich,
Fühl' ich zitternd in mir neu erstehen.

Lust, die zarte, wird ins Weite fliehn,
Wie ein Geist zu luftigen Gebäuden;
Jeder Augenblick raubt von den Freuden,
Die das Schicksal unsrem Los verliehn.

Viele hundert Mal durchraunt's die Stunde
Das „Erinnre dich!" – Insektengleich
Schwirrt das Jetzt: „Ich bin das Einst zugleich,
Saug' dein Leben auf mit meinem Munde!"

Und „Remember" klingt's „Esto memor"
(Der metallne Mund kennt alle Klänge)
„Die Minuten sind wie Felsengänge,
Und aus jeder schlage Gold, o Tor!"

Spielern gleicht die Zeit, die immer wieder
Spiel auf Spiel gewinnen, Schlag auf Schlag!
Länger wird die Nacht und kurz dein Tag,
Durstig ist die Schlucht, der Sand rinnt nieder.

Bald wird Zufall, göttlich blind und stumm,
Wird die Tugend, die jungfräulich-scheue,
Wird, o letztes Obdach, selbst die Reue
Zu dir sprechen: „Stirb, die Zeit ist um!"

Die Blumen des Bösen

LANDSCHAFT

Ich will, um mein Lied zu dichten fromm und verschwiegen,
Nahe beim Himmel wie ein Sterngucker liegen,
Will lauschen der Glocken Feiergesang,
Den der Wind mir vom Kirchturm herüberschwang;
In den Händen das Kinn, von der Kammer hoch oben
Belausch' ich der Werkstatt Treiben und Toben,
Schau' auf Giebel und Türme und Wolken so weit
Und träume den Traum von der Ewigkeit.

Wie lieblich, wenn durch Nebel flimmernd bricht
Da Sternenglanz, am Fenster dort ein Licht,
Bleiche Dünste durch den Abend rinnen,
Und vom Mond sich Zauberfäden spinnen.
So lass' ich den Frühling, den Sommer,
      den Herbst mir vergehn,
Und kommt dann der Winter mit eisigem Wehn,
Dann schliesse ich Türen und Läden voll Hast
Und bau' mir im Dunkel den Feenpalast.

Und träume von bläulich durchfluteten Hainen,
Vom schluchzenden Strahl
  zwischen schimmernden Steinen,
Von Küssen und Blumen, fremdländischer Pracht,
Von allem, was der Kindheit Träume macht.

Vergebens reisst der Sturm an meinen Scheiben,
Auf dem Arm die Stirn, so will ich bleiben,
Sinken in die warmen Strahlen tief
Goldnen Frühlings, den mein Wille rief.
In der Brust der eignen Sonne Glühn,
Das heisse Herz schafft Leben, Duft und Blühn.

Die Blumen des Bösen

DIE SONNE

Durch der alten Vorstadt verfallene Gassen und Ecken,
Wo verblichene Gardinen das heimliche Laster verstecken,
Wenn die Sonne grausam glühende Pfeile gesandt
Auf das Korn und die Dächer,
    die wimmelnde Stadt und das Land
Schreit' ich, phantastische Fechterkünste verführend,
In allen Winkeln die Reime witternd und spürend,
Über Worte strauchelnd und Steine, wie Trunkne es tun,
Und Verse stammelnd, die träumend schon lang in mir ruhn.

O Sonne, Ernährer, du Feind kranker Säfte und Keime,
Du lässt wie Rosen erblühen die Lieder und Reime,
Du lässt die Sorgen verdunsten in leuchtender Luft,
Wie den Bienenkorb füllst du das Hirn uns
    mit Süsse und Duft;
Dem Mann an der Krücke selbst
    leihst du Begeistrung und Schwung
Und machst wie ein Mädchen ihn,
    fröhlich und lachend und jung,
Befiehlst auch der Ernte, dass sie wächst und gedeiht
Im unsterblichen Herzen, das ewig zu blühen bereit!

Wenn leuchtend und golden hinab zu den Städten du gleitest,
Wie ein Dichter den Glanz um Schmutz
    und um Hässlichkeit breitest
Dann trittst du, ein König, ohne Lärmen und Hast
Und ohne Dienerschar in Hütte und Palast.

Die Blumen des Bösen

LOLA DE VALENCE
Aufschrift zu dem Gemälde von Eduard Manet

Bei aller Schönheit, die auf Erden uns umblüht,
Versteh' ich, dass der Wunsch bald da, bald dorthin flutet;
Doch Lola de Valence, von fremdem Reiz durchglutet,
Strahlt sieghaft, ein Juwel, das schwarz und rosig glüht.

DIE BELEIDIGTE LUNA

Der unsre Väter fromm ergeben waren,
Luna, die hoch im Strahlenschlosse lebt,
Von der geschmückten Sternenschar umschwebt,
Du alte Cynthia, Lampe in Gefahren,

Siehst du die Liebenden auf harten Bahren?
Den frischen Hauch, der sie im Schlaf umwebt?
Den Dichter, der vom Werk den Blick nicht hebt?
Die Vipern, die im trocknen Gras sich paaren?

Schleichst du im gelben Domino verstohlen
Noch jede Nacht dahin auf scheuen Sohlen,
Wo der verblühte Reiz Endymions winkt?

– „Ich sehe deine Mutter, Kind der Erde,
Wie sie, gebeugt von Alter und Beschwerde,
Die Brust, die dich gesäugt, vorm Spiegel schminkt!"

AN EINE ROTHAARIGE BETTLERIN

Bleiche du im roten Haar,
Not und Armut schaut fürwahr
Aus den Löchern deines Kleids
Und viel holder Reiz.

Ja, dein schmächtger Körper beut,
Sommersprossenüberstreut,
Seine Süssigkeit sogar
Armen Dichtern dar.

Stolz und zierlich gehst du hin,
Keine Märchenkönigin
Trägt so leicht den seidnen Schuh,
Wie den Holzpantoffel du.

Statt der Lumpen sollte dich
Schwer umhüllen, feierlich
Prunkvoll Kleid, das faltig bauscht
Und den Fuss umrauscht.

Statt zerrissner Strümpfe sollt'
An dem Bein ein Dolch von Gold
Lüstlings Blicke auf sich ziehn,
Helle Funken sprühn.

Und das Tuch, das leicht sich löst,
Zeig' dem sünd'gen Blick entblösst
Deiner Brüste strahlend Paar,
Wie zwei Augen klar.

Deine Arme schnell bereit
Sollen lösen Band und Kleid,
Bieten leichten Widerstand
Nur der kecken Hand.

Perlen klar und fehlerlos,
Ein verliebt Sonett Belleaus
Reich' dir der Verehrer Schar
Täglich kniend dar.

Manch ein kühner Reimeschmied
Weihe dir sein erstes Lied,
Und bewundre, wie dein Schritt
Leicht die Stufen tritt.

Es umspäh' in deinem Bann
Kühner Knab' und Edelmann,
Seufzend mancher rauhe Held,
Nachts dein lauschig Zelt.

Auf dem Lager sollen glühn
Küsse mehr als Lilien blühn,
Und ein Valois knie hier
Als ein Knecht vor dir!

Bettelnd ziehst du Kind der Not
Hin durch Strassenschmutz und Kot.
Sammelst aus dem Abfallhauf
Dir die Lumpen auf.

Gierig streift den Schmuck dein Blick,
Neunundzwanzig Sous das Stück,
Das ich, rechne mir's nicht an,
Dir nicht schenken kann.

Geh denn hin ganz ohne Zier,
Ohne Perlen und Saphir,
Schlank und nackt und voller Ruh,
Meine Schönheit du.

DER SCHWAN

I

Zu dir, Andromache, eilt jetzt mein Sinn beflügelt.
Der grauarmselige Fluss, drin einst sich hoheitsvoll
Dein ungeheurer Schmerz, dein Witwenleid gespiegelt,
Der trügerische Fluss, der durch dein Weinen schwoll,

Hat plötzlich aufgeweckt, befruchtet mein Gedächtnis.
In Sinnen schreit' ich durch das neue Karussell.
Vom einstigen Paris nur noch ein karg Vermächtnis.
Wie schnell stirbt eine Stadt! Kaum Liebe stirbt so schnell.

Nur noch im Geist seh' ich dies Feld von Hütten wimmeln,
Halbfertige Säulen da, dort Blöcke grau berusst,
Geröll und Stein seh' ich in grünen Pfützen schimmeln,
Am Boden Trödelkram, ein glänzend wirrer Wust.

Tierbuden standen dort. Und einst zu jener Stunde,
Da von der Lagerstatt der Tag sich fröstelnd hebt,
Arbeit und Qual erwacht, und in die stille Runde
Von dem Schindanger her ein dumpfes Heulen schwebt,

Da sah ich einen Schwan, der seiner Haft entwichen;
Mit seinem Flossenfuss reibt er den trocknen Sand,
Sein weisser Flügel schleift am Weg, dem kümmerlichen,
Er bleibt am Bache stehn, daraus das Wasser schwand.

Und zitternd badet er im Staub sein zart Gefieder
Und ruft, das Herz erfüllt vom blauen Heimatteich: „
„Wolke, wann regnest du? Wann fährst du Blitz hernieder?"
Ich sah dies fremde Bild, uralten Mythen gleich.

Wie es Ovid erzählt, reckt er zum Himmel droben,
Der blau herniederlacht in grausam herbem Spott,
Reckt er auf schwankem Hals sein durstig Haupt nach oben,
Als schleudr' er seinen Zorn und seine Qual zu Gott.

II

Paris verändert sich. In mir will sich nichts ändern,
Der Trübsinn nagt an mir. Gerüst, Geröll, Palast,
Rings alles scheint verhüllt mit seltsamen Gewändern,
Und lieb Erinnern drückt mich schwer wie Bergeslast

Vorm Louvre stand ein Bild plötzlich vor meinen Sinnen;
Ich sah den grossen Schwan, der scheu vorüberschlich,
Wie der Verbannte, der verhöhnt und stolz tief innen
Der Sehnsucht Wunde birgt. – Da dachte ich an dich,

Andromache, der jäh den Gatten man entrissen,
Die in des Pyrrhus Hand als Beute fallen muss,
Die auf ein leeres Grab sich krümmt, von Qual zerrissen,
Des Hektors Witwe, ach, und Weib des Hellenus.

Der Neg'rin dachte ich, der magren, kranken, müden,
Die, watend tief im Schlamm, verstörten Blickes späht
Nach ihrem Kokoswald, der fern im lichten Süden,
Jenseits der Nebelwand, der ungeheuren, steht.

An jeden, der verlor, was nie ihm wiederkehrte,
Nie, niemals wiederkehrt, der seine Tränen trank
Und an dem Schmerz wie an der Wölfin Brust sich nährte,
Der Waisen dachte ich, gleich Blumen welk und krank. –

Den Wald, den sich mein Geist als Zuflucht auserkoren,
Durchzieht wie Hörnerklang alter Erinnrung Hauch.
Ich denk' der Schiffer, die auf fernem Riff verloren,
Besiegter, Fallender, und all der andern auch.

Die Blumen des Bösen

DIE SIEBEN GREISE
An Victor Hugo

Wimmelnde Stadt, du Stadt so voll von Träumen,
Dass Geisterspuk uns lichten Tags umkrallt!
In deinem Leib wie Säfte kreisend schäumen
Geheimnisse durch jeden trüben Spalt.

Am Morgen war's, als in den öden Gassen
Im Dunst die Häuser wuchsen himmelwärts,
Wie Dämme, die den mächt'gen Fluss umfassen,
Trüb die Kulisse, wie des Spielers Herz.

Den schmutziggelben Nebeldunst durchschreitend
Strafft' ich die matten Nerven wie ein Held
Und kam, mit meiner müden Seele streitend,
Zur Vorstadt, die vom Lärm der Karren gellt.

Da taucht ein Greis auf, den nur Lumpen decken,
An Farben fast dem Regenhimmel gleich;
Sein Anblick müsste das Erbarmen wecken,
Blitzt' aus dem Blick nicht Bosheit wild und bleich.

Aus Galle schien sein Aug', und auf den Wegen
Ward Schlamm und Reif vor seinen Blicken hart,
Sein langer Bart, straff wie ein spitzer Degen,
Stand starr nach vorn, ein wilder Judasbart.

Gebeugt nicht, nein gebrochen war sein Rücken
Rechtwinklig zu dem Bein, dass Gang und Stab
Dem scheusslichen Gebild voll Hass und Tücken
Das Aussehn eines lahmen Tieres gab.

Dem Juden auf drei Füssen mocht' er gleichen,
Er schwankt dahin durch Schnee und kotigen Brei,
Als trät' er ewig mit den Schuh'n auf Leichen,
Feindselig, hasserfüllt und stumpf dabei.

Und hinter ihm ein Gleicher, – Bart, Blick, Rücken,
Lumpen und Stab vom gleichen Pfuhl entsandt!
Das greise Zwillingspaar auf seinen Krücken
Ging gleichen Schritts zu nie geschautem Land.

Doch jetzt, – welch böser Geist schwang seine Knute?
Welch Schrecknis wollt' in seinen Kreis mich ziehn?
Ich zählte siebenmal, Minute auf Minute,
Den finstern Greis, der siebenmal erschien!

DIE BLUMEN DES BÖSEN

Wer meines Grauens lacht und von Gewalten
Verwandten Schauders nie geschüttelt ward,
Bedenk', im Blick der grauenvollen Alten
Hat siebenmal die Ewigkeit gestarrt!

Konnt' lebend ich auch noch den Achten schauen
Voll unerbittlich schicksalsschwerem Hohn,
Sich Sohn und Mater selbst? – O widerwärtig Grauen!
Ich wandte mich und war dem Spuk entflohn.

Dem Säufer gleich, der doppelt sieht, geschüttelt
Schwankt' ich nach Haus, verschloss die Tür. Und krank,
Fiebernd, von Frost erstarrt, von Graun gerüttelt
Ich in des Rätsels Widersinn versank.

Umsonst rang die Vernunft, dem Sturm zu wehren,
Im Spiel entriss er ihr des Steuers Griff;
Auf uferlosen, grauenvollen Meeren
Tanzt meiner Seele steuerloses Schiff.

DIE KLEINEN ALTEN

I

In der alten Städte winklig engen Gassen,
Wo alles, der Schauder sogar, in Entzücken sich kehrt,
Streif ich umher und späh', schlimmer Laun' überlassen,
Nach seltsamen Wesen, verwittert und reizvoll verklärt.

Einst waren sie Frauen, die greulichen Spukgestalten,
Epona, Lais, verschrumpft nun, krank und verwirrt,
Doch Seelen noch immer! O liebt sie, die ärmlichen Alten!
Im dünnen Tuch und zerrissenen Rocke irrt.

Ihr gebückter Leib, den die grausamen Winde schlagen,
Der zitternd beim Rollen und Lärmen der Wagen erschrickt.
An ihrem Arm wie heilige Reste sie tragen
Den kleinen Beutel mit Blumen und Bildern bestickt.

Sie trippeln wie Puppen ängstlich und scheu ihre Pfade,
Sie schleppen sich fort wie Tiere, wund und verwaist,
Sie müssen tanzen ohne Erretten und Gnade,
Wie Glocken, daran ein Dämon zerret und reisst.

DIE BLUMEN DES BÖSEN

Zerschlagen ihr Leib, doch die bohrenden Blicke saugen
Sich fest und leuchten wie tiefe Brunnen bei Nacht,
Es sind ja des kleinen Mädchens göttliche Augen,
Das über alles, was glänzt, voll Verwunderung lacht.

Und oft sind nicht grösser die Särge der Alten
Als eines Kindes Bahre. – Merkt ihr es wohl?
Der weise Tod will seltsame Laune entfalten
Und legt in die Gleichheit der Särge ein rührend Symbol.

Und wenn meine Füsse die wimmelnden Strassen
       durchschreiten,
Die gespenstischen Schatten mir lautlos vorüberziehn,
Dann sehe ich die zerbrechlichen Wesen gleiten
Ganz leis und sacht zur neuen Wiege hin.

Und ich denke beim Anblick dieser verschrobenen Glieder
An des Handwerkers Rechenkunst, Mühe und Last,
Der die Formen ändern muss wieder und wieder,
Bis die ärmliche Kiste zu jedem der Körper passt.

Und ihre Augen sind Brunnen aus Millionen von Tränen,
Sind Tiegel, in denen das leuchtende Gold schon erstarrt,
Voll unbezwinglichem Zauber fesseln sie jenen,
Den der harte Kummer gesäugt, den das Leben genarrt.

II

Des alten Frascati zärtliche Priesterinnen,
Sorglose Kinder Thaliens! – Die Toten nur
Flüstern noch eure Namen, ihr Sünderinnen,
Leuchtende Blumen einst auf des Tivoli lachender Flur!

Ihr alle berauscht mich! – Doch zwischen euch sehe ich ziehen
Die Zartesten, denen der Schmerz erst das Leben erschloss,
Die sprachen zum Opfermut, der ihnen Schwingen geliehen:
„Trag uns zum Himmel, du mächtiges Flügelross!"

Die eine litt um die Heimat Kummer und Schmerzen,
Die andre um des Gatten Hass und Betrug,
Und um ihr Kind trug die das Schwert im Herzen, –
Und alle hätten zu Strömen der Tränen genug.

III

Ach, den kleinen Alten folgt' ich zu mancherlei Stunden!
Und eine fand ich zur Zeit, da die Sonne versank
Und der Himmel erglühte in blutigen Rissen und Wunden,
Still und gedankenvoll auf einer einsamen Bank.

Sie lauschte dem schmetternden Klang der Soldatenkapelle,
Deren Blechmusik oft durch die zitternden Gärten schrillt,
Bei deren Ton in des Abends belebender Welle
Des Bürgers friedliches Herz von Tatendurst schwillt.

Da sah ich die Alte stolz und aufrecht sitzen,
Die feurigen Klänge schlürfend mit Ohr und mit Hirn;
Und ich sah ihre Augen wie die des Adlers blitzen,
Für den Lorbeer geschaffen erschien mir die marmorne Stirn.

IV

So zieht ihr dahin, klaglos mit verschlossenem Munde,
Durch das Chaos der wimmelnden Stadt euren einsamen Gang,
Ihr Dirnen, ihr Heiligen, Mütter mit blutender Wunde,
Deren Name dereinst von aller Lippen erklang!

Euch, die man die Schönheit genannt, den Ruhm, das Verderben,
Euch kennt nun keiner, – Betrunkne mit taumelndem Schritt
Nahn sich euch frech mit höhnischem Liebeswerben,
Und boshafter Kinder Spott verfolgt euren Tritt.

Ich sehe die schmachvolle Angst in den Blicken euch lauern,
Niemand begrüsst euch! Gebückt und zerbrochen und steif,
Seltsames Schicksal, schleicht ihr entlang an den Mauern,
Scherben der Menschheit, die für die Ewigkeit reif!

Doch ich, der von ferne bewacht euer schwankendes Schreiten,
Der voll Angst, wie ein Vater, euch folgt mit dem zärtlichen Blick,
Ich fühle – o Wunder! – verbotene Seligkeiten,
Ich ahne, euch unbewusst, all eure Qual, euer Glück.

Ich seh' eurer Leidenschaft erste Glut sich entzünden,
Ich sehe verlorene Tage, Jubel und Schmerz,
Mein Geist, vervielfacht, schwelgt in all euren Sünden,
In all euren Tugenden leuchtet und funkelt mein Herz.

Ich sag' euch Lebwohl, im goldenen Abendschimmer,
Uralte Even, Seelen, die mir verwandt!
Wo seid ihr morgen, Zerschlagene! Menschheitstrümmer!
Auf denen lastet Gottes entsetzliche Hand?

DIE BLUMEN DES BÖSEN

DIE BLINDEN

Betrachte sie, mein Herz; furchtbar zu sehn,
Wenn sie, fast lächerlich, wie Puppen schreiten
Und gleich Nachtwandlern seltsam vorwärts gleiten,
Lichtlose Kugeln, ach wonach nur? drehn.

Die Augen, drin erlosch der Götterfunken,
Sind starr zum fernen Himmel hingelenkt,
Nie siehst du erdwärts ihren Blick gesenkt,
Nie auf die Brust ihr träumend Haupt gesunken.

So ziehn sie durch ein weites, schwarzes Land,
Das ewigem Schweigen brüderlich verwandt.
O Stadt, indes du unter Lachen, Toben

Voll Gier nach Lust und Taumel bist entbrannt,
Schleich' ich wie jene, ärmer an Verstand,
Und frag': Was suchen sie am Himmel droben?

EINER VORÜBERGEHENDEN

Die Strasse heult und rasselt fieberhaft.
Da schreitet zwischen Lärm und Gassenhauer
Ein schlankes Weib in majestätischer Trauer,
Mit stolzer Hand des Kleides Saum␣gerafft;

Geschmeidig, zart, das Bein schlank wie gemeisselt.
Aus ihrem Blick, drin Himmel fahl und starr
Und Stürme ruhn, saug' ich, ein kranker Narr,
Leid, das berauscht, Lust, die zu Tode geisselt.

Ein Blitz ... dann Nacht! – O schöne, flüchtige Frau,
Aus deinem Blick strömt Kraft und Leben nieder,
Ob ich dich erst dort drüben wiederschau'?

Verändert, fern! zu spät! ach niemals wieder!
Fremd mir dein Pfad, mein Weg dir unbekannt, –
Dich hätte ich geliebt, dich, die's erkannt!

Die Blumen des Bösen

DAS SKELETT ALS ARBEITSMANN

I

In jenen anatomischen Räumen
Am Kai, wo in der Bretter Haft
Manch altes Buch liegt, leichenhaft
Und mumiengleich in tiefen Träumen,

Und Bilder, deren schwerer Sinn
Und eines alten Meisters Können,
Trotz ihres ernsten Stoffs uns gönnen,
Der Schönheit Anblick und Gewinn,

Dort sieht man – und das tiefe Grauen
Vor unsren letzten Rätseln schwillt –
Skelette sieht man, furchtbar Bild,
Arbeitern gleich das Feld bebauen.

II

Aus diesem Boden, drin ihr grabt,
Gesellen finster und ergeben,
Mit aller Kraft, die euch gegeben,
Mit allen Muskeln, die ihr habt,
Sagt, welche Ernte wird nun euer,
Ihr Sklaven, dem Verliess entflohn?
Sagt, welcher Pächter zahlt euch Lohn?
Und wem füllt ihr das Haus, die Scheuer?

Zeigt ihr (ein Sinnbild unerhört
Für des zu rohen Schicksals Strenge)
Dass man selbst in des Grabes Enge
Uns den versprochnen Schlummer stört;

Dass uns das Nichts wird zum Verräter,
Dass alles, selbst der Tod, uns lügt,
Dass über uns vielleicht verfügt,
Im unbekannten Lande später

Nach einem unbekannten Pakt
Rastlos im störrischen Grund zu graben,
Den Spaten unterm Fuss zu haben,
Dem Fuss, der blutig, wund und nackt?

Die Blumen des Bösen

ABENDDÄMMERUNG

Sieh, des Verbrechers Freund, der holde Abend, naht
Mit leisem Raubtierschritt, der Helfer bei der Tat;
Der Himmel schliesst nun sacht des schweren Vorhangs Falten.
Zu Tieren wandeln sich die menschlichen Gestalten.

O Abend lieb und hold, wie heiss wirst du ersehnt,
Von einem, der mit Lust die müden Arme dehnt
Und ohne Lügen spricht: Der Tag war voller Lasten! –
Du bist's, der Schmerzen stillt und Ruhe gibt und Rasten
Dem Denker, der voll Trotz die müde Stirne hält,
Dem Arbeitsmann, der dumpf hin auf sein Lager fällt.

Indes erhebt sich schwer der bösen Geister Meute,
Sie flattern durch die Luft wie vielgeschäftige Leute,
Sie poltern an die Tür, sie stossen an das Dach.
Und wo ein Lichtschein wird im Windstoss flackernd wach,
Da lebt die Unzucht auf in dumpfer Gassen Enge;
Gleich dem Ameisenhauf öffnet sie Gäng' um Gänge;
Sie bahnt geheimen Weg allüberall und gleicht
Dem Feind im Hinterhalt, der tückisch uns umschleicht;

Im Schoss der Stadt rührt sie den Unrat, der sie mehrt,
Ein Wurm, der von der Kraft des Menschen lebt und zehrt.
Jetzt hört man's da und dort in Küchen leise zischen,
Theater kreischen auf, Orchester brummt dazwischen;
Die Säle, drin das Spiel Rausch gibt den schlaffen Hirnen,
Sie füllen sich nun rasch mit Gaunern und mit Dirnen;
Die Diebe, denen nie das Handwerk Ruhe lässt,
Beginnen ihr Geschäft, bezwingen sanft und fest
Die Türen und den Schrein um ein paar Tage Leben
Und, um der Freundin Gold und seidnen Tand zugeben.

Jetzt sammle dich, mein Sinn, und richte dich empor,
In diesem Augenblick verschliess dem Lärm dein Ohr.
Die Stunde ist's, da Gram und Schmerzen sich verschlimmern
Da uns die finstre Nacht die Kehle würgt, und Wimmern
Die Hospitale füllt, da still der Kranken Heer
Zum grossen Abgrund wallt. – Ja, mancher kommt nie mehr
Und isst die Suppe still und träumt und blickt ins Feuer
Ganz nah beim Herd und nah der Seele, die ihm teuer.

Und viele kannten nie die Süssigkeit, die schwebt
Um einen Platz am Herd, und haben nie gelebt!

DIE BLUMEN DES BÖSEN

DAS SPIEL

In schäbigen Sesseln frechgeschminkte Weiber,
In deren Blick ein süsslich Lächeln girrt,
Geziert bewegen sie die magren Leiber,
Juwel und Gold an ihren Ohren klirrt.

Am Spieltisch rings Gesichter fahl, verbissen.
Zahnlose Kiefer, leichenblass der Mund,
Zitternde Finger, hin und her gerissen,
Fiebrisch durchwühlend leerer Taschen Grund.

Am schmutzigen Plafond die bleichen Lichter
Erhellen nur mit einer trüben Glut
Die finstren Stirnen der berühmten Dichter,
Die hier vergeuden ihren Schweiss, ihr Blut.

Dies ist das schwarze Bild, das oft in Träumen
Vor meinem klaren Blick mich selbst enthüllt,
Ich seh' mich stumm und kalt in schmutzigen Räumen,
Die Arme aufgestützt, von Neid erfüllt.

Voll Neid auf dieser Männer zähe Triebe,
Auf dieser Weiber finstre Lustigkeit,
Die schamlos hier verkaufen ihre Liebe
Und eines alten Ruhms Unsterblichkeit.

Wirr schreck' ich auf. – Wie konnt' ich sie beneiden,
Die's in den Abgrund reisst mit blinder Wut,
Die lieber Qualen als den Tod erleiden
Und lieber als das Nichts der Hölle Glut.

Die Blumen des Bösen

TOTENTANZ
An Ernest Christophe

Stolz wie die Lebenden auf ihre edle Haltung,
Bewegt sie lässig sich mit Handschuh und Bukett
Und zeigt die Sicherheit graziöser Unterhaltung,
Die magren Schönen liegt, extravagant, kokett.

Sah je auf einem Ball man schlankere Gestalten?
Das überreiche Kleid, von grellem Prunk erdrückt,
Fällt auf den Knochenfuss in königlichen Falten,
Den zierlich, blumengleich das Flitterschuhwerk schmückt.

Und wie ein üppiger Bach sich reibt an Felsenhängen,
So rieseln Spitzen keck aufs magre Schlüsselbein
Und schliessen züchtig vor dem losen Spott der Mengen
Die tiefverborgnen, dunklen Reize ein.

Die Augenhöhlen sind voll Finsternis und Leere,
Der Schädel, grauenvoll mit Blumen aufgestutzt,
Schwankt auf dem Wirbelbein in kraftlos matter Schwere.
– O Zauber eines Nichts, voll Wahnsinn aufgeputzt!

Gar manche werden dich ein tolles Zerrbild nennen,
Die nur vom Fleisch berauscht, der Schönheit nicht bewusst
Des menschlichen Gebeins, und seinen Reiz nicht kennen.
Mir, herrliches Skelett, gibst du die höchste Lust.

Flohst, fratzenhaft Gebild, du deine trübe Sippe,
Zu stören unser Fest? Spornt alter Wünsche Gier
Noch immer dich und stösst dein lebendes Gerippe,
Leichtgläubige, zum Rausch des Freudensabbats hier?

Hoffst du beim Geigenklang, beim Flackerlicht der Kerzen
Dem Albdruck zu entfliehn und bittrer Träume Qual?
Hoffst du der Hölle Brand zu kühlen dir im Herzen
Im Wirbelsturm der Lust beim tollen Bacchanal?

O Bronnen unerschöpft des Lasters und des Leides!
Der Narrheit alter Quell, an Reinheit unerreicht!
Noch immer sehe ich durchs Gitterwerk des Kleides
Die alte Schlange, die den Busen dir umschleicht.

Doch fürcht' ich, dass dein Reiz, die Wahrheit zu gestehen,
Den Preis nicht findet, wert so vieler Müh' und List;
Wer von den Sterblichen wird deinen Scherz verstehen?
Des Schauders Rausch liebt nur, wer starken Geistes ist.

DIE BLUMEN DES BÖSEN

Der Abgrund deines Blicks voll fürchterlichem Grauen
Haucht tollen Wahnsinn aus. Und, welchen du gewinnst,
Ein jeder Tänzer wird voll wilden Ekels schauen
Das ewige Lächeln, das aus deinen Zahnreih'n grinst.

Doch wessen Arm umschlang nicht liebend schon Skelette?
Wer naschte nie am Tod, hat nie im Graun gewühlt?
Was kümmert mich Geruch, was Antlitz und Toilette?
Wer sich geekelt zeigt, zeigt, dass er schön sich fühlt.

Tänzerin nasenlos, du hohle Holde, winke
Der Tänzer Schar heran und sprich, wenn sie sich ziert:
„Ihr stolzen Liebchen, trotz des Puders und der Schminke
Haucht Grabesdunst ihr aus! Skelette parfümiert,

Verwelkte Gecken ihr und greisenhafte Junge,
Du übermalt Gebein, du altersgrauer Fant,
Des Weltalls Totentanz mit ungeheurem Schwunge
Er reisst auch euch hinweg zu Stätten nie gekannt.

Am kalten Seinestrand, an heissen Gangeswellen
Spreizt sich die Menschheit stolz und fühlt und ahnt es nicht,
Dass das Gewölk schon klafft, dass die Posaunen gellen,
Der finstre Engel ruft zum letzten Weltgericht.

Wo deine Sonne scheint, wird dich der Tod umgirren,
Lächerlich Menschenvolk, in deiner Raserei,
Oft salbt er sich wie du den Leib mit duftigen Myrrhen
Und mischt so seinen Hohn noch deinem Wahnsinn bei!"

DIE BLUMEN DES BÖSEN

LIEBE ZUR LÜGE

Wenn du vorbeigehst, lässig stolze Schöne,
Umwogt vom Geigenklang, vom lauten Fest,
Die Glieder leise wiegst im Takt der Töne,
Den müden Blick gelangweilt schweifen lässt,

Wenn ich betrachte bei des Gaslichts Strahlen
Die bleiche Stirn von krankem Reiz umblüht,
Auf der die Abendfackeln Frührot malen,
Den Blick, der wie aus alten Bildern glüht,

Dann denk' ich: schön ist sie und hochgemutet,
Erinnrung krönt sie wie ein schwerer Reif,
Ihr Herz, das wie ein dunkler Pfirsich blutet,
Ist, wie ihr Leib, wissender Liebe reif.

Bist du die Herbstfrucht voller Saft und Süsse?
Die dunkle Urne, die der Tränen harrt,
Schmeichelndes Lager, Duft vom Paradiese,
Der Korb, dem eine Last von Blumen ward?

*Ich weiss, die Augen, die so traurig dunkeln,
Verbergen kein Geheimnis tief und schwer,
Sind Schreine nur, drin nie Juwelen funkeln,
Tief wie der Himmel, wie der Himmel leer.*

*Jedoch mein Herz, von Wahrheit wundgequälet,
Dem Hülle nur und Schein die Welt versüsst,
Fragt nicht, ob töricht du und unbeseelet,
Die Schönheit bet' ich an! Sei mir gegrüsst!*

DIE BLUMEN DES BÖSEN

NEIN, ICH VERGASS ES NICHT ...

Nein, ich vergass es nicht, nah bei der Stadt gelegen
Das kleine weisse Haus, – Stille auf allen Wegen;
Aus Gips Pomona dort und Venus brav und alt,
Wie bargen sie verschämt im Laubwerk die Gestalt.
Die Abendsonne, die rieselnd in lichter Farbe
An unsrem Fensterglas zerbrach die Feuergarbe,
Schien uns des Himmels Aug', neugierig, gross und klar,
Betrachtend unser Mahl, das lang und schweigsam war.
Von ihrem Leuchten, wie von Kerzenglanz beschienen,
War unser schlichter Tisch, die leichten Sergegardinen.

LASST UNS DER TREUEN MAGD ...

Lasst uns der treuen Magd, dem Herzen voller Güte,
Das nun entschlummert ruht tief unter Gras und Blüte,
Lasst ein paar Blumen uns ihr legen auf den Stein.
Die armen Toten, ach, sie leiden soviel Pein.
Wenn der Oktoberwind die alten Bäume schüttelt,
Traurige Lieder singt und an dein Grabstein rüttelt,
Dann finden sie gewiss, dass wir recht herzlos sind
In unsrem warmen Bett, geschützt vor Frost und Wind.
Indessen sie, verzehrt von dunkler Träume Schaudern,
Ganz ohne Bettgenoss und ohne fröhlich Plaudern
Nichts fühlen, frosterstarrt, benagt vom bösen Wurm,
Als eisiger Tropfen Fall und Schnee und Wintersturm,
Und hundert Jahr vergehn, eh' Freunde und Gevattern
Die Fetzen je erneu'n, die um das Gitter flattern.

Wenn nun im Abendschein, beim Knisterton der Scheite
Plötzlich ganz still sie sitzt am Herd zu meiner Seite,
In blauer Winternacht, die kalt herniederschauert,
In meinem Zimmer stumm in einer Ecke kauert,

Ernsthaft und bleich wie die, die ewige Nacht uns schickt,
Aufs grossgewordne Kind mit Mutteraugen blickt,
Was kann ich dann zu ihr,.der frommen Seele, sprechen,
Aus deren hohlem Aug' endlose Tränen brechen?

NEBEL UND REGEN

Herbstende, Winter, Frühlingsschlamm und Regen,
Euch stillen Zeiten schlägt mein Herz entgegen,
Der kalte Dämmer eures Nebelgrau's
Umhüllt wie Bahrtuch mich und Totenhaus.

Wenn eisige Winde durch die Ebnen fegen,
Die Wetterfahnen kreischend sich bewegen,
Dann breitet, wilder als im Lenzgebraus,
Die Seele ihren Rabenfittich aus.

Denn nichts ist süsser für ein Herz voll Trauer,
Auf das der frostige Reif sich niedersenkt,
Ihr bleichen Himmel, unsrem Land geschenkt,

Als eurer ewigen Dämmrung fahler Schauer.
Wenn nicht zu zwein in mondlos stiller Nacht
Wir Brust an Brust den Schmerz zur Ruh gebracht.

DIE BLUMEN DES BÖSEN

PARISER TRAUM
An Constantin Guys

I

Von jenem fremden Land, das nimmer
Ein sterblich Auge noch erblickt,
Hat diesen Morgen mich ein Schimmer,
Ein zartes, fernes Bild erquickt.

An Wundern schwer sind unsre Träume!
Durch eine Laune fremd und irr
Bannt' vom Gemälde ich der Bäume
Und Pflanzen regellos Gewirr.

Und, froh im Bild dies zu erreichen,
Genoss mein stolzes Malerherz;
Den Rausch des Fahlen, Ewiggleichen,
Das strömt aus Wasser, Stein und Erz.

Babylons Treppen und Arkaden,
Ein Riesenschloss, wo Wunder blühn,
Wo Quellen leuchten, und Kaskaden
In matte, goldne Becken sprühn.

Wo Wasserfälle niederrauschen
Und wie ein Vorhang von Kristall
Sich schimmernd um die Mauern bauschen,
Die glatten Mauern aus Metall.

Nicht Bäume, sondern Kolonnaden
Umgaben ernst den stillen Teich,
Drin sich gigantische Najaden
Spiegelten, schönen Frauen gleich.

Und weite, blaue Wasser zogen
Entlang am rosig grünen Strand,
Umspülend mit den leichten Wogen
Des weiten Weltalls fernstes Land.

Und es gab Steine, deren Flimmer
Ganz unerhört, gab magische Flut,
Gab Eis, in dessen mattem Schimmer
Die ganze Welt gespiegelt ruht.

DIE BLUMEN DES BÖSEN

Und Riesenströme flossen schweigend
Durch dunkles Ätherblau bei Nacht
Und gossen, ihre Urnen neigend,
Strahlen in diamantnen Schacht.

Erbauer dieser Herrlichkeiten,
Liess ich nach meinem Wunsch und Plan
Durch den smaragdnen Tunnel gleiten
Das Weltmeer, das mir untertan.

Und alles, selbst das Schwarz erglühte
Geschliffen, schillernd, blank wie Stahl,
Und aus den hellen Fluten sprühte
Ein leuchtender kristallner Strahl.

Kein Stern, ringsum, kein Himmelszeichen.
Kein Sonnenschein, der drauf geruht,
Die Dinge all, die überreichen,
Erstrahlten in der eignen Glut!

Und über diese Welt ergossen,
Die einzig nur dem Aug' geweiht
Und (grausam Spiel) dem Ohr verschlossen,
Lag Schweigen der Unendlichkeit.

II

Erwachend, noch vom Schau'n geblendet,
Fand ich in öder Kammer mich,
Und in mich selbst zurückgewendet
Fühlt' ich der Sorgen scharfen Stich.

Die Uhr mit wuchtig harten Schlägen
Schlug Mittag, und vom Himmelszelt
Sank Finsternis und grauer Regen
Langsam auf die erstarrte Welt.

Die Blumen des Bösen

MORGENGRAUEN

Die Morgenwache tönt durch die Kasernen,
Der Morgenwind umschmeichelt die Laternen.

Dies ist die Zeit der Träume wild und schwül,
Die Knaben wälzen sich auf ihrem Pfühl,
Die Lampe wie ein blutig Auge schimmert,
Ein roter Flecken, der den Tag durchflimmert,
Die Seele, von des Körpers Last besiegt,
Im gleichen Kampf wie Tag und Lampe liegt.
Und, so wie Tränen kommen und verrinnen,
Seltsame Schauer durch die Luft sich spinnen.
Des Schreibens ist der Mann, die Frau des Liebens satt.

Schon steigt der Rauch aus manchem Haus der Stadt.
Die Freudenmädchen, fahl die Augendecken,
Mit offnem Mund in dumpfem Schlaf sich recken,
Die Bettlerin, zerbrochen, mürb, verbraucht,
Bald in die Glut, bald in die Hände haucht.
Dies ist die Zeit, da in den frostigen Zimmern
Der Wöchnerinnen Qualen sich verschlimmern,

Der Hahnenschrei fern durch den Nebel klingt,
Wie Schluchzen, das in blutigem Schaum ertrinkt.
Ein Nebelmeer die Stadt! In dumpfen Hospitalen
Stöhnen die Kranken in den letzten Qualen
Und stossen schluchzend ihre Seufzer aus. –
Der Wüstling taumelt müd und schwer nach Haus.

Und fröstelnd zieht im rosigen Gewand
Der Morgen langsam her vom Seinestrand.
Das düstere Paris reibt sich die Augenlider,
Und greift, ein rüstiger Mann, zum Werkzeug wieder.

DIE BLUMEN DES BÖSEN

DIE SEELE DES WEINS

Des Weines Seele hört' ich also singen:
„Aus meines Kerkers Glas und Siegel soll
Dir, Mensch, Enterbter, heut ein Lied erklingen,
Ein Lied von Licht und Bruderliebe voll.

Ich weiss, wieviel du brauchst an Schweiss und Mühe,
Der Hügel braucht an Glut und Sonnenschein,
Damit ich lebe, meine Seele glühe,
Und undankbar und schlecht will ich nicht sein.

Kein grösser Glück wird mir, als wenn ich labe
Des arbeitsamen Müden Herz und Schlund,
Die warme Brust wird mir zum holden Grabe,
Weit sanfter als des kalten Kellers Grund.

Hörst du der Sonntagslieder frohe Wogen?
Die Hoffnung rauscht und klopft in meinem Schoss.
Die Ärmel hoch, gestützt die Ellenbogen
Wirst du mich preisen und dein eigen Los.

Ich mache deines Weibes Augen heiter,
Geb' deinem Knaben Frische, Mut und Pracht
Und stähle ihn, den jungen Lebensstreiter,
Und bin das Öl, das ihn geschmeidig macht.

In dich werd' ich gesät, wie in die Erde
Der Samen, den ein Gott herniedergiesst,
Damit aus unsrer Liebe Dichtung werde,
Die seltne Blume, die gen Himmel spriesst.

Die Blumen des Bösen

DER WEIN DER LUMPENSAMMLER

Oft kommt bei der Laterne rotem Schimmern,
Das jeder Windstoss zucken macht und flimmern,
Im Labyrinth der Vorstadt dumpf und feucht,
Darin die Menschheit wie in Gärung keucht,

Ein Mann daher, der taumelnd Lumpen sammelt,
An Mauern rennt und wie ein Dichter stammelt,
Den Kopf im Nacken, trotz der Späher Schar
Macht er der Welt erhabne Pläne klar.

Er schwört zu Gott und heiligen Geboten,
Erhebt Gefallene und stürzt Despoten,
Und unterm Himmel, der sein Baldachin,
Berauscht der eignen Tugend Leuchten ihn.

Dies Volk, von Not gepeinigt und getrieben,
Von Arbeit wund, vom Alter mürb gerieben,
Gebeugt von Schutt und Kehricht lahm und matt,
Der wüste Auswurf einer Riesenstadt,

DIE BLUMEN DES BÖSEN

Es zieht daher, vom Fassgeruch umflossen,
Ergraut im Krieg mit lärmenden Genossen,
Der Schnurrbart hängt zerfetzten Fahnen gleich,
Vor ihnen baut sich auf ein strahlend Reich.

Die Banner wehn, und Lorbeer schmückt die Hallen,
Sie bringen in des Festrauschs Jubelschallen,
Bei Sonnenpracht, Trompeten, Trommelschlag
Dem liebetrunknen Volk den Ehrentag.

So lässt, der eitlen Menschheit zum Geniessen,
Der Wein sein Gold durch alle Lande fliessen,
Durch Menschenkehlen zieht er singend hin,
Sein Reichtum macht zum wahren König ihn.

Den Groll, das Leid der Armen zu ertränken
Musst' Gott uns reugequält den Schlummer schenken.
Der Mensch erfand, dem alten Fluch zum Hohn,
Den Wein, den Wein, der Sonne heiligen Sohn!

Die Blumen des Bösen

DEIR WEIN DES MÖRDERS

Mein Weib ist tot, und ich bin frei!
Nun trink' ich, bis ich nicht mehr kann.
Kam ich sonst ohne Groschen an,
Zerriss mich fast ihr Wutgeschrei.

Nun fühl' ich wie ein König mich;
Die Luft ist mild, der Himmel klar,
Fast ist's, wie's jenen Sommer war,
Als wir uns liebten, sie und ich!

Den schlimmen Durst, der mich zerreisst,
Hab' ich mit soviel Wein gestillt,
Als ihre letzte Grube füllt;
Was wahrlich nicht zu wenig heisst.

Ich senkt' sie in den Schacht, und dann,
Dann warf ich Steine ihr ins Grab,
Soviel's am Brunnenrande gab, –
Ich will's vergessen, wenn ich kann.

*Ich hatte voller Zärtlichkeit
Des Schwurs gedacht, der uns verband,
Versöhnlich ihr gereicht die Hand,
Wie einst in jener trunknen Zeit,*

*Und sie bestellt, von Glut entflammt
Des Nachts nach einer stillen Flur;
Sie kam! – Die dumme Kreatur!
Wir sind ja Narren allesamt!*

*Sie war noch lieblich anzusehn,
Nur manchmal müde und betrübt,
Und weil ich sie zu sehr geliebt,
Hiess ich sie aus dem Leben gehn.*

*Niemand begreift mich, der da lebt.
Hat je in solcher finstern Nacht
Ein blöder Trunkenbold bedacht,
Wie man aus Wein ein Bahrtuch webt?*

*Die unverwundbar stumpfe Brut,
Wie tote Masse kalt und leer,
Kennt Sommer nicht und Winter mehr,
Kennt nicht der Liebe Qual und Glut,*

Mit ihrem Taumel schwarz und bang,
Mit ihrem höllischen Geleit
Aus Tränen, Gift und Bitterkeit,
Mit Knochenklappern, Kettenklang!

Ich bin, schaut her, allein und frei!
Wenn ich heut nacht betrunken bin
Streck' ich mich auf die Erde hin
Ganz ohne Reu und Angstgeschrei.

Ich werde schlafen wie ein Hund! –
Der Karren schwerbeladen naht
Voll Kot und Steinen, – links das Rad
Senkt tiefer sich im weichen Grund,

Fährt über mich, zermalmt sogar
Mein schuldig Haupt, und voller Spott
Lach' ich dann über euren Gott
Und über Teufel und Altar.

DER WEIN DES EINSAMEN

Der Kurtisane Blick, der sanft uns streichelt,
Dem weissen Mondstrahl gleich, der rieselnd sinkt
Zum stillen Teich und silbern widerblinkt,
Von lässiger Flut umzittert und umschmeichelt,

Das letzte Geld, das Spielers Hand umschlossen,
Der magren Adeline dreister Kuss,
Des Geigenklangs entnervender Genuss,
In den der Menschheit Qualen sich ergossen,

Für all das gebe ich dich nicht zu Tausch,
Du tiefe Flasche, Balsam mir und Rausch,
Erregter Dichterseele Schutz und Wacht.

Aus dir strömt Jugend uns und Lebensmut
Und Stolz, der Bettler einzig Hab und Gut,
Das sie zu Königen und Göttern macht.

Die Blumen des Bösen

DER WEIN DER LIEBENDEN

Heut leuchten und strahlen die Weiten!
Ohne Zügel und Sporn lass uns reiten,
Lass uns reiten getragen vom Wein
In den Feenhimmel hinein!

Zwei Engel, die sich der heissen,
Der dampfenden Erde entreissen,
Durch des Morgens kristallnes Blau
Hinüber zur spiegelnden Au!

Gebettet auf Windes Rücken,
Der klug uns trägt und uns wiegt,
Ziehn wir im gleichen Entzücken

Seite an Seite geschmiegt,
Ziehn, Schwesterlein, ich und du
Dem Land der Träume zu.

AUFSCHRIFT AUF EIN VERPÖNTES BUCH

Leser, friedlich und bescheiden,
Kopf und Herz am rechten Fleck,
Wirf dies Teufelsbuch hinweg,
Das so toll und so voll Leiden.

Schwörst du nicht mit Satans Eiden.
Dieses Pfaffen schlau und keck,
Dann glaubst du mich krank. Wirf's weg!
Wir verstehn uns nicht, wir beiden.

Doch wenn ohne sich zu trüben
In den Abgrund taucht dein Blick,
Lies mich dann, um mich zu lieben,

Herz voll Leid und Missgeschick,
Das voll Sehnsucht Eden sucht,
Weine! – Oder sei verflucht!

DIE ZERSTÖRUNG

Ohn' Unterlass mein Dämon mich bedrängt,
Wie von der Luft bin ich von ihm umfangen,
Ich atme ihn und fühl' mein Herz versengt
Von unstillbarem, sündigem Verlangen.

Oft, da mein Schönheitsdrang ihm offenbar,
Kommt er als holdes Weib voll süsser Ränke,
Mit falscher, buhlerischer Worte Schar
Gewöhnt er mich an giftige Liebestränke.

Er schleppt mich, fern von Gottes gnädiger Hand
Elend, gebrochen, keuchend durch das Land,
Bis zu des Jammers abgrundtiefem Tale;

Dort starren meine Blicke wirr und wild
Auf Kleiderfetzen und auf blutige Male,
Auf der Zerstörung furchtbar Schreckensbild.

EINE MÄRTYRIN
Zeichnung eines unbekannten Meisters

Inmitten von Flakons, matthellen Seidenbändern
    Und üppigem Gerät,
Marmorner Bilder Pracht und duftenden Gewändern
    Voll schwerer Majestät,

Im engen Zimmer, drin wie zwischen Treibhauswänden
    Bedrückend schwül die Luft,
Wo in kristallnem Sarg sterbende Blumen spenden
    Den schalen Moderduft,

Da lässt auf seidnen Pfühl sein rotes Blut entfliessen
    Ein Leichnam ohne Haupt;
Das Kissen saugt den Strom voll Gier wie trockne Wiesen,
    Die durstig und verstaubt.

Und bleichem Spukbild gleich, das ich voll Grauen wähne
    Dem Schattenreich entrückt,
Seh' ich ein düstres Haupt mit wirrer, dunkler Mähne
    Gold- und juwelgeschmückt

Die Blumen des Bösen

Starr auf dem Nachttisch ruhn, – fast gleicht es der Ranunkel.
    Gedankenlos und leer
Stiehlt sich ein bleicher Blick, dämmernd aus fahlem Dunkel,
    Unsicher zu mir her.

Der Rumpf ruht auf dem Bett. Nackt, sorglos hingegeben
    Enthüllt er ohne Acht
Den unheilvollen Reiz, den ihm Natur gegeben,
    Unseliger Schönheit Macht.

Ein rosafarbner Strumpf, umsäumt von goldnen Spitzen,
    Blieb noch am Fuss zurück,
Das Strumpfband leuchtet auf wie eines Auges Blitzen
    Und schiesst demant'nen Blick.

Der Anblick seltsam fremd, des schwülen Bildes Flimmer
    In dem verlass'nen Raum,
Die lockende Gestalt, der Augen blasser Schimmer
    Weckt düstern Liebestraum.

Weckt schuldbeladnes Glück und toller Feste Rauschen
    Voll Küssen wild und matt
Und böser Engel Lust, die in dem Vorhang lauschen
    Rings um die Lagerstatt.

Noch jung ist dieser Leib, die Linie schlank gezogen,
    Ein wenig mager schier,
Die Hüfte spitz, der Leib erregt zurückgebogen,
    Wie ein gereiztes Tier.

Ward einst dies bittre Herz des Überdrusses Beute?
    Gab sich der heisse Sinn
Der Träume wirrem Schwarm, der hungrig wilden Meute
    Verworfner Wünsche hin?

Hat der rachsüchtige Mann, des nimmersatte Triebe
    Du lebend nicht gestillt,
Auf deinen toten Leib das Übermass der Liebe
    Gehäuft und angefüllt?

Unkeuscher Leichnam sprich! Richt auf die starre Mähne
    Mit fieberschwerer Hand,
Hat er, sprich furchtbar Haupt, auf deine kalten Zähne
    Den letzten Kuss gebrannt?

Ruh' aus, der Welt entrückt, fern ihrem Spott und Grolle
    Und strengem Richterstab,
In Frieden ruhe aus, du fremd Geheimnisvolle
    Im wunderlichen Grab.

DIE BLUMEN DES BÖSEN

Dein Mann durchirrt die Welt, und dein unsterblich Wesen
    Folgt ihm in Nacht und Not,
Und er bleibt stark und fest, so wie du es gewesen,
    Und treu bis in den Tod.

LESBOS

Mutter lateinischer Spiele und griechischer Wonnen,
Lesbos, wo Küsse schmachtend und feurig und zag,
Frisch wie die reifende Frucht und heiss wie die Sonnen
Die Nächte geschmückt und den fröhlich leuchtenden Tag;
Mutter lateinischer Spiele und griechischer Wonnen,

Lesbos, wo Küsse sind wie die stürzenden Fluten,
Die ohne Zagen sich werfen in grundlose Schlucht
Und seufzend verrinnen und schluchzend verbluten,
Stürmische Küsse, geheim und voll brennender Sucht;
Lesbos, wo Küsse sind wie die stürzenden Fluten!

Lesbos, wo heiss die Phrynen einander begehren,
Und jeder Seufzer ein zärtliches Echo fand,
Das gleich Paphos die ewigen Sterne verehren,
Und wo Sappho der Venus die Siege entwand!
Lesbos, wo heiss die Phrynen einander begehren,

DIE BLUMEN DES BÖSEN

Lesbos, du Land der Nächte, voll Gluten und Schmachten,
Wo vor den Spiegeln in nutzloser Leidenschaft
Hohläugige Mädchen zärtlich liebkosend betrachten
Die Früchte ihrer reifenden Frauenschaft.
Lesbos, du Land der Nächte, voll Gluten und Schmachten,

Lass nur den alten Plato die Stirne falten;
Dir wird die Entsühnung durch deiner Küsse Macht,
Herrin des lieblichsten Reichs und holder Gewalten
Und der Genüsse unerschöpflichem Schacht.
Lass nur den alten Plato die Stirne falten.

Dir wird die Entsühnung durch deine endlosen Qualen,
Die allen sehnenden, strebenden Herzen gesandt,
Wenn fernher lockt das Lächeln, das heitere Strahlen
Traumhaft von anderer Himmel berauschendem Strand!
Dir wird die Entsühnung durch deine endlosen Qualen!

Wer von den Göttern, o Lesbos, wagt, dich zu richten,
Wer zu verdammen dein Antlitz von Leiden erblasst,
Der nicht gewogen die Sintflut mit goldnen Gewichten,
Deiner Tränen Flut, die ins Meer sich ergiesst ohne Rast?
Wer von den Göttern, o Lesbos, wagt, dich zu richten?

Was sind uns Gesetze, was Lehren vom Bösen und Guten?
Euer Lob, edle Mädchen, weit über die Insel erklingt,
Euer Glaube, wie jeder, ist voll von erhabenen Gluten,
Über Himmel und Hölle hellachend die Liebe sich schwingt!
Was sind uns Gesetze, was Lehren vom Bösen und Guten?

Mich hatte Lesbos erwählt, das Geheimnis zu singen
Seiner holden Mädchen, die kaum aus der Knospe erblüht,
Denn früh schon wollt' ich die düsteren Rätsel durchdringen,
Liebt' ich das wilde Gelächter von Tränen durchglüht;
Mich hatte Lesbos erwählt, das Geheimnis zu singen.

Seitdem wach' ich, hoch auf Leukates felsigen Riffen
Und spähe, ein Posten, das Auge scharf und genau,
Spähe bei Tag und bei Nacht nach Kähnen und Schiffen,
Die ferne erzittern und frösteln im Blau;
Seitdem wach' ich, hoch auf Leukates felsigen Riffen,

Um des Meeres Milde und gütigen Sinn zu erspähen,
Und eines Abends bei schluchzender Seufzer Lied
An Lesbos verzeihende Küste treiben zu sehen
Die göttliche Leiche der Sappho, die schied,
Um des Meeres Milde und gütigen Sinn zu erspähen!

Die Blumen des Bösen

Der männlichen Sappho, die da geliebt und gedichtet,
Die schöner als Venus in düsterer Blässe erglüht!
Blauleuchtender Blick wird vom dunkeln besiegt und vernichtet,
Wenn im finsteren Kreise der Leiden und Qualen er sprüht
Der männlichen Sappho, die da geliebt und gedichtet!

Schöner als Venus, die über die Erde sich schwingend,
Das All mit den Schätzen der strahlenden Heiterkeit schmückt
Mit ihrer blonden Jugend ihn selber bezwingend
Den alten Ozean, den seine Tochter entzückt.
Schöner als Venus, über die Erde sich schwingend,

Sappho, am Tag ihrer Lästrung und Schande gestorben,
Da sie, verspottend der alten Gesetze Gewalt,
Mit ihres Leibes Schönheit um Liebe geworben,
Um die Liebe des Rohen, der mit Hochmut die Sünde vergalt
Sapphos, am Tag ihrer Lästrung und Schande gestorben.

Seitdem hört man Lesbos von wilden Klagen ertönen;
Trotz all der Ehren, die ihm das Weltall erweist
Berauscht es sich nächtlich an Sturmwinds Schreien und Stöhnen,
Der die öden Gestade zum Himmel aufpeitschet und reisst!
Seitdem hört man Lesbos von wilden Klagen ertönen!

VERDAMMTE FRAUEN
DELPHINE UND HIPPOLYTE

I

Wo matte Lampen fahles Licht verbreiten,
Auf weichem Pfühl, von Düften sanft umkreist,
Träumt Hippolyte von wilden Zärtlichkeiten,
Drin ihrer Unschuld Schleier jäh zerreisst.

Und wirre Blicke durch den Sturm sie sendet
Nach ihrer fernen Reinheit Paradies,
So wie der Wanderer sich rückwärts wendet,
Den blauen Himmel sucht, den er verliess.

Die müssigen Tränen in dem Blick, dem schlaffen,
Das Antlitz starr, von dumpfer Lust verzehrt,
Die Arme müde wie besiegte Waffen,
Das alles ihren zarten Reiz vermehrt.

Delphine, ihr zu Füssen, lustdurchschauert
Misst sie mit heissem Blick voll stummer List,
Ein starkes Tier, das auf die Beute lauert,
Die schon durch seinen Zahn gezeichnet ist.

DIE BLUMEN DES BÖSEN

Die starke Schönheit kniend vor der zarten,
Wollüstig schlürft sie des Triumphes Trank
Und dehnt sich zu ihr hin in heissem Warten,
Nun zu empfangen ihren Liebesdank.

Sie sucht der Freude stumme Weihelieder
In ihres bleichen Opfers Angesicht,
Und jenen Dank, der von der Wimper nieder,
Ein langes Seufzen, aus der Seele bricht.

„Mein Liebling, Hippolyte, lass nun dies Brüten.
Versteh, und fasse endlich den Entschluss,
Nicht aufzuopfern deine ersten Blüten
Dem rauhen Sturm, der sie entblättern muss.

Den Eintagsfliegen gleichen meine Küsse,
Die abends kosend klare Seen umziehn,
Die deines Freundes graben tiefe Risse,
Ziehn über dich wie Pflug und Wagen hin.

Wie plumpe, schwerbeladne Karren gehen,
Wie Pferdehuf sie grausam über dich,
O Schwester Hippolyte, lass mich dein Antlitz sehen,
Mein Leben du, mein halb und ganzes Ich.

Lass deiner Augen blauen Glanz mich trinken!
Für einen Blick lüft' ich des Schleiers Saum
Und lasse ihn von dunkeln Wonnen sinken
Und wiege dich in einen ewigen Traum!"

Und Hippolyte, das Haupt zu ihr gewendet:
„Ich bin nicht undankbar, doch leid' ich Qual,
Bin ruhelos, als wäre ich geschändet
Von einem nächtlich wüsten Freudenmahl.

Mir ist, als stürze auf mich dumpf Entsetzen
Und schwarzer Geister Heere wild verzerrt,
Sie wollen mich auf schwanke Stege hetzen,
Die rings ein blutigroter Himmel sperrt.

Ist, was wir tun, nicht doch ein fremd Verbrechen?
Erkläre meiner Angst und Schrecken Sinn!
Ich zittre, hör' ich dich ‚Mein Engel!' sprechen,
Und doch reisst's meinen Mund zu deinem hin.

Blick' mich nicht also an, du, die ich liebe,
Auf ewig liebe, Schwester meiner Wahl,
Selbst wenn du nur Verlockung meiner Triebe,
Nur Anfang von Verdammnis, Hölle, Qual!"

Delphine schüttelt wild ihr Haar, im Grimme
Stampft auf den Dreifuss sie mit bösem Blick,
„Wer darf," ruft sie mit herrisch rauher Stimme,
„Von Hölle reden bei der Liebe Glück?

Verflucht der Träumer, den zuerst es drängte,
Zu lösen, den unlösbar leeren Streit,
Und der in seinem blöden Sinn vermengte
Mit Liebesdingen Recht und Ehrbarkeit!

Wer Tag mit Nacht, wer Schatten mit den Gluten,
Wer einen will, was sich auf ewig trennt,
Dem wird die lahmen Glieder nie durchfluten
Die rote Sonne, die man Liebe nennt!

Geh, wenn du willst, such' dir den stumpfen Gatten;
Schenk seinem rohen Kuss dein Jugendglück;
Und, bleiche Reue in dem Blick, dem matten,
Geschändet und voll Graun kommst du zurück.

Man kann nur einem Herrn Genüge schaffen!"
Jedoch das Kind, ausströmend bittren Schmerz,
Schreit plötzlich auf: „Den Abgrund fühl' ich klaffen
In meiner Brust; der Abgrund ist mein Herz!

Ein Feuerschlund, tief wie das Nichts hienieden.
Unstillbar ist des Ungeheuers Glut,
Unstillbar wie der Durst der Eumeniden,
Und ihre Fackel brennt in meinem Blut.

Dass dieser Vorhang doch die Welt verschlösse,
Dass Müdigkeit uns führ' dem Schlafe zu!
Dass ich an deinem Hals den Tod genösse,
An deiner Brust des Grabes Glück und Ruh!" –

Hinab, hinab, du Schar der Opfer, walle!
Du bist zum ewigen Höllenpfad verdammt!
Versink im Abgrund, wo die Sünden alle,
Gepeitscht vom Wind, der nicht vom Himmel stammt,

Auf brodelnd durcheinanderwirbeln, brüllen,
Lauft hin zum Ziel, ihr Schatten toll und jung;
Nie werdet eure Raserei ihr stillen,
Und eure Lust ist eure Züchtigung.

Nie seht in eurer Höhle Tag ihr schimmern;
Doch durch die Ritzen Fieberkeime ziehn;
Sie flammen auf, dass sie wie Lichter flimmern
Und gehn wie Gift durch euren Körper hin,

Die Unfruchtbarkeit eurer Jugendtage
Erschlafft die Haut, wie sie den Durst entfacht,
Und böser Lüste fürchterliche Plage
Aus eurem Fleisch kraftlose Fetzen macht.

Fern von der Welt, Verdammten gleich, Verirrten,
Durch Wüsten eilt, wie Tiere, die man jagt;
Vollendet euer Schicksal, ihr Verwirrten,
Und flieht die Hölle, die ihr in euch tragt.

VERDAMMTE FRAUEN

II

Wie müde Tiere lagern sie im Sand,
Den Blick zum Meer gelenkt in stiller Trauer,
Es schmiegt sich Fuss an Fuss und Hand in Hand
In sanftem Sehnen und in Fieberschauer.

Die einen gehn, berauscht von Heimlichkeit,
Am Waldrand, wo der Bach raunt durch die Träume,
Und ritzen wie in erster Liebe Zeit
Geheime Zeichen in die jungen Bäume.

Andre, gleich Schwestern, wandern langsam da,
Wo Truggesichte durch die Wüste ziehen,
Wo Sankt Anton zwei nackte Brüste sah
In der Versuchung Purpurlicht erglühen.

Andre bei halberloschner Fackel Dunst
In heidnischer Gewölbe dumpfen Hallen,
Flehn deine Hilfe an in Fieberbrunst,
Bacchus, Erlöser aus der Reue Krallen.

Andre, die Brust vom Skapulier bedeckt,
Verbergen Geisseln in des Kleides Falten,
Und mischen nachts, im stillen Wald versteckt,
Taumel und Lust mit wilden Schmerzgewalten.

Jungfrauen, Teufel, Dulderinnen ihr,
Des Alltags und der Wirklichkeit Verächter,
Die ihr das Unbegrenzte liebt voll Gier,
Bald Tränen habt, bald Schreie und Gelächter,

Bis in die Hölle folgte euch mein Herz,
Das Bruderliebe und Erbarmen füllen,
Ich lieb' euch, Schwestern, um den finstern Schmerz,
Der unstillbaren Gier und Liebe willen.

DIE BEIDEN BARMHERZIGEN SCHWESTERN

Lust und Vergänglichkeit, zwei schöne Weiber,
Die reich an Küssen sind, ein kraftvoll Paar,
Lumpenverhüllt die jungfräulichen Leiber,
Durch ewiger Arbeit Mühen, unfruchtbar.

Dem Dichter sind sie liebe Zeitvertreiber;
Es bieten Freudenhaus und Grab sogar
Dem finstern Höllenfreund, dem Märchenschreiber
In ihrem Schutz ein reulos Lager dar.

Ja, Bett und Sarg, an Frevel überreich,
Sie spenden uns, barmherzigen Schwestern gleich,
Entsetzlichen Genuss und süsse Pein.

Wann kommst du, ekle Lust, und sargst mich ein?
Du, ihr Rivale, tödliches Vergessen,
Wann pfropfst auf welke Myrten du Zypressen?

Die Blumen des Bösen

DIE BLUTQUELLE

Und manchmal ist's, als strömt mein Blut von hinnen,
Wie eine Quelle hör' ich's schluchzend rinnen,
Allein ich hör' das lange Murmeln nur
Und tast' vergebens nach der Wunde Spur.

Und es ergiesst sich durch die Stadt tiefinnen,
In Ströme wandelnd Strassen, Gänge, Rinnen,
Es löscht den Durst der ganzen Kreatur
Und taucht in rote Flammen die Natur.

Den Wein, den listigen Tröster bat ich oft,
Einmal das Schrecknis, das mich quält, zu stillen,
Jedoch er schärft den Sinn, statt zu verhüllen;

Von Liebe hab' Betäubung ich erhofft,
Allein ein Bett voll Dornen ward mir Liebe,
Sie stillte nur der wilden Mädchen Triebe.

ALLEGORIE

Ein wundervolles Weib, herrlich und stolz die Glieder,
Zum weingefüllten Kelch wallt ihr das Haar hernieder.
Der Liebe Gift, der Trank, den die Spelunke braut,
Sie gleiten spurlos ab am Marmor ihrer Haut.
Sie lacht dem Tod und höhnt der wilden Lust Begehren
Der beiden Drachen, die da streicheln und versehren,
Und im Vernichtungsspiel doch immer noch verschont
Die strenge Hoheit, die im festen Körper wohnt.
Ruhend der Haremsfrau, der Göttin gleich im Schreiten
Wird in der Lust sie dir des Orients Rausch bereiten;
Mit ihren Armen, die sie weit geöffnet hält,
Winkt sie der Menschheit zu, umfängt sie eine Welt.
Sie glaubt, sie weiss es, sie, die grosse Unfruchtbare,
Die unentbehrlich doch im Gang der Weltenjahre,
Dass Schönheit ein Geschenk so wundervoller Art,
Dass jedem Frevel schon durch sie Entsühnung ward.
Sie achtet Hölle nicht, nicht Fegefeuers Wehen,
Und ruft die Stunde einst, den schwarzen Pfad zu gehen,
Dann wendet sie den Blick zum Tod hin ohne Scheu,
Ein Kind, ganz unschuldvoll, ganz ohne Hass und Reu'.

Die Blumen des Bösen

BEATRICE

Ich ging durch kahles Land, durch sandig dürre Heide
Und klagte der Natur die Schmerzen, die ich leide,
Und wie mein Sinnen flog, vom Zufall nur gelenkt,
Fühlt' ich, wie sich ein Dolch langsam ins Herz mir senkt.
Und sah steil über mir im schwülen Mittagsschweigen
Ein finster Wolkenbild sich mählich abwärts neigen.
Böser Dämonen Schar die finstre Wolke trug,
Zwergartig, lasterhaft, grausam und voller Lug.
Keck lenkten sie auf mich die Blicke hin wie Laffen,
Die im Vorübergehn nach einem Tölpel gaffen.
Sie lachten, flüsterten und tauschten listig flink
Manch freches Zeichen aus und manch geheimen Wink:

"Schaut dieses Zerrbild an in voller Prachtentfaltung,
Des Hamlet Schatten ist's, nachäffend Gang und Haltung,
Sein unentschlossner Blick, im Wind sein flatternd Haar,
Ein jammervolles Bild stellt dieser Wüstling dar.
Es glaubt der Komödiant, der Lump der närrischtolle,
Weil er bis jetzt gespielt ganz artig seine Rolle,

Dass er sie alle rührt mit seinem Weh und Ach,
Adler und Grille dort und Blumen, Wald und Bach;
Selbst uns, die wir genau die alten Kniffe kennen,
Trägt er sein Leiden vor mit Heulen und mit Flennen!"

Ich hätte (denn mein Stolz, hochragend wie die Berge,
Steht überm Hohngeschrei heimtückisch böser Zwerge),
Ich hätt' mein fürstlich Haupt stillächelnd abgewandt,
Hätt' ich im tollen Schwarm nicht sie, nicht sie erkannt.
O Frevel, unerhört! Schwankt droben nicht die Sonne?
Sie mit dem Götterblick, sie meiner Seele Wonne,
Sie lachte meiner Not in meiner Feinde Schar,
Bot ihrer Unzucht sich schamlos und zärtlich dar.

DIE BLUMEN DES BÖSEN

DIE VERWANDLUNGEN DES VAMPIR

Das Weib mit rosigem Mund begann den Leib zu recken,
Wie sich die Schlange dreht auf heissem Kohlenbecken,
Und in den Schnürleib fest die Brüste eingezwängt,
Sprach diese Worte sie, von Moschus ganz durchtränkt:
„Mein Mund ist rot und feucht, und auf des Lagers Kissen
Kann alle Tugend ich und alle Weisheit missen.
Die Tränen trockne ich auf meines Busens Pracht,
Mach' Alte fröhlich, wie man Kinder lachen macht.
Wer ohne Hüllen schaut des nackten Leibes Wonnen,
Dem ist der Mond verlöscht und Himmelswelt und Sonnen!
Ich bin, mein Weiser, so geübt in Wollustglut,
Dass tödlich fast dem Mann wird der Umarmung Wut,
Und wenn ich meinen Leib den Küssen überlassen,
Die frech und schüchtern mich und zart und roh erfassen,
Dann über meinem Pfühl, der sich vor Wonne bäumt;
Ohnmächtiger Engel Schar von meinen Reizen träumt."

Nachdem aus dem Gebein sie mir das Mark gesogen,
Dreht' ich mich matt zu ihr, von Liebe hingezogen,
Um sie zu küssen, doch nichts hat mein Aug' entdeckt,
Als einen leeren Schlauch, besudelt und befleckt!
Ich schloss die Augen schnell, gepackt von kaltem Grauen,
Und öffnete sie dann, beim hellen Licht zu schauen
An jener Puppe Statt, die neben mir geruht,
Und die zu strotzen schien von Leben, Kraft und Blut,
Ein zitterndes Skelett, verwirrter Knochen Trümmer,
Daraus ein Stöhnen klang wie Wetterhahns Gewimmer,
Wie eines Schildes Schrei, das in den Angeln kracht,
Wenn es der Windstoss dreht in stürmischer Winternacht.

Die Blumen des Bösen

EINE REISE NACH KYTHERA

I

Mein Herz, ein Vogel, fröhlich aufwärts fliegend,
Umschwebt voll Heiterkeit des Segels Tau,
Das Schiff rollt unterm klaren Himmelsblau,
Ein Engel, in der Sonne Glanz sich wiegend.

Doch jene Insel, schwarz und düster dort;
Kythera ist's, durch Ruhmesklang erhaben,
Einstmals das Paradies der alten Knaben,
Ein armes Land jetzt und ein finstrer Ort.

Insel der Feste, süsser Heimlichkeiten!
Noch immer schwebt der Liebesgöttin Bild
Hier überm Meer, wie Duft so feurigmild,
Dass Lieb' und Sehnsucht unsere Herzen weiten.

Insel, von Myrten, Blumen überblüht,
Von jedem Land, von jeder Zeit gefeiert,
Wo der Verliebten Seufzer sanft verschleiert,
Wie Weihrauch einen Rosenwald durchglüht,

Wie ewiges Girren liebeskranker Tauben!
Und jetzt, – nur Wüste, felsigdürre Welt,
Vom scharfen Schrei der Vögel wild durchgellt,
Und dennoch will ich an ein Wunder glauben!

II

Kein Tempel ragt aus schattiger Büsche Wand,
Nicht seh' ich junge Priesterinnen schreiten
Durch Blumen hin, voll heisser Heimlichkeiten,
Im leisen Lufthauch flatternd das Gewand.

Doch wie wir nah genug der Küste streben,
Dass unser Segel scheucht der Vögel Schwarm,
Erkenn' ich eines schwarzen Galgens Arm
Zypressengleich vom klaren Blau sich heben.

Und wilde Vögel, eng beisammen sitzend,
Zernagen des Gehenkten morschen Leib,
Unreine Schnäbel, wie zum Zeitvertreib
In Fäulnis tauchend und das Blut verspritzend.

Des Toten Augen starren Löchern gleich,
Die Därme sieht man blutig sich ergiessen,
Die Henker ihre grausige Lust geniessen,
Zerstören diesen Leib mit Hieb und Streich.

Und unter ihm schleicht neidisch das Gelichter,
Vierfüssig Volk, die Schnauze hochgestreckt,
Aus ihrer Mitte sich der Grösste reckt,
Wie aus der Knechte Schar der blutige Richter.

Kytheras Kind, Kind blauer Himmelsluft,
So duldest du die grausige Schmach mit Schweigen,
So sühnst du deiner Liebesfeste Reigen,
Der Frevel Last verwehrt dir Sarg und Gruft.

Spasshafter Toter, deine Leiden alle
Sind meine! Wie der Wind dich hebt und neigt
Ein bittrer Ekel mir zum Munde steigt,
Der alten Schmerzen aufgewühlte Galle.

Vor dir, du Armer, hab' ich sie gefühlt
Mit ihren Schnäbeln, Krallen, scharfen Zähnen
Die wilden Raben, Geier und Hyänen,
Die einst so gern zerfleischt mich und zerwühlt.

Des Himmels Blau kann mich mit Lust nicht füllen,
Ich fühle nur noch Qual und Götterfluch
Und möchte, ach wie in ein Leichentuch
Mein Herz in dieses trübe Gleichnis hüllen.

Auf Venus' Insel alles mir zerrann,
Ein Galgen blieb, daran mein Bild zu schauen. –
Gib, Herr, mir Kraft und Mut, dass ohne Grauen
Hinfort ich auf mich selber blicken kann!

Die Blumen des Bösen

DIE LIEBE UND DER SCHÄDEL

Die Liebe hat zu ihrem Thron
Der Menschheit Haupt erkoren,
Sitzt auf dem Schädel nun voll Hohn
In fröhlich Spiel verloren.

Bläst runde Blasen in die Luft,
Die hoch zu steigen scheinen,
Als wollten sie mit Glanz und Duft
Die Welt dem Äther einen.

Doch schwebt er in die Luft hinaus,
Der Ball aus buntem Schaume,
Zerspringt er, sprüht die Seele aus,
Gleich einem goldnen Traume.

Bei jeder Blase, die entflohn,
Hör' ich den Schädel flehen:
„Dies Spiel voll Grausamkeit und Hohn,
Wird's nie zu Ende gehen?

Hör', was dein Mund so frevelhaft
Den Lüften preisgegeben,
Das, Mörder, das war meine Kraft,
Mein Hirn, mein Blut, mein Leben."

Die Blumen des Bösen

DIE VERLEUGNUNG DES HEILIGEN PETRUS

Was macht nur Gott mit diesem Meer der Flüche,
Das Tag für Tag zu seinem Throne schwillt?
Wie ein Tyrann, von Fleisch und Wein gestillt,
Schläft er bei dem Geheul der Lästersprüche.

Der Opfer Schrei'n auf grauser Marterstatt
Scheint er wie holden Symphonien zu lauschen,
Denn trotz der Ströme Bluts, die um ihn rauschen,
Wird seine Wollust nicht der Greuel satt.

Denkst, Jesus, du an jenes Ölbergs Schatten,
Wo kindlich du dein Flehn ihm dargebracht,
Der hoch im Himmel deiner Qual gelacht,
Als sie den zarten Leib durchbohrt dir hatten?

Befleckt, bespieen deine Göttlichkeit,
Als dir das Gassenvolk mit frechem Hohne
Aufs Haupt gepresst die spitze Dornenkrone,
Aufs Haupt, das einer Menschheit du geweiht;

Da, als du hingst von schwerer Qual zerbrochen,
Am Kreuze hoch, die Arme ausgereckt,
Das bleiche Antlitz schweiss- und blutbedeckt,
Durchbohrt wie eine Scheibe und zerstochen,

Gedachtest du da milder Tage Schein,
Da du auf laubgeschmückten, sonnigen Wegen,
Auf sanftem Maultier zogst der Stadt entgegen,
Ein heiliges Gelübde zu erneu'n?

Da aus dem Tempel du im Zornesglanze
Die Händler jagtest, niedrig' Volk der Gier,
Und da du König wardst? – Hat nicht die Reue dir
Das Herz durchbohrt noch vor der scharfen Lanze?

– Wahrlich, ich meide gerne dies Geschlecht,
Dem Traum und Tat nie eins zu sein begehrte,
Kämpf ich, so fall' ich auch mit meinem Schwerte!
Petrus verleugnete den Herrn mit Recht.

Die Blumen des Bösen

ABEL UND KAIN

I

Stamm Abels, schlafe, iss und trinke;
Gott lächelt gnädig dir;

Stamm Kains, in Schmutz und Schlamm versinke,
Verende wie ein Tier.

Stamm Abels, deines Opfers Spende
Umkost die Engelein;

Stamm Kains, wann naht sich wohl das Ende,
Das Ende deiner Pein?

Stamm Abels, üppig deine Weide,
Der Herde Schar gesund;

Stamm Kains, was heult dein Eingeweide
Vor Hunger wie ein Hund?

Stamm Abels, wärme Leib und Seele
Am heimischen Herd voll Ruh,

Stamm Kains, ein Schakal in der Höhle
Vor Kälte zittre du!

Stamm Abels, deine Zahl vermehre,
Dein Gold selbst hecke dir;

Stamm Kains, dem heissen Herzen wehre,
Und hüte deine Gier.

Stamm Abels, gras' auf allen Wegen,
Den Raupen gleich an Zahl!

Stamm Kains, auf deinen wirren Wegen
Lieg' Kampf und Todesqual.

II

Stamm Abels, wenn du einst verendet,
Dein Aas die Sonne frisst!

Stamm Kains, du hast noch nicht vollendet,
Was deines Amtes ist;

Stamm Abels, deines Eisens Klinge
Dem Wurfspiess ward zum Spott!

Stamm Kains, zum Himmel auf dich schwinge,
Zur Erde schleud're Gott!

DIE LITANEIEN SATANS

O Cherub, weisester, schönster von Gottes Söhnen,
Gestürzt, selbst noch ein Gott, dem keine Psalmen tönen,
  Satan, erbarm dich mein in meiner tiefen Not!

O König des Exils, den man mit Schmach bedeckt,
Und der, besiegt, voll Trotz das Haupt nur höher reckt,
  Satan, erbarm dich mein in meiner tiefen Not!

Du, der du alles weisst, Herrscher in dunkeln Tiefen,
Helfer der Menschen, die in bittrer Angst dich riefen,
  Satan, erbarm dich mein in meiner tiefen Not!

Der Liebe selbst ins Herz Verstossener, Kranker senkt,
Und ihnen so den Duft aus Edens Gärten schenkt,
  Satan, erbarm dich mein in meiner tiefen Not!

Der sich die Todesnacht zur Liebsten wählt und Herrin,
Mit ihr die Hoffnung zeugt, die wunderholde Närrin,
  Satan, erbarm dich mein in meiner tiefen Not!

Der dem Verfemten schenkt den Blick voll Ruh und Spott,
Mit dem er niederwirft das Volk um sein Schafott,
     Satan, erbarm dich mein in meiner tiefen Not!

Der in der Erde kennt die tiefverborgnen Schreine,
Darin der neidische Gott verbirgt die Edelsteine,
     Satan, erbarm dich mein in meiner tiefen Not!

Du, dessen klarer Blick erkennt den finstern Schacht,
Drin die Metalle ruhn, gehüllt in Schlafes Nacht,
     Satan, erbarm dich mein in meiner tiefen Not!

Du, dessen Hand verdeckt Abgrund und Schlucht und Wirren,
Nachtwandelnde beschützt, die über Dächer irren,
     Satan, erbarm dich mein in meiner tiefen Not!

Der heil aus der Gefahr den alten Säufer zieht,
Der unter Pferdeshuf taumelnd am Weg geriet,
     Satan, erbarm dich mein in meiner tiefen Not!

Der uns zum Trost gelehrt, wenn Leiden uns bedränqen,
Mit des Salpeters Kraft den Schwefel zu vermengen,
     Satan, erbarm dich mein in meiner tiefen Not!

Der, Helfershelfer uns, sein Mal gebrannt voll List
Auf jedes Reichen Stirn, der feil und grausam ist,
*   Satan, erbarm dich mein in meiner tiefen Not!*

Der in des Mädchens Herz tief seine Saat gesenkt,
Dass es voll Lust an Blut und Grau'n und Fetzen denkt,
*   Satan, erbarm dich mein in meiner tiefen Not!*

Der Ausgewiesnen Stab und des Erfinders Licht,
Erhenkter Trost und Schutz, Verbrechers Zuversicht,
*   Satan, erbarm dich mein in meiner tiefen Not!*

Aller Verstossnen Freund und liebender Berater,
Die einst in finstrem Zorn aus Eden stiess der Vater,
*   Satan, erbarm dich mein in meiner tiefen Not!*

BITTE

Dir, Satan, Lob und Preis im hohen Himmelszelt,
Wo du geherrscht dereinst, bis zu der finstren Welt,
Wo du besiegt nun ruhst und träumst in tiefem Schweigen!
Lass meine Seele sich ganz nahe zu dir neigen,
Wenn der Erkenntnisbaum sein üppiges Geäst
Hoch über deinem Haupt zum Tempel werden lässt!

Die Blumen des Bösen

DER TOD DER LIEBENDEN

So tief und weich, als ob es Gräber wären,
Lass unsre duftumhüllten Lager sein,
Und ringsum Blumen, die in schönren Sphären
Für uns erblüht in einem fremden Hain.

Lass unser letztes Glühen und Begehren
Gleich düsterroten Fackeln lodern drein,
Zwiefache Flammen, die sich spiegelnd mehren
In unsrer Doppelseele Widerschein.

Der Abend brennt in rosig-blauem Flimmer,
Ein letztes Glühen noch, dann schweigt für immer
Der lange Seufzer, schwer von Abschiedsqual.

Und lächelnd tritt ein Engel in das Zimmer
Und weckt zu neuem Leben, neuem Schimmer
Erloschne Spiegel, toter Kerzen Strahl.

DER TOD DER ARMEN

Du bist der Tod, der tröstet und belebt,
Du bist das Ende und der Hoffnungsstrahl,
Der Zaubertrank, der uns berauscht und hebt
Bei unsrem nächtigen Gang durchs dunkle Tal.

Du bist der Glanz, der schimmernd vor uns schwebt,
Durch Sturm und Wetterwolken dumpf und fahl,
Du bist das Obdach, ach so heiss erstrebt,
Du bist uns Schlaf und Ruh und stärkend Mahl.

Du kommst, ein Engel aus geweihten Stätten,
Uns Nackte und Verstossne weich zu betten,
Traum und Entzückung strömt aus deiner Hand.

Des Armen Gut, sein seliges Erretten,
Uralte Heimat du, Erlösung aus den Ketten,
Die offne Tür zum unbekannten Land.

Die Blumen des Bösen

DER TOD DES KÜNSTLERS

Wie oft noch werd' ich, finstre Spottgestalt,
Die flache Stirn dir schellenrasselnd küssen?
Wie viele Pfeile noch verlieren müssen,
Eh' ich ins Schwarze traf der Urgewalt?

Wir üben unsre Kräfte mannigfalt,
Zersplittert liegt die Waffe und zerrissen,
Eh' von der grossen Kreatur wir wissen,
Der unsre Sehnsucht, unser Seufzen galt.

Und viele sehn ihr Antlitz niemals tagen
Und wagen doch, geächtet und gebannt,
Dein Bild zu formen mit verruchter Hand,

Von einer dunklen Hoffnung nur getragen,
Dass einst der Tod, ein neues Sonnenglühn,
Aus ihrem Hirn die Blumen lässt erblühn.

TAGESENDE

Unter einem fahlen Glanze
Lärmt das Leben ohne Sinn,
Tollt und taumelt wild im Tanze.
Sieh, da kommt die Trösterin,

Kommt die Nacht vom Himmelsrande,
Alles stillend, selbst die Gier,
Alles löschend, selbst die Schande,
„Endlich!" sag' ich froh zu mir.

Denn mein Geist und meine Glieder
Flehen heiss die Ruhe nieder;
Müd von finstrer Träume Streit

Will ich mich zum Schlafe strecken,
Hüllen mich in deine Decken,
Wohlig kühle Dunkelheit!

DIE BLUMEN DES BÖSEN

DER TRAUM DES NEUGIERIGEN

Kennst du wie ich die lockendsüssen Leiden,
Und nennt man einen Sonderling auch dich?
Ich lag im Tod. – Begier und Furcht, die beiden
Vermischten sich im Herzen wunderlich.

Nur Angst und Hoffnung, nichts von Groll und Streiten.
Je mehr der Sand der schlimmen Uhr entwich,
Fühlt' ich's nur süsser, herber mich durchgleiten,
Und von der Welt riss meine Seele sich.

Und harrte wie ein Kind, von Gier erfüllt.
Den Vorhang hassend, der das Wunder hüllt.
Der Vorhang stieg: ein kalter Strahl des Lichts –

Und eisiger Schauder durch das Herz mir kroch:
Kein Wunder kam, tot war ich, – weiter nichts?
Der Vorhang stieg, ich warte immer noch.

DIE REISE

I

Dem Kind, berauscht von bunter Bilder Flimmer,
Scheint wie sein Lebenshunger weit die Welt,
Wie ist sie gross beim stillen Lampenschimmer!
Wie klein von der Erinnrung Licht erhellt!

Es kommt ein Tag, da ziehn wir in die Weiten,
Voll bittrer Sehnsucht und voll banger Glut,
Und wiegen unsre Unermesslichkeiten
Auf eines Weltmeers engbemessner Flut.

Der eine flieht aus fremdverhassten Landen,
Der andre macht sich von der Heimat frei,
Sternforscher, die im Weib den Himmel fanden,
Fliehn vor der Kirke holder Tyrannei.

Sie wollen nicht zum Tier sich wandeln lassen,
Drum flüchten sie zum Meer und Himmelsstrahl,
In Sonnenglut, im Eishauch wird verblassen
Mählich der Küsse brennend rotes Mal.

Die wahren Wandrer aber sind's, die ziehen
Aus Wandertrieb leicht wie die Feder fort.
Sie können ihrem Schicksal nie entfliehen,
Und „weiter, weiter" heisst ihr Losungswort.

Sie, deren Wünsche sind gleich Luftgebilden,
Die träumen wie ein Knabe vor der Schlacht
Von leuchtenden, stets wechselnden Gefilden
Voll Schönheit, wie sie nie ein Mensch erdacht.

II

O Schreck! Wir drehn uns, springen wie ein Kreisel,
Die Neugier peitscht uns auf aus Schlaf und Traum,
Dem strengen Engel gleich, der mit der Geisel
Die Sonnen wirbelt durch den Weltenraum.

Seltsames Glück, des Ziele sich verschieben,
Das nirgends ist und dennoch überall!
Der Mensch, von Hoffnung hin- und hergetrieben,
Er sucht die Ruhe und durchrast das All.

Sein Geist gleicht einem Segler, rastlos strebend,
Und „Augen auf" ertönt es aus dem Schiff,
Vom Mast schreit eine Stimme, glühend, bebend:
„Ruhm! Liebe! Glück!" – O Fluch, es war ein Riff!

Doch jedes Eiland, fern im fahlen Lichte,
Scheint uns das Eden, das der Traum verhiess,
Und jeder Tag macht unsren Traum zunichte,
Zeigt starre Klippen uns, kein Paradies.

O arme Sucher lockender Gefilde!
Den Trunknen, der die neue Welt entdeckt,
Stürzt in das Meer, denn vor dem Zauberbilde
Noch bitterer der Staub des Alltags schmeckt.

So stampft der Bettler hin durch öde Strecken,
Durch Kot und Schmutz, träumt eine Zauberwelt,
Und will verzückt ein Capua entdecken,
Wo nur ein Span das finstre Loch erhellt.

III
Erhabne Wandrer, sagt, was ihr errungen,
Was in dem meerestiefen Blick euch lebt,
Zeigt die Kleinodien der Erinnerungen,
Aus Luft und Meer und Sternenglanz gewebt!

Wir wollen ohne Dampf und Segel fliehen,
Erhellt den Kerker, drin wir festgebannt,
Und lasst an unsrem Geist vorüberziehen,
Was Ihr erlebt, vom Horizont umspannt.
Sagt, was ihr saht! –

IV

Wir sahen Sterngefunkel
Und Wogenglanz. Auch Wüsten sahen wir;
Und trotz Sturmschauer und Gewitterdunkel,
Kam oft der Überdruss uns, so wie hier.

Das Abendmeer in violettnem Prangen,
Der Stadt Erglühen, wenn die Sonne sinkt,
Erweckten nur im Herzen heiss Verlangen
Nach einem Himmel, der verlockend winkt.

Die schönsten Länder und die reichsten Städte
Berauschten nie so glühend unsren Sinn
Wie fern am Himmel jene Wolkenkette,
Und traurig zogen wir voll Sehnsucht hin.

O Sehnsucht, nur die Freude gibt dir Kräfte!
Du gleichst dem Baum, den nur die Lust erweckt,
Es wachsen und es schwellen deine Säfte,
Wenn dein Geäst sich nach der Sonne reckt.

Wächst du noch immer kühn wie die Zypressen,
Du alter Baum? – Doch seht, ihr Freunde, hier,
Wir haben auch die Skizzen nicht vergessen
Für euch, die ihr das Fremde liebt wie wir.

Wir grüssten Götzen, halb in Staub gesunken,
Throne von leuchtendem Gestein bedeckt,
Paläste, deren feenhaftes Prunken
Goldgierigen Seelen wilde Träume weckt,

Gewande, deren Pracht die Sinne lähmen,
Und Frauen, die sich färben Zahn und Hand,
Und kluge Zauberer, die Schlangen zähmen –

V
„Was noch, was noch?" –

VI
„O kindischer Verstand!
Allüberall bot sich, was wir nicht suchten,
Was immer sein wird und was immer war,
Die Stufen auf und nieder, die verruchten,
Bot sich des ewigen Lasters Spiel uns dar.

Das Weib, gemein, voll niedrigem Behagen,
Das schamlos sich vergöttert und geniesst,
Der Mann, der Sklavin Sklave, feig, verschlagen,
Ein schmutziger Schaum, der durch die Gosse fliesst.

DIE BLUMEN DES BÖSEN

Der Henker roh des Opfers Qual verschärfend,
Die wilden Feste unterm Blutgerüst,
Das Gift der Macht, Despoten selbst entnervend,
Das knechtige Volk, das seine Rute küsst.

Und Religionen – immer war's ein Gleiches:
Zum Himmel klettern sie, und doch zum Schluss
Ist Glaube nur ein Bett, ein wollustweiches,
Und Dorn und Geissel wird für sie Genuss.

Der Menschen schwatzhaft, hochmutstolle Rotte,
Die jetzt wie ehdem blöde und verrucht,
Schreit auf im Todeskampf zu ihrem Gotte:
„O Herr, mein Ebenbild du, sei verflucht!"

Nur wenige fliehn wahnwitzig und vermessen
Aus dieser eingepferchten Herde Stall,
Und suchen in dem Opiumrausch Vergessen
– So lautet der Bericht vom Erdenball.

VII

O bittre Weisheit, die die Fahrt uns lehrt!
Es hat der Welt stumpfsinnig Einerlei
Stets unser eignes Bild uns zugekehrt,
Ein Quell des Schrecks in öder Wüstenei.

Gehn? Bleiben? Wie wir müssen, wollen;
Der duckt sich nieder und der andre rennt,
Der Feindin zu entgehn, der unheilvollen,
Wachsamen Zeit, die keine Schonung kennt.

Du siehst die Menschen gleich Ahasver eilen,
Da nützt kein Wagen, nützt kein schnelles Boot,
Die Schlimme holt sie ein. – Andre verweilen
Und schlagen sie schon in der Wiege tot.

Doch setzt sie ihren Fuss auf unsren Rücken,
Dann hoffen wir, und „Vorwärts!" heisst der Schrei.
So fuhren wir nach China voll Entzücken
Mit sturmverwehtem Haar, die Blicke weit und frei.

So schiffen wir uns ein zur düstern Reise,
Und jung das Blut durch unsre Adern fliesst,
Hört ihr die Stimmen feierlich und leise:
„Kommt her, kommt her! Und labt euch und geniesst!

Geniesst des Lotos Blüte, schwer von Düften,
Erlesne Früchte, die ihr lang entbehrt;
Berauscht euch an den seltsam fremden Lüften,
Des heissen Nachmittags, der ewig währt!"

Es sind der Schatten liebvertraute Stimmen,
Doch die Pyladen wehren dem Gelüst;
„Willst Labung du, musst zu Elektra schwimmen!"
Spricht eine, deren Knie wir einst geküsst. –

VIll

Tod, alter Fährmann, komm die Anker lichten!
Segel gehisst! – Wir sind der Erde satt.
Wenn schwarz auch Meer und Himmel sich verdichten,
Du weisst, dass unsre Seele Strahlen hat.

Reich uns dein Gift, dass Tröstung wir erfahren!
Noch brennt das Feuer – lass zum tiefsten Schlund,
Lass uns zu Himmel oder Hölle fahren!
Nur Neues zeig' uns, Tod, im fremden Grund!

Inhalt

Die künstlichen Paradiese

Einleitung (von Max Bruns) 9
Vorbemerkung des deutschen Herausgebers 37
A. J. G. F. 43

Die Dichtung vom Haschisch
- I Der Hang zum Unendlichen 47
- II Was ist der Haschisch? 53
- III Das Seraphim-Theater 59
- IV Der Gott-Mensch 90
- V Moral 109

Ein Opium-Esser
- I Oratorische Vorsichtsmassregeln 119
- II Vorausgeschickte Bekenntnisse 125
- III Wonnen des Opium 156
- IV Qualen des Opium 169
- V Ein falscher Ausgang 199
- VI Das Kind als Genie 208
- VII Kindheitskümmernisse 212
- VIII Oxforder Visionen 224
  - 1 Das Palimpsest 224
  - 2 Levana und Unsere Frauen der Traurigkeiten 227
  - 3 Das Brocken-Gespenst 234
  - 4 Savannah-la-Mar 237
- IX Schluss 240

Anhang: Über den Wein
- I Brillat-Savarin und Hoffmann über den Wein 246
- II Von den Wohlthaten des Weines 250
- III Der Mensch und der Wein 263
- IV Wein und Haschisch, verglichen als Mittel
     zur Vervielfältigung der Individualität 265
- V Schluss 267

Gesammelte Schriften

Einleitung (von Max Bruns) 271

Der erste Teil (1846)

- I Was nutzt uns die Kritik 285
- II Was ist Romantik? 289
- III Von der Farbe 293
- IV Eugène Delacroix 302
- V Über amoureuse Stoffe und Tassaert 324
- VI Ideal und Modell 329
- VII Ingres 334
- VIII Porträtkunst 339
- IX ‚Chic' und ‚ponfic' 342
- X Horace Vernet 344
- XI Eklektizismus und Zweifelsucht 349
- XII Ary Scheffer und die Affen des Gefühls 352
- XIII Über die Landschaft 356
- XIV Warum die Bildhauerei langweilig ist 362

Der zweit Teil: Einige Karikaturisten (1857)

- I Carle Vernet 369
- II Charlet 371
- III Daumier 375
- IV Henri Monnier 386
- V Grandville 388
- VI Gavarni 390
- VII Hogarth 394
- VIII Goya 397
- IX Pinelli 402
- X Brueghel 405

Der dritte Teil (1859)

- I Über kritische Methode 411
- II Der Künstler von heute 420

INHALT

III	Das moderne Publikum und die Photographie	427
IV	Die Königin der Fähigkeiten	436
V	Die Herrschaft der Imagination	441
VI	Religion – Historie – Phantasie	449
VII	Religion – Historie – Phantasie (Fortsetzung)	462
VIII	Das Porträt	473
IX	Die Landschaft	479
X	Skulptur	488
XI	Geleitwort	502

Der vierte Teil: Der Maler des modernen Lebens (1863)

I	Das Schöne, die Mode und das Glück	507
II	Der Künstler, ein Mann der Welt, ein Mann der Menge und ein Kind	512
III	Die Modernität	522
IV	Die mnemonische Kunst	527
V	Der Dandy	532
VI	Das Weib	539
VII	Lob der Schminke	542
VIII	Damen und Dirnen	548

Die Blumen des Bösen

An den Leser	557
Segen	559
Der Albatros	563
Erhebung	564
Zusammenklang	566
Den Entschwundenen	567
Die Leuchttürme	569
Die kranke Muse	572
Die käufliche Muse	573
Der schlechte Mönch	574
Der Feind	575
Der Unstern	576
Das frühere Leben	577
Zigeuner auf der Fahrt	578
Der Mensch und das Meer	579
Don Juan in der Unterwelt	580
An Theodor von Banville	582
Züchtigung des Hochmuts	583
Die Schönheit	585
Das Ideal	586
Die Riesin	587
Die Juwelen	588
Die Maske	590
Hymne an die Schönheit	592
Fremdländischer Duft	594
Das Haar	595
So bete ich dich an	597
Du locktest gern die Welt	598
Sed non satiata	599
In ihrem Kleid	600
Die Schlange, die tanzt	601
Ein Aas	603
De profundis clamavi	606
Der Vampir	607
Lethe	609
Als ich bei einer Jüdin lag	611
Totenreue	612

INHALT

Die Katze 613
Zweikampf 614
Der Balkon 615
Der Besessene 617
Eine Erscheinung 618
Dir dieses Lied 622
Semper eadem 623
Ganz und gar 624
Was sagst du heute abend 626
Die lebende Fackel 627
An sie, die allzu froh 628
Hingabe 630
Geständnis 632
Geistige Morgenröte 635
Abendklänge 636
Das Flakon 637
Das Gift 639
Umschleierter Himmel 641
Die Katze 642
Das schöne Schiff 645
Aufforderung zur Reise 648
Das Unsühnbare 650
Plauderei 653
Herbstgesang 654
Einer Madonna 656
Lied am Nachmittag 658
Sisina 661
Verse zu dem Porträt von Honoré Daumier 662
Franciscae meae laudes 663
Einer kreolischen Dame 665
Moesta et errabunda 666
Das Gespenst 668
Herbst-Sonett 669
Lunas Traurigkeit 670
Die Katzen 671
Die Eulen 672
Die Pfeife 673
Musik 674
Begräbnis eines verfemten Dichters 675

INHALT

Ein phantastischer Kupfer 676
Der fröhliche Tote 677
Das Fass des Hasses 678
Die zersprungene Glocke 679
Schwermut 680
Trübsinn 681
Schwermut 683
Schwermut 684
Wahnsinn 686
Liebe zum Nichts 687
Alchimie des Schmerzes 688
Anziehender Schauder 689
Die Friedenspfeife 690
Gebet eines Heiden 695
Der Deckel 696
Der Unerwartete 697
Mitternächtige Selbstprüfung 700
Trauriges Madrigal 702
Der Mahner 705
An eine Malabaresin 706
Die Stimme 708
Hymne 710
Der Rebell 712
Berthas Augen 713
Der Springbrunnen 714
Das Lösegeld 716
Weit von hier 717
Romantischer Sonnenuntergang 718
Zu dem „Tasso im Gefängnis" 719
Der Abgrund 720
Die Klagen eines Ikarus 721
Sammlung 722
L'Heautontimoroumenos 723
Das Unlösbare 725
Die Turmuhr 728
Landschaft 730
Die Sonne 732
Lola de Valence 734
Die beleidigte Luna 735

INHALT

An eine rothaarige Bettlerin 736
Der Schwan 739
Die sieben Greise 742
Die kleinen Alten 745
Die Blinden 750
Einer Vorübergehenden 751
Das Skelett als Arbeitsmann 752
Abenddämmerung 754
Das Spiel 756
Totentanz 758
Liebe zur Lüge 762
Nein, ich vergaß es nicht 764
Lasst uns der treuen Magd 765
Nebel und Regen 767
Pariser Traum 768
Morgengrauen 772
Die Seele des Weins 774
Der Wein der Lumpensammler 776
Der Wein des Mörders 778
Der Wein des Einsamen 781
Der Wein der Liebenden 782
Aufschrift auf ein verpöntes Buch 783
Die Zerstörung 784
Eine Märtyrin 785
Lesbos 789
Verdammte Frauen, Delphine und Hippolyte 793
Verdammte Frauen 799
Die beiden barmherzigen Schwestern 801
Die Blutquelle 802
Allegorie 803
Beatrice 804
Die Verwandlungen des Vampir 806
Eine Reise nach Kythera 808
Die Liebe und der Schädel 812
Die Verleugnung des heiligen Petrus 814
Abel und Kain 816
Die Litaneien Satans 819
 Bitte 821
Der Tod der Liebenden 822

INHALT

Der Tod der Armen 823
Der Tod des Künstler 824
Tagesende 825
Der Traum des Neugierigen 826
Die Reise 827